衣笠隆幸選集

対象関係論の理論と臨床：クライン派の視点を中心に

1

Takayuki Kinugasa
Selection

誠信書房

序

この私の論文の選集は、2巻から成り立っているが、これはその第1巻である。私は、1981年から7年半に渡る、ロンドンのタビストック・センター（Tavistock Center）の成人部門における臨床研修を終了して、1988年に帰国した。そしてその時から論文執筆も始めたが、30年にわたって私が記してきた論文について選別したものが、この選集の第1巻である。

この選集第1巻「対象関係論の臨床――クライン派の視点を中心に」の構成は、六つの部門からなっている。第Ⅰ部は、「基礎理論」としての論文を集めている。第Ⅱ部は「技法論」として、精神分析の治療技法に関した論文を掲載している。第Ⅲ部は「夢」に関する論文、第Ⅳ部は「疾患」についての論文集で、統合失調症、境界パーソナリティ、外傷、引きこもり、摂食障害などの症例を中心に論考が行なわれている。更に、第Ⅴ部は「フロイト」に関する論文、第Ⅵ部は「クライン派」についての論文である。

タビストック・センターにおいては、成人部門においてタビストック資格、精神分析的精神療法家の資格コースの研修を修了したが、この論文に登場する多くの患者さんたちが、その1984年から1988年の時期に治療した英語を母国語とされる方々である。また、少数ではあるが、帰国後の患者さんも1988年からほぼ10年間に治療対象となった方々である。その方々の守秘義務は厳守しており、必要以外の部分は修正してあるので、本人と同定する情報は提示していない。

精神分析家の訓練は、留学前の4年間の小此木啓吾先生の指導下で始まり、ロンドンに留学中も継続し、帰国後も日本において継続研修を必要とした。そして、帰国後5年目に、長年精神分析の研修を継続していた結果として、日本精神分析協会会員、国際精神分析協会会員となった。その意味でも、選集に含まれている各論文は、実に長期間の臨床研修と研究を重ねてきた時代の、臨床経験に基づくものである。

私は1988年の帰国後、慶應義塾大学医学部の小此木研究室にて小此木啓吾先生の下で臨床研究を行ない、他方では東京において精神分析オリエンテーションの診療所を開設して、精神分析と精神分析的精神療法の臨床に特化した治療を行なっていた。そして、1993年からは、広島市精神保健福祉センターに定年まで勤務し、2015年の退職後も精神分析の実践を続けている。

そしてこの論文集は、上述のように1985年の頃からの臨床経験に基づくもので、30年以上の歳月の臨床活動の合間に書き溜めたものである。しかしこれまで、それらをまとめて出版する機会を持つことはできなかった。また私自身も、自分が退職する時期の年齢になったときに、自分の論文を出版していただく機会があればと考えていた。しかし他方では、自分の臨床研究をできるだけ多くの臨床家の方々に共有していただいて、批判や議論を期待し、時空を超えて多くの臨床家が、私の研究に触れる機会を持って論評していただきたいという気持ちも強いのである。そうすることで、私たちはより専門家としての情報共有と、切磋琢磨してより高い水準の理解と援助の方法・技法を追求できるのである。

このたび、誠信書房の松山由理子さんにほぼ5年の歳月をかけて、根気よく編集に関わっていただいた。その力強いご支援の下で、本選集1が出版の運びとなり、私としても自分の臨床活動の集大成の時期を迎えて、大きな喜びを感じている。

また、これまで私に沢山のことを教えてくださった、多くの患者さんに深くお礼を申し上げます。更に、私を育ててくださった故コーエン（Dr. Norman Cohen）先生には、深い感謝を込めて御礼を申し上げます。また、私に精神科臨床の基本をお教え下さった広島県立病院精神科の故河村隆弘先生、精神分析を基本から教えていただいた慶應義塾大学医学部精神科の故小此木啓吾先生、日本精神分析協会の先生方に深謝とともに御礼を申し上げます。また、タビストックの多くの指導者の先生方、故パデル（Padel）先生ご夫妻には、大変お世話になりました。心より御礼申し上げます。更に広島大学精神科教室、同門会である丘門会の先生方、広島市精神保健福祉センター、駒木野病院、日下部病院のスタッフの方々など、多くの方々に大変お世話になりました。深く御礼を申し上げます。また、特に私の臨床研究の同僚である広島精療精神医学研究会の先生方に対しては、万謝の念を込めて御礼を申し上げます。

最後に私事になりますが、私の研究生活を力強く支えてきてくれた妻と子供達に、深い感謝の念とお礼を申します。

衣笠　隆幸

平成29年夏

第Ⅵ部　クライン派

註記

・本書は読者の読みやすさを考えて、原著論文に加筆修正の上収録されている。
・人名ならびに専門用語は原則として巻全体で統一されている。
・「精神分裂病」の診断名は、精神障害の方々の差別を助長するような誤解を招くものであるという意見が出て、「統合失調症」と名称変更された。本書では歴史的な診断名変更のいきさつを反映するものとして、論文発表時点での診断名のままとした。

第Ⅰ部　基礎理論

1章　英国における治療的退行の研究——とくにクライン派の研究について

1　はじめに

本稿はクライン派における治療的な退行の研究について考察することを目的とするのであるが、彼らは後述するように、退行の概念をほとんど用いることなく、別の観点から研究している。英国において退行の概念を組織的に研究したのは、独立学派の分析家達であるので、クライン派（Kleinian）の特徴を明確にするためには、その両者の比較を行なうことが適切と考えられる。そのために、前置きとしてはやや長くなるが、まず退行についての歴史的な概観と英国の独立学派の特にバリント（Balint, M.）の研究を紹介してみたい。

フロイト（Freud, S.）が、退行の概念を使用し始めたのは、１９００年に『夢判断』を発表したときからであるが、彼はこの概念を主として、夢、幻覚の病理や神経症の症状形成の説明概念として使用した。そして、退行は固着の概念と対になって、精神分析の病理学の鍵概念の一つになっている。彼は、退行の中には局所的退行、時間的退行、形式的退行が区別されるとしている。(5)

他方、フロイトによる臨床的な退行状態の考察は比較的少なく、転移性恋愛についての論文の中で、治療の中で見られる退行した要求の強い患者の状態を、治療に対する防衛や抵抗であると考え、治療者の取るべき態度は禁欲（abstinence）で、患者の欲求を満たしてはならないと述べている。(6) 退行そのものが治療的に有用な役割を果たすことについては、僅かに触れているだけで、その考えを発展させることはなかった。そして、臨床における退行状態は、治療抵抗や防衛とみなす考えが精神分析の伝統的な考え方となった。ただ、この点についてフェレンツィ（Ferenczi, S.）が、患者の退行した欲求を満たすことで、治療効果が促進されると主張し（積極的技法：active technique）、フロイトと論争を繰り返したことは周知の通りである[3][4]。

他のフロイトの重要な治療概念である、転移（特に転移神経症）、行動化、反復強迫などは、治療的な退行の一面を表わす言葉であり、治療場面で部分的な退行が存在することを前提にしている。ある意味では、精神分析的な治療においては、治療的な部分的な退行は常に起こっているということも可能である。

しかし一般には、治療的退行として特別に考察の対象となっているのは、治療中の患者の全体的な退行状態、つまり、感情、欲求、思考、振る舞いなどが、全体として子供返りしてしまい、実際に患者が子供のように行動し振る舞い始める現象である。

2　英国における退行の研究の概要

英国においては、いわゆる独立学派といわれる分析家たちで、バリント、ウィニコット（Winnicott, D.）などが、全体的な治療的退行の治療的意義について考察した。特にバリントはもっとも精力的に研究をした。それは、彼がフェレンツィに教育を受け、その「積極的技法」の研究を受け継ごうとしたこととも関係がある。彼は、主書の一つである『基本的障害』（*The Basic Fault*）の中で、治療中に極端な全体的な退行状態を示す患者について、体系的に考察している[1]。

彼は、実際の分析治療の中で、ある患者はほとんど全体的な退行状態を示すことなく治癒していくが、ある患者たちは全体的な退行状態に陥り、その中にも退行状態の後再び成長を始め、治療が成功裏に終わる患者群（良性の退行の形態：benign form of regression）と、快楽に対する要求が際限なく起こり始めて、治療的に扱えなくなる患者群（悪性の退行の形態：malignant form of regression）があると述べている。

「良性の退行」の特徴は、①外傷体験の時期よりも以前の状態：「無邪気な状態」（arglos）に回帰でき、一次的な関係（primary relationship）に退行できる、②それに続いて、新しい出発（new beginning）を始め、新しい発見へと向かう、③その退行は自分の内的な問題を認識するためである、④要求や期待の程度が比較的強くない、⑤重傷のヒステリー症状や性器的な興奮の徴候が少ない、などである。

「悪性の退行」は、いわゆる防衛的な抵抗としての退行であるが、①信頼に満ちた退行状態である arglos が安定せず、しばしば絶望的なしがみつきが見られる、②新しい出発に達することができず、止まることを知らない要求や欲求を抱き続けて嗜癖的な状態になる、③退行は、外的な行為によって快楽を得るためである、④要求や期待、欲求の度合いが極端に強い、⑤正常の転移においても退行状態においても、激しいヒステリー症状や性器的な興奮の徴候がある、などの特徴が見られる。

バリントは、この二種類の退行の違いがなぜ起こるのかは、患者の病理の重さ、性格、自我の状態、治療技法、逆転移などが、複雑に絡み合って生ずるものと考えている。

バリントは、あまり治療的な退行を起こさない患者は、エディプス期の問題を持った人たちであると考えている。そして、一部の患者のみが深い全体的な退行状態に落ちる理由としては、「基本的障害」という前エディプス期、特に口愛期の時期の対象への依存葛藤が、環境との関係でうまく整理されていないためであると考えている。

治療的退行が起こった場合は、技法的に、これらの自他の区別や境界のはっきりしない「一次的な関係」（primary relation）、「一次的愛」（primary love）の状態にあることを考慮して、言語的な解釈のみに集中しないように注意し、治療者が分離した存在として振る舞うことをせず、患者に「一次的な要素や対象」（primary substance or object）として使用されることを許し、そこに空気や水のように共にいることが重要である。

この時期には、言語は自由連想や伝達の手段とはならず、生命のないものになってしまう。治療者は、患者に治療中の行動化を許容し、「一次的な関係」から、患者が脱出してくるのを待つべきである。治療者はそれを耐えて、患者の中で外的な対象がまだ組織化されていない状態から、患者が何か自分自身のものを創造して、治療者にその徴候を示すまで待つべきである。この時期に言語的な解釈を与えると、患者の創造（creation）の機会を破壊し、治療者を万能的な対象として提供して患者の要求を高め、嗜癖的な悪性の退行を招くことになる。治療者は、なぜ患者がそうなのか、なぜそんなに揺れ動くのかを理解しながら、適切な距離を取って、そこにいることが重要である（控え目な治療者：unobtrusive analyst）。

こうした点で、バリントは、クライン派の技法が、すべての現象を言語的な解釈によって処理しようとするものであり、「基本的障害」を持つ患者には、「悪性の退行」を起こす可能性のある技法であると批判している。

ウィニコットは、バリントほど系統的に退行の問題を考察しているわけではないが、ウィニコットの母親の機能や子供の万能の考察など、発達論においてバリントと多くの共通点がある。そして、ウィニコットは、退行という概念を説明するときに、環境に対する依存への退行と見なすべきであると述べている。ある患者は、治療の途中で「真の自己」（true self）が突然出現して、乳児の状態まで退行し、治療者も母親としての役割を取らざるを得ず、分析家としての位置を維持できなくなることがあると述べている。これは、バリントのいう悪性の退行に該当するものである。

またウィニコットは、患者の中には一時的に深い退行を示して成長していく、いわゆる発達をもたらす退行状態を示すものがあり、その退行は治療的に必要なもので、治療者がそれを許し、いたずらに解釈せず、患者が成長するまで、患者と共にいて待つことの重要さを唱えていて、基本的にバリントと同様の意見を抱いている。ウィニコットは、これを、患者が「偽りの自己」（false self）を早期幼児期に発達させたために、「真の自己」を発見しようとして、治療的な退行が必要になるのであると考えている。これはバリントのいう良性の退行に該当する。[17][18]

3　クライン派の退行の研究

やや前置きが長くなってしまったが、ここで本論文の主題であるクライン学派の、退行についての研究に焦点を当ててみたい。

非常に興味深いことには、最近出版されたヒンシェルウッド（Hinshelwood, R.）によるクライン派の辞書（『クライン派用語事典[8]』）には概念としての退行の項目がなく、実際にクライン派の数ある論文の中で、退行を扱っているものはほとんどない。唯一のものは、1952年のハイマン（Heimann, P.）とアイザックス（Isaacs, S.）の論文「退行[7]」であるが、それは主として病理学的な考察であって、フロイトのリビドー論的な退行論を批判したものであり、退行状態における攻撃性の役割を重視している。彼らは退行が治療抵抗であるというフロイトの理論を受け入れているが、この論文は病理学的な考察を主にしたもので、治療論としての退行論ではない。

もちろん、これはクライン派の分析家たちが、退行の状態や概念を無視したという訳ではなく、フロイトの抵抗としての退行の概念をそのまま受け継いでいて、それ以上にはその意義を認めなかったためである。つまり、クライン派の分析家たちは、退行そのものが患者の発達を促すような、治療的に意義があるものとして注目しなかった。彼らの注目している心的発達段階は、極めて早期の乳幼児のものであり、その対象関係を独自の立場から研究したために、あえて退行という概念を必要としないと考えられる。

これは同じ英国の分析家でも、独立学派といわれるウィニコット、バリントたちが、深い退行の治療的な意義を認めたこととは対照的である。

しかしクライン派の分析家たちが決していわゆる退行状態を無視していたわけではなく、彼ら独自の理論体系と概念の中で、別の観点から考察していることを示したい。

（1）部分的な治療的退行について

最初の部分的な退行の問題は、転移や抵抗、防衛分析の展開が行なわれる、精神分析の一般の治療状況における部分的な治療的な退行についての考察である。この点についてもっともよく知られているのは、メニンガー（Menninger, K.）の考察である。[11] 彼は、精神分析の状況や治療者の受け身的で沈黙がちな中立的な態度が、患者を適切な退行に導き、様々な幼児的な欲求が刺激されてきて、転移が展開するのであると考えている。

更にクリス（Kris, E.）は、「自我の統制下にある退行」（in the service of the ego）について述べている。[10]

しかし、クライン派の分析家たちは、そのような点からの治療理論を展開しなかった。なぜそのような違いが生じたのかは、彼らの治療機序論、治療技法論および発達病理論に関係があるのである。彼らは、分析のセッティングを前提としていて、そのセッティングそのものの治療的な意味についてはほとんど考察をしていない。これは、彼らの発達論が乳幼児の内的な世界の対象関係の動きに、焦点を当てていることとも関係している。

周知のようにクライン派の理論は、0～2歳児の心性に注目していることが特徴であり、臨床において転移の中で「妄想分裂ポジション」「抑うつポジション」の対象関係、不安、防衛機制の特徴がどのように表われてくるかに注目し、解釈をしていく技法を採用している。

古典的精神分析や自我心理学派は、この時期の状態が臨床において現れると、エディプス期の葛藤に対する防衛としての退行として、治療に対する抵抗であるとみなした。そしてこの状態に固着している自己愛的な神経症（精神病など）は、転移を起こさないために精神分析の対象とはならず、指示的な技法など技法の修正が必要であると考えた。

しかしクライン派においては、この早期の対象関係の世界が病理の中心であり、臨床において転移として表われてくるのは、フロイトのいう口愛期、肛門期の対象関係が中心的なものであると考えた。その結果として、治療の初期から極めて早期の対象関係を、患者の連想の中に読んでいくことになり、転移もそうした極早期の対象関係の表われたものに注目して、解釈していくことになる。そしてその発達段階の転移解釈をしていけば、当然二つのポジションの心性が表面化してくる。それゆえに0～2歳児の幼児的な心性が表面化することを治療経過の当然の帰結とみなし、その幼児的な状態を特別に治療的に有意義なものとして注目に値するものとは見なさなかった。すなわち、いわゆる部分的および全体的な退行状態は転移解釈の結果であって、転移や発達を促進するものとは見なしていないのである。

治療機序においてもクライン派の分析家たちは、フロイトのいう転移性神経症、メニンガーの治療構造的な退行促進因子などについてはほとんど言及していない。その理由は、彼らの治療理論においては、連想材料に表現された、無意識の世界に排除されている対象関係の世界を、言語的な解釈によって患者に意識化させることが、治療的にもっとも重要なものであると考えているからである。そして、バリントやウィニコットの主張する、退行状態そのものの発達促進的な治療的な意義を認めて、言語的な解釈などによって、その退行状態を乱さないようにすることが重要であるという考え方には、クライン派は同意しなかった。

以上のように、治療技法におけるクライン派の貢献は、いわゆる前エディプス期の転移とその理解の仕方を発見したことであろう。そして彼らは、一般にエディプス期に対する抵抗としての退行と見なされていた、前エディプス期の状態を転移として理解して解釈によって対処でき、そこには退行の概念は必要ないと考えたのである。

(2) いわゆる全体的な退行状態に対するクライン派の研究

バリントやウィニコットが注目した、治療中に患者が陥る全体的な幼児的退行状態についても、やはりクライン派の分析家たちは、退行の概念に基づく視点からは考察していない。

クライン派は、バリントの記述した良性の退行については言及することはなく、恐らく治療的な働き掛けによる良い対象関係の表われとして、二次的なものとしてみていると考えられる。そして、クライン派の分析家たちは、もっぱらバリントのいう悪性の退行状態に関心を向けて、彼ら独自の概念や視点によって研究を続けてきている。

彼らのこのような意見の違いは、彼らの発達論の違いにも関係している。つまりバリントやウィニコットなどは、生後直後には乳幼児の心は非分化の状態にあって、まだ対象が形成されていない時期があると考えており、臨床における深い全体的な退行状態を示す患者は、このレベルまで退行していて、これから心が分化していく前の準備段階ととらえた。そのために、その退行状態を保護することが必要と考えたのである。

他方、クライン派の分析家たちは、生後直後から自己と対象は分化しており、自他の未文化な状態はそれに対する防衛のためであり、生後直後から迫害的な不安を伴う「妄想分裂ポジション」の対象関係が始まると考えている。そして、「妄想分裂ポジション」が最初の対象関係であり、いわば一番深い退行の状態であって、その状態も対象関係の問題として理解することができ、言語的に解釈することが可能であると考えたのである。

バリントのいう悪性の退行状態については、クライン派の分析家たちは退行状態という視点からは考察せず、むしろその現象を「陰性の治療反応」と捕えて、激しい陰性の感情を呈する悪い対象関係が強くなり過ぎて、治療が膠着状態になった状態としてとらえている。そしてその現象を、「羨望」(envy)、「貪欲」(greed)、「破壊的な自己愛」(destructive narcissisim)、最近では「病理的組織化」(pathological organization) の問題として考察したのである。そしてこれらは、主として0歳児の極めて早期の対象関係の問題であるが、彼らはこれを退行の概念で説明せず、早期の対象関係の陰性の転移と考えたのである。この状態になると、理性的な自我や良い対象関係の世界が破壊され、治療者との協力的な世界も破壊されてしまい、バリントが記述したような悪性の退行状態に見られるような状態になる。

クライン (Klein, M.)(9) は、このような状態を「羨望」の発現したものとみなし、「死の本能」、破壊本能の発現の問題として考えたのである。「羨望」は良い対象を破壊してしまう衝動であり、「貪欲」としばしば一緒になって対象を貪り、治療関係を破壊してしまうものである。これはバリントが記述した悪性の退行状態に類似のものであるが、常に全体的な退行が起きているとは限らず、その中に全体的な退行状態も含まれるということであろう。

ローゼンフェルド（Rosenfeld, H.）[13]は、「破壊的な自己愛」の問題として、対象への依存を回避しようとして、すべてが自己充足した自己愛的で退行的な世界に閉じこもってしまう患者について考察した。そして、対象との分離を否認し防衛するために、自己の対象への依存心をすべて破壊して、自己愛的な世界に閉じこもってしまう自己愛パーソナリティや精神病などの、重篤な患者について考察している。ここでも、彼の記述しているすべての患者が全体的な退行状態とは限らないが、バリントのいう悪性の退行状態の患者が含まれている。

最近においては、シュタイナー（Steiner, J.）[15][16]たちによって、自己愛の研究が更に発展して、このような「陰性治療反応」を示す患者群は、「病理的組織化」と呼ばれる防衛的な組織を造り上げていて、それは一見「妄想分裂ポジション」の心性とよく似た状態でありながら、比較的安定していて「妄想分裂ポジション」に陥ることはないと考えられるようになった。これは、実際には二つのポジションの不安に対する防衛組織であり、「陰性治療反応」の本体であって、心の発達を阻止するものであることが明らかになってきたのである。

それは二つのポジションの中間に位置していて、あたかも第三のポジションのように存在し続けて、心の発達を妨害してしまう。この理論は、重篤な病理を持つ精神病、嗜癖、性倒錯、境界例などの理論として、英国において1980年代になって発達してきている。この「病理的組織化」の臨床的な状態はパーソナリティの一部として表われることもあり全体を覆うこともある。後者のときは、バリントの悪性の退行状態と記述されている状態と同じようなものもあると考えられる。

以上のようにクライン派の分析家たちは、いわゆる悪性の退行状態を退行の概念から考察することはなかったが、それを無視していたという訳ではなく、主として早期の対象関係に基づく「陰性治療反応」の問題として、独自の理論的な展開を行っているのである。

そしてバリントが悪性の退行と呼んだものの病理的な人格構造をより明確にしたものと考えることができ、治療的にも、バリントの言うようにそこに共にあるという消極的なものではなくて、治療に対する破壊的な陰性の転移を、積極的に防衛として解釈していくという方針をとったのである。そして、ここに両者間の、悪性の退行に陥る患者あるいは破壊的な陰性の治療反応を呈する患者に対する、臨床的なアプローチに技法的な差が生じるのである。

4 症例

ここで症例を挙げてみたいが、これはすべて全体的な退行を示した患者である。

【症例1】

患者は、40歳主婦。診断は「慢性抑うつ状態」、DSM-Ⅲにおける、「抑うつパーソナリティ障害」に該当する。4年前に友人を亡くして抑うつ状態に陥り、家事も出来なくなった。抗うつ剤も効果なく、3年間を抑うつ状態で家事もままならない状態で過ごした。そうしているうちに妊娠3ヶ月で流産してしまい、その時期から抑うつ状態が悪化し、子供に対して癇癪が激しく、抑制できなくなった。患者が2歳のときに母親が乳癌のために6週間の入院をし、そのときに叔母が世話をしたのであるが、患者は余り食事を取らなくなり、母親が帰ってきても、患者の体重が6ヶ月間増加しなかったという。

治療初期は、治療者に対する疑惑が強かったが、次第に連想が豊かになり、母親との分離の困難や父親が自分に無関心であったこと、母親が支配的で共感性がなく、自分が憎んでいたことなどに気づくようになった。

ある夏休暇の前のセッションでは、母親が病気になって6週間入院したことを話し続け、苦痛な体験を詳しく話し始めた。そして、不安が極めて強くなり、自分が2歳のときに体験した苦痛が蘇ってきたと、悲痛な声で訴えた。そして、自分が今は2歳の子供だと言い、この吐く息もこの手も2歳のものだ、助けてほしいと訴えた。

この退行状態については、私は、休暇に対する患者の体験が、2歳のときの母親の入院によって経験した苦痛な体験と同質なものであると考え、それを解釈した。患者はそれを認め、それを知ってなぜ先生はこんなことをするのかと、苦情と治療者に対する激しい怒りを表現したのである。

この退行の状態においては、治療者は、患者の退行状態を彼女の内的な世界がはっきりと表現されたものとして、解釈によって患者の体験している情緒の関連性を明確にするようにしている。この意味で、この退行状態はコミュニケーションの一つとして扱われていて、退行状態そのものを特に発達促進的なものとは見なされていない。治療者は、この状態は、治療経過の中において、患者の幼児期の体験と現在の治療者との間で起きていることを、解釈によって結びつけていくことによってもたらされたものであると考えている。そして、治療が良い方向に進んでいるかどうかを表わす指標として、位置づけているところがある。つまり患者のこのような退行の状態は、治療者がそれまでに患者の内界で葛藤の中心にあると考えてきたものであり、それまでの解釈によってその心性を明らかにしようと目論んできたものである。

そうした意味で、この例は全体的な退行の例であるが、治療的には良性のものであると考えられる。

【症例2】

25歳の独身男性。主訴は、確認強迫、離人感、抑うつ感などの多彩な症状をもっている、仕事を持たない自己同一性の障害のある患者である。衝動のコントロールは悪くなく、むしろ「偽りの自己」を防衛的に造り上げ、家族の葛藤を自分が責任を取って解決しようと努力してきた人物である。

治療が始まって、最初は難人感が強く、自分の内界のことを話すことに強い不安を示した。しかし、治療の中で次第に良い対象関係が育まれるようになると、それまで長い間分裂排除（split-off）してきた、両親に対する苦情と攻撃の世界が自覚されるようになった。そして、子供時代からの苦い体験を思い出すようになるにつれて、家庭で幼児語を話し始め、治療場面でも幼児語を使いたくなったり、子供のように甘え始めた。

とくに家庭においては、子供時代に経験した苦痛なことを、もう一度繰り返して幼児語で苦情を言い、両親に謝るように要求して両親を混乱させるようになった。

この時期は治療者は、患者の「偽りの自己」の防衛が取れ始め、それまで排除されてきた両親に対する攻撃性が自覚されていく過程として理解し、特にそれに関連づけて解釈することはなく、治療的働き掛けの結果であると考えていた。

患者は更に、昔遊んでいたおもちゃの電車などを取り出して、弟と遊ぼうとし始めたりして、自分は今は幼稚園の頃のようだと言った。また、子供の頃に使った野球道具を取り出して遊び始めたときは小学校高学年と言い、ある女性に初恋のような恋慕を抱いたときには中学生のようだと述べたのである。そして、自分が少しずつ成長していると感じていると述べた。治療者は、これらの退行状態を特別転移の問題として関連づけることはなく、むしろ治療過程が正しい方向に向かっている指標として、二次的なものとして理解した。

【症例3】

患者は、25歳男性。主訴は、強迫行為、抑うつ状態、心気症である。症状の多彩さ、不幸な生活歴などから「境界例」が疑われたが、大学卒業までは比較的安定した生活を送っていたために、病態は余り重くないのではないかと予測し、一般の開業クリニックにて治療を開始した。

しかし、治療の途中から、激しい両親に対する憎しみが爆発的に意識に昇り始め、特に父親に対して暴力を振るい始めた。それが危険なために治療者は再三禁止したが、帰宅して父親の顔を見ると興奮状態になり、幼少時に父親が家庭の中で暴力を振るい恐怖の体験を持ったことを思い出しながら、まるで自分が父親になったような気がして暴力を振るった。結局入院の運びとなり、精神療法を一時中断せざるを得なかった。

このような激しい怒りの発作は、実際の処理されていない分裂排除されていた情動がよみがえり、患者自身が制御できないものとして、一種の恐怖の表現とも考えられるが、もう一つは、そのような自己を治療者と一緒に見詰めていくことに対する拒絶であり、治療者との間に生じつつある転移感情を避けるためでもあろう。いずれにしても患者は、治療を破壊する無意識的な必要性もあったものと考えられる。

この症例のように極めて激しい怒りの発作になる患者は、多くはないのであるが、やはり悪性の退行状態と考えるべき症例であろう。

5 まとめ

以上のように、英国における独立学派、特にバリントの良性と悪性の退行の研究と比較しながら、クライン派の分析家たちが、いわゆる悪性の退行状態にのみ研究の関心を集中して、陰性治療反応の視点から考察して、退行の概念を使用しようとしなかったことを明確にしようと試みた。そして、それはクライン派が、患者の状態の中で治療に抵抗している現象を、防衛の視点からどこまでも理解していこうとする、あくなき姿勢の反映である。

これは、治療者として、ある冷たさを持っていると誤解される可能性があるが、彼らが強調したいのは、退行そのものに発達促進的なものがあると考えることによって、破壊的な治療抵抗の面を見逃してしまうことを恐れたためである。実際に彼らが、治療したような患者の中には、破壊的な衝動を持った患者が多く、いわゆる悪性の退行といわれる状態の程度も強いものが多くて、バリントのような比較的に消極的な方法では対処できなかった可能性がある。基本的にはバリントもウィニコットも、退行の研究に関しては、患者の中に秘められた自然の治癒力に注目していると考えることができるであろう。

この二つの観点は、もともとは、フロイトが退行を治療に対する抵抗であると見なし、禁欲で対処すべきであるという考えと、フェレンツィがそれに異議を唱えて、患者の退行を積極的に促して、治療的に利用すべきであるという考え方と、二つの対立する基本的な精神分析の技法的立場の違いに関連している（小此木の言う、フロイト的立場とフェレンツィ的立場[12]）。

しかし、バリントらも、積極的に退行を促す技法については批判的であり、あくまで中立的な立場をとる治療における退行状態の問題を扱っているのであるが、退行状態に対する支持的な配慮の仕方の中に、フェレンツィの遺産が息づいている。

筆者の私見では、症例にも示したように、退行の状態にある患者には、その時点における退行の個別の意味があり、それをクライン派のようにできるだけ理解して行こうとする姿勢を維持していくことは、重要なことであると考えている。

参考文献

（1）Balint, M.（1968）*The Basic Fault.* Tavistock.〔中井久夫訳（1978）『治療論からみた退行——基底欠損の精神分析』金剛出版〕
（2）Balint, M.（1987）*Thrills and Regressions.* Maresfield Library.
（3）Ferenczi, S.（1926/1980）*Further Contributions to the Theory and Technique of Psychoanalysis.* Brunner/Mazel.
（4）Ferenczi, S.（1955/1980）*Final Contributions to the Problems and Methods of Psychoanalysis.* Brunner/Mazel.
（5）Freud, S.（1900）The Interpretation of Dreams. In *Standard Edition,* Vol. 4-5. Hogarth Press.〔高橋義孝訳（1968）「夢判断」『フロイト著作集2』人文書院〕

(6) Freud, S. (1915) Observations on Transference-Love. In *Standard Edition*, Vol. 12. Hogarth Press. 〔小此木啓吾訳（1983）「転移性恋愛について」『フロイト著作集9』人文書院〕
(7) Heimann, P. & Isaacs, S. (1952/1989) Regression. In *Developments in Psychoanalysis*. Karnac Books.
(8) Hinshelwood, R. D. (1989) *A Dictionary of Kleinian Thought*. Free Association Books. 〔衣笠隆幸総監訳（2014）『クライン派用語事典』誠信書房〕
(9) Klein, M. (1984) Envy and Gratitude and Other Works 1946-1963. In *The Writings of Melanie Klein*, Vol. 3. Free Press.
(10) Kris, E. (1952/1962) *Psychoanalytic Explorations in Art*. International Universities Press. 〔馬場禮子訳（1976）『芸術の精神分析的研究』岩崎学術出版社〕
(11) Menninger, K. (1958) *The Theory of Psychoanalytic Technique*. Basic Books.〔小此木啓吾・岩崎徹也訳（1969）『精神分析技法論』岩崎学術出版社〕
(12) 小此木啓吾（1961-1962）「精神分析学の展望――主として自我心理学の発達をめぐって　1〜5」『精神医学』
(13) Rosenfeld, H. (1965/1982) *Psychotic States*. Maresfield.
(14) Spillius, E. B. (1988/1989) *Melanie Klein Today*, Vol. 1, 2. Routledge. 〔松木邦裕監訳（1993/2000）『メラニー・クライン　トゥデイ1、2、3』岩崎学術出版社〕
(15) Steiner, J. (1979) The Border Between the Paranoid-Schizoid and the Depressive Positions in the Borderline Patient. *British Journal of Medical Psychology*, 52(4): 385-391.
(16) Steiner, J. (1987) The Interplay Between Pathological Organizations and the Paranoid-Schizoid and Depressive Positions. *International Journal of Psychoanalysis*, 68 : 69-80.
(17) Winnicott, D. W. (1965) *The Maturational Processes and the Facilitating Environment*. Hogarth Press. 〔牛島定信訳（1977）『情緒発達の精神分析理論』岩崎学術出版社〕
(18) Winnicott, D. W. (1975) *Collected Papers: Through Paediatrics to Psychoanalysis*. Karnac Books. 〔北山修監訳（1989）『小児医学から児童分析へ――ウィニコット臨床論文集1』岩崎学術出版社〕

〔『精神分析研究』35巻1号、1991年〕

2章　イギリスにおける自己愛の研究

筆者はイギリスにおける自己愛の研究について発表したい。

イギリスにおける自己愛の研究というのは、アメリカの自己愛パーソナリティーに該当する患者が少なく、やはり、スキゾイド・パーソナリティー、あるいは境界例パーソナリティーといわれるタイプの患者が多いために、そうした患者や、あるいは精神病の患者に見られる自己愛組織の研究として発達した。そして、それを主に研究したのは、クライニアンであり、特に、ローゼンフェルド（Rosenfeld, H.）である。ローゼンフェルドの代表的な論文のリストを配布しているが、主にその論文についてまとめてみたい。その後、筆者の実際の臨床例を提出したい。

ロンドンでは独立学派の研究としては、ウィニコット（Winnicott, D. W.）による「ホールディング」の状況下における正常な自己愛の発達の研究と、その病理としての「偽りの自己」（false self）の研究がある。また、バリント（Balint, M.）による、フロイトの一次的自己愛の批判と、基底欠損（basic fault）の研究がある。しかし、もっとも組織的に自己愛の問題を取り上げたのは、ローゼンフェルドであり、あるいは、他のクライニアンの分析家である。したがって、本稿は、ローゼンフェルドの研究を中心に、イギリスにおける自己愛の研究の発展について述べてみたい。

ローゼンフェルドは、１９６４年の論文「自己愛の病理について――臨床的研究」において、自己愛の問題を取り上げている。彼が注目したのは、治療における自己愛転移についてであり、そのダイナミクスについて考察している。彼は、自己愛の心性を持つ患者全般について考察しているが、その中には、スキゾイド・パーソナリティーと考えられる患者もおり、分裂病と診断される患者もある。おそらくその広いスペクトラムの中に、アメリカで研究されているような自己愛パーソナリティーも含まれているものと思われる。この論文においてローゼンフェルドは次のように考えている。

フロイトは、1914年の論文の中で、患者を転移性神経症と、自己愛神経症に分けており、後者には早発性痴呆も含めていて、転移を起こさない患者群であり、石の壁のような抵抗を示し、治療者に関心を示さず、治療不可能であると考えている。しかしそのうちの、とくに分裂病などの重症な患者の治療者たちは、フロイトの見解である転移性神経症と自己愛神経症の区別を無視したり、自己愛神経症は実は転移を起こすのであって、その転移は原始的なものであると考えている。また、自己愛神経症の転移とはまさに自己愛的で、分析家と患者の自己が融合したり、原始的な破壊性、分析の極端な理想化などが見られたりすると述べている。

ローゼンフェルドは、そうした先駆者達は、自己愛転移について、フロイトのいう一次的自己愛と二次的自己愛の区別をしていないことを指摘している。また彼らの自己愛転移における臨床的な記述は充分なものであると考えている。

ローゼンフェルド自身の業績というのは、そうした自己愛的転移における対象関係を詳しく調べ、それに関する防衛機制の働き、とくに陰性治療反応における自己愛の関係を明らかにしたことである。また、それまでの研究者が、主として分裂病を中心に自己愛の研究をしてきた——これはイギリス、あるいは一部のアメリカの研究者であるが——、ローゼンフェルドは、それに対してもっと軽症の社会的に成功しているような自己愛的な患者についても研究した。

彼は、クライニアンの理論に基づいており、フロイトのいう一次的自己愛というものが、対象のない世界であるという見解には批判的で、実際には、それは原始的な対象関係であると考えている。また彼はそうした自己愛的対象関係においては、万能（omnipotence）と、対象への同一化（identification）という二つの防衛機制が主に働いていると考えている。

万能によって、部分対象としての母親の乳房、あるいは母親の世話が万能的に取り入れられて赤ん坊の自分の所有物となる。また、対象に対して、自分の望ましくない自己の一部を、万能的に投影したりする。更に、投影や取り入れによって、取り入れられた対象と自己が同一化して対象との境界がなくなってしまう。また、投影性同一視によって、自己の一部が対象に入り、対象の良い部分を手に入れてしまうという非常に活発な運動をするようになる。

ローゼンフェルドは、このような自己愛的な対象関係は、実は対象からの分離に対する防衛であると考えている。つまり、対象から分離を自覚すれば、対象に依存している感覚が生じ、不安が呼び起こされるために、その分離そのものを否認する防衛手段である。対象へ依存していることを認めるということは、対象への愛や対象への価値を認めることになり、そういうものを認めれば分離を認めることになるので、結局はフラストレーションが生じ、不安や苦痛、攻撃性などが生じる。彼はそういうものを防衛するために、こういう自己愛的な防衛機制を採用するのであると考えている。

更に、対象の中に良いものが認められると、羨望が生じ、これは患者には耐えられないものであると考えている。万能的な自己愛的対象関係は、それらを抹殺してしまう手段であり、対象が万能的に所有されれば、羨望もフラストレーションも生じないのである。

ローゼンフェルドは、このような万能的な自己愛的対象関係の持続性の強さは、患者の羨望の強さと関係していると考えている。羨望というのはクライニアンにとってはキーワードで、彼はそれをよく使い――その羨望の意味は、自分にとってよいものを壊してしまいたい衝動のことである――更に彼は、自分の望ましくないものを治療者から即座に排除して、治療者を卑下し、一切思いやりを向けずに、まるでトイレのように対象を利用することに注目している。

以上のような、基本的な自己愛的な対象関係が、臨床的にはその病態に応じて、様々な表われ方をする。非常に重篤な症例においては、防衛がかたくなで、心的現実を強く防衛して、自己愛的な世界に閉じ籠り、すべての葛藤を排除しようとする。そのような場合に防衛されている不安は、パラノイックなものである。そこでは、非常に理想的な葛藤のない対象関係が展開される。トイレのように使用される対象も理想化され、患者は自分がすべてから愛され、自分がすべての良いものを所有していて、自分が理想的な存在だと見なす。そのような状態に干渉するような治療的な働きかけは、すべて強力に防衛される。彼は、症例として、極端にサイコーティックになることもなく、典型的な自己愛転移を起こしたものを挙げている。

そのような症例の経験から、彼は臨床的に万能的で優越的な態度が頑固な抵抗として働くことや、知的自己愛、インテリジェント・ナルシストといわれるタイプでは、治療者から与えられた解釈をすべて自分の理解であるかのように受け取り、解釈の意味を抜き取ったり、自分で理論を発展させたり、分析家の価値を一切認めようとしない患者について述べている。そうすることで患者は理想的な自己像を維持して、分析の発展を妨げるのであると述べている。

ローゼンフェルドは、このような患者の予後としては、分析家に対する関係を患者がどの程度認識できるかが重要であり、ある患者は自己愛の程度が比較的強くなく、より正常の対象を志向する自己の部分があり、それと統合することができると述べている。

次の論文は1971年の論文で、「生と死の本能の、精神分析的理論の臨床的アプローチ――ナルシシズムの攻撃的な側面についての考察」を書いているが、この論文では、更に自己愛の特徴を考察している。とくに破壊的な面について、ということは、治療において陰性治療反応を起こして、治療を途中で止めてしまったり、自殺行為を取ったり、いろいろな問題を起こすタイプの人であるが、そういう自己愛の破壊的な面について、フロイトの死の本能とクラインの羨望の考え方を参考にして、より深い考察を行なっている。

ローゼンフェルドは、フロイトが、自己愛的引きこもりと「死の本能」の関係に明らかに気付いていながら、それを考察しなかったことや、陰性治療反応が死の本能とは関係があると考えても、自己愛的な状態と関係があるとは考えなかったと述べている。彼はクラインの「妄想分裂ポジション」の研究が、自己愛の研究にいちばん貢献するものであると考えている。おそらくクラインの「妄想分裂ポジション」は日本でもよく知られていると思う。ローゼンフェルドはクラインの自己と対象を分裂させていく過程で、生と死の本能が配分されていくという考えを参考にしている。

クライニアンは、「生と死の本能」、あるいは羨望という言葉をよく使うが、これが色々論議を呼び起こしているところである。筆者自身もそれが内因的なもので有るという考えには賛成しかねるところもあるが、臨床的に重要なことは、破壊性（aggression）と「生の本能」——対象に対する愛情とか、そういう良い心性、その二つの心性の葛藤であるという考え方をしたということである。

彼は、自己愛の性愛的な面は、自己を過剰に評価して、自己を理想化することに関係していると考えている。そうすることにより、外界の良い対象を万能的に取り込み、すべてが自分に所属して、自分のコントロール下にあると感じることができる。逆に、自己愛の破壊的な面は、自己理想化が重要な役割を持っているが、このときは、自己の万能的で破壊的な部分が理想化されている。それによって、依存的で良い対象関係や、対象を求める自己の欲求などを破壊してしまう。これは、自己愛的な個人が外界に無関心であることと関係していると考えている。

彼は、ほとんどの患者の自己愛においてはこの二つの性質がみられ、程度の差があると考えている。臨床においては、自己愛の性愛的な面が優勢のときは、外的な対象の良い面を自分のものと思い込んでいたりするが、万能的な自己理想化が転移解釈によって脅かされると、その背後にある破壊性が明らかになって、患者は自分の羨望に気付き始める。

逆に、破壊的な面が優勢の場合は、羨望がより暴力的で、分析家を破壊してしまいたいと思い、更に自己破壊的な衝動を持つようになる。このようなときは、自分が分析家に依存していることに気付くよりは、死んだほうがましだと感じたり、治療の進展や洞察を破壊し、治療を止めようとしたりする。更に、自分の職業生活を駄目にしたり、自殺願望や、自殺企図、死の願望、死の理想化、すべてを忘却してしまうような状況が起こるようになる。このときは患者の自己全体が、破壊的で羨望に満ちた自己の一部に完全に同一化しているように見える。そして、患者自らの性愛的な自己を破壊し、人を世話する能力や自己の愛情を破壊してしまう。この問題が、治療においてうまく扱われると、治療者に対する思いやりなどが現れてくる。

ところが、ある患者においては、そのような破壊的な衝動が人格全体に恒常的にしみついて、対象関係に影響を与えるようになる。そのような患者は、自分の性愛的な自己がほとんど活動していず、人を愛したり思いやったりする力をほとんど取り除いてしまい、治療者を卑下し無関心になったり、治療者を懲らしめることに熱中したりするようになる。そして、対象を喪失することに、勝ち誇ったように意気揚々となったりする。

このように、自己全体が、破壊的自己愛的な自己の部分に同一化すると、しばしば組織的になってしまうものがある。ローゼンフェルドは、これはちょうど犯罪者組織のように、リーダーに率いられたギャングのようなものに例えることができると述べている。このような、組織的な防衛組織の目的は、現状を維持して、良性の自己を排除することにあり、援助を受けたり、自分が変化を受けたりすることが自分の弱さを意味し患者がそれに耐えられない。それによって治療に強力に抵抗をするということである。ローゼンフェルドは、ここには「生と死の本能」の倒錯的な融合があり、患者は攻撃的な衝動を一種の快楽と化して、倒錯的な対象関係に陥っていると述べている。

ローゼンフェルドは、彼の死後１９８７年に出版された、『治療の行き詰まりと解釈』という本の第３章で、自己愛と陰性治療反応、破壊的な自己愛と死の本能の関係、および治療の行き詰まりとの関係について考察しているが、その基本的な考えは、いま述べた二つの論文で述べられている。そのほかに、レスリー・ゾーン（Sohn. L.）と言う人もナルシシズムについて研究しているが、ここでは省略する。

一つつけ加えたいのは、このような自己の中に、ギャングのような他の良い自己の部分を圧倒的に支配してしまうような悪い自己が存在するという考えが、現在のクライニアンの中心的な考えになっていて、病理的組織化（pathological organization）というアイデアで、セルフがゆがんだ形でそれに同一化して、性倒錯とか嗜癖、境界例、自己愛、精神病など、重篤な患者の理解に役立てようという研究がいま盛んにされている。

筆者自身の症例を簡単に述べたい。これはローゼンフェルドの自己愛的な防衛を非常にはっきりと出している患者である。

筆者のところに、2年半、週2回ずつ通ってきた未婚の24歳の英国人の女性で、主訴は性的不感症である。5年ほどボーイフレンドとつき合っているが、性的な快感が全くないという主訴で受診している。職業はコンピュータープログラマー、3人きょうだいの年長で、3歳下の弟と5歳下の妹がいる。

父親は定職を持たず、美術の教師などの仕事をしている。ややエキセントリックな性格で、わがままで、ちょっとしたことで感情が爆発し、母親もいつも言うなりになっていたということである。父親に対抗するのは唯一患者だけで、そのほかのきょうだいは、父親が癇癪を起こすと、すぐ自分の部屋に閉じこもってしまうという状態であった。彼女は12歳のときに父親と最終的な大げんかをして、自分が勝ったと思い、それ以後父親とはまともな話をしてないと言っている。

患者によれば、母親は非常にやさしい受け身的な人で、看護婦（現在は看護師）として働いていたため、患者が幼少時・夜勤などでしばしば不在であったと言っている。

患者Aは、治療開始時は離婚歴のある15歳年上の男性B氏とつき合っていた。B氏は非常に熱心であるが、患者のほうは、自分が本当に好きなのかどうかよくわからないと言いながら、5年くらいつき合っている。

AのB氏とのつき合い方というのは特徴がある。彼女は、彼に、お互いの生活を干渉しないという条件を出している。そして、患者Aは数人のボーイフレンドを持っていて、毎日交代でデートを重ねている。ときにそういう人と性的な関係を結んだときには、性的な満足感を得ることができる。B氏との間だけはうまくいかない。B氏が他の女性や前妻と会っても、われ関せずを装っている。私はエピソードだけ取り上げているが、治療場面で私が、そういうことに対して患者は本当は嫉妬を感じたり、さびしく思っていることを指摘すると、患者は強く否定する。面接の後には「他のボーイフレンドとデートがあるんだ」と言ったり、性的な関係を持つ可能性があることをほのめかしたりする。

治療者が、Aは、治療者もそうした取り巻き連中の男性の一人にすぎないとみなそうとしていて、自分が治療を必要としていることを否認しようとしていることを指摘すると、笑って相手にしない。また、Aはそれだけ多くのボーイフレンドを持っていて、自分は彼らに対して好きとも何とも思わないのに、彼らのほうから自分を求めてきて、別に一人二人去っていっても、次がいるから大丈夫だと言う。

そういう話をしたときに、私が、Aはそうすることによって、だれと別れても次のボーイフレンドにすぐ乗りかえることができて、別れの苦痛を避けようとしているのであるとか、自分の人に頼り人を求めている部分を全部否定して、そのかわりに、これらのボーイフレンドにそうした自分の気持ちを投影していて彼らを軽蔑し、そういう自分の気持ちをコントロールしようとしているのだし、彼らをコントロールしようとしているのだと解釈したが、Aはただ黙って聞いているだけである。

こうしているうちに、B氏のほうがたまらなくなり、しばらく外国で季節労働者として働くと言い始めた。Aは私のところに来て、B氏は行きたければ行けばいい、自分には代わりはいくらでもいるとうそぶいていた。治療者が、患者は本当は彼を失いたくなくて、行ってほしくないと思っているのに、その別れの気持ちが大変苦痛なので、それを全部否定していることを何度も解釈した。

そうすると、Aは少しずつ自覚し始めて、別れのパーティーのときにグデングデンに酔っぱらい、B氏に「行くな」と泣きつき、醜態を演じた。Aはその後治療に来て、そのような失態を演じたのは自分の本心ではない、治療者に暗示にかけられたのだと言って、非常にいまいましく思って、治療者を非難している。

実際にB氏が外国に行ってしまうと、Aはその日から別のボーイフレンドとデートを始めた。治療に来ると、外国に行ったB氏のことは二、三日で過去の人になり、もう忘れてしまったと言う。治療者が、それが患者の見捨てられる不安の苦痛を何とか処理する方法であると再三指摘しても、はっきりした答えはない。

2週間後にB氏から、外国で病気になったので入院してしまった、良くなったら帰国したいと連絡してきた。Aは私のところで次のように言う。「せっかくB氏を忘れて新しい自由な生活を始めたのに、かえって迷惑だ」と。治療者が、Aはそうすることで自分を見捨てたB氏に復讐しようとしてるのであると言うと、ただ黙って聞いているだけである。

B氏が帰ってきて、Aのアパートでしばらく休養したが、そのように自分を頼ってくるB氏を、弱く見えてがっかりしたと軽蔑した。しかし、B氏は、外国に行ってみて彼女が必要だということがよくわかったということで、結婚してほしいとプロポーズした。Aはそのとき自分が勝ったと思い、意気高揚して哀れなB氏を軽蔑し、「するかどうかわからない」と答えている。しかし、別れはしない。

治療者が、患者は自分の人を求める気持ちを自分で軽蔑しているので、それを人の中に見ると、その人を軽蔑してしまうんだと指摘した。しかし、患者は何も答えず、聞いている。患者は、時々は真剣な顔で聞いたり、時々はほんとにバカにしたように聞いたり、いろいろな態度の違いがある。

この時期に注目すべきは、Aが母親に電話をかけたり、週末には郷里に帰り始めたことである。Aはこれを全くしなかった人であり、クリスマスイブでも帰らないくらいの人であったが、毎週帰るようになった。そして家に帰って、母親、きょうだいとよく話し合うようになった。あるいは、ロンドンに来ているきょうだい同士がお互い泊まり合ったりし始めた。私は、このことが患者が自己愛的な防衛機制を持っていても、他方で対象に向かう性愛的な自己が成長しつつあることを示していると考えた。

更に私が注目したのは、Aはロンドンからずっと遠いところの出身であるが、父親がロンドンに出てきて、Aのアパートに泊まらせてほしいと言ったときに、それまではかたくなに断っていたのに了承した。父親とも少しずつ対話を始めたわけである。

こうしているうちに、Aは自分がB氏から離れることができないのを悟り始め、結婚を承諾した。ただ、いつするかは明らかにせず、住居を探し出した後と約束し、二人で家探しを始めた。これは非常に象徴的な出来事であり、患者が対象と共通の世界を共有しようとする意思を表明したことになる。ただ、この家探しがすごく時間がかかる。どこの家に行っても気に入らないのである。半年以上、何十軒も家を見て、必ず気に入らないところが出てくるので、なかなか落ちつかない。

AのB氏に対する関係はまだ不安定であり、時々別の恋人とデートを重ねていた。そのような状況で、B氏が旅行を提案したが、旅行先でAがかたくなに性交渉を拒否した。B氏は怒り、別のガールフレンドを彼女に紹介したりした。Aは治療者に、「そんなことは自分は別に構わない、自分にはほかにボーイフレンドがたくさんいるんだ」と言い張っている。治療者が、Aは本当はB氏に怒っていて、その女性に激しく嫉妬しているんだということを指摘しても、認めようとしない。

しかし、Aは突然に職場をロンドンから2時間もかかる小さな町に変えてしまうことにした。治療者が、これは明らかに患者がB氏に怒っていて、嫉妬に苦しんでいるので、それから逃げ出し、B氏に抗議するためにしているんだと言ったが、Aは聞き入れない。そのために治療には、週2回、片道2時間運転して私のところに来ることにした。

しかし、いざ新しい職場に行くと、Aは最初の日でこの職場は自分に合わないと感じて、契約違反の賠償金を支払ってまで、ロンドンの職場に帰ってきた。治療者は、これは明らかにAがB氏を必要としていると感じているからであり、それに患者は気づきたくないことや、もしそれに気づくと、自分が嫉妬を感じたり、見捨てられる苦痛な体験を持ったりすることになるからであると再三指摘した。これには患者は激しく治療者に怒り、治療者の言ってることは何の助けにもならない、言ってることも訳の分からないことだといって、途中で部屋から出ていってしまった。

ある別なエピソードであるが、治療者の2週間の冬休みによる治療中断の後、最初のセッションのときに、雪のために患者が45分間遅刻して、息を切らせて治療者の部屋に駆け込んできた。そのときは、次の患者の時間の都合で5分しか時間が取れなかった。Aが入室して治療者に会った途端に、自分が治療者に会おうとして、渋滞を我慢してわざわざやってきたことに突然気づき、実にいまいましそうな顔をした。彼女にとって、意識的には治療者は多くの取り巻きの男性の一人にすぎなくて、いつでも取り替えのきく対象のはずであったのに、自分が必要としていることに気づく羽目になったために、非常にいまいましく思ったのである。

このように、Aは、自分が対象を必要としていることを一切否認していて、自分の依存心を対象に投影して、自分は周りのすべての男性から愛されていて、彼らは自分のコントロール下にあるという、万能的な自己愛的な世界に住んでいる。治療者との関係の重要性を直接認めることは、言葉でははっきり肯定しないのであるが、治療者が、彼女のこうした自己愛的な防衛機制をことあるごとに解釈していくうちに、母親とか家族などに会うようになった。

先ほど述べたように、この患者は週2回ほど、2年3ヶ月間、ほとんど休むことなく治療にやってきた。また、その間、別のボーイフレンド——特別に自分に耳を傾けてくれて、何でも理解してくれる人をつくり出して、毎週定期的にその人と話し込むようになった。治療者は、これは明らかに陽性転移の部分を表わすものであると解釈した。患者はうなずくくらいで、はっきり肯定はしなかったが、私は、彼女はわかっているという感じがした。

こういう対象関係の形成には、明らかに父親とのサドマゾ的な関係が関与していると考えられるし、更に、自分の欲求を満たしてくれるべき母親がしばしば不在であったということが関係あると思われる。

そのほかにも、いろいろエピソードを聞いてみると、Aは外傷的な体験をよくした人である。そのときにAがどういう防衛機制をとったかというと、おそらく、父親の非常に攻撃的な態度と同一化することによって、自分の苦痛な体験を処理しようとしたと思う。

私がここで使っている技法は、ローゼンフェルドが述べている、万能とか投影、取り入れ、投影性同一視などからなる自己愛的な防衛による患者の分離体験、あるいは外傷的な体験に対する防衛を解釈することに集中することである。実際には、患者の対象を求める気持ちとか、依存心とか、対象喪失のときの体験とか、そういうものが否認されていると感じたときに、それをコンフロンテーションするようにしている。

実際にそういうアプローチをしていると、患者の性愛的な、いわゆる対象を求める気持ちがだんだんと強くなって、結局は、もとの恋人B氏といよいよ結婚するという話になった。ちょうどその頃に私の治療が終了した。

注

本論文は教育研修セミナーの発表記録を訂正したものである。

文献

（1）Abraham, K.（1919/1927）A Particular Form of Neurotic Resistance Against the Psychoanalytic Method. In *Selected Papers of Karl Abraham*. Hogarth Press.

（2）Freud, S.（1914）On Narcissism: An Introduction. In *Standard Edition*, Vol. 14 : pp. 67–102. Hogarth Press.〔懸田克躬訳（1969）

「ナルシシズム入門」『フロイト著作集5』人文書院〕
（3）Reich, W.（1933）*Character Analysis*. Orgone Institute Press.
（4）Rosenfeld, H.（1964/1965）On the Psychopathology of Narcissism: A Clinical Approach. In *Psychotic States*. Hogarth Press.
（5）Rosenfeld, H.（1971）A Clinical Approach to the Psychoanalytic Theory of the Life and Death Instincts : An Investigation into the Aggressive Aspects of Narcissism. *International Journal of Psychoanalysis*, 52 : 169-178.〔松木邦裕訳（1993）「生と死の本能についての精神分析理論への臨床からの接近」『メラニークライン トゥデイ2』岩崎学術出版社〕
（6）Rosenfeld, H.（1987）*Impasse and Interpretation*. Tavistock.
（7）Sohn, L.（1985/1988）Narcissistic Organization, Projective Identification and the Formation of the Identificate. *International Journal of Psychoanalysis*, Vol. 66 : 201-213. In *Melanie Klein Today*, Vol. 1. Routledge.〔東中園聡訳（1993）「自己愛構造体、投影同一化とアイデンティフィケート形成」『メラニークライン トゥデイ2』岩崎学術出版社〕
（8）Steiner, J.（1993）*Psychic Retreats*. Routledge.〔衣笠隆幸監訳（1997）『こころの退避』岩崎学術出版社〕

〔『精神分析研究』35巻5号、1992年〕

3章　エロス（生の本能）の問題――フロイトからクラインへ

1　精神分析におけるエロスの定義

エロス本来の意味は、ギリシャ語の愛と愛の神を意味している。

フロイトがこの概念を使用したのは、1920年の「快楽原則を越えて」(Beyond the Pleasure Principle）の論文の中である。彼はそれまでの性欲動論、リビドー論では説明しきれない「反復強迫」(repetition conpulsion）の問題を説明するために、「生の本能」(life instinct）と「死の本能」(death instinct）の本能二元論を打ち立てた。そして、彼はそれを「エロス」(Eros）と「タナトス」(Thanatos）とも呼んだのである。

フロイトは「エロス」(生の本能）とリビドー、性欲動をほとんど同義に使う場合もあるが、定義上「エロス」は性欲動、リビドー、自己保存本能などを包括する上位概念であり、「タナトス」(死の本能）と対立するものとして考えている。そして心的活動の基底に、この二つの本能の葛藤があると考えている。

ちなみにフロイトの前半の精神分析学においては性欲動論が中心であり、しかもその性欲動の定義は、一般にいわれる成人の生殖機能に関するものよりは遥かに拡大されたものであった。すなわち彼は、乳幼児期からの精神性発達について研究し、身体生物的な本能論を中心にして、口唇期（授乳期)、肛門期（1～2歳)、男根期（3～5歳)、潜伏期（6歳～思春期)、性器期（思春期以降）の年齢的な段階的な発達を続けていくものと考えた。そして「快楽原則」(pleasure Principle）が、重要なものであると考えていた。特に神経症の病理学として、フロイトは男根期の幼児の両親との性欲動を中心にした葛藤、つまり「エディプス・コンプレックス」(Oedipus Complex)における幼児の葛藤が、病理的無意識の形成におおきな役割を演じていることを強調した。

フロイトはここで中心的に働く本能を性欲動と呼び、その量的な面をリビドーと呼んだ。そのために彼が病理学的に注目したものは性欲動に関するものであって、「原光景」(primal scene)や「エディプス・コンプレックス」であり、性愛の世界における外傷的な体験や性愛的な空想、マスターベーション空想などの病理的な意味について注目していた。

フロイトは「死の本能」や「破壊性」などに言及したが、終生性欲動論、リビドー論に注目し続け、後者の方が神経症の中心の問題であると考えていた。

本章においては、クラインがフロイトの性欲動論から「生と死の本能」論へと関心を移していく中で、彼女独自の精神分析理論を発展させてきた経過を紹介したい。

2 子供の分析と遊戯療法の時代(1919~1932)

この時期は、クラインが幼児の分析療法を確立し、フロイトの欲動論、構造論に基づいて「エディプス・コンプレックス」「原光景」「超自我」「精神性発達」などの概念を更に研究し、発展させた時期である。そしてこの時期はフロイトが人生後半においてもっとも創造的であった1920年代と同時期であり、クライン自身意識的に性欲論、超自我論を中心にしたフロイトの基本的な理論を継承している。そのために使用する用語はほとんど古典的精神分析のものである。

クラインは子供の分析の創始者の一人であり、当時の他の児童分析家達が6歳以下の子供は治療の対象とはみなしていない時に、フロイトの前エディプス期の年齢に当たる2~3歳の子供の遊戯療法を積極的に行った。そして彼女は、言語的な表現能力のあまり発達していない幼い子供達が、おもちゃによる遊びや、様々な行動、切り紙、絵画、治療者を巻き込む「ごっこ遊び」などによって、豊かな「内的な世界」(internal world)の「幻想」(phantasy)を表現していることを発見したのである。その集大成は1932年に出版された『児童の精神分析』(*The Psycho-Analysis of Children*)の中に、詳しい臨床観察と共に遊戯療法の技法が記述されている。

彼女はこれを「早期分析」(Early Analysis)と名付けたが、1923年頃までには既にその技法を確立していた。つまり、子供の治療室は、成人と同じように正式の診察室が用意されるべきであり、そこにおいては、子供の心をある方向に誘導するようなゲームなどのおもちゃはできるだけ避け、小さな人形、描画用の道具、鋏、紙、手洗い、洗面器などを用意しておく。時間的には成人と同じく50分、週5回行うなどである。更にクラインは、子供の遊びや活動は、子供の内的な幻想を見事に表現していて、成人の自由連想に匹敵するものであり、そして子供は非常に早期から「内的な世界」「無意識の幻想」の世界を持ち、それが治療者に「転移」されると考えたのである。これは当時の他の子供の治療者が、6歳以前の子供は内的な世界もなく、転移も起こさないと考えていたことと大きな相違点である。

1932年の『児童の精神分析』の中では、彼女は詳細な子供の遊びとそれが表現しているサディスティックな幻想に満ちた世界を記述している。そして、クラインは、2~3歳の幼い子供が既に「エディプス・コンプレックス」を経験し、「超自我」(super-ego)も形成していることを発見した。そしてこれらの考えは分析家の間で議論を呼ぶことになるのであるが、最近では多くの賛同者を得ている。

そしてクラインは、当時のフロイト理論の主流であった性欲論的な視点で患者の遊戯の内容を理解し、それを解釈していったのである。すなわち子供の遊びの中に、早期の「エディプス・コンプレックス」と、原始的な「超自我」を読み取っていった。そのために彼女の解釈内容は性的な色彩のものが多く、両親の性交や原光景、マスターベーション空想などに焦点を当てた理解と解釈をしていったのである(この当時は、クラインは子供の無意識の幻想を明らかにすることに焦点を当てている。しかもそれが性欲動を中心にした解釈であったので、後にクラインの分析技法といえば、そのようなサディスティックな性的な幻想を直接解釈するものであるという神話が生まれた。しかし、クライン自身や彼女の後継者によって技法は発展し、現在では子供の分析においても、幻想の内容を性的なリビドー論的な視点からのみ理解して解釈することはほとんどなく、もっと二つの「ポジション」の対象関係に注目し、破壊性や対象への愛情と依存の問題として、治療者との転移関係を中心に解釈していくことが多いのである。他方ではこの時代にクラインが解釈に使用した身体の解剖学的な用語は、幼い子供の場合は理解できることがあるという意見もあり、メルツァー[Meltzer, D.]のグループはそういう傾向が見られる。成人の分析においては、子供の精神分析に見られるような解剖学的な用語を使用することは1950年代からはほとんど見られず、日常的な機能的な言語による解釈が行われている。因みにクラインは、ポジションの理論［1935］を提出した頃から、徐々に成人の精神病の治療に関心を移していった)。

しかし重要なことは、彼女が観察した子供の遊びには、彼女が性愛的な葛藤の面を強調するにしても、実際にはサディスティックな色彩が極めて顕著なことである。実際にクラインは、これ以後サディズムつまり「攻撃性」をより重視するようになり、性愛の問題はむしろ攻撃性によって影響を受けて、サディスティックなものになっていると考えるようになった。そして、不安や罪悪感などは、フロイトが考えていたように性欲動の葛藤の問題ではなくて、対象に対する「攻撃性」「破壊性」の問題であり、それらが「死の本能」の発露であると考えたのである。

3 超自我論

クラインは『児童の精神分析』の中で「超自我」の形成が、フロイトのいったものよりも遥かに早期に始まることを述べている。

周知のように、フロイトは、超自我形成においても性欲動の葛藤が重要な働きを示していると考え、3～5歳児の「エディプス・コンプレックス」において、異性の親に対する性愛的な願望が同性の両親によって禁止される経験を通して、そのような禁止する両親を内在化し同一化することによって超自我が形成されると考えた。つまりフロイトによると、子供の超自我は保育園児の年齢の頃の「エディプス・コンプレックス」が解決された時に初めて形成されるのである。

クラインは、早期分析の経験によって、「超自我」が既に2～3歳の患者の中に認められ、「超自我」の形成は、母親との体験において主として「悪い対象」を内在化することによって形成され、口唇期の後期（0歳後半）には既に存在すると考えた。そしてそれはクラインのいう早期の「エディプス・コンプレックス」以前に存在し、むしろ「エディプス・コンプレックス」の変遷を促進すると考えたのである（これは「超自我」は、「エディプス・コンプレックス」が解決された後に形成されるというフロイトの意見に対立するものである）。そして彼女が、「超自我」の形成に重要な働きをしているのは性愛的なものではなくて、欲求不満を与える「悪い乳房」であり、その攻撃的な性質は子供自身の「攻撃性」や怒りが、乳房や母親に投影されたものであると考えた。彼女は、病因論において性欲動論に別れを告げ、「死の本能」と「攻撃性」へより注目し始めているのである。そしてこの傾向は、クラインが1935年に「抑鬱ポジション」の概念を提唱した後には、更にはっきりとしたものになり、クラインは性愛的なものをほとんど二次的な問題としてみなすようになるのである。

4　クラインによる「エディプス・コンプレックス」論の修正——男性性と女性性の成立の問題

クラインは性欲動論をすべて破棄したわけではなく、精神性発達における男性性と女性性の発達の基礎について、クライン独自の発達論を提出している。

フロイトにおいては，「エディプス・コンプレックス」は，3～5歳の頃に見られるものである。そして彼が「男根期」と名付けているように，葛藤の中心にある不安は両親との性愛的な三角関係をめぐる「去勢不安」（castration anxiety）であった。すなわち，男の子は自分が母親に性愛的な願望を抱くと，父親に自分の男根を切り取られてしまうという恐怖を抱き，そのような母親に対する願望を断念して，代わりに父親と同一化して道徳的な超自我を形成していき，男性性の確立の基礎を作っていく。

女の子の場合は，自分が最初から男根を切り取られている存在とみなし，男根をくれなかった母親に対して激しい恨みを抱く。そして，男根を持っている父親や兄弟に激しい羨望を抱く（男根羨望：penus envy）。そして自分も男根を手に入れたいと思い，父親の男根を手に入れたいと願望するが，それを男根の象徴である子供を願望することによって断念していくのである。そして女の子は思春期まで膣を発見することはないと，フロイトは述べている。

つまり男の子は去勢コンプレックスによって「エディプス・コンプレックス」が終わり，女の子の場合には去勢コンプレックスによって，「エディプス・コンプレックス」が始まるのである。

この理論は，あくまで男性性（男根）を中心にした理論であり，女性性の発達論については，フロイトは自分自身も満足のいく説明はできなかったようである。彼にとっては女性性の問題は頭痛の種であった。

以上のようなフロイトのエディプス論と男女の性発達論に大幅な修正を加え，とくに女性の「エディプス・コンプレックス」について新しい理論を提出したのがクラインである。

彼女は遊戯療法によって幼い子供の内的な幻想の世界を理解していくにつれて，男の子にとっても女の子にとっても，フロイトのいう前エディプス期の口唇期，肛門期の時期における母親との経験が，大きな役割を果たしていることを見出したのである。

クラインによると女の子の場合には，最初母親の乳房に対して愛情と羨望の念を抱き，自分に欲しいお乳を与えない乳房を噛み切ったり飲み尽くしたりするという激しい攻撃的な体験と愛着の念を抱く。しかし口唇期後期になると、女の子は母親の身体全体に関心を抱き、母親の体内に含まれている父親の男根や赤ん坊に対して、激しい「羨望」や破壊的な幻想を抱くようになる。彼女は、母親からそれらをえぐり出して自分の物にしたり抹殺してしまいたいという破壊的な願望と、自分が愛着する母親との間で葛藤するのである（口唇期後期における早期「エディプス・コンプレックス」の形成）。そしてそのような激しい怒りや破壊性を向けた対象から報復されることを恐れるのである。幼児は、その時に更に「良い対象」を取り入れることによって、その葛藤を乗り越えていく。言い換えればこの時期の「エディプス・コンプレックス」は、口唇期的、肛門期的な性質を持つものである。

更に成長すると、父親はより全体的な、母親から分離された存在として認知されるようになり、エディプス・コンプレックスは、フロイトが主として研究した、より男根期的なものになる。

男の子の場合には、女の子と同様に、初期において母親の乳房や体内に存在する、男根や赤ん坊に対する羨望と攻撃性の葛藤を経験する。そしてそのような葛藤を、「良い対象」（良い母親）を内在化し同一化することによって乗り越えていくのである。クラインはこの時期の男の子の母親との関係を「女性的態勢」（feminin position）と呼び、男性性の形成のために重要なものと考えている。この段階の葛藤がうまく処理されていない男の子は、より後期の男根期的な「エディプス・コンプレックス」を処理することができず、後の性倒錯などの障害の素因となると考えている。

5　クラインの「生の本能」と「死の本能」に対する注目

上述したようにフロイトがこれらの概念を提出したのは、比較的後期になってからである（１９２０年）。そして攻撃性や破壊性の重要性に注目し、サディズムやマゾヒズムと攻撃性の関係に注目するようになった。ただしフロイトは最後まで性欲動論、リビドー論を中心にした理論構成を行っていて、攻撃性の問題をうまく統合できなかったのである。

フロイトの定義では、「死の本能」は生物学的なもので、すべての生命が土に帰ろうとする自己の生命を終焉させようとする本能であると考えている。そして、臨床的に破壊的な衝動や憎しみなどは、その派生物であると考えている。「生の本能」も生物学的な考えに基づいていて、生命をまとめ上げ統合していくもので、「死の本能」と対抗するものであると考えている。

クラインは、1932年の『児童の精神分析』の中において、ほとんどは性欲動論を中心にした理解を提示しているが、母親の身体に対する破壊的でサディスティックな幻想を抱いていく、幼児の幻想の在り方の中に「死の本能」の発現を見ている。そして、「生の本能」と「死の本能」の臨床的な現れは、対象に対する「愛」と「憎しみ」であるという極めて対象関係論的な情緒の問題として語っていて、彼女の「生の本能」「死の本能」の暗黙の内の定義は、フロイトのいったような生物的な物ではなくて、対象関係論に基づく人間学的なものになっている。因みにクラインは、「生の本能」「死の本能」の用語を用いて、「エロス」と「タナトス」の用語はほとんど使用していない。

そしてクラインはこれ以降は、「死の本能」と破壊性の問題に更に注目していき、彼女にとって性欲動論やリビドー論は、二次的なものに後退していくのである。つまり「生の本能」の現れ方の一部に性欲動的な世界があるが、彼女が注目したものは「良い対象」「良い乳房」など、幼児を世話し自分に満足を与え、迫害的な恐怖の世界から自分を守ってくれる対象としての面である。そしてクラインは精神性発達の混乱は、破壊性、憎しみの影響によるものと考え、性欲動の葛藤は暗黙の内に精神病理の一次的中核的なものではないとみなすようになった。

6 「抑鬱ポジション」と「妄想分裂ポジション」

1932年の『児童の精神分析』の中には、極めて豊かな子供の内的な世界の幻想が生き生きと描かれている。そしてそれらは新しい発見の興奮に包まれている。その記述自体は決して整理されたものではなく、前述のようにクラインはできるだけ古典的な精神性発達論に基づく視点からの理解を行おうとしている。しかし他方では、新しい思考を促すような概念が既に見られる。それらは、「内的な対象」「外的な対象」「早期の精神病的な不安」などである。更に上述したように「攻撃性」「破壊性」に注目し「生と死の本能」の視点を取り入れている。

そして1935年から十年間にわたって、クラインは「抑鬱ポジション」(Depressive Position, 1935)「妄想分裂ポジション」(Paranoid-Schizoid Position, 1946) の斬新な概念を提出して、『児童の精神分析』の世界で記述された豊富な原始的な幻想の世界を、発達論的に見事に整理することのできる理論を提供したのである。そして『児童の精神分析』の時よりも「生の本能」と「死の本能」のバランスの取れた活動が、理論的により明確に位置付けられている。そして、やはり「生の本能」の非性欲動的な面に焦点が当てられていて、性欲動の問題は比較的発達後期までほとんど登場しない。すなわち「エディプス・コンプレックス」の問題は、「抑鬱ポジション」に達した後に遅まきながら登場してくるのである。

(1)「妄想分裂ポジション」

実際にはこの概念は「抑鬱ポジション」より後になって提出されたが、発達的に早期に位置するので先に述べたい。

クラインは、このポジションの活動は生後3ヶ月位の乳児に見られるものであると述べている。乳児にとっての対象は、主として母親の乳房であり、母親の手や顔など、身体が全体的なものとは認識することができない（部分対象：part object）。乳児は、自分を満足させてくれる乳房に対しては、「生の本能」を乳房に投影して「良い対象」（good object）を造り上げ、自己に取り入れて自己の中核としていく。反対に、自分にお乳を与えてくれない乳房に対しては、「死の本能」を投影して「悪い対象」（bad object）と見なし、乳児は激しい攻撃を向けるのである。そして乳児はそのような悪い対象は、できるだけ自己から遠ざけるために頻繁に対象に投影する。

そして乳児は、この二種類の部分対象が、同一の母親の乳房とは認知出来ないために、「良い対象」を高く理想化して強い愛情を向ける。逆に「悪い対象」に対しては、激しい憎しみを向けて攻撃するのである。そして、自己の攻撃性を「悪い対象」に投影しているために、乳児はその「悪い対象」から報復を受けて、自己が抹殺されるという「迫害的不安」（persecutory anxiety）を抱くのである。

このような事態に対処するために、乳児は、様々な原始的な防衛機制を採用する。つまり、分裂（spliting）、投影（projection）、取り入れ（introjection）、投影性同一視（projective identification）、否認（denial）、理想化（idealization）などである。

ここではクラインは、迫害的な「悪い対象」を意味付けるものが、乳児自身の「死の本能」つまり「憎しみ」「攻撃性」が対象に投影されたものであり、それは内因的なものであると考えている。つまりその対象の迫害的攻撃性の程度は、乳児の素質的な攻撃性の程度によって決定されると考えているのである。

更に「良い対象」についても、乳児の遺伝的内因的な「生の本能」が投影されたものである。しかもクラインは「生の本能」の性愛的な要素についてはほとんど触れることなく、古典的な精神性発達論からの明らかな脱却が見られるのである。つまり「良い対象」とは、空腹を満たし、身体を快適にし、迫害的な対象の世界から自分を守ってくれるような、いわゆる母親との良い体験の世界におけるものであり、性欲動的なニュアンスはほとんど強調されないのである。

(2)「抑鬱ポジション」

これはクラインによると、生後6ヶ月頃から2歳頃まで徐々に発展しながら見られる対象関係である。生後6ヶ月頃になると、乳児はそれまで分裂していた、激しい憎しみを向けていた「悪い対象」と強い愛情を向けていた「良い対象」が、実は同一の対象であることに気付くようになる。この時に乳児は、強い葛藤を体験することになる。乳児は、自分の攻撃性に対して責任を感じ、対象を失う不安や、強い罪悪感、自責感を抱くようになる。つまりこの時期の不安の特徴は「抑鬱的不安」(depressive anxiety) である。この葛藤は非常に辛いものなので、乳児はそれらの体験をもたらすものを、やはり「妄想分裂ポジション」で使用した防衛機制で処理しようとする。「良い対象関係」が「悪い対象関係」を凌駕する場合は、それでも「全体的対象」(whole object) への統合が進み、幼児は「抑鬱的不安」に対処でき、更なる発達に向かうことができる。更にこの時期になると、幼児は「躁的防衛」(manic defence) を使用するようになり、「抑鬱的不安」の苦痛な体験を否認しようとする。

クラインは、この時期に「超自我」が「悪い内的な対象」と「良い内的な対象」が統合されることによってできあがると考えている。更に、早期の「エディプス・コンプレックス」が始まると考えている。つまり、母親の身体は全体的なものと捕らえられているが、父親は未だに部分的な対象として、母親の体内に赤ん坊と一緒に含まれている男根として体験されるのである。この、父親像が徐々に全体的なものになり、母親から次第に分離したものになる時に「結合した両親」像 (combined parents) が出現し、そこでは両親がお互いに口唇期的、肛門期的な快楽を永遠に分かち合ったり、口唇期、肛門期サディズムによってお互いを傷付けあっているような、前-男根期的な「エディプス・コンプレックス」が見られる。この前-男根期的な早期の「エディプス・コンプレックス」の発見は、クラインの業績の一つである。

しかし重要なことは、「抑鬱ポジション」において中心的なものは、まず愛情対象に対する破壊的攻撃性の葛藤であり、あくまで「良い対象」に対する攻撃性によって生ずるアンビバレントである。そして早期の「超自我」が形成されるのであるが、そこには性愛衝動の関与は重要ではないのである。そして性欲動的な活動の結果である「エディプス・コンプレックス」は、更なる攻撃性や羨望を刺激するものとして登場し、事態をますます複雑にしていく。そして早期の「超自我」に、性愛的な行動を統制する「超自我」が追加されていくのである。

このように、クラインはフロイトの「生の本能」（エロス）の働きを、口唇期的、肛門期的なものに集中させているが、その機能を愛情的なものと性欲動的なものの二つに分けていると考えることができる。つまりクラインは、極めて早期の「妄想分裂ポジション」の時期においては、「生の本能」が乳児に様々な養育上の満足を与えてくれる「良い乳房」「良い対象」の形成と、それに対する「愛情」全般を形成することに重点を置いている。そして「抑鬱ポジション」において、「生の本能」の性欲動的な面が、「エディプス・コンプレックス」の活動にかかわるものと考えているのである。

実際にクラインをはじめウィニコット（Winnicott, D. W.）、フェアバーン（Fairbairn, D.）など（広義の）対象関係論者達は性欲動論を中心におかず、対象関係における依存や愛情、対象希求の問題へと脱性欲動論化を進めているのである。

7　羨望

1957年に発表した論文「羨望と感謝」の中で、クラインは最後の理論的な貢献を行ったが、それは「羨望」（envy）の新しい考察である。クラインは、治療にかたくなに抵抗し破壊的に振る舞ういわゆる「陰性治療反応」（negative therapeutic reaction）を示す患者の研究に関心を向け、それが「羨望」によるものであると述べるようになった。この「羨望」は内因的遺伝的なもので、「死の本能」の現れの一つであると考えられた。「羨望」によって、乳児は与えられた「良い乳房」「良い対象」との関係をすべて破壊してしまい、良い対象関係の内的世界が発達しないために、重篤な精神病的な素因を形成するのである。

この「羨望」が素質的に強い患者は、臨床においてあらゆる機会を破壊してしまい、治療の中で良くなることができない。患者は、治療者の能力を妬ましく思い、治療が成功し良い関係を作っていくことを、自ら積極的に破壊してしまうのである。

この「羨望」は、一次的には母親の乳房に向かい、豊饒な乳房から栄養のあるお乳を受け取ることを拒否し、心の中で内的な良い乳房を破壊してしまうものである。そして更にそれが、母親の身体の中にある赤ん坊や父親の男根に対して向けられ、早期の「エディプス・コンプレックス」は、このような「羨望」を更に強化するのである。

ここでもやはり、性欲動の問題は二次的なものとして扱われ、あくまで「死の本能」に基づく破壊性や攻撃性の問題が病理の中心に据えられている。

ただし見逃してならないのは、それらの破壊的な内的対象関係の世界の統合と処理を行うことができるのは、「生の本能」に由来する「良い対象」の内在化によるということであり、クラインが陰性の転移（negative transference）ばかりに集中して関心を向け、解釈をしていた訳ではないことである。

8　おわりに

フロイトのエロス論を、彼の性欲動論、リビドー論から、「生と死の本能」論への変遷をとおして簡単に紹介した。そしてそれに並行して、クラインがフロイトの本能論を巧みに取り入れながら、彼女独自の対象関係論と「生と死の本能」論を混合した理論を構築していったことを概説した。

精神性発達の研究に関するクラインの大きな貢献は、女性性と男性性の成立に早期の母親との関係や早期「エディプス・コンプレックス」が大きな影響を与えていることを発見したことである。

更にクラインは、病因論的に「攻撃性」「死の本能」の問題の重要性に気付いていき、ついには「生の本能」（エロス）の性愛的な面を、病因論的には二次的なものとして扱うようになったことを示した。そしてそれらが、クラインの「早期分析」を出発点にした、乳幼児の早期の対象との関係に注目していったことから始まったことを示した。

参考文献

（1）Freud. S.（1905/1953）Three Essays on the Theory of Sexuality. In *Standard Edition*, Vol. 7, pp. 125-245. Hogarth Press.

（2）Freud, S.（1920-1922/1955）Beyond the Pleasure Principle. In *Standard Edition*, Vol. 18. Hogarth Press.〔小此木啓吾訳（1970）「快感原則の彼岸」『フロイト著作集6』人文書院〕

（3）Freud, S.（1923/1961）The Ego and the Id. In *Standard Edition*, Vol. 19, pp. 3-66. Hogarth Press.〔小此木啓吾訳（1970）「自我とエス」『フロイト著作集6』人文書院〕

（4）Guntrip, H.（1977）*Personality Structure and Human Interaction*. Hogarth Press.

（5）Klein, M.（1921-1945/1975）Love, Guilt and Reparation and Other Works. In *The Writings of Melanie Klein*, Vol. 1. Hogarth Press.

（6）Klein, M.（1932/1975）Psychoanalysis of Children. In *The Writings of Melanie Klein*, Vol. 2. Hogarth Press.〔衣笠隆幸訳（1997）『メラニー・クライン著作集2』誠信書房〕

（7）Klein, M.（1946-1963/1975）Envy and Gratitude and Other Works. In *The Writings of Melanie Klein*, Vol. 3. Hogarth Press.

（8）Laplanche, J. & Pontalis, J. B.（1967）*Vocabulaire de la psychanalyse*. Presses Universitaires de France.〔村上仁監訳（1977）『精神分析用語辞典』みすず書房〕

（9）Segal, H.（1973）*Introduction to the Work of Melanie Klein*. Hogarth Press.〔岩崎徹也訳（1977）『メラニー・クライン入門』岩崎学術出版社〕

（10）Segal, H.（1979）*Klein*. Fontana.

（11）Spillius, E. B.（1988/1989）*Melanie Klein Today*, Vol. 1, 2. Routledge.〔松木邦裕監訳（1993/2000）『メラニー・クライン トゥ

デイ1、2、3』岩崎学術出版社〕

〔『イマーゴ』3巻3号、1992年〕

4章　成人患者の早期エディプス・コンプレックス

1　はじめに

この主題は、フロイトの古典的発達論に準拠するか、クラインの発達論に準拠するかによってその意味合いが異なってくる。筆者は、クラインの発達論と臨床技法を基調に考察を行いたい。

周知のようにフロイト[3][4]は、口唇期、肛門期、性器期（男根期）の発達論を提唱し、神経症においては、男根期における（3〜5歳）子供と両親との三角関係であるエディプス・コンプレックスが、病因的にもっとも重要なものとみなした。そして「超自我」はこのエディプス・コンプレックスの解消の後に、両親像、特に父親像の取り入れによって形成されると考えた。フロイトおよび自我心理学派は、前性器期（口唇期、肛門期）においては子供の超自我や内界は形成されず、転移を形成することもできないために、前性器期の年齢の子供は自我支持的な技法の修正を必要とし、標準的な精神分析の対象とはならないと考えている。また成人の患者において前性器期心性の状態にある精神病などの患者は、やはり自我支持的な技法の修正を必要とすると考えている。またそれはエディプス・コンプレックスに直面することに対する抵抗状態で、前性器期的段階への悪性の退行であると考えられている。

１９２０年代にクライン[6]は、2〜3歳の前性器期の年齢の子供の遊戯療法を通して、その年代の子供には既に原始的なエディプス・コンプレックスが存在し、超自我も存在すると考えるようになった。彼女の理論においては、古典的な精神分析の考え方に反するものがあり、口唇期、肛門期における「前性器期的エディプス・コンプレックス」の問題を提出した。クラインは、男根期にエディプス・コンプレックスが始まると考えているフロイトの考え方を修正して、両親と子供における三角関係の葛藤は、0歳～2歳の口唇期、肛門期から既に始まっていると考えた。（注1）彼女の理論によると、発達初期から口唇期的、肛門期的、性器期的な性愛の要素は存在し、早期からそれらの葛藤がエディプス・コンプレックスやサディズムの形をとって表現されると考えている。また彼女は、前性器期的な葛藤の問題が、フロイトの言うエディプス・コンプレックスとともに並存して存続し、統合されて解消されるものではないと考えている。

以上のようなクラインによるこの発達論と病因論の修正は、古典派の分析家たちの批判の対象となった。

2　クラインの早期エディプス・コンプレックス論

ここで問題の整理のために、クラインのエディプス・コンプレックスについての理論的視点の発展について述べてみたい。

（1）遊戯療法（1920年代～1930年代前半）[7]

クラインは2～3歳の前性器期、フロイトのいうプレエディプスの年齢の子供の遊びの中に、性交をする両親にたいする攻撃、その報復に怯える子供、部分的器官としての母親の性器や、母親の体内とそこに存在する父親の「部分対象」(part object) としての男根との関係などが、象徴的に表現されていることを見いだした。そして子供の無意識的幻想の世界における部分対象的エディプス・コンプレックスが見られることを発見した。また同時に、そのような前性器期にある幼い子供に、既に厳しい迫害的な「超自我」も存在することを発見した。更に同時に欲求不満を与える乳房に対する攻撃と破壊、迫害的不安におびえる状態を観察し、部分対象関係における二者関係の葛藤と早期エディプス的な三者関係の葛藤が、並行して同時に存在していることを観察している。彼女は、子供の遊びによって表現される無意識的幻想の内容に焦点を当てて観察を行ったのであるが、この体験が、早期から乳幼児の内界には、口唇期的、肛門期的、性器期的な葛藤が並存しているという主張の基礎になった。

当時の彼女の「部分対象」という概念は、子供の遊びによって表現される無意識的幻想における解剖学的な部分的身体器官のことを指していた。しかし成人の治療においては、そのような具体的なイメージが患者によって語られることは少なく、一部の夢の中や精神病的患者の幻想の中で表現されることが明らかになってきた。これは特に１９５０年代になってビオンなどによって明らかにされ、成人患者においては、そのような部分対象的母親や父親の関係は、機能言語によって部分的な機能として言語的に表現されることが明確にされた。

クラインが子供の遊戯療法（play therapy）の研究を行った１９２０年代には、フロイトのエディプス・コンプレックス、超自我、原光景などの概念が精神分析の中心的なものになっていた。そのためクラインが、子供の遊戯によって表現される無意識的幻想を、そのような概念に基づく観点から観察したのは当然であった。そして『児童の精神分析』（１９３２）[7]の中においては、子供の遊びの展開について、性器性愛的な視点からの解釈が多いが、攻撃性やサディズム、対象からの迫害的な報復の不安、原始的な罪悪感などの細かい記述も多く見られる。そして後になると、サディズム、攻撃性と破壊性の面に重点をおくようになり、性愛的な面は徐々に後退していくことになる。彼女がそのような複雑な早期コンプレックスが既に２歳の子供に存在していることを発見したことが、彼女に革命的な発想を提供することになった。

（２）結合した両親

クラインは前性器期の子供の遊びの中に、特有の原光景のイメージを観察したのであるが、彼女はそれを「結合した両親」（combined parents）として記述するようになった。それは幼児の幻想において、両親が合体して、性器期的な快楽だけでなく、口唇期的な快楽、肛門期的な快楽を永遠に交換し続けるイメージであったり、逆にお互いが口唇期的、肛門期的に破壊しあう両親像のイメージであった。つまりお互いが授乳しあったり、身体内部のものを相互に取り入れあったり、粉々に噛み砕きあったり、内部を汚しあったり、コントロールしあったりする幻想である。そのような「結合した両親」像に対して、幼児は剥奪感や原始的な嫉妬、羨望などを向け、サディスティックに攻撃するが、逆にそのような両親が破壊的で恐怖の対象に変わり、幼児は迫害的な両親結合からの報復におののくことになる、このような破壊的、攻撃的な「結合した両親」と幼児の関係を、クラインは早期エディプス・コンプレックスの特徴的なものと考えた。

また上述の部分対象としての身体器官におけるエディプス的関係と比較すると、両親像がある程度全体的身体像として捉えられているものがあり、それらはやや発達的には後期の対象関係として記述されているものである。しかしそれらは、フロイトの述べたような両親が完全に全体的な対象として登場する以前の、両親の境界がやや曖昧で部分的に融合している、永久に結合した原始的なイメージの段階である。

このようにクラインがエディプス・コンプレックスにも早期のものがあり、しかも部分対象関係の程度によって、その三角関係が部分対象関係から全体的なものまでの移行型であると考えたことで、臨床的な理解が飛躍的に進んだのである。つまりそこでは、性器的な性愛の世界の葛藤だけではなく、激しい攻撃や怒り、身体に対する攻撃、羨望などより早期の三角関係における幼児心性の苦悩の様々な形態を、全般的に理解する道が開けたのである。特に彼女は、陰性の破壊的、攻撃的な早期エディプス・コンプレックスに注目していた。やがてクラインはそのような身体的な快楽だけではなく、愛情と憎しみの問題として、より全般的なエディプス・コンプレックスの問題を取り上げることになった。

（3）「抑鬱ポジション」とエディプス・コンプレックス

1935年になってクラインは「抑鬱ポジション」（depressive position：生後6ヶ月頃に始まり，2歳頃までに徐々に達成される）の概念を提出し，彼女のいう原始的なエディプス・コンプレックスはこの時期に始まると考えた。これは周知のように「妄想分裂ポジション」（paranoid-schizoid position：出生時～6ヶ月頃）に続くもので，部分的対象関係から全体的対象関係へと移行する時期である。そして早期のエディプス・コンプレックスは部分対象的なものであるが，その後に徐々に「抑鬱ポジション」が統合的に発達していくにつれて（2歳頃まで），後期の全体的対象関係のものへと移行する。その統合過程の前半で，「結合した両親」などのイメージが生じてくると考えられている。クラインはフロイトの提唱したエディプス葛藤は，様々な発達的な屈折を経た後の最終的段階であると考えている。そしてそれらに対する乳幼児の関係は，原始的で迫害的な嫉妬や罪悪感，身体に対する破壊的攻撃の不安から，徐々に緩和された嫉妬と去勢不安へと移行すると考えられている。

クラインはこの「抑鬱ポジション」の始まりとともに「超自我」も形成されると考えているが，ここでも古典的な理論を修正することになった。つまり生後6ヶ月頃の非常に早期に超自我が形成され始めること，その超自我形成にはエディプス・コンプレックスが直接関わっていないと考えたことなどである。

語彙的には，クラインの理論では，プレエディパルとは生後直後から6ヶ月頃までの「妄想分裂ポジション」の時期になり，そこは迫害的不安と部分的対象関係，分裂，投影性同一視などの原始的防衛機制が働く時期である。クラインによると，フロイトのいう口唇期前期は二者関係の葛藤が主であり部分対象関係の世界である。生後6ヶ月以降の「抑鬱ポジション」の時期からは二者関係の葛藤に加えて，三者関係の葛藤も加わり，両者の心性が様々に関係し，対象関係が徐々に全体的なものになるにつれて，両者の関係が並行して発達していく。そこでは，両親との二者関係の成長と三者関係の成長とが見られ，フロイトの研究した後期つまり性器期的エディプス・コンプレックスの時期には、発達した全体的対象としての両親との二者関係と三者関係が、同時に複雑に絡みながら存在すると考えられている。

(4) 男児と女児の性同一性の起源――女性的ポジション[7][8](段階)

性的同一性の獲得とエディプス・コンプレックスが深い関連があることは、フロイトが指摘してきたことである。実際の情緒的発達は性の面だけに限られたものではないが、性的同一性は自己同一性の確立の中心的なものの一つである。周知のようにフロイトは、男性的性愛に注目し、男根期における性愛的なエディプス葛藤に焦点を当てて、男児の去勢コンプレックスと女児においてはペニス羨望が、性同一性に重要な関連があると考えていた。そして前性器期における対象との関係の影響については、考察することはなかった。

クラインのエディプス発達論においては、男の子も女の子も、母親や乳房との良い関係を体験できることにより、母親の体内に含まれていると幻想されている父親の男根と赤ん坊に対して、極端な羨望と攻撃を向けることなく、それらを受け入れ、母親に同一化していくことができると考えている。女の子の場合だけでなく、男の子の場合にもこの母親との対象関係を中心にした「女性的ポジション」(段階)(feminine position or phase)が、重要な役割を果たしている。つまり両性の子供も母親のように豊饒で生産的な身体を持ち、体内に赤ん坊と父親の男根を持ちたいと願望する。この「女性的ポジション」が満足のいくものである場合には、創造的な両親の関係の幻想を抱くことができる。男の子の場合には、やがて父親の男根や父親に関心を向け、母親に喜びや赤ん坊を与えることのできる能力のある父親や男根を認めて、自分が同一化していくことが重要であると考えられている。

女の子においては、母親や乳房との満足のいく良い関係を結ぶことによって、母親に同一化し、両親の関係を陽性なものとして受け入れることができる。そして母親と同一化して、自分も赤ん坊を保持し、父親の男根を受け入れる準備ができ、後の性器期的エディプス・コンプレックスを克服して更に女性性を確立していく。

しかしもし早期からの母親、父親との二人称的関係が、十分に満足のいくものでないときには、このような健康なエディプス・コンプレックスの発達が疎外され、破壊的な前性器期的エディプス・コンプレックスの状態に止まることになる。そこでは男性性、女性性の同一化が阻害され、同性愛傾向や性機能障害が素質的に残される可能性がある。

3 成人患者の治療における早期エディプス・コンプレックス

以上のようにエディプスの主題において、古典的精神分析とクラインの理論的論争だけでも、多くの論点を提起するものである。それは、ひいては治療対象の選択、臨床像の理解の視点の相違、技法や解釈の相違などとなって現れてくる。

ここで筆者は、特に成人の治療において、その早期エディプス状況がどのように表現されていくかについて症例を挙げて考察してみたい。これまでわが国においては、成人の臨床におけるエディプス葛藤の表われと、クラインの子供の治療に基づく早期エディプス葛藤の記述との関連が、必ずしも明確にされていなかったように思われる。

クラインが早期エディプス状況の観察と理論構成を行なったのは、子供の遊戯療法のデータを基にしたものである。それは子供の豊かな遊びの中で詳しく観察されたものを材料にして考察されたものであるだけに、非常に詳しく語られている。しかし成人の治療においては、表現がほとんど言語によって行なわれることや、完成された頑固な防衛などのために、子供のようには詳しく細かい具体的な描写が展開されるわけではない。成人の一部の夢や、精神病の患者の原始的なイメージ思考の中で観察される以外には、クラインが子供の治療において観察した「結合した両親」などの具体的なイメージが観察されることは少ない。ほとんどの体験や思考は、成人の患者においては、機能言語（注2）によって伝達されるものである。それは、子供の遊びのようには、直接的で具体的な描写ではない。

成人の患者においても、様々な形態の両親との葛藤が語られる。それは病態によって表現される様式も異なるし、そのエディプス状況の発達的な成熟度も異なってくる。そして実際の臨床においては、境界例や精神病の患者などの治療の中では、フロイトの言った性愛的なエディプス・コンプレックスの心性だけが観察されることはほとんど見られない。実際には、母親に対する激しい依存葛藤や父親に対する攻撃性、両親の破壊的な憎しみ合う関係に対する患者の苦しみと怒り、そのような両親の中を何とか取り持ち修復しようとする、報われることのない努力、深い自己愛の傷つきなどの複雑な心性が観察される。

クライン派の研究者たちが取り上げている成人治療の症例（ほとんどが境界パーソナリティ障害や精神病的パーソナリティである）においては、主として陰性の破壊的なエディプス状況がみられ、それらが早期エディプス状況を表わしていると考えている(1)(2)(5)(9)(10)。そこでは、破壊と攻撃性に満ちた、口唇期的、肛門期的な心性が優勢な両親との葛藤が記述されている。更に部分的に性器的興奮が混合しているものなどである。それは両親との三角関係のあらゆるバリエーションを含むものであり、両親とのアンビバレントな二者関係も混在している状態である。この視点によって、境界例などのパーソナリティ障害、精神病的パーソナリティなどの患者の臨床における、様々な形態の両親との複雑な破壊的な関係を、早期エディプス・コンプレックスの発達論的な観点から理解する道が開かれたのである。

フロイトは逆エディプス（inverted Oedipus）を男根期の陽性エディプス（positive Oedipus）の逆になったものと考え、やはり男根期の問題と考えていたようである(3)(4)。

そして陽性エディプスの場合には、異性の両親は性愛の対象となる全体的に良い対象であり、同性の対象は去勢恐怖を与える全体的に悪い対象である。また逆エディプスにおいては、良い対象は同性であり、悪い対象は異性の対象である。そこには、個々の両親とのアンビバレントな葛藤はなく、性器的性愛が中心となっている。しかしクライン派の分析家は、逆エディプスは、実は早期エディプス状況を表わしていると考えている。

上述のように、クラインの早期エディプス状況においては、性器的情動だけではなく陰性の破壊的な種々の情緒を混じえた、個々の両親の部分的なイマーゴに対する、アンビバレントな二人称的対象関係と両親との三角関係が、複雑に混合した状態がすべて含まれることになる。つまり成人患者の臨床においては、父親が患者にとって陰性のイメージが強くて同一化の対象とはならなかったり、母親との関係も欲求不満を与える「悪い対象」としての面が強いものであったり、それらの組み合わせによって、相互に破壊的で攻撃的な両親の関係が作られることになる。そしてそのような両親に対する患者の情緒は、攻撃や怒り、憎しみ、羨望などの否定的な感情であり、それに対する強い迫害的な恐怖感、激しい罪悪感や望みのない修復の試みであったりする。

そのように個々の両親との関係が陰性の破壊的な傾向が強い場合には、早期エディプスの問題がそのまま残存した状態と考えられ、個人の発達に支障を来すことになる。その意味で、成人患者の治療において、非創造的で破壊的な陰性のエディプス状況（negative Oedipus situation）を持っている個人は、早期エディプスの葛藤を表現していると考えることができる。

（1）症例1

20歳男性。診断は境界例パーソナリティ。父親は、患者が小学校時代から極端な教育方針で患者を育てようとし、よく患者を折檻していた。母親が肺結核のために家庭療養をしているときには、幼い患者が母親の世話をすることもあった。特にそれは患者が12歳の頃、母親が約半年間の入院の後に退院をした時期に必要であった。父親は、病弱な母親に対して口うるさく非難し、患者に対しては母親の手伝いを旨くできないと言っては折檻をした。患者はその頃から、失神発作などで登校できなくなり、児童相談所に受診をしている。一時的には改善し、その後の中学校時代は、相談所に受診しながら何とか登校は続けていた。高校に入学した頃から、自傷行為、シンナー使用、飲酒などが見られ、特に高校3年生頃からは、躁鬱状態を繰り返したり、リストカットなどの自傷行為、飲酒、シンナー、鎮痛薬の使用が激しくなった。何とか高校を卒業し専門学校に入学したが、親元から離れると飲酒が極端に激しくなり、躁鬱状態が強くなったために、薬物療法に加えて精神療法の併用療法を受けることになった。性的逸脱行為は見られず、女性への関心もはっきりしない。精神性発達的には、年齢に比して幼く見え、女性に対する成熟した関係を持つことはできない。同性愛傾向は見られず、むしろ少年的な印象を与える。

父親に対しては、極端な依存と激しい憎しみを持ち、時折怒りが突出する時には父親に対して暴力を振るった。そのような時には、患者は朦朧状態となって、その後は父親を攻撃したことを健忘している。更に自傷行為や大量服薬が続発したが、本人は朦朧状態に近い状態で実感がないと言う。患者の母親像は、病弱な上に無理をして働こうとし、父親の攻撃に疲れ果て、患者が援助しないと病気が悪化して死んでしまうのではないかという、頼りない犠牲者としての存在である。

患者によると、両親は患者が小学校低学年の頃から寝室を共にすることはなく、お互いが憎しみあい傷つけあっていて、患者がいなければとっくに離婚している筈の関係である。患者は幼少時から、自分の使命は両親の仲を取り持ち、両親の不和を解決して幸せな家族を作っていくことであった。患者はそのためには、あらゆる犠牲を払っても構わないと考えていた。父親に対してはどのような無理な要求も受け入れようとし、少しでも怒りや憎しみが込み上げてくると、朦朧状態や自傷行為に向かって、激しい罪悪感に苦しんでいた。

患者はいわゆる「偽りの自己」を形成している。そして両親のお互いの攻撃に対して、両親が離婚して自分が独りぼっちになってしまうのではないか、更に両親が同時に死んでしまい消滅してしまうのではないかという不安を抱いている。そのために、患者は自己のすべての欲求を分裂排除して、両親の仲を取り持ち、破壊的な両親像を仲がよくで性愛的な関係を共有でき、家族に幸福をもたらす両親に変換しようとして、多くの自己犠牲と強い罪悪感、マゾヒズムを発展させてきた。そしてこの極端な修復の行為が成功しないことが、患者の自己愛を大きく傷つけてきた。

他方では患者は、自己の欲求を満たさず、自分を執拗にコントロールし攻撃する父親に対する強い憎しみと、そのような父親に手も足も出ない優しい母親に対して、強い欲求不満を抱いていた。この患者のもう一つの自己の部分は、両親の中に分裂排除、投影され、自分に迫害的な罪悪感を抱かせ、患者に強い自己犠牲を強いる両親像として現れてきている。

そこでは両親間の良性の性愛的愛情の世界は排除され、破壊的でお互いが憎しみ傷つけあう破壊的両親像が形成されている。これはおそらくクラインの言った「結合された両親」の成人における表現形態の一つであり、患者にとってその両親はお互いが永遠に口唇期的、肛門期的に傷つけ合う単位として登場している。

患者はそれを、自己の攻撃性の体現と見なす面もあり、その責任のために過剰に補償、修復しようとし、それが永遠に完成しない中で絶望と激しい罪悪感に苦しみ、両親との分離が出来ない状態のまま思春期、青年期を過ごしてきた。

治療経過においては、最初患者は治療者のために良い患者として振る舞おうと努力をしていたが、両親とくに父親との関係で自傷行為や自殺企図、朦朧状態などを呈した。更に治療者が休暇を取ったときと時期を合わせて、突然幻覚妄想状態となり、自分を救ってくれる神が話しかけ始め、悪魔が襲ってくるという迫害的妄想を呈した。治療者は、患者が自分が見捨てられたと感じたときに、強い見捨てられ不安と激しい怒りを治療者に感じたことや、それを対処できないために、逆に周囲が患者を迫害していると感じていることを解釈していった。このようなときには患者は入院が必要であったが、退院後は精神療法を再開した。

（2）症例2

30歳男性、診断は自己視線恐怖症。高校2年生のときに発症したが、大学入学はできた。しかし自己視線恐怖のために大学を中退し、人目に触れない職業を十年間続けてきた。自立訓練、催眠などいろいろな治療を試みてきたが、治療効果はなかった。精神分析が良いのではないかということで、筆者のクリニックを受診した。

患者の両親像は、母親は自己中心的で、自分の思う通りに子供を動かし、決して子供の気持ちなど分からない人である。父親は組合活動に熱中し、自分の思想に凝り固まった人である。訳も分からない理屈を振り回し、患者が幼い頃から、突然理由もなく怒りだし、患者はずいぶん嫌な思いをしたという。父親は酒乱で、トイレや風呂で垂れ流しをしたりした。特に記憶に残っていることは、久し振りに父親がキャッチボールをしてくれたのに、突然理由もなく怒りだし、患者の尻をバットで殴ったことである。そのような父親に対して母親は軽蔑し非難し続けていたが、患者によると両者は性的な関係だけは妥協して、嫌らしくもずっと続けてきた。

治療経過においては、患者は突然大量服薬による自殺を試みたり、両親に対する怒りや憎しみが生々しく自覚され始めると、両親の家に乗り込んで大酒を飲み、前後不覚の中で父親に暴力をふるって、かつての間違った行為に対して謝るよう命じたり、母親に対しても育て方のまずさについて延々と説教をするという行為を繰り返すようになった。更に患者は、父親がそうであったように、泥酔して風呂やトイレで垂れ流しをし、前後不覚になったまま両親の家で夜を明かすことが起こるようになった。

しかしその激しい怒りを発散して暫く経つと、なにか両親にすまない気持ちが生じるようになり、一人でいると急に寂しい気持ちが強くなった。そして両親と一緒に夕食をしたり、かつて自分が住んでいた両親の家の回りを懐かしく見学を始めたりするようになった。そのような寂しく懐かしい気持ちは、患者にとって初めての体験であり、患者自身そのような気持ちを両親などに抱くようになったことに驚くようになった。患者は、そのような気持ちを何度も否認しようと試みたが、それを受け入れていくに従って症状は軽減し、仕事も一般の会社で旨くできるようになった。

患者のエディプス幻想をはっきりと語ったものには、次のようなものがあった。ある日、父親が母親にセックスをさせてくれと泣いて頼んでいた。それを患者が覗いていると、父親が気がついて患者を激しく叱りつけた。患者は父親に対する軽蔑と激しい怒りを経験していた。

更に次のような夢を見ている。患者が高いビルの階段を上っていると、トイレの中に両親がいて、そこからピンク色の水が出ていた。ははーまたやっていると思い軽蔑しながら階段を昇っていった。階上に着くと、そこにまた両親がいた。自分は会いたくなくてまた下がると、今度は地下だった。もういちど昇ると地上に着いた。やっと足が地について自分の世界にたどりついた感じがした。

これらは、第1例と比較して性器期的性愛が特徴であるが、患者にとってはそれは両親がお互いが軽蔑しあったりトイレで汚しあったりしているような、非生産的な両親の性的関係である。これはやはり肛門期的、相互攻撃的な早期エディプス状況の心性が混合している状態であると考えられる。

そこでは両親の性愛的な関係に対して、羨望や嫉妬を防衛して軽蔑や蔑みが見られ、自分から両親を拒絶して、自立の道を選択していく主題がある。この背景には、個々の両親との関係の中で激しい憎しみと怒り、不信感が存在している。そのために、両親の生産的な部分は実際には存在していたが、強く否認されていた。患者にとって両親の良い所を認めることは、アンビバレントな関係のために気持ちが許さないところがあった。これは羨望の一つの現れであろう。患者はそのために両親の関係を非生産的な面だけを強調したものにしていると考えられる。

（3）症例の考察

以上のように、患者と両親との関係が患者の行動や夢、言語的表現によって比較的明確に記述されている面を取りあげた。そして比較的重症な患者の成人の患者におけるエディプス状況は、両親像は破壊的でお互いが攻撃し、傷つけあい、軽蔑しあうような形態をとって現れることを例示した。また患者のそのような両親像に対する関係はアンビバレントであり、激しい攻撃、憎しみと、強い罪悪感、自己破壊的行為、絶望的な修復の試みなどに現れることを示した。これらの特徴は、クラインが子供の治療において早期エディプス・コンプレックスとして記述している情緒的特徴と同じものであり、成人におけるその早期のコンプレックス状況が表われたものと考えられる。

そして症例1のように性器期的な要素が、ほとんど表現されないものも多く見られる。症例2は性器期的要素が前面に出ているが、非生産的で破壊的な面が背景にあり、肛門期的破壊性に彩られたもので、早期エディプスの要素が混在しているものである。それらは、生産的で情愛的な両親の関係性を否認する働きもしており、それは個々の両親との良い対象関係の世界が強化されるまでは、意識化されることは困難である。

4　おわりに

以上プレエディパルとエディパルの問題について、クラインの早期エディプス・コンプレックスの基本的な理論を紹介し、フロイトの古典的エディプス論と比較検討した。クラインの早期エディプス論は、子供の遊戯療法による観察を基にしたものであるために、豊富で詳細なプレエディパルな心性を描写している。しかし成人の患者においては、言語的な表現が中心であるために、その記述は子供のものほどには豊富ではない。ここでは、クラインの記述した早期エディプスが、成人の患者においてどのように観察されるかについて、二つの症例を提示して明らかにした。そして成人においては、クラインの記述した早期エディプス状況は、相互に攻撃し破壊し合う両親像や、そのような両親像に対して個人が攻撃と怒り、迫害的恐怖などを体験している記述の中に表現されていることを示した。

注

（1） フロイトは最初はこの時期を性器期と呼んだが、後に男根期と呼ぶようになった。これは男根の有無にのみ注目した性発達論である。クラインは、その時期には女の子も膣の存在に気が付いていると主張し、性器期と呼ぶほうが正しいと考えている。

（2） 例えば「良い乳房」という言葉によって象徴されている「良い母親の世話」に関する対象関係の動作的な表現を表わす言葉。世話をしてもらう。気持ちを汲んでもらう、暖かく見守ってもらう、満足する、喜ぶ、幸せに感ずる、感謝するなど。

文献

（1） Britton, R.（1987）The Missing Link: Parental Sexuality in the Oedipus Complex. In *The Oedipus Complex Today*. Karnac Books.

（2） Feldman, M.（1987）The Oedipus Complex: Manifestations in the Inner World and the Therapeutic Situation. In *The Oedipus Complex Today*. Karnac Books.

（3） Freud, S.（1923/1961）The Ego and the Id. In *Standard Edition*, Vol. 19, pp. 3–66. Hogarth Press.〔小此木啓吾訳（1970）「自我とエス」『フロイト著作集6』人文書院〕

（4） Freud, S.（1924/1961）The Dissolution of the Oedipus Complex. In *Standard Edition*, Vol. 19. Horgarth Press.〔吾郷晋浩訳（1970）「エディプス・コンプレックスの消滅」『フロイト著作集6』人文書院〕

（5） Hinshelwood. R. D.（1989）*A Dictionary of Kleinian Thought*. Free Association Books.〔衣笠隆幸総監訳（2014）『クライン派用語事典』誠信書房〕

（6） Klein, M.（1928/1987）Early Stages of the Oedipus Complex. *International Journal of Psychoanalysis*, 9 : 167–180.〔柴山謙二訳（1983）「エディプス葛藤の早期段階」『メラニー・クライン著作集1』誠信書房〕

（7） Klein, M.（1932/1975）Psychoanalysis of Children. In *The Writings of Melanie Klein*, Vol. 2. Hogarth Press.〔衣笠隆幸訳（1997）『メラニー・クライン著作集2』誠信書房〕

（8） Klein, M.（1945/1987）The Oedipus Complex in the Light of Early Anxieties. In *The Writings of Melanie Klein*, Vol. 1. Hogarth Press.

（9） O'Shaughnessy, E.（1989）The Invisible Oedipus Complex. In *The Oedipus Complex Today*. Karnac Books.

(10) Steiner, J. (1985) Turning a Blind Eye: The Cover up for Oedipus. *International Review of Psychoanalysis*, 12 : 161–172.

〔『精神分析研究』38巻3号、１９９４年〕

5章　モーニング・ワークとその病理

1　はじめに

モーニング・ワークという概念は、フロイトによって「悲哀とメランコリー」（1917年）[2]という論文の中で明らかにされ、以後精神分析や発達心理学の研究の中でもっとも重要な発達的情緒体験であると考えられてきた。それは、イギリスのボルビー[1]やアメリカのマーラー[6]等の基礎的な研究においても、幼児の母親との分離体験の研究として大きな発展を遂げている。更に心身医学の発達に伴い、ストレスと心身相関の研究において、対象喪失の問題が注目されるようになった。つまりストレス評価表の中で、配偶者の喪失などの対象喪失の経験がもっとも大きなストレス係数を示すものの一つであることが明らかになってきた。そして対象喪失とモーニング・ワークに対して、広範な分野の研究者から注目を集めるようになって来ている[7][8]。

モーニング・ワーク（喪の仕事）は、個人が対象喪失の体験に伴う悲嘆から徐々に回復していく心理的過程全体を意味している。その喪失体験としては、①家族など身近な人との別離や死別、②財産などの物質的な物を失う経験、③昇進や仕事上の失敗などの社会的自己像の喪失、④人が成長する時に発達的に必然的な喪失（例えば思春期の親離れ、退職、老化による配偶者や自分自身の死）、⑤病気やハンディキャップによる自己の身体機能、身体的自己像などの喪失、社会的自己像の喪失など、多くの日常生活における体験世界を包含したものである。健康者は、そのモーニング・ワークを成功裏に遂行することができ、やがて対象を失った現実の世界を徐々に受け入れて、新しい人生を出発することができる。しかし一部の人達は、健康なモーニング・ワークを遂行することができず、喪失体験を契機に、抑鬱、精神病的状態、神経症などの病理的な症状を呈する人達がいる。[3][7][8]

このモーニング・ワークの経過を決定する因子には多くのものが考えられるが、一般的に次のものが挙げられる。[3] ①個人に対する失ったものの価値や象徴的意味。失われたものには両親、財産、身体機能など多くの可能性があるが、その体験には様々なバリエーションがある。特に両親を失った個人の場合には、生前のアンビバレントな関係がモーニング・ワークに大きな影響を与えると考えられている。②その喪失体験をしたときの個人の年齢。例えば母親を失う体験でも、幼児の場合、思春期青年期の場合、成人の場合では、その自我の処理能力や意味体験などが異なるのは当然である。前二者の場合には、パーソナリティー形成や精神病などの素因形成に重大な影響を残す可能性がある。③喪失体験以前の個人のパーソナリティー。これもモーニング・ワークに対する、個人の自我の対処能力に大きな関係がある。④家族などの近親者の援助や対処の能力。⑤医療関係者や社会の援助や受容能力。特にハンディキャップに対しての社会の受容と拒否の問題などの様々な要素が関係している。そして個人は、それぞれ固有のモーニング・ワークの過程をたどることになる。

2 症例

ここではそのようなモーニング・ワークに失敗して病理的状態を呈した患者を報告して、その心の健康に対する影響について述べてみたい。この症例は、喪失体験としてはもっとも代表的な家族（父親）の死を契機として、慢性の神経症的症状を呈したものである。

〔**患者**〕

28歳の独身女性。俳優の卵であり、秘書をしながら生計を立てている。

〔現病歴および生活歴〕

患者が8歳の時に父親が亡くなり、そのときから慢性の強迫行為が続いている。例えば、自動車が通り過ぎる瞬間に8回まばたきしないと母親も死んでしまうという恐怖や、近くにある物を複数回叩くと父親が生き返って来る、という魔術的思考である。更に成人になってからは、部屋のバーロックの取っ手がすべて上を向いているかどうか確かめ、ちゃんと鍵が掛かっているか確かめないと気が済まなくなった。そしてどんな社交的な場に行ってもそれを繰り返すために、社会生活に困難を生じ、周囲との交友関係にも障害を生じている。

また中学時代から慢性の抑鬱気分と自殺念慮を抱いているが、母親のことを考えると、自殺の実行はできないと述べている。患者は自分自身が嫌いで劣等感に悩んでいて、何ごとにも罪悪感を感じやすい。父親がなくなって以来、患者は一度も幸せに感じたことはなく、孤立感に苦しみ、生きがいもなく人生を無駄にしていると感じてきた。これらの慢性的な抑鬱状態の程度は患者の成長と共にやや変化してきたが、改善することはなかった。

身体的には、やはり8歳のときに父親が死亡したときから、頭痛、痔、慢性の胃炎、扁桃腺肥大などが長期にわたって続いている。

診断面接時は、患者は死に対するこだわりが強かった。彼女は多くの人が、自分に対して死んでいったと言う表現をした。最初の死は8歳のときの父親の死である。父親の死後、患者は家族と祖父母と住むようになったが、祖父母は患者が16歳と20歳のときにそれぞれ死亡した。患者が24歳時には、慕っていた父方の叔母が死亡した。この叔母は、患者の近所に済んでいて、患者を良く世話していた。更に患者が12歳のときに近所の同級生の友人が、飛行機事故でなくなり、患者はそれらの多くの死が自分を打ちのめしてきたと述べた。

患者は8歳のときから強迫行為や抑鬱に悩みながら、学業は続けている。しかし9歳時に小児精神科を受診し、3ヶ月の通院治療を受けている。そのときには、完全には良くならなかったが、強迫症状の程度がやや軽減したので通院を中止している。中学校になると強迫行為や抑鬱状態が強くなったが、特に受診はせず、何とか登校を続けることができた。高校時代も症状に苦しみ孤独な生活を続けていたが，学業は真面目に続け，学校の成績は良かった。そして大学の英文科に進学し，優秀な成績を治めている。その後，俳優になることを目指して演劇学校に入学し，3年間で卒業している。このように強迫症状や抑鬱状態は長期に持続し，生活にかなりの制約を課しながら，患者の基本的な社会生活を完全に抑制するものではなかった。しかし受診前には，ボーイフレンドとのいざこざや，俳優仲間の中での孤立などを契機に右記症状が悪化し，患者自身が精神分析的精神療法を受ける決心をして受診した。

〔家族〕

・父親

会社員で健康であった。患者が8歳のときに，睡眠中，急性心不全のために死亡した（35歳）。患者は父親のお気に入りで，母親より父親の方が好きだったと言う。父親が急死した前夜に，患者が何か悪いことをして母親にきつく叱られ，父親が注意しても聞かなかったために，父親がいつものお休みのキスをしなかった。そして父親がそのまま急死したことが，患者には強い罪悪感になっている。

・母親

52歳。患者によると支配的で自己中心的である。夫の死亡後，美容院をして家計を支えたが，2年後に再婚した。母親は患者に対しては依存的で，他方で患者のすべてを支配しようとするところがある。患者も，父親の死後母親に依存的な関係を結び，すべてにおいて母親の意見に従うように勤めてきていたが，その反面，自己中心的で支配的な母親に対して，憎しみと怒りを抱いていた。しかし患者がそれを明確に自覚するには，精神療法による自己探索の経験が必要であった。つまり，父親がなくなる以前は，患者は支配的な母親が嫌いで父親に強い愛着を向けていた。しかし父親がなくなった後には，患者が頼れる存在は母親だけであったという。患者によると，患者は母親に対しては赤ん坊のように泣き，頼ってしまうと言っている。診断面接時に，患者の心を占めているのは、強迫的な儀式をしないと母親も死んでしまうのではないかというものであり、母親に対する敵意などは自覚できる余裕はなかった。

・兄

32歳。患者と同じく父親の突然の死が大きな外傷体験となり、母親との関係がうまくいかず、反抗的で家庭内暴力の傾向のある、自己破壊的な傾向のある男性である。

・義父

54歳。患者が10歳のとき、母親と再婚した。義父の前妻は下の女の子の出産時に死亡した。再婚のときに、その子は10ヶ月であった。患者は義父にはほとんどなつかず、関係は稀薄である。

・義姉妹

それぞれ28歳、19歳。患者との関係は稀薄である。子供時代には、患者は二人の義姉妹とは喧嘩が耐えずうまくいかなかった。義姉も抑鬱神経症的な症状に苦しんでいる。

以上のように、患者は外傷的な喪失体験を経験し、その体験をモーニング・ワークによって乗り越えているとは言い難い患者である。そのために病理的な強迫症状や抑鬱状態、身体症状などに慢性的に悩まされている。更に母親もその体験に対するモーニング・ワークを達成できず、患者に対して依存的になり、患者と相互依存的で融合的な関係を続けている。そのために母親は患者の喪失体験の絶望的な世界を共感することができず、むしろ患者の方が母親の心理的な世話を強いられてきた。

母親が再婚した男性は、妻を失ったばかりであり、この家族全体がお互いを対象喪失の体験を穴埋めするために使おうとし、それぞれが結局はモーニング・ワークをうまく遂行できないままにいる状態である。そして患者の兄と義姉も神経症的な問題を呈している。

3 治療経過

治療初期において、患者が展開した転移関係や自由連想の中に、患者の病理が明確に現れている。そしてそれは患者の父親の死に対するモーニング・ワークの失敗をはっきりと示している。なお患者は、週3回の精神分析的治療によって治療を受け、2年間の治療で症状は消退し、対人関係の改善もみられたため、治療終了となった。治療開始時は、患者は、父親の死に加えて多くの人が死んで行ったいきさつを早口でまくしたて、非常に不安そうな絶望的な状態になった。そしてそのようなことを、男性の治療者が理解して助けてくれるのかどうか頻繁に質問した。

更に患者は、治療初期から夢を多く報告したが、それらはほとんど死に関するものが主題だった。例えば、「ボーイフレンドが他の女性といると、強い嫉妬を覚えた。そのボーイフレンドが死んでしまう。母親がそばにいて、その男性が生き返る」「義父と母親が離婚して、死んだ父親が現れて、横柄になって母を連れていく。そして自分は一人で取り残される」「実の父親が重い病気で入院していて、便と尿で全身を汚している。患者が歌を歌いながらシャンプーで洗ってあげた」などの夢である。それらの夢では、彼女の心の中では父親が未だ死んではいなかったり、死んだ父親を生き返らそうとしたりするような魔術的な願望の世界があり、彼女がその父親に対するアンビバレントな気持ちに未だ苦しんでいることを表わしている。

また自分の付き合う男性がどんどん去って行くと言い、彼等を愛してはいないのに必要であると繰り返し述べた。このような男性との対象関係は、彼女の出会った二、三の男性との間で繰り返して見られた。これはやはり突然自分を置き去りにして去って行った、彼女の内的な父親表象に対するアンビバレントな関係の影響を表わしていると考えられた。この心性は、治療者に対する転移の中でもはっきりと示された。つまり治療者は、患者にとっては重要な男性ではないはずなのに、一度会ってしまうと依存的になってしまい、いつか治療者が去ってしまうのではないかとか、休暇中に治療者が死んでしまって自分がまた傷ついてしまうのではないかという心性であった。

母親については、患者は次のように述べている。「父親や男性は自分から去って行ったが、母親だけが自分を去らない。母親は、自分を窒息させるので憎んでいるが、そのような母親を絶対に必要としている」「自分は、母親が支配的なために、母親を憎んでいることをぼんやりと気付いていた。しかし、いい子にしないと母親を傷つけて、母までも死んでしまうかも知れない」と、強い不安を示して泣き続けた。あるとき患者が、電話で母親に「自分がユダヤ人以外の男性と結婚したり、人殺しをしたりしたらどうするか」と尋ねた（患者はユダヤ人である）。「母はそれでも受け入れると言ったので、母に申し訳ない」と泣きながら述べ、患者の分離不安と母親の意思に従わないときの罪悪感の強さを表現していた。更に患者は、「自分は母親と臍（へそ）の緒で繋がっているようなもので、母だけが自分を受け入れる。母に会いたい。そして赤ん坊になって母の腕の中で消えてしまいたい。しかし独立したい、母など必要としない人間になりたい」など、母親に対して非常にアンビバレントな心性を吐露しており、それは本来は父親の死に関連しているものであった。

このような話は、やはり治療者との転移関係と連動していた。例えば、休暇のため治療セッションがしばらくなくなり、治療者との別離が問題になると、患者は父親が死んだ2週間後に、母親がヘアードレッサーの研修のために他の街に行くことになり、母親を駅で見送った情景を思い出して、激しく泣きじゃくった。そして「自分は母親を必要としていて、赤ん坊になって子宮に帰りたい。しかし自分を思うままにする母親には頼りたくない、独立していなければならない」と述べた。そして治療者との間でも、このアンビバレントな関係を展開している。患者は時計を持参せず、治療時間を告げられることを嫌い、退室を嫌がった。反面、患者は治療者の部屋が監獄のようで、一度閉じ込められると出られなくなるのではないかと訴えるようになった。これは母親との関係と共通するものである。これに関連して治療者は、患者が治療者からの休暇中の分離に対して、心の隅では母親に対する気持ちと同質のアンビバレンスを体験していることを指摘した。患者はそれを否認していたが、もし自覚すれば苦痛な情緒が蘇ってくるためであると考えられた。それらの治療者の介入を患者は聞くのを嫌がり、時には怒りを表わして拒否したが、彼女のそれに続く連想では、そのような介入が正しいことを示した。

患者は自分自身の喪失体験を母親とは共有できず、むしろ母親の世話をし、良い子供になって、失敗したと思われる母親の喪失体験の修復のために自分を犠牲にしている。そしてその代わりに母親にしがみつくことによって、孤立の不安を和らげているような状態を、長期にわたって続けていたことになる。これは「偽りの自己」の一形態である。その両者の間では、患者の父親の死に関するモーニング・ワークが完遂されることはなかったようである。

4 考察

このように、患者の父親の突然の死に関するモーニング・ワークの失敗による病理が、治療初期の連想と転移関係の中ではっきりと示されている。患者は、未だに生きた父親を心の中に保持していて、父親は患者の無意識の中では死んではいない。父親が死んでしまった現実を、患者は20年近くも否認しようと努力してきたのである。母親自身もモーニング・ワークを完遂したとは言い難く、患者のモーニング・ワークを援助できなかったように思われる。患者はそのような母親と共生的な関係をとることによって、父親の急死の体験を何とか処理しようと努力して来た。そこにはお互いのモーニング・ワークを促進するような共感はなく、お互いがそれを否認する形で支えて来たようである。妻を亡くしたばかりの男性との母親の再婚は、更にこれを強化した可能性がある。

転移の中でもはっきりと見られるように、患者にとって男性は、自分を見捨てて消えていく存在であり、依存すると死んでしまう存在である。しかし、女性は死の別離の苦しみを解決してはくれないが、生存し依存できる対象である。特に、母親は患者の孤立から保護する唯一の依存対象である。そのような患者は、自己を犠牲にしてまで母親から離れることを防ごうとする。しかし母のそばにいれば、患者には母親によって窒息し支配されることに対する憎しみが高まる。しかし離れてしまうと、患者は父親の死の問題と母親から孤立している孤独な自分の世界に対処することができない。患者が採用した一つの方法は、自分を癒やしてくれる対象を求める自分を投影性同一視の機制によって母親に投げ入れて、自分が母親の世話役に回ることで処理していることである。

このような対象喪失の心理に関し、フロイト[2]は失った両親（外的対象）を自分の心の中に取り入れて、それと同一化し、失った人物のように自分がなることによって解決しようとする心性について研究している。クライン[4][5]は、「抑鬱ポジション」の概念をもとにして、内的な「良い対象」と「悪い対象」との対象関係に注目する理論を打ち立てている。家族などを失ったときに、個人は外的な対象を失うだけでなく、内的な対象をも失うのである。例えば、父親が急死した場合には、個人は外的な父親だけでなく、内的な父親をも失うことになる。このときにその失われた対象に対するそれまでの関係が、憎しみと愛情のアンビバレンスが強いときには、失われた対象に対して、自分を置き去りにしたことに対する陰性の感情が強く、良い対象として回復することに時間がかかる。更に外的な援助もうまく利用できず、モーニング・ワークをうまく遂行できなくなる。

またあまりに外傷的な体験の場合には、失われた対象との関係が比較的良好な場合でも、外的な援助が適切でなければ、自我はモーニング・ワークを完遂できず、失われた良い内的対象を回復することができない。特に、個人が患者のように子供の場合には、母親などの周囲の適切な支持と理解がモーニング・ワークの成否の重要な要素になる。その点で、対象喪失の体験をしたときの個人の年齢など、主体の対処能力や環境の条件も、モーニング・ワークの成否の大きな要素になる。

この患者の場合には、失った父親との関係は比較的好ましいものであったが、子供の自我にはモーニング・ワークを完遂するだけの力はなかった。更に患者と母親との関係がアンビバレントなもので、母親自身が夫の死に対する喪失体験のモーニング・ワークをうまく乗り越えていないと考えられる状況では、母親が患者のモーニング・ワークを援助することが困難であったと考えられる。

5　おわりに

モーニング・ワークの病理の具体的な症例として、８歳のときに父親が睡眠中に心不全で死亡し、それを契機に、強迫行為、抑鬱状態、身体症状などを20年の長期にわたって持ち続けた症例を紹介し、その考察を加えた。そして、残された母親との共生的な関係の中で、更にモーニング・ワークが阻止され、治療関係の中でも対象喪失の病理が明確に示されていることを示した。そしてフロイトやクラインの対象喪失とモーニング・ワークの研究を紹介した。

参考文献

（1）Bowlby, J. (1969/1973) *Attachment and Loss*, Vol. 1-2. Basic Books.〔黒田実郎・大羽蓁・岡田洋子・黒田聖一・吉田恒子訳（1991/1995）『母子関係の理論Ⅰ、Ⅱ』岩崎学術出版社〕

（2）Freud, S. (1917) Mourning and Melancholia. In *Standard Edition*, Vol. 14. Hogarth Press.〔井村恒郎訳（1970）「悲哀とメランコリー」『フロイト著作集６』人文書院〕

（3）衣笠隆幸（1980）「身体的ハンディキャップを持つ患者の心理特性と精神療法上の諸問題」『精神分析研究』25巻２号、69-77頁

（4）Klein, M. (1935) A Contribution to the Psychogenesis of Manic-Depressive States. *International Journal of Psychoanalysis*, 16 : 145-174.〔安岡誉訳（1983）「躁うつ状態の心因論に関する寄与」『メラニー・クライン著作集３』誠信書房〕

（5）Klein, M. (1940/1975) Mourning and Its Relation to Manic-Depressive States. In *The Writings of Melanie Klein*, Vol. 1, pp. 344-369. Hogarth Press.〔森山研介訳（1983）「喪とその躁うつ状態との関係」『メラニー・クライン著作集３』誠信書房〕

（6）Mahler, M. S., Pine, F. & Bergman, A.（1975）*The Psychological Birth of the Human Infant*. Basic Books.
（7）小此木啓吾（1979）『対象喪失——悲しむということ』中公新書
（8）小此木啓吾（1991）「対象喪失と悲哀の仕事」『精神分析研究』34巻5号、294-322頁

〔『ストレス科学』8巻3号、1994年〕

6章　対象喪失と投影性同一視

1　はじめに

外的対象喪失の体験には様々なものが考えられるが、今回は死の問題が主題であるので、対象喪失のもっとも代表的なものである家族や身近な人の「死」という別離の体験についての成人の心の経過について考察してみたい。また特にその体験に対する成人個人の対処の仕方について、防衛機制の面から論じてみたい。そうすることで投影性同一視との関連も明らかになるであろう。

対象喪失の問題は、近年の心身反応や抑鬱反応、悲哀の仕事などの問題として日本においても広く論議されるようになり、注目をあびている主題である。

一般にみられる対象喪失に対する直後のパニック様の反応は対象喪失反応といわれ、その体験を時間をかけて対処していく心のプロセスを「喪の仕事」(mourning work) と呼んでいる。

一般には身内を失った人は、激しい悲しみや苦しみ、絶望感、罪悪感、後悔など強い苦痛な情緒を体験するが、徐々に回復していく中で、失った人に対する断念や現実を受け入れて、新しい対象に向かうことができるようになる（喪の仕事)。しかし対象喪失に対する病理的な状態では、回復過程が旨く機能しなくなり、激しい抑鬱や慢性的な抑鬱、躁状態、心身反応、薬物依存などが見られ、一部は妄想幻覚状態に陥る個人も存在する。そのようなプロセスの特徴の中で、投影性同一視などの原始的な防衛機制がどのような役割を果たしているのかについて考察してみたい。

2　対象喪失の研究

(1) 対象喪失の外的観察に基づく研究

これにはボウルビー(Bowlby, J.)などの古典的な研究に始まり、多くの臨床的な観察に基づく研究がある。ボウルビーは、戦時中の疎開児童の研究や、小児科に入院して両親から隔離された幼児の心身反応についての研究を行っている。その中で、子供は不安、抑鬱、怒り、自閉、感情の切り離し、絶望感など様々な別離反応を呈し、徐々に回復して新しい環境を受け入れて適応していくことを観察している。

キュブラー＝ロス(Kubler-Ross, E.)は、死の臨床にある患者や家族の喪の仕事の研究を、主としてインタビューとアンケートに基づいて行なっている。そして、その死を宣告された後の近い将来の自己の死に対する個人の心の反応過程の特徴を研究しており、死の臨床の基本的な視点を提供している。

(2) 外的対象喪失における内的な心の過程の研究(内的対象喪失)

多くの個人が対象喪失の体験をなんとか切り抜けて、やがては、健康な精神生活を回復するが、一部の個人は病理的な症状を呈して、健康を取り戻せなくなる。その理由については、上記の外的な観察に基づいた研究だけでは十分に説明をすることができない。つまり心の中で起きていることを研究する必要が生じるが、それを主として研究したのは、フロイト(Freud, S.)、アブラハム(Abraham, K.)、クライン(Klein, M.)である。

a　フロイトとアブラハム

フロイトは対象喪失を経験した個人が「現実検討」(reality tesst)を通して、失った対象が存在しないことを認識し断念していく過程を「喪の仕事」（mourning work）として記述している。更に喪の仕事が行なわれている間は、現実検討の働いている時期であり、それが完了するときには、自我が失った対象からリビドーを自由にしたときであると述べている（脱備給：decathexis）。フロイトは「記憶や期待している状況の個々のものは、失われた対象に対するリビドーの愛着を表わしているが、対象がもはや存在しないという現実の宣告に出会うことになる。そして自我は、その運命を共にすべきかどうかという質問に直面するが、自分が生きているということから引き出される自己愛的な満足によって、放棄された対象に対する愛着を断念するよう促される」と述べている（「対象喪失とメランコリー」*Mourning and Melancholia*, 1915）。

アブラハムは、対象を失った個人においては、失われた対象を自我の中に取り入れていく作業（introjection）が重要なものであることに注目した。健康な喪の仕事の過程は、失った対象を自己の中に取り入れて再建し、内的対象との別離をもはやすることがない状況を造り上げることからなっている。病理的な喪の仕事の過程においては、個人が口唇期的な段階にまで退行し、失った対象に対して愛着と攻撃のアンビバレントな心性を抱きながら自己に取り入れていく。そのために自己は、憎しみの対象をも自己の中に取り入れ、結果的に自己を攻撃することになる。更にアブラハムは、内的な良い対象を肛門期的に攻撃することにより、愛する対象を永遠に失ってしまって再構築ができないと体験していることが病理的な喪の過程の特徴であると考えている。彼の代表的な症例は、父親が死去した後に自分が窃盗犯である妄想を抱き、罪責感に苦しんだ。実は彼女の父親は、実際に窃盗犯であった。アブラハムは、そのような患者の病理として、失ったアンビバレントな対象の取り入れが病理の根本にあると考えたのである。このような対象の取り入れの考え方は、彼の直接の弟子であったクラインの躁鬱病論に大きな影響を与えた。

b　クライン——対象喪失と抑鬱ポジション

(1)　クラインは、対象喪失を経験した個人は、外的な失われた対象を断念したり、取り入れたりする心的過程だけでなく、内的な対象関係の世界が大きく関係していることを提唱した。彼女は、対象喪失が幼児期抑鬱ポジション（infantile depressive position）の心理を再活性化させ、外的な良い対象を失ったときには、内的な良い対象をも失い、喪の仕事は、その失われた外的な対象を取り入れて自我の中に再建するだけでなく、失われた内的な「良い」対象を再建する過程でもあることを強調している。

この内的対象関係の世界は、本来幼児の重要な人物との間における経験を取り入れていくことからなっている。幼児は、生後から主として母親との関係の中で、様々な対象喪失の体験をし、内的な失われた対象を再建する経験をしている。これは喪の仕事の原型であり、その対象関係を、クラインは「抑鬱ポジション」（depressive possition）と呼んだ。その中心となる「取り入れ」（introjection）の過程は、外的な両親の関係と、自分の内的主観的な印象に関係している。そこでは外的母親と内的母親との「二重」の対象が絡んで存在する対象関係の世界である。この外的な対象が、どれだけ内的な不安を和らげ修正することができるかが、個人がどの程度健康であるかを知るバロメーターになる。内的な悪い対象関係の葛藤つまりアンビバレンスが大きい場合には、幼児は外的な条件が良くてもそれを自己の内的な葛藤の解決に使うことができない。母親と良い関係にある子供は、外的にも内的にも、愛する対象が傷ついたり破壊されてしまったりと感じにくく、愛情や信頼を築くことができ、発達に伴う様々な対象喪失の葛藤を乗り越えていくことができる。そのような子供は、外的現実との体験によって、自己の内部の不安を検証することができ、そのようにして内的な良い対象を確固としたものにしていくことができる。

逆に幼児が、外的対象（両親、早期には特に母親）と楽しく幸せで緊密な関係を結べない場合には、幼児は内的にアンビバレントな関係を発展させ、信頼や希望を失い、内的な絶滅の不安や迫害的な外的対象を確信するようになる。

そしておそらく一般の幼児個人においては、これらの両方の体験が混合している状態が現実の状況である。抑鬱ポジションの状態は、既に多く紹介されているので詳しくは紹介しないが、その特徴は全体的対象関係、アンビバレンス、対象を失う不安、悲しみ、悲嘆、対象に対する渇望、抑鬱、罪悪感などである。抑鬱ポジションの防衛としては、初期においては、その前の発達段階である「妄想分裂ポジション」(paranoid-schizoid position) で見られる、分裂、投影性同一視、取り入れ、否認、万能などが働くが、妄想分裂ポジションにおけるものに比較して緩和されている。そして後半になると、フロイトの研究した抑圧を中心にした防衛機制に徐々に移行していく準備ができてくる。

(2) 躁的防衛 (manic defence)：この抑鬱ポジションにおいて特に顕著に見られる防衛は、躁的防衛であり、クラインは最初は躁的ポジション (manic position) として記述している。それは健康な幼児においてもしばしば見られるが、抑鬱ポジションの不安に対処する複合的な防衛機制群と特徴的な情緒からなっている。つまり、万能や否認が中心であり、高揚、対象の卑下、極端な賞賛、過剰な自信などが見られる。一定以上の躁状態は病理的であり、喪の仕事の障害になる。健康な場合には、それらが緩和され、創造的な能力への変換である昇華 (sublimation) や、幻想の中で自己の攻撃性によって傷ついた対象に対する修復 (reparation) の機能と関係している。

(3) 正常の喪の仕事：クラインの考えでは、成人の喪の仕事の心的過程を観察すると、上記の幼児期抑鬱ポジションと共通する現象が多く観察される。対象喪失の直後の時期には、個人の中に早期の迫害的な対象関係の世界が蘇ってくる。それに続いて、抑鬱ポジションや緩和された一時的な躁的ポジションの心性が観察される。クラインによると、それらは正常の幼児の発達的な経験と同質のものである。

最初対象を失った個人においては、失われた対象に対する憎しみが表出するときにもっとも危険な状態になる。つまり死者に対する高揚感や、死の願望が満たされたときの勝利感などが生じる。このような時期には、失われた愛する対象が迫害的なものになったり、内的な良い対象に対する信頼が揺り動かされたりする。内的には、理想的な母親が死の母親に対する防衛として働いているが、このときの心理はその葛藤状態が強く現れる。そのときには、抑鬱や悲しみの合間に高揚状態が見られるが、それは理想的母親を所有しているときの体験を表わしていて、それは躁的な状態と関連している。逆に失われた対象が処罰をするために死んでしまったという恐怖があるときには、憎しみが増し、信頼が崩れ、同一化の過程が混乱してしまう。

非常に徐々にではあるが、正常の喪の仕事においては、個人は内的な良い対象を取り戻し、外的な援助を受け入れて利用できるようになり、失われた愛する対象に対する確信を強化することができる。そしてその失われた対象は完全なものではないと気づき始め、それでも信頼と愛情を失うことはなくなるし、報復の恐怖を抱くこともなくなる。そのときに個人は喪の仕事において大きな達成をしているのであり、現実を受け入れていくことができるようになる。

以上のように、正常な喪の仕事においては、内的対象の喪失の過程と良い対象の再構築と、外的な失われた対象の取り入れや、現実原則の受け入れが可能になる。

そのときには失われた対象に対する修復や、悲しみの共有や共感などが可能になり、現実の外的な対象に対する強い信頼感が生じるようになる。そして希望や関心が高まり、新しく人生を出発できるようになる。

(4)　病理的な喪の仕事について：もし、個人が内的な幼児期の抑鬱ポジションの葛藤を成功裡に乗り越えていない場合には、後の対象喪失における喪の仕事が遷延したり、神経症、鬱病、躁鬱病、パラノイアなどを発症する。その喪の体験を病理的に避ける方法には多くのものがあるが、主として強迫的、躁的、迫害的防衛などが使われるようになる。しかしその共通の目的は、抑鬱的な苦痛や葛藤を避けようとするためである。

そのように喪の仕事に失敗した個人は、自己の内部にある愛する対象を保持できないと感じたり、それから顔を背けたり、その失われた対象からの愛を否認したりする。彼らの抑制は強くなり、失われた対象に対する憎しみは高まる。自我は迫害的な恐怖に対して、様々な対処の仕方をする。ある個人は、内的世界における抑鬱ポジションのアンビバレンスが強すぎ、その抑鬱的葛藤の処理のために強迫や慢性抑鬱などの神経症的機制を採用する。そのために喪の仕事は停滞することになる。

また、ある個人は対象の死を契機に、抑鬱ポジション以前の状態の妄想分裂ポジションの状態に退行し、盛んに原始的な防衛を使用し、迫害的な部分対象関係の世界が活動する。そして、そのような個人は分裂や投影性同一視などの防衛機制をもっとも活発に使うようになる。悪い内的な対象は凍結され否認され、同時に外界に投影される。その結果迫害的な状況に陥り、個人の情緒的な活動は大きく制限されて自我の活動は貧弱になる。そのために更に、彼らは外的な良い対象を自分の回復のために、内的な良い対象を構築するために使うことができなくなってしまう。一部の患者は、対象喪失を契機に妄想幻覚状態に陥ったまま回復することができなくなる。

3　投影性同一視について

上記のように、病理的な喪の仕事のときには、個人は妄想分裂ポジションへと退行したり、躁的防衛、神経症的な防衛など様々なものを駆使する。その中で過剰な分裂、投影性同一視などの防衛機制が活発に作用すると考えられる。他方で実際には、投影性同一視は他者に対する共感やコミュニケーションとしても機能し、悪い外的な対象に対して良い内的対象を投影してそれを緩和する働きなどもあると考えられるので、ここでまず投影性同一視の様々な局面について整理してみたい。この概念は、クラインによって、１９４６年の論文「幾つかの分裂機制についての覚書き」（Notes on some Schizoid Mechanisms）の中で初めて使用されたものである。クライン自身はあまり重要視しなかったのであるが、彼女の弟子のローゼンフェルド（Rosenfeld, H.）、シーガル（Segal, H.）、ビオン（Bion, W.）達によって発展研究され、現在においてはクライン派の中心的な概念になっている。しかしこの概念は定義が曖昧で、対象となる臨床的事象が広範囲になるために、ある程度の整理をしておかないと、この防衛機制のどの状態を述べているのか混乱が生じて来る可能性がある。現にわが国においても様々な使われ方をしている概念であり、論議を呼んでいる。

そのような多義的な防衛機制の働きと、対象喪失の心的過程との関連を結び付けていくことが本章の目的である。

（1）クラインの定義

クラインは、１９４６年の論文の中で初めて投影性同一視の概念を使ったが、彼女は次のように述べている。「これらの憎しみといっしょに排除された害のある排泄物と共に、自我の分裂排除された部分も母親の中に投影される（projected into）。これらの排泄物と自己の悪い部分は対象を傷つけるだけでなく、対象を支配し所有することも意味している。母親が悪い自己の部分をコンテイン（contain）するかぎりにおいては、彼女は分離した個人とは感じられず、悪い自己と感じられる。自己の一部に対する憎しみの多くが、今や母親に向けられる。これは、特殊なタイプの同一化（identification）の結果を導き、攻撃的な対象関係の原形を造り上げる。私はこの過程について〈投影性同一視〉（projective identification）という用語を考えている」。また、彼女は同じ論文の中で、良い自己の部分も投影性同一視によって対象に投影され対象と同一視されることで、良い対象関係の原形を形成すると述べている。また過剰な投影性同一視（excessive projective identification）の場合には、強制的な対象の中への侵入を述べており、迫害的な不安が形成されると述べている。

以上のようにクラインは、「投影性同一視」によって、自我の分裂（splitting）と自己愛的な対象関係の両方を含めた防衛機制として記述している。言い換えれば、自己の良い部分と悪い部分が分裂排除（split off）され、愛と憎しみの中で外的対象に投影（project）される。それは投影された自己の一部と外的対象との同一視の結果となる（ここで筆者が訳語としてなぜ「同一化」ではなく「同一視」の用語を採用しているかは、このクラインの最初の定義のためである。「同一化」は日本においては、自己が対象を取り入れて自己に組み込んでいく活動に対して使用している。そのために後に述べるが、投影性同一視に続く、introjective identification に対しては、「取り入れ性同一化」の訳語を使用するのが適切であると考えている）。

オショーネシー（O'Schaughnessy, E.）は、「投影性同一視は、分裂と投影に関した、幾つかの異なるが関連した過程に対する命名である」（1975）と簡潔に説明している。

更に臨床的には投影性同一視には、三つの面があることが徐々に明らかにされ、現在までその研究が進んでいる。その第一は、クラインが最初に既に示唆しているように、投影性同一視の目的は、自己の葛藤的な部分を排除するだけでなく、対象を支配し所有する目的もある。第二は、投影される外的対象の側の問題である。例えば個人の自己の一部を投影された受け手の外的対象は、それに反応して様々な感情や考えを抱く。それを受け手は自分のものとして体験するが、これは治療において、逆転移における患者のコミュニケーションとして理解していく道を開いた。第三は、受け手の外的対象は、それによって行動化するという面があり、それは投影する側の対象の支配と関係がある。

ここで混乱を避けるために、投影（projection）と投影性同一視の違いについて説明して置く必要がある。結論的には両者の概念は同じ現象を指しているが、投影を内的対象の外的対象に対する投影という意味ではっきりと打ち出したのはアブラハムである。クラインは超自我の投影、内的対象の投影、最後に自己の一部の投影の問題として投影性同一視を位置付けてきた。つまり、まず自己や内的対象の分裂があり、次にそれを対象に投げ入れ、最後にそれらがもともと自己の部分であったことを否認して、対象その物とみなす過程全体をさしている。結局クラインは、投影の過程をより詳しく説明する投影性同一視という概念を提供したということができる。

（2）正常な投影性同一視と異常な投影性同一視――ビオン

ビオンがこの二者の区別を明らかにしたことによって、患者の特に非言語的なコミュニケーションの理解に投影性同一視が重要な働きをしていることが判明した。

正常な投影性同一視においては、個人の心の状態を非言語的に伝える方法である。それは相手の理解を求め、共感（empathy）を求めているものである。受け手である外的対象は、自分の中に生じる感情や観念など直感による理解によって、その意味を理解することができる。これは、後に「正常の逆転移」の問題の考察の基本になった。そこでは正常な投影性同一視と正常な「取り入れ性同一化」の良循環が起こるようになる。

病理的な投影性同一視は、激しい自己の分裂と、対象に対する侵入的な万能的な投影から成り立っている。それは自分の葛藤を処理するためであり、対象を支配するためである。この病理的な投影性同一視の場合には、その程度の激しさと万能感が強く関係している。そしてこのときには対象との境界が曖昧になり、対象との融合が起こり、分離に対する防衛として機能する。しかしそれでも、そのような患者の中には、正常な投影性同一視によるコミュニケーションをすることができる、非精神病的パーソナリティ部分（non-psychotic personality part）が存在すると考えられている。このようにビオンは、クラインが明確にはしなかった、正常と異常な投影性同一視の性質を明らかにしたのである。

（3）精神病的パーソナリティと思考の研究――ビオン

ビオンは、主として精神分裂病の治療経験を通して、精神病的な世界を持つ個人のパーソナリティ部分の形成に、過剰で病的な分裂と投影性同一視が大きな働きをしていることを見いだした。その発生に関しては、出生直後の赤ん坊の部分的対象関係が重要な役割を演じている。更にビオンは、精神の発達形成は、赤ん坊の遺伝的な素質と、母親の「夢想」（reverie）の能力に代表される、コンテイナーの能力の相互作用によって影響を受けると考えている。

ビオンは、遺伝的、素質的に破壊的攻撃的傾向が強く、欲求不満に対する耐性の少ない赤ん坊の場合をモデルとして考察している。つまりそのような赤ん坊が欲求不満にさらされた場合には、乳児はその苦痛を打ち消すために現実検討（reality testing）の能力そのものを破壊しようとする。つまり、自我の認知機能や判断機能などを積極的に破壊しようとする。例えば、乳児は現実に起きている感覚印象（sense impression）そのもの、記憶、思考、対象表象などを過剰な分裂機制によって断片化し（fragmentation）、過剰な投影性同一視によって外界（母親の乳房や身体部分など）に投げ入れる。それは自己の破壊性の一部を含んでいるが外界のものそのものとみなされ、自己の部分は否認される。そのために外界は攻撃性に満ちた迫害的な対象（ビオンは「怪奇な対象」［bizarre object］と呼んだ）の世界になってしまう。自我は、それらの「怪奇な対象」を再び取り入れて、自我や思考の糧としようとするために、悪循環的な精神病的な対象関係の世界が内的に形成される。それをビオンは「精神病的パーソナリティ（部分）」（pshychotic personality［part］）と呼んだ。

ビオンは思考の形成について特に注目している。つまり、精神病的状態にある患者においては、なぜ思考障害がよく見られるのであろうかという疑問に答えるためであった。

彼によると、赤ん坊は生まれた時には既に乳房や人の顔の表情などに対してある「前概念」（pre-conception）を持って生まれてくる。そして、出生後、例えば空腹時に実際に乳房と授乳の体験をすると、前概念は「現実化」（realization）され「概念化」（conception）が起こる。そしてその体験が蓄積していくことによって「概念」（concept）が生じる。

思考は欲求不満の体験に特に関係している。赤ん坊が欲求不満にさらされたときに、赤ん坊の欲求不満に対する耐性が十分であると、赤ん坊は「不在の乳房」の概念を形成することができる。この欲求不満に関連した不在の概念に関連した概念系列を、ビオンは「思考」(thought)と呼び、それらの関連性を形成していく過程を「思考すること」(thinking)と呼んだ。このときには分裂や投影性同一視は激しくなく、欲求不満に関する感覚印象や対象幻想などを断片化して外界に投影性同一視する過程は起こりにくいのである。そしてこの過程は「非精神病的パーソナリティ部分」(non-psychotic personality part)の形成に関連している。

逆に欲求不満に対する耐性が少なく、破壊的傾向が素質的に強い赤ん坊の場合には、苦痛な「対象の不在」の体験そのものを断片化しすぐに外界に投影するために、「不在の概念」を形成できず「思考」を形成することができない。

(4)コンテイナー/コンテインドと投影性同一視、取り入れ性同一化――ビオン

これは母子の相互作用によって、赤ん坊の内的な精神世界が形成されていくことを、モデル的に明らかにしていく概念である。そしてこれは、上記の精神病的パーソナリティ部分の形成や、思考の形成過程なども包含されるモデルである。そして、この概念は母親の機能が精神発達に重要な働きをしていることを、クライン派の中で明確に打ち立てた記念すべきものである。欲求不満にさらされた赤ん坊が、自分で対処できない体験としてすぐに外界に投影性同一視するとき、対象である母親がその投影されたものを引き受け「取り入れ性同一化」(introjective identification)によって、その意味を理解し、適切なものにして赤ん坊に返してやる。これを行なうためには「夢想」(reverie)という直感力を使うが、そこには母親の側の投影性同一視と取り入れ性同一化が大きな役割を演じている。ビオンは、この母親の機能を「コンテイナー」(container)といった。また投げ入れるほうの赤ん坊によって投影性同一視され、母親によって取り入れ性同一化されるものを「コンテインド」(contained）と呼んだ。

母親のコンテイナーの機能によって赤ん坊に返されたものは、緩和され赤ん坊が受け入れることができるものであり、その体験は取り入れられ、夢や思考の材料として保持される。これをビオンはアルファー要素、アルファー機能と呼び、非精神病的パーソナリティ部分（non-psychotic personality part）の形成のための基礎となるものであると考えている。

逆にこのコンテイナー／コンテインドの関係が旨く機能しないと、上記の精神病的パーソナリティ部分が発達して、後の精神病の資質を残存させることになる。

（5）象徴機能――象徴的等価物の研究――シーガル

象徴機能は複数の対象の共通点を抽出して、ある概念やイメージで他の対象や対象関係を表現する行為であり、後の言語機能や他のコミュニケーションの基礎となるものである。シーガルは、精神分裂病の患者の研究において、彼らの象徴機能が原始的な状態に止まっており、それが妄想分裂ポジションの激しい投影性同一視の活動による自他の区別が曖昧な状態で起こるものであると考えた。それは、象徴するものとされるものの区別が明確でなく、両者共に「ものそのもの」と体験されてしまう。彼女の例では、人前でギターを弾けなくなった患者が、人前ではマスターベーションをすることと同じ体験とみなしていることが明らかになり、後の発達した象徴過程とは異なるものであることが発見された。つまり象徴するものとされるものが、同等の「ものそのもの」として扱われているわけであり、彼女はそれを「象徴的等価物」（symbolic equation）と呼んだ。

抑鬱ポジションに入ると、部分的対象関係から全体的対象関係へと移行し、過剰な投影性同一視は緩和されたものになる。そして象徴されるものと象徴するものの区別は明確になり、個人はそれらを混同することはなくなる。シーガルは、これが一般にいわれる発達した「象徴過程」であると考えている。そのような個人は、ギターを弾くことが無意識的には性的意味を有すると理解することができても、それそのものを性的行為と混同することはない。

以上のように、投影性同一視の研究も多岐に亘るものであるが、まとめると次のようになる。つまり投影性同一視には、精神の発達に必要な健康なものと、過剰で病理的なものとがある。

より早期の原始的な「妄想分裂ポジション」においては、「投影性同一視」は激しさと万能が強いが、やはり思考や象徴過程など認知機能の基本を形成することに大きな役割を果たしている正常の投影性同一視があり、他方では激しい分裂と過剰な投影性同一視によって精神病的パーソナリティ部分を形成するのに一役かっている病理的なものがある。

全体的対象関係へと移行した「抑鬱ポジション」における「投影性同一視」は、緩和されたものになっている。そして正常な投影性同一視は、他者への配慮、共感、象徴過程や思考の更なる発達などに大きな貢献をする。また逆にこの時期になっても、前段階の妄想分裂ポジションの課題が存在している場合には、葛藤に直面すると退行し、過剰な投影性同一視の世界が表面化してきて、病理的な状態を呈するようになる。

4 対象喪失と投影性同一視

(1) 正常な喪の仕事と正常の投影性同一視

この場合には、内的な対象関係の世界が一時的には迫害的な状況が現れるにしても、それは妄想分裂ポジションとはいいがたく、全体的には抑鬱ポジションの中での葛藤に止まるようである。

正常な場合には、攻撃して失った対象を再構築し修復（reparation）しようとして個人は努力する。本来内的な良い対象関係が十分なときには、内的な良い対象の再建は比較的旨く生き、徐々に内的な世界が安定し、修復が行なわれる。それとともに、個人は外的な状況を受け入れ、外的な対象からの援助を受け入れることができるようになる。

ここで見られる防衛機制には、良い対象の分裂と否認、悪い対象の投影と迫害的不安、良い対象の否認と、自己が対象に依存していることの否認などが見られるが、全体的に激しくはなく、早期にアンビバレンスを引き受け、激しい投影性同一視や分裂を使用することは少ない。個人は悲嘆の感情を引き受け、外的対象を失った事実を否認、分裂、投影性同一視などによって闇に葬ってしまうことはなくなる。逆に正常な投影性同一視の能力が回復し、外的対象の援助などを理解して受け入れ、他者の援助的な態度を理解でき感謝の念、他者の苦悩の共有に対する共感的理解などを比較的早期に取り戻して、喪の仕事を達成していく。

またコミュニケーションや共感の能力も比較的保持され、投影性同一視としては比較的マイルドで、健康なものも機能していると考えることができる。それは分裂の機制も激しくなく、過剰でもないこととも関係している。つまり全体的には、自己と対象の分裂はあまり激しくなく、部分的な投影として見られるものが多い。

そして思考過程や象徴過程などの自我機能の形成に重要な働きをしている正常の投影性同一視の機能も保持されているために、精神病的な状態には陥ることはない。

(2) 病理的な喪の仕事と過剰な投影性同一視

対象関係そのものは抑鬱ポジションに留まっていても、喪の仕事が旨く機能しない場合には、喪の仕事を遂行するほどの成熟した抑鬱ポジションになっていないと考えられる。そのときには、対象喪失の苦痛な体験を処理するために、強迫や慢性抑鬱などの神経症的機制を採用し、喪の仕事は完遂されなくなる。このときには抑鬱ポジションのアンビバレンスが比較的大きく、投影性同一視などの機制も、正常のものと比較してやや激しいものと考えられる。

更に抑鬱ポジションの葛藤が旨く解決されていないときには、個人の中にはそれより以前のより原始的な段階である妄想分裂ポジションの原始的な対象関係の世界が残存している場合がある。そして外的対象喪失によって引き起こされる抑鬱的苦痛を処理することができず、退行を起こして迫害的な妄想分裂ポジションにおける防衛機制を使うようになる。つまり内的対象を分裂寸断し、良い対象も悪い対象も激しい投影性同一視によって、外界に投げ入れる。このときには、悪い対象関係の方が優勢なために、その怒りや憎しみは激しく、投影された自己の断片は迫害的な対象として経験され恐怖や迫害感が主要な情緒であり、抑鬱感や悲しみなどは否認されてしまい、喪の仕事は暗礁に乗り上げてしまう。また自我の良い部分も対象に投影されるために、自我は貧弱になり脆弱になる。このときには、上記の妄想的迫害的な対象関係の世界が現れ、個人は精神病的状態に陥る。そのときに、過剰な分裂と投影性同一視によって原始的な部分的対象関係が復活し、思考過程や象徴過程までも障害されたものが登場してくる。これはすなわち、無意識に精神病的パーソナリティ部分を持っている患者であり、より発達した抑鬱ポジションの内的対象関係が十分でないために、正常の喪の仕事を完遂することができず、しばしば長期の幻覚妄想などの精神病的な状態に陥る。

以上のように、極めて当たり前のことであるが、喪の仕事が旨く機能する場合には、分裂や投影性同一視は抑鬱ポジションの水準にある緩和されたものである。そのために昇華や修復の機能も存在し、失われた内的な対象の回復も着実に行なわれていく。

抑鬱ポジションの達成度が十分でないときに、軽症の場合には神経症的な機制が動員される。他方で内的に妄想分裂ポジションの世界を未解決のままに内界に保持している個人は、対象喪失という苦痛な体験に対して、妄想分裂ポジションへと退行する。そして激しい分裂や投影性同一視によって、自我の認知機能を破壊し、現実検討を回避する。その結果、精神病的世界が活動するようになり、妄想幻覚状態などの精神病的状態が発症する。

5　おわりに

喪失体験の研究と、投影性同一視の研究の歴史を概観した。前者については、内的対象喪失の研究に貢献したフロイト、アブラハム、クラインの研究を紹介した。投影性同一視については、クラインの本来の定義から始まり、ビオンの正常と異常な投影性同一視の区別、精神病的パーソナリティの形成、思考の形成、コンテイナー／コンテインドなどの研究、シーガルの象徴的等価物の研究などに投影性同一視が大きく関係しており、それらによって投影性同一視の概念や機能がより細かく明らかにされてきたことを示した。

そして最後に喪失体験の喪の仕事の中で、正常あるいは病理的な投影性同一視の機制がどのように関係しているかについて考察した。

参考文献

（1） Abraham, K.（1924/1950）A Short Study of the Development of the Libido. In *Selected Papers on Psycho-Analysis*. Hogarth Press.〔下坂幸三他訳（1993）「心的障害の精神分析に基づくリビドー発達史試論」『アーブラハム論文集』岩崎学術出版社〕

（2） Anderson, R.（1992）*Clinical Lectures on Klein and Bion*. Routledge.〔小此木啓吾監訳（1996）『クラインとビオンの臨床講義』岩崎学術出版社〕

（3） Bion, W.（1957）Differentiation of the Psychotic from the Non-Psychotic Personalities. *International Journal of Psycoanalysis*. 38（3-4）: 266-275.〔松木邦裕監訳（1993）「精神病人格と非精神病人格の識別」『メラニー・クライン トゥデイ1』岩崎学術出版社〕

（4） Bion, W.（1962）A Theory of Thinking. *International Journal of Psychoanalysis*, 43 : 306-310.

（5） Freud, S.（1917）Mourning and Melancholia. In *Standard Edition*, Vol. 14. Hogarth Press.〔井村恒郎訳（1970）「悲哀とメランコリー」『フロイト著作集6』人文書院〕

（6） Klein, M.（1935/1975）A Contribution to the Psychogenesis of Manic-Depressive States. In *The Writings of Melanie Klein*, Vol.

1. Hogarth Press.〔安岡誉訳（1983）「躁うつ状態の心因論に関する寄与」『メラニー・クライン著作集3』誠信書房〕

（7） Klein, M.（1940/1975）Mourning and Its Relation to Manic-Depressive States. In *The Writings of Melanie Klein*, Vol. 1, pp. 344-369. Hogarth Press.〔森山研介訳（1983）「喪とその躁うつ状態との関係」『メラニー・クライン著作集3』誠信書房〕

（8） Klein, M.（1946/1975）Notes on Some Schizoid Mechanisms. In *The Writings of Melanie Klein*, Vol. 3, pp. 1-24. Hogarth Press.〔狩野力八郎・渡辺明子・相田信男訳（1985）「分裂的機制についての覚書」『メラニー・クライン著作集4』誠信書房〕

（9） 小此木啓吾（1991）「対象喪失と悲哀の仕事」『精神分析研究』34巻5号、２９４-３２２頁

（10） O'Shaughnessy, E.（1975）Explanatory Notes. In *The Writings of Melanie Klein*, Vol. 3. Hogarth Press.

（11） Rosenfeld, H.（1971/1988）Contribution to the Psychopathology of Psychotic states: The Importance of Projective Identification in the Ego Structure and the Object Relations of the Psychotic Patient. In *Melanie Klein Today*, Vol. 1. Routledge.〔東中園聡訳（1993）「精神病状態の精神病理への寄与」『メラニー・クライン トゥデイ1』岩崎学術出版社〕

（12） Segal, H.（1957/1981）Notes on Symbol Formation. *International Journal of Psychoanalysis*, 38 : 391-397. In *The Work of Hanna Segal*. Jason Aronson.〔松木邦裕訳（1990）「象徴形成について」『クライン派の臨床』岩崎学術出版社〕

〔『イマーゴ』５巻10号、１９９４年〕

7章　クライン派における身体の問題――自己身体像の形成をめぐって

1　はじめに

私たちは、他者を認識するときに、その身体像とくに特別な身体の一部である顔の表情を抜きにしては、とらえることは困難になる。個人は身体存在を基本にしているが、他方では私たちは、他者が心を身体の内部に持っていることを直感的に理解し、それに向き合っている。また自己も自己の身体的存在を抜きにしては考えることはできず、更にその身体の内部のどこかに自己の心が存在していることも直感的にとらえている。これは赤ん坊においても、既に機能していると考えられるが、その生成過程についてはまだ不明な部分が多い。

一部の精神病的患者群においては、自己の心が身体の外部に存在していると感じていたり、身体を持たない魂を感じたりする現象が見られるし、心気症や心身症など身体像そのものが心理的に病んでいると考えられる患者群が存在する。そのような人たちを理解するためにも、身体自己の形成がどのように行なわれていくのかを理解することは重要なことである。しかし現在の段階ではそれらは、十分研究されているとは言い難い状況である。

本来精神分析においては、身体を中心にした欲動論や不安発生論、対象関係論が展開されており、身体は重要な役割を演じているが、その心的機能や身体自己の問題は明らかにされているとは言い難い。フロイト（Freud, S.）は欲動論的発達論の中で、身体の成熟と身体の開口部における本能的快楽と満足とを目的にした本能論を展開している。

シルダー（Schilder, P.）、ビック（Bick, E.）などの一部の研究者は、母親の赤ん坊の世話における身体的接触が、赤ん坊の身体自己の形成に大きな影響を与えると考えており、自己の内部と外部の境界としての皮膚の存在に注目している。更にクライン派における身体内部に関する幻想活動の概念は、身体像形成の研究における重要な寄与をする可能性を秘めている。クライン（Klein, M.）などは自己の身体像の問題をあまり積極的には取り上げてはいないが、部分対象幻想やその統合における全体的対象像などは身体的にとらえられるものとして考察していて、多くの示唆に富む言及をしている。

2　クラインの身体幻想の研究

クラインは早期の対象関係を妄想分裂ポジションと抑うつポジションの概念で説明しているが、『児童の精神分析』の中では、それらの早期対象関係の活動状態をすべて対象身体と自己身体との交換として述べている。その概略については、学会の抄録号に述べてあるので、ここでは割愛する。それは前言語的な世界で起きていることであるが、複雑な内的世界の活動であり、それは幻想の活動として体験されている。それは、具象的思考の世界であり、対象表象や抽象的思考はまだ十分には発達していない世界である。乳児においては幻想と外的現実とはしばしば区別が困難であり、赤ん坊の内的幻想の世界も現実の体験とほとんど同等のものと考えられる。いずれにしてもこの時期の心的活動の状態が、どのようなものであるかをとらえることは非常に困難であり、幻想の活動は成人の空想、想像活動とは異なるもので、自己の核や対象そのものを形成する基本的な素材となっているのである。そこにはやはり身体の視覚的感覚印象や聴覚的感覚印象、触覚的感覚印象などが大きな働きをしているであろう。そこでは、幻想活動の中で、部分的な身体―他者と身体―自己との間の具象的な交換の世界が活動しているのである。そして他者―身体と自己―身体の世界が徐々に構築され、自己が身体の中に収まり、他者が皮膚よりも外部に存在し、他者―身体の内部に存在していることを現実検討できる自己が確立されるのであろう。統合された自己身体像の成立は、他者身体像の形成と同じく抑鬱ポジション以降の統合の段階が発展していくときであろう。

クラインの研究においては、対象の身体幻想は詳しく記述されているが、乳幼児自身の自己―身体幻想や身体内部の幻想については、簡単にしか触れられていない。乳幼児の主体側からすると、早期の対象関係においては、母親身体対象を視覚、聴覚、触覚、味覚などで捉えていくことは比較的容易であろう。また乳幼児は母親の表情を見、身体を見ることができる。それに引き替え、赤ん坊は自分の表情は見ることができず、自己の身体全体を直接見ることも困難である。自発的には、乳幼児は、徐々に指シャブリなどによって自己の身体感覚の一部を発見し、空腹や満足、苦痛や快感、おむつの濡れた不快感、排便の快感や苦痛などが、内部身体感覚のよりどころである。皮膚感覚は身体の内と外を区別するために重要なものであろうが、それは母親のケアにおける母親の手や腕によるだっこなどの身体的接触によって体験されるものであろう。対象の身体像と比較して、乳幼児の自己の身体像は、情緒と欲動などによって大きく影響を受けながら形成されるかなり曖昧なものであろう。実際に成人の私たちにとっても、自己の身体イメージを浮かべることはなかなか困難である。乳幼児は、自己の身体幻想に関しては、対象との体験とその幻想に強く影響されている。そして多くは対象との照り返しの体験を通して形成され、きわめて主観的で情緒的な体験に影響されているであろう。そして自己の身体部分に対するカセクシスの偏りが、対象身体像と比較して大きいであろう。いずれにしても対象の身体幻想が統合されるにつれて、それに関連する主観的な自己―身体幻想も統合されていくであろう。その中でビックが述べているように、自己の皮膚は、内部と外部を区別する際の重要な役割を果たすと考えられる。クラインらは、出生直後から部分対象関係における内部と外部が存在していることを前提にしていて、最初から分裂と投影性同一視、取り入れや同一化が起こると考えている。

3 ビオンの記号論的存在論とビックの皮膚境界論

ビオン（Bion, W.）は、パーソナリティの精神病的部分と非精神病的な部分の発達、形成過程を考察する中で、感覚印象、アルファ機能、ベータ要素、奇怪な対象、断片化、投影性同一視、分裂、L、H、Kなどの記号を使って説明しようとしている。これらはすべて部分対象から全体対象への統合過程における、身体的幻想の投影や取り入れなどの諸活動の状態を、機能面を中心にして記号化、概念化しているものである。しかし彼は、その心的機能部分の形成に注目し、思考や概念、象徴作用、記憶などが発達していく過程について考察している。彼は身体−自己についての考察は少ないのである。しかしそれらの実際の心的活動は、きわめて身体的な部分対象や全体対象の幻想として思考されているのである。

ビオンの影響を強く受けているビックは、右記のように、皮膚が自己の内部と外部を区別していくに当たり重要な働きをしていると考えている。つまり母親に授乳されたり、だっこをされたり、おむつを交換されたりするケアの多くは皮膚感覚を通して行われるものがあり、その中で皮膚境界を中心に自己の内部と身体の内部、身体外部と自己でないものが区別される重要な感覚になっていくのである。そして赤ん坊は、最初にコンテインできる皮膚を対象から取り入れる。ビックによれば、赤ん坊は最初に取り入れた一次的対象（Primary Objct）を皮膚と同一化し、それにより外部と内部を区別する。そして赤ん坊は、身体内部に空間を持ち、取り入れたものを保持し、自己の核としていくと考えている。つまり一次的対象（母親）のコンテイン（contain）の機能が重要である。これがうまくいかない場合には、防衛的な二次的皮膚（secondary skin）が形成され、たとえば、内部空間のない自閉症の世界の問題を呈すると考えている。心因的（psychogenic）な心身症の問題もここにある可能性がある。

以上のように、ビックは自己の内部空間を確立することで、対象からの取り入れを行なう前提が成立されると考えている。そしてその皮膚自己の中に、良い対象を取り入れ、皮膚身体境界の外部に悪い対象世界を投影排除していくという交換を通して、安定した自己と対象の世界を形成していく。

4 症例――描画によって身体-自己を表現した男性患者

ここで精神病的破綻を来した男性患者が、その回復過程において自己像を描写した症例を提示してみたい。そして妄想分裂ポジションにおける病理的状態においては、身体－自己が奇妙に歪曲されていることを示してみたい。このような精神病的な問題を持つ患者群の身体像について出来るだけ多くの症例観察を行ない、乳幼児観察、子供の精神分析における早期の重症患者の観察データなどを更に集積することによって、これらの未解決の領域が更に解明されていくのではないかと考えられる。

【症例】

患者は20歳の男性である。主訴は、長期の引きこもり、魂がつぶれてしまう、言葉が働かない、人の視線が気になるなどである。

［病歴と診断］

患者は中学校の頃から一過性の精神病状態を経験することはあったが、学業は休むことなく、成績も良かった。スポーツのクラブも高校3年生まで休むことなくこなしている。しかし対人的には閉じこもりがちで、表面的なつきあいだけであり、実は心の扉は閉じたままであったという。大学に合格し、両親から離れて下宿生活を送ることになった時から、患者は自室に閉じこもり、登校をすることはなかった。半年目に両親が気づき、受診となった。診断は重傷のスキソイド障害（精神病的パーソナリティ）である。

［治療経過］

患者は最初の一年間は、言葉を使うと心がつぶれてしまうという恐怖感と、心がなくなってしまうという恐怖感などを訴え、治療中はしばしば沈黙していた。それでも徐々に、家族のことなどを話すことが出来るようになった。特に両親に対する怒りや不満が話されるようになり、治療者の休暇などが重なると、長期の沈黙と時折破壊的な世界を記述するようになった。そしてある日、両親が患者の下宿に滞在して、いつものように患者に細かい苦情や注文を言い続ける父親に対して、激しい怒りが爆発した。そのときから幻聴と妄想気分、誰かに殺されると言う迫害感などが発現し、患者は自室に閉じこもり続けるようになった。入院もすすめてみたが家族も本人も応じないために、下宿で母親が世話をしながら、継続して治療に通うことになった。患者は、精神療法には休むことなく定刻に現れたが、沈黙を続け、それは半年間にも上った。この間の治療者の逆転移体験は奇妙な催眠状態にかかったようなものであった。

半年間の精神病的な状態のあと、ある日彼は絵と彫刻などがしてみたいと切り出した。長期の精神病的な状態を伴う沈黙の中で、患者の自己表現の糸口を待ち続けていた治療者にとっては、非常にうれしい発言であった。それから患者は多くの描画と粘土製作を行なったが、それは奇妙な部分的な不整合なものから成り立っていることが多く、精神病的な自己の一部を描写しているものと思われた。しかし他方で治療者は、患者がそのような精神病的な部分を観察し、それを治療者に伝えようとする健康な自我の機能がよみがえり始めていると考え、その描画と粘土の世界が患者の原始的な表現とコミュニケーションの媒体であると考えた。更にそれらを夢分析の技法によってその意味の世界を理解し、患者の内的状態や転移を表わしている場合には積極的に解釈していくことに方針を固めていた。ここでは描画と粘土製作を始めて、患者が精神病的な対象像や自我の状態、自己像を表現した6ヶ月間の時期の経過と自己像を描写したものに焦点を当てて見たい。

患者は治療者の解釈が正しいと思えるときには、小さくうなずき、つづいて創造的な描写と粘土細工を続けていった。最初は、患者は上下左右のない様々な物体や人間の身体の一部を、バラバラにしてモザイク上に組み立てたような描画を行なっていった（図1）。治療者は、それらの部分について一つ一つ説明を求めたが、多くは患者自身が説明できないものであった。それでも奇妙なロケットが地球から離れていく絵が、患者の母親が郷里に帰り、治療者の休暇と重なるときの別離の体験を表していると理解できるものであったり（図2）、透明な境界のない花瓶に葉のはみ出した花が活けてある絵（図3）、温室の中に機械的な花が育成されている絵（図4）などは、患者の内的な心の活動を表わしていると考えられたので、解釈していった。つまり患者は、治療者と離れるときには遠い宇宙の彼方に離れて二度と帰ってこられないと体験していることや、患者が治療の中に保持され、花が徐々に育ち始めているように体験していることなどを解釈していった。しばらくして患者は人の顔らしきものが何十にも重なっているモジュールを描いたが、それは母親の顔のようであり、おそらく精神病的な原始的な対象像のひとつであろう（図5）。そのときに患者は初めて同時に粘土を作り、アルコールランプ、ろうそく、ビールのジョッキ、花、ハンバーグと作り替えていった。これを見ていて、治療者は患者が治療の場で徐々に自己の世界に光を当てられていると感じ始め、それに患者は乾杯をし、大好きな花によって喜びを表わし、大好きなハンバーグを食べたときのような満足感を得ていることを解釈した。その次には、意味の分からない断片化された絵を描き、首のない像と底のない入れ物を粘土で作った。これは患者が、治療者の解釈したような世界は理解したくなく保持していくこともできないことを表わしていると思われた。このように患者は、自己の心性を描画や粘土細工で見事に表現できるようになっていった。

次のセッションの前に母親から電話があり、「息子が自分の体に触り赤ん坊のように甘えてくる。寝ているときには口や目を調べたり頬ずりをしてくる。乳房やおなかにも触ろうとする。これは重症な病気でもう治らないと思う」と怒った口調で話した。そしてそのまま母親は郷里に帰ってしまった。その後のセッションでは、患者は粘土で地上に落ちた花を作り、雨と雲、吹き飛ばされたテント、鳥（しばしば手のない自己像を表わす）ハートの寄せ集めの絵を描いた（図6）。治療者は、患者の簡単な説明を聞いているうちに、それが表わしているものを理解することができ、それは治療者の休暇にも関係しているし、患者が母親がいなくなったときのつらさと心の体験の仕方を表わしているものであると解釈をした。患者は頷き、自分が幼稚園の頃のように幼くなってしまって、母親に甘えていたら、母親が怒ってしまったと告白し、元気のない様子であった

次のセッションでは、乳房、人間の脳、四角い太陽などが奇妙に組み合わさった絵を描いている（図7）。このように対象が断片化した状態を見事に表わしている状況で、次のセッションでは、患者は初めて自己像をはっきりと描写した。患者は、ストーンヘンジとモア像が組み合わさった粘土を作り、出来映えに満足し、そこに謎の文字を書き加えた。更に、一本の足と肺（ストーンヘンジに似た）がはみ出した自己像を描いた（図8）。そして患者の好きな奇妙な形の花をつけくわえた。患者は自分が呼吸をしている実感があり、それを描いて満足していると述べた。治療者は、それが患者がやっと呼吸が出来、生きている感じを表わしているが、体の境界がはっきりせず、内蔵がはみ出ていて身体がまだまとまっていないことや、手足もまだそろっていなくて、自分ではしっかりと立つことはできず、治療者や母親に掴まる手もないことを表わしていると解釈した。

次には、患者は意味の分からない断片的な絵を描いたが、子供と楽しく遊んでいる夢を見たと述べた。これはビオンが述べているように、患者の夢を見る能力が徐々に回復し、非精神病的な心の部分が活動し始めていることを表わしていると考えられた。そして粘土においては患者は二人の人物と思われるものを大きい方から手を伸ばして肩に掛けたり、手の場所を様々に変え、へその部分や腹部を連結させる遊びを30分にわたって夢中で行なった。治療者は、これは患者と母親との関係、母親と子供との関係を表わしてもいるし、治療者との間でも小さな子供の気持ちで向かい合っていること、また性的な関係もやや混同している状態であることを解釈した。患者はいつものように小さく頷いただけであった。

次のセッションでは、自分が母親に非常に甘えていて、母親の顔を見てにこっとほほえんだりしていることを

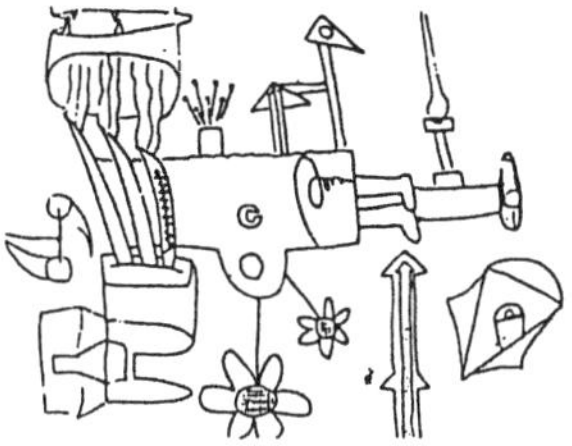

図1

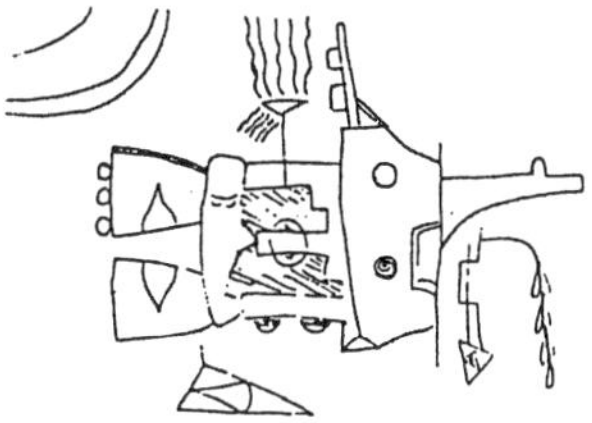

図2

図3

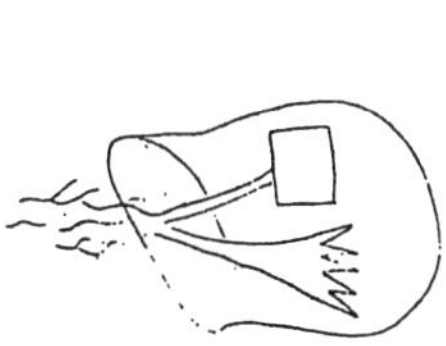

図4

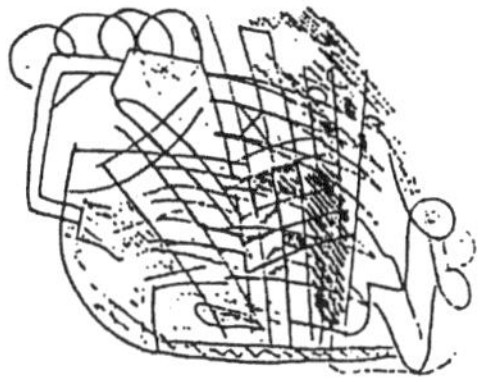

図5

図6

図7

図8

述べた。そして自分が、飛行機に座っている非常に具象的な写実的な自己像を描いたのである（図9）。これは患者が飛行機という治療に乗って、遠くまで一緒に飛んでいこうとする意志を表わしているものであった。更に患者は、二つの粘土の塊を使って、様々な位置関係を表現し、おんぶされたりだっこされたりお乳をもらったりしている関係を長時間にかけて行なったのである。この時期になると、治療者は、患者の表現する世界に驚きの気持ちを抱きながら、その世界を一緒に観察していったのである。

次のセッションでも、「誰かと手をつないでいて、患者が子供のような感じだった」夢を報告した。そして粘土を二つに分けて、前回のように様々な連結を行ない、下腹部を最後につなぎ固定した。そして自分は魚と鳥がつながるようにしたかったと述べた。治療者が、「両方とも手がないので、それでは手がつなげない」と解釈すると、患者は頷いた。そして患者は二人の人物像を書いた。一人は棒にしっかりと掴まっている人物、もう一人は手がなく顔には魚がくっついているものである（図10）。これは患者の二つの分裂した自己像を表わしているものと考えられた。一方は、目や鼻はないが、皮膚の境界はしっかりとした、ものにしっかりと掴まることのできる自己であり、もう一つは手もなく魚のように誰にも掴まることのできない、置き去りにされた自己像である。そこには鳥も小さく描いてある。

次には、再び患者の下で住むようになった母親が、やはり治療者のべたべたした甘えに怒ってしまってまた郷里に帰ってしまったときには、母親を追っかけて郷里に自転車で帰っていく夢を見ている。このときは対象喪失を、わずかであるが体験できる部分が存在していると思われた。実は、両親は患者に退学を強要するようになっていて、これは後に実行されることになった。

次の正月休みの直前の週には、誰かの肩に乗っている夢を見たといい、絵画でも人物の片手が自分になっていて、蝶を追いかけていく絵を描いている（図11）。これは患者が治療者と融合して、自分の目標を追っかけようとしていることを良く表わしているものであった。そして正月休暇の分離の不安や退学の不安、両親から見放さ

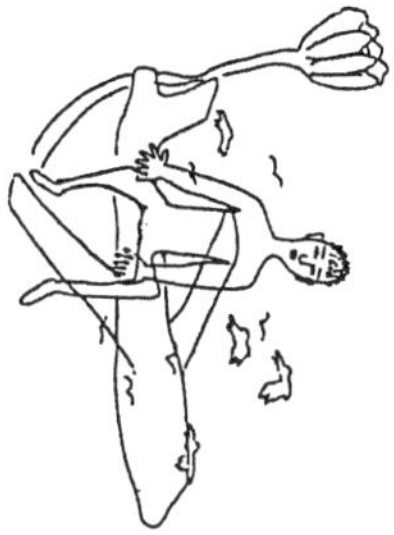
図9

図10

図11

図12

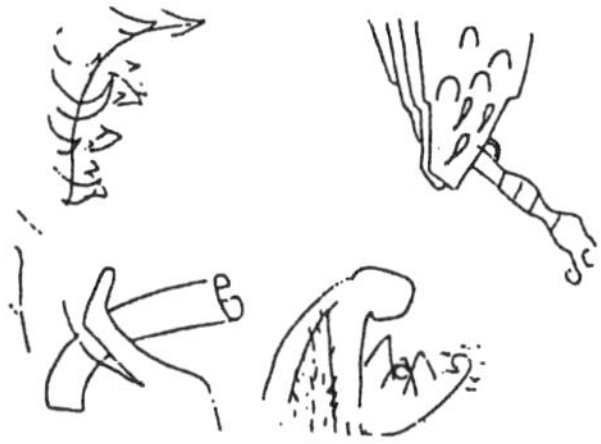
図13

図14

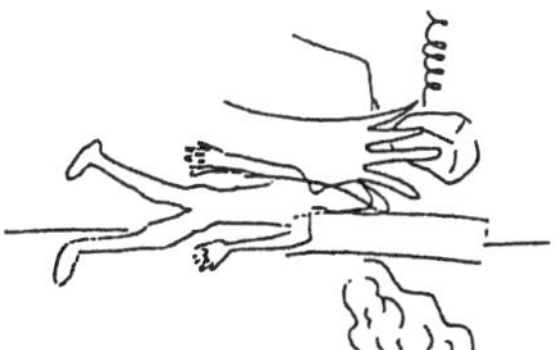
図15

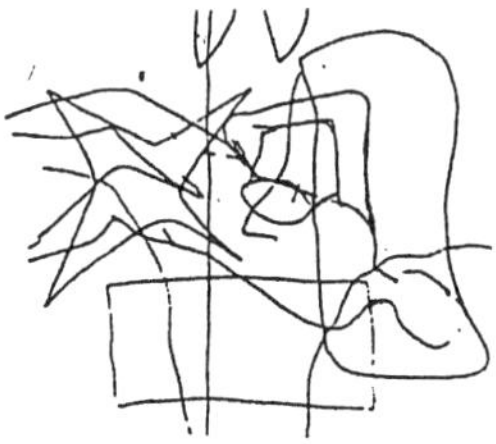
図16

れる不安について、治療者と融合することで軽減しようと言う姿勢が見られたのである。

正月明けの最初のセッションでは、患者は不安そうな顔で現れ、正月があまり楽しくなかったことや退学が決定したことを話した。そして粘土では鳥の母親が子供をおんぶしている像を造った。また上半身が二つあり、女性器に似た太陽からエネルギーをもらってる人物像と、自分の顔の半分を描いた（図12）。これは正月休暇における治療者との分離体験や、大学中退の問題における患者の自己像の分裂と不安を表わしているものと思われ、治療者にしっかりとおんぶして支えてほしいものを表わしていた。そして次のセッションでは、新しい地図を持って探検に出かける人物を描き、患者の治療に対する強い意志を表現したのである（図13）。その探検する世界は奇妙な空間であり、中空にはしごが掛かり、男性器と女性器が融合した物体などがそびえているものであった。彼にとっては、心の中の探検は両親の結合した身体内部の探検と等価なものであったようであった。

次には大学に中退の手続きをとったことを話し、患者はすっきりした顔をしていた。そして粘土では、自分の体が切られているようだと言いながら、粘土の塊にナイフを指して穴を開けた。そしてその中に小さな粘土の玉を入れて、「これで落ち着いた」と言った。治療者は、これはおなかの中に入っていく赤ん坊のようだ、退学のことなど両親との軋轢なども、母親の体にいる赤ん坊や治療者の世界にいる赤ん坊のような自分であれば、安心できると感じていることを解釈した。次のセッションでは、患者は、一人の人にしっかりと手を握っている子供が、もう一人の去っていく大人にさようならをしている絵を描いた（図14）。これは、患者が、大学や両親の世界に別れを告げて、治療者にしっかりと摑まっていく姿勢を表わしているようであった。

更にこの時期に、両親が、経済的な理由のためなどにより患者に郷里に帰るように勧め始めた。この時期に書いた描画には、大きな手が書いてあり、境界を越えて歩いている自己像を書いている（図15）。また粘土では大きなおもりのようなものを作り最後に穴を開けて、「遠くに行ってしまうと困るので、穴を開けて結びつけておくのだ」と言った。これは患者が治療が終了することになってしまうのではないか、治療者にしっかり摑まり結びついていたいという願望を良く表わしているものであった。そして患者はもうここには来られなくなるかもしれないと述べた。

次のセッションでは、患者は「トンネルの中で、交通事故があって通れない。もう一つは、池のすぐそばで、池には水がない。木の上に誰かと一緒に住んでいる。更に池の真ん中にも小さな家があって誰かが住んでいる。その池は、火山の噴火口のようだった」という夢を報告した。治療者は、両親が治療者と衝突して通り道をふさいで、患者が治療に来ないようにしていると解釈した。また、治療に来られなくなると、水が枯れたようになってしまうし、その池―治療が危険な両親―火山の上にあることを表わしていることを解釈した。次に彼は、粘土で作ったパワーシャベルの腕を三つ作ってくっつけた。そして父親が経済的な理由のために郷里に帰るように言っていると述べた。治療者は、父親などの強力な力に動かされている自分について解釈した。そして彼は手と足のない自己像、ロックミュージシャン、パワーシャベルなどが混合した絵を描いた（図16）。これは患者が、強力な両親の力によって手も足もがれている状態であり、反抗したい自分と強力な力に動かされている自分を表わしていることを解釈した。

5　考察とおわりに

以上のように、患者が絵画と粘土によって表現していった世界は、精神病的な自我の断片化された世界から、ときに統合された神経症的な自己の世界を巧みに表現するものであった。そして患者が直面している葛藤に沿って、時々身体自己像を見事に表現している絵画を描き、粘土を作ったのである。これらに関しては、治療者は、夢解釈を同じように解釈していく態度を維持していった。そしてそれは患者に良く理解されることがあり、患者の更なる描画表現と粘土による表現は発展していった。このようなときは、治療者の働きかけが正しかったことを表わしていると思われる。そして自己像を表わしている思われるものを見てみると、そのときに体験している葛藤が精神病的なものであるときには対象も断片化しており、自己像も身体像が統合されていず、身体部分の集合したものや欠損、脱落、皮膚境界の破壊などを示している。こうしてみると、精神病的ないわゆる妄想分裂ポジションの段階においては、自己像も統合されていず、断片化したものであると言うことができるであろう。更に統合が進むと、患者の絵画は象徴的な表現が可能になり、自己像も具象的で統合されたものに近くなっている。そして夢を語るようになり、原始的な両親との関係と葛藤を良く表わすものになっている。実際に夢を見る能力は、抑うつポジションの統合がある程度始まっているときであると言うことは正しいのであろう。実際の経過においては、二つのポジションは何度も交互に変動しながら発達の方向に向かっている。

　このような自己の身体像の発達過程についてデータを得る方法は、このような精神病状態にある成人の絵画や幼い子供の遊びなどがもっとも重要なものになるであろう。

文献

（1）Bick, E. (1968) The Experience of the Skin in Early Object Relations. *International Journal of Psychoanalysis,* 49 : 484-486.
（2）Bion, W. (1962) *Learning from Experience.* Heinemann.〔福本修訳（1999）「経験から学ぶこと」『精神分析の方法I――セブン・サーヴァンツ』法政大学出版局〕
（3）Bion, W. (1967) *Second Thoughts.* Heinemann.〔松木邦裕監訳（2007）『再考――精神病の精神分析論』金剛出版〕
（4）Klein, M. (1932/1975) Psychoanalysis of Children. In *The Writings of Melanie Klein,* Vol. 2. Hogarth Press.〔衣笠隆幸訳（1997）『メラニー・クライン著作集2』誠信書房〕
（5）Segal, H. (1964) *Introduction to the Work of Melanie Klein.* Heinemann.〔岩崎徹也訳（1977）『メラニー・クライン入門』岩崎学術出版社〕
（6）Schilder, P. (1935) *The Image and Appearance of the Human Body.* Kegan & Paul.

〔『精神分析研究』42巻2号、1998年〕

8章　臨床的事実とは何か——臨床過程の記録から発表までの過程について

1　はじめに

私たちが、患者の治療の場面において体験することを、記録してまとめ上げ、そして論文に発表していくという過程の中では、治療者と患者間の転移と逆転移の関係に基づく、心的で主観的で主体的な関係が基本になっていると考えられる。そこで起きている過程を順を追って考察していくことによって、私たちが臨床的事実をどのように体験しており、それを論文にまとめていく作業の中でどのような体験をしていくのかを考察してみたい。なお治療過程の考察に関しては、筆者が実際に行っている現代クライン派の技法に基づいている。

2　臨床的事実の基本的問題

臨床的事実の問題は、筆者のようにクライン派の理論と技法の視点に立っているものだけというよりも、精神分析の様々な視点に立って、臨床活動を行っている治療者に共通する問題である。この問題は、ある意味では精神分析の方法論と理論のすべてを含んでいる問題である。そこにおいては精神分析の方法論の特質の問題にかかわることになり、自然科学と人間科学との違いの問題に行き当たるのである。それは私たちが、他者の心をどのように認識し理解しとらえるのかという問題に関係しており、非-人間対象つまり物質世界に対する認識の仕方は自ずと異なるものであろう。私たちは、他者には心があることを前提にして関わっている。しかしそれは、私たちの視覚や聴覚によってとらえた、他者の様々な表現を越えた向こうに存在しているとみなされているものである。それはおそらく健康な投影性同一視や、いわば「人間の概念」に基づく直感や共感によって捕らえられるものであろう。しかし私たちは、他者の心を、物質のように視覚、聴覚、触覚に直接的に働きかける存在の確実な堅実さでもってとらえることはできないのである。私たちは他者との交流の中で、直感的にも情動的にも感情的にも観念的にもとらえていて、それは時間軸の中で常に変化していくものと同質性を保持しているものとの微妙な交錯の中で進行していく過程である。健康者には、人の心の内部にあるものと外部にあるものとを区別する力が本質的に備わっているが、病理的な状態においてはそれが十分に機能しなくなって、個人の存在のあり方が様々に変容し、他者から理解していくことが困難になることが起こるのである。この問題については哲学の領域にも踏み込んでいくことになるが、精神分析の特有な点は、乳幼児の存在論や無意識の存在論、精神の部分的無意識の存在論までその考察の領域を拡大していったところにある。

3　分析的臨床の事実

これを位置づけていくことはかなり困難な作業である。精神分析においては自由連想と治療者の「自由な漂うような注意」の状態における特有の関係性の中で、患者の無意識の世界を理解していこうとする。それは自由連想によって象徴的に表現されたり、行間の中で言葉にはされない世界を探索して、理解していこうとする方法を基本にしている。それらはしばしば言語的には直接表現されることはなかったり、言い間違い、連想のよどみ、不可解な夢、微妙な動作や行動化などによって表現されたものである。直接には語られないものや表現されないものを、注意の対象にしていくという宿命的なものを、私たちは臨床的活動の中で抱えていると言うことができるであろう。これは、自然科学的な物質的存在の捉え方とは異なるものである。実際に人間の心に関する事実とは何かという問題は、哲学者も解決していない問題のようである。例えば、それは報道的な事実、裁判における事実、歴史学、社会学や政治学における事実というように、人間の世界で起こるものは、ある視点や方法によってとらえられる事実が異なるものである。結局は無意識的な人の心の見えない部分、語られない部分を理解の対象にしていくには、特殊な方法と視点が必要だということである。これはフロイトの天才的な発想に基づくものであり、カウチに横になって行う自由連想と、患者の背後に座って「自由に漂うような注意」の状態を保持しながら患者の自由連想に聞き入っていく治療者の態度という、特殊なセッティングによって、はじめてアプローチできる心の事実というものが存在しているのである。そこには、精神分析における無意識理論や心的構造論、発達論、夢理論という基本的な理論的視点が欠かせないものとして関わってくるのである。

4　心を通して心を知ること

いずれにしても私たちが、人の心を理解していくときには、私たち主体の心を通してしかできない。これは物質のありかたを理解したり天体の動きを理解したりすることとは、かなり異なるプロセスである。私たちは、他者の心を理解したと思ったり、なかなか通じないと感じたり、虫が好かないとか様々な感情や観念、印象などを持ったりする。そういうときに私たちが、いったいどういう手段や方法を使って、他者の心や自己がそこに存在しているかのように扱うことができるかという問題である。これは哲学者や分析家のビオンなどが考察しているが、結局は了解や直観という人間に本来備わっている他者の心をとらえる力によると考えられている。実際の患者の治療においては、治療者と患者の関係は、上記のような特殊なスタンスの関係にはなっているが、この人間的な了解力や直感力が基礎になっているし、更に感情や空想、想像力などを駆使して理解していく。それらをできるだけ動員して、患者の連想の向こうに存在する無意識の世界を理解しようとするのである。その治療者の理解が正しいかどうかを検証することは非常に難しく、解釈を与えそれに対する患者の反応を検証していくしか確認できない世界である。

結局は私たちの人間の関係の世界は、そのようなとらえどころのないものを軸にして展開するものである。例えば乳児は、様々な動作や表情などによって感情などを表現をするが、母親に備わったある直感的把握力（夢想の機能：ビオン）によって、母子間のコミュニケーションは成立していくのである。その中において乳児は、満足や幸福、不満や苦痛の体験を繰り返し、自己と他者の心の世界を構築していくのである。人の心や関係性がそのようなものによって成り立っていることは驚くべきことであるが、そのような基盤の中で私たちの他者との体験世界は進行し、私と他者の世界が具体的なものとして作られていく。これは考えてみると大変不思議なことであるが、私たちの心の世界はそのような危うい体験世界の中で活動しているのである。そして、その中で心の健康や病理の世界が展開されていくのである。

精神分析の臨床においては、そういう世界を扱う仕事のために、他者の心の無意識を理解していく過程は試行錯誤の世界である。各セッションでかいま見ることのできる患者の無意識の世界はごく一部であり、それを積み重ねることによってジグソーパズルのように徐々に姿を現してくるものである。そこでは治療者は、患者の連想を通してある確信を持ってそこで活動をしている無意識の世界をとらえるが、たとえ理解したと体験したとしても、決して正しいとは限らないのである。解釈は的を射ていることもあるし、間違っていることもあるが、その時点で治療者がなぜある確信を持つことができるのかということは、また大きな問題を提起するのである。フロイトも述べているが、解釈をしたときにそれが正しいかどうかは、患者の肯定的、否定的な返事によって判断されるべきではなく、解釈の後にどのような自由連想の主題の展開があるかによって、判断されるべきであると述べている。つまり解釈に後に見られる連想や行動化が、どのような新しい意味の世界を無意識的に創造していくかに注意を払うべきである。これは言い換えれば、解釈によって無意識的な世界がどのように反応をしていくか、無意識的返答はどのようなものであるかを理解していくことが重要であるということである。これは普通の私たちの会話において行なわれる、常識的判断の方法とは全く異なる方法である。

これはフロイトの無意識的世界、心的現実の世界に関係している。これは個人の主観的で意識できない世界である。それは外的事実とは異にするものであり、主体にとってもすべてを自覚することはしばしば困難である。そのような世界を、私たちは理解と認識の対象としているのである。これはよく言われているように、治療のもっとも基本的な視点である転移と逆転移の世界であり、主観的、主体的な二つの心の繊細な交換と交流の世界を扱うことになるのである。そこにはまだはっきり同定されていない過程が多く存在する。

5 治療者―患者関係における実際の過程

治療者としては、患者の会話内容、動作、会話のトーン、言い間違い、遅刻や欠席、夢など患者の全体的な表現を無意識的幻想の活動の現れと考え、それらを理解の材料とみなす。そこで治療者は、明らかに一種の知覚や認識を行っており、あるセレクションをしている。つまり最初の段階で既に、治療者は患者の連想に傾聴しながら意味のあるものとそうでないものなどを選択しているのであり、セッションが終わった後記録を取ると、記憶に残らない部分がたくさんある。なぜ治療者がある部分を直感的に理解できると感じたり意味をなさないと感じたりするのか、ある部分が記憶に残らないのかなどの問題は、治療者の側の多くの要素に関係していることである。それは、人が人を認識し理解していく過程の中で、何段階もの過程を通っていく中で行なわれているものと関係していると思われる。フロイトは、治療者個人の未解決の葛藤が、その各治療場面において多くのブラインド・スポットを作るために、その最初の認識と理解の段階において好ましくない影響を与えると考えた。そして彼は、それをできるだけ少なくするために、治療者自身が分析治療を受けるべきだと考えた（教育分析）。これは現在、精神分析家になるためのもっとも重要な研修の一つになっている。しかし実際の治療者による患者の材料の選択と意味づけの問題には、他の要素も存在しているのである。

治療者は、患者のコミュニケーションを認識しその要素を取捨選択し、あるものは意識に残り、治療者の無意識を刺激されていく。そのところで治療者は、患者の連想などの表現を意味のあるものと意味のないものとして仕分けをしているし、何らかの理由で記憶から脱落してしまうものもある。これは治療者のある意図によって患者の表現の要素が選択されていく過程であり、それらは集められてある意味を形成していく。このような過程が、治療者が患者の連想の行間を読んでいき、その無意識の世界に迫ろうとする活動を行なう中で起こっている。そして治療者は、それらを集積することである意味の構成を行ない、解釈を行ない、概念形成をしていくのである。また患者の連想や行動化、他の様々な非言語的な表現を時間軸の中で観察し、意味のあるものを集積する中である理論化が行なわれるものと思われる。

6　治療者の解釈とその正否

治療者は、患者の連想を聞いていく中で、情報を選択しある意味を形成していく。その時に治療者は独特の確信を抱くようになるが、それは治療者の直観によってもたらされるものであり、正しいかどうかははっきりしないものである。治療は二者だけの特殊なセッティングの中で行なわれ、第三者が介入しない状況では、治療者は自分が構成していった無意識の世界の意味を、患者に解釈として言語化し、その正否を問うことになる。それを行なったときには、患者は様々な反応をし、例えば無視したり強く否定したり、攻撃したり賞賛したりする。この時に治療者は、傷ついたり、自尊心をくすぐられたり、率直な喜びを感じたり、自分の確信が揺らいだり、自身を失ったり様々な体験をする。しかし治療者は、上記のフロイトが述べているように、その解釈が正しいのかどうかは、患者の肯定や否定によって判断するのではなく、患者の連想がどのように展開していくかによって判断していく。

治療者にとっては、分析的事実に関して対処していく過程は、非常に固有の内的な世界、あるいは二重の主観性、主体性が交差する世界、つまり患者の内的な世界と治療者自身の内的世界の関係を見ていく世界の中にある。そしてその中で、治療者がある意味を発見していく世界である。これは例えばテープレコーダやビデオによって記録された事実の世界とは異なるものである。これは顕在夢と潜在夢の関係に例えられるが、テープレコーダなどで記録された世界の向こうで起きている世界が、私たちにとっては臨床的事実である。

7　治療者による表現要素の選択

治療者が、どのようにして患者の連想や行動化による表現されているものを選択しているのであろうか。これには、上記のように患者の表現を認識する段階である選択が行なわれているが、更に積極的な選択が二次的に行なわれ、それらを基礎材料にして意味の世界が作り上げられていく。そのときには、分析の理論的な視点が、大きな影響を与えると考えられる。つまり、クライン派においては、無意識的幻想、転移、逆転移、妄想分裂ポジション、抑鬱ポジション、分裂や投影性同一視などの原始的防衛機制、早期エディプス・コンプレックス、早期超自我などの理論である。分析の理論は、多くの場合は複雑な臨床像に対する基本的視点であり、臨床の中で起こるものをどの点から見て、どこに着目していくかに関係している。分析には様々な概念が存在するが、上記の臨床的概念は特に大きな働きをしており、記述的な側面を持っているものが多い。理論という言葉は、日本語においては数学的物理学的理論など綿密な思考に基づいた理論構築をする自然科学的なイメージがあるが、精神分析の概念は人間学的なものであり、臨床の動きにある視点を与え、半分は記述的な意味合いを持っているものが多いのである。クライン派の場合には、治療構造は横臥法による自由連想が遵守されており、他の学派との多くの共通点は存在しているが、上記の早期対象関係に着目した理論的概念によって、基本的な視点が決定されていく。実際に患者の提供する自由連想などの要素を選択していくときに、二つのポジションの発達理論に該当すると考えられる要素が選択されていき、その上で無意識的幻想の世界が具体的な意味の姿を現してくるのである。そしてなぜそのような現象が治療的に重要なものであるかに関しては、異なる理論的視点を持つ分析家の間で長期にわたる論争と臨床研究が行なわれてきている。理論にはそれだけの臨床的重みと、治療的技法との密着した関連性があるのである。

以上のように、治療者は、患者の連想材料などの要素を一見無造作に取捨選択しているように見えるが、実際には繊細な敏感さでもって行なっている。そして理論的学習だけでなく、スーパービジョンの経験、教育分析の経験、他の患者との治療経験の中で学んだものを通して、治療者の中にある治療的な心のスタンスが形成されていて、それを機軸にして患者の世界の意味を構成し検証しているのである。そしてそれに基づいて、患者の連想世界を認識し、意味あるものと思われるものを取捨選択し、患者の無意識の意味の世界の活動を読みとっていこうとするのである。そしてその意味づけに関しても、明らかに理論的な基本的立場が影響していると考えられる。

ビオンは、この機能をコンテインの概念で説明している。つまり乳幼児（患者のそのような部分）が母親（治療者）に投影性同一視していくものを、母親は取り入れてその意味を理解し、その意味を赤ん坊に返していくのである。この過程において、赤ん坊が理解できず母親の中に投影性同一視して取り入れることができなかったものを、今度は母親の夢想の機能によって意味あるものとして変容され、取り入れることができる体験となって、返されていく。そしてそれらは赤ん坊の知覚、記憶、思考、夢の材料として使用されるようになる。同様にビオンは、治療者が、患者の提出した連想材料などの意味を発見して、意味のある方向に変容してそれを患者に伝えていくプロセスを、重要な治療的過程として考察している。そしてそのような体験世界が、治療過程においては持続的に起こっていると考えている。治療者が、患者の連想を通して見いだしていった意味のあるものを患者に伝えたときに、それらが患者の世界と共鳴したときには、患者は自分が理解され共に意味を発見したという体験を持つ。それは心の発達には重要なものであり、治療的に重要な機能を果たしていると考えられる。

8 ナレティブ

このように、臨床的事実は、非常に主観的で固有な二つの自己の関係性の中で起こるものである。その中で、治療者の自己は、患者の連想材料などをアクティブに選択し意味づけて、無意識的な意味の世界をすくい上げ構成していく。そしてそれを患者に言葉によって解釈として返して行く中で、患者がそれまでは気づくことのできなかった意味の世界を発見し共有していく体験世界を作り上げようとするのである。その経験を治療者が言葉にまで変換して告げ、それに応じて患者が連想していく過程を繰り返していくことが、臨床的作業である。その中で交換されていく一種のナレティブ（対話）が、実は臨床的事実を表わしていると考えられる。これは、最初に行なったようにテープレコーダーで記録された事実とは全く異なる質のものである。それは二つの主体的な自己が、特殊な共同作業（治療者と患者の間には役割の違いはあるが）の中で、二つの魂が同調して、お互いが理解され理解したという体験を共有した世界の中で作り上げられたナレティブである。

これについては様々な意見があるが、そのようなナレティブの世界は、実際の症例を記述していくときに大きな影響を与えている。臨床的記述は、そのような相互関係の中で起こっていくことを、自分なりにもう一度客観視し、意味づけしていく作業であろう。それは主観的な二者関係に、第三者的な視点を導入するということであろう。

9　おわりに——論文の出版について

ここでやっと臨床的記述の段階になるのであるが、これを出版することになるともっと大きな制約が出てくると思われる。他の発表者が述べているように、患者の秘密の遵守の問題、編集委員会や査読者に受理されるか否か、同僚に批判されるのではないか、など様々な不安要素が付加されてくる。出版される場合には、紙数の制限なども加わって、明らかに多くの臨床的事実がそぎ落とされてはいるが、その発表者はその患者の治療過程をもっとも良く表わしていると思われる部分をクリームのように抽出していくであろう。それは二人の主体の相互反応の中で、治療者の理解と解釈、それに対する患者の無意識的反応の連続的な治療全体の総合的なレジメのようなものであろう。その意味では臨床論文というものは、その治療者—患者関係の過程の精錬されたエッセンスを表現していると考えられる。それは患者の病理的特徴、その無意識的世界の展開、治療者の無意識的前提や理解力などについて、膨大な治療記録と比較して遙かに少ない枚数の中で、見事に表わしているものなのである。そのために、経験のある治療者がある論文を読めば、その治療者の経験と理解能力などが、たちどころに把握されるということが起こるのである。

臨床論文を出版して、他の臨床家にその世界を共有してもらい理解してもらうという体験は、確かに批判にさらされるやや迫害的な体験にはなる部分はあるが、逆に理解され、共感的な意見を聞くことで、精神分析的な治療者としてのアイデンティティを獲得する大きな力になるのである。

筆者は、一つの症例をまとめて出版するまでには、夢の作業に近いものが起きているのではないかと考えている。岡野が述べているように、[2] 論文においては決してすべての表現が、神経症的な検閲によってゆがめられているのではないと考えられる。治療者がこの症例をどのように理解していったかなどかなり表現できるものもあるし、そういう方法でしか伝えられないものもある。言葉以外で伝えられるものもあると思われるが、言葉以外で伝えることのできるものは、前者と比較してかなり制限されていると思う。話し言葉で症例の検討をしていく方法もあるが、出版で自分を表現し、自分の体験を時空を越えて伝えていくという体験は、健康な自己愛に関するものである。そしてそれは、精神分析の発展には大きな貢献をしてきており、これからもそうであろう。出版する行為の中には、何かの病理的な葛藤の解決のために行なう場合もあろうがそれはごく一部であり、大部分は創造的で発展的なものである。そしてそれは、本当に自分が体験したものを、経験ある尊敬する先輩や同僚に共有してほしい、理解してほしい、正当に認めてほしい、学問に貢献したい、名を残したいなどの健康な自己愛の世界が関係しているのである。

文献

（1） Bion, W.（1977）*Seven Servants*. Jason Aronson.〔福本修・平井正三訳（1999/2002）『精神分析の方法Ⅰ、Ⅱ——セブン・サーヴァンツ』法政大学出版局〕
（2） 岡野憲一郎（1998）「禁欲原則の再考——〝提供モデル〟の臨床的意義」『精神分析研究』42巻5号、534-542頁

〔『精神分析研究』42巻1号、1998年〕

9章　臨床における破壊的父親像について

1　はじめに

最近は、社会的にはメディアなどで「父親不在」などの問題が指摘されており、父親の家庭におけるあり方や役割と思春期青年期患者の不登校や非行、引きこもりなどの問題の関連性が指摘されている。また臨床的研究においては、母親との依存的な関係に関する摂食障害や不登校の関連性が指摘されていて、背景に父親の不在の問題が存在していることが強調されてきている。他方では、特に米国の臨床的研究において、成人の境界性パーソナリティ障害や多重人格障害の患者が、幼少時にいずれかの両親からの身体的虐待や性的虐待を受けている症例が多いことを強調している。

ここでは、精神療法過程における父親像の変遷について論じてみたいが、筆者が日常の臨床で出会う患者群は比較的重症のパーソナリティ障害の患者群が多い。そしてそのような患者群が語る彼らの両親像、特に父親像は不在の父親というよりも、家庭の中で積極的に破壊的な役割を演じている暴力的で攻撃的な父親像が多く語られている。

筆者が実際に精神分析的精神療法を行なっていく中で、患者が語る父親像は母親像のあり方にも大きく関係している印象をもっている。彼らが語る父親像は、診断面接時や治療初期には非常に曖昧なことが多いが、治療が進展するにつれて徐々に他の側面をより明確に語るようになる。そして、患者がそれを十分に語ることができる時には、治療も終了期に近づいていると思われることが多い。

このような患者が意識的に語る父親像の形成には、様々な要素が関連していると思われる。つまり、実際の外的な父親像、内的な父親像などとの歴史的な関連性や、父親の一側面を強調したり、否認したりせざるを得ない個人の葛藤的な理由が存在していると考えられる。それはおそらく患者自身が、真に苦痛に感じた体験に基づく父親との関係性に直面することが困難なために、様々な防衛的対処などが働いて、歪曲された関係性や苦痛を伴わない面だけの父親像、その幼少時からの記憶が形成されるためと考えられる。そして真の苦痛をもたらしてきた父親表象のほとんどが、無意識の中に抑圧されたり分裂排除されたりしているために、治療初期においては多くは不明瞭なままで治療が開始されることが多い。

筆者は、実際の症例をとおして、患者が語る父親像や両親像の変化を述べ、その内的な意義や治療的意義、治療上における行動化、転移などとの関連性について論じてみたい。

思春期青年期患者に限らないが、患者の精神療法過程においては、両親像が徐々に変遷して語られていく。そして最初は断片的な記述だったものが、徐々に多面的な情緒的な両親像を語るようになる。そして、それらが患者の真の心の核から発せられるものであるならば、それらは患者が自己の情緒的理解を深めている過程とほぼ一致している。そして、患者が治療終了の時期においては、自己理解とともに両親像も多面的な記述が行なわれるようになっている。

右でも触れたように、最近筆者の外来を受診したパーソナリティ障害と診断される患者の初診時の両親像を調べてみると、父親が口うるさく患者自身や母親、兄弟に対して暴力を振るうものが多く、更にアルコールの問題が合併しているものも見られる。また、よく言われているようないわゆる「父親の不在や無関心」の問題をもっているものもあるが、治療困難例には比較的少ないようである。

また患者による母親像は、暴力的で支配的な夫に対しては、受け身的で自虐的な母親であり、夫と別れることはせず、夫の暴力に屈して子供を夫の暴力から護ることができなかったものが多い。もう一つの母親のタイプは、母親自身も自己中心的で支配的で、子供時代から患者の気持ちを汲むことができないというものが多い。後者は、特に父親の存在の陰が非常に薄い、いわゆる「父親の不在」家庭に多いようである。

簡単に言えば、パーソナリティ障害と診断された最近の受診患者の両親の関係は、父親が支配的で母親を暴力的にコントロールするもの、父親が家庭においては存在が薄く受け身的で、母親が支配的で、父親をコントロールしているもの、母親と父親が両者ともに破壊的な関係にあるものなどがある。そして重症例においては、両親の多くが病理的な特徴がお互い拡大されるような共謀的な病理的関係をもっているものがみられることが多いという印象をもっている。いずれにしても、両親カップルのあり方は、両親の成育歴に基づく無意識的対象関係の中で対象選択が行なわれていて、その無意識の病理的な対象選択の世界を反復脅迫的に拡大再生産していくようなカップルの場合には、その子供たちはより病理的な悪影響を受け続けることになる。

逆に、両親カップルの対象関係の中に健康的な部分がある程度適当に存在する場合には、両者が修正的体験をすることになる。そのような中で生活をしてきた子供は、両親のお互いの攻撃と償いの関係の中で、ダイナミックに人生を進んでいく成人の姿を見ることになり、そのような子供の健康な心の成長と発達にとって基盤となっていく。

今回は、比較的重症な患者群の精神療法過程における両親像の変遷の意味について、臨床例を提示して、その特徴を明らかにしてみたい。

2 症例

(1) 27歳　男性A

Aは14歳のときから離人感が発症し、17歳のときから自己視線恐怖、醜貌恐怖症に苦しみ、人目を避けるために夜間の単独アルバイトだけを十年間にわたって続けている。これまでに催眠や森田療法などの所に相談しているが効果はなく、精神分析的精神療法を希望して受診した。いわゆる思春期発症の遷延型の患者である。診断面接時の父親については、仕事は比較的しっかりとしていたが、口うるさく酒乱で、母親や自分によく暴力を振るっていたと述べた。また父親に関する最早期の思い出は、5歳頃に、自分が理由もなく父親に殴られている場面であった。それ以外の記憶に関してはは曖昧でよく覚えていないと言った。母親像は、自己中心的で支配的で、患者をまるでペットのように扱うと述べた。

〔治療経過〕

Aは治療初期から強い緊張と猜疑心を転移関係の中で展開した。治療の中期までは、患者は母親との問題を主に語り、父親についてはほとんど言及することはなかった。治療関係においては、敏感な猜疑心と警戒心を示唆する連想が続いていたが、徐々に退行的な心性と、治療者に対する依存や援助を期待する心性も葛藤的に語られるようになった。そして、主として自己中心的で自分をペットのように扱ってきた母親のことを語り、強い怒りと不信感、落胆などを語った。また、その頃から仕事を始め、職場で出会う同僚や上司たちの嫌な不信感に満ちた体験を語り続けた。治療者は、そのようなイメージが治療者に対しても向いているのであり、それは母親像とも関係があるし、患者に暴力を振るってきた父親のイメージも一部見ていることを解釈していた。

これらのことをかなり十分に語った後に、それまでは両親とは全く連絡を取らなかったAが、自分のアパートから十年ぶりに夕食時に自宅に帰るようになり、両親と夕食をともにしながら、両親に対する種々の苦情も表現するようになった。そしてある時期から、Aは父親に対して爆発的に怒りを感じるようになり、泥酔して風呂場などで失禁、排便したり、廊下でそのまま眠ってしまったりするようになった。このときから、Aは、父親について様々な記憶がはっきりとよみがえるようになった。つまり、彼の父親は患者が幼いときには、しばしば泥酔して失禁や風呂場で排便をしたり、母親に暴力を振るったりしていたのである。Aは、なぜかそのような情景に関しては忘却していて、この時期まで父親のことに関しては、暴力をよく振るっていたことは覚えているが、記憶自体は鮮明ではなかった。

この時から、治療者は、Aが父親とそっくりな行動をとっていることを指摘し、そのような父親がいかに怖い圧倒的な存在であったか、Aはそれにおびえ、対処できないと感じていたこと、やむなくA自身が父親そのものになっている部分があることを解釈した。そうするうちに、Aは、自分が父親のように振る舞っていることに気がつき、父親の多くの問題行動について語り始めた。そして、父親に跪いて謝るように強要し、父親がAに頭を下げて許しを請うたり、自分の行ないについて反省している態度を示すようになった。そうしているうちに、Aはなぜか自分のしていることがばからしい気持ちがするようになった。そして泥酔をしなくなり、両親に対する攻撃をしなくなった。実際この泥酔と攻撃は、半年間続いた後に落ち着いたのである。

その後、Aは、自分の幼児期に住んでいた街や学校、同級生などに強い郷愁を覚えてその付近を散策することが多くなった。そして、両親のことはもう仕方がない、どうしようもない人たちであるがこだわっても仕方がないと、独立をしようと試みるようになった。この頃には、醜貌恐怖などの症状は消失して、一般の会社に就職となった。

(2) 21歳　女性B

Bが19歳の時に、友人が性的虐待の話をしているのを聞いて、5歳のときのレイプのシーンがフラッシュバックするようになり、強い不安発作と抑うつ状態、更に注察感のために社会生活ができなくなった。彼女は性虐待の治療グループに2年間参加していたが、ほとんど改善せず、治療者のもとに紹介された。

初診時のBは、父親はアルコール依存で、病気がちの母親に厳しく罵声を浴びせ、しばしば母親や患者にも暴力を振るっていたと述べた。しかし詳しい記憶ははっきりしなかった。それよりもレイプのシーンがフラッシュバックしたときの情景が鮮明に記憶されていた。母親は精神分裂病で、Bが幼少時から入院治療を繰り返していて、患者が主に母親の世話をしていた。しかし、Bが母親の病気が精神分裂病であることを知ったのは、高校生になってからのことである。

〔治療経過〕

治療初期は、Bは治療者に対する不信感と、自分の内的な世界を語ることへの抵抗感を述べていた。中期になると、徐々に自分の体験世界を語るようになったが、やはりフラッシュバックの内容に関する性的外傷体験に関する会話が多かった。あるときから、Bはこれ以上話しても意味がないから治療を中断したいとか、宗教などに頼ってみたいと述べるようになった。治療者は、おそらくBには、自分にとってより苦痛で身近に体験したことなどが、自分にだんだんとはっきりし始めていて、それを避けたいのであろうと解釈した。その頃から、Bは自分の幼児期からの家族との体験を鮮明に思い出し始めた。特に父親は、アルコールばかり飲んでいて、何もできない母親をののしり暴力を振るっていた場面を、Bは泣きじゃくりながら思い出すようになった。そして自分がレイプされていたときの場面をよりはっきりと思い出し、父親に助けを求めたのに、知らん顔をしていたことをも思い出した。また兄弟も自分をいじめたりして助けようとはせず、母親の援助は患者の役割で、それでもしっかりしない母親に対しては、失望感と絶望感を抱いていたことを述べた。そのときには、Bは苦痛な顔をして号泣しながら話していた。ある日、おそらくBが5歳の頃、父親が自分の首を絞めてBは意識を失ってしまい、その後父親が自分に何をしたのかはっきりしないという記憶を語った。そしてレイプの犯人が父親なのか別の男性なのかはっきりしない混乱した場面を想起したBは、非常に困惑した様相であった。更に、自分が父親の仕事をしっかり手伝わないと暴力を振るわれ、見知らぬ土地に連れて行かれて置き去りにされた体験などを想起するようになった。

このような、体験を話し始めると、Bは大いに混乱して急に話すことを拒否し、治療を中断して人から遠ざかり、自室に閉じこもろうとした。この抵抗的な行動化は、Bが苦痛な体験を想起せざるを得ない状況になると繰り返されたので、治療者はそれらの抵抗的な手段について繰り返して解釈していった。結局Bはその都度治療にとどまることができた。そしてBは、自分の苦痛な世界を意識化するようになると、自分に閉じこもってしまい、誰も自分を助けることはできないと主張し始める心の癖について、理解していったのである。結局Bは、自分の葛藤的な問題を自ら直視することができるようになり、症状は改善し、鮮明な感情と自己感を抱くことができるようになった。

このように治療の後半においては、Bはフラッシュバックの問題よりも、暴力的で破壊的な父親と精神分裂病に苦しむ母親の葛藤的な世界を多く語るようになったのである。

この症例Bにおいては、フラッシュバックによってもたらされた性的外傷の記憶が、事実であったのかどうかは確認することは不可能であった。しかし、それがスクリーン・メモリーのような働きをしていて、実際の治療においては、非常に破壊的で外傷的な家族関係が日常的に起こっていたことが明らかになった。そして、患者のフラッシュバックは消退し、抑うつや不安発作、注察感なども改善して、健康な社会生活を送るようになった。

（3） 20歳　女性C

主訴は過食・嘔吐と大学不登校。

患者Cは、中学時代から寮生活をし、両親から別離していた。Cはずいぶん寂しい思いもし、家に帰ろうとしたが厳しい父親が許さなかった。患者は、中学3年の頃から過食傾向にあり、高校2年生のときに寮生活である事件があり、友人が厳しい処罰を受けて寮を去って行ったことをきっかけに、かなり激しい過食と嘔吐が始まった。Cは高校時代は何とか授業はこなし、卒業した。そして何とか他の都市にある大学に入学したが、入学後から過食と嘔吐は更に激しくなり、通学は難しくなった。しかし、Cは時に体調が良いときには、夜になると外出して、法的に禁止されている薬物を使用したり、複数の男性と交際するようになった。

父親は、仕事に有能で成功した人で、厳しい人だがほとんど家にはいなかった。Cには小学校より前の父親についてはほとんど記憶がない。母親は自己中心的で、父親に追随してきた人で、若いときから慢性の恐怖症にずっと苦しんできた。

〔**治療経過**〕

患者Cは、初期から治療者に対して強い不信感を露わにしていた。そして、過食嘔吐が激しいため、しばしばキャンセルした。Cは一人暮らしをしていたため、キャンセルが重なるときには治療者の方から電話を入れるようにしていた。Cは、通院が困難で、食べ物を買いに出ては、一日中過食と嘔吐を繰り返している毎日である、と述べた。また、真夜中に母親の方へ電話をして、洋服や贅沢な飾りものなどを次々と要求していた。母親がたまりかねて、時々アパートにやってくるようになり、Cの世話をするようになった。そして、Cに家に帰るように進めたが、患者は強く拒否したままであった。入院も勧めたが、Cはそれも応じず、話し合いの結果、電話による相談治療をしばらく続け、Cが自分から通院できるようになるまで根気よく待つことにした。実際に、Cは電話による相談を一年間にわたって続けた。つまり、患者の治療を電話によって行なったのである。Cは、自分の症状のことだけでなく、一時的に体調が良いときには、仲間と薬物乱用を楽しんだりしていること、母親に対して強い不満が生じて、多くのものを要求していること、特に多額の洋服を無理やり買わせていることなどを語った。そして、母親が自己中心的で、自分の気持ちをほとんどわかろうとしなかったことなどを延々と述べたのである。治療者は、根気よく傾聴して、そのようなことを通院して話すことが重要であることを伝えるようにした。

実際にCは、一年後から通院できるようになった。そこでも、主として母親に対する不満が多く語られた。そして、母親に対して多くの不満と要求をしつこく続けたのである。

結局Cは十年ぶりに両親の下に帰ることになったが、治療は継続することができた。この時から、Cは父親に対しての不満と怒りを自覚するようになった。つまりCは、父親が家ではきわめて支配的であり、昔から母親に対して暴力を振るったり暴言を吐いて、家庭を恐怖に陥れていたことを想起するようになった。そして、父親に対して、強い怒りを覚えたり、不満が蓄積することを自覚するようになった。特に、一緒に夕食をとったりする時に、父親が非常に細かいことにけちを付けたり、母親に対して苦情を言う場面に出会うと、Cには我慢ができない感情がこみ上げるようになった。しかし、Cは父親の前では萎縮して緊張してしまい、そのことは言えないでいた。そのかわりに、Cは母親に対して父親の悪口や非難を多く語るようになった。そして、過食や嘔吐も父親との葛藤的な状況が強いと激しくなった。

そして、Cはついに父親に対して自分の気持ちを言えるようになったが、それには帰宅して一年を要した。Cは、父親に対して父親が自分に意見を押しつけたり、細かいことで自分のことを無視して自分のことを考えてはいないことなどを、初めてはっきりと言うことができた。そして、Cは自分があまり動揺しないことに驚きを覚え、自分が徐々に変わり始めたと述べるようになった。実際、患者の症状は軽減しほとんど解消したし、就職したり、ボーイフレンドができ、結婚することになった。

治療者に対しては、Cは懐疑的な態度と、自分が信頼し頼ろうとする自分の動揺を示し続けた。しかし治療後半になって、父親に対して怒りを表現できるようになった自分が、治療者との話し合いの中で変化してきたためであると、治療の価値を認めることができるようになった。

3 臨床経過上の特徴

(1) 診断面接時や治療初期の父親像

父親像に関しては、ほとんどイメージが浮かばないというものもあるが、多くの患者は父親像を簡単な言葉で表現している。それらは、父親の一側面を断片的に語っているものが多い。そして実際の父親との主観的体験を一部伝えているものであるが、多くの防衛的な働きによって主観的に歪曲したり、ごく一部の側面のみ語っているのであろう。

それでも、多くの患者が最初から語る父親像は否定的なものであり、攻撃的、暴力的なものか、不在で父親の役割を放棄したイメージが特徴的である。そして、それは特有の母親像と対応している。

このような父親像の形成には、実際の生活の中で様々な体験をしてきた中で、多くの検閲や防衛的な作用などが働いている。そして父親の全体像が次々と削られていって、治療者の前では、患者はそのごく一面しか語っていないということであろう。それでも、患者が語る父親像は、患者と父親の体験のもっとも重要な局面の一部を示唆していると思われる。それらは多くの側面を排除したものであり、情緒的な記憶はほとんど排除されているものが多い。

（2）転移と行動化

三者の転移の特徴は、強い不信感と猜疑心、依存に対するアンビバレントな禁止などであった。そのような転移の展開には、両親の部分対象像の治療者に対する投影性同一視の機制が重要な働きをしていた。治療が進展して、患者はそのような治療者との転移関係を理解していることと並行して、自分の両親像に関連している恋人や依存対象との間で様々な行動化（再演 enactment）を繰り返すようになった。その対象関係の中には、やはり内的母親像や父親像の部分的な投影性同一視に基づくものがみられるのである。

また、症例1のように、自分自身が父親に同一化して、行動化によって父親の世界を再演していく過程もみられることがある。それに並行して、患者は両親像を徐々に語るようになるが、それは治療の初期においては語られることがない側面であり、多面的な父親像とそれに対する患者自身の情緒的な体験の世界が展開するようになる。これは患者の葛藤的な体験に対する防衛が徐々に解消されるにつれて、両親像のアンビバレントな面も自覚できるようになるということと関係している。

（3）心的事実と父親像

患者の体験の事実とは何かを明確に把握することは非常に困難であるが、治療が進展するにつれて、私たちはより患者の真実の心的体験に近いものに接近しているということができるであろう。

それは内在化された無意識的な両親対象像と大いに関係があるであろう。つまり、患者の父親像の形成過程は、母親像の形成過程と対象関係にあるのであろうが、そのような内的両親像が形成される過程は個人にとって非常に特有な体験に基づいている。結局私たちの自己に同化されている対象像も、超自我に同化されている対象像も、それらに同化されずに病理的な対象像として存在しているものも、元をたどれば両親との主観的情緒的対象関係の蓄積の中から生じるのである。

患者の語る両親像の変遷は治療経過上の対象関係が展開する過程と並行しており、患者が展開する転移関係とも大きな並行関係がある。上記のように、患者が治療過程の中で展開する転移関係は治療者に対してであれ、治療者以外の近しい人物に対してであれ、内的対象像、つまり、内的両親像の一側面を投影して形成されているのである。そしてその現在の体験として展開される世界の中で、患者は自分の隠された自己像と対象像を多面的に情緒的に理解できるようになる。

そのように考えると、患者の語る父親像は、初期においては極めて断片的ではあるが、ある方向性を示しているし、後期において展開する父親転移や実際の父親に対する行動の再演などは、患者がより内的対象関係を自覚し、それを再現してもう一度見つめ直そうとする姿勢を強く反映していると考えられる。

診断面接時や治療初期に患者の語る意識的な父親像は、無意識的な内的父親像の世界を一部かいま見せるものである。そこで選択される父親像の描写のための言葉は、簡素ではあるが多くの意味を込めて選択されている。それは治療の過程で、徐々に明らかにされてくる父親像の多面的なものをだいたい指し示している。そのために、たとえ一つの単語であっても初心時に患者が語る父親のイメージが良いものであるか、悪い、破壊的なものか、曖昧で不明瞭なものであるかなどは、患者の心の状態をよく表わしているのである。

（4）両親カップルと患者との関係——エディプスの問題

このような破壊的攻撃的な父親像とその犠牲者としての母親像、自己中心的で患者の依存欲求を満たすことのできない父親と共謀的な母親像に基づく両親カップルと患者の関係性は、その子供としての患者の病理的対象関係の形成に大きな役割を果たしている。これはフロイトのいわゆる陰性のエディプス・コンプレックスのあるタイプになるのであろう。このような破壊性と攻撃性に満ちた両親カップルの問題をもっとも積極的に取り上げたのは、メラニー・クラインである。

彼女は、このような破壊的・攻撃的・暴力的な父親と、その犠牲者としての母親像、自己愛的で母親としての機能を十分に発揮できない母親像の問題は、生後6ヶ月から2歳くらいまでの抑うつポジションの時期にその起源があると考えている。つまり、その頃の子供には、母親の胎内に対する関心がもっとも関心が高く、母親の胎内に父親の男根が存在していて、良い対象関係の場合には、母親と永遠に栄養や性的快楽などを共有している幻想を抱く。クラインは、このような原始的な早期両親像を結合両親像と呼んでいる。そして、自分が排除されている欲求不満に晒される。悪い対象関係の幻想は、父親の男根が母親の胎内を攻撃し、母親が破壊されてしまう幻想である（破壊的結合両親像）。父親像がある程度全体像として認識される時期になると、父親が母親を包含したり、両者が融合したりしている幻想が抱かれるようになる。そして最終的には両者が分離した個人として認識されるようになる。これらの両親像においても、破壊的な幻想の場合には、両親はお互いを攻撃し、破壊し合い、子供に対しても恐怖に満ちた攻撃的なカップルになる。あるいは、子供にとって重要な母親を破棄してしまう父親像になる。良い対象関係の幻想の面は、良い母親と良い父親が、お互いの大切なものを共用し合い、性愛を共有し合うのであるが、この時でさえ子供は自分が排除され、嫉妬と競争心、個性不安におびえるのである。しかし、後者の場合には、子供は母親と父親とのそれぞれとの良い対象関係を基にしてそれらを乗り越えていく。つまり健康な子供の場合には、このような陽性と陰性の両親幻想をもっているが、両親との体験が十分に良いものである場合には、悪い対象関係の幻想カップルは克服され、超自我の一部に採用されたりする。

問題は、症例のような破壊的父親とそれに共謀したり破壊されて、母親としての機能を発揮できなくなっている結合両親像をもっている子供や患者の場合である。とくに破壊的攻撃的・暴力的父親をもっている場合には、患者の破壊的攻撃的な内的対象像は外的体験との相互関係の中で強化され、個人の心の無意識の中に定着していく。そのような破壊的両親像を心の基本にもっている患者群は、破壊的対象関係の世界とそれに関係する憎しみや怒りに満ちた内的世界を無意識に抱えている。そして彼らは、新しい対象に出会うとそのような悪い対象像をすぐさま投影性同一視してしまい、その外的対象と苦痛に満ちた対象関係を反復するのである。彼らには、外的世界は、そのような破壊的な面が目立った葛藤的な側面しか見ることができないことが多い。そのために、思春期青年期になっても家族外の良い対象像の獲得が困難であり、その基盤ともなるべき母親との健全な二者関係もうまく内在化されがたいのである。そしてそれらの圧倒的な破壊的な対象関係の世界が、未解決のまま心の中に存続し続けるのである。その意味で、患者の語る父親像は、患者の未解決の破壊的な葛藤的対象関係の世界を示唆していて、それらの世界をできるだけ治療関係のなかで明らかにしていくことは、治療上の重要な作業にある。

そして治療が中期以降になって、いよいよ患者の自己理解が進んでいくと、徐々に本来の両親像が多面的に明らかになっている。それとともに治療は進展していき、実際に両親像が明らかになり、全体像が明らかになることと並行して、治療は終結へと向かっている。

4 おわりに

患者が語る両親像、とくに父親像の変遷について臨床例を提示して、その特徴と治療経過の関連性などについて考察を加えた。臨床的には中等度以上重症のパーソナリティ障害を背景にもつ患者群の場合には、破壊的攻撃的父親像をもつことが多い。そして治療初期においてはその像は、非常に断片的で不明瞭である。また母親像も陰性の者が多いが、これらはいわゆる破壊的結合両親像に関連しているのであろう。ここに挙げた症例のように、治療の初期から中期にかけては母親との問題が多く語られ、その問題がある程度解決したと思われる時期から、それまではほとんど語られることのなかった父親像を明確に情緒体験を伴って語るようになり、同居したりしている父親に対しても情緒的な体験を明確に抱くようになる。そしてそれが一定の時期、患者にとって圧倒的な情緒体験となるのであるが、それが通過すると患者は、自分の内的な問題が何か解決したと感じるようになるのである。治療の後半で語られる父親像は最初の断片的な患者の記述と比較して、はるかに多面的で情緒体験を伴うものである。実際の治療経過は、このように進むことが多いようであるが、暴力的で破壊的な父親をもつ患者の場合には、母親の問題に触れていく方が比較的容易なためであろうし、母親との関係性を安定させた後に、やっともっとも困難な父親との関係性を見ていこうとするのであろう。

参考文献

（1）Anderson, R. & Dartington, A (1998) *Facing it out*. Karnac Books.〔鈴木龍監訳（2000）『思春期を生きぬく』岩崎学術出版社〕

（2）Blos, P. (1985) *Son and Father: Before and Beyond the Oedipus Complex*. Free Press.〔児玉憲典訳（1990）『息子と父親』誠信書房〕

（3）Freud, S. (1924) The Dissolution of the Oedipus Complex. In *Standard Edition*, Vol. 19. Hogarth Press.〔吾郷晋浩訳（1970）「エディプス・コンプレックスの消滅」『フロイト著作集6』人文書院〕

（4）柏木惠子（1993）『父親の発達心理学』川島書店

（5）Klein, M. (1932/1975) Psychoanalysis of Children. In *The Writings of Melanie Klein*, Vol. 2. Hogarth Press.〔衣笠隆幸訳（1997）『メラニー・クライン著作集2』誠信書房〕

（6）牛島定信（1988）『思春期の対象関係論』金剛出版

〔『思春期青年期精神医学』11巻1号、2001年〕

10章　中立性と禁欲原則

1　はじめに

中立性（neutrality）や禁欲原則（abstinence）の問題は、歴史的に大きな論争を生んできたということができる。それは古くはフロイト（Freud, S.）とフェレンツィ（Ferenczi, S.）による「中立性と積極技法」（active technique）の論争に始まっている。最近では、アメリカにおいてコフート（Kohut, H.）が自己心理学（self-psycholoy）を展開し、共感理論によって、それまでの古典的な感情を押し殺したスクリーンのような治療者の中立性の問題を鋭く追求するようになった。更には、最近アメリカにおいて、治療者の自己開示を積極的に治療に利用しようとする臨床研究者も出現している事態が生じている。

一方、イギリスの特にクライン派においては、フロイトが提唱した中立性と禁欲原則を、基本的には臨床の根幹となる治療者のあり方として考えている。そして、独立学派のウィニコット（Winnicott, W.）やバリント（Balint, M.）が、中立性の枠組みからやや逸脱してしまうような退行促進的治療態度をとる傾向と対比をなしている。

このように歴史的に見れば、中立性と禁欲原則の問題は、それぞれの臨床研究学派において、治療目標や治療理論、治療技法論によって微妙に意味合いが異なる面がある。そして、一部の学派の中は本来の中立性をほとんど破壊してしまったような治療的スタンスをとるものも見られる。

本章では最終的には、筆者が大きな影響を受けたクライン学派の臨床における中立性の問題を明らかにしたい。

しかし中立性に関しては、様々な意見が交錯してきているために、クライン学派の特徴を明確にするためにも、現代において一般に世界的に共有されている概念や歴史的研究などを一応まとめておく必要を感じている。

2　現代における中立性の定義

これに関しても多くの意見があるが、筆者がもっとも一般的に受け入れられていると思われるものを紹介したい。

まず最初に挙げる、ラプランシュとポンタリス（Laplanche, J. & Pontalis, J. B.）の『精神分析用語辞典』は、フランスを代表するもっともよく編纂された辞書である。そして、国際的にも日本においても高い評価を受けている。そこでは、「中立性」について次のように記載されている。

治療中の分析家の態度を規定する特性の一つ。分析家は、社会的、道徳的、宗教的価値に関して中立でなければならない。つまり、特定の理想に従って治療を進めてはならないし、いかなる忠告も差し控えなければならない。「患者のゲームに引き込まれてはならない」という表現で通常いわれているように、転移現象に関しても中立でなければならない。また患者の言説《ディスクール》に関しても中立でなくてはならない。つまり、理論的偏見によって、先験的にある特定の部分やある特定の種類の意味に執着してはならないということである。[11]

次に、シェーファー（Schafer, R.）は、中立性の定義を次のように簡潔にまとめている。

⑴　治療者は、患者のいかなる葛藤をも平等に扱い、ある葛藤に注意を偏重しない。

(2) 治療者は、患者に自分の価値観を押しつけないし、患者の価値観を無条件に受け入れない。
(3) 治療者は、患者が考慮している別の行動方針に対して、希望的意見などは控えめにする。
(4) 治療者は、患者について裁断的ではなく、患者の周辺に存在する人物に対しても裁断的ではない。
(5) 治療者は、分析的責務に対して自分のパーソナリティを従属させる。
(6) 治療者は、分析的関係を破壊してしまうようないかなる対抗的な考えをも拒絶する。

以上のような定義は、もっとも一般的に受け入れられているものであるが、臨床研究者によって実際には更に詳細な議論が行なわれている。それは特に、米国のコフートの「中立性」に対する批判的議論に発している。それは、治療者の無感情なスクリーンのような治療場面における態度について、それらが非治療的でしばしば治療者が自己の情緒を遮断し患者との情緒的共感の機械を切り離してしまい、反治療的であるという批判であった(コフートなど)。

実際には、中立性の概念は臨床実践における根幹的な概念であるが、それが統一的な理論的展開を見たことはまだないようであり、歴史的にも現代の各学派においても、中立性の概念に関しては、多面的な意見が提唱されている。それは多くは、その理論的な治療目標や治療技法の理論に関連して、それぞれが独自の視点を提供しているようである。

イギリスのクライン学派やクラインに強い影響を受けた独立学派などは、中立性と禁欲原則は臨床活動の前提と考えているので、中立性そのものが論争の主題なることはほとんどなかった。しかし、そこにおける中立性の問題は、他の学派よりは治療者のかかわり方や臨床理解の方法、患者への解釈の実際がかなり特有のものがあるので、おそらく同じ中立性といえども、その質は治療者がその中立性を基礎にして実際の臨床活動をどのようにしているかによって、微妙に異なるものであろう。

3 中立性と禁欲原則の概念の歴史的変遷

(1) フロイトの中立性

フロイトは、中立性(フロイトは indifferenz という用語を使っているが、それを英語の翻訳者のストレイチー〈Straychey, J.〉が neutrality と訳したことから、中立性といわれるようになった)に関しては体系的な意見を述べているわけではないが、いくつかの異なる重要な視点を提供している。それらは実際、中立性の多義性を暗示しているものである。

中立性の概念と禁欲原則は密接に関連しながら論じられている。禁欲原則については、フロイトは性愛的転移を起こしている患者に対して、治療者がその誘惑にのってはならず、治療的に適切な距離を持って対処することを論じている。また患者の欲求をすぐには満たそうとしない基本的な治療者の禁欲的態度が、患者の治療動機の継続を保証するものであるとも述べている。この意味では、フロイトは禁欲原則を中立性の中の治療者の逆転移と、患者の欲求を満たす事柄に関する領域についての意味で使用している。

更にフロイトは、中立性に関して、治療者が情緒的にさめた状態(coldness)であるべきであるとか、外科医のように冷静にあるべきであるとも述べている。それらは治療者が患者の情緒的な渦の中に巻き込まれずに、適切に判断して対処する治療者の側面を強調したものであろう。またフロイトは、治療者は鏡のような存在であるべきで、患者の転移の発展のためのスクリーンのようであるべきであるとも述べている。

フロイトの言及したものをやや別の視点から言い換えてみると、治療者の逆転移に対するチェックとしての禁欲原則(中立性)、患者の欲求を満たさないための禁欲原則(中立性)、転移・逆転移の関係を冷静に判断し思考する機能を保持する中立性、患者の自由連想を保護し転移を明確に映し出すような治療者の控えめな振る舞いとしての中立性、患者の転移に動揺しない中立的な治療者、などの面を論じているのである。

更に、フロイトは直接は述べていないが、治療者自身の「自由に漂うような注意」（free floating attention）を保証しているものも中立性であり、患者の自由連想に対して適切な態度をとる姿勢と共通したものであろう。

以上のように、フロイトは禁欲原則や中立性について、多面的な意味に使っている。それらが後に歴史的発展をして、現代のように多彩な視点が提唱されるようになっている。

(2) フェレンツィの挑戦──積極技法

フェレンツィは中立性と禁欲原則の理論と技法論の中で、退行した患者の欲求を治療者が積極的に一部満たすことが、治療的に良いのではないかと提唱した（積極技法：active technique）。これに関しては、フロイトとの間で激しい論戦があったが、フロイトは中立性と禁欲原則は精神分析の中核的な治療者の臨床的態度であるとして、決して譲ることはなかった。

(3) アンナ・フロイトの概念

アンナ・フロイト（Anna Freud）は、中立性の概念について、フロイトが取り上げている中で特に治療者の患者の心に対して向かうときの心のスタンスのあり方、つまり「自由で漂うような注意」に関する点を取り上げている。そして治療者は、患者の自我、超自我、イドに対して等距離であるようなスタンスを取るべきであり、それが治療者の中立性のもっとも重要な点であると考えている。

(4) コフートによる伝統的な中立性の技法に対する批判

その後にも多くの研究者が中立性に関して意見を述べているが、もっとも新しい視点を提唱したのは、米国のコフートによる中立性の批判である。彼は、米国においては中立性が本来の意味から歪曲され、治療者が患者の内的な世界に参加しながら観察していくことを避けるために、防衛的に使用されていると考えている。そして治療者の、感情的に凍結し、冷たく情緒を遮断したような中立的態度は、非治療的であると批判している。コフートは独自の自己心理学を提唱し、共感（empathy）を重要視した治療者の治療態度を提唱している。

ただコフートが述べている共感という概念が、振る舞いや行為としての共感なのか、患者の内的世界を理解していくための直感としての共感なのか区別が明確でないという問題がある。実際彼は、両者の意味をあまり区別することなく使用しているように見える。

4　現代における中立性に関する包括的な理論

まずフランクリン（Franklin, G.）は、右記のような「中立性」の多義的な側面を次のように分類している。これは、かなり包括的な分類であるので、ここでイギリス学派の特徴を明らかにするときにも有用な基本的な視点として参考にできるものであろう。

（1）行動に関する中立性

これは本来フロイトの禁欲原則に関する「中立性」の問題である。つまり、患者が性愛的転移を起こしている場合に、治療者は自分の逆転移をよくチェックしながら、患者の欲求を満たすように行動してはならないという、行動的な中立性の問題である。これに関しては、フロイトは外科のような客観的態度、治療的野心を持たない冷静な態度、鏡のような態度などに言及している。

これは、極端に使用される場合には、治療者が患者との情緒的な関係性を遮断してしまい、非常に非治療的な態度になる危険性がある。近年の米国における「中立性」に対する批判的論議は、この行動に関する中立性を極端な状態で防衛的に使用されている場合の問題に関係している。

フロイト自身は、実際の治療においては、上記のような中立的態度を提唱しながらも、患者との豊かな情緒的交流ができる才能にあふれた人物であったといわれている。

このような行動的な中立性（behavioral neutrality）や禁欲原則が適切に守られることは、患者の自由連想を促し、患者が自己の無意識を意識的に理解していく過程に欠かせないものである。それについては、「慈悲深い中立性」(benevolent neutrality; Stone, 1961)、「思いやりのある中立性」（compassionate neutrality; Greenson, 1958）などの概念が提唱されている。右記のように、後にはコフートは、患者の人格の深層にまでかかわる中立性の問題を論じ、共感が中心的な役割を演じていると論じている。

(2) 態度に関する「中立性」

これは治療者自身の内的態度に関する中立性（attitudinal eutrality）である。フロイトは、治療者の患者に対する「開かれた心」を提唱し、分析家は患者の人格に影響を与えてはならないと述べている。そして、治療者自身の心を、患者の心を情緒的に直感的に理解するアンテナのように使用する必要性を論じている。アンナ・フロイトは、「患者の無意識を意識化させることが分析治療の中心的目的であり、そのためには治療者は、患者のイド、自我、超自我に等距離の位置にいるべきである」という意味での中立性を提唱している。そのためには、逆転移もチェックする必要があるし、患者を情緒的に理解するために、偏向なく理解することが必要である。

治療者が内的中立性を誤解して、自己の情緒の世界まで凍結させたような極端な状態になれば、治療者は情緒的な自由を失い、患者の真の情緒的体験を理解する道をふさいでしまう結果になる。それはしばしば治療者の防衛的な行為である。

（3）対人関係における中立性

これはサリバン（Sullivan, H.）の「関与しながらの観察」の理論に端的に現れているものである。つまり、治療者は患者に対して客観的になることはあり得ず、そこには必ず対人関係が発生しているという側面を強調している。グリーンバーグ（Greenberg, J.）はその面を強調し、患者の旧い対象としての治療者像と、新しい対象としての治療者像の微妙なバランスを取るところに治療者の「中立性」があると述べている。この考えでは、患者の情緒的なあり方によって、治療者が適切に関わり方を変えながら「中立性」（interpersonal neutrality）を維持していくという、精神分析に本来の中立性とはやや意味合いの異なる目的と技法が含まれているようである。

（4）相互作用的な中立性（interactional neutrality）

これは、治療者が患者の情緒的状態に合わせてかなり積極的に患者とプレイするためにかかわる方法であり、自己開示も辞さない治療技法に関するものである。その意味では、これは厳密な意味ではもはや本来の中立性を放棄している技法論である。その先駆者はフェレンツィである。最近ではアメリカの一部の分析家たちは、患者の状態に合わせて治療者の態度を柔軟に変えていくことが真の中立性であると提唱している。そこでは自己開示も技法として使用されている。

（5）本質的な中立性

これは治療者の内的態度に関するものであるが、特に臨床材料の不可知性や、解釈があくまで仮説でしかない面を持っている不完全性などの状態に治療者が耐える力に関したものである。つまり治療者は、常に自分の考えや理解が正しいとは限らず、新しい事態に対して常に自分が変化していく準備ができている必要がある。これをフランクリンはわざわざ「本質的な中立性」(essential neutrality) として、態度としての中立性と区別している。

次に、ホッファー (Hoffer, A.) (1985) の中立性に関する簡潔なまとめを示す。

(1) 中立性は、自由連想の世界を観察していく分析家の位置を意味している。

(2) 中立性は、二つの分野に関連している。一つは表情や振る舞いに関する中立性である。これは禁欲原則にも関係しており、本来患者の自由連想を促すものである。しかしそれが過剰に防衛的に悪用された場合には、無関心の感情、冷淡さ、不関与、超然などの問題に関するものである。もう一つは、治療者の患者への圧力や影響の問題である。つまり、治療者の思考や信条を教え込んだりするような教育的態度、洗脳的態度などを控えていく問題である。

(3) 中立性に関する患者に対する影響力の問題は、治療者がどのような葛藤に対しても偏向せず、偏見のない無私無欲の科学的意味における治療的スタンスに関するものである。

以上のような視点でも、すべての問題を網羅はできないようであるが、これからの考察ための基本的な枠組みになると思われる。更に両者ともに、米国の研究を中心にしている。特にフランクリンは、英国のクライン学派や独立学派を論じてはいないが、実際にはクライン学派などは、中立性に関しては古典的な視点を基本的に維持している学派である。その詳細については、後半で論じてみたい。

5 禁欲原則と倫理規定

禁欲原則 (abstinence) は、フロイトが中立性の問題に関する項目の一部として論じているものであるが、それは性愛的転移を起こしている患者に対して、自己の逆転移をチェックするために患者の誘惑などには決して乗ってはならないというものである。これも治療の途中で、重要な局面において治療者が中立性を破ってしまい、治療そのものを崩壊させてしまう可能性に対しての戒めである。実はこの禁欲原則の問題は、精神分析療法や精神分析的精神療法における倫理規定（ethical regulation）の中に、治療者の社会的責任の側面が具体的に明文化されている。つまり倫理規定は、禁欲原則に関して治療者の社会的責任の面を中心にして条文化したものである。そして、基本的に患者を治療者の逆転移に動かされて私的な欲求のために悪用してはならないことが基本になっている。倫理規定は、内的にも治療者の基本的なスタンスを維持するために重要な明文化された治療構造の一つになっている。

治療者は、患者の原始的な対象関係の情緒的な世界にさらされ、自分自身の原始的な感情世界を刺激されるために、本来の治療者のスタンスを維持していくことに困難を感じるときがある。そのときに、時間空間的構造に加えて、中立性の原則、禁欲原則、倫理規定が治療構造を保持し、治療者の治療者としての機能を護るために大きな役割を果たしている。それによって、無防備な幼児的な原始的情緒関係を転移の中で展開している患者を傷つけることなく、患者の真の問題の核心を共に理解していく状況を維持することができる。

実際に、このように禁欲原則や中立性がゆらぐときには、治療者の逆転移と患者の原始的な転移の関係がもっとも激しく展開していることが多いのであり、治療的には重要な転回点であることが多い。その時期に治療者が中立性を守り、治療場面の無意識の中で何が起きているかを理解しようとして努力していくことが、もっとも治療的な行為である。このもっとも重要で核心的な時期に、治療者が中立性の世界から出て禁欲原則や倫理規定を破ってしまうことは、患者の心の中への侵略であり進入になり、患者の投影している悪い両親対象を治療者が再演してしまうことになる。それは外傷的な両親との関係を再現し、新たな外傷体験を再生産していく経験であり、治療におけるもっとも問題の大きい副作用になるのである。

右記のように、禁欲原則は倫理規定にも大きな関連性がある。倫理規定は精神分析学会や精神分析協会が定めている、臨床場面における明文化された治療者に対する禁止事項であり、それを護らない場合には認定治療者に対する罰則規定が設けてある。そしてはなはだしい違反の場合には、除名処分もあり得る。

その条文の基本的な項目は、①患者の個人情報の秘守義務、②患者の情報の個人的悪用の禁止、③性的ハラスメントの禁止、④布教など、個人の信念や思想を吹き込むことの禁止などからなっている。これらは、治療者の中立性と禁欲原則の中で、社会的な責任に関する対外的な立場を倫理規定としても明確にしたものであり、精神分析精神療法のもっとも根幹をなす臨床的態度の一つである。そして更には、倫理規定は治療構造としても重要な役割を果たしている。つまり、基本的原則として明記されている、社会へと開かれている治療者の取るべき治療態度であり、臨床場面では治療者の中立的立場を支える重要な指針の一つになっている。

とくに、パーソナリティ障害などの患者の分析療法の中で、そのような患者群の病理的対象関係が、強い情動と欲求を伴って転移の中で起きてくるときがしばしばある。そのようなときに、この禁欲原則や倫理規定が、患者と治療者の両者を悪性の行動化から守る重要な働きをする。例えば、極端な退行状態にあり強い欲求や行動化が展開している患者において、そのダイナミクスな意味を理解して解釈し解決していく方向を保証するために、そのような禁欲原則・倫理規定が背景で支えになっている。もし、そのような患者の病理的対象関係の転移の中で、患者の強い誘惑や要求に動かされて、治療者が禁欲原則や倫理規定を破って行動化をした場合には、患者にとってはかつての外傷的体験の反復になってしまう可能性が非常に大きいのである。つまり治療者は、患者に対して心的侵害を行なう悪い対象として行動化してしまい、患者の外傷的対象関係を具体的に再現し、患者に反復して外傷的な葛藤的体験をさせてしまうことになる。それは患者の両親との、世代間の境界を越えてしまう外傷的行為と関連性があるのである。

6　クライン派の臨床における中立性と禁欲原則

　筆者はクライン派の理論と技法に深い影響を受けているので、その経験と理論に沿って中立性について少し考察し、論を進めていきたい。実際にクライン学派やクライン学派に関係の深い独立学派の中立性に関する立場は明確である。つまり、彼らの臨床的作業は、すべて治療者の中立性を足場にして行なわれているということができる。実際に、彼らにとっては中立性はあまりに当然のことで臨床活動の大前提になっているために、中立性や禁欲原則などについて積極的に取り上げた論文は非常に少ない。彼らは、もっぱらその条件下で、患者のダイナミクスをどのように理解するべきかという主題に、論議が集中している。彼らにとっては、中立性は臨床活動の根幹となる基礎的立場なのである。実際この中立性の条件がなければ、彼らの臨床理論も治療技法も存在することができないものである。しかしおそらくその中立性の意味を厳密に見てみると、やはりクライン学派特有の意味合いも含まれていると思うので、実際の臨床活動を描写してみて、その中立性の特徴をできるだけ浮き彫りにしてみたい。

　これに関しては、クライン学派の治療目標と治療技法が関係していると思われる。つまり、過剰で病理的な分裂と投影性同一視を解釈によって解消して統合を目指すものであり、言い換えれば、妄想分裂ポジション（paranoid-schizoid position）から抑うつポジション（depressive position）への統合を目指すものである。

（1）行為、振る舞いとしての中立性

　これは治療者の態度振る舞いの問題であるが、治療者は受身的で配慮的で傾聴の姿勢を取り続ける。そして、治療者が積極的になるのは、時間と空間などの物理的な治療構造の設定と維持である。これは古典的な中立性と

禁欲原則とほぼ同等のものである。

治療者は、患者の連想内容に関しては中立的な態度を取り、それを自己の視点から批評したり、自分の考えや思想を患者に押し付けたり吹き込もうとしたりすることもしない。

このような中立的で禁欲的な治療者の態度は、患者の自由連想を促し、自己表現を促進するのにもっとも適切な治療者のスタンスであると考えられている。

(2) 治療者自身に対する中立性

治療者は、患者の連想に傾聴するときに、特有の心的態度を取ろうとする。それが「自由に漂うような注意」(フロイト)、「記憶なく願望なく」(ビオン Bion, W.) という言葉で表現されるような心のあり方である。これは、患者の自由連想に対して、治療者自身もできるだけ心の偏向を避けることによって、患者の自由連想の中に表現される無意識の活動を聞き入ろうとする姿勢である。これは心のアンテナでもあり、このような心の特有の機能を維持するためには、それらをつかさどる心の場所に対しての治療者の心的中立性が不可欠である。これらはもっとも本質的な中立性であろう。

次に、治療者自身は、常に自分自身の逆転移の微妙な活動に目を向け、患者の投影性同一視 (projective identification) による無意識的なコミュニケーションの意味を汲み取っていく作業をする。この作業を持続させるものも、治療者の内的中立性によって保障されている。また、治療者個人の未解決の逆転移の活動を理解するためにも、治療者は自己に対して特有の中立的な心的姿勢が必要である。

治療者は、患者の連想や逆転移をモニターしながら、治療的直感や知識、経験を総体として使用する中で、意味ある要素を選択しその無意識的な意味を構築している。そして、それが確からしいものであるかどうかを内的に確認していく。このような作業の中にも、治療者が中立的な視点を維持し、もっとも適切と思われる思考空間を保持して、患者の無意識を理解していく過程が存在している。

更に、治療者はそれらの理解が確からしいと思われたときには、患者にもっとも伝わると思われる言語的表現を構築して、解釈していく。そして、それに続く、患者の自由連想に聞き入ることによって、その解釈の正否を確認していくのである。

以上のように、治療者は、前面では受身的で傾聴などの中立的、禁欲的態度を取り、背後では、患者の無意識の世界を理解するために、非常に積極的で活発な認知思考活動を行なっている。そしてそれらをもっとも適切な状態で活動させるものが、治療者の治療者自身の内的世界に対する中立的態度なのである。この自己のそれぞれの心的機能に対する適切な距離を持とうとする中立的態度は、おそらくクライン学派にもっとも特徴的なものであろう。なぜならば、患者の無意識的活動や転移、治療者の逆転移を理解することに関しては、おそらくクライン学派の治療者はもっとも明確な活動性を発揮していると考えられるからである。つまり、今ここで活動している患者の無意識的幻想と投影性同一視の活動の理解を、治療上もっとも重要なものと考えているからである。

7　おわりに

中立性と禁欲原則について、歴史的展望や現代の一般的な中立性の概念を紹介した。そして倫理規定がやはり中立性の問題と深く関係しており、治療者の構造的な心的スタンスを支える重要な役割を果たしていることを示した。更に、中立性などの基本的な概説を元に、クライン学派の中立性の臨床的重要性とその固有の意義を説明した。

参考文献

（1） Bion. W.（1970/1977）Attention and Interpretation. In *Seven Servants*. Jason Aronson.〔福本修・平井正三訳（2002）「注意と解釈」『精神分析の方法Ⅱ——セブン・サーヴァンツ』法政大学出版局〕

（2） Britton, R. & Steiner, J.（1994）Interpretation: Selected Fact or Overvalued Idea? *International Journal of Psychoanalysis*, 75 : 1069–1078.

（3） Ferenczi, S.（1926/1980）*Further Contributions to the Theory and Technique of Psychoanalysis*. Brunner/Mazel.

（4） Franklin, G.（1990）The Multiple Meaning of Neutrality. *Journal of the American Psychoanalytic Assocation*, 38 : 195–220.

（5） Freud, A.（1936/1966）The Ego and the Mechanisms of Defence. In *The Writings of Anna Freud*, Vol. 2. International Universities Press.

（6） Freud, S.（1912）Recommendations to Physicians Practicing Psychoanalysis. In *Standard Edition*, Vol. 12. Hogarth Press.〔小此木啓吾訳（1983）「分析医に対する分析治療上の注意」『フロイト著作集9』人文書院〕

（7） Freud, S.（1915）Observations on Transference Love. In *Standard Edition*, Vol. 12. Hogarth Press.〔小此木啓吾訳（1983）「転移性恋愛について」『フロイト著作集9』人文書院〕

（8） Freud, S.（1919）Lines of Advance in Psychoanalitic Therapy. In *Standard Edition*, Vol. 17, Hogarth Press.〔小此木啓吾訳（1983）「精神分析療法の道」『フロイト著作集9』人文書院〕

（9） Greenberg, J.（1986）Theoretical Models and the Analyst's Neutrality. *Contemporary Psychoanalysis*, 22 : 87–106.

（10） Hoffer, A.（1985）Toward a Definition of Psychoanalytic Neutrality. *Journal of the American Psychoanalytic Association*, 33 : 771–795.

（11） Laplanche, J. & Pontalis, J. B.（1967）*Vocabulaire de la psychanalyse*. Presses Universitaires de France.〔村上仁監訳（1977）『精神分析用語辞典』みすず書房〕

（12） Poland, W.（1984）On the Analyst's Neutrality. *Journal of the American Psychoanalytic Association*, 32 : 283–299.

（13） Schacher, J.（1994）Abstinence and Neutrality: Development and Diverse Views. *International Journal of Psychoanalysis*, 75 : 709–720.

（14） Segal, H. & Britton, R.（1981）Interpretation and Primitive Psychic Processes: A Kleinian View. *Psychoanalitical Inquiry*, 1 : 267–277.

（15） Shapiro, T.（1984）On Neutrality. *Journal of the American Psychoanalytic Association*, 32 : 269–282.

(16) Steiner, J. (1990) Pathological Organizations as Obstacles to Mourning. *International Journal of Psychoanalysis*, 71 : 87-94.
(17) Wolf, E. (1984) The Neutrality of the Analyst in the Analytic Situation. *Journal of the American Psychoanalytic Association*, 32 : 573-585.

〔『精神分析研究』46巻2号、２００２年〕

11章　無意識的幻想とセッションの理解

1　無意識的幻想の臨床的意味の展開

無意識的幻想に関する臨床的意味の複雑さは、精神分析の諸概念の中でも、もっとも際だったものの一つであろう。1945年前後の、英国におけるクライン派と自我心理学、中間学派の一部の分析家との間で起きた大論争（great controversy）の主題の一つに「幻想」を選択したのも当然のことである。

ここでは、フロイト（Freud, S.）が提唱した幻想や空想の意味を明らかにし、その後のとくにクライン派による発展と展開を明らかにするとともに、成人のセッションの特徴を挙げてみたい。

なお幻想は空想とも訳され、アイザックス（Isaacs, S.）は意識的なものを空想（fanatsy）、無意識的なものを幻想（phantasy）と呼ぶことを提唱しているが、厳密に意識的あるいは無意識的と区別することは困難であり、ここでは幻想の訳語で統一している。フロイトの白昼夢の抑圧過程による、幻想の形成過程を基本にした視点を強調する、自我心理学者や米国の分析家は、空想の用語を使用していることが多い。

2　フロイトの幻想の定義と展開

フロイトの幻想についての記述は、ドラ症例の頃から散見されるが（Freud, 1905）、系統的に説明したものは見当たらない。比較的明確に論じたのは、「心的機能における二原則について」(Freud, 1911)と「精神分析入門」(1916)第23講にみられる。

フロイトが多面的な意味として使用している幻想の意味の中で、後述するように、彼はその一つを主として主要な定義として使用した。他方でアイザックスやクライン(Klein, M.)は、フロイトが言及はしているが、積極的には取り上げなかった幻想の特質に注目して発展させたのである。両者の違いは、どの側面を強調するかによる違いである。

フロイトは、幻想について異なった場所で、様々な意味に使用しているが、「心的機能の二原則について」(Freud, 1911)の中でもっともはっきりと定義している。つまり幻想は、赤ん坊の本能的な願望が満たされないときに生じる願望充足である、と述べている。スピリウス(Spillius, 2001)は、この定義を、フロイトの幻想に関する「中心的用法」であると述べている。

フロイトは、無意識的幻想には最初から無意識のものもあるが、ほとんどの幻想は意識的・前意識的な白昼夢として始まり、それが後に抑圧されたものと考えている。幻想を作り出す基本的な動機は、充足を阻まれた無意識的願望であり、幻想は無意識的願望の偽装された表現であり部分的な充足である。そのような意識的あるいは前意識的な幻想が、無意識にまで抑圧されるならば、一次過程に従うようになり、無意識の中にあるために記憶と区別がつかなくなる。白昼夢が前意識で作られたり前意識に抑圧されたりするなら、それは二次過程の論理に従って形成されている。

フロイトの視点では、幻想は無意識系の中に現存するが、無意識系をなす基本単位は、幻想ではなくて無意識的な本能願望である。フロイトによると「幻想の作業」は「夢の作業」と同等のものと言え、どちらも一次的無意識的願望の内容を偽装した形に変形させる。

フロイトは、幻想について様々な視点を含んだ使用法をしていて、初期には無意識的幻想と無意識的願望を同じものと見なしている。別のところでは、幻想は主に意識的もしくは前意識的な白昼夢として語っている。また臨床の中では、全く別の意味で幻想を使用している。オオカミ男の例（Freud, 1918）では、1歳半のときに、父親の男根を阻むために母親の子宮の中にいる空想を持っていたと考えていた。これがもともとオオカミ男によって意識されていたものが抑圧されたものかについては、フロイトは明らかにしていない。ドラの場合にも、意識的な幻想が多く語られているが一部は無意識的である（Freud, 1905）。

更にフロイトは、いくつかの幻想は無意識的願望の前意識的、意識的な派生物としての幻想ではなく、本能や無意識から直接生じていると考えている。

１９１６年に、フロイトは原幻想について語っており、それらは遺伝されると考えている。フロイトによると、原光景、去勢、誘惑される空想などがそれに該当する。フロイトはそのような体験が実際に起こらないと言っているのではないが、そのような幻想を指示する外的現実の体験がなくても、そのような幻想は生じると考えている。フロイトは、それらは「太古の人間家族の中で実際に起こったことであり、子供たちは幻想の中で、個々の事実と有史前の真実との溝を埋めている」（『精神分析入門』23講、1971）。この視点は、クラインの生得的知識、ビオン（Bion, W., 1963）の「前概念作用」が経験と一致するときに概念形成が行なわれるという考えに近いものである。

以上のように、フロイトは、幻想という概念を様々な意味で使用し、定義した通りに使用するより、その意味の展開のほうに関心があった。

しかしフロイトの後継者の中で、自我心理学派や一部の中間学派の分析家たちは、ほとんどが白日夢説である「中心的用法」（Spillius, 2001）を継承した。そのために１９４３〜１９４５年の大論争においては、クライン派との間で、概念の異なった定義を基に議論が行なわれたので、双方の主張を繰り返したのみで終わってしまった感がある。

3 クライン、アイザックス等の定義

(1) メラニー・クライン

クラインは、1919年から子供のプレイセラピーを通して幻想の概念を発展させていった。つまり、フロイトの幻想を心の活動の中心と考えるようになり、幻想の定義を拡大した。クラインは子供のプレイセラピーを通して多くの発見をした。彼女は、子供は意識的無意識的幻想にあふれていて、心の活動の中心的なものであると主張した。クラインによると、幻想は内因性のものであり、出生時から活動していて、衝動や本能の根源的な心的表現である。またクラインは、無意識的幻想と無意識的思考を同義語と見なしている。

クラインは、プレイセラピーの中で以下のことを発見している(Klein, 1932)。①病理的な子供は、幻想が制止されている、②母親の身体と内容についての幻想が普遍的に存在する、③原光景とエディプス・コンプレックスについての様々な幻想が存在している、④攻撃的幻想と愛情の幻想が強烈である、⑤抑うつポジションを形成する幻想の組み合わせの存在(1946年に妄想分裂ポジションが追加された)、⑥内的対象の幻想の発達、などである。クラインは、これらの現象を子供の豊かなプレイの中に発見していった。

また後には、クラインは成人の行動や事項の中にも表現されていることを見出し、そううつ病(抑うつポジション)、統合失調症(妄想分裂ポジション)の臨床研究を展開したのである(Klein, 1935, 1940, 1946)。

(2) アイザックス

アイザックスは、大論争(1943~1945年に英国分析協会において、クライン派と自我心理学派や一部の中間学派の間で行なわれた討論)の中で「幻想の本質と機能」(Isaacs, 1948)という重要な論文を発表した。この論文は、

現在でもクライン派の幻想論の基本とされていて、この論文以降、小論文は散見されるがまとまった幻想論は発表されていない。

アイザックスはクラインの幻想概念と、フロイトの欲動概念の関連性を指摘している。また、幻想の無意識的心的過程は、二次的なものではなく一次的で、本能の心的表象であると定義している。幻想は、フロイトが「本能の表象」「本能欲動の心的表象」によって意味したものと同じものである。

どの個人も無意識的幻想の連続した流れを持っており、正常かどうかは、その幻想が存在するか否かという問題ではなくて、それがどう表現され、修正され、外的現実とかかわるかによる。無意識的幻想は、無意識的心の源であり、原型をなす不可欠な内容である。それは乳幼児の最早期の時期から活動しているが、より後期の形態も含んでいる。

(1) 最早期の無意識的幻想：クラインは、最早期の乳児の思考の性質は、身体的経験に繋がっている幻想そのものであると考えた。赤ん坊は幻想を視覚的には体験できず、内臓感覚や衝動として経験し、徐々に触感、におい、音、味、視覚などとして経験するようになる。これはフロイトの無意識の事物表象に類似の考えである。

(2) 発達論とポジション：これらが、もっと大きな子供や大人のより構造化された言語的幻想と繋がるが、アイザックスは発達的視点で説明した。幻想はすべての体験の下になるものであり、それは心が成長するときの要素である。やがて赤ん坊が妄想分裂ポジション、抑うつポジションのようなある防衛のあり方と対象関係、特有の不安のグループが形成されていき心の発達が見られるときには、そのすべての要素の基礎に無意識的幻想が存在している。

(3) 内的対象と心的現実：取り入れと投影を通して、内的対象の複雑な幻想の世界が形成される。それは意識的なものから無意識的なものまで拡がっている。これは個人にとってはある現実であり、影響を与えるものである。これはフロイトが心的現実と呼んだものに相当する。

(4) 言葉：無意識的幻想の言葉による表現はずっと後になる。言葉は、外に存在する人の中にその幻想を喚起し伝達するために、無意識的に使用される手段である。

(5) 幻想と外的現実との相互影響：外的現実が先行する幻想によって理解され、解釈され、経験される可能性があり、幻想が外的出来事の経験によって修正される。この相互影響は、こころが外界と出合うときの基礎であり、成長と発達の基礎である。

(6) 幻想と論理的思考の発達：個人は、外界に出会ったときに、幻想を投影し、その意味を明らかにしていく。外的現実は幻想の照明や反証になる。それを基に論理的思考が発達する。

(7) 防衛機制と幻想との関係：防衛機制も幻想を通して表現される。防衛は抽象的な一般用語だが、実際には個々の幻想を通して表現される。それらは、パーソナリティ全体の組織化に関係する。すなわち、すべての心的活動の基礎には無意識的幻想の壮大な世界がある。

(8) 思考作用の発達：この発達の背景には無意識的幻想が存在している。人は、現実に対して前意識的・無意識的幻想に基づいて予見を持って接近して、現実の中に絶えず幻想を投げ入れて、自分の幻想を現実検討し、現実を体験していく。

(9) 心的平衡と病理的組織化：それらの構成要素は無意識的・意識的幻想である。その心的活動の様子は幻想の内的世界の活動によって表現される。基本的な不安や内的対象関係のあり方、病理的な防衛のあり方などが、無意識的幻想を基にしている。

(10) 現在のクライン派：無意識の強調と乳児的経験や空想を実際に生きているという大人の表現形式の強調が見られる。考えること、夢を見ること、想像することなど、あらゆる経験の中で、しばしば不快な形で論理と非論理の幻想が意識的無意識的に常に混在している。象徴的内容の中に幻想がどのように表現されているかを理解し、分析のセッションの中でどう生きられているかに注目して解釈することが、治療的に重要になる。

4 セッションと無意識的幻想

以上のように、人の心の内的構造や活動は、無意識的幻想（unconscious phantasy）、前意識的幻想を前提にしている。そして個人が早期幼児期から幼児期、児童期、思春期青年期、成人期へと成長するにつれて、その体験世界の原始的な状態から成長したものへと構造化されるが、その背後にはより原始的な状態にある幻想から、より分化した心的世界を支える無意識的幻想の世界が存在している。

また無意識的幻想の最下層までが、上層部の象徴や言語機能に連結していて、意識的表現にまで非常に錯綜しながら表現されることがあると考えられる。ここで紹介する患者Aのような軽度のパーソナリティ障害を背景に持つ個人のレベルにおいては、無意識的幻想の活動は内的対象関係の意味ある関連性として活動していると考えられ、それは妄想分裂ポジション、抑うつポジションの不安、防衛、対象関係として、意味の連結が機能している無意識的幻想の状態としてあると考えられる。それらの無意識的内的世界より更に下層には、それらの基となる原始的な幻想が土台として存在していると考えられるが、それらについては、ビオンが感覚印象からα要素、α機能の形成過程などとして表現している心の基礎に当たる世界が活動していて、無意識的幻想のもっとも原始的なものであろう（Bion, 1963）。

精神病、境界例、神経症などの成人患者群は、基本的には内的対象関係が相互に関連し合った対象により、言わば網目状に形成されたレベルの無意識的幻想が活動している患者群である。そして象徴界に連結し、無意識的思考から意識的思考、無意識的言語世界から意識的言語の世界へと連結している精神機能が活動していると考えられる。そのために、私たちは、成人患者の意識的言語的連想から、無意識的幻想世界の活動状態にまでさかのぼり、言語的に把握し、患者自身に告げることができるのであろう。

この無意識的幻想の原始的レベルから、成人の抽象的思考のレベルまでの連結のありかたにおいては、こころの最深部の基礎の部分に、原始的な無意識的幻想のレベルが横たわっていると考えられる。その上に、妄想分裂ポジション、抑うつポジションのように組織化された内的対象関係の世界、それらを夢などで表現する活動の層、更に抽象的思考、象徴、言語的表現などの、高度の精神機能の世界へと展開するのであろう。その連続性に関する無意識的幻想の発展的関わり方を理解することは、容易な作業ではない。ビオンは、それらの無意識的幻想の原始的レベルから抽象的思考のレベルまでの形式的なありようをグリッド（Grid）によって表現しようとしたということができる（Bion, 1963）。

治療セッションは、一定の治療構造の中で自由連想的に言語による表現を基にしているが、振る舞い、声の抑揚、治療内行動化、行動化など非言語的な表現も同時に存在する。その中で、上記のすべての段階における無意識的幻想が活動していると考えられる。つまり早期のきわめて原始的な本能主導を表わす幻想、妄想分裂ポジションから抑うつポジションへと発達的に成長している対象関係の世界、幻想から言語的表現、抽象化、象徴、防衛機制など比較的後期の精神機能の基礎にある無意識的幻想など、諸段階の無意識的幻想が無意識から前意識の中にそれぞれの基礎的な存在としてそこにあるのであろう。そしてそれに連なるものとしてそれらの無意識的幻想を土台にして、セッションの意識的・言語的表現や夢・空想などの意識的幻想の世界が成立していると考えられる。

成人の治療における自由連想によるセッションの表現によって、あるイメージのストーリーの世界が展開されるが、それは子供のプレイによって展開されていくストーリーの描写と基本的には同じものと考えられている。ただ成人の場合には、不安のあり方、発達のポジション、複雑な防衛機制、抽象機能や思考機能など様々な要素が絡み合っていて、その無意識的幻想の動きを理解することは容易ではない。他方、子供のプレイの場合は、豊かな幻想の世界とほとんど原始的な防衛が非組織的に活動している中で、露天掘りのように意識的プレイのすぐ近くに子供の無意識的幻想の世界が活動していると考えられる（Klein, 1932）。

成人のセッションに聞き入っている治療者は、無意識の心のどの部分が表現されているか、どのポジションか、不安の特徴、象徴機能、防衛機制の表現がどのようなものか、それらがどのような素材によって表現されているか、言語的表現、行動化、夢や治療内行動などの形式によって表現されているのか、などを考察する。成人のセッションでは、子供プレイの直接的な豊かな表現と比較して、歪曲され分裂排除された、間接的な断片的な意識的表現が特徴である。そこには、すべての発達段階の心的機能や活動が、混沌と混ざり合って、無意識的幻想が直接表現されていることはあまり見られないのである。

治療者としては、そのような成人のセッションの無意識的、前意識的テーマを明らかにすること、そのテーマに潜む基本的な不安と防衛機制、転移を明らかにして解釈することが、治療の基本になっている。

夢は、無意識的幻想の一部を睡眠中の想像作用によって表現したものであり、その時点でのテーマを生き生きと表現する代表である（Segal, 1991）。セッション中の日常的な出来事や経験などの報告なども、防衛的思考、抽象化など複雑なプロセスが介入していて、不安や幼児的テーマなどが、何重にも覆い隠されていることが多いが、その主題の選択とストーリーの展開の中に、夢と同じように重要なテーマが表現されていることが多い。

5　症例提示

〔症例〕　患者A　30歳代　女性

〔主訴〕　離人症、抑うつ発作の反復、確認脅迫（ガス栓、鍵）、強い自己不全感、弟が衝動的な情緒不安定性パー

ソナリティ。週3回　カウチ使用

Aは最初のセッションで、「患者の首に奇形があり、母親は心配ないという」夢、更に「二、三度、泥棒が自分の部屋を覗いている」夢を報告した。夢は、フロイトが明らかにしたように、無意識の動機や不安を、象徴、置き換え、圧縮などの表現の歪曲を伴いながら、その夢思考を表現するものである。幻想論から言えば、夢は現在活動中の無意識的幻想の一部を、間接的に表現しているのである。

この夢では、患者自身の病気の重大さに関する心配と不安を表わしていて、自身の身体に対する侵害として、迫害的な体験世界として表現している。そしてそれを発見するのは母親であり、介抱し治癒に導くのも母親であるべきであるが、その母親はその奇形に気づかず患者を助けることもできない。それは治療者の母親的側面でもあり(置き換えと象徴)、治療開始にあたって、未知の治療者に対する不安や疑惑と自分を救済してくれる可能性のある対象としての、治療者への初期転移を表わしているものである。

また、泥棒が自分の部屋を覗く夢については、患者の不安は自分の心の中を覗かれる迫害的な不安であり、泥棒によって心や身体の中身を盗まれてしまう恐怖を表わしている。これらも、無意識的幻想の表現であり、迫害的で侵入的な治療者の側面が、置き換えと象徴によって表現されていて、夢は見事にそれを表現することができる。

無意識的幻想が夢として表現されるときに、象徴、置き換え、圧縮などが働いて、その映像的表現に様々な人物や事物が登場する。これは、防衛の現れの一つでもあるが、治療者はその間接的表現を読み取り、患者の無意識的幻想の一角を把握しようとする。それは転移の表現でもあり、患者の基本的不安の表現でもある。また、ストーリーを構成するときには、思考が働いており、言語的表現も関与している。

以上のように、患者の夢の報告の中には、個人の無意識的幻想、不安やポジションの在り方、防衛の在り方、思考、言語的表現、象徴機能などの活動など、すべての精神機能が同時に活動しているのである。

その中で、治療者が目指すものは、その基本的な不安と発達段階（ポジション）の特徴、象徴や置き換えで表現されている治療者イメージと転移関係、逆転移と夢内容の関連性の理解などに焦点をおいて理解する。そして、不安のあり方、治療者への転移を中心に言語化して、患者に解釈として伝えるのである。

このようなプロセスの中で、治療者は特有の直観力と経験で得た知識や理解力を駆使して、自分の得た理解の内容を患者に伝えるのである。そのときに言語が使用されるが、言語の役割は個人の幻想や思考などを他者に伝えるためであるが、その共通言語によって、聞き手がほぼ同様の幻想や思考を心に描くことを期待されている。

実際のセッションでは、治療者は以下のような解釈を行なった。つまり「治療を開始するにあたって、患者の持っている問題は重大で重症なものなのに、夢の中の母親は鈍感で気がつかない。同様に、治療者も患者の重大な病理に気づかず、まともに取り合わないのではないかと心配しているのであろう。また、治療者は泥棒のように患者の心を覗き込んで、大事なものを盗むだけで自分を助けることはしないのではないか、という心配をしている」と解釈した。

それに応えてAは、「自分はいつも、母親に対して、弟の扱いについて苦情を言っている」と述べた。このような連想の中にも、患者は無意識的幻想の思考を持っていて、それと関連する意識的事項を述べているのである。つまり、このような日常的な事項として報告されるものも、その表現を採用した無意識的動機があり、無意識的幻想に関連している。治療者は、「それは患者自身に対する母親による扱いについても苦情を言っているのである」と伝えた。更に治療者はそれに続いて、「Aは、治療者がちゃんと自分を扱って、治療してくれるのかどうか心配しているのであろうと伝えた」。ここには、母親-治療者、弟-患者の部分的置き換えが見られる。そのテーマの表現のために、このような一種の隠喩や暗喩のような表現によって、つまり微妙な防衛機制の介入によって、治療に対する不安や治療者に対する関連性を表現するのである。

ここでは治療を開始するという現実の体験に対して、患者のもっとも早期の原始的な無意識的幻想の体験世界が反応し、それらが夢や意識的空想として表現されているのである。治療者は、患者の意識的言語的表現を遡行的にたどって行って、その底辺にある幼児期的な原始的対象関係である無意識的幻想の一部に辿り着くのである。そしてその世界で、患者が治療について、治療者についてどのような体験をしているのかを探り出し、連想をしている体である患者に解釈として伝えるのである。

症例にもどると、更にAは、「魔法使いが食器棚から出てくる空想を時々していた」と告げた。やはりこの連想も、その主題を選択した無意識的幻想の錯綜した表現の一つである。これは白昼夢であるが、夢と同じように無意識的幻想の錯綜した表現である。このように、自分の空想や思考などを自由連想によって言語的に表現できる患者は、多重的な精神の活動を同時に行なっていて、無意識的幻想に関する空想やストーリーを、多彩な防衛機制や不安を編み上げて言語によって表現し、治療者に伝達できるのである。

クラインは、フロイトの開発した夢解釈の方法を、患者の覚醒時の意識的連想や空想の報告の理解にも応用することができることを発見した。これは子供のプレイセラピー、成人患者の自由連想のセッションの理解に応用されたものである。これは、クラインの多くの発見の中でも、重要なもののひとつであり、現代精神分析に革命的な変革をもたらしたものである。

治療者は「食器棚は母親の世界を表わしており、そこから魔法使いのような母親が現れてくる怖い世界を表わしている。それは始まったばかりの治療場面も表わしており、治療者の存在が、実はそのような怖くて、患者を脅かすような不気味な側面を持っているのではないかという恐怖と関係している」と解釈した。このように、Aは、治療開始に関する恐怖や心配を夢や連想で良く表わしていた。

次のセッションでは、Aが「コーヒーをこぼしたり、階段を踏み外したり、どうかしている」と述べた。治療者が、「Aには心に気にかかるものがあるのか」と聞くと、「父親がたいそう怖い人で、少しでもへまをすると激しく怒られる」と述べた。更に「父親は、急に怒って患者に暴力を振るい、運転中に何か小さなトラブルがあると相手の車を蹴ったり、人に怒鳴りつけたり怖い人である。またカリスマのようで、妙な理屈で相手をへこませてしまう」と言った。これにより、Aはそのような父親との多くの体験の中で傷ついてきたことが自身の大きな問題の一つであることを告げており、これからの治療の中で直面せざるを得ない課題であり、治療者との転移関係も示唆していた。治療者は、「Aは、治療者が父親のようにそのような強圧的な怖い存在だったらどうしようと、びくびくしているのであろう。そして治療を始めるにあたって、少しでも上手に連想できないへまをしてしまうと、治療者が激しく怒ってしまうのではないかと心配しているのであろう」と解釈した。

次のセッションでは、Aは非常に不安そうに、「病気の親戚のことは考えたくない、自分の弱点はさらしたくない。気持ちを整理したい」「父親が本当の問題であり、弟が問題で、自分の問題ではない」と述べた。治療者が、「Aが自分のことを自由に話していくことは、家族全員が抱えている深刻な問題をAが責任を持って解決していくことになるのではないかなど心配が生じて、困難に出会うことになると予感しているのであろう」と告げた。

更にAは、「親戚の精神病の従兄の問題を、叔母が自分の家のせいだと責任をかぶせようとしている。その叔母は、親族の中ではまともな方だが、自分が泊まりに行ったときに風呂代を取ったので、まともではない」と述べた。治療者は、治療の料金の問題に言及し、「治療者は本当はお金が目当てであって、Aを正しく理解することはできず、助けることは二の次なのではないかという疑惑が生じているのであろう」と解釈した。

次のセッションでは、Aは、夢の中で「男性が部屋に入って来て、冷蔵庫と洗濯機を置き換えた。排せつ溝がないので洗濯機が水浸しになった」と語った。Aは、男性については、寝たことのある男性だがそれだけのことで冷たい男性や、いたずら電話をしてくる男性を連想した。

治療者は、この夢は治療者に対する転移を表わすものと考え、「その男性は、治療者の信用できない、Aを悪用する面を表わしており、Aのことを利用したりいたずらをして傷付けて楽しんでいたりするような治療者を表わしている」と解釈した。そしてこの夢は、治療を開始初期のこの時期には、治療者に対する不信や恐怖心、警戒心がぬぐえないことを表現していた。また、「冷蔵庫は患者の未解決の心を保存するものであり、洗濯機は心の洗濯をする治療の意味を含んでいる。治療者はただその機械の位置を変えるようなへまなことをして、患者の心を台無しにするようなことをする、ひどい治療者ではないかと心配をしているのであろう」と解釈した。Aは、「治療者が、何もかもそのように見通している、怖い人間なのではないか。一体どういう人物で、どこの出身なのかを知りたい」と不安そうに述べた。

このような実際のセッションの中で、無意識的幻想の活動を理解し、転移や防衛の状態などを理解するプロセスがあるが、まとめると、以下のような視点を背景に持っていると言える。

(1) 成人の自由連想は、子供のプレイに匹敵して、無意識的幻想を表現している。子供のプレイと比較して、成人の自由連想は、抽象的表現、合理的思考の装い、防衛機制の活動などにより、連想の内容が非常に複雑になっているが、無意識的幻想の表現が紆余屈折の中で行なわれていることが重要である。

(2) 患者の選択した話題の題材と主題について：患者がなぜその素材を選択したのか、その無意識の動機を理解していく。そのときに、治療者が、どの素材を選択してそのダイナミクスを理解していくかという問題は、治療者の治療的直観力の問題を含めて、訓練と経験、思考力などの総合的な力の中で行なわれる。その正しさや誤謬については、治療経過上の連想の発展や、患者の自己理解の進展具合で判定することができる。またスーパービジョンや研究会などの第三者の視点による直感的判断が有用なものである。いずれにしても常に相対的な正しさしか想定することはできない、人間のコミュニケーションにおける相互認識の相対的特徴を持ったものである。精神分析臨床の困難はそこにある。

(3) 治療者の具体的な着目点としては、①Aの本当の不安や恐怖を示唆している連想はどのようなものか、

②取り入れや投影性同一視などの防衛はどのように機能しているか、③象徴機能はどのように作用しているか、④治療者への無意識的転移はどのようなものか、⑤逆転移はどのようなものか、などに注目して、不安と防衛、内的対象関係の特徴などを解釈する。

6　おわりに

無意識的幻想の複雑さと普遍性について論じた。更に成人のセッションにおいて、無意識的幻想がどのように表現されているかを解説した。それらは、成人の複雑な防衛機制、抽象化、言語によるあいまいさなどに覆われて、歪曲されあいまいなものになっている。治療者は、セッションの中の連想の中から、葛藤、防衛、抽象化などの訴現象を弁別して、中核的な不安や苦痛に関連する幻想の活動に迫ろうとするのである。

文献

（1）Bion, W. (1963) *Elements of Psychoanalysis*. Heinemann.〔福本修訳（1999）「精神分析の要素」『精神分析の方法Ⅰ――セブン・サーヴァンツ』法政大学出版局〕
（2）Freud, S. (1905) Fragment of Analysis of a Case of Hysteria. In *Standard Edition*, Vol. 7. Hogarth Press.〔細木照敏・飯田真訳（1969）「あるヒステリー患者の分析の断片」『フロイト著作集5』人文書院〕
（3）Freud, S. (1911) Formulations on the Two Principles of Mental Functioning. In *Standard Edition*, Vol. 12, pp. 215–226. Hogarth Press.〔井村恒郎訳（1970）「精神現象の二原則に関する定式」『フロイト著作集6』人文書院〕
（4）Freud, S. (1916–1917) Introductory Lectures on Psychoanalysis. In *Standard Edition*, Vol. 15–16. Horgarth Press.〔懸田克躬・高橋義孝訳（1971）「精神分析入門　正、続」『フロイト著作集1』人文書院〕
（5）Freud, S. (1918) From the History of an Infantile Neurosis. In *Standard Edition*, Vol. 17. Horgarth Press.〔小此木啓吾訳（1983）「ある幼児期神経症の病歴より」『フロイト著作集9』人文書院〕
（6）Isaacs, S. (1948) The Nature and Function of Phantasy. *International Journal of Psychoanalysis*, 29 : 73–97.

(7) Klein, M. (1932/1975) Psychoanalysis of Children. In *The Writings of Melanie Klein*, Vol. 2. Hogarth Press.〔衣笠隆幸訳（1997）『メラニー・クライン著作集2』誠信書房〕
(8) Klein, M. (1935/1975) A Contribution to the Psychogenesis of Manic-Depressive States. In *The Writings of Melanie Klein*, Vol. 1. Hogarth Press.〔安岡誉訳（1983）「躁うつ状態の心因論に関する寄与」『メラニー・クライン著作集3』誠信書房〕
(9) Klein, M. (1940/1975) Mourning and Its Relation to Manic-Depressive States. In *The Writings of Melanie Klein*, Vol. 1, pp. 344-369. Hogarth Press.〔森山研介訳（1983）「喪とその躁うつ状態との関係」『メラニー・クライン著作集3』誠信書房〕
(10) Klein, M. (1946/1975) Notes on Some Schizoid Mechanisms. In *The Writings of Melanie Klein*, Vol. 3, pp. 1-24. Hogarth Press.〔狩野力八郎・渡辺明子・相田信男訳（1985）「分裂的機制についての覚書」『メラニー・クライン著作集4』誠信書房〕
(11) Segal, H. (1991) *Dream, Phantasy and Art*. Routledge.〔新宮一成他訳（1994）『夢・幻想・芸術――象徴作用の精神分析理論』金剛出版〕
(12) Spillius, E. B. (2001) Freud and Klein on the Concept of Phantasy. *International Journal of Psychoanalysis*, 82 : 361-373.
(13) Steiner, R. (2003) *Unconscious Phantasy*. Karnac Books.

〔『精神分析研究』56巻4号、２０１２年〕

第Ⅱ部　技法論

12章　自由連想と治療回数をめぐって――英国および日本での経験から

1　はじめに

筆者は、ロンドンのタビストック・クリニック（Tavistock Clinic）において、英国人をはじめ多くの外国人の患者を、精神療法によって治療する機会を得ることができた。また、帰国後、日本の患者を治療し始めて、両者の間では、基本的なダイナミクスの理解においては、本質的な違いはないと考えるようになった。つまり、英国人と日本人のコミュニケーションの手段の違いを除いて、心の構造に本質的な違いをほとんど見出さないのである。日本人全体の性格特徴が強迫性格的であるとか、英国人が分裂性格の傾向がみられるということはあるように思うが、彼らが、精神療法において連想を始めた後には、その無意識の意味を理解するために、まず同様の技法と筆者の内的な直感を使用することにおいて、基本的な違いは無いと考えている。もちろん、文化や宗教、慣習の違いはあるが、それらは基本的に理性によって了解できるものである。

外国人の患者の精神療法において、一番の問題は、象徴作用に使われる題材や意味の系列が異なるのではないかということであるが、実際に英国人の自由連想や夢を聞いていると、筆者の内界の中で活動している象徴作用と、基本的にはまず同じものであり、夢の解釈など、思ったよりも問題は少なかったのである。これは一つには、精神分析の臨床が人生早期の心性を扱うことと関係があると考えられる。とくに、英国対象関係論が、零歳児の心性に注目するために、前言語的な発達段階における文化的な要素があまり関わらない、全人類に共通な母子関係を焦点にしているためとも考えられる。

もちろん、日本人患者の、比較文化論的な特殊性も言われており、その点については筆者の今後の宿題として、本稿では、外国人、日本人の患者の共通項を通して、筆者が経験したことを土台にして、自由連想と治療回数に関する考察を行なってみたいと思う。

これは必然的に治療構造論についての臨床的考察であり、治療構造論は、小此木によって詳細かつ総括的な研究が行なわれているし、岩崎、北山、渡辺らにより、各論的な考察が行なわれている。そうした意味で、本章は主として治療回数と、対面法、背臥法における、治療構造論的な意味について考察したものである。

自由連想法は、厳密には、週4～5回カウチ使用の背臥法の時間空間的な構造を前提にしたものである（筆者は、週3回でも質的に同じようなものが経験されると考えているので、以下便宜上、週3回の場合も自由連想法とする）。そうすると、週1～2回の対面法による会話は、広義の自由連想法だということができる。

一般に、週1～2回の場合は対面法、3回以上を背臥法で行なっているので、それを念頭に入れて考察を行なってみたいと思う。なぜこれが一般的になったかというのには、何か経験的な理由があると思われる。

2　自分自身の自由連想の体験から

まず、狭義の自由連想法の、つまり週3回以上の精神療法の臨床的な特徴について考察してみたい。なお、最初に、文献的な考察というよりも、筆者自身が、教育分析において、患者として自由連想をした経験について述べたいと思う。

患者としてカウチに横になり、自由連想を始めると、視界に入るものは治療室の壁や天井などになり、治療者の姿は声を通してしか確認できなくなる。そうなると、いきなり心の中を聞き入れられるという感じが強く、治療室全体が、治療者の一部である感覚が強くなってくる。それに、治療者の反応が、表情や態度のように瞬間的に反射的に現れてくるものではなく、治療者の心を通って、ある程度消化された上で、解釈として返されてくるので、自分が相手の表情の中に見ていく反射的な投影されたものではなく、自分の内界に関連付けられたものとして、もう一度自分に返されてくることになる。もちろん、治療者の会話の抑揚などで、少しは治療者の情緒の状態を知ることはできるが、一般に解釈がなされるときには、治療者の中である程度理解され、消化された後になるために、受容的な雰囲気を伝えるものとなりやすい。こうした、相手の表情などに反射されず、相手の理解しようとする心を通過して応答が返ってくる体験は、自分が深く理解されたという実感をもたらしやすい。いわば、視覚的なコミュニケーションに妨害されずに、治療者と患者の内界が言葉を通じて、直接繋がったような状態になるということができる。

また、治療者が、視覚外に退くことにより、患者自身が、自分の内界に目を向け易く、自由連想が容易になると考えられる。これは、睡眠の状態で知覚の大部分が遮断されると、精神内界を良く反映する夢が現れてくることと、同類の現象であると考えられる。おそらく視覚は、現実の対象の状態を認知するもっとも主要な知覚であるために、それを一応働かせなくすることで、内界に対する感受性が昂進されることも考えられる。

それと良く言われていることであるが、カウチに横になり、どこからか見つめられていることが、患者を幼少時の状態に退行させる力があることは、筆者の実感としても強いものがある。そのポジション自体が、歩行のできない幼児が寝床に横になっている、太古的な世界に類似したものであろう。そこでは、寝床も布団も、回りの物音や雰囲気、必要なときに現れてくる母親の顔や手など、すべてが自分を世話し安全に守ってくれる母親、あるいは逆に、自分の欲求をすぐ満たしてくれない母親の一部になると考えられる。

おそらくそのような理由で、臨床においても、治療室が変わったり、壁の絵一つが変わっても、何か連続性がなくなり不安になるのであろう。実際、筆者の治療の途中で、治療者が引っ越しをしたため、診察室が変わったことがあったときに、しばらくは奇妙な不安と苛立ちが続き、連想が旨くできなくなってしまった。私たちが、患者の治療をしていて、診察室を変更したときなどに、患者が不安になり、時には容態が急に変わったりするのもそのためと考えられる。

こうした状態で、週に3度以上治療を受けると、自分の内界に深く沈潜していくこととなり、夢を多く見始める。そして、フロイト（Freud. S.）がなぜ夢に注目したのか、あるいは彼の著書である『夢解釈』を、なぜ一番重要な著作と考えたのか、体験的に納得できる。また、治療者と共有した内的な世界が増大することにより、転移に色づけられた対象関係を実感として体験し理解することができるようになり、治療者の解釈が感覚的に納得のいくものとして、受け入れることができるようになる。

3　自由連想を使った、治療者としての経験

逆に、治療者として、仰臥した患者の後に座り、患者の自由連想に耳を傾けると、治療者からも、患者の表情は見えなくなる。そのため、治療者も自分の視覚によって、患者の表情などに囚われることがなくなり、患者の内界の言葉に直接耳を傾ける感じが強くなる。また、治療者は、自分が患者から見られていることから解放され、自分自身が、患者の連想に沿って自由連想することが可能となり、自分の空想力を駆使することが容易になる。それに、患者の連想を聞きながら、治療者が、ある程度無意識の意味を掴むことができるまで、じっくりと待つことも容易になるのである。

見ることと比べて、言葉をとおして聞くことは、相手に時間を取って聞き入るということであり、反射的な情緒を返していくよりも、共感し、理解したものを返して行くという態度である。患者の、内的な幻想の世界は、言葉を通してしか聞き手にイメージとして伝わらないものであり、視覚が、基本的に情緒しか伝わらないことと

比べて、はるかに内界に踏み分けていく力を持っていると思われる。

フロイトは、患者にカウチに横になってもらった理由を、四六時中患者から見つめられて疲労してしまったからだという、一見現実的な理由をあげているが、彼の天才とたゆまぬ努力は、人間の心理に即した適切な方法を発見したということができると思う。実際、背臥法は、治療者もリラックスでき、対面法の治療と比べて、疲労が半減するのである。欧米で、1日に8人の患者を見るのが普通に言われているのは、背臥法のために可能となるのだと思われる。

カウチが、週1~2回の治療に余り使用されないのは、深い精神内界に聞き入っていくには時間的な量が十分でなく、連続性がとぎれてしまい、十分に理解できないということがあると考えられる。もちろん、特殊な事情においては採用されることがある。

4 対面法

対面法においては、治療者は、聞き入るだけでなく、見入り見入られ、言葉と表情、振る舞いで返して行くことになる。そこには、患者と治療者の瞬間的な情緒交流が動く世界で、両者の交流は、視覚が加わる分だけ複雑で、現実的で力強いものになり、患者の内界の幻想の世界にだけ集中しておくことを許さないものがある。治療者も、自分の情緒を患者にさらしやすく、人格全体の関わりが強くなるように思われる。そこでは、患者と治療者の間で、顔付きや身体的な造作に対する好き嫌いや、振る舞いや表情に対する情緒的反応など、両者の人格の前面に現れてくるものの間のやり取りが多くなる。

やはり、顔の表情が見られているときは、治療者も瞬間的な情緒を表わしやすいために、強い超自我や迫害的な内的世界を持っている患者にとって、自分の投影した超自我的、迫害的な対象を、治療者が消化する前に見てしまい、治療者も防衛的にならざるを得ないことはあると思われる。そのために、治療者の緊張と疲労が強くなり、治療者の機能がしばしば妨げられることがあるであろう。

そういう意味では、対面法の治療では、治療者の視覚的な表現に気を配りながら、患者に共感し言語的に理解したものを伝えていくという困難な仕事をすることになる．対面法において、90度法などで、患者と視線が合うことを避ける工夫が成されるのはそのためであろう。

しかし、そうした状況で、治療者が、患者の投影されたものに瞬間的に反応することをコントロールし、内界に聞き入り、理解しようとする努力を維持することができれば、それだけ患者に与える現実的なインパクトも大きいのではないかと考えられる。そうした意味での修正体験を与える力は、背臥法とは少し質が違ってはいても、かなりあるのではないかと思われる。

このような意味で、治療者のパーソナリティ（感情を制御し、共感的受容的な態度を取れる）の、現実的な影響力が、背臥法と比べてかなり大きいのではないかと思われる。

対面法の連想の内容も、感覚器官が覚醒時と同じ状態のためか、あるいは、治療回数が少ないこともあって、現実志向的な連想が多くなってくるように思われるし、空想の量も少なく、夢を報告することも余り多くない。

経験的に、週1～2回の治療の場合は、対面法がいいと言われているのは、一つには回数が少ないときに、治療場面で扱うことができる部分は、心の中でも比較的に現実に即した内界であると言うことであろう。また、感覚器官を普通の状態にし、治療関係を現実的な関係に保っていたほうが、実生活で起きていることと、治療室で話されていることの連続性を維持しておくことができ、患者にとって、自分により強く訴える体験となるためだと思われる。更に、治療時間の間隔が開いているために、治療者とのより現実的な繋がりを確保しておくためということもあると思う。

治療者と共有する世界も、週3回以上の治療と比較して小さくなり、転移の現れ方も明快さを欠きがちで部分的になり、治療者がより注意を必要とすることになる。

技法的に、週1～2回、対面法の場合は、転移外の対象関係を積極的に取り上げることが必要と言われているし、共感的な態度など現実的な受容的態度などを取ることが勧められている。実際、週1～2回、対面法では、治療者がニュー・オブジェクト（new object）として、現実的な良き対象として位置づけられ、患者は治療者を理想的な代理自我として扱い、青年期的に成長していくことはしばしば見られる。

しかし、これらは治療構造に規定された治療機序とも言うべきもので、患者の無意識のダイナミクスを理解する方法は、治療構造の違いを問わず、基本的には同じものである。むしろ、時間空間的な構造の変化によって、患者の連想がどのように影響され、そのセッティングの中で、治療者の働きかけの意味もどのように規定されていくかを理解していくことが精神分析的な治療法の特徴と考えられる。

5　治療回数の増加について

改めて、治療回数の増大について考察してみたい。一週間あたりの治療回数が増えるほど、各セッションの連続性が出てきて、患者は自己の内界に、連続的に沈潜していくことができる。そうして、治療者と共有する世界も増大し、自分が治療者にしっかりと支持されていることを、現実的に体験することができる。この体験そのものも、大きな治療的な力を持っているものである。けだし、いくら良い母親でも、そばにいない母親は、子供を旨く育てることはできないのである。

治療者にとっては、治療回数が増えると、患者の内的な世界についての情報が豊かになり、それだけ理解が容易になる。また、回数に支えられて、患者をしっかりと保持しておく力が強くなるために、安心して患者の内的な幻想の世界に注意を集中していくことができるようになる。

このような条件下では、患者の変化もダイナミックなものになり、治療的変化が早くて顕著になるため、治療者が治療の積極的な有効性を実感でき、治療者としてのアイデンティティを保ちやすくなる。例えば、週1回の治療を3年するよりは、週3回の治療を1年するほうが、治療的にはより大きな影響を与えることができると思われる。筆者は、こうした治療回数が頻回になった場合の治療的な力というものにもっと注目することが重要だと考えていて、週3回以上のインテンシブな精神分析精神療法の効果を高く評価しており、日本においても是非一般的な治療法になってほしいと期待している。

6 症例

ここで症例を簡単に記述して、週1回の対面法と、週3回の背臥法の精神分析的な精神療法の経過の違いを描写してみたいと思う。

(1) 症例1

患者は、35歳のオーストラリア人の既婚男性である。教会関係の仕事をしていて、世界大会の責任を任されたときに、興奮および躁状態に陥った。次の世界大会のときにも躁状態となり、このときは幻聴も出現している。二度とも、入院治療を受けたが、比較的短期間で退院した。

一応「反応性の躁状態」として、精神療法の適応と考えられ、タビストック・クリニックに紹介されて、筆者が週1回、3年半年間、対面法で治療した。

面接の中で話されたことは、職場の上司との関係や両親のことなど、現実的な世界の話題が中心であった。また、治療者の休暇をきっかけにして躁状態になったりしたので、そうした現実的な状況において、患者がどのような情緒的体験をしていたのか、なぜそういう行動を取ろうとしたのかなど、なるべく患者の提供する現実的な話題に沿って介入していくように心掛けた。

それでも治療3年目からは、興味深い夢を、頻回に報告するようになり、それらについて話し合うことができた。治療場面で、患者は少しずつリラックスし始めたが、とくに顕著な退行を起こすようなことはなかった。

治療開始前、躁状態に陥ったあと、教会の職を失い、パートタイムの仕事をしていたが、1年後に新しい職場（教会新聞の出版）に雇われ、うまく適応するようになった。そして2年後に編集長に抜擢され、その世界で高い評価を得ることとなった。

その間には、重い責任のある仕事を引き受けることがあったが、とくに躁状態に陥ることもなく、順調に社会に帰っていった。

ただ、彼の妻との性的関係がほとんど無く、妻に対する爆発的な怒りが時々起こっていたが、患者は、それを解決するには、もっと頻回に治療を受けたいと希望し始めた。しかし、筆者の帰国の都合で、治療終了後に新しい治療者を探すことになった。

このように、彼の社会生活は大きく改善したが、すべての問題を解決はできなかったのである。やはり、週1回では、部分的な効果しか得られないということだと思う。

(2) 症例2

25歳の既婚の日本女性である。主訴は、確認強迫、抑うつ気分、家族への怒り発作、精神病恐怖などである。診断面接で、週3回の治療が必要であると伝え、家族と話し合いの上、了承した。

治療の初期では、自分の内界を見詰めていくことに対する不安が強く、しばしば離人症や精神病恐怖などを呈し、連想を続けることに強い不安を示した。しかし、徐々に夢を話し始め、治療者に支えられている経験が深まるにつれて、幼児期からの辛い体験を思い出し始めた。そして、自分が子供に還ったようだと、家庭や治療場面で幼児語を話し始め、昔の叱られたことなどを思い出して、改めて両親に苦情を言ったり、家庭で経験する両親への不満を遠慮なく口にしたりするようになって、家族内の構造が変化し始め、両親の対応が変わるようになった。

症状は治療開始後3～4ヶ月でほとんど消失し、その後は、自分の対象関係について検証している段階だった。連想が抱負になり、転移も象徴的に連想の中に現れてくるために、治療者も落ち着いて転移解釈できた。

この患者は、治療開始後数ヶ月であったが、既に自分が良くなったと感じ始め、人からもずいぶん変わったと言われるようになった。もちろん治療終結には、まだしばらくかかると考えられるが、患者の内的な変化の振幅が、週1回の治療と比較して大きく、治療者も患者の内界をしっかりと摑んでいるような感じがし、安心して患者の無意識の問題を扱うことができた。

以上のように、筆者は、治療回数が週3回以上の、精神分析的精神療法の治療的力というものを、高く評価している。そこには、時間的、空間的な構造というものが、治療者の人間的な努力を越えて、治療的に働きかける力があるのではないかと思われる。

しかし、週1回の治療においても、限定されているとはいえ、患者に多くの援助をすることができる。重要なことは、治療回数や、体面法、背面法の違いによる、治療機序や技法の違いを、治療者側が正しく認識しておくことだと思われる。

7　日本における、週3回以上の分析的治療について

慶應義塾大学グループの中には、積極的にインテンシブな治療を選択する治療者も存在するが、一般的には、現実的な問題として、日本では週3回以上の治療はできないのではないかと言われることも耳にする。その理由として、昔は経済的な問題、最近は時間的な問題が挙げられる。更に、文化的に、そのような治療法は日本人は受け入れないのではないかとか、日本人は感受性がいいので週1回で良いんだというようなことを耳にすることもある。

現在でも、経済的問題はあるが（開業クリニックの場合）、その問題は、欧米と比べてもむしろ小さいのではないかと思う。ほとんどの患者が、週1回しか来られないというとき、よく聞いてみると、貯金やレジャーをいっさい犠牲にせずにということが多いのである。ということは、日本においては、精神分析的な治療はそうした生活を犠牲にしてまで受けるほどの評価をまだ得ていないということである。

よく、精神分析は、「料金を取るからけしからん」という批判がされたものであるが、実際には、われわれが精神科医として働いているときも、保険を通してちゃんと相応の料金を取っているのである。問題は、精神分析にが、相応の保険点数が支払われていないということである。

英国やカナダでは、国民医療による、無料の週3回以上の精神分析が普通に行なわれており、他のヨーロッパ諸国や北米でも、保険により料金の70～80パーセントがカバーされている。

将来日本で、週3回以上の精神療法が患者のほうから求められるような風潮が生じたときには、保険で保証される可能性が十分あると考えられる。そのためには、実際に治療を受けた患者の評価がもっとも重要である。私の個人的な意見では、できるだけ週3回以上の治療例を増やして、その臨床的な治療的な力というものを患者に

評価されるようになることが一番重要であると考えている。

実際、英国でも、最初から精神分析に料金を払って診てもらうような患者が沢山いたわけではなく、患者を確保するのにもかなり苦労したようである。紹介された患者は、いろいろな医者に受診してどうにもならない人たちが多く、最後の頼みの綱としてやって来たのである。そうした患者の治療がうまくいくと、精神分析の治療効果が社会的に評価されるようになって、需要が増し、ついに国民保健で無料診療も受け入れられることになったのである。それもここ30年のことである。これには、やはり週4～5回の治療構造が強力であったことが大きく寄与していると考えられる。

私自身の日本の経験では、この症例は週3回以上したほうが良いと思ったときは、それをはっきりと言うようにしている。そうすると、日本の患者は結構貯金などあり、家族で何とかしてしまうことが多い。それに、料金を収入に応じてスライド制にし、回数が増えるにつれて割り引くようにすると、患者の負担もあまり大きくならない。時間的には、回数が増えると夕方の診療にならざるを得ないことが多々あると思う。

余り患者の都合に同調し過ぎることによって回数を減らしてしまうことは、かえって援助できる機会を逸してしまうことになると考えられる。金銭的な面や時間的な面に譲歩し過ぎてしまうと、患者は無意識では、自分の深刻さを十分に理解してもらっていないと感じたり、自分の破壊性を治療者が恐れていると感じたりするかも知れない。

もちろん、真の現実的な理由で週1～2回しか来られない患者もおり、その治療構造でも多くの援助をすることができる。また、わざわざ週3回以上の治療をしなくても、何とかやっていける患者も沢山いる。

ウィニコット（Winnicott, D.）などもそういう柔軟な意見の持ち主であり、治療者が正式の訓練をちゃんと受けていれば、治療構造の変化に応じて、精神分析的な治療を行なうことができると述べている（彼の言う正式の訓練とは、週4～5回、4年以上の教育分析、2例の自由連想による治療例についてのスーパービジョン、規定のセミナーを受けたものをいう)。

ロンドンでは、週4～5回の患者をできるだけ持つように勧められているが、実際には、著名な分析家以外はそれも難しいことが多く、治療者が、少なくとも2例の週3～5回の患者を持ち、更に数例の週1～2回の患者を持つように勧めている。これであれば、日本においても十分可能だと思われる。また、週3回以上のほうが適当だという患者には、提供できる用意があるようにしておくことが必要と思う。

更にこれには、どういう病態の患者を、どういう治療構造で治療するべきかという興味深い問題が横たわっている。週1回でも、まるで自由連想法のように内的なことを話し続ける患者や、週3回以上の治療でも、対面法にしか応じない患者があるが、それらは患者の病理と深く関係していると考えられる。

日本においては、患者の病態に関係なく、週1回の対面法による精神療法が歴史的に慣習になっているが、将来は、患者の病態を基準にして、治療回数などの治療構造を選択していくような方向に進むのが望ましいと思う。

注

本稿は、1989年6月4日、日本精神分析協会、東日本支部会において、筆者が発表したものを、加筆訂正したものである。また、御校閲をいただきました、慶應義塾大学医学部精神神経科助教授故小此木啓吾先生に深謝致します。

参考文献

(1) 岩崎徹也(1976)「精神分析的病院精神医学　第Ⅰ部　基礎的な発展」『精神分析研究』20巻5号、171-187頁
(2) 北山修(1986)「開業精神療法――治療の最小単位として」『精神分析研究』30巻1号、21-28頁
(3) 小此木啓吾(1981)「治療構造と転移」『精神分析研究』25巻3号109-119頁
(4) 小此木啓吾(1986)「治療場面と治療技法――治療構造論的視点から」『精神分析研究』30巻1号、15-20頁

（５）小此木啓吾（1989）「治療構造論について」未発表論文
（６）渡辺明子（1983）「構造転移と治療者転移」『精神分析研究』26巻5号３１５-３２３頁
（７）Winnicott, D. W.（1958/1965）Child Analysis in the Latency Period. In *The Maturational Processes and the Facilitating Environment: Studies in the Theory of Emotional Development*. International Universities Press〔牛島定信訳（1977）『情緒発達の精神分析理論』岩崎学術出版社〕
（８）Winnicott, D. W.（1977）*The Piggle: An Account of the Psychoanalytic Treatment of a Little Girl*. Hogarth Press.

〔『精神分析研究』〕33巻5号、１９９０年〕

13章 「共感」──理解の基礎になるものと理解を妨げるもの

1 はじめに

最近臨床家の間で話題にのぼっている「共感」は、コフート（Kohut, H.）の中心的な概念である empathy の日本語訳である。もともと「共感」という概念は、日本の精神科医や精神療法家の間では、面接者や治療者の基本的な態度として強調されてきたのであり、一般の臨床家はコフートが「共感」を強調していると聞いて、自分の基本的な態度が肯定されていると感じ、それをごく当然のこととして受け取っているようである

しかし、一般の臨床家が常識的に理解した「共感」が、コフートのいう empathy と同じものであるかどうかは疑問のあるところである。

今回「共感」と「解釈」の問題が特集として取り上げられたのは、恐らく精神分析の無意識の理解と防衛や転移、抵抗などの解釈、発達的病理学などの理解をなおざりにしたままで、ただ「共感」的な態度を取りさえすれば精神分析的な治療法であると考えたり、患者の心の葛藤の「理解」を基にした「解釈」の重要性を無視してしまうという風潮が見られるためであろう。

2　コフートの empathy の概念について

共感（empathy）の問題を考察するために、コフートの定義や理論体系の概観をつかんでおく必要があり、ここに筆者なりにまとめておきたい[27][28][30][31]。

コフートは「自己愛パーソナリティ障害」（narcissistic personality disorder）の研究に力を注いできたのであるが、empathy はその基本的な概念の一つであり、彼独自の複雑な発達理論的な病理学を基にしているものである。

彼によると「自己愛パーソナリティ」の病理は、次のように説明される。

生後直後から乳児は、母親の empathy の下で「自己対象」（Self object）としての母親との関係を通して「誇大的自己」（grandiose self）、「理想」（ideal）、「執行機能」からなる「中核自己」（Self nuclei）が成長してくる。

それは早期においてはまだ断片的なものであるが、生後18～30ヶ月の頃にはもはや断片化を起こす危険性がなくなる「融和した自己」（cohesive self）の時期に入る。

この「融和した自己」の時期には、幼児はやはり母親の empathy の下で、太古的野心や理想をより現実的なものにし、執行機能を発達させ、心内構造を確立することが必要になる。

この時期に母親が「自己愛パーソナリティ」の持ち主で empathy 不全であると、幼児はこの「融和した自己」の時期に固着して「自己愛パーソナリティ」を発達させる。

「自己愛パーソナリティ」の臨床における特徴は、「鏡転移」（mirror transference）や「理想化転移」（idealizing transference）を発展させることである。そのような特殊な転移の中で、分析家が「自己対象」となることによってこの万能的な転移を満たし、患者の固着からの再度の発達を促すのである。

更にコフートは、「自己愛パーソナリティ」の診断には、この「鏡転移」や「理想化転移」を起こすことが欠かせないことであり、患者が最初からそれを示すとは限らないと考えている。臨床上は様々な状態像を呈していても、転移が発展するにつれて、そのような特徴ある転移を発展するものは「自己愛パーソナリティ」と診断し、治療的にはこの転移を、empathy の下に理解し満たしていくことが重要と考えている。

以上のように、コフートの empathy の概念は、臨床的にはあくまで「鏡転移」や「理想化転移」を呈するような患者に関連しているものである（晩年になってコフートは、「自己愛パーソナリティ」を越えて、一般的な患者に自分の概念を拡大して適応しようとしたようであるが、その点はここでは割愛する）。

更にコフートは、治療者が「自己愛パーソナリティ」を治療するときには、治療者は母親の primary empathy と同質の empathy を持つ必要があると考えている。

以上のことから見ても、コフートの empathy の概念は、緻密な発達論的病理学と臨床の技法論から成り立っており、ただ漫然と日本語の「共感」がもたらす漠然としたものを主張しているわけではない。

3　コフートの臨床における empathy の実践

コフートは、母親の empathy（primary empathy）の典型的なものの説明として、次のものを挙げている。その一つは、母親が生まれたばかりの赤ん坊に出会うときに、empathy に基づいてあたかも赤ん坊に自己があるかのように扱うのであるが、そのことが赤ん坊の自己を発達させる上で重要な機能である。第二は、母親が赤ん坊の自己が示す健全な自己主張を empathy によって喜びを持って共有し、乳幼児の健康な自己愛を発達させる事実（「映し出し」mirroring）などである。前者の例は、母親の投影による乳幼児の心の「理解」や「読み取り」の機能を果たしている例であり、後者は、幼児の発達への意志を援助している母親の機能を果たしている例である。

次に、コフートのいうempathyに基づく治療的な態度が、実際にはどのようなものであるのかという問題が生じてくる。特に問題となるのはコフートが、上記のprimary empathyの第二の例のような、患者の自己愛や発達の意志を促進するような、特殊な積極的な技法を取っているのかどうかということである。

これには、実際にコフートによって記述された臨床記録などを参考にする必要がある。そしてそこで見る限りコフートの臨床的な態度は、明らかに患者の内界の「理解」に焦点が当てられており、自己愛的転移が起きているときの、治療者の「理解」の重要性を強調している[23][27]。

また彼は、患者に「共感」していることを、積極的にアピールする技法を用いているようには見えない。彼が強調していることは、患者の内界を誤解することや、誤った時期に誤った解釈をすることを戒めているものである。そして暗に正しい「理解」をしていくことが、患者の発達の意志に「共鳴」してそれを促進していると考えているように思われる。

コフートは、古典的精神分析家の冷たい「中立的態度」を批判していながら、基本的にはフロイト本来の治療者の「中立性」を認めており、自己愛パーソナリティの場合には、「鏡転移」や「理想化転移」が生じているときを見逃さず、そのときにはいたずらに解釈を行なわず、そのような自己愛的な転移が自然に成長していくように患者に時間を与えて見守っていく態度が重要であると考えているようである（コフート自身は自分のempathyの態度と古典的分析家の「中立的態度」の違いを説明しようとしているが、結局は発達論的に「自己愛パーソナリティ」をどのように理解するかという問題の違いの方が大きいように思われ、コフートの治療的態度の基本は、患者の内的な世界を「理解」することを中心にした、中立的なものであると思われる。彼はそこでは、古典的な精神分析家の誤った「中立的態度」について批判しているように思われる）。そしてコフートは治療者の過剰なempathyを、患者にアピールするような態度には批判的であり、フェレンツィ（Ferenczi, S.）の「積極的技法」にも批判的である[27]。

コフートによるempathyの定義は、オーンスティン（Ornstein, P.）によって、①他者の中の自己の認識であり、必要欠くべからざる観察の道具である、②他者を包含しようとする自己の拡大であり、個々の人々の間の強力な心理的な結合となる、③自己によって引き出される受容し、確認し、理解する人間的反響（human echo）であり、それは心理的な栄養分である、との三つの点にまとめられている。[28] このまとめは、上記の母親の primitive empathy の機能や治療者の機能を明確に説明している。そしてこれはやはり、母親や治療者の「理解」の機能を中心にしたものである。またこれらは同時に存在する機能であり、ばらばらに個別的に存在するものではない。つまり「理解」のあるところに心理的な結合や共鳴も存在し、その逆もまた真である

もしも、このコフートの診断基準と病理学的な理解の部分を省略したままで、すべてのタイプの患者にコフートが禁止しているような、患者の自己愛をふくらますような過剰な「共感」を伝えるような態度を取ると、様々な問題が生じてくる可能性がある。

4　empathy が「共感」と訳されるときの問題点

以上のように empathy そのものがコフートによって、独自の発達論的な意味付けを与えられており、その理論的裏付けなしにはその概念を一人歩きさせることは危険である。

更にコフートが、母親や治療者の特殊な機能を empathy と名付け、なぜ sympathy や compassion などの他の類似の言葉を使わなかったのかという問題がある。

英英辞典で調べてみると、empathy には「相手に同一化したり自己を投入したりして相手の気持ちを『理解』（understand）すること、絵画などの芸術作品などの芸術的な価値を自分を投影して知的に『理解』すること」というような意味があり、「理解」が強調してある。

それに比較して sympathy は、相手の苦しみや悲しみを「情緒的」に共感することであり、「理解」の面は強

調されていない。compassion も同様である。[7]

これから見てもコフートが empathy の用語を選んだ中には、母親の赤ん坊への「同一化」とその内界を「理解」をする機能を強調する必要を感じていたためであろう。

英和辞書では empathy も sympathy も「共感」と訳されていて、その意味合いの違いは曖昧になってしまう。また empathy は辞書の中で「感情移入」とも訳されているが、これはまた別の意味合いを呈するきらいがある。[36]

結局は日本語としては「共感」の訳が適切なものであろうが、その訳語は新たな問題を生じるのである（そのために筆者は、empathy の訳語は「エンパシー」のほうが良いのではないかとも考えている）。

5　日本語の「共感」の多義性

この empathy という言葉は、英語圏においてはあまり日常的な言葉ではないと考えられるが、日本語の「共感」と訳された時点から、日本における日常語としての「共感」の意味を必然的に暗黙の裡に付与されている。

この日本語の「共感」という言葉は一般にも使用される言葉であり、読み手によって様々な意味を呈することになる。辞書的には「①他人の考え行動にまったくその通りだと感ずること。同感。②心理学用語：他人の体験する感情を自分のもののように感じること。感情移入」という意味である。[32] 第一番目の一般的な意味は、日常の中で友人や親しい者同士が様々な意見や感情の一致を見るときや、人の不幸や苦痛な体験を同情したり、気持ちを汲み、一緒にその悲しみを悲しみ、苦しみを苦しんだりという風に理解される。つまりこの「共感」とは、常識的には感情的情緒的な同情や同感に近いものであり、それがコフートの臨床的な概念として登場すると、その定義に付与された発達論的な「理解」の問題が無視されたままで、この一般的な意味として受け取られてしまう危険性がある。

更に、第二番目の「共感」の心理学的な意味も、ほとんど一般的な意味と差がみられない。そしてそのことが、後述のように、事情を更に複雑なものにするのである。

この「共感」のような日常的に使用される言葉を、精神分析の臨床状態の記述や更に概念にまで昇格して使用するときには、読者に様々な混乱を生じることになりやすい。

それは、意識心理学や常識心理学になりやすく、精神分析の臨床があたかも日常的な意識世界の中の活動だけで、理解できるような錯覚を提供する。それが無意識と日常の意識の世界の両者を連結し、無意識に繋がる言語が、意識的な日常語の中に存在するという筆者たちの強調点にもかかわらず、そのことはしばしば読み手には無視されてしまう。

同様なことが言えるのは、たとえばウィニコット（Winnicott, D.）の言葉使いの一部などであろう。彼の用語法には、ときにできるだけ日常的な言葉を使用して、日常と無意識の非日常を関連付けようとする意図や傾向が見られるのである。しかし読み手はそこまでの理解にしばしば到達することなく、日常的な意識の世界のままに踏み止まって、ついに著者が伝えたい真の意味を理解しないままでいる可能性がある[38][39][40]。

6　臨床における「共感」の両義性

その第一は、上記の辞書的な一般的概念や心理学的な意味にも関連する「共感」であり、それは、一般の精神科的な診察やいわゆる支持的な精神療法といわれる方法の中でも、基本的なものとして受け入れられている。それは、患者の内界で起きている無意識の葛藤の理解を必ずしも必要とせず、表面に現れた感情や情緒に対して、治療者が「共感」していく態度である。そのために実際に「共感」が精神療法の重要な要素であるという意見が、コフートなどの精神療法の大家に言われると、コフートの「共感」の概念が、このような一般の概念の定義と結びつけられて、誤って了解されてしまう危険性がある。

更にこの一般臨床的「共感」の概念は、治療者の患者に対する態度や言語的表現、表情、声色などを含めた治療者の全体的な接近法をも含んでいる。つまり、治療者が特別に自分の「共感」していることを、患者に印象づけるような積極的な態度を敢えて取る技法をも含んでいて、かつてフロイトの「治療者の中立性」と患者の退行的な欲求を積極的に満たしていこうとするフェレンツィ（Ferenczi, S.）の「積極的技法」（active technique）の論争の問題に通じているものがある。[9][10][13][33]

臨床における「共感」の第二の意味は、精神分析的な意味での「共感」である。これは、あくまでフロイト（Freud, S.）の提唱した治療者の「中立的態度」を取りながら、患者の内的な無意識の心の動きを「理解」するために、特殊な「共感」つまり治療者のいわゆる「直観」を使っていくことを意味している。そして前述したように、コフートの治療態度はむしろこの「中立的態度」に近いものであり、empathy の意味は患者の内界を理解しようとするこの「直観」に近い意味に重点を置いたものと考えるほうが妥当であろう。

この「直観」は、患者の無意識の世界に通じて「理解」して行こうとする感性であり、情緒的にのみ相手に「共感」したり、態度としての表現系としての一般の「共感」とは質を異にするものである。

大きく分けると、臨床的には以上の2種類の「共感」の態度があり、この混乱を避けるためであろうか、後者の第二の特殊な「共感」の態度については、これまでの分析家たちは情緒的共感を意味する sympathy. compassion というような日常的な言葉を使用することを避け、特別な命名をしてその重要性と特殊性を強調してきたようである。[1][2][3][8][37][39]

7　精神分析における、いわゆる治療的「直観」の起源の研究

この臨床における患者の無意識的な内界を理解するための、治療者の特殊な「直観」の起源については、母子関係における母親の機能が注目されていて、分析家の間でいくつかの研究が行なわれている。そして、人間の「直観」や「共感」の能力は、乳児期に母親との間で交わされた体験を基に、母親の「直観」の機能や対象関係を取り入れたものと考えられている。

フロイトは、非常に早くから、母親が乳児の様々な信号に意味付けをし、それによって乳児が満足の体験を得ることができることに注目している。[11] しかしフロイトの関心は、主として幼児のエディプス的な葛藤の対象としての母親について論ずることに移っていった。そして彼は、母親による乳幼児の内的な世界の「読み取り」や「理解」の問題などは積極的には取り上げず、発展的に考察していくことはなかった。[12][13][14][15][16][17][18][19][20][21]

主としてアメリカを中心とした最近の乳幼児研究においては、母親の重要な能力として「情動調律」（affect attunement）（Stern, D.）や「情緒応答性」（Emotional Availability）（Emde, R.）などが知られているが、これにはコフートの empathy の概念との相互的影響が大きいようである。[6][8][37]

イギリスの精神分析家たちは、1920年代後半からのクライン（Klein, M.）の登場以来、極めて早期の発達段階に注目するようになった。そして彼女に影響を受けたウィニコット（Winnicott, D.）やビオン（Bion, W.）が、母親と乳児の世界の中における、母親の直観的な理解に基づく交流の重要性に注目し、特別な名称を与えて発達的にも臨床的にも極めて重要なものと考えている。

クラインの臨床的態度は、患者の展開する自由連想や遊戯療法の中で象徴的に表現されることを「理解」していくことに関心を集中していて、その理解を患者に言語的に「解釈」していくことを治療技法の要と考えている。

彼女は乳幼児の「内的幻想」の世界に関心を集中させていたために、治療者や母親の機能を考察することはなかった。そのために彼女の論文には、母親の機能としての empathy に類似するような視点や概念は、登場してこないのである。またクラインは、治療者の患者の内界を「理解」していく機能を大前提として当然なものとしていたために、敢えて治療者のそのような機能についても概念化をすることはなかった。[24][25][26]

ウィニコットは、母親の役割に積極的に注意を払わなかったクラインを批判し、母親と乳児をユニットとして捕らえた独自の発達論の中で、生後から6ヶ月頃までの「ホールディング」(holding) の時期（絶対的依存の時期）における「一次的な母親の没頭」(primary maternal preoccupation) の概念を提唱した。その状態においては母親は自己の一部を乳児に「投影」して、乳児の意味することを「理解」(understand) する能力が異常に高まることを述べている。つまりそこには常に、母親の乳児の心に対する直観的な「読み取りと意味付け」が存在するのである。

この母親の能力が、乳児の欲求を敏感に読み取ることを可能にさせ、母親が「主観的対象」(subjective object) として働いて、乳児の健康な発達に欠かせない「万能の体験」(experience of omnipotence) を維持する重要な役割を果たすのである。

このウィニコットの母親の没頭の下における「理解」(understand) という概念は、コフートの empathy に極めて近い概念である。ただウィニコットは母親の状態に対して注目して、特別な概念化を行なっているが、乳児の内界を理解する母親の機能そのものについては、「理解」という一般的な言葉を使用している。[38][39][40]

ビオンは、やはり極めて早期の母―乳児の特殊な関係に注目して、「精神病的パーソナリティ」や「非精神病的パーソナリティ」、「思考」の発達について研究した。[1][2][3][4][5][22]

彼は、乳児の非言語的な微妙なコミュニケーションを読み取る母親の能力に「夢想」(reverie) という特別な名称を与え、この母親の特殊な機能を強調しようとしている。またビオンは、それが母親の健康な「投影性同一視」(projective identification) によるものと考えている。そしてビオンは、その「夢想」の機能が働く基本的な母ー子の機能的な関係を「コンテイナー・コンテインド」(container-contained) と名付けた。

つまり、乳児は自分が処理できない「感覚印象」(sense impression) を母親にすべて投影する。母親がそれを「夢想」によって理解し、乳児が消化できるものにして返してやると、乳児はそれを自分の体験として扱って「アルファ要素」に変え、自分の思考や夢の材料として利用できるようになる。つまりビオンは、乳児のコミュニケーションを読み取り、それを乳児が消化できるものにして返してやる母親の機能が、乳児の発達上重要なものと見なしているのである。彼は、これを母親の「コンテイン」(contain) の機能としたのである。これは乳児の「非精神病的パーソナリティ」や「思考」の発達に重要なものであると考えられている。

注目すべきは彼もやはり母親の直観に基づく、乳児の内界の「理解」の重要性を強調していることである。臨床の状況においても、治療者の機能は、この母親の乳幼児に対する機能と同様なものが重要な働きをしていると考えられている。患者は自由連想を行ない、治療者はその言語や行為による患者の表現を見聞きする。治療者はその表現されたものを夢の顕在内容と同じように扱い、その無意識の意味するものを「読み取って」いくことが中心的な作業になる。

この患者の無意識の世界を理解していくときに、治療者は自分のいわゆる「直観」を駆使して読み取っていこうとする。ここには治療者の直感、想像力などの組み合わさった、おそらくビオンのいう「夢想」の機能、ウィニコットの「母親の一次的没頭による理解」が働いているのである。

そしてこのような治療者の活動そのものが、「コンテイン」あるいは「ホールディング」の機能であり、患者の処理できない情動的な世界を患者に処理できる程度のものに変換する。また、それらに適切な意味付けをして適切に対処することによって、患者が分裂排除によって処理する必要のないものや、患者の自己が消化でき受け入れることのできるものに変換するのである。

8　再び一般の「共感」的態度について

以上の視点から見て、「共感」の問題が少し浮き彫りになってくる。つまりもしそれが、患者に治療者が自分が一般的な意味における「共感」していることをデモンストレーションする技法であるとしたら、これはおよそ精神分析的な特殊な「共感」=「直観」とは言いがたいのである。

それでは、治療者はただ自分が患者に同情していることを、自己満足的に表現しているだけであり、自分が「何をどのように理解して共感しているのか」ということを検証される機会がなく、いたずらに患者の期待と治療者の思い込みが行き違う場になってしまう。もし治療者が、無分別に情緒的な「共感」的な積極的な態度を示すと、患者の防衛や退行を助長することになる。

例えば、ある患者が苦痛な分離の体験を処理しようとして軽躁的な状態になっているときに、治療者がその状態に共感していく態度を示せば、患者は更に躁的になり、その背後に防衛された分離体験をついに見ていくことはないであろう。

治療者が真に「共感」（直観による読み取りと理解）すべきことは、患者がそこまでして避けなければならない苦痛な分離体験の世界があるということである。そしてそれに対する治療者の発達促進的な「共感」を伝えることができるのは、ジェスチャーや相槌による治療者の情緒の伝達ではなく、患者の防衛に対する「理解」と「言語的な解釈」なのである。

つまり患者の転移や防衛の理解をしないままに、患者にいたずらに「共感」的な態度を積極的に取っていくことは、患者のすべての考えや行為に対して治療者の同意を伝えていくことになり、患者の防衛を強化して、ついには自己の真の問題を治療者と一緒に見ていく機会を失わせてしまうことになるのである。

9 症例

患者は「自己愛パーソナリティ」の持ち主であるが、筆者の「自己愛パーソナリティ」の病理の理解は、ローゼンフェルド（Rosenfeld, H.）の考えによるものである。[34][35] その中核には防衛組織としての「自己愛組織」（narcissistic organization）があり、患者は自己の対象への依存を否定し、万能的に対象の必要のない世界や、あるいは対象と融合している世界に住んでいる。そうすることによって、患者は対象から自分が分離している事実や自分の欲求が満たされない苦痛な世界を分裂排除して防衛している。

筆者はこの症例に関しては、この防衛組織として働く「自己愛組織」の考え方を基にして、患者が表現していくものを「直観」をもって理解し解釈をしていく方法を取っている。つまりローゼンフェルドの考え方は、コフートの理論とは異なり、「鏡転移」や「理想転移」における患者の万能の体験を満たすという技法は採用しない。このように精神分析の中にも、学派によって異なる理論的技法的な立場があり、実際の臨床的なアプローチもそれにしたがって異なるのである。重要なことは、臨床における患者の内的な無意識の幻想を、共感や直感によって理解するときには、それと一体化した基本的な視点を提供する理論があり、技法論と連結していることである。

【症例】

ミセス・H　某アジア人、40歳代女性。2度の離婚歴があり、2人の子供がある。主訴は不安発作と3年間の慢性の抑うつ状態（父親の死が契機）。治療は週1回対面法で3年間続けられた。

〈性格〉　自信家で意固地。自分が名家の出身であることを誇りに思い、他の人々を救うのが自分の仕事だと思っている。初診時から、「自己愛パーソナリティ」が背景にあることが疑われた。

〔生活歴および現病歴〕　患者は某国の上流社会に生まれ、多くの召使に囲まれ、他者から常に賞賛の的であるような生活を子供時代から青年期にかけて送った。しかし患者の父親は、極めて額面どうりの学者で、情緒的な交流はほとんどなく、母親も大学の教授などを歴任して、極めて知的な冷たい人であった。

患者は一人娘であったが、実際には孤独な生活を送り、自分が両親の宝であると自分に常に言い聞かせて、孤独を慰めているようなところがあった。

患者は、学校の成績は優秀で、美しく周囲の賞賛の的であり、当然両親のように著名な学者になることを期待されていた。しかし、高等学校の頃から、突然、自分が両親に思うままに支配されていると感じ始めた。両親がヨーロッパの有名大学の入試を勧め、皆が当然合格するであろうと期待していたが、実は試験日に欠席してしまった。

その後、患者は母国に帰らない決心をし、イギリスに永住する決心をした。彼女は、イギリスの一般の庶民がどのような生活をしているかを調べてみたいと思ったり、人々を助けるような大きな使命があると感じたりしていた。

結婚も身分の低い同国人と意図的に結婚し、精神的な病気で苦しんでいたその夫を慈悲で救おうとした。それでも立ち直らない夫に失望して離婚したが、次に選んだ夫もサディズムの性的倒錯者で、患者はその男性も自分の力で救おうとしたのである。

その夫とも暴力に耐えかねて離婚し、自己の力に対する自信を失いかけたところに、父親が死亡したことから抑うつ状態に陥った。そのために、精神科医を受診し、抗うつ剤などを試みたが、3年間にわたり抑うつ状態が改善しないために、その医師から精神療法を勧められた。

この病歴から、患者は実際には非常に大変孤独な辛い生活を送り、両親には一切援助を求めようとしなかった人であることが予測できた。彼女は、独特の万能的な救世主的な自己像を造り上げて、苦しい世界を否認し、分裂排除することによって、過酷な環境条件を乗り越えようと努力してきたのである。

〔治療経過〕 患者は自分が特殊な階級の人物で、治療者のようなアジアの端から来た人間が会えるような者ではないというような発言をし、自分が実は援助を必要としていることをほとんど否認する状態が続いた。しかし、様々な話をしていくうちに、前夫に対する激しい怒りが表出し、両親の冷たさに対する怒りを覚えるようになった。それでも自分は誇り高い人間であるので、そのような低級な感情に流されるべきではないと、そのような自分を受け入れることを拒否した。

患者の尊大な自己意識はなかなか消失せず、しばしば患者はなぜ自分が治療を必要としているのかを忘却し、治療者を自分が援助しているという態度を取って、治療はほとんど膠着状態に陥った。そのために患者の真の問題について話し合う機会がほとんど失われてしまったような状態になった。

治療者は、自分の理論的視点や臨床経験から、この状態をローゼンフェルドの言う「自己愛組織」(narcissistic organization) による防衛と考え、防衛解釈をしていくことにした。このように考えていくときには、患者の提供する材料などを「直観」を使って理解するだけでなく、基本的な病理の理解など、理論的なものも重要な視点になる。

つまり治療者は、患者はそのような誇大的な自己像を持つことで、患者が実際に家や国を捨て、移民した国で非常な孤独と苦労を重ねてきたときの経験を、自分で低級な感情として排除しようとしてきたのであること、しかし実際には、患者にはそのような厳しい試練に圧倒されて落胆し、援助を求めている部分があることを解釈した。更に治療者は、患者が両親に対しても、憎しみだけでなく、援助を求めて、別れて暮らしてきた寂しさや依存したい気持ちなどが、同じように無意識の世界に排除していることを指摘していった。

また治療場面においては、援助を求め依存している自己の一部を否認して治療者に投影し、患者のほうが治療者を援助するものとして振る舞っていることや、そうすることによって依存対象を求めている自分を認めることを拒否していることを解釈した。

このような解釈を事あるごとに続けていくことによって、患者は、徐々に自分の苦痛で孤独な経験について語るようになり、尊大で万能的な自己像の背後に、孤独で寂しい自分が隠れていたことに気づいていったのである。そして、祖国や家族の期待を裏切って、孤立した生活を選択せざるを得なかったときの苦しい体験や自分を不幸にした前夫に対する怒りや苦痛な体験などを、自分の体験として語ることができるようになった。更に、冷たく恨んでいた父親が亡くなったときの寂しさも語れるようになり、子供時代からの孤独な生活を想起し始めたのである。そしてそれと並行して抑うつ状態は徐々に改善され、患者は仕事を始めるようになった。

このような「抑うつポジション」と言われる分裂排除されていた心性が表面に現れるときには、患者は強い孤独感や寂しさ、後悔の念などを自覚するようになる。そのようなときは、治療者が患者の「情緒」に共感できるときであるが、治療者はあくまで控え目で「中立的」な態度を取り、それを積極的に患者に伝えることはせず、患者が自らその体験を整理していく機会を提供するように努めたのである。

こうして患者は治療を終了していったが、心の一部では、自分は本気を出せば何時でも西欧の有名大学の試験もパスできるし、普通の人間とは違うんだという気持ちがなかなか捨て切れなかったようである。

以上のようにこの症例において、治療者が患者の理解のための基本的な手段として使用している、上記の第二番目の「共感」である「夢想」は、治療者が拠って立つ無意識の力動的な病理学と対になっていて、あくまで患者の内界を理解していくことに使われており、治療者はいたずらに共感的な情緒や振る舞いを表現して、患者の欲求などを満たすことはなかった。

患者の組織的な抵抗組織を理解するには、「直観」によって得られた材料を基にして、病理学理論や状態像などの分析にこれまでの治療者の経験などをすべて動員して、患者の無意識の力動の理解に迫ろうとしているのである。

これは指示的精神療法における「共感」的態度とは異なるものであり、フロイトの「治療的中立的態度」を基礎にした、患者の無意識を理解していこうとする精神分析的態度である。

10　おわりに

最近臨床家の間でよく話題にのぼる「共感」はコフートの empathy の訳語であるが、「共感」という言葉は、日本語としての一般的な意味、慣習的な精神療法の意味、精神分析的な意味など、多義的な意味を含んでいる。そして、そのためにコフートの緻密な「自己愛パーソナリティ」の研究における発達病理学と離れたままで、「共感」のみが一人歩きするようになると、様々な問題が生じることになる。

本稿ではなぜ、そのような混乱が起こるかについて、empathy の本来の意味と日本語の「共感」の意味の微妙な違いや、日本語の「共感」の意味の多義性や、一般臨床的に付与された意味と精神分析的な意味の混乱などを取り上げて、「共感」の概念がもたらす混乱を整理しようと試みた。

更に臨床的には、患者の無意識的内界の「理解」を必要としない、むしろ妨げてしまう「共感」と、逆に「理解」の基礎になる治療的に基本となる2種類の「共感」が存在することを示した。

また後者は、ビオンの「夢想」、ウィニコットの「一時的な母親の没頭」における「理解」など精神分析の研究の中では様々な特異な名称が付けられて、その特殊性を浮き彫りにしようと意図されている。そして筆者の意見では、コフートの empathy もその特殊な機能に相応しい特異な命名なのではないかと考えている。その意味で、empathy は「エンパシー」と訳された方が良いのではないかとも考えている。

最後に、治療者がよって立つクライン学派の発達的病理学と治療的「直観」を駆使した「自己愛パーソナリティ」の治療例を提出した。

参考文献

（1） Blon, W.（1962）*Lerning from Experience*. Heinemann.

（2） Bion, W.（1963）*Elements of Psychoanalysis*. Heinemann.〔福本修訳（1999）「精神分析の要素」『精神分析の方法Ⅰ――セブン・サーヴァンツ』法政大学出版局〕

（3） Bion, W.（1965）*Transformations*. Heinemann.〔福本修・平井正三訳（2002）「変形」『精神分析の方法Ⅱ――セブン・サーヴァンツ』法政大学出版局〕

（4） Bion, W.（1967）*Second Thoughts*. Heinemann.〔松木邦裕監訳（2007）『再考――精神病の精神分析論』金剛出版〕

（5） Bion. W.（1970/1977）Attention and Interpretation. In *Seven Servants*. Jason Aronson.〔福本修・平井正三訳（2002）「注意と解釈」『精神分析の方法Ⅱ――セブン・サーヴァンツ』法政大学出版局〕

（6） Call, J., Galenson, E. & Tyson, R.（1983）*Frontiers of Infant Psychiatry*. Basic Books.〔小此木啓吾監訳（1988）『乳幼児精神医学』岩崎学術出版社〕

（7） Hanks, P.（1979）*Collins English Dictionary*. William Collins Sons.

（8） Emde, R. & Sorce, J.（1983）The Rewards of Infancy: Emotional Availability and Maternal Referencing. In *Frontiers of Infant Psychiatry*. Basic Books.

（9） Ferenczi, S.（1919/1950）Technical Difficulties in the Analysis of a Case of Hysteria. In *Further Contributions to the Theory and Technique of Psychoanalysis*（1926, Judith Dupont）. Hogarth Press.

（10） Ferenczi, S.（1920/1950）The Further Development of an Active Therapy in Psychoanalysis. In *Further Contributions to the Theory and Technique of Psychoanalysis*. Hogarth Press.

（11） Freud, S.（1895）Project for a Scientific Psychology. In *Standard Edition*, Vol. 1, pp. 283-397. Hogarth Press.〔小此木啓吾訳（1974）「科学的心理学草稿」『フロイト著作集7』人文書院〕

（12） Freud, S.（1910/1957）Leonardo Da Vinci and a Memory of His Childhood. In *Standard Edition*, Vol. 11, Hogarth Press.

（13） Freud, S.（1919/1955）Lines of Advance in Psychoanalytic Therapy. In *Standard Edition*, Vol. 17. Hogarth Press.

（14） Freud, S.（1925/1959）An Autobiographical Study. In *Standard Edition*, Vol. 20. Hogarth Press.

（15） Freud, S.（1926/1959）Inhibitions, Symptoms and Anxiety. In *Standard Edition*, Vol. 20. Hogarth Press.

（16） Freud, S.（1927/1961）Civilization and Its Discontents. In *Standard Edition*, Vol. 21. Hogarth Press.

（17） Freud, S.（1928/1961）Dostoevsky and Parricide. In *Standard Edition*, Vol. 21. Hogarth Press.

(18) Freud, S. (1931/1961) Female Sexuality. In *Standard Edition*, Vol. 21. Hogarth Press.
(19) Freud, S. (1933/1964) New Introductory Lectures on Psychoanalysis. In *Standard Edition*, Vol. 22. Hogarth Press.〔懸田克躬・高橋義孝訳（1971）『フロイト著作集1』人文書院〕
(20) Freud, S. (1939/1964) Moses and Monotheism. In *Standard Edition*, Vol. 23. Hogarth Press.
(21) Freud, S. (1940/1964) An Outline of Psychoanalysis. In *Standard Edition*, Vol. 23. Hogarth Press.〔小此木啓吾訳（1983）「精神分析学概説」『フロイト著作集9』人文書院〕
(22) Grinberg, L. et al. (1977) *Introduction to the Work of Bion*. Jason Aronson.
(23) 伊藤洸監訳（1989）『コフート自己心理学セミナー』（エルソン・M編）金剛出版
(24) Klein, M. (1921-1945/1975) Love, Guilt and Reparation and Other Works. In *The Writings of Melanie Klein*, Vol. 1. Hogarth Press.
(25) Klein, M. (1932/1975) Psychoanalysis of Children. In *The Writings of Melanie Klein*, Vol. 2. Hogarth Press.〔衣笠隆幸訳（1997）『メラニー・クライン著作集2』誠信書房〕
(26) Klein, M. (1946-1963/1975) Envy and Gratitude and Other Works. In *The Writings of Melanie Klein*, Vol. 3. Hogarth Press.
(27) Kohut, H. (1971) *The Analysis of the Self*. International Universities Press.
(28) Kohut, H. (1978) *The Search for the Self*, Vol. 1, 2. International Universities Press.〔伊藤洸監訳（1987）『コフート入門』岩崎学術出版社〕
(29) 丸田俊彦（1982）「Kohut の自己（Self）心理学」『精神分析研究』26巻1号、21-29頁
(30) 丸田俊彦（1982）「Narcissistic Personality: Kernberg と Kohut――その共通点と相違点」『精神分析研究』26巻1号30-40頁
(31) 丸田俊彦（1986）「自己愛パーソナリティ」『精神分析研究』30巻2号、64-69頁
(32) 松村明編（1988）『大辞林』三省堂
(33) 小此木啓吾（1961-1962）「精神分析学の展望――主として自我心理学の発達をめぐって　1～5」『精神医学』
(34) Rosenfeld, H. (1965) *Psychotic States*. Hogarth Press.
(35) Rosenfeld, H. (1971) A Clinical Approach to the Psychoanalytic Theory of the Life and Death Instincts: An Investigation into the Aggressive Aspects of Narcissism. *International Journal of Psychoanalysis*, 52 : 169-178.〔松木邦裕訳（1993）「生と死の本能についての精神分析理論への臨床からの接近」『メラニークライン トゥデイ2』岩崎学術出版社〕
(36) Shogakukan (1979) Shogakukan Random House English-Japanese Dictionary. Shogakukan.
(37) Stern, D. (1985) *The Interpersonal World of the Infant*. Basic Books.〔小此木啓吾・丸田俊彦監訳（1989/1991）『乳児の対人世界　理論編、臨床編』岩崎学術出版社〕

(38) Winnicott, D. (1965) *The Maturational Processes and the Facilitating Environment*. Hogarth Press.〔牛島定信訳（1977）『情緒発達の精神分析理論』岩崎学術出版社〕
(39) Winnicott, D. (1971) *Playing and Reality*. Routledge.〔橋本雅雄訳（1979）『遊ぶことと現実』岩崎学術出版社〕
(40) Winnicott, D. (1975) *Through Paediatrics to Psycho-Analysis*. Hogarth Press.〔北山修監訳（1989/1990）『小児医学から児童分析へ』『児童分析から精神分析へ』岩崎学術出版社〕

〔『精神分析研究』35巻5号、1992年〕

14章　難治症例と逆転移

1　はじめに

今回のシンポジウムの課題の一つである「難治症例」という用語は、精神科臨床全般における処遇困難例までも含み、その語義が非常に広範なものを包含している。そのために、筆者は、本章で筆者が前提にしている「難治症例」の暫定的な定義を明らかにする必要があると考えている。

筆者はこの概念を、精神分析的精神療法において、突然治療を中断したり、衝動的な自傷行為や精神病的破綻などのために入院が必要な状態になったり、長期にわたって症状がほとんど変化しない患者などの、頑固で激しい「抵抗」を示す患者群として考えたい。そしてそれを規定する条件は、患者の病態の問題、治療者側の現実的な治療構造などによる受入れ体制の問題、治療者の技法的問題、未解決の逆転移の問題など多くの要素がある。治療者の技法の未熟性の問題や未解決の逆転移の問題などは、シンポジウムの形態で取り上げることは困難であり、それはスーパービジョンや教育分析の中で検討されるべきものである。また入院構造のある場合とクリニックで患者を精神分析療法を行なう場合には、患者の破壊的行為や精神病的破綻などに対してのマネージメントの許容量に違いがあり「難治症例」の意味が異なるであろう。

このような問題は、既に治療的な外的構造の問題としてこれまでも様々なところで討論されているので、この論文においては、患者の病態の問題に絞って、基本的には外来クリニックの治療構造の中における「難治症例」

の問題に焦点を当てて見たい。この構造は精神分析本来の治療構造にもっとも近く、入院が必要な状況になった場合には、しばしば治療を一時中止するか、その時点で治療を中断せざるをえないこともある。

この問題で最近もっとも話題にされているのが「境界例パーソナリティー組織」の持ち主の患者群である。彼等は自傷行為や激しい要求、暴力行為などの「行動化」を治療室の内外で繰り返し、しばしば閉鎖病棟における拘束的な入院的な処置が必要になることがある。しかしそのほかにも、精神病的破綻、自己愛組織、スキゾイド機制などの問題を抱えた患者は、精神病的破綻を呈する一部の患者を除いて、「境界例」ほどの激しい衝動的な行為は示さないにしても、治療的には根強い「抵抗」を示し、自己が変化することに強力に「抵抗」する。

このような治療困難な患者についてこれまで精神分析において、どのような概念化とそのダイナミックスの理解、その解釈の問題などが考察されて来たのかを知ることは大変重要なことである。なぜなら、そのような患者には単に漠然と「行動化」が激しいとか、「抵抗」が激しいなどという一般的な言葉で語ることによっては理解が進まない、内的な複雑さがあるからである。

歴史的に精神分析においては、自由連想や想起を妨害する情緒や行動の様式を「抵抗」(resistance) と呼び、その内的機制を「防衛」(defence) と呼んできた。筆者の暫定的な定義における「難治症例」もこの点から見れば激しい「抵抗」を示し、頑な「防衛」を持っている患者群のことである。

2 精神分析に「難治症例」研究の歴史

フロイト (Freud, S.) は治療に頑なに抵抗して、ついには中断して治療の恩恵を受けようとしない患者の問題を「陰性治療反応」(negative therapeutic reaction) や「反復強迫」(repetitive compulsion) の概念を用いて考察しようとしている。[8][9] つまりある患者群では、治癒よりも苦痛を求めるかのように、治療開始後に症状が悪化してしまう。フロイトは、この現象をある主のマゾキズムの構造に固有の無意識的罪悪感と関係付けている。更に後には「死の欲動」とも結び付けている。この「反復強迫」や「陰性治療反応」の問題は、精神分析の最大の課題であり、治療に良く反応しない患者の問題が、現在まで精神分析の理論と技法の発展に大きな貢献をしてきたと言える。

　歴史的にこの問題について、組織的な防衛の観点から初めて先鞭を付けたのがライヒ（Reich, W.）であった。彼は「性格抵抗」（character resistance）に注目し(1933)、そのような患者はまずその「性格抵抗」を処理しなければ治療は成功しないことに言及した[34]。これは、現在のパーソナリティー論の先駆的な研究である。実際に「陰性治療反応」の問題は、ライヒの研究以降は、「パーソナリティー防衛」の研究へと発展して来たのである。そしてそれは「固着」の概念の組織的防衛の視点からの研究であり、あるいは病理的防衛組織の概念による研究である。同時代に、ドイッチュ（Deutsch, H.）は「アズ・イフ・パーソナリティー」（as-if personality）の研究を行ったが、防衛的な面は強調しなかった[6]。

　この後に「パーソナリティー防衛」の問題から「陰性治療反応」の問題を取り上げたのは、ほとんどイギリスの精神分析学者である。そして、精神分析における「難治症例」の研究は「パーソナリティー防衛」の研究として発展してきている。

　イギリスにおいて「パーソナリティー」研究に先鞭を付けたのはフェアバーン（Fairbaim, D.）である（１９４０年代前半[7]）。彼は「スキゾイド機制」（Schizoid system）の研究を行ない、自己への閉じこもりと万能感、自己の内界に対する強い関心を特徴にしたパーソナリティーの組織について研究した。

　クライン（Klein, M.）は直接には組織的防衛の問題を考察することはなかったが、後の研究のための基本的な視点を提供している。（１９３０年代中頃から１９５０年代前半）つまり、「妄想分裂ポジション」（paranoid-schizoid position：1946）[24]における分裂（splitting）、投影（projection）、取り入れ（introjection）、否認（denial）、投影性同一視（projective identification）、などの一群の防衛機制の強調の考え方や、とくに「抑鬱ポジション」（depressive postion）（1935）[22]に対する「躁的防衛」（manic defence：1940）[23]の概念は、分裂、否認、理想化（idealization）、万能（omnipotence）などの防衛機制が組織的に活動して、苦痛な「抑鬱的不安」（depressive anxiety）に対する防衛として働くという考えを提出している。更にクラインは「死の本能」（death instinct）に基づく破壊性（destruction）の重視、「陰性治療反応」に関係する「羨望」（envy）（1953）[25]の研究などによって、後の防衛組織研究の基礎を築いている。この「羨望」はクラインによると、遺伝的素質的な乳児の乳房に対する破壊性、自分に滋養を与えてくれる乳房そのものの豊饒を破壊してしまうもので「死の本能」によるものであると考えている。彼女によれば「陰性治療反応」を示す患者は、生来の「羨望」が強い患者ということになる。

その研究を更に各論的に研究していったのが、シーガル（Segal, H.）、メルツァー（Meltzer, D.）[29]などの防衛組織に対する注目に始まり、ローゼンフェルド（Rosenfeld, H.）の「病理的自己愛」（pathological narcissism）（1964, 1971）の研究[35][37]、ビオン（Bion, W.）の「精神病的パーソナリティー」（psychotic personality）（1953）[1][2][4]の研究、最近ではシュタイナー（Steiner, J.）の「病理的組織化」（pathological organization）（1979）[39][40][41]の研究がある。ローゼンフェルドとビオンの研究は、重篤なパーソナリティー障害の理解に大きな貢献をし、シュタイナーの「病理的組織化」の研究に影響を与えている。

更に独立学派のウィニコット（Winnicott, D.）には、ドイッチュの「アズ・イフ・パーソナリティー」の概念に近い「偽りの自己」（False Self）（1960）の研究がある[42][43]。またアメリカにおいては、カーンバーグ（Kernberg. O.）の「境界例パーソナリティー」（borderline personality organization）[19][20]、コフート（Kohut, H.）の「自己愛パーソナリティー」（narcissistic personality）[27]の研究がある。これらの研究については既に日本においても、良く紹介されている。ただ彼等の考え方の中には、固着の面が強調されていて、その防衛組織としての面は余り強調されていないようである。

ローゼンフェルドの「病理的自己愛」の研究は、組織的防衛の機能を明確にしたものである[35][36][37]。それは自己の万能的な理想化と、他者の卑下によって、自己が対象に依存していることを否認する防衛システムである。そうすることによって、主体は対象が自分と分離していて、自分の思う通りにはならず自分に苦痛を与える存在であることを否認しようとする。とくに「破壊的自己愛」(destructive narcissism) の場合には、自己の破壊的な部分と自己が同一化して、破壊的自己を理想化する。そしてその破壊的な自己の部分は、まるで「ギャング」のように自己の他の部分を支配して、一切の対象希求的なものを破壊してしまう。ローゼンフェルドはこのような病理的な防衛組織は、比較的軽症なスキゾイド、境界例から重篤な精神病の患者まで広く認められる防衛組織であると考えている。臨床的には、このような「破壊的自己愛組織」が機能している患者では、「陰性治療反応」を顕著に示す。つまり治療者の能力そのものに激しい「羨望」を抱き、治療の成功をすべて破壊しようとする。それらは自殺や犯罪、社会的な自己像を犠牲にするような行為であり、治療の突然の中断や症状の悪化、頑なな変化に対する抵抗などである。彼がとくに注目しているのは「知的自己愛」(intellectual narcissism) と言われる患者群である。彼等はスキゾイドの傾向を示し、表面上はしばしば知的な職業人として成功していることが多い。しかし彼等の対象関係は抑制され、貧弱なものである。そして治療に対して、強力な「知的抵抗」を示すことが多い。

シュタイナーは、ローゼンフェルドの「自己愛組織」の理論を更に発展させて、「病理的組織化」の概念を提唱した[39][40][41]。それは一見「妄想分裂ポジション」に似ているが、実は病理的なもので、変化に激しく抵抗する。それは健康な「妄想分裂ポジション」における「迫害的不安」(persecutory anxiety) や、「抑鬱ポジション」における「抑鬱的不安」に対する防衛である。それは自己の他の部分に対して支配的に働き、自己が成長していくことに強い抵抗を示す。このような「病理的組織化」を持っているものは、嗜癖、同性愛、などの重篤なパーソナリティー障害に見られ、シュタイナーは「境界例パーソナリティー」もその一つと考えている。

ビオンは、精神分裂病の研究において、「精神病的パーソナリティー」の研究を行なった[1][2][4]。それは重症の神経症の患者においても背後に存在し、しばしば精神病的破綻を呈するのである。逆にビオンは、精神分裂病においては、背後には「非精神病的パーソナリティー」（non-psychotic personality）（あるいは「神経症的パーソナリティー」）が存在して、精神病的状態においても治療者とのコミュニケーションに重要な役割を果たしていると考えている。ビオンによると、この「精神病的パーソナリティー」の形成には、乳児期の「羨望」の強さと環境（母親）の関与の相互作用の結果である。「精神病的パーソナリティー」の特徴は、自己の認知機能に関する部分を破壊的に攻撃することである。つまり感覚印象、思考、言語機能、象徴機能などの自我機能が攻撃される。そのために主体は、自己を苦痛におとしめる苦痛な現実を認知しなくなり、精神病的な世界で自己愛的に生き延びようとする。

その生成については、ビオンは乳児期の乳児-乳房（部分的対象としての母親）の関係をモデルにして考察をすすめている。乳児が欲求不満に対して耐性が十分な場合は、乳児は「不在の乳房」を思考に変えることができる。そして乳児は待つことができるようになり、更に抽象的思考の能力を持つことができる自己の成長へと向かっていく。逆に乳児が欲求不満に対して耐性が十分でないときには（ビオンはその耐性の強さは遺伝的素質的なものと考えている）、乳児は、自分の感覚印象そのものを粉砕して、外界（主として乳房）に投影する。そうして「怪奇な対象」（bizarre object）が形成される。このときには、乳児は自分の体験を自分の中に保持して統合することができず、思考や象徴機能、言語機能などが発達しない。「怪奇な対象」は本来自己の断片化されたものを持っているので、自己には外界の対象が人格を持っているように体験され、妄想の基礎となる。またそれらが感覚器官を通って自己に還ってくるときには幻覚となる。

この精神病的な過程を阻止して、正常な神経症的な世界に導くのは、乳児の本来の素質的な「羨望」の強さの程度の問題だけでなく、「生の本能」（life instinct）の強さや、母親のコンテイナー（container）としての機能が重要なものになる。

精神分析的精神療法における「難治症例」の研究は、以上のようなパーソナリティー防衛の研究として成されている患者群の中に含まれると考えられる。その研究対象になってきた患者群は、精神病や重いパーソナリティー障害を持つ患者群であり、筆者の日常的な臨床の中で比較的よく見かける患者群である。そして、彼等はしばしば強力な抵抗を示し、「治療困難例」であることが多い。

3 逆転移について

臨床において右記のような「パーソナリティー防衛組織」が「転移」の中で活動し始めると、治療は停滞したり患者の時間空間的な治療構造が、治療中断、自傷行為、暴力などによって破壊されたり、治療者には多くの負担や圧迫、絶望感、怒り、無力感などの様々な陰性的な逆転移感情が生ずる。そして、治療者がそのような「逆転移」(counter-transference)の体験をどのように理解して、患者の防衛的な転移の世界を理解することに使い、マネージメントの必要性や治療的な態度の維持のために役立てていくことが重要であるかということが問題になる。

ここで逆転移の研究について、主としてイギリス学派の研究を中心にまとめて発表者の基本的な観点を提出し、その後に「精神病的パーソナリティー」の防衛転移を示した症例を報告して、その「抵抗」の激しさと《逆転移》の問題について論じてみたい。

1910年代初期に、フロイトは「逆転移」の概念を使用し始め、それは患者による治療者の無意識に対する影響であると考えた。そしてフロイトは、それは治療に障害となるものであり、治療者は、それを認識して乗り越えるべきであると考えた。また彼は、治療者は障害となる「逆転移」を克服して、「鏡」のように振る舞うべきと考えた。そしてフロイトは、それは分析家の無意識の未解決の葛藤で盲点であり、自己分析や教育分析によって解決されるべきものであると考えていた[10][11][12][13]。

他方でフロイトは、治療者の心を治療の道具と考え、患者の無意識を感知するために治療者の無意識が重要な働きをしていると考えていたが、それを「逆転移」の観点から考察することはなかった。「逆転移」は常に「転移」と裏表の関係にあり、「転移」の概念の変遷に連れて、「逆転移」の概念も変化している。フロイトは最初「転移」を治療にとって妨害になるものと考えたが、徐々に治療にとってもっとも重要なものと考えるようになった。フロイトは「転移」を陰性感情転移、陽性転移に区別し、陽性転移の中にも信頼感や依存など治療を促進させるものと、性愛的転移があると考えた。そして陰性感情転移と性愛的転移が転移性抵抗であると考えた[11]。この分類法は現在でも有用であり、筆者の考えではそれに対応する形で「逆転移」も便宜的に分類することができる。つまりそれぞれに対応する形で、陰性逆転移、性愛的逆転移、治療同盟的な逆転移（そこでは治療者は、患者の治療者に対する信頼感を感じたり、患者が重要な問題に真摯に向き合おうとしているという感覚を抱くことが多い）である。そして前者の二つの「逆転移」は適切に処理されなければ、治療に障害を来す「逆転移」となる。

フロイト以後、イギリス学派の分析家達も、「逆転移」について積極的に研究をしてきた。1950年にハイマン（Heimann, p.）[16][17]が治療者の個人的葛藤に関する神経症的な「逆転移」とは異なる「逆転移」について考察した。彼女によると、それは患者の無意識を探索する道具である。彼女は、患者も治療者も自分の感情を持っていることが自然なことであると考え、「逆転移」を自然な現象として受け入れる必要を強調した。むしろ治療者は、自分の逆転移感情を保持して、患者の連想内容との関係などを検証することができるのである。

この考えに触発されて、マネ＝カイル（Money-Kyrle, R.）[30]は、これを「正常な逆転移」（normal counter-transference）と呼び、治療者の理解能力の中心にあるものと考えた。つまりこれは治療者が患者の様々な転移に対して、健康者として治療者の無意識が自然に反応するものであり、治療者の神経症的な「逆転移」とは区別されるべきものと考えられた。これはフロイトが、ずっと以前に治療者の無意識によって患者の無意識を理解する視点をもったことと併せて、「逆転移」の視点からの発展的考察と考えられる。

ビオン[1][2][3][4]は、「正常な投影性同一視」と「病理的投影性同一視」(normal and pathological projective identification)の区別を行ない、それらの機制が「転移」と「逆転移」の心性に大きな関連性があることを発見した。彼は、治療者の「正常な投影性同一視」は、正常な共感や感情移入の能力に関係があり、それによって治療者は患者の内的な世界を理解でき、コミュニケーションの基礎になるものと考えた。

更にビオンは、「コンテイナー／コンテインド」(container-contained)の概念によって、転移／逆転移状況のもう一つの面を描き出した。彼によると、赤ん坊は自分の対処できない経験を「投影性同一視」の機制によって母親の中に自分の体験を投げ入れ、母親は「夢想」(reverie)の能力によってその意味を直観的に理解して、赤ん坊が対処できるように返してやる。そうすることによって、赤ん坊は母親から返されたものを自分の経験として取り入れることができ、体験の意味を生じさせることができる。治療者はこのような母親と同等の機能を持っている。つまり患者が対処できない分裂排除した内的対象関係の世界を治療者に病理的に「投影性同一視」したものを、治療者が「夢想」によってそれを理解して、解釈などによって患者に返してやることが、重要なコンテイナーの機能である。これも正常な逆転移の一つのタイプであり、この場合には、治療者が患者の病理的な「投影性同一視」によって、治療者の中に投げ入れられた患者の葛藤的な自己の一部を受け入れて、自己の感情として体験する(取り入れ性同一視：introjective identification)。そしてそれを保持してその意味を整理し、その後に患者に理解可能なものとして解釈などによって返していく。この「逆転移」の側面においては、治療者のコンテイナーとしての機能が強調されている。

更にブレマン(Brenman pick, I.)[5]は、コンテイナーの理論を発展させ、分析家の心が患者の対象として重要な働きがあり、治療者の不安を緩和する能力が重要であることを述べている。とくに重症な患者の場合には、患者は治療者の特別な部分に、自己の一部を投げ入れることに非常にたけている。そして激しい否定的な衝動や感情を伴った患者の自己や内的対象の一部が、治療者の中に「病理的投影性同一視」によって投げ込まれるために、治療者は無力感や容赦もなく搾取される感情などの自分の情緒の混乱の整理に多くの努力が必要である。治療者は患者に圧倒されたと感じ、分離した人物として思考できなくなってしまう。そしてそのような状況で、治療者の心がどのように機能できるか、マネージメントとして外的援助を適切に得ることができるかなどが、治療上重要になる。治療者にとって重要なことは、患者の破壊性に影響されていないかのように振る舞うことではなく、そのような体験をしていることを認め、それを耐え熟考し理解して、解釈としてどのようにして返していくかということの問題である。

以上のように、イギリス学派においては、「逆転移」の問題は、治療者自身の無意識の葛藤として考えられた古典的で狭義のもの（つまり治療者の患者に対する転移である）から、「正常な逆転移」の問題にその定義が拡張されて来た。そして「投影性同一視」の防衛機制によってその研究が更に発展したのである。つまり治療者の「逆転移」の中には、患者の病理的な内的世界が治療者の中に投げ込まれるために生じるものがあり、患者の病理的な対象関係の世界を理解する手段としての機能を果たす部分が、存在することが明らかになってきた。そして治療者が自分の逆転移感情を受け入れて保持し、患者のコミュニケーションとして理解する機能が重要であることが強調されるようになってきた。

ここではフロイトが本来問題にした、治療者自身の神経症的葛藤に基づく「逆転移」については、教育分析によって対処すべきであるという暗黙の了解があり、むしろ治療者の正常な「逆転移」および直感によって捉えられた患者の無意識の世界を、どのように理解していくかという問題に焦点が注がれている。このように、「逆転移」の定義を拡大することには賛否両論があるが、クライン学派や一部の独立学派の分析家はこの拡大された定義によって、治療者の治療場面における情緒、思考、観念を患者の無意識に対する正常で自然な反応として受入れ、そのコミュニケーションとして積極的に理解していく手段にしている。[(18)(26)(28)-(32)(38)] それらは患者によって「投影性同一視」により治療者の中に投げ入れられたものであり、治療者はそれを自分の感情として体験するが、それらに対して適切な距離を取って、その起源を理解していき、患者に解釈によって返していくことが重要な作業になる。

本シンポジウムの主題である「難治症例」においては、前述のように様々な重症のパーソナリティー防衛組織を持っており、「病理的投影性同一視」の機制を活発に使う。治療抵抗が起きているときには、患者の陰性感情転移や性愛的転移が起きている状態であり、治療者にはそれに並行して陰性の逆転移、性愛的逆転移の感情が渦巻くことになる。とくに陰性の感情転移は、患者のパーソナリティー防衛の障害が強いほど激しいものになる。しかし治療者の使命として、自分の体験している陰性感情が、自分の無意識の葛藤から来ているものか、患者の病理的投影性同一視によるものを治療者の健康な逆転移として体験しているものかをできるだけ識別し、それを判断して適切に対処し、患者に解釈として返していくことが必要になる。しかもブレマンが指摘しているように、患者はしばしば治療者の葛藤的な領域に巧妙に自己の処理できない病理的な対象関係を「投影同一視」するために、治療者は、自己の葛藤と患者の葛藤との区別がつかなくなることが多く、混乱の度合いが増大するのである。

また患者の「転移」の状況は常に変化していて、適切に捉えていくことは困難な問題であるが、パーソナリティー障害のタイプによってある程度のパターンはあるように思われる。ここでは「精神病的パーソナリティー」を持つ患者の「難治症例」の一例を報告して、精神病的破綻を来したときの逆転移の特徴を記述してみたい。

4　症例

患者は18歳の大学性。主訴は、大学入学後登校をせず、半年間下宿に閉じこもっている。K大学病院精神科から精神療法の適応と考えられて、筆者のクリニックに紹介された。受診時の症状として、重度の離人症があった（自分の感じや現実感がはっきりしない。心が潰れてしまい存在感がない。自分の空想していることと、現実との区別がつかない）。更に、13歳時に幻覚妄想様の体験を数ヶ月にわたって持ち、自然に軽くなったと言うが、以後も高校時代まで同様の体験を時折経験している。そしてほとんど自分の心の世界に閉じこもったまま、学校生活は続けた。それでも高校生活を終えることができ、大学入試にも何とか成功している。治療者の診断は「精神分裂病の疑い」あるいは「精神病的パーソナリティーを背景に持った重症スキゾイド」と考えられた。

患者は精神療法を受けることには関心を示し、週一回の対面法による精神分析的精神療法を行なうことになった（筆者は、この症例を既に発表しているので、これは簡略化した病歴であり、家族歴など省略している[21]）。

右記のようにこの患者には「精神病的パーソナリティー[1]」の存在が疑われ、治療の途中で精神病的破綻の可能性が予測されたために、そのときには入院や薬物療法が必要になることも準備しておいた。

実際に治療が始まると、患者の激しい離人症の背後に「精神病的パーソナリティー」の存在がはっきりしてきた。彼によるとイメージが様々に浮かんで来るが、それを言語に表わすと意味がなくなってしまう。言語で考えることができないと訴え、しばしば沈黙を続けた。治療者は、何も分からないことに対するある苛立ちを覚え、できるだけ言語で表現してみるように勧めることもあったが、そのときには患者の緊張が高まったために、それはできるだけしないようにしていた。患者が、時々言語で表現するときは、連続性のない細切れの単語を話し、治療者にも意味が掴めないことが多かった。時にはその単語の中にある関連性が読み取れることもあった。それを患者に告げることによって、患者は治療に関心を強め、徐々に言語的な表現ができるようになり、治療者とのコミュニケーションが比較的スムーズに持てるようになった。実際に患者は治療半年後から登校を始めた。治療においては、ビオンの「非精神病的パーソナリティー」（non-psychotic personality）が活動し、徐々に患者と両親との葛藤の世界が自覚されるようになった。そして治療開始後1年目の休暇のときに、患者はたまたま下宿に来た父親が、いつものように細かいことに口出ししたときに、突然逆上して父親に暴力をふるい、それを契機に幻覚妄想状態に陥ってしまった。ここでは、この「精神病的パーソナリティー」が露呈した時点からの筆者の「逆転移」の体験に焦点を当ててみたい。

治療者は、入院を考え家族と本人を交えてそのことを話し合ったが、一応本人が通院を希望していること、抗精神病薬を他の医院で処方してもらうこと、通院ができなくなれば入院を考えることを条件に、継続治療を行なうことにした。

患者は一日中下宿に引きこもって幻覚妄想的な世界に没頭し、屋外の物音に怯えて自室に横たわっている状態が半年間も続いた。そのため母親が上京して患者の世話をすることになった。患者は、治療時間には休むこともなく定刻に現れたが、半年間は治療室の椅子にじっと座ったまま沈黙を続けた。このときの投薬をした医師は、精神分裂病の診断を確信している（しかし後の改善の経過を見て、その医師はその診断は間違いであり、経過を観察しないと診断できないと述べるようになった）。この間、患者が一、二度ぽつりと話した内容は、血を出している死人のイメージなどであり、患者の内界では迫害的な恐怖の世界が活動していると考えられた。

この時期の治療者の「逆転移」は、未知の患者の世界に向かい合う不気味さ、長期の沈黙の世界で起きている精神病的な世界に対するある恐怖感であった。またいつ患者が入院を必要とするくらいに状態が悪くなるか、このまま治療を続けていくべきか否か、この状態が永遠に続くのではないかなど不安に満ちたものであった。更に思考が麻痺したようになり、あるいは特殊な眠気のようで催眠にかかったような状態がしばしば到来した。治療者にできることは、その不安に耐え、その意味をできるだけ理解しようとすることであった。

これは患者が自分自身とコミュニケートできず、思考も働かなくなり、迫害的な世界に怯えている内界の状態を治療者に「投影性同一視」している状態であり、更に治療者の思考過程を働かさせなくすることによって、患者の心的現実が明らかになることを避けようとしている状態であると考えられた。その心的現実とは、治療経過上、両親とくに父親に対する激しい憎しみとそれに対する圧倒的な罪悪感、迫害感の世界であり、患者が長い間分裂排除して来た世界である。また休暇を取って、患者を顧みない治療者に対する不満と怒りにも関連していた。

他方では、治療者の中にはいつかは患者が自分の心を表現することができると感じている部分があり、患者が沈黙している中で何か重要な作業をしているのではないかと考える面もあった。この感覚は、患者が治療者に伝えて来るもう一つのメッセージであり、患者の内界を理解するための治療者の陽性の「逆転移」として有用なものであった。

患者は休むことなく定刻に来院して、沈黙を続けていたが、破綻後半年目に「イメージがたくさん湧いて来るが、言葉に出せない。話すと意味がなくなってしまう。絵に描いてみたい。また彫刻もしたい」と言った。治療者は、非常な喜びを覚え、絵と粘土（彫刻の代わり）を用意した。これは、患者の「非精神病的パーソナリティー」の部分が活動し始め、「精神病的パーソナリティー」の部分を観察し、治療者に伝えて共同して対処していこうとする意思が存在する可能性を示唆していたからである。

その次のセッションから患者が絵や粘土で表わした世界は、非常に興味深いものである。最初は、上下左右のない、建物の切れ端などの寄せ集めであり、患者はただそれを描き終わると、沈黙を続け、治療者がその絵の部分部分について説明を求めても、時々手短に答えるのみであった。治療者にとっては、この理解のできない世界に具体的に直面することは、やはり独特の不気味な体験であり、沈黙の中でそれを保持することはかなり苦痛な作業であった。他方で治療者は、このようなときには患者がこの「精神病的世界」を表現していくことは大変な作業であり、時間を要することを覚悟していたので、患者が絵や粘土によって表現していく世界を、どんなに理解が困難でも、一緒に観察していくことを決心していた。更に、絵や粘土で表現されたものを、夢と同じように患者の無意識を表現したり、その機能が破壊された「精神病的パーソナリティー」の世界を表わしているものと考えた。そして、夢分析やクラインの「遊戯療法」（play therapy）における技法を応用して、その絵や粘土で表現された世界の無意識的意味が治療者に理解できるときには、それを患者に伝えることにした。これはビオンが、「表意文字」（ideograph）「表意行動」（ideomotor activity）[1][2][4]として定義した、精神病患者に特有の原始的なコミュニケーションの世界でもある。このような気持ちに治療者がなったのも治療同盟的な陽性の「逆転移」であり、患者が自分の世界を自分で表現し、治療者と共に理解していきたいという気持ちを抱き始めたことと関係していると考えられる。

この患者は、以後夥しい絵と粘土によって自分の内界を表現し、治療者は多くの意味ある介入をする機会を持つことができた。患者は徐々に言語的な思考の世界を取り戻していき、一年目には夢を報告することができるようになった。これはビオンが言うように「精神病的パーソナリティー」の世界から「非精神病的パーソナリティー」の世界に患者が移行していることを明確に表わしているものである。

患者は、後に再び半年間の沈黙状態に入ったのであるが、このときには精神病的状態は顕著ではなく、治療者は患者が自分の世界を観察して表現していくためには、多くの時間を必要としていることを良く心得ていたので、根気良く待つことがきた。もちろんその間には、以前の沈黙時のように治療者の思考能力が麻痺したようになり、患者が治療者の現実認識能力を破壊していること、患者自身の思考能力も破壊されていて、自分自身ともコミュニケーションを取ることができなくなっていることを表わしている可能性があった。

以上のように、このような精神病的破綻を来し、沈黙が多く、言語的な表現ができない患者の治療の場合には、治療者側に多くの混乱した情緒をもたらし、特殊な催眠状態のような睡魔に襲われたり、思考機能も停滞してしまう。治療者はその逆転移感情に耐え、その意味を整理して、患者の心の成長を気長に待つことが必要であると考えた。これは患者が、自分で対処できない葛藤的な自己-対象関係の一部を、「病理的投影同一視」によって治療者の中に投げ入れたものであり、その意味が醸成してくるまでその体験を保持し耐えていく治療者の態度は、ビオンのいうコンテイナーの態度である。患者は自己の認知機能の破壊に専念し、自殺企図など自己破壊的な行為などはなく、治療時間もきちんと守ることができた。更に、母親の協力もあって、外来治療の外的治療構造を維持することが何とか可能であったことが、この治療には幸いであった。

二度目の半年間の沈黙が終わった後、患者は改善し始め、現在治療4年になるが、患者自身「ほとんど自分は良くなり、自然な自分を感じることができる。もう二度と以前のような状態にはならないだろう」と言うようになった。更に最近は言語能力が向上し、絵を描くことを忘れて話し込むようになっている。治療者の都合で、治療を終了することになったために患者が、また精神病的破綻の危機を迎える可能性があるが、患者はデイケアに参加しながらしばらく様子をみたいと述べている。

5 おわりに

このシンポジウムの課題の一つである「難治症例」という用語は、広範な意味を包含するものであるために、ここでは「精神分析的治療に対して、強力に抵抗をする症例」と定義した。それには、患者の病態、治療構造の違い、治療者の技法的問題、治療者の逆転移の問題など多くの要因が関係している。ここでは筆者は、患者の病態の問題に焦点を当てて考察した。そして筆者は、精神分析における「難治症例」の研究は、主として患者の組織的な「パーソナリティー防衛組織」の観点から成されていると考え、その歴史的な研究を概観した。

またそのような患者の治療においては、激しい陰性の「逆転移」が生じることが多い。そのような「逆転移」をどのように理解して、処理していくかについても、歴史的に「逆転移」に対する理解が変遷し、治療困難な患者の「逆転移」の理解の仕方が発展してきたことを示した。それは主としてイギリスの分析家たちによって成され、患者と治療者の「正常な投影性同一視」と「病理的な投影性同一視」の観点から研究されることになった。

一般には「逆転移」は、治療者の未解決の葛藤に基づくものであると定義されているが、彼等は「正常の逆転移」に注目し、その臨床的意義についてを考察した。それは患者の無意識のコミュニケーションを理解する手段であり、治療者がそのような感情を保持して患者の内界を理解していく道を開拓した。

最後に「精神病的パーソナリティー」を持った患者の治療経過と、それに対する治療者の逆転移とその理解、対処についての報告を行なった。

今回のシンポジウムの課題である「難治症例」は、その語義が精神科全般における処遇困難例までも含む非常に広い意味を含む可能性のあるものである。筆者は、「難治症例」を精神分析的精神療法において、頑なに治療に対して「抵抗」を示す患者と考えて論を進めたい。そしてそれを規定する条件は種々考えられるが、治療的な外的構造の問題などはこれまでも様々な場所で討論されているので、ここでは患者の病態の問題に絞って、「難治症例」の問題に焦点を当てて見たい。

この問題で最近もっとも話題にされるのが「境界例パーソナリティ組織」の持ち主の患者群である。彼等は自傷行為や激しい要求、暴力行為などの「行動化」を治療室の内外で繰り返し、しばしば閉鎖病棟における拘束的な入院的な処置が必要になることがある。しかしそのほかにも、精神病的破綻、知的自己愛、スキゾイドなどの問題を抱えた患者は、「境界例」ほどの激しい衝動的な行為は示さないにしても、治療的には頑なな防衛をしめして自己が変化することに強力に抵抗する。

文献

(1) Bion, W. (1957) Differentiation of the Psychotic from the Non-Psychotic Personalities. *International Journal of Psyhcoanalysis*, 38(3-4): 266-275.〔松木邦裕監訳 (1993)「精神病人格と非精神病人格の識別」『メラニー・クライン トゥデイ1』岩崎学術出版社〕

(2) Bion, W. (1959) Attacks on Linking. *International Journal of Psychoanalysis*, 40: 308-315.

(3) Bion, W. (1962) *Learning from Experience*. Heinemann.

(4) Bion, W. (1962) Theory of Thinking. *International Journal of Psyhcoanalysis*, 43: 306-310.

（5） Brenman-Pick, I (1985) Working Through in the Countertransference. *International Journal of Psyhcoanalysis*, 66 : 157-166.
（6） Deutsch, H. (1965) *Neuroses and Character Types*. International Universities Press.
（7） Fairbairn, D. (1952) *Psychoanalytic Studies of the Personality*. Routledge.
（8） Freud, S. (1908) Character and Anal Erotism. In *Standard Edition*, Vol. 9 : pp. 169-175. Horgarth Press.〔懸田克躬・吉村博次訳（1969）「性格と肛門愛」『フロイト著作集5』人文書院〕
（9） Freud, S. (1916) Some Character-Types Met with in Psycho-Analytic Work. In *Standard Edition*, Vol. 14 : pp. 310-333. Horgarth Press.〔佐々木雄二訳（1970）「精神分析的研究からみた二、三の性格類型」『フロイト著作集6』人文書院〕
（10） Freud, S. (1910) The Future Prospects of Psychoanalytic Therapy. In *Standard Edition*, Vol. 11 : pp. 139-151. Hogarth press.
（11） Freud, S. (1912) The Dynamics of Transference. In *Standard Edition*, Vol. 12. Hogarth Press.〔小此木啓吾訳（1983）「転移の力動性について」『フロイト著作集9』人文書院〕
（12） Freud, S. (1912) Recommendations to Physicians Practicing Psychoanalysis. In *Standard Edition*, Vol. 12. Hogarth Press.〔小此木啓吾訳（1983）「分析医に対する分析治療上の注意」『フロイト著作集9』人文書院〕
（13） Freud, S. (1915) Observations on Transference-Love. In *Standard Edition*, Vol. 12. Hogarth Press.〔小此木啓吾訳（1983）「転移性恋愛について」『フロイト著作集9』人文書院〕
（14） Grinberg, L., Sor, D. & Bianchedi, E. T. (1977) *Introduction to the Work of Bion*. Jason Aronson.〔高橋哲郎訳（1982）『ビオン入門』岩崎学術出版社〕
（15） Grinberg, L. (1962) On a Specific Aspect of Counter-Transference Due to the Patient's Projective Identification. *International Journal of Psyhcoanalysis*, 43 : 436-440.
（16） Heimann, P. (1950) On Counter-Transference. *International Journal of Psychoanalysis*, 31: 81-84.
（17） Heimann, P. (1960) Counter-Transference. *British Journal of Medical Psychology*, 33 : 9-15.
（18） Joseph, B. (1985) Transference: The Total Situation. *International Journal of Psychoanalysis*, 66 : 447-454.
（19） Kernberg, O. (1975) *Borderline Conditions and Pathological Narcissism*. Jason Aronson.
（20） Kernberg, O. (1976) *Object Relations Theory and Clinical Psychoanalysis*. Jason Aronson.〔前田重治監訳（1983）『対象関係論とその臨床』岩崎学術出版社〕
（21） 衣笠隆幸（1991）「Bion の精神分裂病の病理学」『精神分析研究』35巻3号、224-235頁
（22） Klein, M. (1935/1975) A Contribution to the Psychogenesis of Manic-Depressive States. In *The Writings of Melanie Klein*, Vol. 1. Hogarth Press.〔安岡誉訳（1983）「躁うつ状態の心因論に関する寄与」『メラニー・クライン著作集3』誠信書房〕
（23） Klein, M. (1940/1975) Mourning and Its Relation to Manic-Depressive States. In *The Writings of Melanie Klein*, Vol. 1, pp.

344-369. Hogarth Press.〔森山研介訳（1983）「喪とその躁うつ状態との関係」『メラニー・クライン著作集３』誠信書房〕
（24） Klein, M.（1946/1975）Notes on Some Schizoid Mechanisms. In *The Writings of Melanie Klein*, Vol. 3, pp. 1-24. Hogarth Press.〔狩野力八郎・渡辺明子・相田信男訳（1985）「分裂的機制についての覚書」『メラニー・クライン著作集４』誠信書房〕
（25） Klein, M.（1953/1975）Envy and Gratitude. In *Envy and Gratitude and Other Works*. Hogarth Press.
（26） Kohon, G.（1986）Countertransference: An Independent View. In *The British School of Psychoanalysis: The Independent Tradition*. Free Association Books.〔西園昌久監訳（1992）『英国独立学派の精神分析』岩崎学術出版社〕
（27） Kohut, H.（1971）*The Analysis of the Self*. International Universities Press.
（28） Little, M.（1951）Countertransference and the Patient's Response to It. *International Journal of Psychoanalysis*, 32 : 32-40.
（29） Meltzer, D.（1968）Terror, Persecution, Dread: A Dissection of Paranoid Anxieties. *International Journal of Psychoanalysis*, 49 : 396-401.
（30） Money-Kyrle, R. E.（1956）Normal Counter-Transference and Some of Its Deviations. *International Journal of Psychoanalysis*, 37 : 360-366.
（31） 小此木啓吾（1985）『現代精神分析の基礎理論』弘文堂
（32） O'Shaughnessy, E.（1981）A Clinical Study of a Defensive Organization. *International Journal of Psychoanaysis*, 62 : 359-369.
（33） Racker, H.（1968）*Transference and Counter-Transference*. Hogarth Press.〔坂口信貴訳（1982）『転移と逆転移』岩崎学術出版社〕
（34） Reich, W.（1933）*Character Analysis*. Farrar, Straus and Giroux.〔小此木啓吾訳（1966）『性格分析』岩崎学術出版社〕
（35） Rosenfeld, H.（1964/1965）On the Psychopathology of Narcissism: A Clinical Approach. In *Psychotic States*. Hogarth Press.
（36） Rosenfeld, H.（1965）*Psychotic States*. Hogarth Press.
（37） Rosenfeld, H.（1971）A Clinical Approach to the Psychoanalytic Theory of the Life and Death Instincts: An Investigation into the Aggressive Aspects of Narcissism. *International Journal of Psychoanalysis*, 52 : 169-178.〔松木邦裕訳（1993）「生と死の本能についての精神分析理論への臨床からの接近」『メラニークライン　トゥデイ２』岩崎学術出版社〕
（38） Segal, H.（1977）Countertransference. *International Journal of Psychoanalytic Psychotherapy*, 6: 31-37.
（39） Steiner, J.（1979）The Border Between the Paranoid-Schizoid and the Depressive Positions in the Borderline Patients. *British Journal of Medical Psychology*, 52(4) : 385-391.
（40） Steiner, J.（1982）Perverse Relationships Between Parts of the Self: A Clinical Illustration. *International Journal of Psychoanalysis*, 63 : 241-251.
（41） Steiner, J.（1987）The Interplay Between Pathological Organizations and the Paranoid-Schizoid and Depressive Positions.

International Journal of Psychoanalysis, 68 : 69–80.
(42) Winnicott, D. (1949/1958) Hate in the Counter–Transference. In *Collected Papers: Through Paediatrics to Psycho-Analysis*. Hogarth Press.〔北山修監訳（1989/1990）『小児医学から児童分析へ』『児童分析から精神分析へ』岩崎学術出版社〕
(43) Winnicott, D. (1965) Ego Distortion in Terms of True and False Self. In *The Maturational Processes and the Facilitating Environment*. Hogarth Press.〔牛島定信訳（1977）「情緒発達の精神分析理論」岩崎学術出版社〕

〔『精神分析研究』37巻3号、１９９３年〕

15章　イギリス学派の治療技法

1　はじめに

パーソナリティ障害の問題は、これまでは一般に境界例の問題として取り上げられてきた。今回パーソナリティ障害の問題として特集が組まれた背景には、明らかにＤＳＭⅢ-ＲおよびⅣの影響がある。パーソナリティ障害の代表的な臨床像として論じられてきたのは、境界例パーソナリティ障害、スキゾイド・パーソナリティ障害、自己愛パーソナリティ障害などである。これらの臨床的特徴はＤＳＭ-Ⅳの中に箇条書きに明確に示されている。重要な点は、それらが個人の特有の対人関係や性格傾向、物事への関心、内的な欲動に対する態度など一定のパーソナリティ様式を持っており、それが柔軟性に欠けるために不適応を起こしている状態であることが、具体的に述べられていることである。よく知られているように、カーンバーグ（Kernberg. O.）は、これらの種々の病理的パーソナリティ患者群をすべて包括するものとしての境界例の概念を提出し、それらの患者群に共通する内的な対象関係の特徴を記述したのである。彼はそれを「境界パーソナリティ構造」（borderline personality organization）と呼んだ。

カーンバーグは、クライン（Klein, M.）の「妄想分裂ポジション」（paranoid-schizoid position）の内的対象関係の世界を参考にして、「境界パーソナリティ構造」を記述した。そして彼は、それは分裂（splitting）と投影性同一視（projective identification）などの原始的な防衛機制を中心にし、良い対象関係の世界と悪い対象関係の世界が分裂されていて、しばしば迫害的不安が活動する部分的対象関係の世界であることを述べている。それは早期対象関係への固着であり、境界例群はそのような早期の対象関係が解決していない状況である。彼の研究は、その内的なパーソナリティ構造についての研究が主であり、臨床的な個々のパーソナリティの違いについての研究はあまり行なっていない。つまりカーンバーグは、種々の病理的パーソナリティをすべて網羅して境界例群の特徴の一つとし、いわば二次的に扱っているが、その個々の障害の特性の発達生成過程の問題は積極的には扱ってはいないようである。

2　イギリス学派の病理的パーソナリティの研究

(1)　早期対象関係の重要性

臨床の問題を記述するには、まずその基本的な視点となっている概念や理論を説明する必要がある。イギリスのパーソナリティ障害の研究は、病理的パーソナリティの概念の下で行なわれており、パーソナリティ障害という概念をほとんど使用していない。しかし該当する患者群はほぼ同様のものである。後述のように最初にパーソナリティの病理を問題にしたのは、1940年のフェアバーン（Fairbairn, D.）のスキゾイド・パーソナリティの研究であるが、その後の多くの研究はクラインとその弟子たちによって行なわれ、彼らの理論的視点は、クラインの基本的な研究を引き継ぎ発展させたものである。1920年代から30年代前半まで、クラインは前エディプス期の非常に幼い子供の臨床経験から乳幼児の原始的な心の活動を理解する道を開いた。そして1930年代後半から1940年代にかけて、それらは躁鬱病や精神分裂病（注：現在の統合失調症。以下同じ）の成人の患者においても、重要な病理的な原始的対象関係として働いていることを発見していったのである。また同じ時期にクラインは、非精神病的なスキゾイド・パーソナリティの特徴を詳しく記述していて、その深層に同様の早期対象関係が活動していることを明らかにしている。更にそれは後の1950年代後半から盛んに研究されていった性格障害や嗜癖、依存、倒錯などの非精神病的な患者群においても、重要な役割を果たしていることが明らかになってきた。

そこにおいてもっと重要な理論的枠組みは「無意識的幻想」、「妄想分裂ポジション」と「抑鬱ポジション」、「分裂」と「投影性同一視」などの原始的防衛機制である。それらは非常に幼い子供の治療の中で発見され、成人の精神病や種々の病理的パーソナリティ患者群の無意識においても発見された乳児心性の活動状態を明らかにした基本的視点である。

(2) フェアバーンのスキゾイド・パーソナリティの研究——歴史の始まり

これは最初は1940年にフェアバーンによって行なわれ、イギリスにおける代表的なパーソナリティの研究の先駆けとなったものである。彼は、スキゾイドの特徴を、引きこもり、万能感、自己の内界への強いとらわれを特徴としてあげた。彼は、それらの研究から徐々に、パーソナリティ構造（全体自己の意味で使っている）の研究へと移行し、個人のパーソナリティ構造の無意識的基底には、攻撃と罪悪感に関係のある自己－対象関係群と、迫害的不安と飲み込まれる不安に関係のある自己－対象関係群が存在していると考えるようになった。健康な場合にはそれらは適度にバランスよく機能し、正常な機能として働く。

しかしフェアバーンは、それらが母子関係における過剰な欲求不満の中で形成されると、後の精神分裂病や躁鬱病の素質を形成すると考えている。それらがある程度軽度の場合には、神経症的な技法によって対処される。彼は、強迫、恐怖症、ヒステリー、パラノイアの四つの神経症的特性を神経症的技法と呼んでいる。彼はスキゾイドについては、心の内的構造を表わしたり、臨床的なパーソナリティを意味したり用語法にやや混乱がみられ、病理的パーソナリティを呈する患者群の問題には先鞭を付けながら、その研究を完成させることはなかった。しかし重要なことは、フェアバーンはあまり意識的ではなかったが、神経症的な組織やスキゾイド性格などが、原始的な早期不安状態に対する防衛機構として働くことを見いだしているのである。

これは後に、主としてクライン派によって行なわれたパーソナリティ研究の先駆けとなっている。つまりパーソナリティの病理的な側面が、頑な防衛組織として機能し、迫害的不安や抑鬱的不安に対する防衛システムであるというイギリスのパーソナリティ研究の基本的な視点を示唆しているのである。

ウィニコット（Winnicott, D.）の「偽りの自己」の研究は、過剰適応的なパーソナリティ防衛の研究の一つであるが、イギリスのパーソナリティの病理の研究の中では主流ではない。

なおスキゾイドの研究者としては、フェアバーンの研究を受け継いだガントリップ（Guntrip, H.）がいる。

（3）ビオンの精神病的パーソナリティと非精神病的パーソナリティの研究

ビオン（Bion, W.）は人格の中に精神病的部分（psychotic part of personality）と非精神病的部分（non-psychotic part of personality）が同居しており、自己の重心がどちらにあるかによって、どちらが前面に出て機能するかが決定されると考えている。このように自己の中に異なる機能を有するパーソナリティの部分が分裂排除されたまま同居するという考え方は、後のローゼンフェルド（Rosenfeld, H.）やシュタイナー（Steiner, J.）などの病理的防衛組織の研究に大きな影響を与えた。つまり彼らの基本的な視点は、人格の一部が病理的に強固に組織化され、それが他の自己の部分を支配していくという視点である。これが病理的パーソナリティが防衛組織として機能するものであるという、イギリス学派の基本的視点の構築に大きな影響を与えたのである。

（4）ローゼンフェルドの破壊的自己愛組織の研究

ローゼンフェルドは、1850年後半から60年代にかけて、スキゾイド・パーソナリティ、自己愛パーソナリティ、情緒不安定パーソナリティ（境界性パーソナリティ障害に該当する）などのパーソナリティに問題を持つ非精神病的な患者群について積極的に臨床研究を行なった。そして彼は、治療に対する自己の依存や治療の保証などを破壊的に拒絶していく患者群に注目した。そのような患者群は、しばしば、治療が成功しそうになると急に自殺を企てたり、犯罪行為や社会的地位を破壊するような行為に出てしまうのである。彼はそのような患者がなぜそうした自己破壊的行為に出るのか、「陰性治療反応」と「生と死の本能論」の視点も含めて考察していった。そして彼は、そのような患者には自己の一部に破壊的な自己を非常に理想化している部分があり、その部分は病理的に強固で安定していると考えるようになった。そしてそれは、対象を信頼したり依存したりする自己の部分に対して、破壊的かつ攻撃的になり強力に防衛をしていくのである。そしてその「破壊的自己愛組織」（destructive narcissistic organization）が人格の全体をしめるまでになると、衝動的パーソナリティ、情緒的不安定パーソナリティ、破壊的自己愛パーソナリティなどとなる。また彼は、性愛的な自己の部分を理想化している部分が、自己の多くの部分のを占めれば、性愛的自己愛パーソナリティとなると考えている。ここには、イギリスの病理的パーソナリティ論が明確に打ち出されている。

このような組織的な防衛組織としてのパーソナリティの病理の研究は、現代クライン派のシーガル（Segal, H.）、ジョセフ（Joseph, B.）などにも優れたものが見られる。

(5) シュタイナーの「病理的組織化」の理論

ローゼンフェルドなどの研究を更に押し進めて、包括的なパーソナリティ防衛論を確立しようとしたのがシュタイナーである。彼はローゼンフェルドが研究した破壊的自己愛の問題だけでなく、他の病理的な内的組織も存在することを考え、「病理的組織化」（pathological organization）の概念を提唱した。そしてそれによって、すべての病理的パーソナリティの防衛組織としての機能を説明しようとした。

シュタイナーは、「病理的組織化」は早期からの攻撃的な部分対象関係の集積によってできあがっており、健康な妄想分裂ポジションや抑鬱ポジションの発達を阻害するという考えを提出した。ここに現代クライン派の病理的パーソナリティ論が一応の形を整えたと考えることができる。シュタイナーの重要な視点をまとめると、次のようになる。

(1)　病理的組織化は一つのポジションのように活動し機能する。それは部分的対象関係、投影性同一視、分裂などの原始的防衛機制、迫害的不安や抑鬱的不安などの集合体として機能していく。それは、自己によって対象に排除された自己の部分を再び取り入れて作り上げられる。そこでは迫害的不安や抑鬱的不安なども見られるが、健康なものではない。

(2)　この病理的組織化は妄想分裂ポジションと抑鬱ポジションの二つのポジションの中間にあり、第三のポジションであり病理的なものである。そしてそれは、健康な二つのポジションの不安に直面し乗り越えていくことに強力に抵抗する。つまり病理的組織化は強固な防衛組織体である。

(3)　この病理的組織化の特徴は、破壊性に対する理想化や倒錯的関係、歪曲や否認、苦痛や不安に対する嗜癖などである。そのために強力な平衡状態にあり、変化に対して強く抵抗する。そして、患者が心的苦痛に直面するときに、しばしば避難所として使われ、倒錯的に患者を保護する場所と見なされることが多い。特に病理的パーソナリティを持つ患者にその傾向がみられる。シュタイナーはそれを「心的退避」(psychic retreats) の概念によって説明している。

(4)　この病理的組織化は自己の一部として強力に活動を続ける。そしてそれが強力になって、パーソナリティ全体を支配し始めると、病理的パーソナリティとして臨床的には見られるものになるのである。このパーソナリティ組織そのものが強力な防衛組織として働くという考えが、現代イギリス学派の特徴であり、臨床的に細かい患者の動向を理解していく道を開拓したのである。

(5) そこで防衛されているものは、個人に真の苦痛をもたらす体験世界に関係しているものである。それに対して個人はあらゆる手段でもって防衛的に対処しようとし、「病理的組織化」の肥大したパーソナリティ防衛はもっとも組織的なものとなる。個人の心が健康に発達していくためには、その苦痛な心的事実の世界に直面していくことが必要になるが、それは患者にとっては圧倒的なものであり、脆弱な自我はそのような強力な防衛組織に頼らざるを得ないのである。その心的苦痛に治療者とともに直面していく体験を通して、健康な心の発達に必要な、正常の妄想分裂ポジションや抑鬱ポジションに見られる対象を失う恐怖や悲哀体験の世界へと向かうことができる。

(6) シュタイナーは、乳幼児期の発達について詳しい研究を行なった。そして、妄想分裂ポジションを早期の断片化と絶滅の不安の段階、後期の迫害的不安の段階に分け、抑鬱ポジションを早期の見捨てられる恐怖の段階と後期の悲哀の段階（喪の仕事の段階）に細分化した。そして種々の病理的組織化がどのような不安の段階に対して防衛をしているかを明らかにしたのである。そのようにしてシュタイナーは、ある病理的パーソナリティの問題を持つ患者が、どの段階の過剰な不安の問題に直面できず防衛しようとしているかを理解していくことが、臨床上重要であると考えている。

(7) 病理的組織化の多様性：右記の早期発達段階において、どの段階において欲求不満にさらされ不安にさらされたかは重要な点である。そしてそのときの投影性同一視された自己の破壊性の程度や外的対象の質によって、形成される病理的組織化の状態が異なる。なぜならば、病理的組織化は破壊的な自己の断片を含んだ対象の断片を再び取り入れ、集塊を形成することによって形成されるからである。それは自己－対象関係の断片からなり、乳幼児の両親との関係性の断片からなっている。そして、乳幼児時代から、個人が一定以上過剰な欲求不満と不安の中で持続的に生活していくときには、病理的パーソナリティ形成へと導くのである。たとえば、自己愛パーソナリティ障害の場合には、本人の両親との対象関係が、病理的に自己愛的なものであったことを示している。

3　病理的パーソナリティ患者の臨床

(1)　転移と逆転移

治療を開始していくと、患者の転移と治療者の逆転移との関係を考察していくことが重要な問題になる。まず防衛転移の問題であるが、パーソナリティ障害を特徴とする患者群は、パーソナリティ防衛を組織的に持っている患者と考えられるが、臨床の実際においてもその防衛転移が顕著に見られる。つまり患者の会話や行動の中に、自分が直視できない不安に対する強力な防衛組織が活動していることが観察されるのである。しかもそれがあるパターンを持っているのがパーソナリティ防衛の特徴である。治療者は、その問題が転移の中で活動し始めると、強力な力によってその中にまきこまれ、ある役割を取らされてしまうことに敏感でなければならない（再演 enactment と共謀 collusion）。

たとえば自己愛パーソナリティ障害の患者は極端に自己を理想化し、治療者も含めて周囲すべて自分の希望を叶えてくれ、賞賛してくれると思い込んでいるように振る舞うことがある。治療者はそれに嫌悪感や軽蔑感を抱いたり絶望感を抱いたりすることがあり、患者は周囲がそのように自分に対して感じていることを無視しているように見えることがある。そのときには患者は、自己のそのような観察的な自己の部分を治療者に投影性同一視していて、自己がそれを体験できなくしているのである。これはしばしば、患者が自己愛的で横柄な両親イメージを歪曲したものを取り入れて同一化したものである。そしてそのような両親に対して軽蔑したり、揶揄したくなったりした自己の部分を分裂排除して、治療者の中に投げ入れているのである。また治療者の方が患者を極端に良い患者だと感じたり、患者が治療者を理想化したりして、治療者は患者の理想化によって奇妙な快感を抱くこともある。これなども、自己愛組織が転移されたときの逆転移体験の典型的なものである。

いずれにしてもこのような自己愛的な関係の世界が活動しているときには、実は患者は自分の心的苦痛な体験の世界が身近にあると感じていることが多く、そのときには決まってこのような自己愛的組織を防衛的に活動させる。治療者は、この転移—逆転移（再演）の展開を観察し理解し、解釈していくことが重要な作業になる。またそのときに防衛されている患者の世界がどのような不安に彩られているのかも、患者は象徴や比喩、行動化などによって表現しているので、治療者はそれをもできるだけ観察し理解して患者に解釈していく必要がある。

境界性パーソナリティ障害の患者は、自己の対処できない問題があると、衝動的な行為や激しい抑鬱不安の世界に陥り、治療者もその世界に巻き込まれがちである。結果的にはそのことによって患者の観察自己は機能せず、どのような真の苦痛な体験が患者をそのような破壊的な防衛的行為に駆り立てたのかを理解できなくなる。治療者も、しばしばその患者の混乱した激しい情緒の世界に目を奪われ巻き込まれていき、治療者としての機能を果たすことができなくなり、治療上非常に困難な状況が起こることが多い。治療者は、そのような激しい破壊的で情緒的な自己の部分が、やはり両親の破壊的イメージとそのような攻撃にさらされてきた傷つき、おびえた自己の対象関係の世界から成り立っていることを理解し解釈していく必要がある。またそのような傷つきおびえた部分は、しばしば治療者や周囲の人物に投影性同一視され、患者自身は非常に破壊的な対象に同一化し、サドーマゾ的な興奮状態に陥ることもしばしば見られるのである。

更に治療者は、患者の激しい情緒的な世界の向こうで、分裂排除されている真の不安の自己が傷ついていて苦痛に苦しんでいるもう一つの世界の存在を理解し、それを患者と話し合う用意がなければならない。

スキゾイド・パーソナリティの場合には、そのパーソナリティ組織の防衛的活動の仕方はもっとも観察が容易で固定している。彼らは自己の対処できない問題からできるだけ遠ざかるために、引きこもり、感情の否認、内界の万能的理想化などによって対処しようとする。治療者は、そのような患者の防衛組織の働きの前では、感情がなくなったり、無力感におそわれたり、催眠術にかかったように思考機能が麻痺するような逆転移の体験をすることが多いのであるが、これも患者の再演の一つのタイプである。患者は、患者のもう一つの世界で起きていることを見ようとする治療者の自我の中に、患者の麻痺した自我の部分を投影し、治療者の本来の機能が麻痺した状態にしてしまう。また、患者が対象によってそのような無視され、感情を持ちようがないほど苦痛な体験にさらされてきたことも表わしていて、治療者は知らず知らずのうちにそのような無感情な両親像の役割を担っていることもあるのである。

治療者は、そのような患者のパーソナリティ防衛が働き始めるときには、必ずその背後でもっと敏感で傷つきやすく、対象を求めるときのアンビバレントな気持ちに揺れている部分が活動していることに気がついていなければならない。そしてその活動とそれに対する防衛の過程を、転移の中や患者の選択する外界の舞台に登場する人物との間で起きていることを注意深く比較検討しながら、全体的状況（total situation）として理解し解釈していかなくてはならない。

（2）隠された健康なポジションの停滞状況

このようにパーソナリティ組織防衛によって防衛されている部分は、病理的パーソナリティの活動の部分が大きいためになかなか見えてこないことが多いのである。更に病理的なパーソナリティそのものは、適応的（しばしば過剰適応）な部分も持っているために事態は複雑になっている。しかし防衛されている自己の真の部分は、常に背後で活動しており、微妙な形で患者の言葉や行為によって置き換えや象徴などによって無意識的に表現されていることが多い。これを治療者が適切にとらえ、転移の中で解釈していくことがきわめて重要である。

それらは健康な妄想分裂ポジションや抑鬱ポジションに関係した幼児的な世界の活動である。しかしこの健康な発達に関する部分も複雑に構成されており、正常な依存や信頼の部分と欲求不満にさらされた悪い対象に対する正当で適切な怒りと不安の部分も存在している。そして分裂や投影性同一視も健康なものが働いており、コミュニケーションの方法としても重要なものである。このパーソナリティ防衛の背後に、分裂排除された世界を正しくキャッチできるかどうかは治療の成功に大きな関係がある。

それらは言語的行動的に表現され、内的幻想の一部として機能している。この動きを的確にとらえながら、しかもその防衛組織全体の動きも理解していく必要がある。そのときに、ローゼンフェルドやシュタイナーの理論的視点は大きな援助となるのである。

4　おわりに

以上、簡単にイギリスの対象関係論、主としてローゼンフェルドの「破壊的自己愛」とシュタイナーの「病理的組織化」などの、病理的パーソナリティの理論と基本的臨床的視点について概説した。パーソナリティ障害の臨床は、このような基本的な病理の理解があって初めてアプローチが可能となる世界である。そして防衛的な機能を果たしている病理的パーソナリティの部分も、それに支配されていたり防衛されていたりする他のパーソナリティの部分も、それぞれ固有の内的対象関係、原始的防衛機制、特有の不安などに彩られていることを示した。また病理的パーソナリティの世界は、関係の倒錯と嗜癖が特徴で、変化に対して強力に抵抗するものであることも示しておいた。

引用・参考文献

（1）Anderson, R.（1992）*Clinical Lectures on Klein and Bion*. Routledge.〔小此木啓吾監訳（1996）『クラインとビオンの臨床講義』岩崎学術出版社〕

(2) Bion, W. (1967) *Second Thoughts*. Heinemann.〔松木邦裕監訳（2007）『再考──精神病の精神分析論』金剛出版〕
(3) Fairbairn, D. (1952) *Psychoanalytic Studies of the Personality*. Routledge.
(4) Hinshelwood, R. D. (1989) *A Dictionary of Kleinian Thought*. Free Association Books.〔衣笠隆幸総監訳（2014）『クライン派用語事典』誠信書房〕
(5) Kernberg, O. (1975) *Borderline Conditions and Pathological Narcissism*. Jason Aronson.
(6) Rosenfeld, H. (1965) *Psychotic States*. Hogarth Press.
(7) Segal, H. (1981) *The Work of Hanna Segal*. Jason Aronson.〔松木邦裕訳（1988）『クライン派の臨床──ハンナ・スィーガル論文集』岩崎学術出版社〕
(8) Spillius, E. B. (1988) *Melanie Klein Today*, Vol. 1. Routledge.〔松木邦裕監訳（1993）『メラニー・クライン トゥデイ1、2』岩崎学術出版社〕
(9) Steiner, J. (1987) The Interplay Between Pathological Organizations and the Paranoid-Schizoid and Depressive Positions. *International Journal of Psychoanalysis*, 68 : 69-80.
(10) Steiner, J. (1990) The Defensive Function of Pathological Organizations. In *Master Clinicians on Treating the Regressed Patients*. Jason Aronson.
(11) Steiner, J. (1993) *Psychic Retreats*. Routledge.〔衣笠隆幸監訳（1997）『こころの退避』岩崎学術出版社〕

〔『現代のエスプリ』10月号、1997年〕

16章　毎日分析の歴史と現状

1　はじめに

日本における毎日分析の状況は揺籃期にあり、臨床の現場で実際に行なわれているものは週1～2回の精神分析的精神療法が主流である。しかし最近、日本精神分析協会において、毎日分析を基調にした国際標準に基づいた訓練システムが規定され、実際にそのような訓練を既に終了した分析家が誕生する時代に入っている。ここではあえて、毎日分析を中心的な視点にして、その歴史的学問的意義や、専門研修における重要性、世界の精神分析の動向、日本の状況の検討などについて述べてみたい。そうすることによって、回数の少ない精神分析的精神療法の位置づけも明らかになるであろう。この展望は主題の特性のために学術的なものというよりも評論的な視点で概観したものであるが、世界の精神分析の潮流の中における日本の現況の位置づけをし、将来に向かっての方向性を少しでも探ろうとするものである。

精神分析はフロイトが創始したときから、毎日分析が基本であり、カウチを使用し、自由連想に基づく抵抗と転移－逆転移の世界を解釈によって対処していく方法である。そしてその一世紀の歴史の中で、週1～3回の精神分析的精神療法、期限設定の短期精神療法、グループ療法など応用部門が広く研究され臨床において実践されている。しかし、毎日分析はその中心的な位置にあり、新しい病理像を呈する患者群のもっとも強力な治療法として、また精緻な研究法として実践されてきている。現代の対象関係論、自己心理学などの理論的技法的発展も、この毎日分析における臨床的実践と研究にその基礎をおいている。

周知のように日本においては、歴史上一部の地域を除いて毎日分析はほとんど発展せず、精神医学の世界にも大きく根を張ることはできなかった。実際には医療保険によって保証されている週1回の精神分析的精神療法を実践してきた特殊な歴史を持っている。

日本においては、最近になって毎日分析による精神分析の臨床が注目されるようになってきた。しかし従来から、その時間コスト、医療費コストの問題から、そのような臨床については、否定的な意見が強い。ところが実際の臨床においては、行動化の激しい重症のパーソナリティ障害の患者群が、治療を求めて受診することが多くなっている。そのような患者群は、週1回の治療では援助が困難なことが多く、週2～3回の精神分析的精神療法や毎日分析を行なうことによって、激しい行動化から内省的な態度へと変化していくことができることが多い。そのような患者群は、薬物療法は必要なことが多いがあくまで補助的なものであり、力動的、精神分析的なアプローチが主要な治療法になるのである。これについては、現在の国民医療保険制度は支払いが少なく、実際の診療は非経済的で時間コストも現状にはそぐわないものである。しかし、現在の多くの患者が受診している状況は、これからも持続し受診者は増加していくと予想されていて、保険制度によるより充実した経済的保証が急務になっている。

他方で、治療者の研修としての毎日分析の問題は、臨床の現実的な状況とは切り離して考えていくべきである。さもないと、精神分析家自身が経験と技法を失い、もっとも精緻な深層心理研究の方法論を失い、現実の制約された条件の中で応用していく技能そのものを失っていく可能性がある。

2 世界の状況の概観

右記のように、精神分析療法は歴史上フロイトによって、患者に対して週6日、50分の自由連想によって行なわれてきて、その治療構造によって治療されるものを精神分析と呼んでいる。そして現在においては、各国の諸事情によってその毎日分析の回数が変化してきている。つまり、精神分析の中心地であるイギリスにおいては週5回（5年以上）、アメリカにおいては、週4回（4年以上）が毎日分析と呼ばれ、週3回以下を精神分析的精神療法と呼んでいる。しかし近年、アメリカの医療事情によって、週4回以上の毎日分析を患者に行なうことが困難になっていることが言われるようになっている。それと並行して、非医師が精神分析の研修に参加しはじめ、週1～2回の精神療法も盛んに行なうようになった。また、精神科医師の中には、毎日分析による長期の訓練が必要となる精神分析家の資格が、医療経済上評価されることが少なくなった現在、週1～3回の精神分析的精神療法による個人分析を体験するものが多くなったと言われている。

歴史的な諸事情によって、第二次世界大戦前に精神分析家がすべて亡命してしまったドイツとフランスなどの大陸ヨーロッパ諸国においては、戦後にアメリカなどに留学して精神分析を逆輸入しなければならない事情があり、米英と比較してやや未発達である。そして、それぞれ週3回の訓練分析と治療を持って精神分析と称している。これらの両国の問題は、国際精神分析学会において議論されていて、週4回以上にするように勧告が続けられている。かつてナチズムによって、ユダヤの学問として迫害した精神分析を再輸入してきたドイツにおいては、現在は非常な隆盛を見ていて、約700名の精神分析家（厳密には精神分析的精神療法家。最近は、週4回以上の教育分析が採用され始めていると聞くが、どの程度改善されているのかは、定かではない）が存在し、約15のインスティテュートがあって、多くの研修生の応募があるという。フランスにおいては、7～8の分析協会や研究所が存在し、その多くは国際標準に合わない研修過程を持っているので、1~2を除いて国際精神分析協会からは認定されていないものが多い。ラカンの業績は日本でもよく知られているが、その研修過程は標準的なものを満たさず、精神分析学の方法論に病理学としての研究が主であるために、国際精神分析学会の中には受け入れられてはいない。なおイタリア、スペインは精神分析が広く受け入れられていて、活況を呈しているが、週4回の毎日分析を基本にした研修と臨床が行われている。

以上のように精神分析療法とみなされるかどうかは、週4回以上4年以上の訓練分析と研修症例を持つかどうか、臨床における実際の患者の治療が週4回以上行なわれているかが、もっとも大きな基準になっている。この定義に合わない回数の少ない精神分析的精神療法と呼ぶべきものを、あえて精神分析と呼ぼうとするのは定義上矛盾があり、背景には週4回以上の症例を持つべきであるという暗黙の了解が存在している。そしてそのような臨床経験を得ることが困難な状況にある国々の臨床家が、回数を減少することによる精神分析療法の臨床の質の変化を抽象論によって否定することによって、自己肯定を試みていると考えられる。その定義を変更しようとする背景には、ドイツとフランスにおける精神分析の特殊な歴史性に対するいらだちが潜んでいる。

そのような標準的な精神分析の研修と臨床経験を通して、精神分析の様々な理論や転移–逆転移を基調にした防衛分析、治療者の中立性、解釈などの重要な理論的技法的概念が開発され発展してきたのである。そして現在においても、対象関係論、自己心理学など新しい発見はすべてこの標準型の毎日分析の臨床から生まれてきている。

私たちは、週1回の個人精神療法を多く施行しているが、それの基本的な理論や概念、技法を生み出してきたものは、毎日分析の臨床を通してであることを忘れてはならないであろう。そしてこのような簡易型の精神療法によっても、多くの人々に援助をすることができ、実際の精神科医療外来において神経症や境界例などのパーソナリティ障害の援助の重要な手段になっている。しかし実際の実践においては、その治療構造上の特徴によって、患者–治療者間の共有する物理的時間が少ないことなどのために、①転移と逆転移を把握することが難しいことが多いこと、②治療外の症状行為や行動化の理解をし介入する必要が生じること、③治療外の対象関係における防衛分析を中心にした介入や解釈を行なうことが必要になる、などの特徴がある。そしてそのときに、標準型の精神分析で提唱された概念や臨床技法を基準にして、治療構造の変化の問題と治療者の中立性や共感性の修正や変更の問題を考察していくのである。更に転移、逆転移、抵抗、防衛、解釈など治療者の内的活動に関する事象については、精神分析的な精神療法においても同じ用語が使用されているために、毎日分析との質的な違いが曖昧にされていることが考えられる。厳密には、例えば転移に関しても、毎日分析－転移、週3回－転移、週2回－転移、週1回－転移というように、その具体的な治療条件における転移の程度と質の問題を表わし、比較検討できるような概念が必要であろう。

3　毎日分析による教育分析と研修治療経験

この問題は、世界精神分析学会が最近もっとも懸念し、全世界的な調査などを行なっている問題である。その発端は、南アメリカ諸国で急速に会員が増加していて、強力な政治的力を発し始めた背景に、研修期間を簡易型に変更して、研修を十分にしないままに即席に会員数を増やして、自国のグループの力を持とうとした背景があることが徐々に明らかになったからである。更に日本や韓国、インドなどこれまでは精神分析の辺縁地域であったアジア諸国にも徐々に精神分析の機運が高まり、韓国などが国際精神分析学会に入会申し込みをした経緯などがきっかけになって、アジア諸国の研修問題に国際的な注意が注がれるようになったのである。なお最近では、中国、ロシアなどでも精神分析に対して積極的な導入が図られるようになっている。

これほどまでに、研修における毎日分析による教育分析と研修症例の治療構造が厳しく言われるのは、それが精神分析家としてのアイデンティティの中核となっているからである。精神分析は本来経験科学の面が非常に大きく、毎日分析の構造における自由連想法という方法論の上に、転移－逆転移に基づく解釈、防衛分析の技法的問題などが論じられている。そしてその経験を持たないところでは、それらの概念や臨床技法を本当の意味で理解することは非常に困難である。また教育分析の中で、治療者が自分の治療体験を持つことが、その理解の基本的なものになっている。この意味で、精神分析家の資格においては、毎日分析による教育分析などの実際の体験が、治療者としてもっとも基本的に重要なものである。この基準を満たさずに精神分析と称している場合には、やはり精神分析ではないことを私たちは知っておくべきである。今回日本精神分析協会において国際標準に基づいた週4回以上3年以上（将来は4年以上）の訓練分析と研修症例が必須条件となったのは、国際精神分析学会による助言があったとはいえ、日本の精神分析の歴史において画期的なことになるであろう。実際の毎日分析による教育分析の経験は、フロイトが述べている自己の無意識の世界を実体験することにおいて重要なものになる。

このような訓練を経た分析家は、臨床活動においてその国の臨床状況や患者の病理に応じて、週4～5回の毎日分析を行なう場合もあるだろうし、週1～2回の精神分析的精神療法やグループ療法をも行なうことがあるであろう。治療者としては、もっとも標準的で深遠な経験を訓練過程において十分積んでおくことで、あらゆる状況に対応し応用することができるのである。そのような訓練と経験をしっかり積んだ分析家は、状況が許せばいつでも毎日分析の精神分析を行なう用意ができているが、この経験を積まない治療者は、逆に条件が整っていても精神分析療法を行なうことは非常に困難である。

4　臨床的研究法としての毎日分析

フロイトを始め精神分析の重要な研究はすべて、毎日分析の経験と発見に基づいている。フロイトは週6回の自由連想を行なっていたが、彼は終生その姿勢を変えることはなかった。患者治療における毎日分析の特徴は次のようになる。

(1) 連想材料が抱負で患者の世界を理解しやすい
(2) 連続性
(3) 共有する世界の豊富さ
(4) 夢の豊富さ
(5) 転移—逆転移の活発な活動
(6) 解釈の頻度と豊富さ
(7) 患者の体験の時間的質的な豊かさ

これらの臨床的条件において、時間的にかなり十分な条件の中で多くの発見が成されてきた。そしてこの構造は、人の心の深層とその成り立ちを理解する上でもっとも緻密で厳密な方法の一つであろう。そしてフロイトなどの精神分析家の著作や研究は、すべてこの臨床条件の上に成り立っている。つまり精神分析を学問の面から見ると、この毎日分析の方法はもっとも強力なものになる。そして私たち精神分析を自分の専門として選択する者は、この方法を十分駆使していくことが望ましいのである。ここにおいては、現在の精神医療上の制約や医療経済上の問題などを通り越して、研究者としての面から現実の社会的文化的な制約を越えた視点から行なっていくべきであろう。日本の医療歴史上、身体医学の分野においても、新しい治療法は研究者の多くの個人的努力と犠牲によって開発され、社会的に評価したものは、やがて保険の中で経済的に保証されていったのである。精神分析もそのような過程を辿ってほしいものである。そのことがひいては神経症などで苦しんでいる患者や国民の精神衛生への援助になるのである。

ここで最近の国際精神分析学会の特別委員会が、学派の違いを越えて、精神分析療法とみなされる最低限必要とされる基本的な要素を挙げているので、よく知られていることではあるが、簡単に紹介したい。

Minimal Conditions of the Specificity of Psychoanalysis

1) Specificity of goals

a) to bring about the past in the present through the transference in its manifold displacements;

b) interpretation of the unconscious in the transference;

c) transformation and psychic change.

2) Specificity of the analytic process

a) regression with the transference;

b) presence of different levels of symbolization;

c) transformations and creation of meaning within the transference–countertransference interplay.

3) Specificity in facilitating conditions (methods and setting)

a) the analyst's support; not in the sense of being supportive but in the sense of the transference–countertransference being that which shapes the place of the analyst in the analytic process;

b) frequency of the sessions (4–5 times per week);

c) use of the couch;

d) analytic neutrality;

e) free association;

5　日常臨床としての毎日分析と精神療法

日常の臨床において患者に対して毎日分析をどの程度施行できるかは、その地域や国の経済的文化的社会的条件によるのである。つまりかつての非常に豊かな国であったアメリカの１９７０年代までは、毎日分析の患者が列をなしていて、その料金も保険会社が支払いを渋ることはなかった。しかしヨーロッパにおいてはそのような豊かな体験を持ったことはなく、患者の毎日分析は２～３例行うことが一般的であったし、現在もそうである。ほとんど分析家は週１～３回の治療を多く行なっている。日本においてはこれに近い条件で、毎日分析と精神分析的精神療法を混合したような臨床活動を行なうことは可能である。

問題となるのは、治療者の経験している基本的な訓練の質である。欧米においては、基礎的な研修においては毎日分析の経験を厳しく守っているのである。日本における議論は、この臨床的な社会的条件における治療の制約性と、治療者になるための基礎訓練コースにおける教育分析と研修のための毎日分析の施行の必要性の問題を混同していて、研修の重要な問題を歪曲してしまっている面がうかがわれるのである。

この日常臨床における患者にたいする毎日分析の実施については、治療的にもっとも望ましい形態であるが、その国や地域の経済文化的な条件によって修正されるであろう。日本においてもいつか、それが一般的なものとして受け入れられる時期が来るかも知れない。

いずれにしても精神分析の専門家としての選択をした私たちには、この現在の臨床の現実的な条件を理由に、研修の条件さえも簡略化していくことは、自らの同一性を放棄していくことを意味している。私たちは、患者の治療において条件さえ整えば毎日分析も行なうことができるし、週一回の条件を受け入れざるを得ないときにはその条件で最善のことができる準備をしておくことが、専門家として望ましいことである。

6　精神分析における治療回数についての論争

（1）歴史上の議論

フロイト（Freud, S.）は、毎日分析を重要な基本的構造と考え、終生そのセッティングを変更することはなかった。しかし彼は「精神分析の進歩」（1919）の中で、将来は週3回の精神分析的な精神療法の治療的意義も認められるようになり、実践されるようになるかもしれないと述べ、それを合金に例えている。しかし彼自身も、彼の弟子達も毎日分析をその基本的な実践の基本的枠組みとみなしており、現在まで国際精神分析学会の基本的な指針として精神分析療法においては、毎日分析による教育分析や患者の治療が行なわれている。

しかし一部の研究者は、フロイトのエディプス・コンプレックスや汎性欲論を批判し始め、独自の病理学と治療法を提唱して、フロイトの下を離れていった。その代表的な人物は、カール・ユング（Jung, C.）である。彼は1910年代になって、フロイトのエディプス論や個人的な心的葛藤論を批判し始めた。そして「集団無意識」と「原型」の理論を提唱し、フロイトから離れていった。彼は週1～2回の対面法による治療セッティングを採用し、夢分析を中心にした治療技法を提唱した。そして退行や転移の概念はあまり重要視しなかった。

オットー・ランク（Rank, O.）は、「出産外傷説」を提唱し、出産におけるきわめて早期の母親との分離の体験を根元的な不安の源泉とみなしている。そして現在の「期限設定療法」の構造を採用し、そこにおける患者の分離不安（出産外傷）に対する処理が、もっとも重要な治療的課題であると考えた。そして彼も、毎日分析の構造を採用せず、フロイトの下を去っていった。アドラー（Adler, A.）も、人間の成長の意志に注目し、フロイトの無意識的葛藤論を批判して、いわゆる「劣等感コンプレックス」「権力への意志」に注目した独自の「個人心理学」を提唱し、毎日分析の構造を放棄して、フロイトの下を離れていった。

その他にフロイトの神経症論や技法論に対して積極的な修正的発展を試みたのは、ライヒ（Reich, W.）とフェレンチ（Ferenczi, S.）である。しかし彼らは、毎日分析と自由連想法の基本的な治療構造を修正することはなかった。ライヒは「性格分析」の技法を提唱し、自我の組織的防衛システムとしての性格防衛を明らかにし、技法的にもその性格の鎧をとりあつかうことが重要な課題になる患者群が存在することを提唱した。これは自我心理学に強い影響を与え、現代のパーソナリティ障害の臨床的研究の先駆けとなっている。フェレンチは、乳幼児の世界を研究し、前エディプス期の問題を取り上げ、治療中に患者の退行的欲求を積極的に満たそうとするいわゆる「積極療法」を提唱した。しかし彼も毎日分析の治療構造を堅持したのである。他方においては、彼は簡便法の研究を行ない、その弟子であるバリント（Balint, M.）は「焦点療法」など短期精神療法などを開発していった。しかし彼らは、あくまで毎日分析による標準型精神分析療法を基本に考え、簡便法はあくまで技法の修正による治療対象の選択や目的の問題として研究をしている。

後にはアブラハム（Abraham, K.）やクライン（Klein, M.）などが、精神病や非常に幼い患者群の研究を行ない、乳幼児期の対象関係の病理を明らかにすることになったが、彼らも毎日分析の治療構造を堅守している。実際に、そのような構造によって初めてそれまでは明らかにされなかった早期の発達段階の病理が明らかにされたのである。

(2) 週1～2回の精神分析的精神療法や期限設定療法、短期精神療法の研究

第二次世界大戦後には、欧米において精神分析の応用としての週1～2回の精神療法や、期限を設定したものなどが研究され、実践されるようになった。そしてそれは精神療法の代表的なものとして、世界中で広く実施されるようになった。日本においてはこの週1回のものが、これまで中心的に行なわれてきたのは周知のとおりである。特にシフノス（Sifneos, P. E.）、マン（Mann, D.）、バリント、マラン（Malan, D.）などによって期限設定の

短期精神療法などの研究がさかんに行なわれるようになっている。彼らは、それがあくまで標準型精神分析療法の応用部門であることを明言している。

(3) 米国における精神分析療法と精神分析的精神療法の比較研究

米国においては、特にこの比較研究が熱心に行なわれている。それは、①最近になって医療経済性の問題などがあり、患者数が減少したこと、②長期の精神分析家の研修を受けることが、とくに精神科医師の研修者に負担になり始めていること、③そのために精神科医師が長期の研修における種々の負担を要する標準型精神分析の教育を避け、週2~3回の精神分析的精神療法の研修をし始めたこと、④かつて毎日分析は精神科医師に限られていて、非医師は週1~3回の精神療法を行なっていたが、その伝統が崩れはじめていて、治療者の勢力地図が変化し始めていること、など多くの要因があると考えられる。更に週3回の精神分析的精神療法の研究所などは、週4回以上の精神分析と比較して差がなくて、自分たちの実践は精神分析であると主張し、自己の地位を確保しようとする運動が見られる。他方で正統の精神分析的研究所は、毎日分析でなければ精神分析ではないと主張している。これについては、多くの研究者が論じているが、その特徴はまとめると以下のようである。

a　精神分析と精神分析的精神療法の違いを主張する研究者

これは伝統的な精神分析の訓練を受け、その意義を主張し、毎日分析の重要性を保持しようとしているグループである。これは国際精神分析学会の明確な立場でもある。

週4回以上、カウチの使用などの治療構造、自由連想、転移と逆転移、退行、解釈などを中心にした技法などは、毎日分析治療の質とその透徹力の深さと広域性を保証する基本的な構造であると主張している。精神分析的精神療法においては、この回数が減少し、対面法などが採用されるが、この患者－治療者間の共有する世界が限定され、転移や逆転移、退行、解釈などの程度も質も部分的なものになる。そして、技法的に解釈よりも明確化や助言などの要素が大きくなり、支持的力動的精神療法になる。そして、その治療の目的も限定され、症状や現実の問題の解決に焦点が置かれやすい。

治療のプロセスも、毎日分析においては深い退行や展開していく葛藤領域の深さや程度が大きい。そして夢を報告する度合いが強くなり、夢解釈が治療経過上重要な方法になる。それに比較して精神療法においては、それらの要素は部分的なものになる。

b　毎日分析と精神療法の差を明確にすることに否定的な研究者

これを主張する臨床家は、フロム-ライヒマン（From-Reichmann, F.）、アレクサンダー（Alexander, F.）に始まり、最近ではワーラーシュタイン（Wallerstein, R.）などである。彼らは、主として治療の結果に注目していて、心の構造的な変化を起こすものが精神分析的精神療法においても見られ、時には毎日分析よりも良い結果を挙げているものが見られると報告している。そして、その意味で、毎日分析のみを精神分析と称すべきではないと主張している。ここには、リサーチの方法論の問題まで広範な課題を含んでいる。つまり、彼らが治療結果などに限定して比較を行なっているときには、何を基準にして改善や治癒、構造的な変化とみなすのか、同じ良くなったという患者の言葉が、実際に同じような質的変化を表わしているのか、治療者の評価をどのように標準的なものにするのかという問題など、大きな課題が潜んでいる。

もっとも混乱を来すのは、外的な治療構造は具体的に回数やカウチ、自由連想などによって、明確に精神分析的精神療法と区別できるのであるが、中立的態度、転移、逆転移、退行、抵抗、解釈など治療者ー患者関係、治療者の内的構造や技法的視点については、治療回数によって程度や質を区別する用語が存在しない。そのために、その部分だけに焦点を当てると、あたかも同じような現象が起きているという錯覚を生み出す可能性が避けられないのである。実際の研究においては、前述のように転移や逆転移、退行、治療プロセスの比較を、毎日分析、治療回数の少ないものではどのような違いがあるのかなどの、臨床的比較が重要になるのではないかと思われるが、多くの論争はかなり抽象的な議論に終わっている。また、リサーチの問題は重要なものであり、今後更に研究がなされる必要のある領域である。

7 国際精神分析学会の危惧

これは最近の緊急レポートに基づくものであるが、現在特にアメリカを中心にして精神分析を受ける患者数が減少し始め、それに伴って精神分析家が減少傾向にあり、他の様々な簡易型精神療法がその勢力を拡大していると言われている。特にかつて、精神分析が大隆盛を見たアメリカにおいては、数百種類と言われる様々な簡易精神療法が闊歩し、長期の時間を必要とする精神分析が衰退気味であると言われている。

しかしイギリスにおいては、患者数が減少しているとは報告されていないし、逆に精神分析が更に盛んになり、精神分析家の数が増加し、週5回の毎日分析を厳しく守り続けている。また精神分析的精神療法家と言われる治療者たちも、その教育は週3回4年以上の訓練分析を受ける厳しいものであるが、その応募者も増加しているのである。

こうしてみると、精神分析がある地域において発展したり衰退したりする現象は、その国全体の社会経済、文化的な条件や、精神分析そのものの学問的状況、医療システムやサービスの状況などによって、左右されていると考えられる。ここで最近国際精神分析学会の委員会が提出した世界の精神分析の状況の報告を参考にして概観してみたい。

このレポートには現在もっともダイナミックな変化を体験しているアメリカの3地域、チリ、ブラジルなどの報告と現状分析が述べられている。ここには、地球規模における精神分析の発展の歴史的背景が存在し、矛盾もそれらの地域に生じているということができる。

このようなうねりの中で、国際精神分析学会は、アメリカにおけるクライシスだけでなく、辺縁地域における研修の問題などに「危惧」を抱き始めていると言われている。これは数年前に、初めて国際精神分析学会の会長が南アメリカから選出されたときに始まった。そのときに、南アメリカの会員は急増し、会長選挙において強力な政治的力になったのである。そして国際学会本部からは、なぜ短期間にそれほど急速に増加したのか疑問が抱かれたのである。そして徐々に明らかになったことは、その訓練において、国際的に標準と見なされていた教育期間や毎日分析による訓練分析の様式などが、簡易型に密かに変更されていたことが判明したのである。それをきっかけに、アジア地域の状況についても問われることになり、日本や韓国、インドなど精神分析の辺縁の地域における問題が取り上げられるようになった。

そのような背景の中で、最近各地域における精神分析の発展状況が報告されることになった。そしてそこで見られる状況は、国や地域によってまったく異なるものである。つまり医療経済的政治的な外的危機から、治療者の同一性の危機などの内面的な危機の問題まで、各地域における問題は幅広いものである。その中で、日本の位置がどのようなものであるかを考えていくことは、非常に重要な問題であると考えられる。そして最近になって、日本精神分析協会は、週4回（3年間以上）の毎日分析による教育分析と研修症例の終了をその規約の中で明確にし、国際標準に基づく研修を行なうことを明確に打ち出している。他方において、同時に日本の現状を踏まえて、週1～2回の個人分析と研修症例を基準にした「精神分析的精神療法家」の資格を明確にしたのである。ここには多くの議論があったが、やはり精神分析を目指す私たちが、専門家としての自尊心と学者としてのアイデンティティを維持していくための課題、現実の社会や文化がそれをどのように受け入れているかという現実の分析、未来の見通し、臨床の場における様々な制約の問題など、事態を直視し柔軟に対応していくことが必要であるという結論に達したのである。私たち精神分析家は、毎日分析が治療法としても人の深層心理を研究する上でも、もっとも緻密な方法である視点を中心に置いている。そして私たちは、現在の社会状況や臨床の状況が社会的、医療経済的に不利な状況があっても、本質を変更するような立場は取ることはないであろう。もしも分析家として、精神医療の現場の経済原則、医療効率や実践的な面にとらわれてしまうならば、重要な本質を見失うことになりかねない。

(1)アメリカの報告

ここでは、統計的にも主観的にももっとも精神分析が活発に行なわれていると自負しているミシガン地区の報告と、現実に週4回以上の患者が減少し、精神分析を大学において選択する人達が減少していることを悲観的に述べているニューヨーク地区とカリフォルニア地区の報告とがコントラストをなしている。そして、前者は非医師を中心にした報告であり、後者は精神科医師を中心にした人達によるものである。ここに見られる特徴は次のようなものであると考えられる。

a　ミシガンの報告

もっとも、アメリカで精神分析が発展していると自負しているミシガン地域の報告は、非医師による積極的な参加を呼び掛けることによって、また様々な臨床的な場で働く人達に対する研修の場を設けることによって、その地域全体の理解と機運が高まり、精神分析を受ける患者数も十分なものであると述べている。これは非医師による報告であるが、最近になって精神分析の研修を受けることが可能になった彼らの視点からは、これから精神分析の世界が開けていくという希望に満ちた可能性の世界を見ているのである。このように、職種の違いによっても、状況の把握はまったく異なるのである。

b　ニューヨーク地区、カリフォルニア地区

精神科医師による報告の中では、１９７０年代までのアメリカが非常に豊かで、患者が予約でいっぱいであった時代と、現状の厳しい状況を比較している。報告者は、かつての繁栄の時代から比較して、現在のアメリカの

精神分析は斜陽であると述べている。肝心なことは、彼はそれをヨーロッパのイギリスやフランスの統計と比較していないことである。実際に後述するが、ヨーロッパにおける毎日分析治療を受けている患者数の人口比率は、アメリカの報告者が嘆いている数字よりも低いのである。それでもヨーロッパにおいては精神分析は発展していると皆が感じており、実際にそうである。

かつて筆者は、学会誌『精神分析研究』の中で簡単な報告を行なったことがある(1988)。それはアメリカの著名な分析家であるアレックス・ストーン(Stone, A.)が、アメリカの精神分析の斜陽について、タビストックで報告会を開いたときの状況報告である。ストーンは、アメリカにおいてはサイコロジストなどの強力な敵が現れて、精神分析の患者のマーケットを多く失ったことを報告したのである。アメリカにおいては、1980年代前半までは精神分析家は医師の資格を持っている必要があり、実際の臨床においては、週4回の治療しか行なってこなかった。そして彼らは、時代の要請によって、週1~2回の治療に柔軟に対応しようとしなかったり、料金の問題を解決できなかったことなどが、その斜陽の要因であると考えられた。更に国民皆保険制度のないアメリカにおいて、私立の保険会社が治療費を支払っていたが、財政的困難のために急速に精神分析に対する支払いをしなくなった事情もあった。

ストーンはその時点で週4回の精神分析を受けている患者は、治療者一人当たり3~4人しかいなくなったと嘆いていた。しかし聴衆のロンドンの分析家たちは、それでやっとヨーロッパ並みに近づいていることや、アメリカは自分たちの経験した精神分析の繁栄がヨーロッパなどでは経験のできないことであったことを知っていないためであると述べたのである。実際にロンドンなどヨーロッパの分析家たちの多くは、2~3名の週4回以上の患者をもち、他の患者は週1~3回診ることがごく当然のことなのである。その代わり、治療者の訓練においては、週5回7~8年の教育分析と、週5回の研修症例を終了することを求められているのである。彼らの考えは、治療者は、もっとも標準的な精神分析を十分経験するべきであり、患者の治療においてはその病理や様々な条件によって、その治療構造を柔軟に変更することは構わないという考えである。しかし少なくとも2～3例の毎日分析の患者を治療することが、精神分析家としての研究と研鑽を維持していくことに必要であると考えている。また訓練精神分析家を目指すものは、更に多くの毎日分析の臨床治療経験をすることを要請されている。このような姿勢であれば、日本においても十分可能な臨床の条件である。問題は、治療者の毎日分析による教育分析を中心にした研修の場と機会が不足していることが大きいのである。

実際にはストーンの発表から十年後の現在のアメリカの精神分析医の状況は、かなり深刻なものであるが、それは主として上記のように経済的な問題に発していて、精神医学全体の問題と連動している。つまり私立保険会社がかつてのように精神分析に対して料金を支払わなくなったことで、精神分析家は収入の保証がなくなり、それに追い討ちをかけて低料金で簡易型の精神療法を行なう非医師の治療者が登場した。そして、多くの患者がそちらに吸収されて、分析家に受診する患者が往時と比べて激減したこともある。更に、大学においてはネオクレペリン運動やDSM-Ⅲ、Ⅲ-R、Ⅳに見られる診断主義、生物学的精神医学が台頭し、最近になって大学の場から精神分析が消えていった状況がある。このためもあってか、アメリカにおいては精神医学そのものが医学生には魅力のないものになり、入局者数が半減しているということである（人口比率で日本の1／2と言われている…西園談）。

そして今ではアメリカにおいては、精神分析は大学から研究所へとその中心が移動しているようである。更に最近の時代的変遷の中で、非医師の精神分析の研修が受け入れられ、医師の精神分析離れは加速的に進行しているということである。しかし他方においては、国際精神分析協会に認定されない簡易型の教育システムを持っている研究所には、多くの精神科医師が教育を受け始め、彼らの間では、個人分析による精神療法の基本的な教養を身に付ける必要性は強く感じられているのである。

アメリカの動向は日本に大きな影響を与え、精神分析の流れを正しく摑みその諸要因を把握していくことは、日本における精神分析や分析的精神療法の将来についての見通しを立てるときに大いに参考になるであろう。ただ日本においては、①国民皆保険制度が存在していること、②本来的に、精神分析が経済的に保証されるような風潮は存在しないこと、③大学において発展した歴史がほとんどないこと、④社会的には出版文化としては受け入れられていること、⑤精神科医師が精神分析を専門科目として選択することはあまり多くないこと、などを考慮すると、アメリカの外的状況とはかなり異なるものがある。そして日本精神分析協会などで精神分析を研修しようとするものは、学問的関心とその臨床的重要性に注目してそれを選択したものであり、精神分析家としての内的な同一性の獲得の問題のほうが大きいのである。

（2）ラテンアメリカの報告

チリ、ブラジルなどの報告は、自国の発展を強調し、精神分析の危機や斜陽はないと明言している。むしろそれらの国においては、精神分析の研修者は増加しており、患者も増加傾向にあると述べている。また社会文化的に精神分析に対する関心やその貢献は大きいと評価されていると考えている。そこには、今回の調査において自分たちの教育システムが断罪されているという暗黙の視点があり、自分たちの組織には問題は存在しないと強調しているように見られる。

以上のように世界全体として見ていくと、精神分析の波はヨーロッパに集まり、ラテンアメリカに盛んになり、アジアに少しずつ押し寄せている。かつての隆盛を極めたアメリカの精神分析は、経済的社会的事情の要因が強く、精神科医療そのものが現在は退潮傾向にある。いずれにしても、かつての栄華をもはや得ることのできない狼狽状態にあると言うことができるであろう。しかし冷静に見れば、少なくともその統計的な受診状況は、ヨーロッパと比較して決して低くはないのであるが、かつて金持ちアメリカが、自分たちの状況が他国並になろうとしている現実を受け入れることができないと嘆いている姿でもある。いずれにしても、アメリカの状況は、流動的であり、経済状態の改善に伴って再び大きなうねりが始まる可能性を秘めている。

8　ロンドンの状況について

(1) 全般的状況

ヨーロッパの精神分析は、各国ともに非常に活況を呈している。そして各国の精神分析協会には、多くの研修の応募がある。ここでは、筆者が数年間滞在していたロンドンの状況を紹介することによって、ヨーロッパの状況の一側面を紹介したい。国際精神分析協会の本部のあるロンドンにおける精神分析の研修状況は、非常に充実していて、研修の希望者は多くある。イギリス精神分析協会は、1913年にアーネスト・ジョーンズ（Jones, E.）らによって創設されて以来、1926年のメラニー・クライン（Klein, M.）、ナチスドイツの迫害を逃れて1939年のフロイト親子の移住、ウイーンなどからの多くの分析家の移住が続き、ヨーロッパの精神分析の大中心地としての地位をこれまで保ってきた。

イギリスも、研修症例の確保は難しくはあるが、研修のための治療は低料金で行なったり様々な工夫をしている。訓練は非常に厳しいものであるが、数年間の研修を終えた後の実際の臨床実践の現場においては、かなりの柔軟さを示している。それには、イギリスの国民医療制度の存在と公務員法の柔軟さによって、多くの開業分析家が公務員として病院やクリニックに勤務も兼ねていることなどから来ているのかも知れない。イギリスはアメリカのようには、豊かさを経験したことがなく、毎日分析の患者が多く予約待機しているような状況は体験したことがない。むしろ、多くの週1～2回しか治療を受けることができない患者の治療を積極的に手掛け、国民医療制度の下（現在は制度が変更されている）で、タビストック・クリニックのように週3～5回の精神分析的精神療法や精神分析療法を無料で施行したりしている。そして多くの精神分析家は、訓練分析医を除いて、2～3人の毎日分析の患者を持つことが多く、その他の患者は週1～3回の治療を行なうことが多いのである。このような状況で治療をずっと以前から行なってきたロンドンの分析家たちには、患者数が減少しているという感覚はないようである。更に対象関係論の技法と理論は、精神病的問題を持つ患者をはじめとして重症患者の治療を積極的に手掛けている歴史があり、患者の選択にもあまり困らず、多くの受診者を獲得している。またその臨床的理解は緻密で繊細であり、その理解と貫徹力には驚くべきものがあり、臨床的にも多くの専門家の関心を強く引き付けているのである。

更に、ロンドンにおいては、ずっと以前から大学精神医学は統計とフィールドワークを基本的な手段としていて、シュナイダーの一級症状と二級症状を重用し、病理学でさえ科学的ではないと拒否する傾向のある国である。精神分析は、私立大学に匹敵するような精神分析研究所を中心にして発達し、大学精神医学のアカデミックな世界とは一線を画して発展してきた。そのために、現在までも独自の独立性を保って発展してきているのである。この社会的、文化的条件が、ロンドンにおける精神分析の輝かしい状況を持続させている要因であろう。

(2) 訓練の状況

イギリスの精神分析の研修は、週5回の毎日分析を基本にして行なわれ、教育分析は普通7～8年施行されるのが普通である。これは非常に厳しいものである。ロンドンにはユンギアン、認知療法、グループ療法、精神分析的精神療法など多くの治療法や治療者が存在し、競争が激しいために、それぞれの協会が厳しい研修システムを競い合って持っている。そのために、資格制度がきちんとして、一定の訓練を受けていないものが開業することが不可能に近い。多くの患者はGP（general practitioner：一般地区担当医）から紹介されることが多い。彼らは各協会の認定治療者の名簿を持っていて、それに記載されているもののみに紹介するために、研修を受けていない無資格者が治療を行なうことは不可能である。これはアメリカが無政府状態に近く、400種類もの治療法が存在し、混沌状況と患者の争奪戦が起きている状況とはよほど異なるものである。日本のように、臨床経験が不十分な者が開業している状況は、かなりアメリカの状態に近いものになりつつあるのではないかと思われる。

そのような状況のために、ロンドンの料金体系はかなり統制が取れたものである。研修中の治療者は料金を取ることは許されず、資格を取り立てのものは、一定の料金が暗黙のうちに決まっており、それが経験年齢ごとに加算されていく。そしてだいたい十年の経験を持つ者は、料金は他の上級のものと一応同等になり、患者との交渉に委ねられるのである。日本のように、資格のある者もない者も、経験年数に関係なく高額の料金を勝手に課すことが慣例になっている。また精神分析的精神療法家の場合には、精神分析家の7～8割程度の料金を課しているような状況を続けていけば、長い間には精神分析的精神療法や精神分析そのものが信用されなくなる可能性がある。また優秀な人達を説得できるほどの魅力を持つことは困難になるであろう。このたび、日本精神分析協会が発展的に改革されたことを契機に、標準の料金表を公表していくことが重要なことになると思われる。そして日本精神分析学会において、精神療法家の資格が認定されるようになれば、料金体系の問題も学会として明確にするべきであろう。

(3) 精神分析的精神療法家

精神分析的精神療法に関しては、独自の学会が設立されていて、資格制度が確立している。それは週3回の教育分析を4年以上、週3回の研修症例を2例ほど、合計5年間スーパービジョンを受ける必要がある。これは他国と比較してかなり厳しいものであり、フランスやドイツが週3回の教育分析と研修症例によって精神分析家の研修とみなしていることを考えると、イギリスの精神分析的精神療法家は、後者の国においては精神分析家になることになる。ロンドンにおいては、そのような精神分析的精神療法家の資格保有者が400人存在している。正規の分析家も400人存在しており、その陣容に圧倒されるものである。これに加えて、150人のユング派の治療者、200人のグループ療法家などが存在し、他の学派もほぼ同様の研修システムを採用している。ロンドンにおいては、研修システムのスタンダードが共有され、お互いの治療法の質を高めているわけであるが、このこともイギリスの精神分析や精神分析的精神療法の活力を維持し、更に発展させているのではないかと考えられる。

精神分析の研修者は、精神科医師、サイコロジスト、ソーシャルワーカーがそれぞれ3分の1ずつ存在している。かつては医師が中心であったが、1960年代の反–精神医学闘争を契機にして、精神科医師と非医師との境界が取り払われ、急速に非医師の研修者が増加して来ている。

9 日本の歴史

ここで日本の歴史とその現況について述べてみたい。そして精神分析の地球規模による国際的な潮流の中で、日本がこれからどのような方向性を選択していくべきかを考えていくために重要な作業である。日本の精神分析の歴史は、その地勢的歴史的な条件のために、様々な制約や文化的影響を受けてきた。そして週1回の個人精神療法が日本においては精神分析と称されて、臨床上の主要な治療法として行なわれてきている。しかし様々な困難な状況の中でも、日本精神分析学会を中心にして精神分析や力動的精神医学の発展などには、着実な発展が見られている。

日本の精神分析の発展の歴史と現状の特徴には、次の理由が考えられる。

a　地勢的、文化的制約

精神分析は19世紀後半から20世紀のヨーロッパ文化の中で生まれたものであったが、そこには個人の尊厳と自己の確立を目指した民主主義の伝統と、ユダヤ教やキリスト教などの個人と神との対決の中で自己の救済を目指す、宗教と哲学の伝統が存在していた。しかし1920年代にフロイトが日本に紹介されたときの日本は、家父長制度にあり、文化的に自己の確立を目指す社会的雰囲気は醸成していなかったと思われる。しかしそれでも、西洋文化に強い関心を抱いていた当時の日本人は、ドイツ語圏に盛んに留学をし、当時のドイツ精神医学とくに記述現象学派を学んで、日本の精神医学の基礎を築いた。

他方で精神分析に強い関心を抱いていた古沢平作は、1931年にウイーンに留学してフロイトの下で訓練を積み、2年後に帰国した。彼は東京に開業して、自らの精神分析家としてのアイデンティティを守ろうと努力したが、当時の日本の文化的経済的状況は、週4～5回の治療構造を受け入れるものではなかったようである。そして恐らく彼は、第二次世界対戦前後の時期を通して、臨床活動を続けていた日本でただ一人の精神分析家であった。

第二次世界大戦の激しい破壊の後に、日本は占領され、新しい方向へ大変動を始めていた。1950年代1960年代にかけて、現代の日本精神分析協会の指導者たちが、古沢に教育を受け始めている。やはり当時の日本の状況の中でも、社会的経済的に毎日分析による精神分析療法を行なうことは、至難の技であったと思われる。結局古沢は週一回の個人精神療法を選択して行なったのである。そしてごく晩年になって、やはり週5回に戻すべきであると考え、一部の訓練分析に施行している。また古沢に訓練を受けた小此木や西園は、患者に対して週3～4回の治療を行なっていた時期があった。

b　国民皆保健制度の導入

1961年に国民皆保険が制定されたことは、日本の医療保健史上画期的なことであり、これによって国民の医療の充実は大きく展開していった。そしてその中で、標準型精神分析は、週1回の治療に対してごく僅かの保険点数が保証されることになった。このことが、週1回の個人精神療法が、日本の標準的な精神分析の臨床として定着した大きな原動力の一つとなったと考えられる。

c　大学精神医学の精神分析に対する態度

右記のように1910年代から日本の各精神医学部門は、クレペリン（kraeprlin, E.）、ブロイラー（Bleuler, E.）、ヤスパース（Jaspers, K.）などドイツ精神医学の研究を導入していった。しかし日本の精神分析に非常に不幸なことには、記述的精神病理学の大家であるヤスパースが、精神分析の理論的な問題点を批判し強調し過ぎて、その転移―逆転移の観点に基づく臨床の実践の中で行なわれている人間関係療法的な面をほとんど評価できなかったことである。彼の影響が強かった日本の精神医学界の中では、精神分析は科学的ではないという風潮が蔓延していき、精神分析を学習することさえ敬遠されることになったのである。もちろん当時は、社会経済的にも後進国であった日本は、精神病の対処に追われていて、神経症に対して多大のエネルギーを注ぐ準備はできていなかったのかもしれない。しかし戦後はすべての科においてアメリカ医学を取り入れてきた日本が、経済発展に成功し先進国の仲間入りを果たした後も、アメリカにおける精神分析の隆盛をほとんど受け入れようとしなかったのは奇妙なことである。これには、恐らく精神分析の習得には、非常に長期の時間がかかることや、その技術の習得には実際に外国の現場に行って指導を受ける必要があるが、言語的な障壁や長期の留学生活の困難さなどが関係していたとも考えられる。

d　人の流れ

現在精神分析がもっとも隆盛している国はイギリスであるが、それは第二次世界大戦中に、ウイーンやベルリンから多くのユダヤ人の分析家がロンドンに亡命して行ったことにあった。実際に当時の精神分析家のほとんどは、フロイトをはじめとしてユダヤ人であった。そして彼らはロンドンで受け入れられて、独自の文化を築くほどになっていったのである。この人の流れの外にあった日本など精神分析における辺境の国は、言語の壁を越えて長期の外国滞在という大きな負担を伴わないと精神分析を学習できないという状況が起こった。

e　日本の特徴

これはアジア、南アメリカなど精神分析の辺境の国に共通して見られる現象でもある。またフランスやドイツにおいてもしばらく見られた現象である。つまり日本においても精神分析の文献や著書は多く紹介され、その応用部門である文化論、社会論、芸術論などに大きな影響を与えてきた。そして巷には精神分析の翻訳が溢れ、臨床家も精神分析の概念などを知ることはかなり当たり前のことになっている。しかしその臨床的技法の習得には、長期にわたる教育分析やスーパービジョンが必要となる経験科学の面が非常に強く、外科医に近い技術職の面が多い。それを習得するには東京などの一部の都市か、長期間アメリカやイギリスに滞在して教育を受けなければならないという状況のために、その実際の臨床を習得している臨床家は少数しか存在しないというのが日本の実情である。

このような状況の中で、日本精神分析協会が生まれ存続してきたが、国際交流の拡大の中で、国際精神分析学会から助言を仰ぐことになった。それは、前述のように、南アメリカ諸国の問題が明るみにされたことを契機にしている。そのために国際精神分析学会本部は、アジアや南アメリカなど精神分析の辺縁地域にある諸国の状況に対して注意を払い始めた。その中で、日本の状況も明らかにされ、国際標準の教育に改善するように助言を受けてきた経緯がある。しかし少数の分析家の努力によって、精神分析学の精力的な紹介や精神分析的精神療法の歴史を長く持っている面があり、これから更に本格的な毎日分析による臨床活動も行なわれていく可能性を強く秘めている。

f　現在の臨床的状況

近年になって日本においても、経済の発展のためもあり、戦後の核家族的な大都市文明が誕生している。そして民主主義と個の確立と孤立の時代を迎えて、精神分析療法が必要とされるような患者群が多く受診するようになり、精神分析の臨床について強い関心が払われるようになってきた。そしてかなり多数の臨床家が長期のアメリカ、イギリスなどの留学の経験をするようになり、実際の精神分析の臨床を身につけてくるようになっている。彼らは、日本の精神分析臨床教育の不備な点を明確化できるようになり、それを改善する方向で努力を始めている。

g　精神分析家の姿勢

結局は、本格的な精神分析を志すものには学者としての面があり、彼らはできるだけ高い技術と学問的水準を求めていくであろう。それは、自ら選択した専門性に関する事柄であり、利害を超えたところのアイデンティティの問題に関わっている。そしてたとえ今の時期に自分たちの学問や臨床実践が、時間的、経済的、環境的にも不十分な条件下にあってそぐわないものであっても、訓練の体験そのものを簡便なものに変更することはないであろう。患者の治療においては、週1回から5回までその様々な条件に合わせて調節していくであろうが、彼らは治療者としての己の訓練と経験を簡略化することに妥協することは許されないと感じていくであろう。それは精神分析を専門として選択していこうとしている彼らが、自ら拠り所にしているものを切り捨てることになるからである。昨今の治療回数についての討論は、実際の臨床の状況と、教育訓練の問題を混同しているために生じているものが多いように思われる。彼らは精神分析家としては、自らの専門技術者としての訓練を簡略化するような、妥協する方向にはいかないであろう。もし妥協するとすれば、精神分析そのものがまだ精神医学のアカデミックな世界では受け入れられていないような厳しい状況にある日本においては、ついにその開花を見ることなく衰退していくことであろう。そしてそれは、患者の福祉にとっても不幸なことである。

10　おわりに

以上のように、ここでは敢えて毎日分析、つまり精神分析の実践の歴史と世界の現状を中心にして報告と論評を加えた。これは学術的な展望というよりも、むしろ精神分析の潮流を概観し、日本の現状の位置づけと方向性を見定めようとする論説に近いものである。

世界の精神分析の発展は、波のうねりのようにダイナミックなものであるが、確実に地球規模で拡大している。

精神分析の辺境地域にある日本は、以前から精神分析が紹介されていたが、その活気ある波に更に洗われる時代が到来しているようである。そして、研修における毎日分析による教育分析も治療体験も、精神分析家としての同一性獲得のためには必須条件である。それは、経済的文化的条件にかかわらず、必要不可欠なものである。日本においても最近日本精神分析協会が、国際精神分析学会の標準研修規約の下で研修を始めたことは、歴史上重要な転換点になるであろう。毎日分析における研修が特に厳しく言われるのは、頻回の時間的空間的条件における具体的な体験の質が、精神分析においては非常に重要な要素だからである。それと共に、精神分析的精神療法の研究と位置づけも更に明確になり、これまで日本において築き上げられてきた臨床的業績が更に発展していくだろう。日本精神分析協会が精神分析的精神療法家の資格も併設したことは意義深いものがある。応用としての臨床における治療構造の修正などは柔軟に行なうべきである。

歴史的には、精神分析はフロイトの生まれたウイーンに始まった。初期の分析家はフロイトをはじめとして大部分がユダヤ人であったために、ナチズムによる迫害のために、ほとんどの分析家がイギリス、アメリカ、南アメリカに亡命した。そのことが、現在の精神分析の潮流の基本を作り上げている。現状では、かつて精神分析が隆盛を誇っていたアメリカが、医療経済上の問題などで退潮気味である。しかしヨーロッパは活況を呈し、南アメリカも盛んである。更に日本、韓国、台湾、インド、ひいては中国、ロシアなど、精神分析の辺境といわれる地域で、だんだんと発展の兆しが見え始めている。特に韓国の活況は、日本を凌ぐものがある。

日本の歴史と現状は、毎日分析に対しては厳しい環境条件が続いているが、一部では積極的に行なわれるようになっている。その応用部門である精神分析的精神療法は、長い歴史の蓄積があり、最近では臨床の前線ではもっとも重要な治療手段としての市民権を得ている。日本精神分析学会は、その中で中心的な重要な役割を果たしてきた。また日本精神分析協会の研修過程も徐々に発展を続けるであろう。つまり、精神分析の研修においては、毎日分析を堅持していくことが重要である。また臨床現場における患者の治療においては、治療回数などを環境条件などに合わせて柔軟に修正していくことも重要である。もし私たちが、この両者の意義を明確に峻別して認識していくならば、日本の精神分析も精神分析的精神療法も相補的に発展していくであろう。

文献

（1） Freud, S. (1919) Lines of Advance in Psychoanalytic Therapy. In *Standard Edition*, Vol. 17. Hogarth Press.〔小此木啓吾訳 (1983)「精神分析療法の道」『フロイト著作集9』人文書院〕

（2） Gill, M. (1984) Psychoanalysis and Psychotherapy. *International Review of Psychoanalysis*, 11 : 161–179.

（3） House of Delegates, IPA (1995) 'The Actual Crisis of Psychoanalysis: Challenges and Perspectives'

（4） House of Delegates, IPA (1997) Report of the Ad Hoc Committee on 'The Crisis of Psychoanalysis–Challenges and Perspectives' 'Welcome to the Crisis'

（5） House of Delegates, IPA (1997) Summary of the Work of the House of Delegates Committee on the Specificity of Psychoanalysis.

（6） Jones, E. (1964) *The Life and Work of Sigmund Freud* (single volume abridgement). Penguin Books.〔竹友安彦・藤井治彦訳 (1964)『フロイトの生涯』紀伊國屋書店〕

（7） Rangell, L. (1981) Psychoanalysis and Dynamic Psychotherapy: Similalities and Differences Twenty–Five Years Later. *Psychoanalytic Quarterly*, 50 (4) : 665–693.

（8） Roazen, P. (1971) *Freud and His Followers*. Alfred A. Knopf.〔岸田秀・富田達彦・高橋健次訳 (1988)『フロイトと後継者たち 上・下』誠信書房〕

（9） Wallerstein, R. S. (1986) *Forty–Two Lives in Treatment: A Study of Psychoanalysis and Psychotherapy*. Guilford Press.

（10） Wallerstein, R. S. (1989) Psychoanalysis and Psychotherapy: A Historical Perspective. *International Journal of Psychoanalysis*, 70 : 563–591.

〔『精神分析研究』42巻3号、1998年〕

17章　対象関係論における情緒と解釈の問題
――クライン派の理論と技法を中心に

1　はじめに

精神分析の臨床、特にクライン派（Kleinian）や独立学派（Independent Group）（両者を併せて広義の対象関係論学派とみなし、便宜上イギリス学派と呼ぶこともある）の臨床においては、情動や情緒（両者ともに affect、emotion）と対象関係、解釈の問題は常に同時的に起きている過程である。なお用語上の問題であるが、辞書的には、情動や情緒は喜怒哀楽などの比較的強い感情を表わしている。そのほかに類語としては感情（feeling）、気分（mood）、雰囲気（atmosphere）などがある。後者は、比較的弱い基本的な感情である。ここではこれらを統括する言葉として情緒を用いる。

対象関係論学派では、私たち人類の対象関係は、その対象像と情緒によって規定されていると考えている。ビオン（Bion, W. R.）はそれをK、L、Hの三つの要素で表わしている[1]。それぞれ認識（knowledge）、愛（love）、憎しみ（hate）、の頭文字であるが、主体の対象との関係は、対象の認識とそれに対する愛と憎しみの情緒からなっていることを示している。特にクライン派の精神分析の臨床では、常に患者の対象関係の世界を扱うために、解釈の中にそこで活動している情緒を取り上げるのは日常的な行為である[14]。

しかし、実際の臨床経過は複雑であり、その理由は、多くの重要な対象像や自己像それに関する情緒が抑圧されていたり分裂排除されていたりして、患者個人が意識化できない状態にあるためである。本稿においては、この対象像と情緒の複雑な変遷とその臨床的理解や解釈の役割、その前提となる無意識的幻想（unconscious phantasy）の原始的情動に満ちた対象関係の世界の理解との関係などを論じてみたい。

最近の情動の研究で注目すべきは、乳幼児の発達心理学における急速な発展である。それはエムディ（Emde, R.）やスターン（Stern, D.）に代表されるような実証的観察研究によって、生まれたばかりの赤ん坊が、活発な心的活動を営んでいることが明らかにされたことである。[3][17] エムディは、生まれたばかりの赤ん坊は、喜び、怒り、驚き、好奇心、恐怖、満足などの六つの基本的な情緒を持って生まれてきていることを明らかにし、スターンは、出生児から様々な自己感の発達が見られることを明らかにしている。このような現在の乳幼児発達心理学研究の影響は、自己心理学（Self Psychology）の流れと並行関係にあって、臨床における共感や情緒的応答性の問題とも関連して、情緒の問題が再認識されている流れがある。

他方で、イギリスにおいては、乳幼児観察は１９３０年代から行なわれていて、１９４６年からはシステマティックな観察法が確立されている（タビストック方式）[1]。それは家庭訪問方式で、継続的に乳幼児の自然な生活体験を観察していく方法である。そこでは、観察者の投影性同一視（projective identification）の問題を考慮しながら、綿密な「関与しながらの観察」が行なわれている。そして、赤ん坊の豊かな内的世界の活動が観察されており、非言語的で情緒的なコミュニケーションが、母子間で出生児から活発に行なわれていることは早くから明らかにされていた。それは、いわゆる臨床的転移関係の中で観察された「臨床的乳幼児」ともいうべき、クライン（Klein, M.）の早期内的対象関係論や、ウィニコット（Winnicott, D. W.）の乳幼児の母子関係の発達論に大きく影響されている。

そのような赤ん坊の観察によって明らかにされた活発な情緒的活動が、後の神経症や境界例などの病理的状態になると、多くの抑圧（repression）、分裂排除（split-off）、歪曲（distortion）や否認（denial）などが活動する。

そのために、情緒は本来の健康な状態からは大きく道を逸れ、その一部分しか意識に上らなくなったり、無意識の中に排除されたままになったりしている状態が生じる。成人の患者の場合には、その情緒の運命が長期の間にどのようになってしまうのかを体現しているのであり、それは内的対象関係のひずみと併せて、病理的に大きな役割を果たしているのである。そして、治療的には、この歪曲され排除された対象像と情緒を本来の個人に取り戻していく作業が行なわれ、治療者の理解と解釈（interpretation）はその大きな役目を果たすものである。

2 フロイトの発達論的情緒の研究

情緒の問題は、精神分析理論の中でも歴史的に中心的な課題の一つである。フロイト（Freud, S）は、精神分析の初期の臨床研究の中で、ヒステリー患者の治療において、抑圧された記憶の情緒を伴う想起がもっとも重要な治療機序と考えている。更に後の神経症論の中では、苦痛や不安に対する防衛が過剰になったり不成功に終わったりしたときに、神経症症状が発現すると考えている[4][5]。そして、治療者がその防衛を解釈することで、患者の中に情緒的な無意識の記憶が想起されて、治癒に向かうと考えている。

彼は不安の問題を最重要課題として取り組み、その起源を3歳から5歳の頃の幼児におけるエディプス・コンプレックス（Oedipus complex）に関する両親との葛藤の中に位置づけている。つまり、男児においては、母親に対する性愛とそれを禁止し処罰する父親に対する去勢不安（castration anxiety）、そのような父親を攻撃しようとする自分に対する罪悪感（guilt feeling）などに注目している。女児の場合には、父親に対する性愛的愛と、母親から拒絶され愛情を失う恐怖や不安、自分の身体を攻撃される不安、男根に対する羨望（envy）などの情緒的体験を中心にした不安発生論を展開している。

ここで扱われている事柄は、幼児期の対象との情緒的体験である。つまり精神分析は、様々な情緒的な葛藤的世界を研究の対象にした学問ということができる。人間の心の機能の中では、思考、記憶、認知力などと比較して、情緒は非常に変化に富み捕らえどころのない面もあるために、研究の対象としてはもっとも客観的研究が困難なものの一つと考えられてきた。更に、無意識的情緒などを主題にしていけば、その困難さはなおさらである。精神分析は、宿命的にその客観性や実証性の問題を背負ってるが、人の心そのものの把握における存在論的な問題も含む複雑な条件を背景に抱えているのである。

3 クラインの発達論と情緒論

(1) 非常に幼い子供の精神分析——遊技療法[8]

ここでは、筆者がクライン派の影響を強く受けているために、クラインの研究をイギリス対象関係論の代表的なものとして紹介していきたい。

クラインは、2歳児の精神分析療法(遊技療法=play therapy)を行なう中で、そのような幼い子供の内的な世界(無意識的幻想)が、母親および部分対象(part object)としての母親との強い愛情と迫害的で恐怖に満ちた報復の世界からなっており、後者はサディズムの世界であることを発見した。それは、母親の身体部分や身体内部に関する無意識的幻想つまり内的対象(inner object)における関係性と、外的対象との参照や混同の中で、自己愛的、主観的に展開される部分対象的な世界であった。そこでは分裂(splitting)や投影性同一視(projective identification)などの原始的防衛機制(primitive defence system)が活動し、「良い対象—良い自己」、「悪い対象—悪い自己」の分裂した世界が活動している。そして良い対象関係の世界では、乳房や母親の顔などの極端な理想化(idealization)と、それに対する強い愛情が存在している。そしてその良い対象を自己の中に取り入れて(introjection)、自己の核を作り上げていく。悪い対象は、攻撃的で迫害的対象像(persecutory object)であり、乳幼児は自分がそのような対象から攻撃され抹殺される迫害的不安（persecutory anxiety）を持つ。また自己はそのような対象に対しては、激しい攻撃性（aggression）や憎しみ（hate）を向ける。

このように、クラインが記述した心の世界は、やはり原始的な対象像とそれにかかわる自己との多彩な原初的情緒に満ちた世界からなっている。彼女は、情緒や感情は対象関係そのものであり、それは乳幼児期の対象関係の記憶でもあるとも述べている。

（2）成人の躁鬱病や精神分裂病の研究

クラインは、更に成人の躁鬱病や精神分裂病の精神分析的臨床研究を行なう中で、それらの患者の病理としては、0歳児の未解決の葛藤的な世界が関係していることを明らかにした。それらが「妄想分裂ポジション」（paranoid-schizoid position）、「抑鬱ポジション」（depressive position）である。[9][10][11] クラインは、子供の早期分析の中で明らかにしていった世界を精神病などの成人患者の中にも発見し、それらを発達論として統合したものである。

「妄想分裂ポジション」では、部分対象関係（part object relation）であり、強い理想化と愛情を向けられる良い対象と、悪い迫害的対象とそれに対する攻撃と報復の恐怖を明らかにしている。「抑鬱ポジション」では、対象と自己の統合（全体対象 whole object と統合された自己）の過程で、対象がなくなってしまう恐怖（fear）、見捨てられる恐怖、破壊してしまう恐怖と罪悪感（guilt）、償いの気持ち（desire for reparation）などが生じてくる。また「躁的防衛」（manic defence）の活動も明らかにしている。これらの記述も、きわめて情緒的で情動的な世界として記述されているのである。そしてそれに対応して、原始的な内的対象像が存在しているのである。

乳幼児は脆弱な自我を持っている。彼らが不安や苦痛を伴う対人関係を持続的に体験したり、極端な激しい急激な喪失体験などを行なったりしたとき、それらに対処できない乳幼児の自我が、それらを防衛的に回避する手段を発展させていく。そしてそれが過剰になりすぎた場合には、後の病理的な問題の資質を形成していくのである。そして、それらの不安や恐怖、苦痛などに関する情緒的体験は、その対象像と自己との関係とともに無意識の中に排除されてしまうのである。つまり多くの情緒的対象像が無意識的に存在している。そして、それらが未解決の体験に関しているほど、病理的な問題を呈する可能性が高くなるのである。結果的に、治療者は臨床の中で、その無意識的な未解決の葛藤に関する情動的な対象関係の問題を解釈などで扱うことになる。そしてそれらは、転移解釈、防衛解釈、内的対象関係の不安の解釈などと関連づけて解釈されるのである[14][16]。

4　情緒と対象関係の臨床的研究

以上の発達論や心の構造論は、実際の乳幼児観察や臨床的な観察に基づいた対象関係の特徴であり、極めて情緒的な世界である。重要な点は、フロイトが精神分析の創成初期の時期から、ある抑圧された未解決の葛藤的な記憶とそれに伴う情緒が無意識的に存在していて、それが神経症の起源であると見なしていることである。つまりこれは、主体がその情緒そのものを意識していない状況が存在していることを意味している。そして、治療の過程において、それらの葛藤的な苦痛や不安が対象の記憶とともに明らかにされたときにのみ、抑圧は解消され未解決の葛藤は意識化されるとともに解決されると考えられている。臨床的には、この無意識的情緒が存在することを理解し、それを発見して解釈によって明らかにしていく作業が、重要な課題になるのである。

クラインの場合には、分裂と投影性同一視、否認などによって、対象像とそれに対応する自己像の幻想とそれらに対する自己に関する情緒が、まとめて自己から分裂排除されて否認され、更に対象に投影性同一視されてしまう。そしてそれを投げ入れられた対象（母親、治療者）は、「取り入れ性同一化」(introjective identification）の機制によって、自己の情緒として無意識的かつ意識的に体験し、自己の行動や観念、情緒の動きとして表現するのである。ここでも、分裂排除され、主体には意識されない対象関係と情動の世界が存在していることが明らかにされている。実際の治療過程においては、患者の自由連想や治療者の「正常な逆転移」（normal counter-transference）などによって、無意識的幻想を理解して文脈を読み、その中で分裂排除されたものを把握して、解釈していく作業が必要である。

更にクラインの重要な臨床的貢献の中には、防衛的な自己の世界も内的対象関係によって構成されていて、それらも無意識的幻想として活動していることを見いだしたことがあげられる。そして、防衛として働く内的対象関係と情緒や情動が存在していることを明らかにしたのである。最近のシュタイナー（Steiner, J.）の「病理的組織化」（pathological organization）の研究は、そのもっとも代表的な集大成の一つである[14][15][16]。

このように臨床的には、情緒の中には意識的なものも無意識的なものも存在し、しばしば多くは無意識的に対象の中に投げ込まれている。また、真の不安や葛藤に関する自己と対象との葛藤的な不安や情緒だけでなく、むしろ真の苦痛からは目を逸らせてしまう防衛的な情緒的世界も存在しているのである。それらを仕分けしながら、無意識的幻想の世界を理解していく作業は、治療者のもっとも重要なものである。この問題は、臨床における転移と逆転移、対象関係と情緒に焦点を当てることの多い解釈の困難さに、大いに関係している事柄である。

5　無意識的幻想の理解——臨床技法

（1）クライン派の臨床理解の特徴

クラインのもっとも大きな発見の一つは、乳幼児期の対象関係の重要性であり、もう一つはその活動である無意識的幻想を臨床的に理解していく方法を発見したことである。フロイトは既に自由連想法と夢解釈によって無意識の理解の方法を発見しているが、クラインの方法は、フロイトの夢解釈の技法の発見に匹敵するものであると言うこともできる。

クラインは最初、子供の遊戯療法において、それが成人の自由連想に匹敵するものであり、遊びの世界の中でその幼児の無意識的幻想を表現していると考えるようになった。そして、その遊びの意味を理解するには、フロイトの夢解釈の技法を応用したのである。つまり子供の覚醒時の遊びも睡眠中の夢と同じく、圧縮（compression）、置き換え（displacement）、象徴（symbolization）などによって無意識的幻想の活動を表現していると考えたのである。そしてその世界は、サディズムを中心にした様々な情緒と情動に満ちた世界であった。この発見によって、クラインは精神分析の革命といわれる、様々な理論や新しい技法を発展させたのである[8]。

更に彼女が成人の精神分析を行なう中で、成人の自由連想がやはり子供の遊びと同じく、成人患者の現在活動している無意識的活動を表現していると考えたのである。つまり、クラインは成人の覚醒時の自由連想や行動化が、子供の遊びや夢と同様にやはり無意識的幻想の活動を反映していると考えたのである。それはちょうど顕在夢（manifest dream）と潜在夢（latent dream）の関係に似ていて、意識的に表現されている自由連想の内容や行動化などは、無意識で活動している幻想の間接的な表現である。そこには夢の作用と同じく、圧縮、置き換え、象徴形成過程などの様々な無意識的検閲（つまり分裂や投影性同一視などの原始的防衛）による干渉や加工が行なわれている[9][10][11][14]。

この発見によって、治療技法に革命的な進歩をもたらしたのである。つまり、治療者の重要な機能の一つとして、この患者の顕在的な自由連想や振る舞いから、そこでその場で活動している無意識的幻想の活動を理解していくことが重要になった。それは、患者が選択する主題の無意識的動機や潜在的な文脈に関連した世界である。その無意識的幻想は、早期の対象像と情緒の活動から成り立っており、その状態をどのように理解していくかが、もっとも治療的に重要な過程である。そしてその理解は、転移解釈や防衛解釈などの基礎になるものである。それは、治療者が長期の教育分析とスーパービジョンによって根気強くマスターしていく必要のあるものである。そしてクライン学派や独立学派の臨床的醍醐味はこの部分にある。この無意識的幻想の理解の仕方を経験していなかったり不十分であったりする場合には、その精神分析は表層的なものに終わってしまうのである。

6 意識的情緒と無意識的情緒

ここで重要な問題が生じてくる。つまり患者の意識的な自由連想の中で表現される意識的情緒と、無意識的幻想の中で表現されている内的状態における情緒の活動状態やその運命に関する問題である。[14][16]

(1) 意識的情緒

a 会話内容に即した情緒

患者の意識的情動はしばしばそこで語られている会話内容に即したものであり、治療者はいわゆるもっとも共感しやすいものである。それでも激しい陰性の情動が、治療者に向けられたり怒りが表出されたりしているときは、その意味を把握したり共感的に対応したりするのは容易ではない。しばしば治療者は、根気強い忍耐を強いられることもあるのである。

b 言動に即さない情緒

他方では、意識的な情動の中には、そこで言語的に表現されたり、行動によって表現されたりしている文脈にはそぐわないものも見られる。これらはおそらく、無意識的情緒の一部が意識化したものであるか、防衛的な世界が無意識の世界で活動しているときのサインでもある。

もっとも典型的な分かりやすい例は、悲惨な対象喪失をして、その体験を一部語ることができていながら、その主体はその情緒的体験ははっきりせず爽快感や高揚感を感じる場合である。これは、明らかに「躁的防衛」の世界が活動しているサインである。

また様々な出来事において、情緒が排除されていたり歪曲されていたりすることの結果が、意識的にも表現されることが多いのである。たとえば、ある女性患者は、父親が母親に対して激しい暴力を振るっている光景を幼少時から何度も目撃していた。その場面を想起したときに、自分が恐怖感はなく、母親への同情心も感じず、父親は自分だけは愛してくれていて、むしろうれしく感じていたと表現したのである。これは一見エディプス葛藤と見なしてしまいがちであるが、実は様々な歪曲が働いている。患者の、本来の父親に対する恐怖、激しい攻撃や非難、殺人空想、母親に対する苦痛な気遣いや、それをなんともできない自己の脆弱さなどの情緒的な世界と観念は、患者本人は分裂排除されていて自覚できず、その体験に対する意味づけが大きく歪曲されているのである。患者には、治療者や他の人物に対しても独特の歪曲が見られ、治療的には、この歪曲を指摘していくことも重要な作業であった。

このように意識的な情緒の世界も、主体がある体験に対する真の苦痛な情緒を意識化して表現できるときと、様々な防衛機制や歪曲が働いた最終結果としての情緒や感情が存在している場合がある。

(2) 無意識的情緒

無意識的情緒（unconscious affect）の世界は、無意識的内的対象関係に関係している。そしてそれらは無意識的幻想の世界をなしていて、患者の自由会話や行動の中に、その一部が間接的に比喩的に表現されていることも多い。それは心的に苦痛と不安、恐怖に満ちた未解決の葛藤的な対象関係と情緒に関係しているものである。また、防衛的に活動している対象群が活動するときの、無意識的情緒や情動も同時に活動している。治療者は、患者の連想などから、それらを読み取っていき、転移との関係や不安と関連した、内的対象関係の動きとして解釈していくのである。

7 転移と解釈

当然転移（transference）にも意識的転移（conscious transference）と無意識的転移（unconscious transference）があるが、とくに治療的には無意識的転移が重要になる。そしてそれらは転移感情として複雑な情動を伴っていて、治療的には丁寧に解釈していく必要がある[14][15][16]。

(1) 意識的転移

意識的転移は、患者が治療者に対して意識的に様々なイメージや空想、情緒や感情を持ったり、比較的明確なときには激しい情緒（転移性恋愛や憎しみや恨み、迫害的不安など）を向けるようになる状態である。この場合には、治療者にとっては、転移の状態を観察することは比較的容易である。重要なことは、情緒的に意識的転移が激しいときには、しばしば何かが見逃されていた結果であったり、患者の激しい防衛的な活動の現れとして考えられたりするものもある。特に後者は、患者の病理的投影性同一視と関係が深いのである。

また、治療の途中で激しい転移性の情緒が発現した場合には、それ以前にその転移が意識的になる以前に、多くの無意識転移としての活動が、患者の連想や行動の中に示唆されていることもしばしばみられる。そして、治療者がそれを理解していくことに失敗していることが多い。

(2) 無意識的転移

無意識的転移の理解とその解釈は、特にクライン派や独立学派の治療技法においては、もっとも重要なものになる。そのために、患者の表面に現れた振る舞いや行動、言語的表現の行間や背後に示唆されている無意識的幻想や内的対象の活動状況を理解することが基本になっている。この無意識的幻想の活動を理解して、初めて無意識的転移の把握と理解が可能になる。患者の内的活動の様子も転移の理解も、この自由連想の材料や患者の振る舞いなどから、無意識的幻想を理解する過程を抜きにしては語れないのである。この部分が、クライン派や独立学派の分析治療の真骨頂であり、そのもっとも重要な特性を代表するものである。無意識的幻想の活動を理解すれば、そこには治療者との無意識的な転移関係も表現されているし、患者の無意識的内的対象関係が、日常的な身近な主観的対象との間で反復されていることが理解できるのである。それは幼児的な対象表象と自己表象とそれに関する情緒的な関係性から成り立っている。そしてここでも無意識的情緒が重要なものになり、治療者は転移解釈を行なう場合に、この無意識の対象関係つまり表象活動と情緒（転移感情）を中心にして解釈していく。

8　逆転移と解釈

現代クライン派の考えでは、治療者の逆転移（counter transference）には、本来の「狭義の逆転移」と患者のコミュニケーションに答える「正常の逆転移」が存在している[2][6][7][12]。そして、治療者・患者両者の意識的、無意識的情緒の活動にも大きな関係がある。狭義の逆転移は、フロイトが元々強調し注目したものであるが、治療者個人の未解決の葛藤に基づくもので、いわば治療者の患者に対する転移であり、治療には支障を来すものである。この逆転移をできるだけ解決するためには、治療者は教育分析を受ける必要がある。

更に逆転移には、患者の投影性同一視の働きが大きく関係している。ローゼンフェルド（Rosenfeld, H.）の研究によると、投影性同一視には、①正常な同一視（共感や感情移入に関係している）、②自己の苦痛な部分を排除するため、③対象をコントロールするため、④対象を所有して、自己との境界を曖昧にするため、⑤相手の中に寄生するためなどがあるが、②以降は病理的なものであり、境界例や精神病などによく見られる機制である[13]。

治療においては、患者は治療者の中にこのような積極的な投影性同一視を行ない、それはほとんどが無意識的で非言語的である。それを投げ入れられた治療者は、それを「取り入れ同一化」(introjective identification)の作用によって自己に同化して、治療者自身の観念的情緒的活動として体験とし、それに基づいて思考したり行動したりするようになる。そして治療者は、一部は正常の投影性同一視に対応して正常な共感(empathy)として感じられる部分もあるが、病理的な投影性同一視も活動して、患者の病理的な世界の中で割り当てられた役割を、治療者が自動的に演じてしまうよう行動化してしまうのである(再演 enactment と共謀 collusion)[16]。

この患者の投影性同一視によって投げ入れられた対象および自己の一部を、治療者が取り入れ性同一化を行なうことが逆転移に関係しているが、その中には上記のような患者の積極的な投影性同一視による治療者へのメッセージが込められているのであり、それを治療者が理解していくことが重要な作業である。そこには、当然治療者個人の未解決の葛藤による、歪曲された情緒的理解(狭義の逆転移)も混在しており、それを仕分けしながら治療的に有効に使用していくことが重要なのである。

このような患者の投影性同一視によって生じる治療者の逆転移に関して、グリンバーグ(Grinberg, L.)は、「投影性逆同一視」(projective counter-identification)の概念によって、より明確に説明しようと試みている[6]。これらの投影性同一視―投影性逆同一視は多くが無意識的過程であり、治療者には、その一部が歪曲された形で情緒的に体験されたり、行動化されたりする。治療者はその一部しか意識化することができないが、わずかな情緒的体験でも、患者からの無意識的なコミュニケーションのサインとして、理解していくことが大切である。

このように、逆転移にも意識的なものと無意識的なものがあるのであるが、無意識的なものを治療者がすぐ理解することはかなり困難な作業である。それはしばしば、スーパーバイザーなどの第三者の指摘がないと、自覚することが難しいのである。それでも、上記のようにかすかな情緒的体験や、治療者の治療に関する夢や空想などがその理解に役立つのである。それは、かすかな逆転移感情に表現されていることが多く、治療室における治療者の中の微妙な情緒、気分などが重要な意味を帯びていることが多い。それは患者の背後に隠された、もう一つの自己の世界からのメッセージである可能性が高い。このかすかな逆転移感情は、治療者自身に気づかれることがなかなか難しいが、患者の無意識的コミュニケーションを理解するのに重要なことがある。治療者自身の治療に関する夢や空想については、注意深い考察と理解が必要であり、治療の状況を明らかにしていくことに大いに役立つのである。

治療者がはっきりと体験する明確な意識的逆転移は、しばしば強い情緒的体験として体験される。こちらの逆転移は、治療者にもよく認識できるが、それが何を意味しているのかを理解していくことはやはり容易ではないことが多い。多くは、患者が、治療者を強制的に支配したり、治療者の思考力を奪ったり、治療者の機能を破壊しようとしたり、治療者を占有したり、寄生的関係を作ろうとしたりする、病理的な投影性同一視と転移が働いているときが多いのである。

これらの投影性同一視や逆転移に関する研究としては、上記のグリンバーグの研究の他に、ビオンの正常の逆転移と病理的投影性同一視、コンテイナー／コンテインド（container/contained）の研究、ハイマン（Heimann, P.）の逆転移のコミュニケーションとしての機能の研究、マネー＝カイル（Money-Kyrle, R. E.）の正常の逆転移と葛藤的逆転移の研究、ラッカー（Racker, H.）の逆転移の研究などがある(2)(7)(12)。

9　中立性と解釈

以上のように、治療者の内的な積極的機能は、患者の無意識的幻想とそれに関する無意識的転移・逆転移や無意識的情緒などを、理解し解釈していくことである。そしてこのような治療者の機能を、もっとも効率よく安定して保証する機能が、治療構造と受容的で中立的な治療的態度の中に含まれるか併存していなければならない。

それは、患者がもっとも自由に自己を表現でき、治療者から道徳的批判や思考の侵入的吹き込みを受けることのない治療環境である。また治療者は、患者の転移と逆転移、患者の無意識的幻想の理解、投影性同一視の夢想（reverie）による理解などを、もっとも好ましい条件で実践できるような状況が理想的である。そこでは治療者は、患者の情緒も自己の情緒も自由に認識して、それらについての意味を理解できるような自由さが必要なのである。フロイトはこれを「自由に漂うような注意」と言い、ビオンは「記憶なく、願望なく」という状態がもっとも理想的であると考えている。ここには治療的中立性についての重要な問題が存在している。

10　おわりに

クライン派や独立学派の臨床においては、無意識的幻想の理解が臨床の基本にあり、それは対象像と情緒からなっている世界である。そして、それを基本にして、分裂排除されているものや転移、逆転移などの関連したものを解釈していく。つまり解釈には、常に情動や情緒が関係しているのである。つまりイギリス学派は、解釈においては情緒の問題を対象関係の中で常に扱っていると言うことができる。

ただ困難な問題は、多くの情緒が無意識的に活動していたり、意識的な情緒も歪曲や防衛的な活動をしたりしているものがあることである。治療者は、それらの位置づけをよく理解しながら解釈していく必要がある。

そして、それらの治療者の活動を保証しているのは、精神分析に固有の治療のセッティングと治療者の受容と傾聴を伴う中立的な態度などである。

文献

（1）　Bick, E.（1964）Notes on Infant Observation in Psychoanalytic Training. *International Journal of Psychoanalysis*, 45 : 558-66.

（2） Bion, W. R.（1962）*Learning from Experience*. Heinemann.〔福本修訳（1999）「経験から学ぶこと」『精神分析の方法Ⅰ――セブン・サーヴァンツ』法政大学出版局〕
（3） Emde, R.（1999）Moves Ahead: Integrating Influences of Affective Processes for Development and for Psychoanalysis. *International Journal of Psychoanalysis*, 80 : 317-39.
（4） Freud, S.（1896）Studies on Hysteria. In *Standard Edition*, Vol. 2. Hogarth Press.〔懸田克躬訳（1974）「ヒステリー研究」『フロイト著作集7』人文書院〕
（5） Freud, S.（1916-1917）Introductory Lectures on Psychoanalysis. In *Standard Edition*, Vol. 15-16. Hogarth Press.〔懸田克躬・高橋義孝訳（1971）『フロイト著作集1』人文書院〕
（6） Grinberg, L.（1990）*The Goals of Psychoanalysis*. Karnac Books.
（7） Heimann, P.（1950）On Counter-Transference. *International Journal of Psychoanalysis*, 31 : 81-84.
（8） Klein, M.（1932/1975）Psychoanalysis of Children. In *The Writings of Melanie Klein*, Vol. 2. Hogarth Press.〔衣笠隆幸訳（1997）『メラニー・クライン著作集2』誠信書房〕
（9） Klein, M.（1935/1975）A Contribution to the Psychogenesis of Manic-Depressive States. In *The Writings of Melanie Klein*, Vol. 1. Hogarth Press.〔安岡誉訳（1983）「躁うつ状態の心因論に関する寄与」『メラニー・クライン著作集3』誠信書房〕
（10） Klein, M.（1940/1975）Mourning and Its Relation to Manic-Depressive States. In *The Writings of Melanie Klein*, Vol. 1, pp. 344-369. Hogarth Press.〔森山研介訳（1983）「喪とその躁うつ状態との関係」『メラニー・クライン著作集3』誠信書房〕
（11） Klein, M.（1946/1975）Notes on Some Schizoid Mechanisms. In *The Writings of Melanie Klein*, Vol. 3, pp. 1-24. Hogarth Press.〔狩野力八郎・渡辺明子・相田信男訳（1985）「分裂的機制についての覚書」『メラニー・クライン著作集4』誠信書房〕
（12） Money-Kyrle, R. E.（1956）Normal Counter-Transference and Some of its Deviations. *International Journal of Psychoanalysis*, 37 : 360-366.
（13） Rosenfeld, H.（1971/1988）Contribution to the Psychopathology of Psychotic States: The Importance of Projective Identification in the Ego Structure and the Object Relations of the Psychotic Patient. In *Melanie Klein Today*, Vol. 1. Routledge.〔東中園聡訳（1993）「精神病状態の精神病理への寄与」『メラニー・クライン トゥデイ1』岩崎学術出版社〕
（14） Segal, H.（1981）*The Work of Hanna Segal*. Jason Aronson.〔松木邦裕訳（1988）『クライン派の臨床――ハンナ・スィーガル論文集』岩崎学術出版社〕
（15） Spillius, E. B.（1988）*Melanie Klein Today*, Vol. 1. Routledge.〔松木邦裕監訳（1993）『メラニー・クライン トゥデイ1、2』岩崎学術出版社〕
（16） Steiner, J.（1993）*Psychic Retreats*. Routledge.〔衣笠隆幸監訳（1997）『こころの退避』岩崎学術出版社〕

(17) Stern, D. (1985) *The Interpersonal World of the Infant*. Basic Books.〔小此木啓吾・丸田俊彦監訳(1989/1991)『乳児の対人世界 理論編、臨床編』岩崎学術出版社〕

〔『精神分析研究』44巻1号、2000年〕

18章　治療機序とその効果――クライン派の臨床的視点から

1　はじめに

この「治療機序とその効果」の主題は、非常に広範囲にわたる問題を含んでいる。つまりその背景には治療の目的と治療過程の理解、治療の終結の問題が存在している。そのときに、治療の目的には、一般に言われる健康の回復の視点と、治療者のよって立つ治療機序に基づいた、患者の内的葛藤の解決や心の発達などの治療目標の問題がある。前者は、一般に症状の改善、仕事や社会機能の改善、仕事や就学の可能性などがその指標となる。

しかし精神分析的治療者の視点から見ると、症状など一般的改善をしても、本人の内的な心の問題が解決していない場合には、患者は本当の意味では改善していないと考えることが一般的である。それは転移性治癒の問題や健康への逃避といわれる状況にも関係している。そのような状態では症状がほとんど消失してしまうこともしばしばみられるのであるが、患者も治療者も治癒したと勘違いして治療を終了した場合には、ほとんどの患者が再発してしまうことが多い。

治療機序や治療目的には、分析家の理論的な視点が大きく関係している。治療者は、患者の内的な心の病理をどのように理解するかによって、その治療的アプローチや技法、治療の過程の理解の方法、治療の目標などを規定する面がある。

ここではフロイトの基本的な理論的視点と治療機序の紹介を行ない、次に英国クライン学派の現代までの理論的発展とその治療機序や目標に関する紹介を行ないたい。

2 フロイトの神経症論と治療機序、治療の目的

a リビドーの鬱積論と治療機序

フロイトの初期の神経症論は、「心の病気は、性的抑止の結果である」というものであった。そのために、治療の機序と目的は、そのような抑止から性愛が満足のいく方法で放出されるのを援助することであった。

b 局地論と治療機序

次に、フロイトは人の心を意識、前意識、無意識にわけ、無意識における衝動や欲求と、現実からの要求の間の葛藤が神経症の病理の根幹と見なした。それで、かれは、「無意識を意識化させること」を治療機序とその目的の中心においた。そのためには、治療における抵抗を適切に扱っていくことを重要な治療的技法と見なした。

c 構造論と治療機序

更にフロイトが、自我、超自我、イドの構造論を導入してからは、神経症の病理の根幹は、自我が超自我とイドの欲求と外界からの要求をうまく調節できない結果であると考えるようになった。そして、自我と超自我の関係性や自我とイドとの関係を適切に緩和することが治療機序として重要になり、治療者の目標になった。そしてフロイトは特にイドと自我の関係性の重要性に注目して「イドのあるところに自我をあらしめよ」と有名な格言を述べている。

そしてこれらを実際の治療で実現するためには、抵抗の対処だけでなく、転移神経症における転移の解釈、それらに対する患者の「洞察」による理解が重要だと考えていた。つまり治療者からみると、そのような治療機序が基本的に作動するように治療者が治療的介入を行なうことができ、それに引き続いて、患者がそれらの自己理

解を「洞察」によって得ることが一次的な治療目標である。

フロイトに続いて多くの分析家が治療機序論や目的を述べているが、基本的にはフロイトの構造論的見地からの考察である。

3 クライン派の治療機序と目的

筆者はイギリスクライン学派の影響を強く受けているので、ここでは特にその学派の視点から治療機序や目標について歴史的考察をしてみたい。クライン派の治療機序と治療目的や治療効果の指標は、当然その心の理論と病理学に基づいている。治療者の視点では、治療のもっとも大きな目標は、妄想分裂ポジション(paranoid-schizoid position)から抑うつポジション(depressive position)への統合的移行である。そのためには、分裂(splitting)と投影性同一視(projective identification)、否認(denial)などの原始的防衛機制によって、分裂排除されている内的対象像と自己像の世界を自己に取り戻すことが、治療機序としてもっとも重要なものになる。つまり、それらの防衛機制によって自分の無意識や外的他者の中に分裂排除された世界を、治療者が自由連想の内容や行動化、転移・逆転医の関係性の中から理解し、それを患者に解釈をしていく作業が、治療上重要な内的統合をもたらすと考えている。

ビオン(Bion, W.)は、このプロセスをコンテイナー/コンテインド(container/contained)のモデルによって説明している。つまり、患者(赤ん坊)が統合できない自己と内的対象の一部を分裂排除して、外界つまり治療者(母親)に投影性同一視している場合に、それを投げ入れられた治療者(母親)は(転移)、言語的に告げられた内的想像世界のコミュニケーションや非言語的コミュニケーションによる、正常の逆転移感情や観念を抱く体験をする。それらを総合し統合することによって、患者(赤ん坊)の分裂排除された無意識的な内的世界の活動の意味を理解し、解釈して患者に伝え返していくことが、治療者（母親）のコンテイナーの機能としての重要な役割を果たしている。それは治療構造の維持や患者に対する支持的ケアだけではなく、患者の原始的なコミュニケーションを理解し解釈する、治療者の積極的な態度や指向性が含まれていることを意味している。実際に治療の場面においては、治療者は患者が自由連想やその態度や雰囲気、行動化などによって伝達する無意識的な世界の一端を理解し、それを統合してその意味の世界を発見していくことに集中している。そしてそれらの無意識的意味を、患者に理解できる言葉によって解釈していくという治療的作業を、日々のセッションの中で繰り返しているが、その作業そのものがコンテイナーの重要な機能に関連している。

患者個人は、幼少時からそれらの苦痛な体験を対処できないと感じてきたがために、それらの対象関係が自覚され自己に戻ってくることに対して、組織的な防衛組織を形成していることが多い。それは、重症の病理的パーソナリティの問題を抱えている患者群ではほとんどそうである。その代表的な理論はローゼンフェルド（Rosenfeld, H.）の「自己愛組織」（narcissistic organization）やシュタイナー（Steiner, J.）の「病理的組織化」（pathological organization）のパーソナリティ論である。後者の「病理的組織化」論は現代クライン派の代表的な病理的パーソナリティ論である。シュタイナーによれば、それは病理的な第三のポジションであり、健康な自己の部分が治療者を信頼したり依存したりして、自己が発達しようとする傾向に対して、病理的な警告を与えそのような健康な自己の部分を激しく攻撃して、変化に対して強く抵抗する傾向がある。またその内的世界は、自己を欲求不満に陥れた悪い対象と自己の、断片的な取り入れと集塊（amalgamation）によって成り立っている。そして迫害的不安や抑うつ的不安に満ちているが、それらは病理的な部分対象関係の世界から成り立っている。そこでは、サド・マゾ的な対象関係が活動していて、破壊性に対する倒錯的関係（perversive）や嗜癖的関係（addictive）が顕著である。そしてそれらが強力な場合には、病理的な重症パーソナリティの形成に大きな役割を果たしている。

治療者は、そのような機制までも理解しながら、患者の分裂排除してきた世界の表われを見いだして解釈し、患者がそれらを自覚して、抑うつポジションの統合を目指す治療目標に向かうのである。

その過程では、患者は対象に対してアンビバレントな関係に苦しんできたことを否認してきたこと、そのような対象に自分が憎しみや怒り、攻撃などを向けながら他方では依存していることや、それを失ったときの苦痛な体験や病理的罪悪感を認識していくのである。その過程上で、患者は徐々に思考や象徴機能を発展させることができるようになる。

その過程においては、分裂排除されていた対象の矛盾した側面が明らかになり、対象に対しての様々な苦情や苦痛な体験や攻撃性、過剰な罪悪感などが自覚されざるを得ない。これは患者個人には非常に苦痛で傷つきと不安をもたらすものであり、それらは治療による進展を妨害する強力な力になる。そしてそれは強力な病理的組織として機能することが多く、自分が不当に扱われたことに対する復讐を果たそうとし、攻撃者に同一化したり自己破壊的な行動に走ったりしがちである。そしてしばしば、治療者はその病理的対象関係の世界に巻き込まれ、それを強化する役割を担わされることがあるのである。

これらは、クライン派の病理的パーソナリティ論に基づく治療論であり、治療機序であり治療目標である。治療者は、患者の症状が改善し、社会的機能が改善するなどの一般的な治療目標に並行して、以上のような内的な変化を患者個人がどの程度達することができたかを治療の目標達成の基準と見なし、終結の基準と見なしている。

4　症例

ここで自分の分裂排除してきた世界を、自由連想や行動化、娘に対する投影性同一視、多くの夢などによって表現し、治療者がそれを理解して解釈することによって、改善を見た症例を述べたい。

【症例】

40歳代の主婦Aである。診断は慢性うつ病。背景に依存型パーソナリティの傾向が見られる。サラリーマンの40歳代の夫と、児童期の女児、男児の4人家族である。X-4年前に患者が依存的な関係を持っていた女性の友人が、脳腫瘍で死亡したことをきっかけにして抑うつ状態になり、以後抗うつ剤投与、電気ショック療法など様々な病いに対する治療を受けてきたが改善していない。かかりつけの医師が、抑うつ状態が改善するかもしれないと妊娠を勧めてみたが流産してしまい、抑うつ状態は更に悪化している。Aは、家事もほとんどできず、4年間にわたってほとんど横になったまま抑うつ状態が続いていた。Aは、かかりつけ医師によって、精神分析的精神療法を勧められた。

Aは、大学入学時（18歳）に初めて両親と離れて下宿したが、孤立の恐怖に苦しみ、抑うつ状態に陥った。そのときには教官に相談することによって何とか立ち直り、半年後には復学している。

母親は、両親を幼いときに失い、強い意志を持って高等教育を受けた人で、Aに対しては厳しいしつけをしてきた。Aが2歳時に、腫瘍のために入院し外科的処置を受けた。そのときにAは叔母に預けられたが、半年間の間体重が増加せず、母親が退院して連れに来たときには、母親を認識できなかったという。

父親も幼少時に両親を亡くして親戚に育てられた人で、情緒的な交流ができず、ほとんど仕事のために家族とは交流しようとしない人であった。そのためにAとの関係は希薄である。

2歳上の姉は、思春期の頃から母親の支配的で厳しいしつけに反発して、母親との争いが絶えなかった。Aは、母親を恐れておとなしくしていて、母親の厳しい要求に対して従順な子供時代を過ごしている。

【治療経過】

治療は週3回、カウチによって行なわれた。

（1）第一期（X年＋6ヶ月まで）

治療初期にはAは治療者に対して強い猜疑心を抱き，治療者に接近することに強い不安を示した。しかし，徐々に治療者の不安を扱う解釈に反応して，「治療者によく似た人物が，遭難者を救うテレビニュース」の話をした頃から，治療に対して取り組む姿勢を見せ始めた。Aは自由連想の中で，無意識的幻想にかかわる世界を置き換えや象徴機能によって間接的ではあるが良く表現した。そのために，治療者は多くの無意識の分裂排除された世界を理解することに関して，患者の言語的表出に基づく象徴的表現を通して，豊かな患者の内的世界の活動を理解することができた。例えば，夫の選択が間違っていたのではないかとか，夫がAの葬儀に同伴してくれず，自分だけがひとりぼっちであったこと，知り合いの医師が自分の娘に靴をやると言いながら忘れて約束を守らない話をした。これらは，治療者の選択の問題や，自分の真の葛藤的問題が対象喪失にあること，また治療者が自分の喪の仕事を援助して，自分の必要なものや自立できる一人歩きできるものを約束どうり与えてくれないのではないか，という不信感と心配を表わしているものであった。

このような導入期の不安を話し合っていると，Aは初めて新しい植物を思い切って購入した話をした。そして，どうやって世話していいか分からず，冒険を犯しているような気がすると述べた。これはAが，治療者との関係性の中で経験した治療的体験を受け入れて何とかやってみたいが，どうしていいのか分からないという心性の表明であった。それを解釈すると，Aは治療者が自分のことを理解し助けてくれるのではないかと思うようになったと述べた。このように，Aは言語的表現に優れ，象徴的表現や行動化によって彼女の前意識的な分裂排除された内的対象関係の世界を表現できる人である。

その後，他方では，Aは「娘が急に変になった。泣き続けたり，這い這いをして今日生まれたなどと言った。どうしたんだろう，自分がもっとかわいがってやれば良かった，もう手遅れだ」などと述べた。治療者は，Aが自分の赤ん坊の部分を長女に投げ入れていて，その気持ちを長女が行動で表わしているのであり，A自身がそれによって自分を見ることが出来ていることを解釈した。更にAは、「この頃手が自動的に動くようになって、多くのことを自分の部屋で書いている。それを読むと怖くなって、封印をして鍵をかけたのでもう大丈夫だ」と述べた。「でも先生は読めるのではないか」など意味不明のことを述べ、困惑状態になった。治療者は、Aが精神病状態になったのではと、強い不安を抱いた。しかしAは、次のセッションには定刻に現れ、「夫と話し合って将来の自分について考えていた」と、前回の困惑状態を何とか乗り越えることのできる自我の強さを示した。治療者は、Aが破綻するのではないかと心配していたので、内心安堵していた。

後に治療者が休暇を告げると、Aは急に不機嫌になり、2歳の頃に母親から置き去りにされたことを想起した。そしてAは、「今の自分は2歳で、体が小さくなってしまい、呼吸もこの手も2歳のときのものだ」と言い始めた。そのセッションの終了時間が来ると、Aは手を差し出して治療者に起こしてほしいと述べた。それをしようとしない治療者に対して、Aは激しく怒り、帰宅後も家族に対して癇癪を爆発させた。またAは休暇直前には、「神のシンボルが枕元に現れたので、自分は救われ治療にこなくても大丈夫だ」と述べた。他方では、自殺未遂をしたいとこの話、両親を殺して自殺した女性の話、飼っていた猫を保健所で殺して貰った話などして、治療者とのしばらくの別離に対して、Aが殺人的な怒りと死に関する強い見捨てられ恐怖を持っていることを表現した。

このようなAの転移関係における対象関係の特徴は、抑うつポジションにおける病理的で未解決の見捨てられ恐怖と激しい依存のアンビバレンス、対象喪失に対する激しい怒りと抑うつや迫害的罪悪感、自己処罰の衝動などのアンビバレンスから成り立っていた。これはクラインが、抑うつポジションの病理的状態として明確に記述しているものであり、心因源生慢性うつ病（psychogenic depression）の病理の核心が、患者の分裂排除された病理的抑うつポジションにあることを示している。

治療者の役割は、そのような主として日常生活の話題や行動化を通して、Aが間接的、象徴的に表現している世界について、Aに治療者が理解していることを解釈することである。そして、その治療者の解釈を通して、A

がこれまで分裂排除してきたものを意識化し統合していく作業が、重要な治療機序であり治療過程の根幹を成している。

(2) 第二期(X年+6ヶ月~12ヶ月)

この頃から、Aは象徴的な連想や夢の報告を多く多彩に行なうようになった。例えば、休暇の後のセッションで、Aは母親から貰った冬用のジャンパーの話をした。それは十年前母親が亡くなった頃に貰ったものであったが、母親はそれを洗濯していず汚れたままであった。今回の休み中に、Aが洗濯してみたら防水がだめになって、このジャンパーはもう使えないだろうと述べた。これは象徴的に、Aは休暇中に内的な母親の庇護の下に戻ろうとしたが、母親の遺産をきれいに処理し、整理したいとも思ったことを示していた。そしてAは、洗濯によって象徴的にそれを行なったが、その代わり母親のシミの付いた庇護を受けることは出来なくなったという意味であった。この洗濯は治療を意味していて、Aが治療を受ければ母親の保護を失うことになると感じていることを表明していた。更に、その母親の庇護は汚れていて彼女には不快なものでもあった。このように母親に対するアンビバレントな関係性を、治療者との転移関係の中で豊かに表現できるようになった。

その頃には、母親に対して批判的見解を述べて反抗し、治療者との自由な開放された世界を楽しむ連想と、迫害的な母親から分離独立しようとするときの、激しい見捨てられ不安や死の恐怖の世界が、交互に見られるようになっている。そしてAは次のような夢を報告した。「職場で働いていて、時間割がバラバラになっていて、どの教室に行っていいか分からない。別の女性職員が来て、そんなものいらない、と時間割をまき散らして楽しんでいた」。Aはその女性職員を、自由で自分の意志で生きる自立した先輩で、大変尊敬していたことを述べた。これはA自身が、厳しい時間厳守を要求してきた母親の世界に対する、解放されたい気持ちを表わしていること、時間どうりにしか会わない治療者の厳しさに対する反抗でもあることを表わしていた。またその教師のように自由に自分の人生を生きたい意志を表わしていた。そのことを治療者がAに解釈すると、納得したようにうなづいていた。

Aは、この頃から急速に抑うつ状態が改善し、子供と外出して公園で遊ぶようになった。

しかし、他方でAは次のような、彼女の長女が見た夢を報告した。「私（長女）が家にいると、怪物が現れて逃げ出した。靴を履くのを忘れて引き返したら、捕まえられて食べられ、墓に埋められてしまった」。Aはこれを長女の報告した夢として報告したのであるが、Aと長女の間には投影性同一視が活発に行なわれていて、A自身の夢活動の部分が長女に投影性同一視され、長女が見た夢はAの見た夢と同等のものとして、両者の境界があいまいになった状態にあることを意味していた。治療者は、この夢はAが長女に自己の一部を投影性同一視して、Aの分身である長女がAのために見た夢であると告げた。そしてこの夢をA自身が見た夢と同等に扱うことにした。つまりこの夢は、Aが母親の世界を批判し反抗して、治療者との世界の中で自由を楽しもうとしている自分が、怪物のような迫害的な母親におそわれて逃げようとするが、Aは自立する準備が出来ていず、また母親そのものである家の中に帰ってしまう。そうするとAは怪物（母親）に食べられて取り込まれ、更に母親の死せる墓場の世界に埋められて脱出出来なくなってしまうという、Aの激しい対象喪失の恐怖と迫害的不安、迫害的罪悪感を表わしたものである。これは、実際にAと長女との間でも、日常的に現実に再演されている対象関係でもあった。

Aは次のセッションでは、次のようなA自身の夢を語った。「町を自転車で楽しく散歩していると壁があり、2人の男性が自転車と自分を担ぎ上げて、向こう側に降ろしてくれた。しかし、もう一つ高い壁があって、仕方なく元の所へ戻して貰った」というものである。これはAが治療者と管理医の二人の男性に助けられて、母親との世界から脱出を試みたが、無理だと分かりまた舞い戻っていった意味がある。患者は、この解釈をやはり納得した様子で受け入れていた。

この頃は臨床的にはAは抑うつ状態は改善し、日常生活も普通に行なうことができるようになった。しかし、治療者の判断では、これはいわゆる転移性治癒の面もあって、Aは対象との葛藤的な関係の世界をこれから見始めていこうとする段階に過ぎないと思われた。Aは、「ずいぶん良くなったので、治療はもういいのではないか、家族ももう行かなくてよいといっている」と言ったりしたが、治療者は、治療機序の視点から、Aが真の葛藤的な内的対象関係の世界にふれていくことを避けようとしているサインとみなした。実際に、精神分析的精神療法の治療過程においては、このような臨床症状の改善がよく見られるが、それは転移性治癒であったり健康への回避であって、実は患者のもっとも苦痛で触れることの困難な内的世界が近づいていることが多いのである。

(3) 第三期以降(X年+1年〜2年半)

以後Aは症状は悪化せず、1年目にはパートタイムの仕事を始めた。治療者は、あくまでAが内的な対象との苦痛な対象関係の世界をどのようにして気づいていき、統合することができるかに焦点を置いていた。したがって、Aの症状や全体像の改善だけをみて、治療効果が進んでいるとはみなしていなかった。Aは多くの象徴的な表現と行動化を通して自己表現をし、治療者がそれらの無意識的意味を解釈する作業が長期間にわたって続いた。この徹底操作の実践は、治療上重要なものである。そして真の治療の終了は、患者の臨床症状が改善するだけでなく、この徹底操作によって患者の葛藤的な分裂排除された世界が、治療者への転移関係の理解によって意識化され、統合されるときである。

治療が一年を過ぎると、彼女は豊かな連想を行ない、多くの夢を報告した。Aは、治療室にある植物を丁寧に世話した後、自分にはその植物ほどの自由もなかったことを悲しそうに連想した。そして母親が自分を厳しく規制して、本当の欲求が満たされ安心して甘えたことはないたことはないと述べた。そして治療によって、その規制がだんだんと取れている話をした。

その頃彼女は次のような夢を見た。「私が試験を受けていて、2教科のみ準備していたのに、先生が3教科受けるように言った。手遅れだった」。それに関しては、治療者は、Aの準備していないものは治療の終結のことであると解釈している。そうすると、Aはまた次のような夢を報告した。「先生が私の家のベッドルームにいて、私はトイレの中で治療者の会話を聞いていた。治療者がピアノを弾き始めて、上手だと思ったが聞いてはいけないような気がした。最近麻薬を使って亡くなった女の子の家族が、階下で告別のパーティーを行なっていた。先生が二回から降りてきて、皆に感謝していた」。ここでは、治療者が家族のように身近にいてほしいAの願望を表わしている。麻薬で亡くなった女の子は、これまで真の痛みをできるだけ麻薬のように麻痺させ、回避してきた彼女自身のなくなってしまった部分を表わしていた。それに対して、彼女自身だけでなく彼女の内的な両親も治療者も悲しみ、治療者はAの身内として参加者に御礼を述べている。これは、Aが、治療の終結の問題に直面して、苦痛に満ちた自己の死んでしまった部分を理解する治療者を内在化したい願望を表わしている。ピアノを弾く治療者は、Aの知らない側面まで取り入れたいという願望を表わしている。これ以降もAは多くの夢を報告し、自己理解を得ることができた。

2年半後、治療者の転勤のため治療終了近くなると、Aは次のような夢を見た。「先生がバスの運転手で、私と先生のほかの患者も乗っている。先生が左へカーブすると言ったのに、間違って左の脇道に入って止まってしまった。そこは公園だった。先生の患者がみんな降りて、マンホールの中に入っていった。私は先生に皆大丈夫かと聞いたが、先生は何も言わない。蓋を開けたら誰もいず、みんな死んでいた」。治療者は、Aはこの治療がこの時点で終わるのは間違っていて、治療者の患者はみな途中で治療を打ち切られ、排水路に捨てられ死んでしまう。Aもそのようになってしまうのではないかという不安と不満を表わしていた。Aは確かに自分は、治療者がいなくなることに大変な喪失感を抱いて死んでしまうのではないかという不安を持つことがあり、治療者がなぜこのままとどまってくれないのか、大変不満で残念に思っていると答えている。

更にAは、次のような夢を報告した。「私は治療室でカウチに横になっていた。壁に穴が開いていて、先生が隣の女性と話をしたいと言って、穴をくぐり抜けていった。私が嫉妬して隣を見ると、ベッドに赤ん坊が座っていた。それを先生がだっこしてあやしていた。そこにいる女性は自分だと思った」この夢は、治療が終了しても、その向こうの世界まで治療者を追って、Aが治療者との別離をなかったことにして、治療者の世界の中で生活し、家族を持ちたいと思っていることを表わしていた。また治療者に抱かれている赤ん坊も、A自身を表わしていた。治療者がそれらを解釈すると、Aは、確かにそのとおりだが、それを分かっていてなぜ治療者はいなくなってしまうのかと強い苦情を表明し、治療が終わることが苦痛で耐えられないと激しい不満を表明した。Aは神と一体になった万能的な救済の世界を体験したり、強い悲しみや孤独感を抱いたり、ときには激しい怒りを治療者に向けることを繰り返して、徐々に別離の体験を受け入れていった。

結局、治療は2年半にわたったが、治療者の転勤のためやむなく終了となった。治療者は、Aが多くの内的課題に取り組み解決することができたが、依然として治療者のAを理解し援助する世界を完全には取り入れてはいないのではないかという印象があった。その意味では、治療者の治療目標は完全には達成されたとは言いがたいであろう。他方では臨床的には症状は改善し、Aはフルタイムの下の仕事に復帰して、仕事も順調にこなしていたし、家族との関係も特に大きな問題は生じなくなっていた。

5　おわりに

精神分析の治療機序の問題は、その治療目標、治療技法、治療の終結の問題などと大きな関係がある。そしてそこには、治療者が患者の心の無意識的病理の世界をどのような視点によって理解し、病理的問題がどのような状態にあるかについてどのように理解しているかが基本的な問題としてある。それはその治療者のよって立つ基本的な心の理論と技法論に大きな関係がある。ここではフロイト（Freud, S.）の基本的な視点と技法論、その治療機序や目的を消化し、次には英国における現代クライン派の視点と技法に基づく治療機序論と目的などを紹介しておいた。

症例でも示したように、治療経過の中で治療者が主として行なっていることは、患者の様々な自由連想による表現の無意識的意味を理解することが中心になっている。それは、分裂と投影性同一視、象徴過程、置き換え、などによって処理されていた。治療技法の基本は、患者の自由連想や行動化によって表現される顕在的な内容を通して、内的幻想に関連する無意識的対象関係の世界や、その防衛世界の活動状態を理解したうえで、患者の理解できる言葉によって解釈を続けることである。その部分は、患者の意識の世界から分裂排除されてきた、葛藤的で不安に満ちた病理的対象関係の世界から成り立っている。その治療関係は、コンテイナー／コンテインドの関係性である。それによって、患者が分裂排除している世界を、自己に取り戻す作業を徹底捜査していく。治療過程としては、患者は前半は治療者によって十分理解されるという体験を持つ必要がある。後半は、患者は自分が自分の問題を理解することのできる力を、治療者から取り入れていくことが中心になる。そして、治療の終了後、自分の無意識的葛藤の課題を取り上げ、それらに対して自らの思考を使用して理解し、対処法を考えていくことが目標になる。

ここであげた症例の治療においては、治療者の理解を患者に解釈し、患者が理解されたという体験は、かなり充分経験することが出来ている。しかし、後半の別離に対しては、やや性急に強制されていると体験している節がある。それでも多くの自己理解を促進する夢を報告して、実際にAはその意味を良く理解できるようになっていたので、治療者の考える力、理解する力をかなり取り入れていたと考えられる。治療終了の基準は、患者が自分の葛藤を自覚して、その問題を取り上げ、自ら理解し思考して解決法を見いだしていく、自主性を持った自己理解ができるようになることである。決して葛藤を亡くしてしまうことが治療の目標ではなく治療効果の判定の基準ではない。

参考文献

（1） Bion, W. R.（1962）*Learning from Experience*. Heinemann.〔福本修訳（1999）「経験から学ぶこと」『精神分析の方法Ⅰ――セブン・サーヴァンツ』法政大学出版局〕

（2） Freud, S.（1914）Remembering, Repeating and Working Through. In *Standard Edition*, Vol. 12. Hogarth Press.〔小此木啓吾訳（1970）「想起、反復、徹底操作」『フロイト著作集6』人文書院〕

（3） Freud, S.（1917）Mourning and Melancholia. In *Standard Edition*, Vol. 14. Hogarth Press.〔井村恒郎訳（1970）「悲哀とメランコリー」『フロイト著作集6』人文書院〕

（4） Freud, S.（1933）New Introductory Lectures on Psychoanalysis. In *Standard Edition*, Vol. 22. Hogarth Press.〔懸田克躬・高橋義孝訳（1971）『フロイト著作集1』人文書院〕

（5） Freud, S.（1937）Analysis Terminable and Interminable. In *Standard Edition*, Vol. 23. Hogarth Press.

（6） Hinshelwood, R. D.（1989）*A Dictionary of Kleinian Thought*. Free Association Books.〔衣笠隆幸総監訳（2014）『クライン派用語事典』誠信書房〕

（7） Klein, M.（1940/1975）Mourning and Its Relation to Manic-Depressive States. In *The Writings of Melanie Klein*, Vol. 1, pp. 344-369. Hogarth Press.〔森山研介訳（1983）「喪とその躁うつ状態との関係」『メラニー・クライン著作集3』誠信書房〕

（8） Klein, M.（1946/1975）Notes on Some Schizoid Mechanisms. In *The Writings of Melanie Klein*, Vol. 3. pp. 1-24. Hogarth Press.〔狩野力八郎・渡辺明子・相田信男訳（1985）「分裂的機制についての覚書」『メラニー・クライン著作集4』誠信書房〕

（9） Money-Kyrle, R.（1971/1978）The Aim of Psycho-Analysis. In *The Collected Papers of Roger Money-Kyrle*. Clunie Press.

（10） Rosenfeld, H.（1964/1965）On the Psychopathology of Narcissism: A Clinical Approach. In *Psychotic States*. Hogarth Press.

（11） Rosenfeld, H.（1971）A Clinical Approach to the Psychoanalytic Theory of the Life and Death Instincts: An Investigation into the Aggressive Aspects of Narcissism. *International Journal of Psychoanalysis*, 52 : 169-178.

（12） Sandler, J. & Dreher, A.（1996）*What Do Psychoanalysts Want?: The Problem of Aims in Psychoanalytic Therapy*. Routledge.

（13） Steiner, J.（1989）The Aim of Psychoanalysis. *Psychoanalitic Psychotherapy*, 4 : 109-120.

（14） Steiner, J.（1990）Pathological Organizations as Obstacles to Mourning. *International Journal of Psychoanalysis*, 71 : 87-94.

（15） Steiner, J.（1993）*Psychic Retreats*. Routledge.〔衣笠隆幸監訳（1997）『こころの退避』岩崎学術出版社〕

（16） Steiner, J.（1996）The Aim of Psychoanalysis in Theory and in Practice. *International Journal of Psychoanalysis*, 77 : 1073-1083.

〔『精神分析研究』48巻3号、２００４年〕

19章　転移解釈のダイナミックス

1　はじめに

転移解釈は精神分析の最重要課題の一つであり、その主題は精神分析そのものを論じるに等しいほどに中心的な事柄である。ここでは転移の歴史的課題やその発展、解釈の多様性とその中にしめる転移解釈の意義を考察するための基本的な視点について述べてみたい。また筆者が拠り所としている対象関係論における無意識的転移の理解の重視、「ヒア・アンド・ナウ」（here-and-now）における転移解釈の重視などの特徴を述べてみたい。

2　転移の概念の変遷と意義

（1）フロイトの研究

フロイトが、最初に転移性恋愛の現象を知ったのは、ブロイアー（Breuer, J.）がアンナ・Oを治療していたときに（1881-1882）、患者がブロイアーを対象とした情熱的な恋愛感情を抱く現象が観察されたときである。それを期に、ブロイアーは治療を自ら打ち切ったのであるが、フロイトは、その現象に強い関心を抱き、科学的に見ようとして、ヒステリーの病理の解明に重要なものと見なした。更に彼自身の患者の催眠治療中に、フロイト自身が転移性恋愛の現象に遭遇して、その現象の普遍性と重要性に注目していた。しかし、当時の彼は、そのような転移性恋愛は治療そのものにとっては重要なものとは見なさず、むしろ妨害になるものと見なしていた。

転移の問題を明確にフロイトが取り上げたのは、ドラ症例(1905)においてである。彼はその中断例において、ドラのフロイトに対するアンビバレントな陰性と陽性の転移の問題が、背景にあったことを明らかにしている。しかし、当時のフロイトは、やはりそのような転移は治療の妨害になるので、速やかに破棄されるべきであると考えている。

後にフロイトは、転移現象が普遍的なものであり、それは治療の障害になるがそれの起源を辿っていくことが、治療の要になると考えるようになっていく。そしてエディプス・コンプレクスの発見とともに、その幼児的な両親イマーゴ、特に父親イマーゴ（father imago）が治療者に転移されたものと考えるようになった。そして、ラットマンの症例（Freud, 1909a）で述べているように、その父親転移を解決していくことが、治療の要であると考えるようになっている。ただし、フロイトの転移の取り扱いは、あくまで意識的転移の世界に限られており、再構成つまり発生的解釈によるものであった。

フロイトは、転移現象の個々の特徴を表わすものとして、転移性恋愛、陽性転移、陰性転移、父親転移、超自我転移、転移性神経症などの概念を使用しているが、それは現在においても一般的に使用されている。

(2) クラインによる転移概念の発展

a 子供の精神分析（1932）

転移分析の新しい視点が開発されていったのは、クライン（Klein, M.）の早期分析（early analysis）に始まる。クラインは1920年代から非常に幼い子供の精神分析を行なうようになった。それはプレイセラピーと呼ばれ、子供のプレイの意味を理解し解釈していく技法から成り立っていた。そのときにクラインが採用した基本的方法は、フロイトの夢解釈の方法を応用したものである。つまり、子供のプレイによる表現を顕在夢と同等なものとみなし、その背後にある潜在夢に該当するものを無意識的幻想（unconscious phantasy）と呼んだ。つまり、子供のプレイによって圧縮、象徴、置き換えなどの過程を経て表現されているものは、そのときの現在の無意識において活発に活動している無意識的幻想の世界である。ここに「ヒア・アンド・ナウ」の基本的な技法的視点が始まっている。

更にクラインは以下のように述べている。子供の無意識的幻想の世界は、0歳時における内的世界の投影であり、両親との部分対象関係的（part object relation）なサディズムに満ちたものである。幼い子供においては、それはごく最近の両親との体験世界を反映したものであり、現在も家庭において進行中の両親との葛藤的な対象関係を内在化したものである。

クラインは、そのような内在化された両親との原始的体験やそれに関する強い不安に関して、治療者に転移されているものが存在していることを発見し、それを子供に理解できる言葉で解釈していくことが、治療上重要だと考えるに至った。

そして徐々にクラインは、子供の精神分析における子供の無意識の特徴を明らかにしていった。つまり、子供の無意識的幻想の世界は、サディズムに基づく、攻撃と報復の恐怖に満ちた迫害的不安が中心にあると考えた。そして、そこでは部分対象関係や全体的対象関係（whole object relation）が錯綜している世界であり、分裂（splitting）、投影（projection）、取り入れ（introjection）、否認（denial）、万能（omnipotence）などの原始的防衛機制が活躍していると考えている。それらの不安や内的対象関係の世界は、子供のプレイによく表現されていて、治療者の役割はそれらをよく理解して、子供の理解できる言葉によって解釈していくことである。

b　成人の精神分析

クラインは１９３０年代になると、成人の躁うつ病やパラノイアの治療について、子供の治療の体験を応用するようになった。フロイトはハンスの治療(1909)において、精神分析は言語を主要な手段としているので、言葉の十分でない幼い子供は精神分析の対象にならないと考えていた。実際、ハンス症例は父親に対するガイダンスの症例である。

クラインは、子供のプレイセラピーの経験を通して、子供のプレイが豊かな内的世界を表現することに感嘆し、「子供のプレイは、成人の言語的自由連想に匹敵する」と主張するようになっていた。その視点に立って、プレイにおける無意識の理解が可能になり、2～3歳の非常に幼い子供の精神分析療法が可能と考えるようになった。更に、クラインは成人の治療を重ねるにつれて、当時の精神分析の常識に挑戦して、「大人の自由連想の内容は子供のプレイに匹敵する」と提唱するようになり、大人の連想内容がプレイであり、現在活動中の無意識的幻想の間接的な表現であると考えるようになった。そして子供のプレイに比べて、成人の言語的表現が貧弱な表現手段であると考えたのである。

つまりクラインは、成人の連想の内容や行動化によって、覚醒時においても無意識的幻想が、夢と同様に、圧縮、置き換え、象徴などで歪曲された形で表現されていると見なした。彼女は、それらの作用を子供の研究で明らかにしたように、分裂、投影性同一視、否認、万能などの原始的防衛機制の働きとして説明している。そして成人の場合にも、子供の精神分析で発見した0歳児の無意識対象関係の活動が、表現されていることを発見した。すなわち、クラインは躁うつ病や統合失調症の治療経験を通して、成人患者における0歳児の心性に注目して、抑うつポジション（depressive position：6ヶ月心性）と妄想分裂ポジション（paranoid-schizoid position：3ヶ月心性）の重要性を強調するようになった。そして彼女は、転移の起源はこの二つのポジションに存在すると考えている。

彼女はそれらのポジションにおける内的対象関係のあり方、原始的防衛機制、絶滅の不安、迫害的不安、抑うつ的不安などへ注目をするようになり、それらは無意識的幻想を構成しているものであり、治療者への転移と大きな関係があることを強調するようになった。

c　無意識的転移への注目

クラインは子供のプレイセラピーの中で、既に無意識的転移に注目しているが、子供の無意識は意識に近いところにあり、現在子供の養育者との間で展開している対象関係を、プレイで露天掘りのように明確に表現すると考えていた。

同じようにクラインは、成人の患者の連想を通して、背景に存在する無意識的幻想の活動を理解する道を切り開いたが、無意識的転移への注目を更に深めていった。成人の言語的自由連想は、子供のプレイと比較して表現が貧弱であり、様々な防衛機制の働きによって、無意識的幻想の表現が歪曲されたりあいまいなものにされたりしている。つまり、成人の自由連想については、顕在夢と同等なものと見なされる連想内容の背後には、様々な防衛機制の影響を受けながら、無意識的幻想が表現されている。それはかなり偽装された状態にあり、子供のプレイほど理解が容易ではないが、その中に治療者との現在の治療関係、すなわち転移関係が無意識的に表現されている。この視点は、上記のように本質的に「ヒア・アンド・ナウ」の臨床技法と関連している。

クラインは、意識的転移が現れたときには治療的には対応が遅すぎることが多く、それ以前に展開している無意識的転移の理解と把握および解釈が、治療上非常に重要であると考えている。これは、クラインの技法的な特徴の代表的なものである。

ここには転移の現象を臨床の中でどのように理解していくのかという、大きな問題が存在している。それは各学派における基本的な理論的視点と技法に関するものである。つまり、転移の起源をどこに置き、転移現象の中でもどの発達段階と側面に注目するか、意識的転移を中心に扱うのか、無意識転移を中心に見ていくのかなどによって、臨床における転移の理解と転移解釈の仕方が大きく異なるのである。

d　クライン派の無意識的転移の理解と解釈

クライン派の無意識的幻想の理解の方法は、連想内容や治療内行動化、治療外行動化などの微妙な表現の行間に、その活動を見ようとするものであり、その内的対象関係全体の活動状況をまず明らかにする。そして無意識的転移、無意識的防衛、無意識的内的不安などを理解していく。その理解があって、初めて転移解釈も可能になる。無意識的幻想の理解に関して、技法的には微妙な連想素材や行動化を通して、臨床におけるその場での無意識的活動状態を把握することに努力が払われる。

解釈には、以上のような無意識的活動の理解のプロセスをさしている場合と、その内容を患者に言語化して伝える意味との二つがある。当然であるが、前者のダイナミクスの理解としての解釈の正しさが背景になければ、言語化された解釈は的はずれなものになってしまう。伝統的に解釈には、抵抗解釈、防衛解釈、転移解釈、発生的解釈、内的不安の解釈などが言われている。その中でも、転移解釈はもっとも重要なものと考えられてきたが、それは経験科学として、臨床の中で試行錯誤の中で考察されてきたものでもある。

クライン派の場合には、今治療の現場で起きている無意識的幻想の活動の中で、無意識的転移を見いだし、それを解釈することが治療の中心になっている。これは「ヒア・アンド・ナウ」の介入として重要な変容性解釈と見なされている。しかし、実際の臨床においては、その他の解釈も重要なものであり、治療外転移の解釈、発生的解釈（再構成）などを適切に配分しながら、転移解釈に収斂するようなアプローチが適切なものと考えられている。

3　症例提示

（1）症例

20年以上前の治療例である。20代後半の外国人独身女性A。舞台芸術関係の見習い。主訴は、20年続く強迫観念、強迫行為、慢性抑うつ状態、全身倦怠感、強い便秘症など。発症は、患者が8歳時の父親の急死をきっかけにしている。兄が一人いるが、情緒不安定で無職で社会的自己同一性障害。母親は、夫の死後半年で再婚。再婚の夫も妻を病気で失い、Aと同年輩の二人の娘がいる。母親は、自己中心的で支配的。Aは母親に依存的で、毎日遠方の母親に電話で連絡を取っている。母親はAが9歳時に再婚後、自分だけで1年にわたった遠隔地の専門学校へ行き、Aはその間母親と離れて継父の家族の下で暮らしていた。8歳児より上記の神経症状は継続し、思春期にやや悪化したが、学業は何とかこなしていた。Aは、特に文学に強い関心を寄せていた。受診前は、様々な対人関係の軋轢によって確認強迫などの症状が悪化し治療者を受診した。治療は、週3回カウチ使用による精神分析的精神療法が行なわれた。

(2) 治療経過

ここで報告するのは、治療開始後半年目の数セッションである。

治療者の夏休暇（4週間）後の数回は、全体に否定的で悲観的な雰囲気で、会話内容も悲観的なものが中心だった。Aは、休暇直前にボーイフレンドBと分かれて混乱していた。Aは母親には依存的であるが、母親はAをおいてリゾート地へ行ってしまった。更にAは、大家に下宿を出て行くよう言われて動揺している。その後ボーイフレンドのBとは、少しよりが戻ったが、以前よりは他人行儀になってしまった。そして、BはAに対して暴力的なsexを挑み、Aは自分が悪用されていると感じていた。

Aは、「不幸なときは笑いたくなる。ここにくれば混乱して苦しくなるだけ」と、非常に悲観的な世界を強調していた。治療者は、その苦情と否定の世界を聞かされることに、かなり苦痛を感じ、出口のない感じを強く体験している。これは、患者の対象に対する期待と落胆、苦情、攻撃の世界を表わしていて、そこで彼女にポジティブな体験を提供している治療の価値を認めようとせず、彼女の怒りと復讐、強い罪悪感、恐れなどを表わしていた。これはAが治療の休暇前、Bとうまくいっていたときの、積極的な自己理解が進行していたのとは対照的であった。

（3）セッション提示

ここで、休暇後3週間目の数セッションを少し詳しく報告して、無意識的幻想のあり方や転移解釈の実際を紹介してみたい。

a　セッション第Z回目

Aは、ややぶっきらぼうに話し、カウチを使わなかった。そして白昼夢を見たと述べた。Aは子供の頃から、よく白昼夢を見ていた。最近BがAにシナリオを書くように勧めていた。治療者が、白昼夢について聞くと、Aは「それはBについてのものだった。彼のそばにシナリオを書けるといっている男性Dがいた。Bは新しい劇の企画を始めたばかりだった。しかし、自分は大怪我をして死ぬところだった。Bが会いにきてその企画をやめた。母がそばにいてたいそう狼狽していた。それと知り合いの彼氏が来たがAは無視していた」というものだった。

治療者は、Aに次のように解釈した。「自分の無能を嘆き、Bの成功に対する羨望を抱いている。周囲のものが、自分を去ったりしてないがしろにしていると、自分が大きな怪我をすれば、母も友人もすべてをなげうってみなが自分のところに駆けつけてくれると自分が一番大切な存在であることを確かめたくなっている。休暇の様々な体験を治療においても思うように話せないと感じていて、治療者にも駆けつけて欲しいと言うことであろう」。

それに続いて、Aはもうひとつ別の白昼夢を述べた。「Aの上司がいて、魅力的で歳上である。Aは、その上司が自分の父親のように感じている。上司はAを娘のように感じている。時々金を貸してくれている。女性週刊誌の話に乗ったり気楽に話している」。Aは「実際には上司はAに厳しい」と付け加えた。

ここには別の面の、治療者のイメージが反映されている。自分を気に入っていて、個人的に特別扱いをしてくれる男性のイメージである。

Aは更に、「今日は創造的でない」と述べた。Aは、自分が創造的であるか否かが非常に重要だと述べている。

それは、彼女が治療者から受け入れられるか否かを敏感に気にしており、更には彼女の内界に死の世界が同居しているからであろう。

更にAは、マレーシア人の女性が「あなたの心の中心にいない」という現地語を教えてくれたという話をした。Aは、「もし自分を中心においたら、地下を掃除するのが嫌だとことわっても、掃除婦は自分に一目置いて、自分に違う反応を示すだろう」と述べた。更にAは「女優としては、自分の中心にいることが重要。もしいれば、うまく演技できる」と述べた。

治療者は、次のように解釈した。「その女性はアジア人、治療者もアジア人である。あなたの心の中心にいないと言うことは、自分自身の自発的な世界を失っているということであろう。そのようなことを治療者が言っていると感じている。もし、自分が自発的な自分の世界にいたら、自分が心の地下を掃除することが嫌だといっても、自分をぞんざいにすることはないのではと思っているのであろう」。

Aは、「もし自分の自発的な世界にいれば、真の女優の演技ができる」と述べているが、これはやや矛盾した話ではある。つまり、自己の中心にいれば、自分以外の役も真に迫ったものができる。そうでなければ、自分の不手際を吐露してしまうということであろう。

Aは、「今日は創造的なことを言っているとは思わない。タバコを吸ってもいいか」と述べた。Aにとっては、創造的でないということは、空虚で動揺した自分をついつい表現してしまうということであろう。

治療者は、次のような解釈をした。「創造的でないと、私に受け入れられるかどうか。しっかりした面を出していないと、別のもっと不安定な子供のような気持ちが表現されてしまうと心配している。心の中が深刻に傷ついているから、私に助けてほしいと訴えている。どんなものはさておき、優先して自分を助けてほしい。白昼夢はそれを表わしている」。

しかしAは、「その白昼夢はBや上司についてだから、治療には関係ない」と認めなかった。これはいつもの

Aの私の解釈に対する不賛同の表明である。しかし、Aの連想は進み、新しい展開をしていくことが見られたので、治療者はそれが完全に間違いとは思わなかった。

Aは、それに続いて「すべての機械が故障している。洗濯機、タイプライターなど。Bがタイプを借りにきて壊してしまい、rとlが問題になって、同じ行に印刷されない。それでタイプを打ちたくない」と連想をした。これは大変興味深い連想だった。治療者は、rとlを明瞭に発音できなかったのだ。このような象徴的な発言については、治療者はその場における転移関係が濃厚に動いていると感じ、その場で解釈することにした。治療者は、「私がrとlをうまく区別できない。それで私にはうまく話せない。治療者としては不十分で、あなたが表現するのを援助できないと感じている」と解釈した。

Aはそれに答えて、「単なる偶然。どうしてそのように考えるのか」といつものように、治療者の解釈を否定した。治療者は、更に続けて「文化の違いについての心配に関連している。理解されるかどうか」と解釈した。Aは、それに反対して、「しかしこれは偶然の一致。治療者は、敏感に反応しすぎている」と反論した。続いて、Aは「昨夜、先生が私のことを知的と思っているかどうか。自分は子供っぽいことを話しすぎているから。知的でありたい。自立を得るには知的に」と述べた。知的であることは、最近Aがよく訴えている事柄であり、知的防衛の側面を表わしてもいるのであろう。治療者は、次のように解釈した。「知的ということは大人ということである。もし子供っぽいところを見せると、治療者に受け入れられないと感じているのではないか」

Aはいらいらした不安そうな顔をして、「時間じゃないのか？　何もいうことがない。ここにいたくない。もし赤ん坊の心が出てきたら、ここを去りたくないから。自立して知的でありたい。しかし実際には大人のようには振舞っていない。下宿を引越しすることもできない」と早口で述べた。

治療者は、「下宿に愛着があるし、この部屋にもあるのでしょう」と解釈した。Aは、「そうは思わない。部屋を変えてみればわかる」とやはり抗弁した。

治療者は「それに私にも頼っているのでしょう。休暇があれば、足元が揺らぐことになってしまう」と告げると、Aは、「そうは思わない。ここには知的になるために来ている。もし愛着が表面に出ても、ここを去るときに何の解決する方策もないので、誰にも頼りたくない」と述べた。

Aは「どうせ先生も自分から去っていくから。皆死んでしまう。公平でない。先生は親切すぎるので、時には不親切にしてほしい」と述べた。治療者は、「そのような人を失うときの体験を誰も助けてくれない。Aが一番恐れていることの一つだろうが、Aは孤立し誰も援助してくれない世界にさらされると感じているようだ」と解釈した。Aは不安そうな表情で退室した。

b　セッションZ＋1回目

Aは精神分析の講義に出たり、本を読み始めたりした。Aは、治療者の世界に強い関心を抱いているが、他方で知的に武装しようとするAは、治療者が彼女の動揺した幼児的世界の活動など別の世界を見ていこうとすることを嫌がっているように思われた。

Aは、「Bは自分を外に連れて行こうとはしない。なぜか。Bの最初のステージのとき、両親と兄弟がいた。自分をほうっておいて、ほかの女優と話していた。自分には彼の家族、母親と話をさせて、非常に失望した」と述べた。

このようにAは、連想では治療者に対する依存のアンビバレンスを間接的に表現していた。これは、治療者が、次週を休むこととも関係していた。治療者が「次週の2回のキャンセルに関連している。私の私的な世界に連れて行こうとしないこと。Aはぞんざいにされ拒絶されていると感じているようだ」と解釈した。

Aは、「関係ない。Bのことを言っている。先生のことは何も知らない」と述べた後、「この治療室にいると、大学時代の部屋を思い出す。大学では友人と部屋を共有していた」と連想した。更に「母親が再婚したとき、義父の連れ子の義姉と住んだ部屋にも似ている」と連想した。このように、治療者の介入をいつものように否定しながら、Aの連想は展開している。これは、治療者の介入が正しいことを表わしているのであろう。治療者は、「治療者は、患者のことを理解しているかどうか分からないが、共同生活者のように身近で、治療者と何か共有しているものがあると感じているのだろう」と述べた。

Aは続いて、赤ん坊のことを話した。「13歳のとき、ベビーシッターをした。10ヶ月の赤ん坊が泣きやまず。ちんちんを触っても泣きやまず、いけないことをしてしまった。罪悪感を感じている。彼を傷つけたのでは」と述べた。

更に、事務所の男性について話した。「ほかの人がいないとき、自分に説明もなく多くのことをやるようにと頼むので困っている。ブリッジのゲーム、個人的なこと、税金のことなど何でも付き合わされる。そのことで、自分は怒っている。上司は、何も説明しないので頭にきている」と述べた。

ここではAは重要な連想をしている。世話を任された泣きやまない赤ん坊は、置き去りにされたA自身の赤ん坊の部分を表わしている。Aはそれを性的興奮によって収めようとしたが失敗し、それについての強い罪悪感を抱いている。休暇をとる治療者は、そのように、困った状況にAを置きながら、何も説明せず、ただ強制してしまう。そのような治療者に、強い不満と怒りをもっていると考えられた。治療者は、次のように解釈した。「私が質問に答えないときも頭にきている。休暇によって、ほうって置かれる自分の赤ん坊の心について話していると思う。一人にされたときに、拒絶され怒りを感じている。性的興奮が唯一の慰めなのだろう」

Aはそれに答えて、「BとのSexは大きな意味がある」と答えた。治療者は、「あなたを相手にせず、外に連れて行かない彼。休暇でAをほうっておく治療者。その孤独感と怒りを静めるためには、性的興奮が唯一の慰めなのだろう」と解釈した。

Aは、「16歳のとき祖母がなくなった。そのとき、自慰を始めて興奮した。それについては強い罪悪感を感じた。死んだ祖母が、どこからか自分を見ているのではと思った。民族のモラルにそむくことでもあった」と述べた。

c　第Z＋4回目

Aは、X＋3回目のセッションをキャンセルし、抑うつと頭痛を訴えた。そして、死んだおばの夢を見、もうひとつの夢「私は、友人たちと一緒に通りを歩いていた。オープンバーがあり、若いギャングが歩いている。女性が股を開いて挑発している。悪いギャングがいて、自分は悪いほうに所属。前の良いグループは退屈だった。楽しい時間を過ごし、プールに行った。プールに死体の入った棺桶を沈めていた。そこに美しい女性がいて、二人で自慰行為をした」。更に前前日は、別の夢を見た。「劇場にいて、誰かが私を醜いと言った。出て行きたかったが、出口が分からない。誰かに聞いて、ステージの後ろから出た。そこは、ロンドンだった。友人のC（金持ちで成功している）が働いたところ。大きなテーブルでみなが昼食を取っていた。自分はそれが嫌だった」という重要な夢を報告している。前半の夢は、対象喪失に対する躁的防衛に関するテーマであり、後半の夢は、治療者への期待と失望、羨望に関するテーマに関連している。このように連想や夢が展開しているときは、治療者の働きかけがだいたい的を射ているときであると考えられる。

4　基本的技法と無意識的転移の理解

このセッションで行われていることは、患者Aの表現様式は口語表現で行なわれているが、その背景の無意識的幻想の理解のプロセスはかなり複雑なものである。クライン派による対象関係論の治療の現場においては、以下のような治療者の基本的視点がその基礎にある。実際の臨床現場では、流動的な無意識的幻想の流れをすべて把握することは困難であるが、その部分的な動きのできるだけ力動の中心に近づくような治療者の力が問われる場である。

治療者の基本的態度は、「自由に漂うような注意」（Freud, S.）、「記憶なく願望なく」（Bion, W. R.）といわれる状態をできるだけ維持して、様々な情報に対する感覚を保持しておく。そして、すべての自由連想や行動化、逆転移などによって表現されている素材は、その時点における無意識的幻想の活動の現れである（その一部分とは言え）。それは、睡眠時の夢と同様に、置き換え、象徴過程、圧縮、などによって表現されている。言い換えれば、分裂と投影性同一視、否認などによる原始的防衛機制の働きによって婉曲に表現されている。

治療者は、自由連想の内容に聞き入って、その意味を汲み取っていくプロセスが重要なものになる。そしてその中で、抵抗や防衛、転移、中心的不安のあり方などを把握していく。それらについては、次のような視点から論じられてきた。実際の治療現場においては、これらのすべての点について注意を払うよう努力する。

コンテイナー／コンテインド（container/contained）、夢想（reverie）の基本的視点は、治療者と患者との主観的な関係性に注目したものであり、投影性同一視と取り入れ性同一視を中心にした了解や理解（夢想）や逆転移を中心にした基本的コミュニケーションの関係である。その基礎の上に、情報の収集（gathering materials：言語的表現、非言語的表現、行動化、治療内行動化、逆転移など）を行ない、無意識的動機などの無意識的幻想の意味を把握していく。そこでは、治療者のα機能に基づく適切な選択か、治療者の逆転移による過剰な意味づけが行なわれていないかなどの選別が行なわれる。特に、逆転移に注目するが、それは治療者の情緒的状況だけでなく、治療者を微妙な行動化へと駆り立てるもの（こづき nagging：Joseph, B.）、共謀（collusion:Steiner, J.）などの概念によって指摘されている微妙な治療者の逆転移に基づく行動化がある。更に病理的組織化（pathological organization:Steiner, J.）の部分自己の構造的な視点に基づく迫害的不安（妄想分裂ポジション）、抑うつ不安（抑うつポジション）を中心にした対象関係の世界の理解が重要になる。ここでは、症例の記述を主としたので、それらの理論的視点については概略している。

このような治療者の機能については、治療者の内省と研鑽、経験もさることながら、スーパーバイズの経験、研究会における第三者の意見などによって明らかになる事柄も多くあり、精神分析療法や精神分析的精神療法を行なうものは、生涯教育として研究会に参加して常に孤立を避け、第三者に対して意見を聞くことのできる立場を保持することが重要な用件である。

転移解釈の意義は言うまでもないことであるが、患者が現在の治療の場における心的リアリティの現場として、治療の現場における患者の治療者との体験を自覚していくことが、自己変容的な治療体験となることがもっとも重要なポイントであろう。外的事実の記述や一見意味のないような些細な会話の中にも、必ずその主題を選択した動機と患者自身の投影性同一視による治療者と関係性につながる自己の部分が表現されている。治療者は、その背後に常に潜んでいる転移的関係性を見ていこうとする態度を維持して、その無意識的転移を明らかにすることが重要な治療作業になる。

5　おわりに

転移解釈に関する歴史的考察をフロイトを中心に紹介した。また、クライン派の転移理解に関する子供のプレイセラピーから成人の精神病の治療までの歴史的発展と、その革命性を中心に論じた。そして、比較的詳細な臨床経過を提示した。それらの臨床プロセスに関する多くの理論的発展が見られるが、紙数の都合で概略のみ紹介した。

文献

（1）Bion, W. R.（1963）*Elements of Psychoanalysis.* Tavistock. In *Seven Servants.* Jason Aronson.〔福本修訳（1999/2002）『精神分析の方法Ⅰ、Ⅱ――セブン・サーヴァンツ』法政大学出版局〕
（2）Bion. W. R.（1970）*Attention and Interpretation.* Tavistock. In *Seven Servants.* Jason Aronson.〔福本修訳（1999/2002）『精神分析の方法Ⅰ、Ⅱ――セブン・サーヴァンツ』法政大学出版局〕
（3）Britton. R.（1998）*Belief and Imagination: Explorations in Psychoanalysis.* Routledge.〔松木邦裕監訳・古賀靖彦訳（2002）『信

念と想像——精神分析のこころの探求』金剛出版〕
（4） Freud. S.（1905）Fragment of Analysis of Case of Hysteria, In *Standard Edition*, Vol. 7. Hogarth Press.〔細木照敏・飯田眞訳（1969）「あるヒステリー患者の分析の断片」『フロイト著作集5』人文書院〕
（5） Freud, S.（1909）Analysis of a Phobia in a Five-Year-Old Boy. In *Standard Edition*, Vol. 10. Hogarth Press.〔高橋義孝・野田倬訳（1969）「ある五歳男児の恐怖症分析」『フロイト著作集5』人文書院〕
（6） Freud, S.（1923）The Ego and the Id. In *Standard Edition*, Vol. 19. Hogarth Press.〔小此木啓吾訳（1970）「自我とエス」『フロイト著作集6』人文書院〕
（7） Heimann, P.（1950）On Counter-Transference. *International Journal of Psychoanalysis*, 31, 81-84.
（8） Hinshelwood, R. D.（1989）*A Dictionary of Kleinian Thought*. Free Association Books.〔衣笠隆幸総監訳（2014）『クライン派用語事典』誠信書房〕
（9） Joseph, B.（1989）*Psychic Equilibrium and Psychic Change*. Routledge.〔小川豊昭訳（2005）『心的平衡と心的変化』岩崎学術出版社〕
（10） Klein, M.（1932/1975）Psychoanalysis of Children. In *The Writings of Melanie Klein*, Vol. 2. Hogarth Press.〔衣笠隆幸訳（1997）『メラニー・クライン著作集2』誠信書房〕
（11） Klein, M.（1952/1975）The Origin of Transference. In *The Writings of Melanie Klein*, Vol. 3. Hogarth Press.〔小此木啓吾・岩崎徹也責任編訳（1996）『メラニー・クライン著作集5』誠信書房〕
（12） Racker, H.（1968）*Transference and Counter-Transference*. Hogarth Press.〔坂口信貴訳（1982）『転移と逆転移』岩崎学術出版社〕
（13） Rosenfeld, H.（1983）Primitive Object Relations and Mechanisms. *International Journal of Psychoanalysis*, 64, 261-267.
（14） Segal, H.（1981）*The Work of Hanna Segal*. Jason Aronson.〔松木邦裕訳（1988）『クライン派の臨床——ハンナ・スィーガル論文集』岩崎学術出版社〕
（15） Spillius, E. B.（1988）*Melanie Klein Today*, Vol. 1,2. Routledge.〔松木邦裕監訳（1993/2000）『メラニー・クライン　トゥデイ1，2，3』岩崎学術出版社〕
（16） Steiner, J.（1993）*Psychic Retreats*. Routledge.〔衣笠隆幸監訳（1997）『こころの退避』岩崎学術出版社〕

〔『精神分析研究』52巻3号、２００８年〕

20章　A-Tスプリットの利点と問題点——治療構造論を中心に

1　はじめに

A-Tスプリットの臨床的セッティングは、境界例の臨床研究の中で提唱され始めたものである。Aはadministratior（管理医）とTはtherapist（治療者）をそれぞれ表わしている。A-Tスプリットとは、精神分析的精神療法の対象となる境界例などの病理的パーソナリティの治療において、それぞれの役割を別々の医師や心理士、ソーシャルワーカー、保健師など臨床家が担当するというものである。これは、最初メニンガー・クリニックにおいて、境界例の入院治療の際に採用された治療構造であるが、外来治療などにも応用されて今日に至っている。このセッティングは、主として自傷行為や過量服薬、自殺企図などの行動化と、対人関係の不安定な情緒不安定性を示す境界性パーソナリティ障害の患者群を治療対象にしたとき、スタッフの協力関係が必要と感じられたことに関係している。管理医は全体のマネージメントを担当し、治療者は精神分析的精神療法に専念する役割分担のシステムである。管理医のマネージメントとしては、必要な助言、指示、投薬、行動化に対する対応、入院や救急医との連絡、家族の面接、思春期青年期患者の場合には、学校や警察などとの連携など多くの役割がある。それらを引き受けることによって、精神分析的精神療法の基礎構造を支え、精神療法家が精神分析的精神療法に専念できることを目的にしている。

実際に自傷行為や自己破壊的行動化の激しい患者について、精神分析的精神療法の対象となる患者群については、このような管理医と治療者を別々にしたセッティングが、もっとも有効に働くことが経験上確認されている。

実際、筆者の所属している精神分析的精神療法の研究会においては、管理医と治療者をそれぞれ相互に担当し合うことによって、ほとんどの精神療法を施行している患者群についてはA-Tスプリット方式を採用している。

A-Tスプリットは、実際には治療構造全体のセッティングの一部であって、その全体的な構造論的理解がないところで、表面上のA-Tスプリットを採用しても治療的にうまくいくわけではない。また、管理医の役割を取る医師も、精神分析的精神療法の経験がない場合には、適切な判断や患者や家族へのアプローチが困難になることがしばしばである。しかしそのような場合でも、精神分析的精神療法に対して管理医が親和的である場合には多くの援助を行なうことができる。もし管理医が精神分析的精神療法に対して違和的な場合には、治療の経過上患者の行動化が激しくなったり陰性治療反応が起きたりしている場合に、精神療法家がうまく対処していないためだと主張したり、精神分析的精神療法そのものが治療効果がないばかりか、患者を悪化させているという誤解に基づいた非難を始めたりすることもみられる。

実際のA-Tスプリットの臨床的意味については、背景の全体的構造論の理解が欠かせないものになる。治療構造論は小此木啓吾によって提唱され、精神分析的精神療法を行なう際の基本中の基本の視点であり、A-Tスプリットもその概念のもとに実施されている。精神分析的精神療法の適用の可能性のある症例については、すべて力動的発達診断を施行し、精神分析的精神療法の対象とみなされた場合に、どのような治療構造で治療を行なうべきかを決定する。

2 力動的発達診断とA-Tスプリット

力動的発達診断は、パーソナリティ障害など精神分析的精神療法の適応と考えられる患者群に対して行なう組織的な診断であるが、この診断プロセスも治療構造の重要な要素とみなすことができる。なぜなら、この診断の結果によって精神分析的精神療法の可否を決定し、対象となる場合には、治療の場所、回数、治療者の選定、A-Tスプリットの必要性などを考察していくからである。人材の豊富なヨーロッパなどの精神科臨床では、力動的発達診断面接者と管理医や治療者は別の医師やスタッフが行なうことが多い。これはそれぞれの国の事情や地域、施設の事情などでは困難な場合がある。

実際の力動的発達診断は以下のように行なわれる。それは構造的に定式化されたものである。

（1）構造的な力動的発達診断面接

一般の精神科診断を受けた後、パーソナリティ障害などの診断を受け、精神分析的精神療法の対象の可能性があると思われた症例について、構造的な力動的発達診断面接を行なう。具体的には、一回45～50分のセッションを4回行なう。その中で、必要な情報を集め、患者の病理、治療動機などを明らかにしていき、精神分析的精神療法の適用か否かを判断する。

（2）力動的発達診断のためのチェック項目

実際の診断面接では、決して尋問形式で行なうわけではなく、あくまで患者の自由な自己表現をもとに施行していく。診断面接者は、背景に必要な情報の項目を持っており、患者が自由に表現する中で、必要な場合には質問を挟むようにしている。実際に診断面接者が背景に持っているチェック項目は、以下のようなものである。

(1) 発症の状況――しばしば患者の防衛機制が破綻するような葛藤的状況に関係している。
(2) 患者の幼児期から現在までの生活状況――とくに思春期の仲間体験など。
(3) 現在の対人関係の特徴。

(4) 家族の記述――両親の生い立ち、祖父母時代からの家族内の剥奪体験、外傷体験などの有無。
(5) 面接場面における情緒的あり方、初期転移のあり方。
(6) 夢、最早期の記憶、など。

以上の項目のほかに、重ね着症候群の鑑別診断を行なう必要がある。これは臨床上はパーソナリティ障害や神経症の状態を示していても、背景に非常に軽度の広汎性発達障害の傾向を持っている患者群である。その場合には、自己理解を促し無意識の世界を理解していくような精神分析的精神療法の適用とならないことが多く、支持的療育的アプローチと薬物の併用がもっとも治療的にはうまくいくことが多い。力動的診断面接中に、この重ね着症候群の鑑別のための項目チェックも行なう。更に心理テストによる認知機能の偏りなどを確認する必要があるので、WEISやロールシャッハ・テストの時間を加えると、合計で6時間の診断面接の構造的特徴をもつことになる。

この力動的発達診断面接をしっかりと行なわないと、精神分析的精神療法が適応と考えられる患者についても、その患者に対する構造的なアプローチをどのように行なうべきかを判断することが困難になる。そしてA-Tスプリットを採用すべきケースか否か、A-Tスプリットを採用しない場合には、どのような問題が生じる可能性があるか、などを検討することに支障が生じてしまう。

(3) 力動的発達診断の見立てとA-Tスプリット

力動的発達診断面接の第4回目のセッションのときに、診断面接者は患者にその見立ての結果とどのような治療が適切であるかについて、明確に意見を述べる必要がある。そして、精神分析的精神療法が適切だと見立てた場合には、そのように意見を述べる。そして、どのような構造で治療が行なわれるかなど説明する必要があり、患者の治療を受ける動機の有無を確認する。そのときにA-Tスプリットについても説明する必要がある。

力動的発達診断のセッションと心理テストなどの結果が出たときに、全体の見立てを行なうが、基本的に以下のことについて考察していく。

(1) 治療動機

(2) 発症の契機――しばしばそれまで患者が身につけていた防衛機制が破たんするような、葛藤的体験をしている。

(3) 苦痛な体験・葛藤的な体験――患者にとって、生活史上対応困難な苦痛で外傷的な体験はどのようなものだったのか。

(4) 防衛機制――そのような苦痛で外傷的な体験を患者はどのようにして対処してきたのか。

(5) 自己破壊的行動化の有無。

(6) 現在の対人関係、夢、最早期の記憶などによって、内的世界をどのように表現し、周囲の対人関係の病理的対象関係をどのように展開しているか。

(7) 診断面接者の最終結果の説明と、精神分析的精神療法が適切であることを伝えたときにどのような理解を示すか。

(8) 治療を開始することになれば、どのような転移関係が展開すると考えられるか。

以上の事柄などを詳しく検討することによって、精神分析的精神療法を行なう場合は、治療構造をどのようなものにするかを具体的に決定する。つまり、治療者の選択、治療回数、対面法か横臥法か、A-Tスプリット、薬物投与、家族への説明、入院の可能性、自傷行為、自殺企図など自己破壊的行為の可能性、そのときに対応するネットワークの必要性などを考えておき、必要なものは患者や家族と話し合っておく。そのときには、管理医の役割が重要である。

3 精神分析的精神療法の治療構造

以上のように、患者の病理や現実的な条件によって治療構造を決定していくが、その背景には治療構造論による組織的な視点が存在している。治療構造論としては、以下のような視点で基本的な問題を考察している。

(1) 外的治療構造

これは時間と空間に関する治療構造の設定である。精神分析療法においては、週4〜5回、一回当たり45〜50分、期限制定のない横臥法による自由連想による治療法である。この構造設定は、精神分析療法（週4〜5回）や精神分析的精神療法の基礎である。精神分析的精神療法においては、1セッションは45〜50分であるが、週1〜3回、対面法や横臥法を採用する。会話は自由連想法を用いる。更に、治療構造の維持のために、施設全体の物理的構造や組織なども考慮する必要がある。

(2) 人的配備の構造とA-Tスプリット

以上のような基本的な外的構造のもとに、更にその患者の病理に基づいて、スタッフの人的配備を具体的に決定する必要がある。すなわち、中等度以上の障害であるパーソナリティ障害などのように自己破壊的な行動化が予想されたり、症状の悪化や情緒的不安定さの問題が露呈する可能性があったりする場合には、精神療法だけでなく、薬物療法、入院治療、救急との連携、家族、学校、警察などとの連携なども、重要な周辺治療構造になる。このときに、A-Tスプリットの主題が生じる。精神療法家としては、そのような病理の患者に対して経験、性別、年齢などを考慮して選択する必要がある。管理医に関しては、どの程度の範囲の基本的な構造維持やマネージメントを行なう必要があるのかを、力動的診断面接時に一応の予測をしておく必要がある。実際、精神科外来を受診する各種パーソナリティ障害の患者群に対して、精神分析や精神分析的精神療法を適用する場合には、広範囲の構造化と管理医のマネージメントによる全体的な治療構造の維持が必要になることが多い。そして、管理医が精神分析的精神療法を中心にした治療構造における自分の位置や役割をよくわきまえ、適切に判断やマネージメントをすることが、治療経過上重要なポイントになる。

（3）治療者-患者関係の維持

このように、A-Tスプリットによって、管理医が施設やスタッフの基本的理解と援助体制、物理的な治療構造の設定と維持など、治療構造を全体的に構築し維持する重要性をよくわきまえたときに、初めて精神分析的精神療法家が一定の面接室で患者との治療的な出会いをすることができるのである。この時間と空間の一定とした条件で、同じ治療者が一定の中立的でしかも傾聴と受容を基本にした治療的態度をとり続け、無意識の世界を理解し、患者と対話をしていくことが基本的な治療構造である。

実際のパーソナリティ障害の治療において、管理医が外的治療構造の維持のためのマネージメントを行なうことによって、精神分析的精神療法家（治療者）は、かなり安心して患者との二者関係的な精神療法に専念することができる。そのような条件下では、治療者は患者の深層の世界と交流するもっとも適切な条件を維持することができるのである。一定の構造の下で、患者の内的世界が治療者や管理医、治療構造全体に投影されるのであるが、構造が一定に維持されていることで、転移や逆転移などの臨床経過を把握することが容易になる。

治療者は、中立的で「自由に漂うような態度」を取り続け、自己の無意識の感受性を維持し、情緒や思考を駆使することができ、患者の連想内容の無意識的断片の表現を見出し聞き入ることができる。治療者は、このような治療構造環境において、特有な治療的態度を継続維持することが容易になる。治療者の治療的心性のありかたは、一般臨床のような不安定な構造の下では維持困難な状態に陥りやすいものであるが、このような治療構造のもとでは維持することが可能になるのである。

他方で管理医の仕事は、主として周辺の物理的治療環境と大構造を維持し、マネージメントで種々の外的構造的な問題へのアプローチをし続けることが非常に重要になるのである。それはちょうど乳幼児の育児に没頭している母親の状態をできるだけ安定したものにするために、周辺にいる夫や祖父母などの家族などが、育児の環境をできるだけ安定したものに維持して、この母子関係の繊細な世界を壊すことなく、子供の成長のために長期間調整していこうとすることに類似したものである。

4 患者から見た治療構造やA-Tスプリットの意味

時間と空間が設定され、治療者や管理医が決定したのちに、精神分析的精神療法が開始されるが、患者はどのような主観的、治療的体験を持つのであろうか。

患者から見て、主治医が診断面接を組織的に詳しく行ない、その見立てに基づいて精神分析的精神療法の適用だと判断し、周辺の治療構造や治療者集団を割り当ててゆくプロセスは、治療方針が明確に提示され、大きな安心感とセキュリティーを提供される体験である。A-Tスプリットにおいて、管理医と治療者がそれぞれの役割を協力していく姿は信頼感と安全感を強め、実際の様々な治療経過上の危機を協力して乗り越えようとする姿は患者に安定した信頼感をもたらすものである。

もちろん、ほとんどの患者は、生活史上葛藤的な両親像を持っている。そして、破壊的結合両親像を持っている重症のパーソナリティ障害患者においては、そのような協力して自分に援助の手を差し出そうとしている治療者-管理医のカップルに対して、つよい猜疑心や自分が排除されている感覚を転移として抱きやすい。また、背後で自分に対しての攻撃的な画策をもくろむような破壊的な両親像を投影性同一視して、陰性の原始的な転移関係を展開していくことが多い。治療者は、そのような治療者-管理医カップルに対する患者の転移や、施設や他の職員の存在する全体的構造に対する患者の主観的体験についても注意を払う必要がある。

患者にとって、一定の十分な時間を、同じ空間である面接室で、同じ治療者と同じ態度の中で自己の世界を表現し続け、治療者が中立的で安定した特有の視点から応えてくれる体験は、心の内部に大きな振動を与える体験である。それは、病的な内的世界に対して、非侵襲的で治療的な影響を与えることができるが、このような設定がもっとも人の心に統制されかつ重要な、深層まで到達する治療的体験を提供するのである。それは、日常的な空間や対人関係とは異なる特有の設定された空間であり、患者の原始的な固有の世界が展開しても、患者自身がその構造によって自己の情緒の拡散や混乱を防ぐことのできる場と人とのかかわりの条件を提供するものになる。その条件下では、患者はかなり安全感を持って、自己の病理の部分や退行的な部分に触れ、表現することができると体験している。また規則的な反復される治療空間の体験は、患者に治療者の対象恒常性と安定性を提供するものになる。患者は徐々に深層の状態に触れていくことができ、その世界に中立的に非侵襲的にアプローチできる治療者の存在を実感できる構造的治療環境である。そのような環境では、患者は自由に自己の表現をすることが保証されていると感じ、日常の対人関係では触れることのできない原始的で病理的な世界を表現し、治療者と協力して自己理解を進展することができる。

5　症例

ここで症例を記述してみたい。これは、筆者が管理医をしたときの体験をもとに、マネージメントが治療経過上果たした役割を紹介したい（情報は趣旨に関する肝要な部分以外は、割愛、修正されている）。

【患者】 20代男性B、消化器官の機能不全、自傷行為、過量服薬や飛び降りなどによる自殺企図の反復、境界性パーソナリティ障害を背景に持っている。

【家族】 酒乱とギャンブルによる浪費を繰り返す母親、父親は情緒不安定で厳しく、患者が幼少時期から怖い人で、Bはいつもびくびくしていた。母親は、父親に対しては、翻弄され自虐的、受け身的に同居を続け、抑うつ状態を繰り返し自殺を図ったこともある。Bの兄は、家族に早くから見切りをつけ、家族から遠ざかっている。

【受診経過】 Bは受診6年前から、ガールレンドとのトラブルをきっかけに不安、胃腸障害などを発症した。以後、症状は一進一退であったが、他方でBは非常に時間的に過酷な条件下で専門資格を取ったりしていて、非常に頑張り屋で超自我の強い人である。この間も情緒不安定で、対人関係の些細な軋轢をきっかけに、不安抑うつ発作、消化器障害を繰り返している。3年前には対人関係の軋轢をきっかけに状態が悪化し、情緒不安定、対人関係の困難さ、大量服薬による自殺企図などがみられ、精神科に入院。その後、救急外来にパニック発作様の症状で頻回に受診。その後も、情緒不安定で抑うつ状態、飛び降りや過量服薬などを反復し、入退院を繰り返している。

Bは前主治医に精神分析的精神療法を勧められて、筆者に紹介となった。そして力動的発達診断を4回施行後、精神分析的精神療法に導入し更にA-Tスプリットを採用している。ここでは、管理医としての視点から治療経過を概説して、A-Tスプリットの重要性を提示したい。

【治療経過と管理医の機能】 Bは、精神療法開始後もキャンセルが多く、夜遊び、消化器障害、両親との不和などが続き、自傷行為、過量服薬で入退院を数度繰り返している。退院すると精神療法を再開していたが、隔週ごとにキャンセルし、患者に苦情を言い続ける家族から逃れるために友人のところに宿泊したり、夜遅くまで出かけて早朝に帰宅するような状態であった。

症状悪化や自傷行為などのための入院や治療に関しては、両親がしばしば管理医に面会を求め、変化もないので経済的にも無駄なのではないかと訴えたり、治療の可能性や入院の必要性などの説明を執拗に求めたりしていた。その都度管理医は、過量服薬を繰り返して消化器障害が激しい場合には入院治療が必要であること、精神療法は長期間かかるもので、即効性の結果は得られないことなどを繰り返し説明する必要があった。患者の過量服薬による救急受診と消化器障害による入院が数度繰り返され、精神療法開始後の最初の1年間は、合計で十数回の精神療法のセッションにしか患者は参加しなかった。管理医は、病院の医師との連絡を密にして入退院のアレンジにかかわる必要があったし、セッションをキャンセルし続けながらも治療を受ける意思を示す患者を支持し、家族との多くの調節が必要な時期であった。

管理医は、このような状況を、精神分析的精神療法の導入期の患者の陰性の初期転移であり、不安と混乱の表われと見ていて、Bが精神療法を継続したい意思がある限り、キャンセルが多くあっても精神療法の治療時間を維持していく方針を取っていた。なぜなら、患者は発症して既に6年が経っており、これまで数度のカウンセリングのドロップアウト、多くの診療所や病院の受診や入退院を繰り返しており、今回の精神療法導入がBにとっても最後のチャンスであるように思えたからである。そうしてゆく内に、数回の1ヶ月程度の入院を繰り返していたBが、精神療法開始後1年目に3ヶ月間の長期入院をした頃から、精神療法に規則的に参加するようになった。

管理医は治療者と話し合いながら、困難な状況下でBの精神療法のセッションを確保し、様々な行動化や症状悪化に対処し、入院に反対する家族の説得を続けていた。おそらくそのときに初めて、Bには治療者と管理医に対しての信頼感が不信感や不安を凌駕したのであろう。Bは退院が近くなった頃から精神療法の場に現れ始め、退院後はほとんどキャンセルすることなく治療に通い続けた。その後も患者は数ヶ月ごとに胃腸障害や抑うつ状態が強くなり、比較的短期間の入退院を繰り返していたが、入院中も身体症状がよほど激しいとき以外は、精神療法に通い続けた。

家族は相変わらず良くならない患者を入院させてもお金の無駄であると管理医にしばしば苦情を述べたが、管理医はその都度根気よく、家族に入院の必要性と精神療法の重要性を説明していた。その後家族は、患者の状態が徐々に改善する傾向が見えるにつれて、精神療法に対する不信感や入院に対する苦情を言わなくなっている。以後、Bは精神療法にほとんど休むことなく継続参加しており、胃腸障害は数ヶ月ごとに反復し、治療における主題に関連して不安や体調不良がみられるが、改善した状態が比較的長期間維持されながら、波状的に状態が改善方向に変化している。つまりBは、自己理解が進んで、以前のような過量服薬、自殺企図などが見られなくなって、投薬の量も激減していたのである。

このように、Bのような比較的重症のパーソナリティ障害患者の場合には、治療導入期に過量服薬や自傷行為、自殺企図などの困難な問題を反復し、入退院を繰り返すことがある。これは、治療の最初から定期的に精神療法に参加をすることができない患者群が存在することを意味している。

そしてA-Tスプリットの下で、管理医が、投薬、病院の医師との連携、家族への説明や調節など、積極的に治療構造の外枠に関する事柄に対応して、治療構造を維持することに専念する必要がある。

管理医は、このような患者の病理の特徴を理解して、治療構造の維持が重要であることを理解しておかなければうまく機能しない。そのためには、管理医自身が、病理的行動化を繰り返す境界性パーソナリティ障害などに対して、医療チームを組んで、自分自身が精神療法家として治療経験を持っていることが望ましいのである。

6 おわりに

A-Tスプリットは、比較的重度のパーソナリティ障害の精神分析的精神療法を中心にした治療構造の重要な要素として実践されてきている。それは、背景の基本的な治療構造論の上に成り立っており、その視点がない場合には、形式的なA-Tスプリットを採用してもほとんど有効に機能することはない。その治療構造論は、精神分析療法や精神分析的精神療法の実践の中で発達したものであるが、他のすべての精神療法の実践においても重要な基本的視点である。それは、構成的な診断面接とそれに基づく治療構造の設定、その中でのA-Tスプリットの採用など、基本的な視点と手続きが必要な臨床活動である。ここでは、その基本的な理念に基づいて、A-Tスプリットを治療構造論の視点から解説した。また症例として、管理医の視点から、比較的重症の境界性パーソナリティ障害の治療経過を紹介した。

参考文献

(1) Ekstein, R. (1952) Structural Aspects of Psychotherapy. *Psychoanalytic Review*, 39(3): 222–229.〔古沢平作訳(1953)「精神療法の構造方面」『精神分析研究会会報』2巻3-5号〕
(2) 池田正国・衣笠隆幸・谷山純子(2001)「成人期に発見される高機能発達障害」広島精神神経医学会発表
(3) 岩崎徹也編(1990)『治療構造論』岩崎学術出版社
(4) 衣笠隆幸(1990)「自由連想と治療回数をめぐって――英国及び日本での経験から」『精神分析研究』33巻5号、373-378頁
(5) 衣笠隆幸(1998)「臨床的事実とは何か」『精神分析研究』42巻1号、17-22頁
(6) 衣笠隆幸(2002)「中立性と禁欲原則」『精神分析研究』46巻2号、143-150頁
(7) 衣笠隆幸(2004)「境界性パーソナリティ障害と発達障害――重ね着症候群について」『精神科治療学』19巻、693-699頁
(9) 小此木啓吾(1981)「治療構造と転移」『精神分析研究』25巻3号、109-119頁
(8) 小此木啓吾(1990)「治療構造論序説」岩崎徹也編『治療構造論』岩崎学術出版社
(10) 世木田久美・池田正国・衣笠隆幸他(2005)「当センターを受診した種々の精神症状を呈する思春期以降の高機能型発達障害について――〈重ね着症候群〉」『精神分析的精神医学』創刊号、86-93頁

〔『精神療法』35巻4号、2009年〕

21章　精神分析臨床を構成するもの
——自由連想法と中立性・自由に漂うような注意

1　はじめに

ここでは精神分析の根幹をなす主題について解説してみたい。つまり、精神分析の治療構造の基本、自由連想法、中立性、自由に漂うような注意について、述べてみたい。

精神分析の中核である臨床現場においては、フロイト（Freud, S.）が発展させた治療のセッティング、基本的ルール、基本的病理学、基本的理論的視点、治療者の注目点と理解の視点、解釈の基本的技法などは、現在においても精神分析の根幹をなしている。現在精神分析は、治療対象の変遷や発達論、不安論や構造論などの更なる展開と遂行によって、より精密なものになっているということができる。しかし、その基本的発想のほとんどの枠組みは、フロイトが存命中に構築されたものから成り立っている。これは驚くべきことであり、フロイトの着想がいかに革命的なもので、人の心の理解に重要な方法と視点を提供したものであったかを物語っている。

また、欧米や日本の臨床の現場では、週1、2回の精神分析的精神療法などに応用されており、日本精神分析学会は、その中心的な役割を担ってきている。それはこれから述べる治療構造を修正したものを基本にしていると理解することができる。

ちょうど百年ほど以前に、フロイトが「精神分析の道」(24)の中で、次のように述べている。つまり、フロイト自身は、社会的歴史的事情のために富裕層のみを治療対象にせざるを得ないが、将来的には国家補償の下で、低所得の大衆に対して精神分析が提供される時代が来るであろう。そのときには、簡易型にしたものになる可能性があるが、そのように治療構造が変化しても、中心になるのは、精神分析で得られた知見と基本的方法である、と。実際に、米国、南米を除いて、西欧諸国、オセアニア、カナダにおいては、国民保険による精神分析的精神療法が十分に提供されている。日本は、未だに医療保険の保証は十分ではなく、高額な精神分析的精神療法がかなり行なわれるようになっているが、フロイトの予言した時代が日本にも近づきつつあるのだろうか。

2　精神分析療法の治療構造――自由連想法の発見

精神分析とは何かという質問に対しては、特有の治療構造を持ち、カウチの使用、自由連想法、治療者の自由連想的な傾聴姿勢（自由に漂うような注意）、中立性と禁則規定、倫理規定による医師としての分別を維持することが、基本的なセッティングになると答えることができる。更にそのようなセッティングの中で、患者から多くの情報を得ることができ、患者の無意識の苦痛や葛藤を明らかにして意識化していくことが治療の目標とすることである。

それらの概念は種々あるが、基本的なセッティングや視点は現在まで持続しており、臨床家にとっては、その基本的技法や視点の真の臨床的意味を把握することが重要な課題になる。そのためには、そのような概念や技法の始まりと、歴史的な意味や意義の変遷がどのようなものであるかを知ることが肝要である。また、それが現在の治療者においてどのように受け継がれ、どのように理解され、日々の臨床実践の中で遂行され、進展変化しているかを理解することは、治療者として重要な作業になる。

現在の精神分析臨床の基本的な形式が確立されたのは、精神分析前夜から曙にかけての比較的初期である。つまり、第一期として、1980年代から1896年代まで、フロイトがヒステリーの患者の催眠療法によって、病理と治療法を模索していた頃から、患者の主張をヒントに自由連想法を開発した頃まで。第二期として1897年から1919年まで、1897年に外傷論を放棄して、欲動論を提唱するようになり、夢解釈の方法を発見し、臨床や自己分析に適用したが、徐々に、時間と空間に構造を明確にしていくまでに、20数年間が必要であった。第三期は1920年から1939年のフロイトの死までで、治療構造の変化は基本的にあまり見られず、本能論やイド-自我-超自我の構造論などを提唱した。フロイト後の精神分析は第四期に入り、自我心理学、クライン派、英国独立学派、自己心理学、対人関係学派などなど多くの学派の流れが見られるようになって現在に至っている。しかし、基本的なセッティングや技法、理論的視点の大枠などは、現在も引き継がれている。

ここでは、フロイトがかかわった症例と治療構造、自由連想法の開発の歴史、現在における立ち位置などを軸にして、精神分析の中心的な方法と視点との関連性について概観してみたい。

(1) ヒステリー研究の時代——催眠治療から自由連想法の発見へ[10]

a 催眠の時代：1880年代半ばまで

アンナ・O（Anna, O.）はブロイアー（Brreuer, J.）が治療した患者であるが、そこでの治療構造はほとんど注意を払われることはない。ブロイアーは、患者の要請があればいつでも往診して、患者の自宅で催眠をかけ、催眠状態で様々な情景における情緒の放出をすることが症状消失に効果があることを発見し、実践していた（カタルシス療法）。患者アンナは、一日に何度も往診を依頼するようになり、ブロイアーはその都度往診して治療を行なった。やがて、アンナ・Oは、激しい転移性恋愛と出産妄想などを呈するようになり、ブロイアーはそれに驚いて治療を中断し、ヒステリーの研究から撤退したのである。アンナ・Oの症例では、特有の治療構造があるが、ブロイアー自身は催眠におけるカタルシス法の治療効果のみに関心を抱いていて、治療構造や転移関係の意義についての配慮はなかった。

b　フロイト：催眠から試行錯誤の時代[10]

フロイトは、ブロイアーがヒステリーの臨床研究から手を引いた後も、一人で治療法の確立に挑んでいった。このときに、フロイトが時間、場所、回数などにどの程度注意を払っていたかは不明である。

フロイトの関心は、カタルシス治療などの経験から、ヒステリーは、無意識（局地論）の中に抑圧（防衛の概念）された外傷体験の健忘が、ヒステリーの病理の核心であると考えていた。そして、無意識の世界にある外傷的体験の記憶を呼び覚ますことで、患者の症状が消褪することを中心的目標として、患者に催眠を施し、カタルシス治療を目指した。しかしフロイトは、催眠治療では症状も再発することや全ての患者が催眠にかかるわけではないことを発見し、自分自身が催眠は得意ではないと感じて催眠を放棄した。しかし、無意識と抑圧によって、ヒステリーの病理学を説明し、無意識の外傷体験を想起して意識的になれば、症状が改善することは重要な視点だと考えていた。そして、催眠によらず覚醒したままで、抑圧された外傷的な出来事の想起を目指すようになった。更にフロイトは、質問法、命令法、前額法などを行なっていた。「ヒステリー研究」には、それらの方法で得た患者の資料を基に、症例経過が詳細に記述してある。このときは、フロイトは催眠で使用していたカウチをそのまま使用し、患者に横臥状態を指示していたようである。しかし、治療時間、回数、治療の場所などのセッティングについて、どの程度フロイトが考慮していたのか定かではない。フロイトは、ほとんど眼中になかったのではないだろうか。

c　自由連想法の発見

「ヒステリー研究」の中でも記述されているように、フロイトが質問法や命令法、前額法などによって、患者（エミー・フォン・N）の想起を促進しようとしていたときに、エミーは、「うるさいから黙っていてほしい、自由に話させてほしい」と主張したのである。フロイトはその言葉を見逃さず、その利点を感じ、自由連想法の着想を得た。それ以後、多くの患者に適用してみて、この方法が患者の無意識の想起を促進するもっとも有効な方法であると考えた。しかし初期には、フロイトはもっぱら症状の意味を追及するために自由連想法を行なっていた。続いてフロイトは、夢の意味の解明について、自由連想法を主要な手段として使用し、ついにそれに成功したのである（「イルマの夢」[9][11]）。以後フロイトは、自己分析のための夢分析に集中して自由連想を採用していく（「夢判断」[11]「ドラ症例」[12]）。そして最終的に心全体に対する真の自由連想法に到達する（「ラットマン症例」[14]）。フロイトは、それ以後このカウチと非焦点的な自由連想法を採用し続け、変更することはなかった。そして、フロイト後の分析家達も現在までこの方法を採用している。

フロイトが、なぜこの方法が優れていると考えたかという理由については、自分自身の経験的な理由を挙げ、「一日中患者から見つめられていると苦痛であり、自分自身の精神の自由を確保できないためである」と、個人的な理由を挙げるのみである。しかし、そこには、フロイトの優れた観察眼と臨床の実践的目的志向主義と、直感的に人間の本質を把握する力の側面が表現されている。実際、フロイトは現在の精神分析の基本的な方法や理論的視点を、治療現場の中で血の通う身体存在としての患者との実践的な経験とその現象について、彼特有の「関与しながらの観察」と論理的思考の融合した展開を行なった。実際にフロイトは、臨床観察を支柱とし、人が苦痛を避けて快を求め、過剰な不安や苦痛は抑圧して意識から排除することや、症状が象徴的に心の病理的なあり方を示唆していることなどを治療現場を通して見出していった。

(2) 治療構造と自由連想法の確立

フロイトはラットマン症例[14]では、自由連想の適用を明確にしており、時間空間的構造として、カウチと横臥法、定時のセッション（1時間）、週6回、背後の治療者の位置、後述の治療者の中立性、「自由に漂うような注意」など特有の治療的スタンスなどは、基本的に確立していたことが見て取れる。そして、「分析医に対する分析治療上の注意」[16]、「分析治療の開始について」[18]、などの技法論文の中では、明確に治療構造、治療者の心的態勢などについて明確かつ詳細に説明している。また、同時期の「精神分析入門」[22]でもその治療構造が確立していることを明確に示している。

これらの論文の中では、フロイトは非常に謙虚に、ここに挙げている精神分析を施行するにあたっての方針と注意点は、あくまでフロイト個人が最善と考えた方法であって絶対的なものではない、それぞれの治療者が工夫すべきものがあるであろう、と述べている。しかし、実際には、その治療構造とカウチを使用した自由連想法は、フロイト自身終生変更することはなかったし、フロイトの死後、現在まで多くの精神分析家が臨床実践を行なって来たが、この基本的なセッティングと方法を変更することはなく、現在も中心的な治療構造と技法となっている。

そして、この治療構造とカウチによる自由連想の中で観察された臨床体験を通して、すべての精神分析理論と技法が発展してきた。つまり、転移と行動化の重要性、逆転移の重要性とそれらの治療的意義などが展開されてきた。また、フロイトの基本的理論である、局地論（無意識論）、欲動論、経済論、発達論、不安・葛藤論、構造論（イド-自我-超自我）、対象関係論、適応論などの基本的視点が、壮大な流れとして展開されてきた。それらは時代と治療対象の変遷と共に修正され発展しているが、その基本的視点としての重要性は現在も色あせることはない。

多くの精神分析家によって、この治療構造、自由連想技法のきわめて優れた点が評価され続け、堅持されてきた歴史がある。その流れの中で、フロイトの直感的な洞察力と根気強い試行錯誤の中で作り上げられたものが、人間観察の方法として非常に優れており、無意識の活動を明らかにするもっとも精緻な方法であることを示している。

3　フロイトの基本的思考法の特徴

フロイトは、人の心がなぜそのように出来上がっているのか、自分の方法がなぜ治療法としてもっとも適しているのか、などの説明については、試行錯誤の中での臨床体験における有効性を挙げ、存在論的な質問には自ら向かおうとしなかったと思われる。彼は、身体存在としての患者との具体的かかわりの中で、あくまで彼のいう科学的方法を維持して、観察したものの特徴を記述していくことを旨としていた。そして、ヒステリーなどの病理は忘れられた記憶の病理である、心には無意識が存在するなど、臨床の現場で観察された特徴を説明する概念を作り上げてゆくという、帰納法を常に心がけていたように思われる。

「心理学草稿[9]」、「夢解釈　Ⅶ章[11]」、「本能とその運命[20]」などの難解なメタ心理学の中でも、本能不安論や心の無意識の世界の説明などにおいても、あくまで観察された事実を細胞学的・生物学的な視点からどのように説明するべきか、どういう視点から捉えるべきかということに主点が置かれている。そこには、人間存在の哲学的原理を考察する方向性はほとんど見られないのである。

フロイトは、その現象についての「なぜ」と問う哲学的な原理論や存在論的な説明の世界には、あまり近寄ろうとしなかった。実際に、彼自身が哲学の世界を意識的に避けたと言明しているが、心の在り方の存在原理に対する疑問の世界には、敢えて入り込もうとしなかったようである。

ビオン（Bion, W.）などは、その存在論の世界に入り込もうとしているように見える[2][3][4][6]が、彼も基本的には精神病の治療における思考の障害、精神病的転移における現実と幻覚の区別不能、現実と心的現実の識別不全などの臨床体験と観察をもとに、それらの心的状況を明らかにしようと試みた[5]。しかし、ビオンは、フロイトよりはるかに存在論の世界に踏み込んでおり、その結果、極めて難解な記号論的存在論ともいうべき、存在論の哲学的思考と共通した世界を展開していったように思える。これは、フロイトが、できるだけ遠ざけようとしていたものであろう。

フロイトは、そのアプリオリの存在原理的な世界の理解と説明は、極めて困難な課題であることを予見していたようである。つまり、心とは何か、なぜ情緒は存在しているのか、人はなぜ心を持っているのかなどという、原理的な領域には入り込まないようにしていたように思える。例えば、物理学で、宇宙とは何か、重力や重量とは何か、光とは何かという原理的な質問については、現在でも回答は困難を極めているようである。実際の学問としての進歩は、観察に基づいて、宇宙の活動、重力や光にはどのような特徴があるか、観察と目的志向的な論理によって明らかにしようとする方向と分野において、日々進歩と新しい発見がみられている。精神分析も、同様な方向性を持っているようであり、フロイトはそれを科学的方法と呼び、哲学には向かわないと述べたのであろう。

4　カウチと自由連想法の特徴と利点

経験的にもっとも適切な患者の自己表現方法として、フロイトにより直感的に選択されたカウチと自由連想法による表現形式が、現在まで基本的に変更を受けることなくもっとも適切な方法として支持されたことには、人の心のとくに無意識的世界の表現に適したものが存在しているためであろう。精神分析の歴史においては良くみられることであるが、フロイトによって経験的直感的に臨床現場で観察されたり考案されたりした事実や方式が、なぜもっとも適切なのか、どのような性質や特徴を内包しているのか、などの問題は、その後に経験に基づく帰納的な説明概念として展開している。カウチによる自由連想法はその典型の一つである。

つまりカウチに横臥して行なう自由連想が、もっとも患者の無意識の表現や観察に適していると経験的に考えられてきたのであるが、その理由については、明確な回答がなされているわけではない。しかし、その治療構造の利点や特徴などはしばしば論じられてきた。それをまとめると以下のような意見である。[29][32][35][46][47][50][53]

(1) 患者と治療者の関係は不平等な関係にある。患者は助けを求め、治療者にある意味で従属する関係にある。これは、自由連想法の基本的な重要な因子である。

更に、頻回の時間空間構造の提供、恒常性の保証の中で、患者はカウチに横になり、治療者が頭部の後方に座位で傾聴している構造が基本にある。その環境下で、自由連想法は保障され、保護されているということができる。しかし、患者が自由連想をするときには、患者は日常的には体験されないパラドキシカルな体験をすると考えられる。

a 時間空間を設定され、カウチに横になるように指示される状況は、患者は無防備で無力な状態に置かれ、権威者から強制的に自由を奪われ、上から見下ろされ、拘束状態を強いられる。これは、去勢不安や羨望を駆り立てられる両親と子供の関係に類似している。その中で指示される自由連想は強制的なものであるが、その中でのみ、患者は表現の自由を保証される。

b もう一つの可能性は、この恒常的な治療関係は母子関係に近い状況と類似している。つまり、患者のカウチにおける横臥状態は、運動機能もままならない乳幼児の状態に、ちょうどゆりかごに横になった状態に類似している。この状態と関係性自体が、患者の乳幼児の心性を刺激し、無意識的な世界への誘導となる可能性がある。その状況で自由連想を強いられることは、自由な自己表現と強力なしつけでもあるが、母親の世話と保護の下での乳幼児の体験に類似した条件を作り上げている。そういう意味で、自己の乳幼児的な面にともに注意を向けていくことに適した構造であろう。

小此木は、このような治療構造に対する患者の心性が表明されたときの状況を「構造転移」の概念で説明している。[48]

(2) 自由連想そのもののパラドックスについて。自由連想法は、治療者の受容的傾聴的、中立的な雰囲気の中で、自由に会話するよう指示されるという本質的なパラドックスを抱えている。自由連想は、その条件内では自由であるが、その指示を守らなければ治療は保障されない。また自由連想は、決して自由に簡単に話せるものではない。別の言い方をすれば、自由に表現できるという「快-原則」に従い、他方で禁欲と「不快原則」、「現実原則」に出会う。原始的で退行的な世界の中で会話するように促され、言語のみの自由として制限され、身体活動も制限されている。

(3) 患者が自由連想するためには自己を分裂させなければならない。一方では、幼児的な世界を刺激され、自由に退行し自己愛の世界を満たすこともできるが、苦痛な世界を話すことにもなり、強い情緒や抵抗を体験する。また、治療者に協力してそれらを遂行することで、治療者に認められる幼児的満足の世界でもある。他方では、そのような退行状態が深まると同時に、患者の二次的機能が高まる。つまり、治療者と協力して自己観察能力を向上させ、言語的な表現能力を高めていく。それらは、治療者の中立性を基本にした特有な保護的な環境下で可能になる。

(4) この構造と自由連想法は、人の関係性とコミュニケーションの原点を浮き彫りにさせるものであろう。そしてフロイトが目指した、患者の無意識の世界と治療者の無意識の世界の交流を共に見ていくのに、現在ではもっとも適した治療構造であろう。

(5) ビオンは、このときの構造化における治療者患者関係を、母子関係のモデルで説明して、コンテイナー／コンテインドという概念で説明している[2,3,6]。赤ん坊は、自分の体験を情緒で自由に表現し、耐えられない不安体験は母親の中に排除し投げ入れてしまう。それを取り入れ、夢想つまりα機能によってその意味を把握し、赤ん坊が受け入れられる形で返していく。それを乳児は取り入れて、自分の体験を意味あるものとして心の中に蓄積していく。この無数の反復の中で、乳児は心の中に意味ある自己の世界を作り上げていく。

ビオンは、精神分析の治療構造と治療関係の中での、患者-治療者のコミュニケーションの中で、このコンテイナー／コンテインドの母-乳幼児関係が展開されると考えている。つまり、患者の自由連想法の内容の中に、治療者が夢想つまりα機能を駆使して、不安や転移、防衛などの意味を読み取り、患者に解釈していく過程の反復と蓄積が、患者の心の発達と統合を促すものと考えている。

ビオンはこの視点をもとに一般のコミュニケーション論にまで理論的展開を行なっている。つまり、人間のコミュニケーションの本質を浮き彫りにするものであり、人がどのようにして、人の心を感受して理解できるのかの本質的な問題に一石を投じている。そして、コミュニケーションの相対性を論じ、心の無意識にある絶対的真実は、自分自身も他者も直接は触れることができないものと考えている。それらは、常に間接的な象徴表現として伝えられ、話し手の絶対真実を話し手自身も直接知ることはできず、他者としての受け手は象徴的な伝達内容から推測して知っていくほかはない人間のコミュニケーションの相対性を論じている。

5　その後の治療対象の変遷と自由連想法

その後もカウチによる自由連想は、中心的な治療構造としての役割を果たしてきたが、時代の変遷、特に新しい治療対象が登場するたびに、その役割を問われることもあった。

(1)　精神病の治療：アブラハムとの軋轢[1]

フロイトは、シュレーバー[15]の症例検討においても明言しているように、統合失調症や躁うつ病などは、対象からリビドーを撤退して、対象のない自己愛的世界にある。そのために、転移を起こすことができず、精神分析の対象とはならないと考えていた。そのためにカウチを使用せず、自由連想法も適用ではなく、解釈も行なうべきではないと主張していた。そして彼は、精神療法を行なう場合には、技法を修正して支持的ケアに変更するべきと考えていた。フロイトの弟子であったフェダーン（Federn, P.）[7]は、統合失調症の精神療法研究を行なったが、このフロイトの考えを踏襲して、母性的な支持的ケアを中心にした修正された精神療法によって援助しようとした。この修正技法を適用する指針は、主として北米の精神分析家に引き継がれていった[28][51][55]。

アブラハム（Abraham, K.）は、躁うつ病患者の精神分析治療に果敢に取り組んでいき、その病理の固着点を生後6ヶ月の乳幼児心性の病理的状態にあると考えた（１９１０年代）。彼は、カウチと自由連想法を採用し、転移解釈を中心にした治療を行なった。そして、フロイトの口唇期、肛門期、男根期の発達論を更に細分化し、躁うつ病の病理の固着点は、口唇期後期から肛門期前期における欲動と対象関係の葛藤であると考えたのである。その臨床研究途上では、フロイトとの激しい軋轢を体験することになるが、フロイトは躁うつ病の研究において病理学を論じるときに、アブラハムから大きな影響を受けることになった[23]。そして、１９１０年代、１９２０年代の、フロイトの自己愛論、対象の取り入れ、対象喪失論、超自我論などへと飛躍して行く土台となったのである。

このように、アブラハムは0歳児の早期対象関係の障害が、躁うつ病、パラノイアの固着点であるという考えを提唱し、クライン（Klein, M.）に大きな影響を与えることとなった。アブラハムは、現代対象関係論の最初の提唱者の一人ということができるであろう。

（2）メラニー・クラインによる自由連想法の新評価

筆者はクライン派の影響を受けている分析家であるので、その流れにおける新しい治療対象と自由連想法の発展について解説したい。

a　非常に幼い子供の精神分析

メラニー・クラインの登場によって、自由連想法に新たな視点と息吹が吹き込まれたということができる。このときも、新しい治療対象に出会うことによって、革新的な視点と理論的進展がみられたのであるが、自由連想法はその中心にあり、大きく飛躍したということができる[36][37][38][39][40][41]。

１９２０年代からクラインは、アンナ・フロイト（Freud, A.）とともに、子供の精神分析に取り組み始めていた。フロイトの「ハンス坊やの症例」[13]によって、子供の精神分析の対象となるのは、３～５歳のエディプス・コンプレックス以後の内的世界が形成され、言語機能が自由連想法の使用に耐えうる年齢の子供を対象とするべきであるという指針が提出された。更にフロイトによると、３歳以前の子供は内的な世界が形成されていないために、転移を起こす能力もなく、言語機能も未熟である。そのために、両親のガイダンスを中心にした治療を行なうべきであると考えていた。それ以後の十年間ほとんど子供の精神分析が研究対象となることはなかった。アンナ・フロイトは父親の方針を踏襲して、年齢的にも5歳以上の児童に対して、言語による自由連想に注目した精神分析を開始している。

他方クラインは、１９１０年代後半は、フェレンツィ（Ferenczi, S.）のもとで、やや年長の子供の治療経験を積んでいたが、１９２１年ベルリンのアブラハムの下で、３歳以前の非常に幼い子供の精神分析による臨床研究に取り組むようになった。これは師のアブラハムが、躁うつ病の精神分析研究を行ない、乳幼児の６ヶ月心性の病理と発達論を展開していたときであった。

彼はクラインに、３歳以前の非常に幼い子供の分析的治療の研究を勧め、乳幼児の６ヶ月心性の重要性を確認する必要性を感じていたようである。クラインはその勧めにしたがい、２歳～３歳の非常に幼い子供の治療を開始した。そこで、精神病的症状、自閉的傾向、重症の夜驚症、激しい強迫行為や行為障害を呈する、言葉もままならない幼い子供に対峙することになった。クラインは複数のおもちゃや絵の道具などを準備し、そのプレイを観察していて、そのプレイが多くの象徴的意味を提示していることを発見した。そして、夢解釈の技法を適用して、子供のプレイが無意識の世界を象徴的に表現することに気付いたのである。そして、「子供のプレイは、成人の言語による自由連想法に匹敵する表現力を持っている」と考えるようになった。それ以後、クラインが治療した子供たちのプレイセラピー（自由連想）の中で、0歳児の無意識の世界を理解していくようになった。これは、それまでの、フロイトが、3歳前の子供は内的世界が形成されていないという考えを覆すものであり、多くの議論をもたらすことになったが、現在の精神分析の夜明けとなった大発見であった。

クラインは、0歳児の病理的状態を明らかにしたが、それは①2歳～3歳の子供の無意識の世界は0歳児心性で構成されている、②それは内的部分対象や全体対象が複雑に活動する世界である、③中心的な情動や不安は迫害的不安と抑うつ不安であり、攻撃性、サディズムが優勢な世界である、④原始的防衛機制がみられ、分裂、投影、取り入れ、否認、万能などが活動している、⑤これらの0歳児の内的世界は、分析治療において治療者に転移され、治療者はその転移を言語的に解釈することで、治療的援助を行なうことができる、などがその骨子である。

クラインは、子供のプレイセラピーの場合にはカウチは使用せず、診察室全体を表現の場とみなした。そして、子供のおもちゃによる遊び、描画、行動と活動全体を、大人の言語による自由連想と同等の、子供の内的世界を自由に表現するものとみなしたのである。

これは、精神分析の当時の定説を覆すものであり、フロイト自身も認めることはなかったが、アブラハムや、後にクラインが移住したロンドンのジョーンズ（Jones, E.）などが強く支持したのである。この自由連想法の新しい適用と展開は精神分析の世界に革命を起こすものであり、それは最初はベルリンやロンドンに限定され、やがて1980年代になると、北米全体に影響を与えるまでに展開するようになった。そして、現在では0歳児の内的世界の活動とその病理的重要性は、全世界の分析家に認められるようになっている。

b　クラインによる成人の躁うつ病、統合失調症の精神分析研究

１９３０年代から、クラインはアブラハムの研究を引き継ぐ決心をし、成人の躁うつ病の精神分析治療を実践するようになった。そのときに、クラインはアブラハムの提唱した乳児の６ヶ月心性の病理が、躁うつ病患者の内的葛藤の中止にあることを確認し「抑うつポジション」の概念を提唱した[41][42]。そのときに、クラインの革命的な発想と技法は、「成人の言語による自由連想は、子供のプレイに匹敵する」と格言を逆にして宣言したことに現れている。つまり、クラインは、成人の自由連想法に対する理解の視点を、それまでの伝統的なものから、革新的に刷新したのである。簡潔に説明すると、成人の自由連想で表現されているものは、子供のプレイと同じように、現在活動中の無意識的幻想に影響を受けたものである。そして、その素材やストーリーの選択・構成の中に、無意識的幻想の活動、動機などが、間接的・象徴的に表現されている。それは、夢解釈の応用であり、覚醒時の自由連想を顕在夢、無意識的幻想の現在の状態を潜在夢とみなすようにしたのである。つまり、意識世界での自由連想が、象徴、置き換え、圧縮などの機制によって歪曲されて表現された、無意識的幻想の表現であると考えたのである。

治療者の役割は、自由連想に聞き入る中で、その表現の中に無意識の活動を読み取っていくことであり、その無意識のテーマと転移の関係（特に無意識的転移関係）を読み取り、解釈していくことである。そのために、治療者の正常の逆転移をも駆使して、その無意識の世界を読み取っていく。

クラインは、１９４０年代以降は、クライン派の学徒であるローゼンフェルド（Rosenfeld. M.）[47]、シーガル（Segal. H.）[50]、ビオンなど[5]とともに、統合失調症の精神分析研究を行なったが、このときも、カウチと自由連想を使用し、統合失調症が乳児の３ヶ月心性の病理を持っていることを明らかにした。そして妄想分裂ポジションの概念を提出している[42]。

以上のように、自由連想法は、精神分析の中心的臨床手法であり、その意味の進化と治療対象や治療技法が変

化して、現在に至っている。

6　治療者の基本的姿勢——中立性、自由に漂うような注意

次に、治療者の治療構造的なスタンスについて述べてみたい。

患者に対してカウチと自由連想法を構造的に指示することに対応して、治療者も独特のスタンスを持って患者と向き合っていく。構造的には、治療者は患者のカウチの頭部の後方に、椅子に座って患者の自由連想に聞き入っていく。そのときに、治療者も種々の約束事を維持するように期待されている。その真の目的は、患者の自由連想を促進し、治療者の心の状態を一定にして、その無意識的意味を正しく読み取り対応するためである。

（1）中立性と禁欲規則[33][16]

治療者の基本的な姿勢として、フロイトが提唱したのは中立性である。これは、治療者の中立的な態度や姿勢、視点などを意味している。態度振る舞いとして外的には、治療者は控えめで、心を平らかにして患者の情緒や思考を映し出すスクリーンのように振る舞うべきである。声の抑揚や表情（常に患者が見ることはできないが）なども、治療者の逆転移によって影響を受けるべきではない。

また、患者の自由連想の内容に、道徳的な判断や個人的な論評は控えて、あくまで受容と傾聴の態度をつつましい医師としての分別を持って維持すべきである。これらの態度は、患者の自由連想を促進し、治療者の傾聴能力を高めるものである。

更に、禁欲規制として、患者の欲動を満たすことは禁止し、治療者も自己の欲動や願望を満たすことは控えなくてはならない。その社会的側面としては、倫理規制として患者の個人譲歩の機密保持を守らなければならない、

患者を個人的に悪用してはならない、セクハラや身体的虐待をしてはならない、患者の情報を個人的に利用してはならない、などの厳しい禁止項目がある。

専門家としてのこの中立性と禁欲規則、倫理規定の維持は、あくまで患者の自由連想を促し、その無意識の表われを適切に感受し理解することを目的とした、非常に実践的な理由と方針が背景にある。彼が、ヒステリー研究の初めから、無意識を意識化していくという基本的な治療目標は終生貫かれているのである。

更にフロイトは、逆転移は望ましいものではなく、患者の自由連想の理解を歪曲して妨げるために、治療に障害となるものと考えた。そして彼は、治療者は訓練分析や自己分析によって、自己の未解決の葛藤に基づく逆転移をできるだけ解決しておくことが重要であると考えた。なお１９５０年にハイマン（Heiman, P.）が正常の逆転移を提唱し、以後重要な技法概念として発展している。

（2）「自由に漂うような注意」[16][18][54][45]

フロイトは、治療者が中立性を保ち、患者の心を映し出すスクリーンのような心の状態であるべきで、外科医のように冷静に患者の問題に対処するべきであると主張した。他方では、中立性によってちょうど電話の受話器のように、患者の無意識からのコミュニケーションを敏感にキャッチする状態を維持することが肝心であると述べている。

このように、患者には自由連想法を採用して、無意識の活動がもっとも表出されやすい状況にし、治療者も中立性と自由な偏りのない感受性を維持することによって、患者の無意識から発信されたものを敏感にキャッチしていくことを目標にしている。

フロイトが、「自由に漂うような注意」の重要性に気付いたのは、患者による非焦点的な真の自由連想の重要性に気が付いた頃であろう。１９０７年の「ラットマン症例」の頃には、その方法は既に採用していると考えられる。そして1912～1914年の幾編かの技法論を表わす頃には、明確に治療者の重要な態度であると考えている。これはいわば内的中立性ともいうべきものである。「自由に漂うような注意」によって、治療者は自分の個人的関心ごとや注目点、記憶などに影響をできるだけ受けないような状態を維持し、自分の思考や空想が自由に活動できる状況を作り上げ、患者の無意識のコミュニケーションを治療者の無意識の受話器がより敏感に感受できると考えたのである。

同時期には更に、逆転移の理解の重要性が強調され、治療者個人の未解決の神経症的葛藤や盲点を少しでも改善するために、個人分析や訓練分析を受けることが求められている。

この「自由に漂うような注意」は、現在も治療者の基本的な心のスタンスと考えられている。これは非常に臨床実践的な概念であるが、治療者がそれを体得し臨床的に血の通った施行概念としていくには、多くの臨床経験と熟練者の指導を受け、同僚との研鑽を続けていくことが必要になるのである。なお後にビオン[6]は、このフロイトの提唱した治療者の特有の心のスタンスを「記憶なく、願望なく」という言い回しをして、再考察している。

（3）自由連想法と自由に漂うような注意

患者─治療者の厳密で特徴ある対話と交流の構造化は、無意識の世界から意識の世界まで、心と心のトータルなコミュニケーションを目指すための、もっとも緻密で洗練された方法となっているのである。

精神分析の理論と技法は、このセッティングにおける患者と治療者との無意識から意識全体に及ぶコミュニケーションを基礎にしている。治療者は、やはり関与しながらの観察に基づく、観察事項と無意識への対応を中心的な目標とした、実践志向的な具体的状況の中で働きかけ、得られた情報を考察し、更なる技法と理論的な発展を目指してきたのである。

繰り返すが、フロイトが臨床技法上重要な視点というものは、ほとんどがフロイトの臨床上の試行錯誤から生まれ、彼の繊細で鋭敏な直観力によって、もっとも治療的に有力な方法として選択されてきたものである。そして背景には、患者の無意識の意識化を目指すことが、治療上もっとも重要な目標であるという視点が明確にあった。そして、理論的論考はそれらの現象の治療的重要性、有効性を経験的に体得する中で、それがなぜなのかどのような臨床的意味があるのかという手順で、膨大な臨床的あるいはメタサイコロジカルな考察も行なわれたのである。このフロイトの現場主義は、精神分析にかなり特有のものであり、彼が精神分析とは何かと問われたときに、抵抗と転移を扱うものであると答えたことは、背景の治療構造を前提にしたものであり、彼の実践者としての真骨頂を表わすものである。

（4）中立性の問題[33]

歴史的に、中立性の臨床的意味のうち、治療者の態度振る舞いと情緒を表に出さないスクリーンのような態度に注目した学派は、自我心理学派（古典的精神分析）である。実施に、その立場に立つ分析家は、完全な受身性と情緒遮断性を目指したように見え、解釈も非常に慎重に行なうと言われていた。カール・メニンガー（Meninger, K.）の技法書で示唆しているように、カウチと自由連想を基礎にした治療現場で、治療者がほとんど反応を示さない態度に対して、患者がフラストレーションにさらされ、退行が促進される。その状況の中で、より早期の幼児的な連想が惹起されると考えている。

この中立性の問題に批判と異議を唱えたのがコフート（Kohut, M.）であると言われ、治療者の共感的態度、言動が治療上重要であると主張し、自己心理学を打ち立て、現在も間主観性の問題として発展している。

他方、英国の対象関係論（広義）においては、中立性な態度の問題は、控えめな態度であるが、極端な情緒遮断には向かわなかったようである。それは、自由連想法の内容に対する技法的アプローチの違いが多く関係している。つまり、上記のように、クラインが成人の自由連想もプレイと同じように象徴、置き換え、圧縮などによって、その場での無意識が表現されていて、治療者はその無意識的幻想の活動を把握して、積極的に転移解釈などを行なうべきであると主張した。そのことによって、治療者は、中立性と自由に漂うような注意の概念の下で、無意識への感受性を維持し積極的に思考し、介入する治療方針を持っている。そのために、治療のセッション中、治療者は理解したことを積極的に解釈し、ある意味でその介入の仕方などで、治療者の情緒や人間としての態度を表現する機会が多くなる。そこでは中立性の問題は、自己の感受性を磨き維持するために、控えめで自己の感性や思考に対して中立的な態度をとることが強調されるようになったのである。そのために、米国で発展した自我心理学における、いわゆる「能面のような無反応治療者」の問題が取り上げられることはなかった。

7 おわりに

ここでは、「精神分析臨床を構成するもの」と題して、患者の自由連想法と治療者の中立性、自由に漂うような注意について、精神分析のもっとも基本的な交流の場としての意義を明らかにしようとした。

上記のような特殊な構造化と条件下にある患者からの、自由連想法というコミュニケーションによる情報と、それを受け取る中立的な態度と感受性を準備した治療者（自由に漂うような注意）の間で展開する無期限の会話が、精神分析の根本的な基礎をなしている。そして治療者が、どのようにそれについて判断し考え、無意識の活動を把握し、現在の患者の状態についてある程度の確信を抱いていくかのプロセスが精神分析療法の現場で反復されている。

患者-治療関係が、治療の現場でどのような変遷をしているかという問題は、現在でも大きな課題である。実際の治療実践においては、治療者がどのような基本的視点を持っているか、それが意識的なものと無意識的なものとどのようなものであるか、など多くの難問が控えている。

参考文献

（1） Abraham, K.（1927）*Selected Papers of Karl Abraham, M. D.* Hogarth Press and Institute of Psychoanalysis.〔下坂幸三訳（1995）『アーブラハム論文集――抑うつ・強迫・去勢の精神分析』岩崎学術出版社〕

（2） Bion, W.（1962）*Learning from Experience.* Heinemann.〔福本修訳（1999）「経験から学ぶこと」『精神分析の方法Ⅰ――セブン・サーヴァンツ』法政大学出版局〕

（3） Bion, W.（1963）*Elements of Psychoanalysis.* Heinemann.〔福本修訳（1999）「精神分析の要素」『精神分析の方法Ⅰ――セブン・サーヴァンツ』法政大学出版局〕

（4） Bion, W.（1965）*Transformations.* Heinemann.〔福本修・平井正三訳（2002）「変形」『精神分析の方法Ⅱ――セブン・サーヴァンツ』法政大学出版局〕

（5） Bion, W.（1967）*Second Thoughts.* Heinemann.〔松木邦裕監訳（2007）『再考――精神病の精神分析論』金剛出版〕

（6） Bion. W.（1970/1977）Attention and Interpretation. In *Seven Servants.* Jason Aronson.〔福本修・平井正三訳（2002）「注意と解釈」『精神分析の方法Ⅱ――セブン・サーヴァンツ』法政大学出版局〕

（7） Federn, P.（1953）*Ego Psychology and the Psychoses.* Basic Books.

（8） Ferenczi, S.（1994）*First Contributions to Psychoanalysis.* Karnac Books.

（9） Freud, S.（1895）Project for a Scientific Psychology. In *Standard Edition,* Vol. 1. Hogarth Press.〔小此木啓吾訳（1974）「科学的心理学草稿」『フロイト著作集7』人文書院〕

（10） Freud, S.（1896）Studies on Hysteria. In *Standard Edition,* Vol. 2. Hogarth Press.〔懸田克躬訳（1974）「ヒステリー研究」『フロイト著作集7』人文書院〕

（11） Freud, S.（1900）The Interpretation of Dreams. In *Standard Edtion,* Vol. 4-5. Hogarth Press.〔高橋義孝訳（1968）「夢判断」『フロイト著作集2』人文書院〕

（12） Freud, S.（1905）Fragment of Analysis of a Case of Hysteria. In *Standard Edition,* Vol. 7. Hogarth Press.〔細木照敏・飯田真訳（1969）「あるヒステリー患者の分析の断片」『フロイト著作集5』人文書院〕

（13） Freud, S.（1909）Analysis of a Phobia in a Five-Year-Old Boy. In *Standard Edition,* Vol. 10. Hogarth Press.〔高橋義孝・野田倬訳（1969）「ある五歳男児の恐怖症分析」『フロイト著作集5』人文書院〕

（14） Freud, S.（1909）Notes Upon a Case of Obsessional Neurosis. In *Standard Edition,* Vol. 10. Hogarth Press.〔小此木啓吾訳（1983）「強迫神経症の一症例に関する考察」『フロイト著作集9』人文書院〕

（15） Freud, S.（1911）Psycho-Analytic Notes on an Autobiographical Account of a Case of Paranoia（Dementia Paranoides）. In *Standard Edition,* Vol. 12, pp. 3-82. Hogarth Press.〔小此木啓吾訳（1983）「自伝的に記述されたパラノイア（妄想性痴呆）の一

症例に関する精神分析的考察」『フロイト著作集９』人文書院〕

(16) Freud, S. (1912) Recommendations to Physicians Practicing Psychoanalysis. In *Standard Edition*, Vol. 12. Hogarth Press.〔小此木啓吾訳（1983）「分析医に対する分析治療上の注意」『フロイト著作集９』人文書院〕

(17) Freud, S. (1912) The Dynamics of Transference. In *Standard Edition*, Vol. 12. Hogarth Press.〔小此木啓吾訳（1983）「転移の力動性について」『フロイト著作集９』人文書院〕

(18) Freud, S. (1913) Further Recommendations on the Technique of Psychoanalysis, I: On Beginning the treatment. In *Standard Edition*, Vol. 12. Hogarth Press.〔小此木啓吾訳（1983）「分析治療の開始について」『フロイト著作集９』人文書院〕

(19) Freud, S. (1914) On the History of Psychoanalytic Movement. In *Standard Edition*, Vol. 14. Hogarth Press.〔野田倬訳（1983）「精神分析運動史」『フロイト著作集10』人文書院〕

(20) Freud, S. (1915) Instincts and Their Vicissitudes. In *Standard Edition*, Vol. 14. Hogarth Press.〔小此木啓吾訳（1970）「本能とその運命」『フロイト著作集６』人文書院〕

(21) Freud, S. (1917) Further Recommendation on the Technique of Psychoanalysis, II: Remembering, Repeating and Working-Through. In *Standard Edition*, Vol. 12.〔小此木啓吾訳（1970）「想起、反復、徹底操作」『フロイト著作集６』人文書院〕

(22) Freud, S. (1916-1917) Introductory Lectures on Psychoanalysis. In *Standard Edition*, Vol. 15-16. Hogarth Press.〔懸田克躬・高橋義孝訳（1971）「精神分析入門　正、続」『フロイト著作集１』人文書院〕

(23) Freud, S. (1917) Mourning and Melancholia. In *Standard Edition*, Vol. 14. Hogarth Press.〔井村恒郎訳（1970）「悲哀とメランコリー」『フロイト著作集６』人文書院〕

(24) Freud, S. (1919) Lines of Advance in Psychoanalytic Therapy. In *Standard Edition*, Vol. 17. Hogarth Press.〔小此木啓吾訳（1983）「精神分析療法の道」『フロイト著作集９』人文書院〕

(25) Freud, S. (1920) A Note on the Prehistory of the Technique of Analysis. In *Standard Edition*, Vol. 18. Hogarth Press.〔小此木啓吾訳（1983）「分析技法前史について」『フロイト著作集９』人文書院〕

(26) Freud, S. (1925) An Autobiographical Study. In *Standard Edition*, Vol. 20.〔懸田克躬訳（1970）「自己を語る」『フロイト著作集４』人文書院〕

(27) Freud, S. (1940) An Outline of Psychoanalysis. In *Standard Edition*, Vol. 23. Hogarth Press.〔小此木啓吾訳（1983）「精神分析学概説」『フロイト著作集９』人文書院〕

(28) Fromm-Reichmann, F. (1959) *Psychoanalysis and Psychotherapy: Selected Papers of Frieda Fromm-Reichmann*. The University of Chicago Press.

(29) Green, A. (2000) The Central Phobic Position: A New Formulation of the Free Association Method. *International Journal of*

Psychoanalysis, 81 : 429–451.
(30) Heimann, P.(1950) On Counter-Transference. *International Journal of Psychoanalysis*, 31 : 81–84.
(31) Hoffer, A. & Youngren, V. R. (2004) Is Free Association Still at the Core of Psychoanalysis? *International Journal of Psychoanalysis*, 85 : 1489–1492.
(32) Hoffman, I. Z. (2006) The Myths of Free Association and the Potentials of the Analytic Relationship. *International Journal of Psychoanalysis*, 87 : 43–61.
(33) Kanzer, M. (1972) Superego Aspects of Free Association and the Fundamental Rule. *Journal of American Psychoanalytic Association*, 20 : 246–266.
(34) 衣笠隆幸(1995)「現代クライニアンの動向」『精神分析の現在（現代のエスプリ別冊)』
(35) 衣笠隆幸(2002)「中立性と禁欲原則」『精神分析研究』46巻2号143-150頁
(36) Klein, M. (1926) The Psychological Principles of Early Analysis. *International Journal of Pcychoanalysis*, 8 : 25–37.〔長尾博訳(1926)「早期分析の心理学的原則」『メラニー・クライン著作集1』誠信書房〕
(37) Klein, M. (1927) Symposium on Child Analysis. *International Journal of Psychoanalysis*, 8 : 339–370.〔遠矢尋樹訳（1983）「児童分析に関するシンポジウム」『メラニー・クライン著作集1』誠信書房〕
(38) Klein, M. (1928) Early Stages of the Oedipus Conflict. *International Journal of Psychoanalysis*, 9 : 167–180.〔柴山謙二訳（1983）「エディプス葛藤の早期段階」『メラニー・クライン著作集1』誠信書房〕
(39) Klein, M. (1929) Personification in the Play of Children. *International Journal of Psychoanalysis*, 10 : 193–204.〔安部恒久訳(1983)「子どもの遊びにおける人格化」『メラニー・クライン著作集1』誠信書房〕
(40) Klein, M. (1932/1975) Psychoanalysis of Children. In *The Writings of Melanie Klein*, Vol. 2. Hogarth Press.〔衣笠隆幸訳（1997）『メラニー・クライン著作集2』誠信書房〕
(41) Klein, M. (1935) A Contribution to the Psychogenesis of Manic-Depressive States. *International Journal of Psychoanalysis*, 16 : 145–174.〔安岡譽訳（1983）「躁うつ状態の心因論に関する寄与」『メラニー・クライン著作集3』誠信書房〕
(42) Klein, M. (1940/1975) Mourning and Its Relation to Manic-Depressive States. In *The Writings of Melanie Klein*, Vol. 1, pp. 344–369. Hogarth Press.〔森山研介訳（1983）「喪とその躁うつ状態との関係」『メラニー・クライン著作集3』誠信書房〕
(43) Klein, M. (1946/1952) Notes on Some Schizoid Mechanisms. In *Developments in Psychoanalysis*, pp. 292–320. Hogarth Press.〔狩野力八郎・渡辺明子・相田信男訳（1985）「分裂的機制についての覚書」『メラニー・クライン著作集4』誠信書房〕
(44) Kris, A. O. (1983) The Analyst's Conceptual Freedom in the Method of Free Association. *International Journal of Psychoanalysis*, 64 : 407–411.

(45) Langen, R. (1997) On Free-Floating Attention. *Psychoanalytic Dialogues*, 7 : 819-839.
(46) Loewenstein, R. M. (1963) Some Consideration on Free Association. *Journal of the American Psychoanalytic Association*, 11: 451-473.
(47) McDermott, V. A. (2003) Is Free Association Still Fundamental? *Journal of the American Psychoanalytic Association*, 51 : 1349-1356.
(48) 小此木啓吾（1990）「治療構造論序説」岩崎徹也編『治療構造論』岩崎学術出版社
(49) Rosenfeld, H. (1947/1965) Analysis of a Schizophrenic State with Depersonalization. In *Psychotic States*, pp. 13-33. Hogarth Press.
(50) Rosner, S. (1973) On the Nature of Free Association. *Journal of the American Psychoanalytic Association*, 21 : 558-575.
(51) Searles, H. (1965) *Collected Papers on Schizophrenia and Related Subjects*. Hogarth Press.
(52) Segal, H. (1981) *The Work of Hanna Segal*. Jason Aronson.〔松木邦裕訳（1988）『クライン派の臨床――ハンナ・スィーガル論文集』岩崎学術出版社〕
(53) Seidenberg, H. (1971) The Basic Rule: Free Association-A Reconsideration. *Journal of the American Psychoanalytic Association*, 19 : 98-109.
(54) Spence, D. P. (1984) Perils and Pitfalls of Free Floating Attention. *Contemporary Psychoanalysis*, 20 : 37-58.
(55) Sullivan, H. (1974) *Schizophrenia As a Human Process*. Norton & Company.
(56) Teller, V. & Dahl, H. (1986) The Microstructure of Free Association. *Journal of the American Psychoanalytic Association*, 34 : 763-798.
(57) Trosman, H. (1969) The Cryptomnesic Fragment in the Discovery of Free Association. *Journal of the American Psychoanalytic Association*, 17 : 489-510.

〔『精神分析研究』59巻1号、２０１５年〕

第Ⅲ部　夢

22章　対象関係論における夢の理論

夢の理論と臨床における夢解釈の技法は、精神分析がフロイト（Freud, S.）によって創始されたときから今日に至るまで、精神分析の最も中心的な主題の一つである。

イギリスにおける夢の研究は、クライン（Klein, M.）、フェアバーン（Fairbairn, D.）、ウィニコット（Winnicott, D. W.）、ビオン（Bion, W.）などによる代表的な対象関係論的な思考、分析理論と対応している。彼らに特徴的なのは、フェアバーン以外は、フロイトの夢理論そのものを直接にはほとんど批判検討することなく、新しい発達理論と治療技法を発展させていく中で、暗黙の裡に夢解釈の新しい視点を提供してきたのである。しかしフェアバーンは彼らと違って、独自の夢理論とパーソナリティ理論を提唱した。

更に最近ではライクロフト（Rycroft, C.）やメルツァー（Meltzer, D.）などが、夢の理論について対象関係論的な思考から批判的な論考を行なっている。特にライクロフトは、フロイトの夢理論に対して正面から批判的な考察を行なった。

その他に、有名な『夢分析』（*Dream Analysis*, 1937）を著したシャープ（Sharpe, E.）がいるが、フロイトの夢解釈の技法を簡潔にまとめたものであるので、ここでは紹介を割愛する。

1　フロイトの夢理論

周知のようにフロイトが1900年に出版した『夢解釈』は、フロイト自身が自分の最も重要な貢献であると自認している著作である。その中で彼は、夢の分析は無意識に到達するための王道であると述べている。夢の研究は、自由連想法と密接な関係があり、夢解釈のためには自由連想は欠かせないものである。彼が夢解釈の中で展開した夢理論は、彼の精神分析の確立を宣言するものであり、後の研究の基本となったものである。特に、夢解釈の第六章、第七章において、夢の理論を展開した。

彼は夢について、顕在夢と潜在夢、無意識と前意識、検閲、願望充足、妥協形成、一次過程と二次過程、退行、圧縮と置き換え、象徴過程、二次的な修正、などの概念によって夢の構造と機能を解明したのであるが、ここでは説明は省略する。

(1)　イルマの夢

フロイトは、彼自身が1895年6月23日から24日に見た、患者のイルマが登場した夢について、初めて夢の解釈に成功した。彼の夢解釈の方法は、夢に現れた要素を一つ一つ切り離して、それらについて自由連想を行なうものであった。そしてフロイトの驚くべき洞察力によって、その夢が、イルマの治療の失敗の責任を他者に転嫁したいというフロイトの願望であることが判明し、彼は、夢は無意識の願望充足であるという命題を提唱したのである。

この夢解釈の技法自体は、イギリスの分析家が現在でも引き継いでいる夢解釈の基本的な技法である。それは、夢の無意識の意味を追究するという、極めて存在論的な人間学的な意味を持っており、彼の臨床活動が、人間的な洞察に溢れていたものであることと関連がある。それに対して、夢の理論的な考察になると、彼は夢が睡眠の維持のためであるとか、突然生物学的な視点を取り入れたりし、彼の最も重要な貢献である意味論の世界を過小評価してしまう。

2 クラインの夢解釈の症例と考察

クラインは、イギリスにおける対象関係論的な思考の先駆者であり、最も中心的な存在である。彼女は、フロイトの夢解釈の技法を子供の遊びの理解に応用して、乳児期の活発なサディズムの「幻想」に満ちた「内的世界」の活動を理解する道を開いた。

またクラインは、成人の分析治療においても多くの夢分析の症例を報告していて、実際にイギリスの分析家の中では、最も積極的に夢解釈の実例を記述した分析家である。

彼女は、夢の理論についてはフロイトの考えをそのまま踏襲し、彼女自身は夢事象についての考察を行なった論文はない。また夢の解釈技法も、基本的にはフロイトの技法を取り入れ、技法的な考察も行なっていない。

しかしながら、クラインは夢の意味を理解するに当たって、彼女独自の発達論に基づいた理解をしている。すなわち、早期幼児期の内的世界、無意識的幻想の概念や妄想分裂ポジション、抑うつポジションの二つの対象関係、そこにおいて活動する攻撃性に注目し、さらに分裂と投影性同一視などの防衛機制に基づく原始的な対象関係、迫害的不安、抑うつ的不安などに注目した視点から、夢の無意識の意味を理解しようとしている。

つまり、彼女の夢解釈の技法は、フロイトのものを何ら修正はしていないのであるが、その夢の意味を理解するに当たって、より早期の対象関係に注目した視点から理解しようとしているのである。

(1) クラインの代表的な夢の分析例

患者Dは、40代前半の男性で、強い迫害的傾向で抑うつ状態を呈していた。ある日彼は、母親が父親を不幸にしたことで母親を憎み、彼女の親戚に自殺や精神病に罹った人がいることを話した。彼の母親も二度ほど「混乱」してしまった。彼は、「先生も私を狂人にして追い出すんでしょう」と言った。そして、檻にいれられた動物のことを話した。クラインは、狂人の親戚や母親が彼自身の内部にいて、檻に入れられたように出てこられなくなることで、自分が狂人になる恐怖を持っていることを解釈した。ここで、Dは次のような夢を報告した。

「私は、雄牛が農場に横になっているのを見た。それは完全には死んでいなくて、非常に不気味で危険に見えた。私は、雄牛のそばに立っていた。そして私の母親が、牛の向こう側に立っていた。私は、家の中に逃げ出したが、母親を危険の中に残したままにしており、そうしてはいけないと感じた。しかし私は、ぼんやりと母親が逃げ出してくれるよう望んだ」

この夢について、Dは最初にまず、その朝、彼の目を覚まさせたブラックバードのことを話した。そして彼の生まれた国のバッファローのことを話した。彼は、それが好きであったが、人はそれを撃ち殺して食べることができる。ただ絶滅しかかっているので、保護されるべきであると言った。それから、ある男が牛が上に立っていたために、何時間も身動きもできずに横たわっていた男の話をした。そして、友人の牧場を見た。ぞっとする牛のことを語った。この農場は連想によって、彼の家を現していた。彼は、子供時代の大部分を父親の農場で過ごした。それから、田舎から広がってきて、町の庭に根を下ろす花の種のことを連想した。Dは、この農場の持ち主にその夕方また会い、雄牛を制御するよう強くアドバイスした。Dは、その雄牛が最近、農場の家の一部を壊したことを聞いていた。その同じ夕方に、Dは、母親が亡くなった知らせを受け取った。

この連想の後、Dは母親の事は話さず、クラインとの治療が彼を殺してしまうと、クラインに対する憎しみを語った。それでクラインは、Dに雄牛の夢について話し、彼の心の中では、彼の母親が、攻撃的な父親とごちゃまぜになっていて、不気味で危険なものになっていると解釈した。クラインとの治療自体も、この「結合した両親」(combined parents) を表わしていた。クラインは、最近の母親に対する憎しみは、母親の死に対する悲しみと絶望感に対する防衛であることを指摘した。

またクラインは、Dの心にある攻撃的幻想について語った。それは、父親を危険な雄牛にし母親を殺してしまうというものである。さらにクラインは、バッファローを食べてしまうことについて言及した。そしてDが結合した両親と合体し、自分の内部を壊されてしまう恐れを抱いていることを述べた。夢を話したすぐ前の連想は、彼が危険な存在から、内的に攻撃されコントロールされる恐怖を表わしていた。牛の下で動けなくなっている人物について、クラインは、Dが内部からの危険を表わしていると解釈した。

次にクラインは、母親を攻撃する危険な雄牛についての性的な意味について解釈した。彼の眠りを妨げたブラックバードを連想したのは、その雑音が性的な雑音を表わしているからである。そして、この夢は両親の危険な性交をも表わしていた。母親の死は、彼の内部の雄牛によって破壊されてしまうことを意味していた。つまり喪の仕事はすでに始まっていた。というのは、Dはこの最も危険な状態を取り入れているからである。

更にクラインは、夢の中で表現されている希望の部分も解釈した。母親は、危険から逃げ出すかも知れないし、彼はブラックバードが好きであった。彼女は、そのような修復や再創造が、夢の材料に示されていることを指摘した。彼の父親（バッファロー）は、患者自身の貪欲さから守られて保存されるべきであり、更に彼の愛する田舎から町に広がっていく花の種は、創造された新しい赤ん坊を表わしている。それは、母親の修復として父親によって作られた赤ん坊であり、母親を生き生きとさせておこうとするものである。

実際には、このような解釈をした後に、Dは母親が亡くなったことを告げることができたのである。
Dは、いつもと違って解釈を受け入れた。彼は、セッション中憎しみや不安や緊張を示したが、悲しみはほとんど示さなかった。セッションの終わり頃に彼の気持ちが和み、悲しみが現れ、救われた気持ちになった。

(2) 考察

クラインが取っている基本的な技法は、夢の要素について患者がどのような連想をしていくかを注意深く聞くことであり、これはフロイトの技法に準拠したものである。

夢の意味の理解において、クラインは、患者の夢が告げられる直ぐ前の連想や、患者の状況を考慮にいれ、夢についての患者の連想を根拠にして、患者の心の中で起きていることを理解しようとしている。そして、治療的に最も重要な転移と両親との関係の関連を、見事に見出している。

ただ重要なことは、それらの連想を理解していく基本的な発達的な視点が、明らかにクラインの提唱した早期乳児期の対象関係に根差したものになっていることである。つまり、この症例が論文の中で発表された1940年頃の彼女の発達論を着眼点として、この夢の意味を理解していることがはっきりしている。この点が、フロイトの技法を踏襲しておりながら、その夢の意味の理解においてフロイトと異なるところである。つまり、「結合した両親」の問題（原始的なエディプス複合）、取り入れ、破壊性、貪欲、修復、などの視点である。

メルツァーは、クラインやビオンの夢理論についての発展的な貢献について述べている。彼によると、クラインは、内的世界における無意識的幻想の概念を提唱することによって、夢理論に新しい視点を提供した。夢は単にフロイトのいうように睡眠の保護のためにあるのではない。夢は睡眠中も覚醒時も活動していて、睡眠中は夢と呼ばれ、覚醒時は、無意識的幻想と呼ばれるのである。そのような内的な世界は、意味の生じる所として「夢の生活」(dream life) として、十分な意義が与えられるべきである。

ビオンは、夢の思考としての機能に注目している。睡眠中は、個人は内的な世界に注意を向けることになり、夢の想像活動の世界は意味を生じる場所であると考えている。彼は熱情（passion）が、経験の意味そのものであり、夢はその熱情に形式的な表現を与えるものであると考えている。

更にビオンは、アルファ機能（alpha-function）の概念を提唱し、乳児が自分で解決できない強い情動や体験を母親に投影するときに、母親がそれを乳児に耐えられる物にして返していく機能によって、乳児がその体験を自分の物として取り入れることができることに注目した。彼は、この母親の機能をコンテイナー（container）と呼び、幼児はコンテインされる（contained）ことによって、体験を思考や夢の材料に使えるようになると考えた。そして、このようにしてアルファ機能が、母親との関係によって機能するものであることを提唱した。つまり夢を見ることのできる能力は、アルファ機能が機能していることを意味し、母親と乳児の基本的な関係がうまく機能していることを現すのである。そうした意味で、精神病の患者の治療において患者が夢を見始める時期は、治療中でにも重要である。ただビオンによる夢の実例の報告は、クラインほど多くはない。

意外にもウィニコットには、夢の理論や技法についての考察はほとんど見当たらず、フロイトの意見をそのまま踏襲していたようである。成人の症例においても、彼には夢の報告はわずかしかない。

3　フェアバーンのパーソナリティ理論と夢

彼は、夢についての独自の見解を持っていた。彼に特徴的なのは、彼が独自の対象関係論的なパーソナリティ理論を造り上げていくときに、患者の夢を基礎にして考察していることである。つまり彼は、患者の夢が、患者の自己や対象の機能の部分を表わしていると見なしている。これは、フロイトの視点とは異なるものであり、クラインの夢の理解にも影響を与えていると考えられ、イギリスの夢理論の発展に寄与したのである。

彼は、人間は本来対象希求的であるという命題を立て、対象関係論的な視点によって彼独自のパーソナリティ理論を提唱した。そして彼の夢理論も、対象関係論に根差したものである。

彼は、患者の夢が願望充足の観点からはうまく解釈できず、「情勢の夢」（'state of affairs' dream）、つまり実際に存在する精神内界的な状態を表現するものであると考えている。そして彼は最初、夢に現れる人物は、夢を見る人物のパーソナリティ（自我、超自我、イドからなる）の部分を表わし、あるいは自我の部分との同一化であるという仮説を立てた。これは、フロイトの心的構造論、クラインの心的現実と内的な対象、フェアバーン自身のスキソイド機制の発見に基づくものである。

更に彼は、夢の中の人物は、自我や内的な対象の部分を表わすと考えるようになった。それゆえに夢は、存在する精神内的構造間の関係を描いているのである。この対象関係論的な理論は、内的対象は精神内的な構造であるということである。彼は、フロイトのいう超自我の発達の以前に、活発な対象関係の活動と構造化があると考え、その説明のために超自我やイドの概念を使用しない。彼は構造的な考えを採用しながら、夢をデータとして使用しているのである。

ここで彼が独自のパーソナリティ論を構築したときの、基のデータとなった代表的な夢と彼の考察を紹介してみたい。

患者は不感症の症状で治療を受けている。彼女の夢は短いものであったが、フェアバーンによると、科学の根本的な真実の発見の歴史で見られるような、簡潔な事実を示す夢であった。

（1）データとしての夢

「患者は彼女自身が、自分の家族に何代も所有されている立派な建物の中で、有名な女優に、激しい攻撃を受けていた。彼女の夫が見ていたが、無力で何もできなかった。攻撃をした後、女優は舞台で演技を続けた。これは、彼女が幕間に患者を攻撃しようと目論んでいたからである。それから患者は、自分自身が床に血を流しながら倒れているのを見詰めていた。しかし、この人物は男性に変わった。そして、患者が強い不安で覚醒するまで、この人物は彼女と男性とに交互に変わった」

これについての患者の連想は、次のようなものである。その攻撃を受けた男性が着ていた洋服は、最近夫が買った物によく似ていた。夢の中で夫がどうしようもない状態だったのは、実はこの攻撃が夫に対するものであったことを意味していた。それはその後の自由連想によって確認された。

更に、有名な女優は、攻撃的な彼女自身のパーソナリティの一部を現していることが明らかになった。更に彼女の良い妻としての面は、良い俳優として現され、彼女のマゾヒスティックな面を現していた。しかし、彼女の不感症は、彼女自身のリビドー的な構成要素に対する攻撃であり、リビドー的な対象としての夫に対する攻撃であった。また彼女は自分自身の攻撃の対象としての夫と同一視されている。彼女の夫は、軍人であった。

更に連想によって、俳優が患者の母親を表わしていることも明らかになってきた。彼女の母親は、子供たちに対して自然な情緒を表現せず、子供たちがそれを彼女に向けるのも嫌った。母親は、ファッションの世界で生きていた人であった。患者は、抑圧する人物としての母親と同一化していた。このことは、母親が、超自我として解釈されるべきかどうかの問題を提起した。

では、父親はどうであろうか。実際の父親は、患者が6歳の時に戦死していた。患者は、そのような父親に対して興奮させて拒絶する対象として、かなりの憎しみを向けていた。この父親は、夢の中においては、男性に変身した場面に現れている。つまり父親と夫が同一視されている。それで、攻撃を受けた男性は深いレベルにおいては、父親である。しかし、もう一方においては、近親姦的な関係としての父親と患者は、母親によって殺されていると表現されている。この夢の解釈は、表面的には、超自我をモデルにしたものが当てはまるように見えるが、構造的な見地からのものが最も妥当である。

この夢について、フェアバーンは次のような考察を行なっている。

この夢に現れる人物は、夢の場面を見続けている患者自身を含めると5人いるが、解釈により父親が存在し、計6名存在する。そして、それらは、自我構造群と対象構造群に別れ、それぞれ三つの構成員がいる。自我構造群は、①観察自我あるいは「私」I、②攻撃される自我、③攻撃する自我、である。対象構造群は、①観察している対象としての患者の夫、②攻撃された対象、③攻撃している対象、である。

更にこれらは次のような対を成している。①観察自我（中心自我：central ego）と観察者としての夫（外界）、②攻撃的な自我（内的妨害者：internal saboteur）と母親を現す攻撃的な対象（拒否する対象：rejecting object）、③攻撃された自我（リビドー自我：libidinal ego）と父親を現す攻撃される対象（興奮させる対象：exciting object）である。

「中心自我」はほとんどの部分が無意識的であるが、二つの補足的な自我を攻撃によって分裂排除して、無意識に追いやってしまう。また「内的妨害者」は攻撃性を支配し、対象に性愛を求める「リビドー自我」と、興奮させて拒絶する「興奮させる対象」を攻撃する（**図1**を参照）。

このようにして彼は独自のパーソナリティ構造を提唱した。そして夢は願望充足というよりも、本質的には内的現実の「短編」であると考えている。

このようなフェアバーンの夢理論において、とくに夢に現れる人物が自我と対象の部分的な対象関係を現しているという視点は、現在ではイギリスのほとんどの分析家に共有されているものである。

4　ライクロフトの夢の理論

ライクロフトはイギリスにおいて、フロイトの夢理論に正面から取り組んだ唯一の分析家であり、『夢の無垢』（The Innocence of Dreams, 1979）の中で、ユニークな夢理論の批判的考察を行なっている。

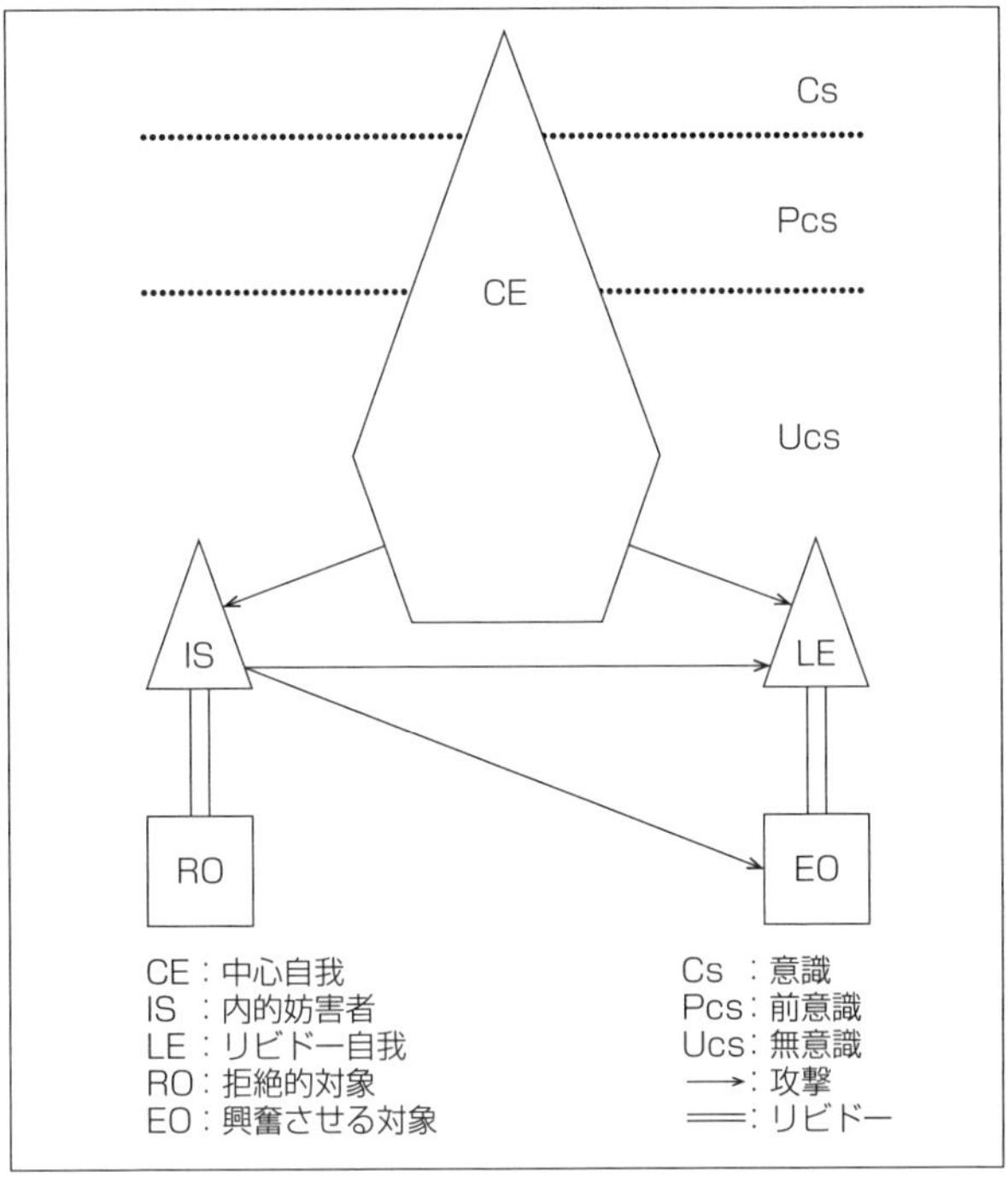

図１　フェアバーンのパーソナリティー理論

彼によるとフロイトの夢理論は、幾つかの点において問題があると述べている。

その批判とは、フロイトの願望充足の理論が統合的、伝達的な活動を想定しないこと、一次過程を非適応的な非合理的な症状と同じものとみなしたために、直感、情緒、想像力や芸術などの創造活動の健康な意義を認めることに矛盾が生じた、そのために一次過程と同じものと見なされた夢は、病理的な症状と見なされ、想像力、創造活動が正しく評価されなかった、などである。

ライクロフトによると、夢はフロイトが考えたような無意識の思考が意識に突出したものと考えるよりも、睡眠中の想像活動であると考えた方が良い。そして無意識という概念は必要ないと言っている。想像活動は普遍的なものであり、覚醒中にも睡眠中にも起こっている。そしてもし、個人が神経症的な葛藤を持っていれば、それは覚醒中の心の活動にも睡眠中の夢にも現れるのである。

ライクロフトは、夢は二種類に区別できると考えている。ほとんどの夢は新しいイメージを創造することなく、単に心の意味の世界を構成している部分を組み合わせて作られたものが多い。これをライクロフトは「空想的な夢」（fanciful dream）と呼んだ。それに対して、夢を見る人を驚かすような想像力に満ちた夢を「想像的な夢」（imaginative dream）と呼んだ。

もし夢が想像活動ならば、夢は何かを意味している。それは誰かに向けられているメッセージであり、その相手は夢を見ている人自身である。それは覚醒中に、自分のイメージによって、自分自身に独り言を言ったり、思い出させたり、自分を慰めたり、自分を驚かせたり、面白がらせたりする活動に似ている。とくに、過去のよく似たことを思い出したり、未来の成り行きを想像する行為に似ている。またそれは、反省にも似ている。そこでは自己は二重になり、一方が様々な意見や批判や課題を突き付け、他方がなんとか苦痛を逃れようともがいている構図に似ている。

睡眠中に特殊な状態は、身体活動が停止していることが特徴であり、睡眠の paradoxical phase に関連がある。また、睡眠中は大脳皮質が睡眠している。そのために夢を見る人は他者との伝達に使用される論証的（discursive）な言語を使用せず、非論証的（non-discursive）な象徴活動を使用する。夢を見ているときは、特殊な空間の中で瞬間的にお互いに特別なイメージを交換するので、夢はせりふのない？映画に似ている。それは言語を必要としない会話であり、個人的な意味を普遍的な表現にする必要はない。

ではなぜ夢の意味が分かりにくく、忘れ去られてしまうのかについては、フロイトは検閲の概念を使用して説明したのであるが、ライクロフトは一方の夢を作り上げる自己は、自己の全体としてのものをより良く知っており、その夢を受け取る側の自己は、その全体としての自己を、新しい自己を知ることを拒否するためであると説明している。そのメッセージを聞くと自分自身についての観念を変化させることを強いられ、不完全で歪曲された自己は、自分自身の声に耳を傾けないような方法を身につけることによって、変化を阻止しようとするのである。

このような二つの自己は、一つは我々の覚醒時の自己に同等のものであり、もう一つは夢を見る自己をも含むような全体としての自己である。それはしばしば、非個人的なものと感じられ、「それ」(it) とか「物」(one) とか呼ばれる。

更に重要な点であるが、想像活動である夢は、比喩と象徴作用を用いる。比喩の中に生きた比喩と死んだ比喩があり、これは想像的な夢と空想的な夢と対応している。

以上のようにライクロフトは、フロイトの夢理論を内的な対象関係の関連の視点から説明しようと試みた。彼の著書である『夢の無垢』は夢理論の本であり、彼自身の詳しい臨床的な報告は少なく、詳しい技法的な実例は掲載されていない。

5　おわりに

フロイトの願望充足の夢理論は、明らかに対象関係論的な視点があり、それを願望する無意識と、検閲を行なう前意識の葛藤として考えている点は、後の対象関係論的な説明に基本的なところでは非常に近いものである。イギリスの分析家たちは、クラインのように、フロイトの夢理論をほとんど受け入れているが、彼らの実際の夢の意味の理解は、早期幼児期の対象関係論に焦点を当てたものが中心になることが多いのである。

それを明確に理論化しようとしたのがライクロフトであるが、なぜ夢の意味が夢を見た本人にも分かりにくいのかという説明に関しては、フロイトの検閲の理論を凌ぐものではないようである。

フェアバーンはクラインとお互いに影響を受け合いながら、夢に登場する人物が、自我と対象の部分対象関係を現していると考え、独自のパーソナリティ理論を構築する手掛かりと見なしたのである。

以上、イギリスにおける夢の研究についての概論と、代表的な夢分析の症例を提出し考察を加えた。

文献

（1） Bion, W.（1967）*Second Thoughts*. Heinemann.〔松木邦裕監訳（2007）『再考――精神病の精神分析論』金剛出版〕

（2） Fairbairn, D.（1952）*Psychoanalytic Studies of the Personality*. Routledge.

（3） Freud, S.（1900）The Interpretation of Dreams. In *Standard Edtion*, Vol. 4-5. Hogarth Press.〔高橋義孝訳（1968）「夢判断」『フロイト著作集2』人文書院〕

（4） Klein, M.（1932/1975）Psychoanalysis of Children. In *The Writings of Melanie Klein*, Vol. 2. Hogarth Press.〔衣笠隆幸訳（1997）『メラニー・クライン著作集2』誠信書房〕

（5） Klein, M.（1935/1975）A Contribution to the Psychogenesis of Manic-Depressive States. In *The Writings of Melanie Klein*, Vol. 1. Hogarth Press.〔安岡誉訳（1983）「躁うつ状態の心因論に関する寄与」『メラニー・クライン著作集3』誠信書房〕

（6） Klein, M.（1940/1975）Mourning and Its Relation to Manic-Depressive States. In *The Writings of Melanie Klein*, Vol. 1, pp. 344-369. Hogarth Press.〔森山研介訳（1983）「喪とその躁うつ状態との関係」『メラニー・クライン著作集3』誠信書房〕

（7） Meltzer, D.（1984）*Dream-Life*. Clunie Press.

（8） Rycroft, C.（1979）*The Innocence of Dreams*. Hogarth Press.

（9） Sharpe, E.（1937）*Dream Analysis*. Hogarth Press.

（10） Winnicott, D. W.（1965）The Maturational Processes and the Facilitating Environment. *International Psycho-Analytical Library*, 64 : 1-276.〔牛島定信訳（1977）『情緒発達の精神分析理論』岩崎学術出版社〕

〔『イマーゴ』2巻10号、1991年〕

23章　クライン－ビオンの発展

1　フロイトの夢理論と夢解釈の実際

フロイトは、①夢を眠りの保護者として位置付け、非常に生理学的な視点を持ったが、他方においては、②願望充足と不安夢、③夢の仕事、④潜在夢と顕在夢、⑤一次過程と二次過程、⑥夢の検閲、⑦置き換え、圧縮、象徴などの理論的視点によって夢解釈の技法と理論を構築していき、夢についての多くの解明を行なった。

夢事象の解析の中でフロイトが前提としているこれらの観点は、極めて人間学的なものである。つまり彼の夢の理解の仕方によると、無意識の中に一次過程的な潜在思考があり、それが睡眠中に意識に現れてくる。しかしそれは意識がすぐには受け取ることができるものではないので、夢の検閲によって間接的（置き換え、圧縮、象徴）にしか表現されなくなる。更に彼は個人が睡眠中に何か想像活動をしており、それが一部覚醒後にも記憶となって残っている、そしてその夢は、本人の幼児的な願望充足を表現していると考えたのである。つまり個人は、睡眠中に願望をすることができ、それを想像活動によって表現できると考えたのである。そして不安夢については、夢の仕事そのものが破綻した状態であると考えた。そして彼は、とくに願望充足の中でも性的願望の問題に注目したのであるが、彼の夢解釈に登場する夢の症例については、不安や他の心理的な状態が潜在的思考として多く述べられている。そして彼の実際の夢解釈の例の中では、彼の注目した願望充足が人間事象のごく一部の働きであり、他の心理的な活動も夢が表現していることを示している箇所が多く見られるのである。しかしフロイトは、願望充足の理論に固執していた。

更にフロイトが精神性発達の理論を確立した後には、彼の夢解釈の視点は性的願望に焦点が当てられる傾向が強い。たとえば「精神分析入門」(1917)の中で例として挙げられるものは、その色彩が強い。しかし「夢判断」(1900)の中では、性的象徴として取り上げている症例の部分の夢の理解と、他の部分で取り上げている夢の解釈の仕方には明らかな違いがあり、単なる願望充足の世界を越えて人間の情緒的世界のあらゆる範囲を含んだ解釈を行なっている。そして現代クライン派の夢解釈は後者の傾向を強く示している。

フロイトの理論的な発展の仕方と彼の臨床的な夢解釈の事実の中には、しばしばギャップが見られるが、それは彼の症例報告とその理論的な考察などにも見られる特徴である。彼の観察眼と臨床的な直感力の世界は、しばしば彼の理論的構築の世界をはみ出したものがあり、それはかえって後世に生産的な影響を与えることになった。

2 クラインの夢解釈の実際

クライン(Klein, M.)自身は、夢理論そのものを取り上げて考察してはいない。しかし彼女の臨床における夢解釈は、彼女の早期発達論に大きな影響を受け、フロイトの願望充足理論を乗り越え、人間の内的体験世界を表わしているものとしての夢の機能を前提にしている。つまりクラインは、本人も気付かないうちに夢解釈の基本的視点を修正し、夢は早期対象関係の内的な活動つまり無意識的幻想(unconscious phantasy)の睡眠中の表現活動であるという理論的視点を、暗黙の内に発展させていったのである。さらに彼女は、初期の子供の精神分析(1920年代)から、成人の精神分析の世界に関心を移行させ(1930年代以降)「抑うつポジション」と「妄想分裂ポジション」の理論、分裂と投影性同一視、羨望の理論を発展させていく中で、夢解釈における視点を徐々に変更させていっている。それについて、ここでは彼女の実際の症例の軌跡を辿りながら述べてみたい。彼女は、非常に多くの夢の症例を挙げていて、彼女が夢分析を重要視していることがうかがわれる。

（1）子供の精神分析と無意識的幻想の理論

クラインは1920年代の子供の精神分析において、子供の遊び（play）が成人の言語による自由連想に匹敵するものであり、その遊びは子供の無意識の内的活動の世界を表現していると考えた。そして彼女はそれを無意識的幻想と呼んだのである。彼女は、子供の遊びの世界に意味があると考えるようになり、その意味が無意識的幻想の表われであると考えたのであるが、そのときにフロイトの夢解釈の技法を応用したのである。この時点において、クラインは重大な理論的展開を行なっていたのであるが、彼女自身は気付かないままであった。つまり、その無意識的幻想の活動は子供の覚醒状態における遊びの中にも表現されているということである。彼女は、無意識的幻想が夢の中だけでなく、子供の覚醒時の空想や遊び、行動化の中にも表現されると考えたのである。彼女の子供の遊びの解釈の例を見ていると、子供の夢も物語もすべて無意識的幻想の表現として解釈の対象としていることが特徴である。この理論的視点は、クライン派の夢理論に対する重要な貢献となっただけでなく、成人の治療技法を大きく発展させることになった。

a　症例1

ピーター（Peter）、3歳9ヶ月の男の子である（文献（7）のⅡ巻）。母親に対する固着が強く、遊びが抑制され、欲求不満に耐えることができなかった。彼は最初の頃のセッションで、おもちゃの自動車をぶつけあったり、馬のおもちゃをぶつけあって、弟ができたと言った。またその馬がぶつかり合って死んでしまい、土に埋める遊びをした。またそのおちんちんをぶつけ合っている幻想も表現している。これに対してクラインは、「それらの馬などは、おちんちんをぶつけ合っているお父さんとお母さんを表わしている」と解釈をしている。ピーターは、その後も原光景（primal scene）に関する複雑な遊びを展開していく。そしてクラインは「ちょうど夢の要素に対する連想が、夢の潜在内容を明らかにするように、子供の遊びの要素はそのような連想に相当し、その潜在的な情景を提供する。そして遊戯分析は成人の分析と同じく、現実の状況を転移として扱い、最初に経験されたあるいは幻想されたものとの関連を造り上げることによって、幻想の中で最初の状況を生き抜き、徹底操作する可能性を子供に与える」と述べている。

ピーターは治療開始7ヶ月後に、長い夢を提供しているが、その抜粋は次のようなものである。「二匹の豚が豚小屋にいて、そして自分のベッドにいた。彼らは豚小屋の中では一緒であった。彼らはまたボートの中にある私のベッドにいる二人の少年でもあった。しかし彼らはとても大きくてG叔父さんとEお姉さんのようであった」。これらは、ピーターの言語的な要素連想によって、彼と弟の同性愛的な関係や両親の原光景の問題を表わしていることが判明した。これを解釈した後にピーターは再び遊びによって自分を表現した。彼は洗面器の中に二本の鉛筆を浮かべて、自分と弟が乗っているボートだと言った。それから彼は大声でボートに叫んだ。「おまえたちはいつもうろついて不潔なことをしてはいけない」。これは、また彼の両親にも向けられていた（クラインはこれを彼の超自我の働きと考えている）。そして最初に二頭の馬がぶつかりあって死んだときの原光景の問題に関係していた。

このようにクラインは、子供の睡眠中の夢と遊びによる覚醒時の表現が、両者ともに無意識的幻想の表現法であるとして、同じ地平で考えているのである。またこの当時の（1920年代から1930年代前半までの子供の精神分析の時代）クラインは、フロイトやアブラハム（Abraham, K.）の精神性的発達論、とりわけ原光景（primal scene）の理論に強い影響を受けており、遊びや夢の解釈においてそれらに焦点を当てた解釈を行なっている。そして彼女のそのような視点は、後に彼女が独自の発達理論を展開していく中で、徐々に変化していった。

b　クラインの早期幼児期の理論と夢解釈

この時期にクラインは、そのような前男根期の子供の治療の中で、様々な発見をしていき早期対象関係の無意識的幻想の世界を明らかにしていった。そしてそのときの基本的な概念である、無意識的幻想、迫害的不安とサディズムの重要性、内的世界と外的世界、部分対象関係、母親の乳房や身体内部の重要性、分裂、投影、取り入れ、否認、万能感などの原始的な防衛規制の発見、早期エディプス葛藤、早期超自我の存在などが、彼女の夢解釈に大きな影響を与えていくのである。

c 症例2

7歳の少年で、学習障害で苦しんでいた[7][8]。

クラインはこの時期に、潜伏期の年齢の子供も早期対象関係に問題があると考えていた。患者は治療初期において次のような夢を報告した。「カニが、桟橋にいた。そこは彼が母親とよく行っていた海岸であった。彼は桟橋に現れる大きなカニを殺すことになっていた。彼は小さな銃で撃ち、刀で殺した。しかしそれはうまく行かなかった。彼がカニを殺すと、次から次へと水の中から現れてきた」。彼はそのカニが世界を破壊すると言った。さらに彼は部屋の中で足を踏み鳴らし、今自分が水の中にいてカニを踏み殺していると言った。彼はその前日、カニのハサミを表わす鋏でボートや水上飛行機を切り裂いて沈め、彼が逃げられなくなる遊びをしていた。カニは、水の中にある羊の肉に集まっていたが、それはお家のようでもあった。彼は羊の肉が好物だった。彼は、カニはまだ家の中には入ってはいないが、窓までは来ていると言った。

クラインはこれらの連想を聞いて、水のシーンは母親の内部―世界を表わしている、肉の家は母親と彼の身体を表わしている、カニは父親の男根を表わしていると考えた。彼によると、そのカニはゾウほど大きくて、外が黒くて内部は赤かった。それは誰かが黒にしたので黒く、水の中のものを全部真っ黒にしてしまった。そのカニは、誰かが向こう岸から入れたものだった。カニは、父親の男根だけでなく彼の排泄物も表わしていることが明らかになった。更に、その一つは海老くらいの大きさで外も中も赤色だった。これは彼自身の男根を表わしていた。彼が自分の排泄物を危険な動物と同一化し、それらが自分の命令どおり動いて母親の身体の中に入り込んで、彼女と父親の男根を傷付け毒をもったのである。クラインは、このような心性はパラノイアの機制に関係があると考えている。

以上のようにこの時期のクラインは、母親の体内に存在する父親の男根に対する恐怖と、それに対する子供のサディスティックな攻撃、それに対する対象からの報復というテーマ（早期エディプス・コンプレックスと早期超自我）に強い関心を抱いていたのである。

(2)「抑うつポジション」成人の精神分析分析治療へ

彼女は1935〜40年にかけて成人の躁鬱病の研究を行ない、その固着点として「抑うつポジション」（depressive position）の概念を提出した。これは無意識的幻想の考えを引き継ぎ、それをさらに発達的に整理したものである。これは生後6ヶ月頃の幼児の心理に起源を持っているが、現在も成人の心の中で活動している対象関係（部分的対称関係〈part object relation〉から全体的対象関係〈whole object relation〉への統合〈integration〉）と特有の防衛機制（緩和された分裂〈splitting〉、投影〈projection〉、取り入れ〈introjection〉、投影性同一視〈projective identification〉、否認〈denial〉、躁的防衛〈manic defence〉など）、抑うつ的不安〈depressive anxiety〉（対象を失う恐怖、罪悪感、悲哀、対象への思慕など）の一群であり、この時期には早期エディプス・コンプレックスと早期超自我の形勢が見られる。そしてそれらが病理的な葛藤を抱えているときには、心の無意識の中に分裂排除され統合されないままに存続しているものである。

a　症例

抑うつと強い迫害感で苦しんでいた40歳代の男性。[7][8]

〈母親が亡くなって3日目の夢〉

彼はバスがコントロールを失って自分の方にやってきているのを見た。明らかにバスは自分で動いていた。それは小屋にぶつかった。彼は小屋に何が起きたかは見ることができなかったが，小屋が「燃え上がる」ことを確実に知っていた。それから二人の人物が彼の背後からやってきて，小屋の屋根を開けて内部を見ていた。患者は，「彼らがそれを行なっているところは見なかった」。しかし彼らはそれが助けになると考えているようであった。

患者の連想に基づいて，クラインはこの夢について次のように解釈している。これは父親との同性愛的関係における去勢不安を表わしているだけでなく，彼の内部の母親の死と自分自身の死を表わしていた。小屋は，彼の母親の身体と彼自身を現し，彼の内部にいる母親を表わしていた。危険な性的行為はバスが小屋に突っ込んで壊してしまうということで表現されていたが，それは彼の心の中では自分自身と母親に対しても起こっていた。つまり彼の内部にある母親に対して起こっていたのであり，不安が最も強く存在する部分であった。小屋の内部を見ることができなかったということは，起きている災難が彼の内部で起きているということであり，内部を見なくても炎が上がることを彼が知っていたことは，その破壊的な性交が彼の内部においても行なわれているということを意味していた。

彼の背後から来た二人の人物については，彼は私の椅子を指し示し，彼と私（クライン）を表わしていた。私は彼の心の内部を覗き込んでいたのである。二人の人物は，また結合両親（combined parents）をも表わしていた。つまり私も危険な父親を含んでいたのであり，彼は小屋の中を覗くこと（精神分析）が助けになるかどうか疑問を持っていたのである。

コントロールのきかないバスは，母親と危険な性交を行なっている彼自身も表わしており，自分自身の性器に対する恐怖と罪悪感をも表わしていた。

悪い性交をしている結合両親の幻想は，彼に様々な情動や願望，恐怖，罪悪感などを蓄積することになり，彼の病理に大きな関係があった。彼は結合両親に関する問題を理解していく中で、母親の死に対する「喪の仕事」(mourning work)も遂行することができた。つまり陰性の破壊的な情緒が強すぎる間は、彼は愛する母親の部分を否認し続け、それが解決されて初めて愛する対象の喪失体験を処理できたのである。

この症例においては、「抑うつポジション」において注目された、早期エディプス・コンプレックスとしての結合両親における破壊的な関係と、良い対象に対する喪失体験のアンビバレンスの問題に焦点が当てられ、夢解釈の内容もその傾向が顕著に見られる。またここには子供の精神分析の臨床の用語法の影響が強く現れている。

夢解釈の方法そのものは、要素分析や夢を見た後の患者の連想を参考にしており、フロイトの方法をそのまま踏襲しているが、その解釈の内容は早期対象関係、つまり生後6ヶ月頃の心性に関する「抑うつポジション」の病理に集中して解釈が行なわれている。言い換えれば、「抑うつポジション」に関する病理を有するものは、それに関係する内的無意識的幻想を持ち、夢にもそのような病理が現れるということであろう。また転移として現れている治療者の役割も、この早期対象関係に即したものとして理解されている。

(3) 妄想分裂ポジションの病理と夢

クラインは1946年に成人の精神分裂病(注：現在の統合失調症。以下同じ)の研究を中心にして「妄想分裂ポジション」(paranoid-schizoid position)の概念を提出した。これは生後3ヶ月位の子供に起源がある心性であるが、成人の精神分裂病やスキソイドの患者の無意識の中に無意識的幻想として活動している。それは部分対象関係(part object relation)であり、分裂、投影、取り入れ、投影性同一視、否認、万能などが原始的防衛機制として活躍している。そして「生と死の本能」(life and death instincts)に基づく破壊と攻撃、迫害的不安(persecutory anxiety)の世界と、極端な理想的な対象形成の世界が活動している。これは最も原始的な心の活動状態であり、病理的な場合には悪い対象関係が席巻し、迫害的不安と絶滅の不安(annihilation anxiety)が顕著である。

彼女は、右記の論文の中で、スキゾイドの防衛機制を使う非精神病的な患者の夢を挙げている。これは、分裂病の患者の場合にはほとんど夢を報告することはないためであろう。彼女は、不安と罪悪感の圧力の下に、パーソナリティの部分を激しく分裂排除し破壊していくことが、スキゾイド機制の中心であると述べている。

a 症例

ある女性の患者が次のような夢を見た。(7)(8)

「彼女は誰かを殺そうと決意している邪悪な女の子を扱わなければならなかった。患者はその女の子を何とかしてコントロールし、どちらが子供にとってためになることかをその子供の口から言わせようとしていた。しかしそれはうまくいかなかった。私（クライン）も夢の中に登場し、患者はその子供の対処に私が助けてくれるかもしれないと期待していた。それから患者は、子供を驚かして危害を加えないようにするために、その子供を木の上に紐で吊した。患者がロープを引っ張って、子供を殺すところで目が覚めた。この夢の中の一部では治療者は登場していたが、何もしないでいた」。患者の連想の後に、クラインは次のような夢の理解をしている。

夢の中では、患者のパーソナリティは二つの部分に分裂している。つまり邪悪なコントロールできない女の子の部分と、もう一つはそれを説得してコントロールしようとしている部分である。その子供は、過去における様々な人物を表わしているが、この文脈の中では患者の自己の一部を主として表わしている。もう一つの結論は、子供が殺そうとしているのは分析家である。そして夢の中における私の役割は、この殺人が起きないようにすることだった。患者は子供を殺さないといけないと思ったが、子供を殺すことは彼女のパーソナリティの一部を抹殺することであった。

以上のように、このようなスキゾイドの特徴を持つ患者においては、この夢においても、患者のパーソナリティの一部を分裂排除して破壊してしまうという機制について、クラインが注目して夢の解釈を行なっているのである。そしてそこにおいては、自己と対象に対する破壊性とそれに対する厳しい超自我や罪悪感の問題が取り上げられている。最初の子供の精神分析の頃と比べて、母親の身体部分などを解釈の用語には余り使用しなくなっているのである。

クラインは「羨望と感謝」の中でも多くの夢の例を提出しているが、そこにおいては、「抑うつポジション」を通過して良い対象を取り入れ、羨望に基づく自己の破壊性に罪悪感を抱き、感謝の念を抱くことができるような患者群の夢を多く報告している。そしてそのようなレベルにある患者は、夢の世界の活動も同様な特徴を示しているのである。

3　クラインの夢解釈の特徴

(1)　無意識的幻想の概念によって、現在個人の無意識の中で活動しているものが、夢の潜在思考であるという理論を提唱した。それは意味が生じるところであり、覚醒時の想像作用にも関係していることを明らかにした。

(2)　早期対象関係に注目し、幼い子供達の遊びの中にも夢の作用と同様の無意識的幻想の活動を見出した。

(3)　更に年長の子供や成人の中にも同様に早期対象関係に基づく無意識的幻想が活動し、病理にも夢の形成だけでなく、自由連想や行動化など心的生活に大きな関与をしていることを発見した。

(4)　成人の精神病の研究によって、「妄想分裂ポジション」「抑うつポジション」の無意識的幻想の世界を発達論的に整理し、その起源を明らかにしていった。そしてそのような成人の患者の夢解釈においては、それらのポジションに特有な対象関係と不安や恐怖など、情動の活動に注目した解釈を行なっている。

(5)　治療患者の種類の変遷や理論的注目点の変化によって、夢の理解の視点や用語法が徐々に変化している。

つまり子供の早期分析の頃は、その母親の身体や乳房に対する幻想、母親の身体内部に存在する男根や赤ん坊に対する攻撃や恐怖、自己の身体に対する攻撃の恐怖などが中心である。更に結合両親の破壊的関係に注目している。しかし二つのポジションの概念を提出した頃からは、徐々に自己の一部の分裂や投影、取り入れ、破壊性に対する恐怖や良い対象に対する罪悪感や取り入れ、対象喪失の心理、迫害的不安や絶滅の恐怖など注目点や強調点が変化している。しかしクラインは、早期対象関係の夢における作用の重要性に一貫して注目し続けたのである。これはフロイトが、後期エディプスに注目して夢解釈を行なおうとしていたのとは、コントラストを示しているのである。

4　ビオンの夢理論の研究

（1）ビオン（Bion, W.）は、夢の症例の報告はほとんどないのであるが、実際にはクラインの技法を踏襲していると考えられる。彼の夢研究に対する貢献は、クラインが直接手をつけてはいなかったフロイトの夢理論を一部再考察したことであった。彼は、クラインの早期発達論と無意識的幻想に基礎を置く夢解釈の方法の中に、新しい視点を見出していた。また彼が、精神分裂病の研究をする中で、夢を見ることができない患者群に注目し、夢を見ることのできる能力は、個人の「非精神病的パーソナリティ部分」（non-psychotic part of personality）の活動によるものであることを明らかにしている。

（2）ビオンによると、精神分裂病に存在する「精神病的パーソナリティ部分」（psychotic part of personality）は夢を見ることができないのであるが、彼はそれは感覚印象（sense impression）、記憶、想像力などの自我の基本的な機能が破壊されている（断片化〈fragmentation〉）からであると考えた。そしてその感覚印象を心に思考や記憶、夢の材料として保持できる機能をアルファ機能（α function）と呼んだのである。そのような患者は、多くの分析的な仕事が成されて、「非精神病的パーソナリティ部分」が活動するようになるまでは夢を見ることはできない。時に精神病的な状況にある患者が夢を報告するときは、しばしば幻覚であることが多いのである。

(3) ビオンはこのα機能を自我の思考、記憶、想像作用、夢を見る能力などの基礎になっているものと考えた。そして、精神病的な状態においてはこのアルファ機能が破壊されているために、思考の障害や夢機能の破壊が起こると考えている。そして、そのように破壊され断片化された自我の断片を彼は「ベータ要素」（β elements）と呼び、それらは対象に投影性同一視されて迫害的な対象（怪奇な対象〈bizarre objects〉）を形成し、それらを再び取り入れて精神病的な自己が形成されていくのである。

(4) アルファ機能については、ビオンはその機能の結果しか観察することはできないと述べているが、その成立については、素質的な面と赤ん坊と母親との相互交流の中で獲得されるものであると考えている。ビオンは思考の研究の中で、赤ん坊が欲求不満に耐える力を素質的に持っているときには、アルファ機能が作用して感覚印象を保持し、それを材料にして思考や夢の形成に使用できると考えている。更に、後に赤ん坊と母親の機能の研究の中で、投影性同一視のコミュニケーションの機能に注目し、コンテナー／コンテインド（container/contained）の赤ん坊と母親との相互関係の枠組みを提唱した。

赤ん坊はある欲求不満にさらされたときに、その感覚印象に耐えられないときには、その体験する自我や自己の一部を分裂して母親（コンテナー）に投げ入れる（投影性同一視）。そのときに母親はその投げ入れられたもの（コンテインド）を取り入れ同一化し、その意味を理解し（夢想〈revarie〉の機能）赤ん坊が取り入れる状態にまで緩和して返していく。それを再び取り入れた（取り入れ性同一化〈introjective identification〉）赤ん坊は、今度はそれに耐えることができ、その体験の意味を理解することができる。ビオンはこの意味を読み取り緩和して赤ん坊に帰していく母親の機能をも、アルファ機能と考えた。そして赤ん坊のアルファ機能の起源はこの母親の機能にあり、それを取り入れていくことで赤ん坊は自己のアルファ機能の能力を高めていくのである。そしてこのアルファ機能が作用するところに、すべての自我機能が働き始め、思考、記憶、想像力、夢などが活動できるのである。

(5) そのほかにビオンは断片的ではあるが、夢の機能について意味深い示唆を行なっている。それらは次のようなものである。①夢は個人のOが展開したものであるが、それが感覚的な経験として表現されたものであると考えている。②夢の仕事は夢のプロパーのごく一部である。後者は覚醒時も働き続けている。これはクラインの無意識的幻想の概念について述べているところである。③夢には、現実の欲求不満を修正する機能がある。④夢の核心は、情緒的な経験である。⑤夢は思考である。⑥夢の顕在内容は、選択された事実で、妄想分裂ポジションの状況に似ている。⑦グリッドにおいては、B列のアルファ機能に次いで夢はC列に位置し、D：前概念、E：概念化、F：概念などの思考とともに心的機能の中で重要な位置を与えられている。

5 おわりに

ここではクラインとビオンの夢の臨床や理論についての特徴と貢献を述べておいた。クラインは、夢理論そのものは考察の対象とはしなかったが、子供の遊戯療法における夢解釈の技法の応用から始まって、早期対象関係理論に基づいた独自の夢解釈の世界を発展させてきたことを述べた。そしてとくに無意識的幻想、妄想分裂ポジションと抑うつポジション、分裂と投影性同一視などの理論的観点が夢解釈に大きな影響を与えてきたことを述べた。ビオンは、夢の症例事態は多く記述していないが、夢の機能が作動するための基本的な心的要素について考察している。彼はクラインの無意識的幻想の概念と夢事象の深い繋がりを強調した。そしてとくにアルファ機能とそれを育成していくコンテナー／コンテインドの早期母子関係が、重要な働きをしていることを明らかにしていったのである。

引用・参考文献

（1）Abraham, K.（1927）*Selected Papers of Karl Abraham, M. D.* Hogarth Press and Institute of Psychoanalysis.〔下坂幸三訳（1995）『アーブラハム論文集――抑うつ・強迫・去勢の精神分析』岩崎学術出版社〕

（2）Bion, W.（1967）*Second Thoughts.* Heinemann.〔松木邦裕監訳（2007）『再考――精神病の精神分析論』金剛出版〕

（3）Bion. W.（1977）*Seven Servants.* Jason Aronson.〔福本修・平井正三訳（1999/2002）『精神分析の方法Ⅰ、Ⅱ――セブン・サーヴァンツ』法政大学出版局〕

（4）Freud. S.（1900）The Interpretation of Dreams. In *Standard Edition,* Vol. 4-5. Hogarth Press.〔高橋義孝訳（1968）「夢判断」『フロイト著作集2』人文書院〕

（5）Freud. S.（1916-1917）Introductory Lectures on Psychoanalysis. In *Standard Edition,* Vol. 15-16. Hogarth Press.〔懸田克躬・高橋義孝訳（1971）「精神分析入門　正、続」『フロイト著作集1』人文書院〕

（6）Grinberg. L., Sor, D. & Bianchedi, E. T.（1977）*Introduction to the work of Bion.* Jason Aronson.〔高橋哲郎訳（1982）『ビオン入門』岩崎学術出版社〕

（7）Hinshelwood, R. D.（1989）*A Dictionary of Kleinian Thought.* Free Association Books.〔衣笠隆幸総監訳（2014）『クライン派用語事典』誠信書房〕

（8）Klein, M.（1961-1975）*The Writings of Melanie Klein,* Vol. 1-4. Hogarth Press.〔小此木啓吾・西園昌久・岩崎徹也・牛島定信監修（1983-1997）『メラニー・クライン著作集1～7巻』誠信書房〕

〔『現代のエスプリ』1月号、1997年〕

24章　毎日分析と夢の臨床

1　はじめに

毎日分析は、夢解釈の臨床と非常に深い関連性がある。一般に言われているように、治療の回数が増えると、同じ病理的レベルの患者においても夢を報告する回数が多くなることが知られている。更に毎日分析においても、ほとんど夢を語らず、極めて日常的な具象的な報告しかできない状態の患者が存在し、そのような場合には、重症な病理が存在することが多いことが指摘されている。そのような患者群は、精神病的な傾向を持っていたり、非精神病的であっても象徴機能が発達していず、空想や想像能力がほとんど見られない極端に抑止の強い患者群である。彼等は、日常生活の中で出会う人物相手に、具象的な再演（enactment）の世界を展開することしかできないことが多い。またビオン（Bion, W.）が述べているように、精神病的パーソナリティの部分（psychotic part of personality）が活動している場合には、患者は夢を見る能力が乏しく、患者が夢として報告した場合でも、睡眠中の精神病的な体験であることが多い。

ここでは、毎日分析における夢分析の重要性について強調し、フロイトからクライン派および対象関係論へ、夢分析の実際と理論がどのように発展しているかを紹介してみたい。そして、症例を報告して、毎日分析における夢分析のしめる重要性を示してみたい。これは精神分析的精神療法との夢の報告の頻度などとの比較検討を目ざしてはいないが、週あたりの治療回数と、夢の頻度やその治療的意義の重要性は比例関係にあると考えられる。

ここでは、まずフロイト（Freud, S.）の夢理論を簡単に紹介し、次に現代クライン派や対象関係論における夢の臨床と理論を紹介したい。そして実際の毎日分析のセッションにおける夢の報告とその解釈、転移の展開や夢そのものが抵抗としても働くことなどを紹介して、毎日分析における夢の重要性について紹介したい。

2 フロイトの夢解釈の基本的視点

フロイトは、１８９０年代にヒステリーの治療に取り組むようになり、最初は催眠、想起命令法、前額法などを試みたがいずれも失敗して放棄した。そして最終的に、カウチ使用による自由連想法を開発した。これは実際の治療中の患者に、フロイトがいろいろと暗示や質問など行なっていたときに、患者が自由に話させてほしいと言ったことをヒントに着想したものである。彼はこれを週6回行ない、これを精神分析の基本的な治療的構造として終生それを堅持している。そして毎日分析は精神分析の中心的な方法論になって、現在まで至っている。

そのような構造の中で、神経症の患者を治療しているときに、彼等の多くが夢を報告することに注目して、フロイトは夢の意味を理解する方法を開発することに努力を傾けるようになった。そして１８９５年7月23日から24日にかけて、彼自身が見た夢の自己分析に成功した。それは彼の患者イルマについての夢であったので、「イルマの夢」として有名である。彼の独創的な夢解釈の方法は、夢の各要素について自由連想を行ない、その連想の情報全体から夢の無意識的な真の意味を理解していくというものであった。そして彼は「夢は願望充足である」というテーゼを提唱した。

彼は、これ以降自分自身の夢分析と患者の夢分析を多く行ない、この夢の要素自由連想法は、精神分析における夢解釈の基本になった。彼は夢の理論について次のような基本的な視点を構築したが、彼自身はその後はほとんどそれを修正することはなかった。つまり①顕在夢と潜在夢、夢の仕事、②夢の検閲と圧縮、置き換え、象徴作用、③願望充足、④睡眠の確保と不安夢、悪夢の意味、⑤一次過程と二次過程、⑥二次的改変、⑦退行、⑧下からの夢と上からの夢、などの視点である。なおこれらについては、良く知られていることなので、ここでは説明は割愛する。

ただ彼がここで前提にしている、①夢には意味がある。②睡眠中にも、心の一部は活動していて、願望を抱くことができる。③その願望を映像的な原始的形式によって表現できる。④その願望を監視している心の部分が存在する。⑤置き換え、圧縮、象徴機能などの複雑な機制を使用して、夢の検閲と妥協する心の働きが存在する、などの視点は、後のクライン派や対象関係論が更に推敲していくことになった。

3　クラインの夢解釈の特徴

(1)　クライン（Klein, M.）は、多くの夢の報告を行なっている。症例報告の大部分は夢の分析を中心にしている。クラインをはじめ、これから紹介する研究者達は、夢の研究に関しても、すべて毎日分析を基礎にしている。

(2)　彼女は、フロイトの夢理論については、とくに批評をしていない。とくに夢解釈の技法については、そのまま踏襲している。しかし、実際の臨床の中で、徐々に暗黙の内に彼女独自の視点や理解の方法を採用していったが、彼女自身はそれを明確にすることはなかった。

(3)　早期分析（early analysis）における非常に幼い子供達の遊びの分析を行ない、そのときに夢分析の技法を応用した。そして、0歳児のサディスティックな恐怖に満ちた対象関係の世界を発見した。そのときに、彼女が覚醒時の子供の遊びに対して、夢分析と同じ方法を適用したことが、彼女の新しい分析技法や0歳児の心理の発見へとつながった。つまり彼女は、覚醒時の子供の遊びにも、夢と同じように無意識的幻想

（unconscious phantasy）が影響を与えていること、子供の遊びはその内的対象関係を表現していることなど、重要な問題を明らかにした。

（4）やがてクラインは、成人の躁鬱病、精神分裂病の治療において、覚醒時のすべての自由連想や行為が、子供の遊びと同じように成人患者の無意識的幻想に影響されていて、その表現手段であると考えるようになった。そして睡眠中の夢は、睡眠中の無意識的幻想の現れであると考えるようになった。ここにおいて、成人の自由連想そのものを子供の遊びと同じように、無意識的幻想の表現であると考え、その無意識的な意味を探索していく臨床的技法を開発した。

（5）成人の夢の解釈：クラインは、フロイトの要素連想の技法をそのまま採用している。しかしその内容の理解については、妄想分裂ポジション、抑鬱ポジションの理論的視点が大きく影響している。つまりそこでは、患者の早期発達段階における内的状態や無意識的幻想を表現するものとして夢が扱われている。そこで注目されているのは、早期の対象関係であり、迫害的不安、サディズム、死の本能、抑鬱的不安や恐怖の表現などに注目した解釈が行なわれている。フロイトが注目した幼児期後期のエディプス的、性的葛藤の問題などは、重要視されなくなっている。

（6）願望充足の理論は、あまり強調されていず陰を潜めている。それとともに不安夢も特別視されていず、患者の心の状態を表わすものとして他の夢と同等に扱われている。むしろ彼女にとっては、不安夢や悪夢は、早期の迫害的不安や見捨てられ恐怖、抑鬱を表わすものとして中心的に扱われている。

（7）解釈の用語の問題：クラインが、子供の精神分析を中心に行なっていたときには、子供の遊びや夢に対して、母親の乳房など身体的解剖学的な用語を使用し、母親の身体内部に存在する赤ん坊や男根との破壊的な関係に注目した解釈を行なっている。しかし彼女が成人の精神分析を行なうようになり、二つのポジションの概念を明らかにしてからは、分裂、取り入れ、対処喪失の心理、迫害的恐怖、絶滅の不安など着目点も変わり、夢の解釈における用語も成人の機能的言語に変化している。

4　ビオン

彼は夢の理論について、クラインが暗黙に修正していたものや、夢を見る条件などを明らかにした。

(1)　夢の思考作用は重要である。睡眠中は個人は内的な世界に注意を向けることになり、夢の想像活動の世界は、個人の生の意味を生じる場所である。そして熱情（passion）は経験そのものであり、夢はそれに形式的な表現を与えるものである。

(2)　個人が夢を見ることのできる能力は、個人の非精神病的パーソナリティ部分（non-psychotic part of personality）の活動による。そこでは、アルファ機能（alpha function）が活動している。これは、乳幼児が欲求不満にさらされても耐えることができ、感覚印象を破壊せず保持することができるときに発達する。それは思考、記憶、夢、想像作用などすべての心的活動に基本になる。精神分裂病などパーソナリティの精神病的部分が活動しているときには、夢を見る機能も傷害されている。

(3)　このアルファ機能の達成については、母親のコンテイナー（container）の機能も重要な働きをしている。つまり赤ん坊が自分の体験を耐えることができないときには、その認知作用、感覚印象などを攻撃して断片化（ベータ要素 beta elements）を形成して、母親に投影してしまう。それを取り入れその意味を理解し、赤ん坊に理解でき受け入れる状態にして返すことのできる母親のコンテインの機能は、アルファ作用でもある。そしてベータ要素をアルファ要素に変換して、赤ん坊に返していく。それを取り入れて、今度は赤ん坊は、自己のアルファ要素として使用できる。そのときに赤ん坊は母親のコンテインの機能も取り入れて、アルファ機能の能力を高めていくのである。このような条件が、非精神病的パーソナリティ部分の形成には重要であり、その部分が夢の活動に大きな関係がある。

(4) その他の指摘、①夢は個人の0が展開したものであるが、それが感覚的な経験として表現されたものである。②夢は睡眠中の無意識的幻想の活動状態であり、覚醒時もその無意識的幻想は様々な形態で活動している。③夢には現実の欲求不満を修正する力がある。④夢の核心は、情緒的な経験である。⑤夢は思考である。⑥夢の顕在内容は、選択された事実であり、妄想分裂ポジションの状態に似ている。⑦ビオンは、夢と思考に、重要な心的機能の位置を与えている。

5 メルツァーの指摘

(1) メルツァー（Meltzer, D.）はクラインの直接の指導を受け、子供の精神分析家として研究活動を行なってきた。彼は、クラインが無意識的幻想の理論を提唱することによって、夢理論にも新しい視点を提供したと考えている。夢はフロイトの言うように睡眠の保護者として生じるものではなく、夢は睡眠中も覚醒時も活動していて、睡眠中は夢と呼ばれ、覚醒中は無意識的幻想と呼ばれる。

(2) そのような内的な世界は意味の生じるところである。そして「夢生活」（dream life）として重要な役割を与えられるべきである。

6 シーガルのまとめ

シーガル（Segal, H.）は、現代クライン派の視点から、夢についての意見を分かりやすくまとめている。

(1) 夢は無意識的幻想を表現している。そして夢世界は睡眠中も覚醒中も、常に私たちと共にある。

(2) 夢の言語は、非常に複雑なものである。これは、フロイトが圧縮、置き換え、象徴として考察したものに関係している。

(3) 夢は、パーソナリティを形成している対象関係、不安、防衛などを表現している。

(4) 夢の仕事は、これらに関して全ての表現手段を含む複雑な作業である。

(5) 夢解釈の方法は、夢の仕事の逆方向の作業である。要素連想によって、圧縮されていた夢を拡張し、置き換えを本来のものに戻し、暗号を解くような作業である。

7 フェアバーン

これまで紹介した分析家はクライン派の研究者であるが、以降は独立学派の研究者達の夢に関する理論や技法を紹介したい。イギリスにおいては両者常に相互的に影響を与えていて、夢理論に関しても多くの共通点を示しながら、お互いが発展的に批判、推敲している。

フェアバーン（Fairbairn, D.）の夢の理論は、1940年代に発表されているが、非常に斬新的なものである。

(1) 夢は内的世界の状態を表現しているものである。

(2) 夢に登場する人物は、夢を見る主体の自己の一部分を表現している。

実際、彼は夢を個人の内的世界に関する情報のデータとして用いている。そしてある患者の夢を例に挙げて、彼の有名な対象関係論的なパーソナリティの構造を提唱している。そこでは彼は、早期の母親との関係における欲求不満の関係とそれに対する自己の関係性が、無意識に取り込まれて、人格構造が形成されると考えている。そして夢はそのようなパーソナリティの状態を表現するものであるとみなしている。彼の内的状態を表わす夢という考え方は、クライン派や対象関係論の基本的な視点の一つになっている。

8　ライクロフト

ライクロフト（Rycroft, C.）は、現代対象関係論の中で最も積極的に夢の問題を取り上げた人物である。彼の視点も、クライン派との大きな相互的影響にあることが窺われる（1979）。

（1）フロイトは願望充足の理論を提唱したが、創造的な活動を無視したために、夢を病理的なものとみなしてしまった。実際には、夢は睡眠中の想像活動と考えるべきである。そして想像活動は普遍的なもので、睡眠中も覚醒中も起こっていると考えている。もし個人が神経症的な葛藤を持っていれば、夢も覚醒中の想像活動も神経症的なものである。

（2）夢には、二種類ある。一つは単に内的な世界を表現している「空想的な夢」（fantastic dream）と、創造的な世界に満ちた「想像的な夢」（imagenative dream）の二種類がある。

（3）夢は何かを意味していて、それは夢を見ている人に対するメッセージである。

（4）夢はきわめて個人的な会話なので、一般の言語は必要としない。非論証的な空間の中で、お互いが特殊なイメージによる交換を行なうので、夢は映像に似ている。そこでは個人的な意味を普遍的に表現する必要はない。

9　ウィニコット

ウィニコット（Winnicott, D.）は、夢を見ることそのものが中間領域におけるプレイの意味もあり、それを見て治療者に告げるときの個人の空間における体験性を強調している。

以上のように、現在クライン学派は、夢の活動を無意識的幻想の活動と見て、夢はその睡眠中の表現形式であり、内的な状態を伝達しているものであると考えている。そして早期対象関係に注目して、夢の意味を理解しようとしている。そしてフロイトの理論的な面をその発達論の修正などによって修正しているが、夢解釈の重要性や要素分析などの技法は大切に継承している。また夢の中に現れた転移の解釈を重要視しているが、そのときには、夢のその内容だけでなく、夢が語られているときの全体的な状況を考察した夢の解釈を行なっている。また独立学派の理論的考察にも多くの共通点があり、お互いが発展的に研究活動を行なっている印象がある。なお、もう一人夢の研究を行なったシャープ（Sharpe, E.）がいるが、彼女の著書は、フロイトの夢解釈とその理論を基本にしたものである。

10 症例

ここで毎日分析（週5回、50分）の治療の一部における夢解釈の臨床を紹介したい。男性患者Aは30歳代、既婚。主訴は、対人恐怖、専門職に自信がもてない、夫として、父親として自信がもてないなどである。

Aは、多くの夢を報告し、夢解釈によって意義深い自己理解を示していたが、ここでは治療を開始してから約一年が経ち、Aが多くの夢を報告した頃の一週間のセッションを記述してみたい。そこでは夢の分析が中心になっているが、夢分析における転移解釈の重要性と、夢の抵抗形態などを良く表わしている。なお紙数の都合で夢の要素についての自由連想は必要な事柄以外は省略している。

(1) 月曜日

患者Aは、先週の言い間違いのことを述べた。Aは、しばらく同居している従兄弟の足が汚かったのを、従兄弟の家が汚れていたと言い間違えた。そしてAは、従兄弟の幼少時期からの生活が剥奪体験に満ちて、両親から捨てられた身の上であることを述べた。彼は、その従兄弟が辛辣すぎて、難しい人であると述べた。そしてその従兄弟がしばらく旅行したことで、解放されたように思っていた。性生活も安心してでき、早朝突然マスターベーションをしたことを述べた。そしてAは夢を報告した。「私は3人の非常に怒っている女性に出会った。最後の女の子はかわいかったが、後に彼女が知り合いの娘だと分かった」。その知り合いは、ギャンブルで家を没落させてしまった。治療者は、Aが転職をすることで、大きな賭をしていると感じているのではないかと尋ねた。Aは、従兄弟に借金をしていることを言い、すまないと感じていた。更にAは父親からも借金をしていて、強い罪悪感を抱いていた。それからAは、やはり転職をしてきた男性が、もう郷里には帰れないと非常に動揺していて、その男が治療者のオフィスの玄関のベルを鳴らしたのではないかと述べた。治療者は、それはA自身の姿でもあり、それだけ動揺していることを解釈した。また3人の怒っている女性は、A の妻とその母親、A自身の母親を表わしていた。

(2) 火曜日

Aは、従兄弟や父親から金を盗んでいるのと同じだと自責感を語った。治療者は、Aが治療者から盗んでいるものがあると感じているという解釈を行なった。Aは、自分がどのような仕事に就けるか分からないと気に病んでいた。そして、次のような夢を報告した。「私は、ある国にいてスパイをしていた。新しい武器を作っている工場があることを知っていた。私は、それがどこにあるかを探らねばならなかった。私は、秘密の入り口を探して地下に入り、底にたどり着いた。私は近くに工場があることを知っていた。そこは自分の良く知っている駅だった。それから急に情景は変わった。私は有名な小説家と映画監督と一緒にいた。私たちは美しい建物を見ていたが、それは自分の家か祖母のものだった。私たちは、建築家の腕を賞賛していた。そして屋根には人口の雪が降っており、自然のものと見分けがつかなかった。私は、映画の最後にはその家は燃やされることになっていたので、残念に思っていた。それから、私は幼な友達と肩を組んで家に帰った」。要素連想の後に、治療者は、Aが治療者の心の中をスパイしようとしていること、その治療者の心の中には彼の心を厳しく破壊する武器が備わっていると感じていることを解釈した。他方で二人の有名な人物は、治療者とAを表わしていて、協力してすばらしい作品を作り上げていると感じていた。美しい家はおそらく治療者の理解する能力やA自身の理解する力を表わしているが、それはセッションが終われば崩壊してしまうものである。またAは夢の中の背景は、妻の実家に行くときの風景に似ていて、彼は妻との結婚を許可してほしいと妻の両親に会いに行ったときのことを思い出した。更にある分析家の家の中に、彼の郷里の建物があることを思いだした。治療者は、Aが、治療の中で自分の人生でそれほど重要なものを得ようとしていることや、Aのもくろんでいることは、治療者の中に侵入して郷里の美しい建物、つまり自分の力を表わすものを作り上げたいことを解釈した。ここには、治療者とAの境界が不明瞭になり、治療者の創造性や能力と患者が手に入れた能力、本来持っている能力などが混乱している様相がある。それだけAの治療者に対する理想化と同一化、羨望は強力なものであった。

(3) 水曜日

まずAは、彼の同僚が腕を怪我をして包帯をしていることを話した。その同僚は、やはり治療者の治療を受けていた。Aは、その同僚の方が治療者とうまくやっていると感じていた。それで、彼がAに対して罪悪感を抱いているから、手に怪我を負ったと、Aは考えていた。そしてAは次のような夢を報告した。「私は研究室にいた。

そこでは治療者が馬鹿な男に催眠を懸けていた。その男性は私と同じ職場の男性だった。その男は赤ん坊になって床の上に転がって泣いた。私は、治療者の人の心をコントロールする力に驚いた。私が、本棚の本を見ているとき、その書棚の一つが秘密のドアになっていることに気がついた。そこには火事のときの救急の避難口があり、握り棒がついていた。そして治療者が、隣の部屋からやってきて、そこから落ちていった。私は、治療者が頭に怪我をしたと思った」。もう一つの夢「私は研究会に出席していた。そこでは、多才な男性が発表をしていた。彼は若いときは何かのチャンピオンであったようであり、後にはシェイクスピアについての本を書き、絵画にも才能を発揮していた。彼の顔は、かつて私が働いていた職場の事務員の顔に似ていた。家に帰るときに、道は田舎道で、近所の同級生に馬が疲れているので、彼の背中に乗せてほしいと言った。彼は承諾し、背中に乗せてくれたが、帰り道その男性がキスをしたのでうろたえた」。最初の夢については、Aはユダヤ人のアンネについて話した。彼女は家族と一緒に、偽装されたドアの後ろに隠れていた。Aは、穴については空虚感を述べた。Aは、近所の男性については、かつては優しい男だったが、成人してからはひどい攻撃的な男になったと述べた。職場の男性については、Aはたいそう落胆したと述べた。というのは、あるときその男性が、患者のことを全く理解できないと述べたからである。更に、Aは顧客の前でぼろくそに患者のことを批判した主任のことを話した。

最初の夢は、治療者の支配的な力をそのまま表現していたが、同僚の患者との競争心と嫉妬を表現していた。治療者は、Aがその同僚が特別の治療を受けていると感じ、その同僚が傷つけばいいと思い、治療がひどい状態になればいいと感じていることを解釈した。更に、治療者、アンネの家族と同じように、見つけだされ殺害されたように、そのようなひいきをした支配的な治療者も殺害されるべきである。また、才能ある男性は同僚の患者も表わしており、治療者の一部を表わして、Aはその同僚や治療者の能力に嫉妬していた。また治療者が、自分を理解できないことが少しでもあると、がっかりして軽蔑してしまうのである。そうしたときには、Aは治療者のことを、公に悪口を言いたいのである。そのような治療者が当てにならないときには、別の治療者に頼りたくなるが、そのときには患者は同性愛的な恐怖におののくのである。空虚な穴は肛門を表わしていて、同性愛的な心性を表現していた。火事について、前日の夢の中の映画の最後で、セットの家を燃やしてしまうことに、連想が及んだ。そして治療者は、それが休暇前の別離に関係していること、それは何もかも燃やしてしまうような怒りに関係していると解釈した。

(4) 木曜日

第一の夢:「中学校の教師が、ぬかるみの田の中を馬に乗っていた。馬はうまく進めず、時には後ろに下がった。しかし彼はその馬を上手に操っていて、楽しんでいた。私は、藪の中の細い道を進んでいた。その後もう一人の教師も馬に乗った」。第二の夢:「私は、妻と娘と一緒にいた。娘はバレーを習いに行っていた。妻は、帰り道は、娘は自立するために一人で帰るべきだと主張した。私はそれは心配だと思った」。

治療者は、馬は父親や治療者の男根、能力を表わしている。彼らはそれをうまく使うことができる。それに対して、Aはうらやましく思っているとを解釈した。Aは父親について、荒れ地を開拓し、そこに母親が牧草を植える話をした。治療者は、それが両親の性交を表わし、創造的で子供を作る話であると解釈した。そして、まさに治療上の体験が、治療者との共同作業(性交)によって新しいものを生み出していると感じていたのであった。Aは「青い馬」の物語を連想した。ある子供の母親が死んで、父親と二人で住んでいた。あるとき少年は青い馬に出会った。二人は友達になり、馬は少年をとても早く運んだ。馬は少年にこのことは誰にも言ってはいけないと言った。ある日父親が急病になった。少年は馬を呼んでお医者さんを呼びに行った。それで父親は助かった。少年はつい父親に、馬のことを話した。その日から青い馬はどこかへ行ってしまった。その夜少年は、母親の夢を見た。その母親の瞳は、青い馬のものであった。治療者は、これがAの治療者との離れがたさを表わしていて、休暇前の別離の体験に関係があると述べた。更に治療者は、青い馬はマスターベーションを表わしていて、そのために父親は病気になったと解釈した。しかしAは、それを聞いて白けていた。それから、Aは娘について連想した。その娘は中耳炎のために耳が聞こえなくなってしまった。しかし彼女は回復し、何でも習いたがっている。彼女は妹と同じものをほしがり、兄は非常にひねくれてしまっている。治療者は、Aが治療者の話は聞きたくないし、夢の中のように、一人で家に帰らされるように治療を中止するように言われるのではないかと心配し、休暇の件に大きな関係があると解釈した。

(5) 金曜日

Aは、前日の夢がなぜマスターベーションと関係があるのかよく分からず、白けた感じがしたと述べた。そしてまた面白くもない夢を見たと述べた。

第一の夢:「私は雑木林の生えた山のてっぺんの家に住んでいた。そこに、知り合いの男性が訪ねてきた。彼は奥さんに完全に尻に敷かれていた。私たちは、どこかへ行っていたが、突然、私は二人の赤ん坊を抱いていた。そして私は友人のTになり、赤ん坊の一人を抱いた。彼は、自分の好きな女性に振られたが、その女性はAが好きであるという噂があった」。第二の夢:「私は、ハンググライダーに乗っている男を見ていた。彼は学校のグランドから飛び立とうとしていたが、それはおもちゃの飛行機に変わった。それは非常に良く飛んで、空中に止まることもできた。そして私たちが隠れなかったら、機関銃で撃たれただろう」。それから患者は、不倫をしている同僚のことを語り、嫉妬を感じていると述べた。さらに夢の中で、ある男性が患者の妻と結婚したいと述べたことを告げた。

患者は、これらは混乱するもので、自分が何を言っているのか分からないと言った。更に、治療者が両親の性交のことなどを話したので、混乱していると言った。ハンググライダーはAは若い頃にやりたかったが、墜落が怖くてできなかった。また患者は、子供の頃、飛行機の設計士になりたかった。治療者は、それらが患者の男根を表わしており、現在の専門職をマスターすることも、Aの男根の力を得ようとするものであると述べた。更に患者は、訪ねた友人について話した、彼は高学歴であったが英語は話せず、彼の娘は家を捨てて、外国に行ってしまったことを述べた。治療者は、これらの夢の意味を十分には分からないままに時間が来て、治療を終えなければならなかった。ここでは、おそらく夢そのものが治療に抵抗するために使われており、治療者の間違った解釈（おそらく青い馬の解釈）に対する混乱と抗議を表わしていると考えられたが、治療者は、それを指摘できないままであった。

11 考察

このように、毎日分析においては患者が多くの夢を報告し、その転移分析が重要な展開をもたらしていくことが多い。患者が夢を見て報告し、それを聞いた治療者がその理解を示していく作業の中には、上記のクライン派や対象関係論者が指摘した重要な治療過程が存在している。治療者は基本的には夢分析の基本的な技法によってアプローチしているが、最も特徴的なことは、早期対象関係における内的な状況と、その転移関係に集中して解釈をしているということであろう。しかも、解剖学的な解釈用語は使用せず、日常的な機能言語によって解釈している。

こうして、患者は自分の創造性に驚きながら、それに対する治療者の解釈を吟味し、自己理解を拡大している様子がうかがわれる。しかし他方では、治療者の能力などに対する嫉妬や羨望、解釈の不当性に対する疑惑や批判なども、夢ははっきりと示している。また、治療者が理解できないほどの多くの夢と連想を行なって、夢による自己理解がそれ以上進むのを阻止したり、治療者の納得のできない解釈を妨害したりするような行為が見られたのである。このように、単に夢の内容だけの問題だけでなく、抵抗のための患者の夢の使い方まで考慮に入れていくことが重要になる。

12　おわりに

フロイト以降の夢理論と夢解釈の技法の発展について、とくにクライン派と対象関係論の研究を概観的に紹介した。また、夢を豊富に報告した症例報告を行なって、毎日分析における夢解釈の重要性を具体的に示そうとした。

文献

（1）Bion, W. (1962) *Learning from Experience*. Heinemann.〔福本修訳（1999）「経験から学ぶこと」『精神分析の方法Ⅰ――セブン・サーヴァンツ』法政大学出版局〕
（2）Bion, W. (1963) *Elements of Pschoanalysis*. Heinemann.〔福本修訳（1999）「精神分析の要素」『精神分析の方法Ⅰ――セブン・サーヴァンツ』法政大学出版局〕
（3）Bion, W. (1965) *Transformation*. Heinemann.〔福本修・平井正三訳（2002）「変形」『精神分析の方法Ⅱ――セブン・サーヴァンツ』法政大学出版局〕
（4）Bion, W. (1970/1977) Attention and Interpretation. In *Seven Servants*. Jason Aronson.〔福本修・平井正三訳（2002）「注意と解釈」『精神分析の方法Ⅱ――セブン・サーヴァンツ』法政大学出版局〕
（5）Fairbairn, D. (1952) *Psychoanalytic Studies of the Personality*. Routledge.
（6）Freud. S. (1900) The Interpretation of Dreams. In *Standard Edition*, Vol. 4-5. Hogarth Press.〔高橋義孝訳（1968）「夢判断」『フロイト著作集2』人文書院〕
（7）衣笠隆幸（1991）「対象関係論における夢の理論」『イマーゴ臨時増刊「夢」』
（8）衣笠隆幸（1997）「夢の分析　クライン-ビオンの発展」『現代のエスプリ「夢の分析」』
（9）Klein, M. (1984) *The Writings of Melanie Klein*, Vol. 1-3. Free Press.
（10）Meltzer, D. (1984) *Dream-Life*. Clunie Press.

(11) Rycroft, C. (1979) *The Innocence of Dreams*. Hogarth Press.
(12) Segal, H. (1991) *Dream, Phantasy and Art*. Routledge. 〔新宮一成他訳（1994）『夢・幻想・芸術——象徴作用の精神分析理論』金剛出版〕
(13) Sharpe, E. (1937) *Dream Analysis*. Hogarth Press.
(14) Winnicott, D. (1971) *Playing and Reality*. Routledge. 〔橋本雅雄訳（1979）『遊ぶことと現実』岩崎学術出版社〕

〔『精神分析研究』42巻3号、１９９８年〕

第Ⅳ部　疾患

25章　イギリスにおける「境界パーソナリティー」研究の現状

「境界例」の研究は1940年代にアメリカにおいて始まり、1960年代になってO・カーンバーグの研究により、「境界パーソナリティー構造」(borderline personality organization) の概念が提出されるに及んで、広範に研究されることになった (DSM-Ⅲにおいては、「境界パーソナリティー障害」(borderline personality disorder) という用語を使用しているので、以下では、両者の診断基準をほぼ満たすものとしての「境界パーソナリティー」という用語を使用することにする)。しかし、これは主としてアメリカを中心に行なわれ、ヨーロッパ諸国においては、「境界例」や「境界パーソナリティー」の概念が使用されることはほとんどなかった。これはやはりヨーロッパの国々においては、カーンバーグが記述したような臨床状態を呈する患者があまり見られないということであろう (もちろんドイツやフランスにおいて、同じような患者に対して異なる診断用語を使っている可能性はあるが、これまでは、そういう報告は見当たらない)。イギリスにおいても、「境界例」や「境界パーソナリティー」の概念が、精神分析の論文に登場するのはほとんど皆無であり、1970年の後半になって「境界パーソナリティー」の概念がすでに世界的に認められるようになった頃に、イギリスにおいても注目されるようになった。

イギリスの精神分析においては、伝統的に精神病、スキゾイド性格、自己愛の病理の研究が盛んである。彼等が記述している患者は、いわゆる内向 (introvert) の患者が多くて、カーンバーグが記述したような「境界パーソナリティー」患者の外向的で破壊的衝動的な特徴とは異なるものである。

これについては、イギリスにおいてはその伝統的な社会的文化的な環境のために、スキゾイド的な患者が多く、アメリカのような伝統的な価値観のない、混沌とした近代都市のような環境においては、同一性の混乱した破壊衝動的な「境界パーソナリティー」型の患者が、多く見られるのではないかと言われている。

興味深いことに、「境界パーソナリティー」の研究が、アメリカに次いで盛んなのは日本である。このことは、単に日本とアメリカの社会的文化的な結び付きが強いと言うことだけではなくて、日本の大都市型の社会文化的な環境は、米国のものに近いために、カーンバーグの記述したような患者群が、多く見られるためではないかと考えられる。日本には、１９７０年代の後半になって、イギリスの「スキゾイド・パーソナリティー」の概念も紹介されたが、そのような引きこもりを特徴とした患者は、あまり多くないのであろうか、「境界パーソナリティー」ほどには注目されることはなかった。

前述したように、ごく最近になって、イギリスにおいても「境界パーソナリティー」の概念が注目されるようになったが、これは恐らくそのようなタイプの患者が、近年になって、ロンドンなどにおいても見られるようになったこととも関係しているであろう。ロンドンなど、ヨーロッパの大都市は、比較的その国の伝統文化を持続させていて、住民の同一性の拡散が起こりにくい状態なのであろう。

さて、イギリスの研究について概観すると、アメリカでカーンバーグやＤＳＭ-Ⅲなどの診断基準による「境界パーソナリティー」にだいたい該当するような患者群が、独立学派の分析家であるＤ・フェアベーンなどによって「スキゾイド」(schizoid) の概念の下で研究されてきた。更にクライン派の分析家達も、同様の患者を治療と研究の対象として、Ｈ・ローゼンフェルドによる「自己愛」(narcissism) の研究や、最近では、その「自己愛」の研究をさらに進めたＪ・シュタイナーらによる「病理的組織化」(pathological organization) の理論の発達があり、そこにおいてイギリスでは初めて「境界パーソナリティー」の病理について考察している（なお１９５３年にビオンが、borderline psychosis という用語を使っているが、その定義は定かではない）。

更に、独立学派のＤ・ウィニコットの「偽りの自己」(false self) の概念は、一種のパーソナリティー研究であるが、境界例の亜型となっている「as-if パーソナリティー」に近いものであろう。そして「病理的組織化」の概念と同じく、その防衛的な面を強調しているところが特徴である。またウィニコットのように卓抜な臨床家が、カーンバーグが記述したような患者群の考察をほとんどしていないということは、やはりごく最近まで、アメリカの「境界パーソナリティー」のような衝動的な行為に走りやすい患者は、イギリスには余り多くなかったということであろう。筆者のタヴィストック・クリニックにおける経験でも、スキゾイド、抑鬱、パラノイア的な傾向を示すものが多く、破壊的衝動的な患者は少なかったように思う。

ちなみにアメリカのA・H・モデルは、ウィニコットの発達論を取り入れて、特に移行現象の時期に注目して、独自の「境界例」の理論を構築している。

このような違いは、一つにはイギリスの精神医学の伝統的な診断学があることや、アメリカにおいて1940年代に「境界例」の概念が、主として潜伏性の精神病の研究として提出されたいきさつがあることなどの、国による歴史も関係しているであろう。しかし、最も重要なことは、社会文化的な条件の違いによって、同じような力動的な病理を持つ患者でも表現形が異なり、イギリスにおいては、やはりスキゾイド的な引きこもりを特徴とした患者が、主流を占めてきたのではないかということである。

以上のように、イギリスにおけるいわゆる「境界パーソナリティー」の研究は、独自の概念の下に行なわれてきて、ごく最近になってアメリカの「境界パーソナリティー」の概念が検討され始めた。回り道のようであるが、一つ一つの概念の研究の後を簡単にたどることによって、イギリスにおける「境界パーソナリティー」の位置付けを試みてみたい。

まず「スキゾイド」の研究について、簡単にまとめてみたい。独立学派で、スコットランドに住んでいたフェアベーンは、1940年代前半に、自分への閉じ籠もりを特徴とした「スキゾイド」の心的な機制を研究した。彼は、「スキゾイド」の状態は、分裂病、精神病質的な分裂気質などの重篤なものから、それほど重篤ではないが「スキゾイド」の傾向を示す「スキゾイド性格」、青年期の一過性のスキゾイドのエピソードをもつ「スキゾイド状態」などの軽症の患者まで、広範囲の患者に共通する心的な特徴であると考えている。

彼は、多くのタイプの患者に共通にみられる「スキゾイド」の特徴を、①万能の態度、②孤立と孤独、③内的な世界に対する没頭、と記述している。

彼は、神経症の症状を主訴にした患者の中で、「スキゾイド」の心性を持っている患者に注目し、さらに、様々な訴えを抱いて受診する患者群の中に、「スキゾイド」の心性を発見している。そして、そのような患者を「スキゾイド性格」または「スキゾイド・パーソナリティー」と呼んでいる（この用語の定義の違いは明確ではない）。

彼は、特に明確な症状を持たず、曖昧な訴えをする患者の中に、「スキゾイド性格」の患者が多いと言っている。例えば、「社会的に旨くいかない」「仕事に集中できない」「性格の悩み」、更に「分析が自分にいいんではないか」「分析に興味がある」「自分がどうして受診したかわからない」などといって受診する患者などである。更に、性倒錯、インポテンス、脅迫的なマスターベーション、狂気に対する恐怖、露出恐怖などを抱いたり、離人感様の「人工的な感じ」「ガラスのような感じ」を持ったり、慣れ親しんだものに疎外感を抱いたり、知らないものに親近感を抱いたり、デジャ・ヴュ、傾眠、遁走、二重人格、複数人格などがあると記述している。更に、一般の知的な人物、犯罪者、アジテーター、革命家、歴史的な人物にまで及ぶと考えている。

以上のように、彼が扱っていた患者の中に、やはりアメリカの「境界パーソナリティー」に該当する患者がかなり存在するようである。興味深いのは、引きこもりが特徴として挙げられて、カーンバーグが記述しているような衝動的な患者の記述が見られないことである。

これは、やはり、当時のスコットランドの伝統的な文化的な環境の中における、早期の対象関係の問題を持っていた患者達の表現形であったのであろうし、現在も引き継がれているものである。

フェアベーンは、この「スキゾイド」の心的機制の特徴として、その根底に「自我の分裂」があり、口愛期の対象との関係が大きく影響していると考えている。そして、その早期の対象関係の世界を「分裂ポジション」(schizoid position) と「抑鬱ポジション」(depressive position) の発達段階に分けている。これを見てもクラインとの相互的な影響の大きさが分かるのである。

フェアベーンは、とくにヒステリーなどの神経症の症状の背後にある「スキゾイド」の構造に注目して、彼独自の発達理論、構造論を打ち立てた。そして彼は、その病理の核心は、口愛期、肛門期の、極めて早期の対象関係における、二つの悪い対象関係との葛藤にあると考えた。

まず「分裂ポジション」に関係して、彼は、口愛期前期の乳児の対象との関係において、欲求不満を起こさせる「興奮させる対象」(exciting object) とそれに対応する「性愛的自己」(libidinal ego) の悪い対象関係が内在化されること、「抑鬱ポジション」に関連しては、口愛期後期における「拒否する対象」(rejecting object) と、それに対応する「内的妨害者」(internal saboteur) の悪い対象関係が内在化されると考えている。更に、良い対象と関係する「中心自己」(central ego) は、外界の良い対象と関わり (彼は、発達早期においては、悪い対象のみ内在化されると考えた)、上述の二つの悪い対象関係のセットを「分裂」(split) して、無意識に置くと考えたのである。さらに彼は、神経症の症状は、その基本にある二種類の悪い対象の分裂に基づく、「分裂ポジション」における精神病的な不安や「抑鬱ポジション」における抑鬱的な不安を処理する方法であると考えた。これは、フロイドの神経症の理論の修正である。

この二つの悪い対象関係のセットの理論を参考にして、「境界例」を研究したのが、米国のJ・F・マスターソンである。これはやはり「スキゾイド」と「境界例」の心的な機制の間に多くの共通点が在ることを物語っていると考えられる。

このフェアベーンの研究を受け継いだH・ガントリップは、「スキゾイド」の特徴を臨床的にはっきりと示す「スキゾイド・パーソナリティー」の特徴をより明確に記述している。つまりその特徴は、①内向、②引きこもり、

③自己愛、④自己充足、⑤優越感、⑥感情の喪失、⑦孤独、⑧離人症、⑨子宮内の状態への退行、などである。

ガントリップの多くの論文においても、「境界例」「境界パーソナリティー」の記述はないことは注目に値する。さらにM・カーンなども研究を行なっているが、彼等は独立学派の分析家であり、伝統的に「スキゾイド」および「スキゾイド・パーソナリティー」の研究は独立学派の分析家によって進められた。

つぎにクライン派の研究について考察してみたい。周知のように、カーンバーグの「境界パーソナリティー」と概念の形成に当たっては、クラインの早期の発達論である「妄想分裂ポジション」と「抑鬱ポジション」の考え方が大きな影響を与えている。しかし、上述したようにクライン派の論文の中で「境界パーソナリティー」の概念を使用し始めたのは、1970年代の後半から80年代の前半にかけてである。

クライン達は1930年代から「前エディプス期」の年齢の幼児の治療だけでなく、鬱病、精神分裂病の研究に打ち込んできた。そして、1935年から1945年の十年間の間に「妄想分裂ポジション」「抑鬱ポジション」の二つのポジションを中心にした、新しい発達論を提出した。彼女の論文には「境界例」の概念はなく、症例の記述にもそれらしきものは見当たらない。

1940年代後半から1950年代にかけては、彼女の高弟であるW・ビオン、H・シーガル、H・ローゼンフェルト達も、主として精神分裂病（注：現在は統合失調症。以下同じ）の研究に力を入れてきた。その研究によって、精神分裂病の患者が、「妄想分裂ポジション」における対象関係や防衛機制を使うことが明らかになってきた。彼等は、できるだけ古典的な精神分析の治療技法を変更することなく、精神分裂病の研究と治療に当たってきた。しかし症状の改善例を報告しながらも、精神分裂病の分析治療の適性については、はっきりと解答を示さないままに、自己愛や嗜癖、性倒錯の研究に関心を向けていった。そして、彼等に教育を受けたJ・シュタイナー達が、最近になって「境界パーソナリティー」の概念を研究の対象としたのである。

クライン派の研究の中で最も重要な貢献の一つをしたのが、1960-1970年代前半のH・ローゼンフェルドの「自己愛」の研究である。彼は非常に重篤な精神病の患者だけでなく、比較的社会適応の良い患者の中に、自己愛的な転移を展開して、陰性治療反応を呈して治療にかたくなに抵抗する患者に注目した。

そのような自己愛的な状態においては、「万能」と「対象との同一化」と「自己理想化」が、主要な防衛として働いていて、対象が万能的に所有され、取り入れられて自己と同一化して融合してしまう。ローゼンフェルドは、このような自己愛的な対象関係は、対象からの分離に対する防衛であると考えている。分離を自覚すれば、対象へ依存していることを自覚し、対象の価値を認めることになる。その結果欲求不満が生じ、不安や苦痛、攻撃性が生じる。更に、対象の良いものが認められると「羨望」が生じ、患者には堪え難いものになる。

ローゼンフェルトが記述している、比較的軽症の自己愛的な機制を持つ患者の中には、フェアベーンやガントリップのいう「スキゾイド・パーソナリティー」に近い患者があるが、重要なことは、そのような患者においては、自己愛的な防衛が中心にあることがより明らかになったことである。更に、「境界パーソナリティー」の概念に当てはまるものがあると考えられるが、やはりカーンバーグが記述したような、衝動的なタイプの患者はあまり登場しない。

数年後にローゼンフェルトは、更に「破壊的な自己愛」の問題を研究した。そこでも「自己理想化」が重要な役割を持っているが、万能的で破壊的な部分が理想化されている。それによって、依存的で良い対象関係を破壊してしまう。この破壊的な自己愛の傾向が強いときには、患者は自分が対象に依存することを拒否して、すべての良い関係を破壊してしまおうとする。極端な場合は、患者の中にまるで「ギャングの一団」が住んでいるかのようであり、何もかも破壊してしまう衝動が見られる。つまりそこでは、援助を受けることが自分の弱さを意味し、治療にかたくなに抵抗する。そして彼はこれを「自己愛的組織化」(narcissistic organization) とよんだ。

この病理的な「自己愛」の研究で注目された防衛的な組織化の考え方が、1980年代の前半になって、J・シュタイナーによって提唱された「病理的組織化」(pathological organization) の概念に発展し、自己愛、嗜癖、性倒錯だけでなく、彼がイギリスにおいて初めて積極的に取り上げた、「境界パーソナリティー」論の理解の中心的な概念となったのである。なおイギリス学派において、「境界例」「境界パーソナリティー」の概念が使われたのは、1979年のH・レイとシュタイナーの論文が最初である。

この「病理的組織化」の特徴は二つ在る。その第一のものは、悪い破壊的な自己の部分が、他の自己の部分を圧倒してしまうということであり、自己の依存的な心性をすべて破壊してしまう傾向があることである。第二の特徴は、この「病理的組織化」は、一見「妄想分裂ポジション」に似ているが実際には異なるものであって、防衛組織として安定性を有している。そして、「抑鬱ポジション」と「妄想分裂ポジション」の中間にあって「抑鬱的不安」「迫害的な不安」を防衛し、自己の発達を阻止するものである。

そこには嗜癖的で倒錯的な要素があり、変化に対して激しく抵抗し、心的現実の把握に対して抵抗する。シュタイナーは、この第三のポジションとも言われる「病理的組織化」の概念によって、重症のパーソナリティー障害の心的機制を明らかにしようと試みている。

そして既述したように、シュタイナーはこの概念によって、クライン派としては初めて本格的に、「境界パーソナリティー」の概念について考察している（1982年）。彼によると「境界パーソナリティー」もこのような「病理的組織化」の一つであり、二つのポジションの不安に対して、強力な抵抗組織として働く。そして心的現実を見ていくことや変化に対しても、激しく抵抗する。

この考え方は、カーンバーグが「境界パーソナリティー」の力動的な病理を、部分対象関係から全体的対象関係への移行期の発達の停止であると考えた理論からは、少し異なる観点である。

いずれにしても、「境界パーソナリティー」においても「スキゾイド」「自己愛」「病理的組織化」においても、基本的な視点は、フェアベーンやクラインらの理論を土台においたものであるので、その了解の仕方の中には多くの共通点がある。

言わば、それぞれの国の文化的社会的環境を代表するようなパーソナリティー障害の病理が、イギリス学派の早期の対象関係に焦点を当てた発達理論によって、解明されたと考えることができるであろう。

〔『イマーゴ』１巻10号、１９９０年〕

26章　イギリスにおけるいわゆる「境界例」研究について
——症例を中心に

1　はじめに

本章においてはイギリスにおける「境界例」について、臨床症例を中心に考察を加えてみたい。そのためには、いくつかの問題点がある。

（1）アメリカにおける「境界例」の定義上の不統一[7〜9]

「境界例」の研究は主としてアメリカで行われてきたものであるが、歴史とともにその定義が異なり、現在も統一をみていない。その一つは１９５０年代の「境界例」研究で、これは神経症と分裂病の境界にある潜伏性分裂病の研究である。この意味の境界例研究は現在はあまり活発には行われていない。

第二は１９６０〜７０年代のカーンバーグ（Kernberg）の研究であり、彼は「境界パーソナリティー組織」（borderline personality organization）の研究として、「境界例」研究をパーソナリティーの研究として発展させた。彼の概念ほかなり広範のパーソナリティー障害のタイプを含むものであり、その診断には、現象面よりも自我の脆弱性、部分対象関係と分裂、投影性同一視などの原始的な防衛機制の存在など発生的力動的な面を重視するものである。[4][5]

第三の「境界例」の定義は、１９８０年代以降のＤＳＭ-Ⅲ、ＤＳＭ-Ⅲ-Ｒの「境界パーソナリティー障害」

(borderline personality disorder) の定義であり、これは患者の現象面を重視して数種類の症状などを具体的に提示したものである。その該当する患者のタイプは限定されていて、カーンバーグの「境界パーソナリティー組織」の患者の一部しか該当しない[1][3]。

(2) イギリスにおける「境界例」の概念の不在

次の問題は、筆者が臨床経験を積んだイギリスや他のヨーロッパ諸国においては、「境界例」や「境界パーソナリティー組織、障害」の概念が、精神分析や精神医学の論文に登場するのはほとんど皆無であることである。標題を「いわゆる『境界例』研究」としたのはそのためである。イギリスでは、1980年代になって「境界例」の研究がすでに世界的に認められるようになった後に、遅まきながら注目されるようになった[13]。

イギリスの精神分析においては、伝統的に精神病、スキソイド・パーソナリティー、自己愛組織の病理の研究が盛んである。そこで対象となっている患者は、いわゆる内向 (introvert) の患者が多くて、カーンバーグが「境界例」の「典型例」として記述した、あるいはDSM-Ⅲの「境界パーソナリティー障害」に該当する患者の、外向的な破壊的衝動的な特徴を持つ患者はあまりみられなかった。

これについては、イギリスにおいてはその伝統的な社会的文化的な環境のためにスキソイド的な患者が多く、アメリカのような伝統的な価値観のない混沌とした大都市文化のような環境においては、同一性の混乱した破壊的衝動的なタイプの患者が多くみられるのではないかと言われている[6]。

以上のような理由で、結論的にはイギリスにおいてDSM-Ⅲの定義に該当する「境界パーソナリティー障害」に該当する患者はほとんどみられず、本稿においてはカーンバーグの「境界パーソナリティー組織」の広義の概念に基づいて、イギリスの境界例論を考察していきたい。その観点からみると、イギリスの患者の中にも「境界例」および「境界パーソナリティー組織」と診断される患者が存在する。

2　イギリスのパーソナリティー研究の概要

以上のように、イギリスの「境界例」研究は、フェアバーン（Fairbairn, D.）の「スキソイド・パーソナリティー」およびローゼンフェルド（Rosenfeld, H.）の「自己愛組織」（narcissistic organization）更にシュタイナー（Steiner, J.）の「病理的組織化」（pathological organization）の研究ということができる。後二者にはスキソイド・パーソナリティーだけでなく同性愛や嗜癖の患者も含まれているが、彼らも基本的にスキソイドの傾向を持っているものが多いのである。

まずイギリスにおける「スキソイド・パーソナリティー」の研究について、簡単にまとめてみたい。

独立学派でスコットランドに住んでいたフェアバーンは、１９４０年代前半に自分への閉じこもりを特徴とした「スキソイド・パーソナリティー」の心的な機制を研究した。

彼は、多くのタイプの患者に共通にみられる「スキソイド・パーソナリティー」の特徴を、①万能の態度、②孤立と孤独、③内的な世界に対する没頭、と記述している。[3] 彼が扱っていた患者の中には、力動的発生的診断からみると、カーンバーグの「境界パーソナリティー組織」に該当する患者がかなり存在するようである。興味深いのは、やはり引きこもりが特徴として挙げられて、衝動的な患者の記述がみられないことである。

このフェアバーンの研究を受け継いだガントリップ（Guntrip, H.）の多くの論文においても、「境界例」「境界パーソナリティー」の概念の記述がないことは注目に値する。

クライン（Klein）派の精神病やスキソイド、嗜癖、同性愛などの患者についての研究の中で、最も重要な貢献の一つを記したのが、１９６０年～１９７０年代前半のローゼンフェルドの「自己愛組織」（narcissistic organization）の研究である。彼は非常に重篤な精神病の患者から、比較的社会適応の良いスキソイドの傾向を持つ患者の中に、「自己愛的な転移」を展開して、陰性治療反応を呈して治療にかたくなに抵抗する患者に注目した。[11][12]そのような自己愛的な状態においては、「万能」と「対象との同一化」と「自己理想化」が主要な防衛として働いていて、対象が万能的に所有され、取り入れられて自己と同一化して融合してしまう。

ローゼンフェルドは、このような自己愛的な対象関係は、対象からの「分離」に対する防衛であると考えている。「分離」を自覚すれば対象へ依存していることを自覚し、対象の価値を認めることになる。

その結果欲求不満が生じ、不安や苦痛、攻撃性が生じる。更に対象の良いものが認められると「羨望」が生じ、患者には堪え難いものになる。これはクラインの「抑うつポジション」の状態であり、「自己愛的組織」はそれに対する頑固な防衛組織である。したがって精神分析的な治療においては、この防衛組織の適切な処理が重要な作業になる。

数年後にローゼンフェルドは、対象を求める自己の部分を更に積極的に破棄してしまう「破壊的自己愛組織」(destructive narcissistic organization)の問題を研究した。そこでも「自己理想化」が重要な役割を持っているが、万能的で破壊的な部分が理想化されている。それによって、依存的で良い対象関係を破壊してしまう。この破壊的な自己愛の傾向が強いときには、患者は自分が対象に依存することを拒否して、すべての良い関係を破壊してしまおうとする。

ここにはやや衝動的な自己破壊行為をしてしまう患者が一部みられるのであるが、基本は内向的な引きこもりの傾向の患者が主である。これらの中にカーンバーグの「境界パーソナリティー組織」の概念に当てはまるものがあると考えられるが、衝動的なタイプの患者はあまり登場しない。

このローゼンフェルドによる、病理的な「自己愛組織」の研究で注目された防衛的な組織化の考え方が、1980年代の前半になってシュタイナーによって提唱された「病理的組織化」(pathological organization)の概念に発展した。彼は、精神病、自己愛、嗜癖、性倒錯だけでなく、DSM-Ⅲの「境界パーソナリティー障害」をイギリスで初めて取り上げ、これも「病理的組織化」の一形態であると考えている[13][14]。シュタイナーによると「病理的組織化」は、「妄想分裂ポジション」と「抑うつポジション」の二つのポジションの不安に対して強力な抵抗組織として第三のポジションのように働く。そして心的現実をみていくことや変化に対しても、激しく抵抗する。

この「病理的組織化」の概念は、重篤な精神病から比較的社会適応の良いスキソイドまでの患者群の病理の構造的な説明概念であるが、ある意味ではカーンバーグの「境界パーソナリティー組織」が広範なパーソナリティーのタイプを包含するのと類似しているところがあり、両者ともに組織（organization）の研究としていることが共通している。

いずれにしても、カーンバーグの「境界パーソナリティー組織」においても、イギリスの「スキソイド」「自己愛組織」「病理的組織化」においても、基本的な視点はフェアバーンやクラインらの理論を土台に置いたものであるので、その了解の仕方の中には多くの共通点がある。

3 症例

ここで、私自身がロンドンで経験した症例を挙げてみたい。患者は、スキソイドと自己愛パーソナリティーの両方の傾向を持っており、ローゼンフェルドの研究したような典型的な「自己愛転移」を示した症例である。このようなタイプの患者はイギリスにおいては多くみられ、病理的なパーソナリティー組織の典型的なものである。そして後述するようにカーンバーグの「境界パーソナリティー組織」に該当すると考えられる患者である。

(1) 症例A

Aは、未婚の24歳のイギリス人女性である。主訴は性的不感症。ボーイフレンドがマリタル・セラピーを希望したが、患者の個人療法が適切と診断された。

職業はコンピューターのプログラマーで、知的で孤独な世界に没頭し、職業人としては治療の途中からうまくゆき始めた。患者は3人兄弟の長女で、3歳下の弟と5歳下の妹がある。

父親はかってヒッピーをしていて定職を持たず、美術の教師などの仕事をしていた。家にはヌードの絵などが飾られていて患者の記憶では、それが村で評判になっていて嫌でたまらなかったという。父親はエクセントリックな性格で、わがままでちょっとしたことで感情が爆発し、母親も言うなりになっていた。そのような父親に立ち向かったのは唯一患者だけであり、12歳のときに激しいけんかをして、それ以来まともな口を聞いていないという。母親は優しい受け身的な人で、看護婦として働いていたため、患者が幼少時は夜勤などでしばしば不在であった。

(2) 治療経過

ここでは、患者の「自己愛組織」による、防衛的で組織的な対象関係をはっきりと示している現象を、主として記述してみたい。

Aは、自分の車に乗って鉄の壁で守られているときが一番落ち着き、スピード狂で強力なエンジンの付いた車を運転したりしていた。また自分の部屋にはボーイフレンドもよほどのことがない限り入れず、ひとりで自室で休んでいるときや、コンピューターに向かっているときが一番充実しているという、スキソイドの傾向を持っていた。

Aは、治療開始時は離婚歴のある15歳年上の男性B氏と付き合っている。B氏のほうが熱心なのであるが、Aのほうは本当に好きなのかどうかよく分からないという。AのB氏との付き合い方は、特徴あるものである。彼女は、彼に付き合う条件として、お互いの生活を干渉しないという条件を出している。そしてAは、数人のボーイフレンドを持っていて毎日デートを重ねていて、時には性的な関係を結んだときに満足感を得ることができる。しかしB氏との間だけはうまくいかない。B氏が他の女性や前妻と会っても、Aは我関せずと装っている。

このようにAは自己の対象に対する依存や関心を否認し、自分が対象からコントロールされることを極力避けているのであるが、治療場面で治療者が、Aは本当はB氏のガールフレンドに嫉妬を感じたり寂しく思ったりしていることを指摘すると強く否定する。精神療法のセッションの後にはデートがあることをしばしば言い、性的な関係があることをほのめかす。治療者が、Aは治療者もそうした取り巻きの男性のひとりにすぎないと見なそうとしていて、自分が治療を必要としていることを否認しようとしていることを指摘すると、尊大に笑って相手にしない。

またAは多くのボーイフレンドについて、自分は彼らに対して好きともなんとも思わないのに彼らのほうから求めてくるので、別にひとりふたり去っても次がいるから何ともないという。それに対して治療者が、これは本当は自分が相手から見捨てられる不安をなんとか避けようとして、彼女が行なっていることであること、その苦痛を避けるために、Aは自分が人に頼り求めている部分は拒否し、その代わりにこのボーイフレンド達にそれを投影していて、彼らを軽蔑しコントロールしたいのだと解釈した。Aはそれには答えず、尊大に治療者を見下そうとしながら、半分は動揺しているようなふうであった。

こうしているうちにB氏のほうがたまらなくなり、しばらく外国で季節労働者として働くと言い始めた。Aは、「行きたければ行けばいい、自分には変わりはいくらでもいる」とうそぶいた。ここでも、自己の依存心を破壊的に否認してしまう傾向がみられるために、治療者が、Aは本当はB氏を失いたくなくて行ってほしくないと思っているのに、その別れの気持ちが大変苦痛なのでそれを全部拒否していると解釈した。それを頻繁に解釈していくとAは少しずつ自覚し初め、別れのパーティーの席でぐでんぐでんに酔っ払い、Bに行くなと泣きつき醜態を演じた。その後治療に来て、そのような失態を演じたのは自分の本心ではない、治療者に暗示を掛けられたのだと忌々しく思い、治療者を非難した。

このようにAには、自分がB氏を必要とし頼っていることに関する心理は、いっさい否認して排除してしまう防衛が強力に働いていた。

実際にB氏が外国に行ってしまうと、Aはその日から別のボーイフレンドとデートを始めた。治療に来ると、外国に行ったB氏のことは二、三日で過去の人になり、もう忘れてしまったと言った。治療者が、それが患者の見捨てられる不安の苦痛をなんとか処理する方法なのであると再三指摘しても、Aからははっきりした答えはない。

2週間後にB氏から、病気になったので入院し、良くなったら帰国したいと連絡してきた。Aは、せっかく忘れて新しい自由な生活を始めたのに、かえって迷惑だと言う。治療者が、Aは本当はうれしく思っている部分があるのに、それを認めることが嫌なのであり、そうすることで自分を見捨てたB氏に復讐しているのだと言うと、Aは沈黙して聞いているのであった。B氏が帰国してきて、Aのアパートでしばらく休養したが、Aはそのように自分を頼ってくるB氏を弱くてがっかりしたと軽蔑した。しかしB氏は、外国に行ってみて彼女が必要だということがよく分かったので結婚してほしいと、Aにプロポーズした。Aはそのとき自分が勝ったと思い、意気高揚し、哀れなB氏を軽蔑して、結婚するかどうか分からないと答えた。

治療者は、再びAが自分の人を求める気持ちを自分で軽蔑しているので、それを人の中にみるとその人を軽蔑してしまうのだと指摘した。しかしAはばかにしたように、何も答えずに聞いている。更にこれには父親との関係が影響を与えていることを解釈すると、Aは、もし父親のことを話さなければならないのならば治療を続けたくないと、父親との関係を考えることを拒否する姿勢を示したのである。しかしこの時期に注目すべきは、かってはこ絶えてすることがなかったのであるが、Aが母親に電話を掛けたり、週末には郷里に帰って、母親や兄弟とよく話し合うようになった。

そのことは、患者の自己愛的な防衛機制に対する解釈が徐々に影響を与え始めていて、対象に向かうリビドー的な自己が成長しつつあることを示している。更にその後には、父親がロンドンに出てくるときにAのアパートに泊まらせてほしいと言ったときに、それまではかたくなに断っていたのに了承し、父親と少しずつ対話を始めたことである。

こうしているうちに、Aは自分がB氏を離れることができないことを悟り始め、結婚を承諾したが、いつ結婚するかは明らかにせず、住居を探した後と約束して家探しを始めた。これは象徴的な出来事であり、患者が対象と共通の世界を共有しようという意志を表明したことになる。

この家探しの中で、ある家を見学に行ったときに、家の玄関の雰囲気を見ただけで、突然この家は暗い両親がいて、不幸な母親が惨めな赤ん坊を抱いて、玄関から出てくるのではないかと不安になって、そのまま帰ってしまった。またある家は、その白い壁を見ただけでたちまち気に入り、そこに住むことを夢想するようになり、都合でその家は手に入れることが難しいことが分かっていても何としてでも手に入れようとし、だめになると結婚まで興味が失くなってしまうような体験をしている。

このように結婚によってB氏と同居するという主題によって、Aの内的な世界が刺激され、不在がちであった母親や、父親に迫害を受けた母親と子供などに関連した、内的な家族の迫害的な世界や、理想的な世界が投影されたのである。

AのB氏に対する関係はまだ不安定で、時々別の恋人とデートを重ねていた。そのような状況で、B氏が旅行を提案したが、旅行場所でAが性交渉に強い恐怖心を示してかたくなに拒否した。B氏は怒り、別のガールフレンドをAに紹介したりした。Aは治療者に、「そんなことは別にかまわない、自分にもボーイフレンドはいるんだ」と言い張っていた。治療者が、Aは本当はB氏に怒っていて、その女性に激しく嫉妬していることを指摘しても、Aは認めようとしない。

しかしAは、突然に職場をロンドンから2時間もかかる小さな町に変えることにしてしまった。治療者が、これは明らかにAがB氏に怒っていて、嫉妬に苦しんでいるので、それから逃げ出しB氏に抗議したいためにするのであると言っても、Aは認めようとしなかった。そのため治療には、2時間自動車を運転して来ることにした。しかしいざ職場に行くと、Aは最初の日でこの職場は自分に合わないと感じ、契約違反の賠償金を支払って、またロンドンの職場に帰ってきた。治療者が、これは明らかに患者がB氏を必要と感じているからであり、それに患者は気づきたくないことや、もし気づくと自分が嫉妬を感じB氏を必要としていることを認めることになり、見捨てられる苦痛な体験を持つことになるからであると解釈した。これには患者は沈黙して聞き入っていたのである。

治療者に対しては、Aは一見無関心で相手にもしないというふうであったが、治療者の休暇を告げると、急に険しい顔つきになって、治療が助けにならないことを非難したり、治療を止めてしまうことをほのめかたりした。また、自分の車をだれかが傷つけたり、近所の男性が自分に関心を持ち過ぎたりするので引っ越しを考えていると、被害的な感覚が強くなったのである。治療者が、Aはそれだけ治療者に頼っていて、この治療が重要になっていて、休暇などとると自分が見捨てられたようで、怒っているのであると指摘すると、沈黙して聞いていた。

ある2週間の冬休みの治療中断の後最初のセッションの時、雪のためにAが45分間遅刻して、息を切らせて駆け込んできたことがあった。その時は、次の患者の時間の都合で5分しか時間がとれなかったのであるが、Aは入室して治療者に会った途端に、自分が治療者に会おうとして渋滞を我慢してわざわざやってきたことに突然気づき、いまいましそうな顔をした。彼女にとって、意識的には治療者は多くの取り巻きの男性のひとりで、いつでも取り換えのきく対象のはずであったのに、自分が治療者を必要としていることに気づくはめになって、いまいましく思ったのである。

このように、Aは自分が対象を必要としていることをできるだけ否認しようとし、自分の依存心を対象に投影して、自分は周りのすべての男性から愛されていて、彼らが自分のコントロール下にあるという、万能の自己愛的な世界に住んでいる。治療者との関係の重要性を直接認めることは否定しようとしたが、治療者が彼女のこの自己愛的な防衛機制をことあるごとに解釈していくにつれて、自分が治療を必要としており、自己の対象を求め依存したい気持ちを自覚できるようになって、母親など家族に接近できるようになった。実際には、この患者は、週2回の治療に2年3ヶ月間、ほとんど休むことなくやってきたのである。

また多くのボーイフレンドの中に、特別に自分に耳を傾けてなんでも理解してくれる人をひとり見つけだし、毎週定期的に話し込むようになった。治療者は、これは明らかに治療者への陽性転移の部分を現すものであると解釈し、患者はうなずくくらいではっきりとは肯定しなかったが、分かっている様子であった。

4　症例の考察

以上のように患者は、自分が対象に依存し対象に必要としていることを、自己愛的パーソナリティーによる組織的原始的な防衛機制を用いて防衛している。つまり、対象や自己の分裂、投影性同一視、依存の否認、万能と対象の価値切り下げなどの原始的な防衛機制を用い、自己愛的な世界に閉じこもってスキソイドをも防衛組織として活用している。

これは、ローゼンフェルドの「自己愛組織」の概念に該当するもので、対象に依存することを認めること自体が、対象の存在と分離の苦痛を体験させることになり、激しい「羨望」が生じることを防衛しているためであると考えられる。そしてその背後には、Aが幼少時から、不在がちな母親に対する依存や対象希求の気持ちがしばしば満たされないときの落胆や孤独感、自己中心的で攻撃的な父親に対する怒りと絶望、強い愛着の葛藤などに基づく、苦痛で絶望的な世界が存在している。そしてそれらは「自己愛的組織」によってかたくなに防衛されている。

Aの男性との対象関係の形成には、明らかに父親とのサド－マゾ的な関係が関与していると考えられ、そのためにエディプス葛藤の問題を乗り越えることができなかったのであろう。彼女の性的不感症は、自分が内的には父親を象徴的に現している恋人＝対象によって性的に満たされることを避け、自分がそのような父親像にコントロールされ、満足を与えられることを拒否し、そのような父親像に部分的には依存し、求めているという証拠になることを排除しようとしていたためと考えられる。

注目すべきは、Aは自分のコントロール下にあって、いつでも取り換え可能だと考えていたボーイフレンド達とは、性的な満足を得ることができたことである。これはそのような軽蔑すべき対象と性的な満足を得ることは、依存を自覚させられたり、支配されたりすることにはならないからであろう。

（1）治療技法について

治療者がとった基本的な治療技法は、患者が様々な場面で分裂、投影性同一視、否認、万能などの防衛機制からなる「自己愛組織」で防衛している、対象との間で起こる依存を中心にした様々な情緒を解釈していくことであった。

それは治療者に対する転移関係だけでなく、患者の重要な対人関係の場面で、患者が行動化として行なっていることの意味を丁寧に取り上げて、患者の防衛と防衛されている依存にまつわる葛藤の問題を、性的な関係も含めて解釈することであった。

そうする中で、Aは徐々にかたくなに防衛されていた対象希求と拒否にまつわる苦痛で抑うつ的な世界や、怒りと罪悪感の世界を自覚していったのである。つまり防衛されていた世界は、クラインの「抑うつポジション」の世界である。

Aは、治療経過中は、特別破壊的衝動的な行動を取ることはなかった。

（2）診断について

この症例をカーンバーグの「境界パーソナリティ組織」の概念の定義に照らし合わせてみると、表現型としてはスキソイドを基調にした自己愛的なパーソナリティーである。カーンバーグも言っているように確定診断のためには構造的分析（自我脆弱性：一次思考過程への退行傾向。分裂、原始的理想化、投影性同一視、否認、万能視と価値切り下げなどの原始的な防衛機制と部分的対象関係。内的対象の病理：未熟な感情状態の突出傾向、超自我形成の不全、性格病理、同一性拡散。前性器期と性器期の諸葛藤の凝縮）を行なう必要がある[4][5]（詳細は他論文参照）。

その点からみると、Aには、活発な原始的な防衛機制の存在、特有の性格病理、自己中心的で他者に配慮しない情緒的未熟さ、性欲動の葛藤の未解決がみられ、カーンバーグの「境界パーソナリティー組織」の概念に該当する患者であろう。これをDSM-Ⅲ（およびR）の「境界パーソナリティー障害」のクライテリアに参照してみると、この患者は該当せず、むしろスキゾイド・パーソナリティ障害と自己愛パーソナリティー障害を合わせ持ったものに該当する[1][2]。

5　おわりに

イギリスにおいては歴史的に「境界例」の概念はほとんど存在しない。またアメリカの「境界例」の研究も、歴史的にその定義が変遷し、現在も統一されたとは言い難い。筆者は、そのような状況の中で、カーンバーグの「境界パーソナリティー組織」の広範なパーソナリティーを包含する概念に照らし合わせれば、イギリスにおける「スキソイド・パーソナリティー」（フェアバーン）、「自己愛組織」（ローゼンフェルド）、「病理的組織化」（シュタイナー）の研究が、イギリスにおける境界例研究に該当し、その基本的なパーソナリティー構造に多くの共通点があることを述べた。

また、イギリスに典型的な「自己愛組織」を持ったスキゾイドおよび自己愛パーソナリティーの症例の臨床経過を報告し、カーンバーグの「境界パーソナリティー組織」の一つのタイプであることを示した。

文献（境界例についての邦文、欧文文献は多数あるので主に参考にした論文のみ挙げてある）

（1）American Psychiatric Association（1980）*DSM-III.*

（2）American Psychiatric Association（1987）*DSM-III-R.*

（3）Fairbairn, D.（1952）*Psychoanalytic Studies of the Personality.* Routledge.

（4）Kernberg, O.（1975）*Borderline Conditions and Pathological Narcissism.* Aronson.

（5）Kernberg, O.（1976）*Object Relations Theory and Clinical Psychoanalysis.* Aronson.

（6）倉持弘（1981）「社会文化的背景」『現代精神医学大系12　境界例・非定型精神病』中山書店

（7）皆川邦直（1983）「境界例の診断基準」『精神科 Mook No. 4　境界例』金原出版

（8）小此木啓吾（1990）「境界パーソナリティーと現代の人間像」『イマーゴ「境界例」』

（9）大野裕（1988）「境界パーソナリティ症状群」『慶應医学』65巻2号、２５１-２６０頁

（10）Rosenfeld, H.（1965）*Psychotic States.* Hogarth Press.

（11）Rosenfeld, H.（1971）A Clinical Approach to the Psychoanalytic Theory of the Life and Death Instincts: An Investigation into the Aggressive Aspects of Narcissism. *International Journal of Psychoanalysis*, 52 : 169-178.

（12）Steiner, J.（1979）The Border Between the Paranoid-Schizoid and the Depressive Positions in the Borderline Patients. *British Journal of Medical Psychology*, 52(4) : 385-391.

（13）Steiner, J.（1987）The Interplay Between Pathological Organizations and the Paranoid-Schizoid and Depressive Positions. *International Journal of Psychoanalysis*, 68 : 69-80.

〔『精神医学』34巻3号、１９９２年〕

27章　クライン学派の精神分裂病の研究

1　はじめに

歴史的にはフロイト（Freud, S.）は、精神分裂病は対象のない自己愛の世界に退行しているために、精神分析の対象とはならないと考えた。彼が唯一考察した精神分裂病の症例はシュレーバー症例であるが、それは彼が直接治療した例ではなくて、患者が出版した精神病の自伝を基にして、精神分析的に考察したものである。そこではフロイトは、患者の部分対象関係的な世界や投影の機制について注目している。しかし彼は精神分裂病は、精神分析の治療の対象となるとは考えなかった。

クライン（Klein, M.）はフロイトの自己愛論を批判して、自己愛の状態はフロイトが考えているように対象の無い世界ではなくて、実は早期原始的内的対象関係の状態にあると考え、対象関係が生後直後から存在することを発見した。そして彼女は、精神分裂病はそのような自己愛の状態に固着しており、臨床的には精神病的転移を呈してそのような原始的な対象関係を治療者に転移し、治療者はそれを解釈によって対処することができると考えた。そして１９４６年にクラインはそのような原始的な対象関係の世界を、「妄想分裂ポジション」（paranoid-schizoid position）として理論化したのである。この概念を発表した頃から、クライン派の分析家によって、精神分裂病の精神分析による治療が行なわれ始めた。特にクラインから直接指導を受けたスィーガル（Segal, H.）、ローゼンフェルド（Rosenfeld, H.）、ビオン（Bion, W.）などによって精力的な研究が行なわれた。彼等の特徴は、精神分裂病の治療においても、週5～6回、50分のセッティングを堅持し、転移解釈に焦点をおいて、支持的技法や陽性転移を助長するような技法を取ろうとしなかったことである。その中において彼らは精神病転移（psychotic transference）を発見し、精神分裂病が転移を起こして、精神分析的な治療と理解の可能性があることを発見した。

本章では、クライン派の代表的な研究者の分裂病研究を紹介してみたい。

2　クラインの分裂病研究

(1) 子供の精神分析

１９２０年から１９３４年にかけてクラインは、２～３歳の重症な子供の精神分析を行なった。当時フロイトをはじめとする精神分析の世界では、そのような幼い子供は前エディプス期の段階にあり、内界が存在しないために転移を起こす能力がなく、精神分析療法の対象にはならないと考えられていた。そして教育や両親に対するガイダンスが重視されていた。

１９２０年当時クラインは、ハンガリーのブダペストでフェレンツィ（Ferenczi, S.）の下で、子供の精神分析を始め遊戯療法（play therapy）を開始した。フェレンツィは当時から乳児の心理に深い関心を抱き、研究を続けていて、クラインに子供の精神分析を最初に勧めた人物である。１９２１年にクラインはベルリンに移住して、アブラハム（Abraham, K.）の下で子供の精神分析の研究を進めることになった。アブラハムは、当時入院患者とくに成人の躁鬱病に精神分析治療を行ない、口唇期、肛門期のリビドー論を基にした乳幼児期の早期対象関係論的な躁鬱病の病理理論を提唱していた。そして彼も、クラインに２～３歳の非常に幼い患者の精神分析療法を推進するように勧めた。そしてクラインの理論や技法の発展に大きな影響を及ぼしたのである。

クラインはそのような幼い子供に遊戯療法を行なったが、彼女はその子供の遊びや行動が成人の言語的な自由連想に匹敵することを発見した。そしてそのような幼い子供にはすでに、内的世界（inner world）が存在し、転移の能力があり、超自我やエディプス・コンプレックスが存在することを発見した。そしてそのような幼い子供が展開する転移の世界が、サディズムと迫害的な不安に満ちた世界であることを見出した。

つまり乳児の最初の対象は母親の乳房であり、満足を与える乳房を理想化して自己に取り入れ（introject）、欲求不満を与える乳房に対して激しく攻撃し、また自分の破壊性を投影して報復に怯え、迫害的不安（persecutory anxiety）におののくのである。そしてその良い乳房と悪い乳房が同一人物の物であるとは認識せず（分裂：splitting）部分対象関係の世界に生きている。

この当時からクラインは、成人の精神分裂病の素因について、このような非常に早期の発達段階の葛藤が、無意識に存続しているためであると考えるようになっている。また自閉症的な症状を持ったディック（Dick）の症例においては、象徴形成過程の障害が認められ、クラインはそれは後に精神分裂病の素因を形成すると考えている。

（2）「妄想分裂ポジション」と「抑鬱ポジション」

1930年代になると、クラインは子供の精神分析で得た知識を、成人の躁鬱病の治療に応用して多くの発見をした。そして1935年に、躁鬱病の病理的対象関係を「抑鬱ポジション」（depressive position）として概念化した。彼女は、これは生後6ヶ月ごろの乳児に見られるようになり、2歳頃までに徐々に完成されると考えている。そして彼女は、特に「抑鬱ポジション」の早期の段階の葛藤に注目している。それは、対象に対する強いアンビヴァレントが特徴である。幼児は内的な良い対象に対する強い愛情と、内的な悪い対象に対する激しい憎しみを抱き、その対象が同一の対象であることに気付くようになることによって（全体的対象関係）激しい葛藤を経験する。それは対象を失う恐怖、激しい罪悪感、対象に対する熱情などである。そこでは投影、取り入れなどの比較的原始的な防衛機制が活動している。この時期には、すでに超自我が存在し、早期のエディプス・コンプレックスが始まる。躁鬱病などの病理としては抑鬱ポジションでも比較的早期の時期に対する固着の問題が考えられている。更にクラインは躁的防衛に注目している。それは苦痛な現実を否認して対象を卑下し、自分が対象に依存していることを否認することによって、抑鬱的不安を回避する方法である。

１９４６年にクラインは、精神分裂病の精神分析症例を基にして「妄想分裂ポジション」(paranoid-schizoid position）の概念を提出した。当時、クラインはローゼンフェルドなどのスーパーヴィジョンなどを通して、多くの精神分裂病の精神分析治療例を聞く機会を得ており、それらを基にして精神分裂病の固着点を明らかにしようとした。「妄想分裂ポジション」は生後直後から始まり、生後３ヶ月を頂点に６ヶ月頃までに見られる乳児の心性である。それは子供の遊戯療法の中で観察された迫害的な不安とサディズムに満ちた世界と、多くの共通性を有している世界である。乳児は部分対象関係の世界に住んでいて、母親の身体を全体としては認知することができず、母親の乳房、顔、手などが同一の人物に属しているとは捉えることができない。また時間的にも、今自分に満足を与えてくれる乳房や顔が、少し前に自分に欲求不満を与えた対象と同じものであるとは認知できない。乳児にとって最初の重要な対象は母親の乳房であるが、自分に満足を与える乳房を、乳児は「生の本能」を投影して理想的な「良い対象」(good object）を造り上げ強い愛情を向ける。そしてその良い対象を自己の中に取り入れて、自己の核にしていくのである。反対に自分が空腹のときに満足を与えてくれないときには、乳児は対象としての乳房に「死の本能」つまり攻撃性を向けて「悪い対象」(bad object）を形成し、激しい憎しみを抱き、できるだけ外界に排除して遠ざけようとする。また自分の攻撃性を対象に投影して、その対象に攻撃され報復されて絶滅（annihilation）してしまうという「迫害的不安」を抱く。そのときに見られる防衛機制は、分裂（splitting)、取り入れ（introjection)、投影（projection)、投影性同一視（projective identification)、否認（denial)、万能(omnipotence）などである。

乳児が健康な場合は、良い対象関係が悪い対象関係を凌駕し、抑鬱ポジションへ統合され、更に発達していく。しかし逆の場合には、精神病的な葛藤の世界が分裂排除されたまま統合されることなく無意識に存続して、後の精神分裂病の素因を形成することになる。

クラインは、このような精神分裂病の内的対象関係の理論化、つまりその転移の起源を明らかにすることによって、彼女の同僚達の間に分裂病の精神分析治療の機運を高めたのである。

3 クラインの弟子たちによる分裂病研究の発展

クラインの革新的な「妄想分裂ポジション」の概念が提出された頃から、彼女の弟子たちによって精神分裂病の分析治療の研究が盛んに行なわれ始めた。その代表的な研究者はローゼンフェルド、スィーガル、ビオンである。とくに1950年代は最も精力的な精神分裂病の臨床的研究が行なわれた時期であり、多くの革新的な発見が成された。それによると精神分裂病においては、クラインの提唱した「妄想分裂ポジション」が固着点であることが確証され、治療者に対する「精神病的転移」を通してその原始的な対象関係の世界が再現される。それは部分対象関係で、激しい攻撃性と迫害的不安が交錯し、分裂、投影、取り入れ、万能、否認、更に投影性同一視などの原始的な防衛機制が活動する世界である。彼等は、それを解釈によって対処することが可能であり、それが技法上重要であることを示した。また彼等は精神分析の基本的なセッティング、つまり週5〜6回、50分の治療構造を守り、転移解釈を中心にして、支持や保証などの修正された技法をできるだけ避けた。

(1) 最初の精神分裂病の精神分析成功例——ローゼンフェルド

1947年にローゼンフェルドは、離人症を伴った精神分裂病の精神分析治療例を報告した。そこでは彼は、精神分析のセッティングを守り、転移解釈を保持した技法を用いている。ただ彼は、精神分裂病の患者には、子供の遊戯療法と同じように、患者にはカウチに横になることや自由連想をすることを指示することはしなかった。ローゼンフェルドの治療経過の記述は極めて細かく変化に富んでいるが、彼は言語的な表現のほとんどできない患者の内界の理解のために、患者の断片的な言語表現、行動、振る舞いなどに注目して、その内的幻想の世界を解明しようと努力している。彼は、精神分裂病の治療は、言語的な表現手段よりも行動や振る舞いによる表現により注目する必要があるために、成人の神経症の治療よりもむしろ子供の遊戯療法に似ているところがあると述べている。つまり既述の特徴に加えて、分裂病患者の治療動機はあいまいことが多く、入院や家族、ソーシャルワーカーなどの外的な援助が必要であることが多いなどである。

彼はまた、もし治療者が支持や保証をして陽性転移を発展させることを目論むことなく、転移解釈に集中していけば、様々な「精神病的転移」が発展していくと考えている。

ただ彼は、精神分裂病の治療がある患者においては非常にうまく成功することがあるものの、多くの例においては極めて困難な抵抗にあったり、外的な現実が許さず治療を中断せざるを得なかったり、あくまで精神分裂病の病理の理解を中心的な目標にして、その治療効果については、結論を出すのは早すぎると考えている。

しかし彼の精神分裂病の分析的研究に対する熱意は、彼が１９８６年に他界するまで続き、彼は多くの精神分裂病の患者の治療成功例の経験を重ねて、重要な論文を発表していった。

１９５２年の急性分裂病の超自我葛藤の分析記録の中において、やはり非常に詳しい患者の投影性同一視の活動と転移の様子を描き、彼がいかに微妙な患者のコミュニケーションを理解しようとしているかを記録している。そしてそのような患者の超自我は原始的なもので、罪悪感に対して非常に敏感で、すぐ外界に投影され、外界が患者を責めているというような迫害的罪悪感を感じる傾向を解明している。更に患者の破壊性が、外界に投影されて迫害的不安に怯えたり、そのような対象を激しく攻撃したりして、後に罪悪感に苦しむ患者の姿が克明に記録されている。そこには自我の分裂と自我の崩壊が見られ、患者は外界の破壊と自己の内界の破壊の恐怖に怯えている。患者は罪悪感に耐えることができず、内的な対象つまり超自我によって引き起こされる苦痛な体験をする自己の部分を対象に投影して、自己を失い感情を失ってしまう結果をもたらすのである。

このような急性の患者の精神病の世界について、前論文同様、治療場面における微妙な行動、振る舞い、断片的な言語表現などを基にして、驚くべき理解が示されている。

更に彼は、分裂病の微妙なコミュニケーションを理解するには、治療者の直感を使うことが必要であり、それには治療者の逆転移を機敏に使っていくことが必要であると述べている。ここには逆転移の正常な働きについての注目があり、患者の無意識のコミュニケーションを理解するときの逆転移の働きが明確にされている。

a　困惑状態の研究

ローゼンフェルドは慢性の分裂病の患者の精神分析治療中に、患者が困惑状態に陥ることに注目した。そのようなときには患者は性愛的な衝動と攻撃的な衝動を、良い対象と悪い対象を区別できなくなっている。衝動も対象も自我も困惑状態にある。そして自我の一部が他の自我の一部を食い尽くしてしまう夢を見た患者の例をあげ、それが困惑状態の一つの動きであろうと考えている。

更に彼はその困惑状態の解決の仕方に二種類あることを上げ、その一つは自我が区別の力を再び取り戻して発達を始める場合、もう一つは病理的な分裂が働いて、不安はなくなるものの状態は更に悪化して、正常な区別が生じず発達が停止してしまう状態である。これは性愛的な衝動が攻撃的衝動に負けてしまい、修復の機能が働かなくなってしまう場合であると考えている。

b　自己愛組織の研究

１９６０年代中頃から、ローゼンフェルドは、引きこもりを特徴とする患者の中に、自己愛的な防衛組織(narcissistic organization)が存在することに注目した。そのような防衛組織は、社会適応をしている比較的軽症なスキゾイド・パーソナリティーから、万能的な妄想幻覚状態にある分裂病の患者まで見られると考えている。彼はこれを自己愛組織と呼んでその特徴を明確にした。つまり、自己愛組織は対象との分離に関する苦痛な体験を避けるために、自己を過大に評価し対象を卑下して、自分が対象に依存し対象を失うことを恐れていることを認識しないようにしている防衛組織である。更に悪性の場合には、対象を攻撃する自己の部分が理想化され、自己はそのような部分に支配されてしまう。そのような状態においては、自己が対象を求め依存しているような自己の部分を、破壊的に攻撃して対象との関係を持つことを拒否し、万能的な自己愛の世界に閉じ籠もってしまう。ローゼンフェルドは精神分裂病の自閉の機制をこのような後者の破壊的自己愛組織の概念によって説明した。もちろんそれは他の重症のパーソナリティー障害などにも程度の差はあれ認められるものである。

c　投影性同一視について

1971年に彼は精神分裂病の患者における投影性同一視の機制の重要性について再び強調し、その特徴について簡潔にまとめている。これはビオンやスィーガルなどの研究も参考にしている。第一に、精神病の患者に見られる投影性同一視の中に、正常な乳児と母親との非言語的なコミュニケーションに使用されるものと同じ、健康で現実的な投影性同一視がある。第二は、自己の欲しない部分を取り除き、心的現実を取り除くために使われるものである。第三は、精神病の患者の転移の中で非常に良く見られる、治療者の身体と心を支配するために使われる。そしてこれは非常に早期の乳児の対象関係に基づいているものである。第四は、とくに羨望などの原始的な攻撃性を扱うためのものである。第五は患者が完全に治療者の中で寄生的に生きているという確信を患者が抱くために使われる場合である。そして第二から第五のものは病理的投影性同一視である。

以上のように、ローゼンフェルドの精神分裂病の研究は、極めて精力的で精密な臨床観察と理解に基づいたものである。彼は、クラインの「妄想分裂ポジション」の現象が精神病転移の中で生き生きと蘇ってくることをみごとに記述している。彼自身は、新しい概念を提出することは余りなかったが、精神病的転移の概念の内容を非常に豊かなものにしたと言うことができ、彼の臨床記述はスィーガル、ビオンと比較してより豊かなものである。また彼の自己愛組織の研究が、精神病に見られる自己愛にも共通したものであり、陰性治療反応と関係があると考えたことは彼のオリジナルな考えであり、精神分裂病治療の理解に大きな貢献をした。

(2) 精神分裂病における象徴作用、抑鬱状態の研究——スィーガル

スィーガルはクラインの研究の紹介に大きな努力を払い、その入門書は非常に有名なものである。また彼女は分裂病の研究においても重要な寄与をしている。

彼女は、入院中の精神分裂病の本格的な精神分析治療の成功例を、非常に詳しく報告している。そして彼女も、クラインの注目した「妄想分裂ポジション」の心性が転移で現れてくることを確認した。とくに患者の象徴機能が障害されて、象徴そのものが具体的なものと同じものとして体験してしまうことに注目し、そのような患者は思考を発達させることができないと考えている。後にスィーガルはこの象徴機能について「象徴的等価物」(symbolic equation) という概念で考察することになる。後の彼女自身による追加で述べているように、スィーガルは投影性同一視と自己の断片化 (fragmentation) についての視点はあまり考察していない。

a　象徴的等価物

スィーガルは、精神分裂病の患者の象徴過程の障害に注目して、その特徴を取り上げた。彼女は、クラインの「妄想分裂ポジション」と「抑鬱ポジション」の発達論に基づいて、象徴形成過程の考察を行なっている。彼女は象徴の概念を、ある対象の代わりに表現するものとして広い意味にとらえて、一般に見られるものとは質を異にする精神分裂病の象徴の問題を考察した。分裂病の患者は「妄想分裂ポジション」の内的世界を持っているが、例えばある分裂病の患者は、人前でギターを弾くことと自分が人前でマスターベーションをすることを同じこと

とみなして、ギターを弾くことができなかった。これは神経症の患者が、連想において、ギターを弾くことが、彼にとってはマスターベーションを表わしていることを認めることとは異なるものである。後者においては象徴と象徴されているものを区別する能力が存在している。

前者のような原始的な象徴機能を、スィーガルは「象徴的等価物」と名付けてその特徴を表わそうとした。それは「妄想分裂ポジション」に関係していて、病理的な投影性同一視のために、自己と対象と象徴とがはっきり区別されていない状態である。そこでは象徴されているものと象徴が、同等の具体的な対象として扱われる。そしてそれは精神分裂病に特徴的な具体的思考（concrete thinking）に関係している。彼等は抽象的な思考がしばしば障害されているが、それはこの象徴機能が原始的な状態に止まっているからである。

スィーガルによると象徴形成は、自我が対象との関係の中で生じた不安に対処するためのものである。また象徴形成は対象関係が始まる非常に早期から始まるが、対象関係の変化に伴ってその性質が変化していく。スィーガルは、象徴過程は自我と対象関係の状態を良く反映すると考えている。そのために対象との関係が障害されていると、象徴形成も障害されている。とくに自我と対象の区別が障害されていると、象徴と象徴される対象との区別に障害が生じ、精神分裂病に特徴的な具体的思考をもたらす。

「抑鬱ポジション」になると、象徴機能が完成する。それは全体的対象関係であり、自我と対象と象徴ははっきり区別されている。そこでは象徴的等価物と象徴とは、はっきり区別される。象徴は、対象に対する攻撃性を置き換えるために必要であり、罪悪感や対象喪失の恐怖を軽減する。対象喪失を経験し、その対象を内界において再生させる能力は、象徴を自由に使う力を与える。そうして、象徴は対象を表象するようになる。

象徴はコミュニケーションの主役であり、すべてのコミュニケーションは象徴によって行なわれる。精神分裂的な機制が働くときには、象徴機能がうまく働かず、例えば言葉は患者のものであれ治療者のものであれ、対象や行為として感じられ、コミュニケーションにはうまく使われなくなる。象徴はまた内的なコミュニケーションにとっても重要なものであり、象徴機能に障害があると、その障害が生ずる。個人は自由な象徴機能があるときにのみ、自分自身と接触できるのである。精神分裂病の治療の難しさは、彼等とコミュニケーションを持つことが困難なだけでなく、患者が自分自身の内的世界とコミュニケーションを持つことができないこととも関係がある。

この自分自身と象徴機能によってコミュニケーションを持つことは、言語的思考の基礎になる。すべての内的なコミュニケーションが、言語的な思考によるものではないが、すべての言語的な思考は、言語という象徴による内的なコミュニケーションである。

b　精神分裂病における抑鬱の研究

スィーガルは、精神分裂病の精神分析治療の経過上で現われる抑鬱について考察している。彼女はいつものように非常に詳細な臨床記述を行ない、分裂機制の活発な「妄想分裂ポジション」から「抑鬱ポジション」の世界に患者がどのように移行し、また反転していくかを記述している。治療において迫害的な不安と分裂的な防衛を処理していくと、自我と対象の統合をもたらし、患者は現実検討能力が向上して抑鬱気分や罪悪感を抱き、修復(reparation)の必要性を感じるようになる。そのような感情は患者には耐えることが困難となり、患者はただちに抑鬱的な自己の部分を投影性同一視の機制によって、対象つまり治療者に投影排除する。このときには、治療者がその抑鬱的な体験をすることになる。そして患者の正気の部分は取り除かれ、再び迫害的な世界が生じる。治療的に重要なことは、この過程を転移の中で明らかにしていくことである。

（3）精神病的パーソナリティー論の構成——ビオン

ビオンは、以上のようなローゼンフェルドやスィーガルなどの豊富な臨床観察と記述の世界と、同じような臨床体験をしていた。そして彼は、それらの観察を新しい視点から理論的にまとめ上げ、複雑な精神病の世界を解明することに成功した。右記の二人がクラインの「妄想分裂ポジション」の概念以外はあまり使用することをせず、あくまでその枠組みの中で精神病転移の世界を理解しようとしたが、ビオンはより細かい観察を理論化するために、独自の概念を用いて精神分裂病の世界を解明したのである。その意味でビオンは、三人の中ではもっとも独創的な貢献をした分析家であるということができる。

a 「精神病的パーソナリティー」と「非精神病的パーソナリティー」

ビオンは精神分裂病の患者の治療経験を通して、そのような患者には精神病的パーソナリティー（psychotic personality）と非精神病的パーソナリティー（non-psychotic personality：つまり神経症的あるいは正常なパーソナリティー）が同時に存在していることを発見した。そして精神病症状が前面に出ているときには精神病的パーソナリティーが前面に出て、非精神病的パーソナリティーは背後に潜在していることを発見した。逆に重症の神経症や境界例においては、背後に精神病的パーソナリティーが存在して、しばしば精神病的破綻を来すのは、その部分が活性化するためであると考えている。

この精神病的部分は、非常に早期の欲求不満に伴う絶滅の不安に乳児が耐えることができないときに、その状況に対処するために発達するものである。乳児は、例えば空腹のときにすぐ乳房が現れないときに強い欲求不満にさらされるが、その苦痛な現実に対して耐えることができないときには、その現実を認識する自我機能を破壊することによって対処しようとする。つまり、感覚印象や思考、言語機能、象徴機能などを破壊することによって、そのような苦痛な現実を体験することを避けようとするのである。

それは過剰な分裂機制と、病理的な投影性同一視が活発に活動するものである。自我は、感覚印象や、思考、言葉など自我の一部を断片化して（過剰な分裂）外界に投影し、「怪奇な対象」（bizarre object）を形成する。それは自己の断片を含んでいるが、物そのものとして体験される。そしてそれらは自己の攻撃性などを含んでいるために、迫害的な妄想の基礎となる。自我はそれらを再び取り入れて自己の思考に使おうとするが、それらが感覚器官を通して帰ってくるときに幻覚体験となるのである。

以上のようにこのような精神病的パーソナリティーが活動し始めるときは、臨床的には精神病転移の状態にあり、しばしば患者が見捨てられ体験や激しい怒り、抑鬱体験、苦痛な体験に遭遇してうまく対処できないときに、精神病的パーソナリティーが活性化するものである。それはクラインが「妄想分裂ポジション」として理論化した状態であるが、ビオンはそれを発生的に説明することに成功し、なぜ精神病状態では象徴機能、思考、言語機能が障害されるかについて発生的に明らかにしたのである。

b　正常な投影性同一視と病理的な投影性同一視の研究

上記のようにビオンは、精神病的パーソナリティーの形成や活動には病理的投影性同一視が大きな役割を果たしていると考えている。他方で彼は、健康な投影性同一視に注目している。それは、乳児と母親とのコミュニケーションには基本的に重要なものである。つまり、自分が対処できない不安や葛藤を、乳児は母親に投影する。それを受けた母親は「夢想」(reverie)によってその意味を読み取り、それを乳児が対処できるものにして乳児に返していく。乳児はそれを今度は自分が受け入れることができるものとして体験し、自己の体験として取り入れていき、思考や夢、イメージなどの材料として使うことができるようになる。ビオンはこの乳児と母親との関係をコンテイナー-コンテインド(container-contained)と呼び、精神の健康な発達にとっては、母親の機能が大きな役割を果たしていることを明確にしている。そしてそこで母親と乳児の間でのコミュニケーションは、健康な投影性同一視を基にしているのである。これは成人の共感や感情移入、直観的理解などの機能としても重要な働きをしており、情緒的交流の世界の基礎となっている。

更に臨床においては、逆転移の理解にも貢献している。つまり逆転移には、患者のコミュニケーションによって、治療者の中に起きてくる情緒や思考など健康な逆転移があり、それは治療者-患者間の投影性同一視の交換によって理解されるものであり、言語などの象徴機能を介さない微妙なコミュニケーションである。もう一つの逆転移は、フロイトが言及したような治療者個人の未解決の葛藤から生じるものであり、これは教育分析や自己分析によって解決されるべきものである。

c　思考の研究

ビオンは精神分裂病における思考障害に注目して、その発生的考察を行なった。ここではビオンは、乳児は、例えば乳房の「前概念」(preconception) を素質的に有して誕生し、実際に自分が欲したものが与えられ現実化 (realization) した時に「概念化」(conception) となり、それが反復された時に「概念」(concept) になるという仮説を提唱している。そしてその仮説を前提に、思考の形成発達的な考察を行なっている。もし乳児が欲する乳房が与えられないときには、「不在の乳房」の「概念化」が行なわれる。この欲求不満を伴った現実化しない「概念化」の場合を、ビオンは「思考」(thought) と命名している。思考はその意味が連結されるために必然的に「思考すること」(thinking) を必要とする。ただしこの思考が形成されるためには、乳児が乳房の不在に対する欲求不満に耐えることができなければならない。ビオンは、この耐性は素質的な要因も大きいと考えている。乳児の耐性が十分な場合は、経験は概念化され、乳児は経験から学ぶことができるようになる。

もし乳児が、欲求不満に対する耐性が低く、乳児が乳房の不在に耐えることができないと、その体験に関する前概念や否定的思考は悪い対象となり、粉砕され外界に投影されて「物そのもの」として体験される。その結果すべての思考は、内的な悪い対象と区別できなくなり、排除の対象になる。これは「怪奇な対象」の形成となり、精神病的パーソナリティーの世界が発展する。そのために思考は障害され、コミュニケーションに大きな障害をもたらす。そのような場合には、概念化の代わりに万能的思考や全能を発達させ、真実と虚偽の区別ができなくなってしまう。

また乳児の素質的な問題だけでなく、母親のバランスのとれた乳児との協調の質が、環境からの思考形成に対する影響を与える。つまり乳児が取り除きたいと思うものを投影し、母親がそれを適切に対処して、乳児に緩和された形で返してやれば、その体験を乳児は耐えることができ思考を発達させることができる。これは上述した母親の「夢想」やコンテイナーの機能である。この乳児が母親の協調の下に体験を夢思考に使用できるように感覚データを変化させる機能、つまり「アルファ要素」に変化させる機能を、ビオンは「アルファ機能」と呼んだ。もしこの母親の機能がうまく働かないと、乳児は感覚印象を精神の発達に使用することができず、「ベータ要素」すなわち「怪奇な対象」を形成する。

以上のようにビオンは精神分裂病の素因は、乳児の素質的遺伝的な要素と母親の「夢想」の機能およびコンテイナーの機能からの両方から影響を受けていると考えている。

１９６０年代後半からはビオンは、グリッドなどに代表される存在論的記号論を展開していくことになるが、本稿ではその主題については割愛する。

４　おわりに

以上、クライン派における精神分裂病の研究について、歴史的な流れに沿ってまとめた。彼等は精神分析の技法をできるだけ変更せず、精神病転移の解釈を中心にした技法によって多くの精神分裂病の患者を治療してきている。そして彼等が詳細に報告した患者の中には、明らかな改善を示すものがあり、一部の患者には精神分析が有効であることを示している。しかしローゼンフェルドが明確に述べているように、すべての精神分裂病の患者がうまく治療できるわけではない。たとえ彼等の病理が理解できると感じられても、激しい抵抗のために治療が中断するような例もあるのである。その意味で精神分裂病の精神分析による治療はあくまでリサーチの段階である。しかしその中で解明されたものは、他の重症な人格障害を持った患者の理解に大きな貢献をしている。また筆者の経験でも、精神病的エピソードを持ち、明らかに精神病的パーソナリティーを持った患者で、治療的には精神病的破綻をきたしたり精神病的転移を呈しながら、精神分析的なアプローチが治療的に非常に有用な患者が存在している。今後の課題は、更に分裂病の分析治療による臨床経験を積んで、どのような患者が精神分析に適応なのか、そのクライテリアを見出していくことであろう。

参考文献

（1） Bion. W.（1957）Differentiation of the Psychotic from the Non-Psychotic Personalities. *International Journal of Psyhcoanalysis*, 38（3-4）: 266-275.〔松木邦裕監訳（1993）「精神病人格と非精神病人格の識別」『メラニー・クライン トゥデイ1』岩崎学術出版社〕

（2） Bion. W.（1962）Theory of Thinking. *International Journal of Psyhcoanalysis*, 43 : 306-310.

（3） Bion, W.（1967）*Second Thoughts*. Heinemann.〔松木邦裕監訳（2007）『再考――精神病の精神分析論』金剛出版〕

（4） Bion. W.（1977）*Seven Servants*. Jason Aronson.〔福本修・平井正三訳（1999/2002）『精神分析の方法Ⅰ、Ⅱ――セブン・サーヴァンツ』法政大学出版局〕

（5） Klein, M.（1930）The Importance of Symbol-Formation in the Development of the Ego. In *Writings of Melanie Klein*, Vol. 1. Hogarth Press.

（6） Klein, M.（1932/1975）Psychoanalysis of Children. In *The Writings of Melanie Klein*, Vol. 2. Hogarth Press.〔衣笠隆幸訳（1997）『メラニー・クライン著作集2』誠信書房〕

（7） Klein, M.（1935/1975）A Contribution to the Psychogenesis of Manic-Depressive States. In *The Writings of Melanie Klein*, Vol. 1. Hogarth Press.〔安岡誉訳（1983）「躁うつ状態の心因論に関する寄与」『メラニー・クライン著作集3』誠信書房〕

（8） Klein, M.（1946/1975）Notes on Some Schizoid Mechanisms. In *The Writings of Melanie Klein*, Vol. 3, pp. 1-24. Hogarth Press.〔狩野力八郎・渡辺明子・相田信男訳（1985）「分裂的機制についての覚書」『メラニー・クライン著作集4』誠信書房〕

（9） Rosenfeld, H.（1947/1965）Analysis of a Schizophrenic State with Depersonalization. In *Psychotic States*, pp. 13-33. Hogarth Press.

（10） Rosenfeld, H.（1950）Notes on the Psychopathology of Confusional States in Chronic Schizophrenics. In *Psychotic States*. Hogarth Press.

（11） Rosenfeld, H.（1952/1985）Notes on the Psycho-Analysis of the Superego Conflict in an Acute Schizophrenic Patient. In *Psychotic States*. Karnac Books.

（12） Rosenfeld, H.（1964）On the Psychopathology of Hypochondriasis. In *Psychotic States*. Hogarth Press.

（13） Rosenfeld, H.（1965）*Psychotic States*. Hogarth Press.

（14） Rosenfeld, H.（1971/1988）Contribution to the Psychopathology of Psychotic states: The Importance of Projective Identification in the Ego Structure and the Object Relations of the Psychotic Patient. In *Melanie Klein Today*, Vol. 1. Routledge.〔東中園聡訳（1993）「精神病状態の精神病理への寄与」『メラニー・クライン トゥデイ1』岩崎学術出版社〕

（15） Rosenfeld, H.（1987）*Impasse and Interpretation*. Tavistock.

（16） Segal, H.（1950）Some Aspects of the Analysis of a Schizophrenic. *International Journal of Psychoanalysis*, Vol. 31 : 268–278.

（17） Segal, H.（1957/1981）Notes on Symbol Formation. *International Journal of Psychoanalysis*, 38 : 391–397. In *The Work of Hanna Segal*. Jason Aronson.〔松木邦裕訳（1990）「象徴形成について」『クライン派の臨床』岩崎学術出版社〕

（18） Spillius, E. B.（1988）*Melanie Klein Today*, Vol. 1. Routledge.〔松木邦裕監訳（1993）『メラニー・クライン トゥデイ1、2』岩崎学術出版社〕

〔『イマーゴ』3巻11号、1992年〕

28章　精神分析英国学派の境界例研究

1　はじめに

境界例の研究はアメリカを中心に進められてきたが、よく知られているように1950年代からの「潜伏性精神病」の研究、1960年代後半からのカーンバーグ（Kernberg, O.）[4][5]の「境界パーソナリティ組織」（borderline personality organization）における種々のパーソナリティ障害や性倒錯、嗜癖などの病理的研究、1980年代前半からその中核群にあたる「情緒不安定パーソナリティ障害」（emotionally unstable personality disorder）だけを抽出したDSM-Ⅲ-R、Ⅳの「境界パーソナリティ障害」（borderline personality disorder）の研究がある。この論文では、全体を包含する概念として「境界例」という用語を使用している。なおイギリスにおいては、境界例が論じられる時にはほとんどが前二者についてであり、「境界パーソナリティ障害」のみが単独で取り上げられることはほとんどない。

イギリスにおいては、境界例という概念はカーンバーグの研究が紹介されるまではあまり使用されることはなかった。しかし実際には、彼が「境界パーソナリティ組織」の概念の下に研究していた各種のパーソナリティ障害や倒錯、嗜癖などの臨床研究を、イギリスにおいてはむしろカーンバーグの研究以前に手掛け、独自の病理論を打ち立てている。そしてカーンバーグの境界例研究に多くの影響を与えている。

つまりイギリスにおける境界例の研究を述べるときには、異なる概念の下に研究が行なわれていたり、研究の歴史的背景、患者の特徴の違いなどによって、アメリカの概念をそのまま当てはめることができないところがある。そして類似の患者群を臨床研究対象にしていても、理論的視点や概念が異なっており、同じ用語でもその意味が異なったり臨床記述の対象が異なったりすることがあり、やや混乱を招くものである。

ここでは、イギリスにおける精神分析臨床研究の歴史の流れを紹介しながら、いわゆる「境界例」研究を紹介し、カーンバーグの「境界パーソナリティ組織」の研究に与えた影響や、それに対するイギリスの分析家からの批評を紹介したい。そうすることによって、イギリスの「境界例」研究の位置づけが明らかにされるであろう。

2 境界精神病の研究

この概念を最初に用いたのはリックマン（Rickman, J.）であり、ビオン（Bion, W.）(2)なども使用している。これは神経症的な症状で受診しながら、精神分析の治療経過上精神病的破綻を来すタイプの患者群をさしている。それについては、ナイト（Knight, R.）の研究に代表される潜伏性精神病の概念に大体該当する。既にイギリスにおいては、１９３０年代から躁うつ病の精神分析の研究を行なっており、非常に早期から病理的に重症な患者群に対して取り組んでいった。更に１９４０年代からは、クライン（Klein, M.）と彼女の弟子のビオン、ローゼンフェルド（Rosenfeld, H.）、シーガル（Segal, H.）などが精神分裂病の精神分析による治療研究を始めており、その中で境界精神病（borderline psychosis）の患者について臨床研究を行なっている。その意味で境界精神病は、精神分裂病研究の一貫として積極的に精神分析の治療対象として選択されていたのである。

そして１９５０年代になって、徐々に性倒錯、嗜癖、スキゾイド、自己愛、衝動的障害など重症のパーソナリティ障害の患者を手掛けるようになったのである。その意味ではイギリスにおいては、いわゆる境界例研究は、重篤な精神病の臨床研究から軽症の患者群の研究へと移っていった意味合いがあるのである。

カーンバーグの「境界パーソナリティ組織」の研究の概念の内的対象関係の特徴については、クラインのスキゾイド機制（schizoid mechanism）をそのまま踏襲しているものである。そのため1967年にカーンバーグの境界例の研究が発表されたときも、イギリスにおいては違和感なく受けとめられたのである。

3　クラインの子供の精神分析（1920-1932）[6]

クラインは、特にアブラハム（Abraham, K.）の援助の下で、当時精神分析の対象とはならないと考えられていた2～3歳の幼い子供の精神分析を行なった。そしてそのような幼い子供の遊びが、成人の自由連想と同じように自己を表現するコミュニケーションの機能も持っていることを発見した。そしてそこで現されている世界は、そのような幼い子供の内的世界が既に存在していることを示し、その無意識の世界をクラインは「無意識的幻想」（unconscious phantasy）と呼んだ。この世界は、乳幼児期（0歳児）の心性を現しており、部分的対象関係（part object relation）と原始的防衛規制（分裂 splitting、投影 projection、取り入れ introjection、否認 denial、理想化 idealization、万能 omnipotence）が活動している。そしてそこでは口唇期サディズム、肛門期サディズムが支配的であり、強い愛と迫害的不安（persecutory anxiety）が支配している世界である。つまり自分に満足を与えてくれる対象（母親）を「良い対象」とし理想化して強い愛を向けていく。逆に欲求不満を与える対象（母親）を「悪い対象」として、乳幼児は激しい攻撃をし、逆に報復を受ける迫害的不安に苦しむ。そして乳児は分裂の機制によってこれらの相反する部分対象が、同じ対象の一面であることは認識できないままである。そしてクラインは、精神分析治療の中でこの原始的対象関係の世界が転移され、その不安を言語的に解釈していくことで患者を変化させていくことができることを提唱した。この中で発見した早期の無意識的幻想の世界は、後の成人の精神病やパーソナリティ障害の研究の基本的視点となったのである。そして後にカーンバーグの「境界パーソナリティ組織」の概念に大きな影響を与えることになった。

4 クラインの躁うつ病の研究と「抑うつポジション」(1935-1945)[7][8]

1930年代にクラインは、成人の躁うつ病の精神分析的研究を行なった。これはアブラハムの研究を引き継いだものである。[1] フロイト(Freud, S.)は、躁うつ病や精神分裂病、パラノイアは、転移を起こさない自己愛神経症であるために、精神分析の対象にはならないと考えていた。

クラインはアブラハムの意見を多く取り入れ、躁うつ病の病理の固着点が口唇期後期から肛門期前期の対象関係の葛藤の世界にあると考え、彼女はそれを「抑うつポジション」(depressive position)と呼んだ。つまりこれは部分対象関係から、全体対象関係(whole object relation)への移行の時期に関係している。その起源は生後6ヶ月頃からの乳幼児の対象関係にある。その時期になると、乳幼児はそれまでは分裂の規制によって「良い対象」と「悪い対象」の部分対象であったものが、実は同一の母親の一面であることが徐々に分かってくる。そのときに乳幼児は、自分が強く愛を向けていた良い対象と、激しい憎しみを向け迫害的不安におののいていた悪い対象が、同一の対象であることが分かるようになる。そのときに乳幼児は、自分の愛する対象を激しく攻撃していることについて、強い葛藤を経験する。それは対象を失う恐怖、対象を攻撃したことに対する罪悪感などである。これは乳幼児の「対象喪失」の体験の世界である。ここで働いている防衛機制は、分裂、投影、取り入れ、否認などがみられる緩和されたものである。更に躁的防衛(manic defence)がみられるようになる。後述のシュタイナー(Steiner, J.)などは、境界例の患者によくみられる抑うつ状態は、内的には右記のような体験が一過性に起きていると考えている。

5　フェアバーンのスキゾイド機制の研究（1940-1950年代前半）[3]

フェアバーン（Fairbairn, D.）は、アブラハムの発達論[1]とクラインの「妄想ポジション」（paranoid position）（クラインは後に「妄想分裂ポジション」［paranoid schizoid position］と呼ぶようになった）と「抑うつポジション」の研究（1935）に影響を受け、独自の人格論と病理学を発展させた。彼は最初ヒステリーに注目し、そこには口唇期早期の自我と対象の分裂の問題が大きく関与していることを提唱したのである。そしてそれは、スキゾイド・パーソナリティ、躁うつ病、精神分裂病などに大きな関連があるものであることを見出していった。更には神経症は、それらの分裂に関する精神病的不安や抑うつ的不安に対処できないときに使用される技術であり、ヒステリー、強迫、恐怖症、パラノイアの四つの方法があると提唱したのである。クラインらが、精神病の研究からスキゾイド機制の研究を行なったことと対照的に、フェアバーンは、神経症の研究からスキゾイド機制の研究へと進んでいったのである。

彼のスキゾイド機制を基調にした発達論的人格論は次のようなものである。生まれたばかりの赤ん坊は、最初から対象希求的であり、最初に授乳を中心にした満足と欲求不満の体験を繰り返していく。乳児は欲求不満を与える悪い対象を取り入れ、それに関連する自我とともに抑圧して無意識に置く。この悪い対象は、刺激を与え興奮させて満足を与えない意味で、「興奮させる対象」（exciting object）と呼ばれる。またそれに対応する自我の部分は、そのような乳房を飲み込むことによって満足を得、対象を破壊してしまう不安を抱くようになる。フェアバーンはこのような自我を「性愛的自我」（libidinal ego）と呼んだ。これは口唇期前期の吸乳時期に該当する。しかし0歳児後半になって歯が生え始める頃には、欲求不満を与える対象が拒絶するものとして体験され、乳幼児はそのような対象に対して噛み付き切り裂いていくという破壊的攻撃によって対処し、対象を失ってしまったという抑うつ的な不安に苦しむことになる。彼はこのような対象を「拒絶的対象」(rejecting object)、それに対応する自我を「内的妨害者」(internal saboteur)(後に「反性愛的自我」〔antilibidinal ego〕)と名付けた。このようにフェアバーンは、乳幼児期の対象関係が人格形成の根本にかかわるものだと考え、乳幼児は最初の悪い対象との関係を取り入れ、分裂して無意識に排除することによって対処すると考えた。そしてそのような悪い対象には上記のような2種類のものが存在すると考えたのである。

逆に良い満足を与えてくれる対象は、フェアバーンによると乳児は最初は取り入れることはなく理想化されていき、それに対応する満足を体験している自我を中心自我とするのである。

このように、フェアバーンは人格の核となるものが、ごく早期の対象関係によるものであることを唱えた。この段階で悪い対象関係が強すぎる場合には、それに伴う妄想的不安、抑うつ的不安も強くなり、人格発達に様々な悪影響を与えてくる。そして「興奮させる対象」との問題が強すぎる場合には、将来精神分裂病などの素質を残し、「拒絶する対象」とのアンビバレントな葛藤が強すぎる場合には、躁うつ病の素因を残すことになる。それらの不安が極端でないときには、上記の神経症的な技術が駆使され、それらは臨床的には神経症として発現することになる。

上記の機制をフェアバーンはスキゾイド機制と呼んだが、彼はそのような対象との関係性を臨床的に現していると考えられた「スキゾイド・パーソナリティ」に関心を持った。彼らは、他者との関係性を切り離すことによって、内的な不安や葛藤に対処しているのである。そしてその特徴として、引きこもり、自己への関心、自分の世界の中の観念に集中している事実などを挙げている。また彼は、そのほかにも多彩な臨床症状を呈する症例の中に、このスキゾイドの状態が認められると述べている。その中にはカーンバーグのいう境界例患者が含まれていると考えられる。

実際に、多くの臨床疾患の症状の背後にはスキゾイドの規制が存在しており、治療的にその分裂された悪い対象関係の部分を扱っていくことが重要であるというフェアバーンの考え方には、カーンバーグの「境界パーソナリティ組織」の発想と共通したものがある。そしてカーンバーグ自身、彼が境界例の研究をしているときに、マーラー（Mahler, M.）、ジェイコブソン（Jacobson, E.）、クラインとともにフェアバーンの研究に影響を受けたことを述べている。

また、マスターソン（Masterson, J.）やリンズレー（Rinsley, D.）などの境界例の代表的な研究者が、フェアバーンのスキゾイドの研究を取り入れていることは注目に値することである。

6 クラインの精神分裂病の研究と「妄想分裂ポジション」（1946）[9]

1940年代になると、クラインは精神分裂病の分析的研究を行なうようになり、1946年に「スキゾイド機制」の研究として発表した。そしてクラインは、そこでもやはり子供の精神分析において発見された早期対象関係が関係していることを見出している。つまり分裂病の固着点は、生後3～4ヶ月の乳幼児の心性に関係している。それは部分対象関係であり、分裂、投影、取り入れ、否認、理想化、更に投影性同一視（projective identification）の原始的防衛機制が活動している。そして乳幼児は、良い対象と悪い対象とを分裂して、それらが同一の対象とは認識できなくなっている。そして良い対象を理想化して強い愛を向けていき、悪い対象に対しては激しい攻撃と憎しみを向けて、報復の不安、つまり迫害的不安におののくのである。クラインは、これを「妄想分裂ポジション」（paranoid schizoid position）と呼んだ（クラインが、1935年の「抑うつポジション」の概念を提唱したときには、このもっと早期の段階を予言していてそれを「妄想ポジション」と名づけていたが、フェアバーンの意見を取り入れてこのように呼ぶようになった）。クラインは、悪い対象関係が凌駕している状態が、処理されないままに分裂排除されて無意識の中に存続しているものが、精神分裂病に大きな関係があると考えている。またこれらは、クラインのスキゾイド機制の研究である。そしてそれは、カーンバーグの「境界パーソナリティ組織」の分裂を中心にした内的な世界の記述としてそのまま引き継がれ、現在の境界例研究に大きな影響を与えたものである。更に重要なことは、このクラインの研究は、精神分裂病の研究の結果生まれたものであり、後に病理的にはやや軽症のパーソナリティ障害の中にも同様の機制がみられることが明らかになっていった経緯がある。

7　精神分裂病の臨床研究の発展

１９４０年中盤以降１９６０年代まで、ビオン、ローゼンフェルド、シーガル[14]らによる精神分裂病の研究が更に発展していった。とくにビオンの精神病的パーソナリティの研究、思考、投影性同一視、コンテイナー／コンテインドの研究が行なわれた。また右記のように、彼らは境界精神病の概念によって、潜伏性精神病の精神分析治療の研究を行なっていた。

8　ウイニコットの「偽りの自己」の研究[19]

ウイニコット（Winnicott, D.）は境界例という用語はほとんど使用していず、境界例中核群に該当するような情緒不安定パーソナリティ障害の患者の記述もあまりみられない。しかし境界例の亜型と考えられている「アズ-イフパーソナリティ」（as-if personality）に類似した「偽りの自己」（false self）の研究を行なっている。これはいわゆる過剰適応の自己の一部であり、表面的には社会に対して適応しているようにみえるが、その背後に未解決の葛藤を多く保持している患者群のことである。彼らはこの過剰な「偽りの自己」の防衛的な作用が処理されないと、本来の葛藤的な問題に向かうことができない。そしてウイニコットは、他のイギリスの分析家と同じく、その葛藤は乳児期のホールディング（生後-6ヶ月まで）と配慮の時期（6ヶ月-2歳まで）にその起源があると考えている。

9 ローゼンフェルドの「破壊的自己愛組織」の研究（1960-1970年代[12][13]）

1960年代より、クライン派の精神分裂病の研究はやや影を潜めた。彼らは、性倒錯、嗜癖、スキゾイド、アズ-イフ、衝動的パーソナリティなどの各種のパーソナリティ障害の研究を行なうようになった。そして特有の「防衛組織」に注目するようになった（シーガル、オショーネシー［O'Shaughnessy, E.］[10]）それが、次のローゼンフェルドやシュタイナーの研究として発展していき、イギリスの境界例論として発展していくようになる。なお、これらの患者群は、カーンバーグの「境界パーソナリティ組織」の研究の対象となった患者群とほぼ同様のものである。

ローゼンフェルドは、精神分裂病の研究から、各種パーソナリティ障害、倒錯、嗜癖など患者の研究に移っていった。そしてそのような患者の内的な世界の中に特有の防衛組織があると考え、それを「破壊的自己愛組織」と呼んだ。これはそのような患者群の内的世界における原始的超自我の研究であり、防衛組織の研究である。そのような患者群は、いわゆる陰性治療反応を示す患者群であり、治療そのものを停滞させたり中断してしまったりするし、治療が成功しそうになると自殺や犯罪、自傷行為などの破壊的行動化を示すものである。

ローゼンフェルドによると、そのような患者群においては、自己が心の一部に破壊的な対象を取り入れることによって、マフィアのように他の自己を暴力的に支配する部分が形成され、それは対象を求める依存的な他の自己の部分を攻撃し破壊してしまう。しかもそのような破壊的な部分は理想化され、自己と同一化してしまう。そこには興奮と倒錯がみられ、自己は対象を破壊することを理想化していくのである。そうすることで対象とのよい関係を発展していくことを自ら阻止し、心の発達を疎外してしまう。ローゼンフェルドは、このような組織の形成には、羨望（envy）が大きな関与をしていると考えている。これは、クラインの羨望と陰性治療反応の研究の発展であり、原始的超自我の研究の発展である。

１９７８年、ローゼンフェルドが、世界的に知られるようになったカーンバーグの「境界パーソナリティ組織」の概念を取り上げ批評した。これはイギリスにおいて、この概念が最初に積極的に取り上げられたものである。ローゼンフェルドは、「境界パーソナリティ組織」の病理をこの「破壊的自己愛組織」（destructive narcissistic organization）の視点から考察している。そして、これはイギリスの境界例論の代表的なものの一つになった。

なおソーン（Sohn, L.）[15]も病理的自己愛の問題を「取り入れ」の病理性の観点から研究していて、境界例研究に一石を投じている。

10　レイの「境界パーソナリティ組織」の論評（１９７９）[11][16]

レイ（Rey, H.）は、「境界パーソナリティ組織」の概念をクラインの「スキゾイド機制」として理解し、それはカーンバーグが提唱した患者群だけでなく、精神分裂病や躁うつ病として破綻する患者群や、ヒステリー・パーソナリティ、強迫パーソナリティなどにもみられると考えている。彼は一過性の精神病状体に陥る例を挙げ、そしてそれは発達的に、０歳児の心性に関連した心性であることを提唱している。レイは、カーンバーグのマーラー理論の視点を批判し、本来のクラインの「妄想分裂ポジション」論によって、「境界パーソナリティ組織」を論評しているのである。

11 シュタイナーの「病理的組織化」の概念（1980年代）[16-18]

シュタイナーは、スキゾイド・パーソナリティ、精神病的パーソナリティ、境界パーソナリティ、性倒錯、嗜癖などのパーソナリティ障害において共通にみられる強固な防衛組織について研究を行なった。シュタイナーは、とくにローゼンフェルドの研究に影響を受けている。そしてそれを「病理的組織化」(pathological organization)と名付け、それが「妄想分裂ポジション」や「抑うつポジション」にみられる対象関係や原始的防衛規制の性質を部分的に持っている病理的防衛組織であることを提唱した。これは、羨望や攻撃性を対象に投影性同一視し、その断片化されたものを再び自己に取り入れ、融合されることによって作り上げられる。それは嗜癖的、倒錯的な対象関係の世界であり、変化にかたくなに抵抗をして平衡を保とうとし、複雑な防衛組織として働くものである。そしてそれはパーソナリティの病理的な面に大きな影響を与えるのである。それは一見「妄想分裂ポジション」や「抑うつポジション」に類似していて見間違えるようなものであるが、実際には二つのポジションに対する強い防衛として働き、健康な迫害的不安や抑うつ不安に対する防衛である。そして対象喪失の過程を妨害し、心の発達を阻止するのである。この組織は第三のポジションともいうことができ、「妄想分裂ポジション」と「抑うつポジション」の境界に存在するものである。こうして、かつては正常のポジションと病理的なポジションの区別が明瞭ではなかったものを、シュタイナーは明確なものにしたのである。そして彼は、この「病理的組織化」には、非常に重症の精神病的なものから強迫などの神経症的なものまで多様性に富んだものであると考えている。シュタイナーは、これはカーンバーグの境界例よりも精神病から神経症までのもっと広範囲の疾患群にみられるものと考えているが、とくに防衛組織の面を強調したものである。そしてシュタイナーは、カーンバーグの「境界パーソナリティ組織」や「境界パーソナリティ障害」もこの「病理的組織化」の一つのタイプであると述べている。

12 おわりに

以上のように、イギリスの精神分析の歴史を順を追って紹介しながら、それがカーンバーグの境界例つまり「境界パーソナリティ組織」の研究や、DSM-Ⅲ-R、Ⅳの「境界パーソナリティ障害」の成立に対して与えた影響などを述べた。

イギリスにおいては、1930年代から躁うつ病や分裂病の研究が行なわれ、「抑うつポジション」と「妄想分裂ポジション」の早期発達論が構築された。そしてこの分裂と投影性同一視を基調にした原子的対象関係の理論が、カーンバーグの「境界パーソナリティ組織」論に大きな影響を与えたのである。

また1940年代からは、フェアバーンのスキゾイド機制の研究があり、これもカーンバーグだけでなくマスターソンなどのアメリカの境界例研究者に大きな影響を与えている。

またイギリスにおいては、1960年代以降からは、種々のパーソナリティ障害や倒錯、嗜癖などの分析的研究が行なわれるようになり、独自の病理学が発達していった。それらは、ウイニコットの「偽りの自己」、ローゼンフェルドの「破壊的自己愛組織」、シュタイナーの「病理的組織化」などである。それらは、カーンバーグの「境界パーソナリティ組織」の関連した患者群よりはやや広範囲の患者群を含んでいるが、ほとんど共通の患者群の研究をしたものである。それらは、イギリスの境界例研究の独自の病理学であるということができる。

文献

（1） Abraham, K.（1927）*Selected Papers of Karl Abraham, M. D.* Hogarth Press and Institute of Psychoanalysis.〔下坂幸三訳（1995）『アーブラハム論文集――抑うつ・強迫・去勢の精神分析』岩崎学術出版社〕

(2) Bion, W. (1967) *Second Thoughts*. Heinemann.〔松木邦裕監訳（2007）『再考――精神病の精神分析論』金剛出版〕
(3) Fairbairn, D. (1952) *Psychoanalytic Studies of the Personality*. Routledge.
(4) Kernberg, O. (1967) Borderline Personality Organization. *Journal of American Psychoanalysitic Association*, 15 : 641-685.
(5) Kernberg, O. (1975) *Borderline Conditions and Pathological Narcissism*. Jason Aronson.
(6) Klein, M. (1932/1975) Psychoanalysis of Children. In *The Writings of Melanie Klein*, Vol. 2. Hogarth Press.〔衣笠隆幸訳（1997）『メラニー・クライン著作集2』誠信書房〕
(7) Klein, M. (1935/1975) A Contribution to the Psychogenesis of Manic-Depressive States. In *The Writings of Melanie Klein*, Vol. 1. Hogarth Press.〔安岡誉訳（1983）「躁うつ状態の心因論に関する寄与」『メラニー・クライン著作集3』誠信書房〕
(8) Klein, M. (1940/1975) Mourning and Its Relation to Manic-Depressive States. In *The Writings of Melanie Klein*, Vol. 1, pp. 344-369. Hogarth Press.〔森山研介訳（1983）「喪とその躁うつ状態との関係」『メラニー・クライン著作集3』誠信書房〕
(9) Klein, M. (1946/1975) Notes on Some Schizoid Mechanisms. In *The Writings of Melanie Klein*, Vol. 3, pp. 1-24. Hogarth Press.〔狩野力八郎・渡辺明子・相田信男訳（1985）「分裂的機制についての覚書」『メラニー・クライン著作集4』誠信書房〕
(10) O'Shaughnessy, E. (1981) A Clinical Study of a Defensive Organization. *International Journal of Psychoanaysis*, 62 : 359-369.
(11) Rey, H. (1979/1988) Schizoid Phenomena in the Borderline. In *Melanie Klein Today*, Vol. 1, Routledge.〔田中俊孝訳（1993）「ボーダーライン患者におけるシゾイド現象」『メラニー・クライン トゥデイ2』岩崎学術出版社〕
(12) Rosenfeld, H. (1964/1965) On the Psychopathology of Narcissism: A Clinical approach. In *Psychotic States*. Hogarth Press.
(13) Rosenfeld, H. (1971) A Clinical Approach to the Psychoanalytic Theory of the Life and Death Instincts: An Investigation into the Aggressive Aspects of Narcissism. *International Journal of Psychoanalysis*, 52 : 169-178.〔松木邦裕訳（1993）「生と死の本能についての精神分析理論への臨床からの接近」『メラニークライン トゥデイ2』岩崎学術出版社〕
(14) Segal, H. (1981) *The Work of Hanna Segal*. Jason Aronson.〔松木邦裕訳（1988）『クライン派の臨床――ハンナ・スィーガル論文集』岩崎学術出版社〕
(15) Sohn, L. (1985/1988) Narcissistic Organization, Projective Identification and the Formation of the Identificate. *Melanie Klein Today*, Vol. 1. Routledge.〔東中園聡訳（1993）「自己愛構造体、投影同一化とアイデンティフィケート形成」『メラニークライン トゥデイ2』岩崎学術出版社〕
(16) Spillius, E. B. (1988) *Melanie Klein Today*, Vol. 1. Routledge.〔松木邦裕監訳（1993）『メラニー・クライン トゥデイ1、2』岩崎学術出版社〕
(17) Steiner, J. (1979) The Border Between the Paranoid-Schizoid and the Depressive Positions in the Borderline Patients. *British Journal of Medical Psychology*, 52(4) : 385-391.

（18）Steiner, J.（1993）*Psychic Retreats.* Routledge.〔衣笠隆幸監訳（1997）『こころの退避』岩崎学術出版社〕
（19）Winnicott, D. W.（1965）The Maturational Processes and the Facilitating Environment. *International Psycho-Analytical Library*, 64 : 1-276.〔牛島定信訳（1977）『情緒発達の精神分析理論』岩崎学術出版社〕

〔『精神医学レビュー』20号、１９９６年〕

29章　幼少時の性的外傷体験がフラッシュバックした症例

1　はじめに

近年アメリカの研究者の中で、外傷後ストレス障害（post traumatic stress disorder）の研究がなされ、その中でも幼児期の性的虐待の問題を持った例も考察されている。筆者は、幼児期のレイプ事件が19歳時になって突然フラッシュバックしたときから、抑うつ不安発作などに苦しむようになった患者の治療経験を持ったのでここに報告したい。なおこれは症例報告を主としているので、治療経過と技法に焦点を当て、文献的考察などは最小限にしておきたい。

2　症例

患者Tは初診時22歳の女性で、A国の日系二世である（主言語は英語）。19歳のときに、友人が性的虐待の話をしているのを聞いていて、突然自分が5歳の頃に知らない男性にレイプされた記憶がよみがえり、抑うつ状態、不安発作、被害感に苦しむようになった。精神科クリニックを受診し抗うつ薬、抗不安薬を投与され始め、治療者初診まで服薬を継続している。20歳のときに失恋を契機に、軽い手首自傷行為が見られた。幼少時の記憶はほとんどないと言うが、父親が折檻をしたこと、姉にいじめられたことはうっすらと覚えている。なおTは高校生になって初めて、母親が精神分裂病（注：現在の統合失調症。以下同じ）であったことを知り、母親の奇妙な行動の謎が解けたと述べている。Tには、兄と姉が一人ずつある。A国においては、レイプ被害者グループに参加したが中断し、代わりに2週間に1回の頻度で指示的なカウンセリングを受けていたが、症状には変化がないと感じていた。そこで新たな方向性を見付け出したいと、単身来日した。そして叔母の家に同居し仕事を手伝いながら、語学学校に通うことになった。しかし来日後も抑うつや不安発作、対人緊張などはむしろ増悪し、治療者のもとに紹介された。この症状悪化には、母国を離れたときの喪失反応も関与していると考えられた。

(1) 導入期：第1～第9セッション

4回の診断面接後、週1回対面法による精神分析的精神療法に導入した。

最初は、Tは警察官に自転車泥棒と間違えられた話をし、自分の言うことがなかなか信じてもらえない話をした。また誤解を招き、人との距離が遠いので孤立していることを話し、自分の話すことは、人に悪い影響を与えるのではないかということを話した。治療者が、母国を離れて未知の国を訪れるだけでも大変心細くなるであろうし、治療を始めるにあたり、治療者に理解され信じてもらえるのか、悪い影響を与えられるのではないかとTが心配していることをよく表わしている話であると解釈した。それに答えて、Tは誰も信じることができないし、人も治療者も自分を信じてはくれないのではないかという心配を表明した。これ自体は、治療導入期の見知らぬ治療者に出会うときの、Tの初期転移の典型的なものを表わしている。更にTは、自分のことを話し始めると、泣き始めて止まらなくなってしまうのではないかという不安も表明した。またTは、「自分の人生のことは考えたくないし、もし話せば人は不快に感じるだろう」と述べた。ここには、Tは治療を行なうことによって、自己の葛藤的な人生の世界を話すことになることを予感しているようであった。

しかし他方では、「父親は自分のことはまったく助けようとせず、母親は自分の世話ばかり受けていた」ことを話した。さらに、「姉はさっさと逃げ出してしまい、誰も助けてはくれなかったし、自分が母親と家族の問題を解決できないと、とてもいけない子供だと感じながら生活をしてきた」ことなどを述べた。このような話の中に、治療者に例え自分のことを話しても助けようとはせず、責任を取ろうとはしないのではないかという転移感情が表現されていた。この時期、Tはこのような話をするときに、しばしば微笑みながら話したので、それを治療者が指摘すると、Tは激しく泣きながら話すようになった。更に治療者が、Tがしようとしたことは、幼い子供にとっては非常に不可能な負担の重いことであったが、それでも自分の責任と感じながら生きてきた大変さに言及した。

その次のセッションにおいては、Tは抑うつ感の増悪と自殺念慮を述べた。そして家族に手紙を書き始め、沢山の苦情を書いていると言った。また家族は自分に要求ばかりして、誰も自分を助けなかった話をした。このように、Tは、治療を始めることによって、家族に対する苦痛な体験を話していかざるを得ないと感じていたが、そうすることでひどい絶望感と自殺念慮に襲われたのである。このときにもしばしば微笑んでいるので、それを指摘するとTは泣きじゃくりながら、家族についての苦情を述べた。そしてそれを話すと「空虚になり意味もないと感じ嫌でたまたまらなくなる」と訴えた。そして「人は自分の現実を変えることはできない」と、治療者に対する苦情を込めて述べたのである。

その後も、苦しみながらも昔のことを思い出し始めた。彼女の記憶によると、昔父親に自分の首を絞められて気を失ってしまい、その後の記憶がなかったという。彼女は一体何が起きたのだろうかと自問した。また父親は20歳のときのTの自殺未遂の翌日からも、自分を働かせようとした。父親は要求ばかりして、何もしてくれなかったことなどを話し、そのようなことを話すと気が狂ったと思われるのではないかという不安を示した。さらにTは、子供時代から、父親が母親のことを狂人だと呼んでいて、Tも母親のようだとよく言っていたことを思い出した。Tは、「そのような話をしても何の希望も助けもない、意味もないし絶望感が強くなるだけだ」と述べた。

治療者は、Tは自然な気持ちを抱いても話しても、人からは狂人だと思われる心配をしていることや、Tが圧倒されていて気持ちの整理ができないと感じていることを述べた。また、Tの両親のように何も助けようとしなかった一面を治療者にも感じていることを解釈しておいた。この頃、Tには自分の体を剃刀で軽く傷付ける行為が見られた。

Tは、自分の狂気をコントロールできないし、解決策はないことを主張し、仏教についてもっと知りたいことを述べた。治療者は、Tが治療に対する失望と非難を述べていることを告げ、仏教のように万能的な救済を与えてくれるものを求めていることを解釈していった。そしてこの治療を続けることを勧めた。Tは、続けて家族の話をして行き、自分がレイプされた後も父親はそれを信じなかったことや、姉は自分を助けるどころか、自分の身体を触ってかえって傷付けたことを述べ、誰も助けてくれないと激しく泣いた。そして人が変な目で見ると訴えるようになり、人は当てにならないので部屋にじっと閉じこもっていることを述べた。これはTが本当に困ったときには、人に助けを求める自分を排除し、疑惑と失望の中で、閉じこもることによって回避により問題を解決しようとするTの防衛的態度を表わしていたと考えられたので、治療者はそれを解釈していった。

(2) 第2期　自分の内界に触れることに更に強い不安を示した時期：第10～第18セッション

Tは、自分が「あまさん」になって、他の人を助けたいと訴え始めた。そして「人は自分を理解はできない、自分を虐待し拒絶する」と述べた。治療者は、本当はTは治療者や他の人に「あまさん」がするように自分を世話をし助けてほしいと感じていることを解釈した。Tは泣きじゃくり、自分がレイプをされているときに、マットに押し倒され父を呼んだが返事はなかったことを混乱した激しい感情でもって回想した。そして誰も助けてくれなかった絶望的な気持ちを語り、「もう治療室を出ていきたい、何も話すことはない」と訴えた。治療者は、Tがそんなに困っているときにも治療者も誰もが何もできないと感じ、自分が助けを求めても聞こえないふりをしているように感じていることを伝えた。Tは、「治療者はこれ以上何もすることはできず、絶望的だし希望もない」と述べた。治療者は、そのような気持ちが最近もっと明瞭になり始め、様々なことを思い出して苦しくなっていることを明確化した。更に治療者は、そのような苦しい気持ちに耳を傾け理解する人をTはずっと昔から求めてきたが、現実に治療などの機会を得ると、欲求不満のほうが強く感じられてその価値ある面が感じられず、機会をうまく生かせないことを解釈しておいた。

次のセッションでは、Tは「治療を2週間に1回にしたい、治療は助けにならないし話すこともない」と述べた。また「もう自分のことは友人に話しておいたが助けにならなかったし、アパートに移ってひとりで暮らしたい」と述べるようになった。更にTは、「これまでは現実に起こったことを夢と考えたり、感覚を麻痺させて取り除こうとしてきた」と述べ、再び自分は「あまさん」になりたいと言った。治療者は、Tが現実的な人間では誰も助けることはできないと感じてきたことや、「あまさん」のように献身的な人に助けてほしいと思っていることを介入した。また、Tは治療に対してあまりに不満に思っているので、治療の場において本当は援助を得ていることを認めたくないことを告げておいた。

更に次のセッションにおいては、Tは「治療を月に一度にしたい。アパートにひとりで暮らしたい」と述べた。治療者は繰り返して、Tは人に援助を要求するときにはいつもそのように不満を感じ、最終的にはその人から去って行って自分に閉じこもること、Tはその方法がうまくはいかないことを知っていることなどを述べた。またTは治療者の中に自分を無視し助けようようとしない父親の側面を見て、それを攻撃し拒否していると考えられた。そして治療者はTに毎週来るべきであると述べた。するとTは、治療者の処方する薬だけは効果があって不安が和らぐと、治療者の援助的な部分を象徴的に認める発言をした。

その後、姉から手紙がきて、Tと一緒に住みたいと書いてあった。それで彼女は嬉しくなり、アパートを出ていくことも止め、叔母と同居を続けたいと述べた。これは治療者が、治療者の介入に対して、Tが喜びそれを受け入れる気持ちを抱いたことと関連していた。

その時にはTはにこにこしていたが、彼女は再び自己の世界に目を向けて行き始め、レイプ事件のことを思い出した。そして父親が自分の悪口ばかり言っていて、レイプのときも無視し、当時Tを診察した医師が親切にも警察に届けてくれた話をした。この中に、再びTが治療者を信頼し始めている象徴的な徴候を見出せるが、反面父親的なひどい人物像をも投影しているようであった。Tは、「2年前に自殺をしようとしたときは、自分をレイプした男性によく似た男性に失恋したことがきっかけであった」と述べた。しかしTは「父親は自分の苦しみなどは分かってくれなかった」と苦情を述べた。

次のセッションで、Tは変更された時間を間違えて現れたが、治療者が不在であった。その次のセッションでは、寂しさを訴え、家でずっとひとりで泣いていたことを告げた。そして孤独感が強く、それは2年前の自殺未遂のとき以来であると述べた。そしてTは「人には頼りたくない、他人は冷たい、何も話したくはない、人は信じられない、父親も自分のことをかまわなかった」と苦情を述べた。治療者は、時間変更をしてTを無視するような治療者に対してTがそのように感じていることを転移解釈していった。

(3) 第3期　治療者と姉の援助を徐々に受け入れ始める時期：第19〜第25セッション

この後、「姉が自分と住みたいという手紙をくれたが、本当にそう思っているのか信じられない」という話が続いた。治療者が、本当は人が自分のことを考えてくれていることを知っていても、Tが怒っているのでそれを認めたくないことを解釈した。Tは、「昔姉が自分を、なぜ体に触り傷つけたのか」と苦情を言った。そして姉が次のような夢を手紙の中に書いていたことを述べた。「姉がTを窓から突き落とした。姉は両親の部屋の前の本にぶら下がり、何か尖ったものを自分に突き刺している」という夢であった。Tは、「姉に手紙でそれはTに対する姉の罪悪感を表わしていると書き送った」と言った。そして、「家族が自分のことを心配していることは信じられない」と述べた。治療者は、「Tが人から援助を受けていることを気が付いていても、認めたくないように思われるが、それは怒りと絶望感のためであろう」と介入しておいた。

次のセッションでは、Tは少し生活が楽しくなったこと、日本語が難しくもっと勉強したいし、仏教も習いたいことを述べた。そして帰国のことも同時に考え始め、姉に本気で自分と住みたいのかどうか確かめるようになった。また叔母の親切を感じ、受け取ることができるようになった。これは治療者の価値を認め、治療における体験を受け入れていこうとする姿勢も表わしている話であるように思われた。また父親から電話があったときに、初めて日本語で話すことができ、身近に感じたこと、しかし父親を許すことはできないことを述べた。この頃から、Tは自分の感情がはっきり感じられるようになり、表情がすっきりしてきている。そしてTは家族に対する怒りをはっきりと強く感じ始め、同時に自分がずいぶん落ち着いてきたと感じ始めた。治療者は、Tが自分の本来の自然な感情、怒りをはっきりと感じるようになってきたこと、これは実はTが小さい頃から感じていたことだったが、それに圧倒されて対処できなかったので打ち消してきたことを解釈した。Tは「職場や家庭においては落ち着いてきたが、自分が虐待されたことについて、今頃になって非常に腹が立ってきた、父親には働かされ、母親の面倒を見させられ、兄などは自分の好きなことをしていたことも腹が立って仕方がない」と述べた。また以前のレイプ被害者グループに出ていれば良かったと、間接的に治療者が与えてくれたものを評価できるようになった発言をするようになった。

（4）終結期　治療者との関係の中で症状の再燃や防衛機制の再活動があり、自己理解が深まった時期：
第26〜第36セッション

しかし次のセッションから、Tの希望により時間変更があり、夕方の時間に治療者が疲労していてちゃんと受け答えをしないとTが感じたことをきっかけにして、また抑うつ、絶望、引きこもりたい気持ちが現われた。そして狂気の母親が自分に暴力を振るったり、急に行方不明になったり、自分に大変な迷惑をかけたことなどを想起し、誰も信じられないことを述べた。ここでは、急に集中力のなくなる治療者に対して、不安定な母親イメージが転移されているように思われる。このようなTの敏感な転移反応は、セッションの中で激しい変化をしていくのである。更に父親が母親を虐待したこと、自分が母親を助けていかなくてはならないこと、将来の不安について考え、結局は自分ひとりで対処していかなければならないことを泣きながら述べるようになった。また治療者が、あるセッションで都合で遅れることがあったが、父親がわがままを言う自分を見知らぬ町に置き去りにしたことを想起し、自分が治療者に見捨てられる体験を生き生きと描写したのである。それを治療者が、最近の時間変更との関係で解釈するとTは同意し、「先生も信じられなくなった」と述べた。治療者は、そのような言い方の中に、実は治療者に対する期待も更に高まっていること、Tは怒っているために自分が援助を受けていることを認めたくないことを解釈した。Tは、「友人もグループも先生も誰も自分のことを分かってくれないと訴え続けた。治療者は、Tが怒っているときには、そのように人との間で得ているものを認めたくないし、関係も切りたくなり閉じこもってしまいたくなることを防衛解釈した。それに答えてTは、「最近は自分がずっと怒っていることに気付いており、自分が子供の頃に怒っていた場面をひとりでいるときにいろいろと思い出している」と述べた。この頃のTは、表情がすっきりし、自分の体験している感情が明瞭である印象があった。Tは、自分が父親から仕事をさせられ、母親の世話もさせられ大変だったことをまた話すようになったが、自分がその当時どのように感じ、怒っていたかをはっきりと感じることができるというようになった。そしてTは、「自分はこの頃はずっと良くなっていると感じていて、薬なしでもやっていけるようになった」と言うようになった。

その後、最近知り合った外国人の友人にすべて話し気持ちが救われたが、買い物まで誘われると急に離れて閉じこもりたくなったことを述べた。また治療者がセッションをキャンセルすると、次のセッションでは「白昼夢の中で父親が自分にしたひどいことを次々と思い出し、それらを忘れようと努力をしている」と述べた。そして治療者が、それがセッションのキャンセルで治療者に酷いことをされていることと関係があると言うと、Tは肯定し、「治療者に対して強い不信感が出てきた」と述べたのである。そして誰にも会いたくなく、家に引きこもっていることを述べた。治療者は、それはTがかつてずっとしてきた対処法の主要なものであること、そしてそのようなときには、この治療や他者から自分が受けている援助や配慮もどこかへ消えてしまうことを解釈した。

Tはそれをよく理解できたようであった。そして次の週では、自分が調子が良くてこれだと自分ひとりでできそうであると述べた。そして再び友人とも交わり始め、語学学校のグループにも参加して自分のことを話すことができるようになった。そしてもう閉じこもることはしないと思うので、1ヶ月程治療を受けずに様子を見てそれがうまくいけばそのままやってみたいと述べた。その後経過は良く、Tは急に化粧を始め、大人っぽい様子で現れて感謝を述べたのである。その後の経過も問題なく、治療を終了した。

3 考察

岡野は、外傷後ストレス障害の総説の中で、この症例のように幼少時期に性的外傷を受けて、思春期になってフラッシュバックの中で虐待体験を思い出し、それをきっかけに強い抑うつや不安発作などの神経症症状を呈する例も、その一型として記述している。

特に興味があるのは、幼児期の記憶としてフラッシュバックしてくる外傷的記憶が、Tの病理的葛藤と発症にどのような意味があるのかということである。一つにはその記憶が事実かどうかという議論がある。この症例などを聞いていると、そのような体験は確かにあったように思われるが、それが事実か否かという問題よりは、Tの治療上は心的事実（psychic reality）としてとらえることの方がはるかに重要になる。

つまりそれは一種のスクリーン・メモリー（screen memory）のような機能を果たしていて、Tの幼少時からの葛藤的な体験をそのような記憶によって象徴的に表わしていると考えることができる。それは夢の機能に通じるものがあると考えられ、この記憶はTの内的な葛藤世界を圧縮、置き換え、象徴など、夢の機制の中で見られるものと同じ機制を使って、このような記憶を構成している可能性があると思われるのである。そして、Tの内的葛藤の世界が、全般的に両親などによって傷付けられ攻撃されたと思われるような辛い体験によって成り立っていることを示唆しているのである。

Tはこのフラッシュバックをきっかけにして、それまでの過剰適応的な「偽りの自己」(false self)の防衛が崩壊し、抑うつ、不安発作、注察感などを発症した。またTをレイプしたと思われる人物によく似た男性に片思いをしてふられたことをきっかけにして、抑うつ状態の悪化や自殺未遂を経験している。これは、未解決の外傷体験に対する自虐的な反復強迫であると考えられる。

実際の治療経過を見ると、Tは多くの幼児期からの両親との葛藤を想起し始め、フラッシュバックで思い出された外傷体験はその一部でしかなかった。Tの葛藤の内容は、アルコール依存の暴力を振るう父親、精神病の頼りない母親の世話をTがする責任を負わされていたことや、傷付け会う両親、兄弟などに対するTの絶望的な抑うつと憎しみの感情から成り立っていた。さらにレイプしたのは父親ではないかと思わせるような記憶も語っているが、いずれにしてもそれが事実かどうかを追及することは不可能であるであるし、治療的にはその心的事実のダイナミックスを理解していくほうが重要なことであった。フラッシュバックは、Tを治療に向かわせそれまで未解決だった様々な両親との葛藤を思い出させ、解決するきっかけを提供した印象が強い。つまりフラッシュバックは、Tの葛藤的な内的世界に目を向けていく入り口のような働きをしている。

Tは、それらに対して抑圧し記憶から消し、情緒を排除し、感情を麻痺させることによって対処してきた。また、誰も助けてくれないことに対する絶望と人に対する落胆や怒りのために、Tは家族の問題を思い出し始めると抑うつになったり自殺念慮を抱いたりした。また他方では治療者からの援助を拒否し、価値のないものと思い、ひとりで生活をしようとした。これはTの典型的な悪い対象の投影性同一視（projective identification）による転移であり、引きこもりの防衛機制である。実際の治療においては、Tの不信感に満ちた内的対象の転移解釈と、Tの典型的な防衛機制を丁寧に解釈することが最も重要な治療技法であった。これは他の神経症やパーソナリティ障害の治療技法と基本的には同質のものである。

なおTは強い情緒的混乱と頑固な防衛を示したにもかかわらず、比較的短期間に改善していった。これは、①フラッシュバックが起こるまでは、Tの社会的機能は過剰適応の面がありながら比較的発達していて、両親の世話をしながら学業も続けていたこと、②発症の仕方が急性で反応的なものであること、③フラッシュバックによって無意識の一部が意識の世界に突出したことが、むしろTがそれまでは未解決だった抑圧された世界を見据えていこうとする時期でもあったと考えられること、④全体的には、軽度情緒不安定型パーソナリティ障害の水準（筆者はこれを神経症水準と考えている）にあったためであろう。

4　おわりに

幼少時に性的外傷体験をしたと考えられる女性が、思春期におけるフラッシュバックを契機に抑うつ、不安発作、注察感、自殺念慮などを発症した例について、その治療経過を報告した。またそれが、一般の神経症やパーソナリティ障害の治療法と基本的には同じものであることを示しておいた。なお筆者は神経症水準については、DSM-Ⅳにおけるパーソナリティ障害の軽度のものを含めて考えている。

参考文献

（1）　丸田俊彦（1995）「心的外傷と心的現実」『精神科治療学』10巻1号、3-8頁

（2）岡野憲一郎（1995a）『外傷性精神障害』岩崎学術出版社
（3）岡野憲一郎（1995b）「外傷性精神障害のスペクトラム」『精神科治療学』10巻1号、9-19頁

〔『精神科治療学』12巻2号、1997年〕

30章　「ひきこもり」の症状形成と時代精神
――戦後50年の神経症状の変遷の中で

1　はじめに

「ひきこもり」に関しては、最近は様々な視点から論議が行なわれている。筆者は、数年間は、主として分類と治療論について臨床研究発表を行なってきた。本稿においては、「ひきこもり」の症状選択の問題について論じてみたい。そのために、戦後における神経症や思春期青年期における様々な症状の変遷とその時代背景との関係を論じる。そして、ひきこもりを近年の症状の変遷の歴史の中での位置づけ、その意義について考察する。更にその背景にある個人の神経症的葛藤の共通性について論じてみたい。そして治療的には、その症状にはとらわれずその症状形成に関係している、個人の無意識的葛藤領域の問題を扱うことが重要であることを示したい。

2　ひきこもりの定義

近年「ひきこもり」の問題が社会的状況を反映して、とくにメディアを通して注目されている。「ひきこもり」という用語は、本来臨床的には患者個人の状態像を著す用語で、疾患名ではない。しかし、最近臨床現場においても、若年成人（特に20歳代前半）の主として男子において、現象的に「ひきこもり」の状態を主特徴とした患者群が多く見られるようになった。そのような患者群を臨床的に観察すると，様々なタイプのものが存在していることが明らかになって来ている。その中でも，精神病的なものは「ひきこもり」の疾患群から除くのが通例である。更に「ひきこもり」には，一次的なものと二次的なものがある。「一次的ひきこもり」は，固有のひきこもり群であり，他の神経症的症状は顕著ではなく，「ひきこもり」そのものが主な症状で，その背景に無気力，空虚感などをもっている。「二次的ひきこもり」は，他の神経症的な症状のために「ひきこもり」の状態にあるものを呼んでいる。

本稿においては，この「一次的ひきこもり」（以下「ひきこもり」）の問題を論じてみたい。

3　現代と「ひきこもり」

「ひきこもり」は，現代の日本にかなり固有のものと言われている。他の先進諸国などを見ても，このような「ひきこもり」のような症状選択，行動選択を取っている患者群は多くはないようである。つまりこれは神経症患者のある個人的な症状選択のタイプの一つであるだけでなく，その症状選択には何か社会の雰囲気を反映しているものがあろう。この症状選択の問題は，古くて新しい問題である。19世紀末から20世紀初頭において，フロイトはヒステリーや強迫神経症に注目し，彼は幼児期のエディプス・コンプレックスにその病理の源泉を見いだしている。そのときに，最初は彼は症状そのものの象徴的な意味についての研究に集中していたが，後半にはその症状形成の背後にある無意識的葛藤の解明に力点を移動させている。そして，各疾患によって，発達論的に異なる段階における葛藤が症状形成に関連していることを見いだしている。それでも，すべての症状選択の問題が明らかになった訳ではない。

実際にこの症状の変遷は，社会の状況変化に並行して何かの力が働いているかのように変化している。そして，若年成人の社会不参加の問題が明らかにされるようになったのは、最初は一部の患者について、笠原が退却神経症という概念によって明らかにしているものである。しかし、90年代になって「ひきこもり」の問題としてかなり多くの若年成人の患者群が見られるようになっている。それはほとんどが男性患者であり、多くの女性患者は80年代からよく見られるようになった摂食障害である。これらの症状選択は、上記のように時代のある雰囲気や状況を象徴的に病理的に表現していると思われるのである。そして、それらは社会の状況をネガのように表現しているように思われる。

4 時代精神の変遷と神経症症状の変化

ここでは、この症状選択の問題を主に考察してみたい。そのためには、大まかに筆者が精神科医になって約30年間の経験も含めて、第二次世界大戦後の非精神病成人患者、特有の妄想状態を含む思春期青年期の患者の症状変遷を振り返って見る。やや煩雑で迂遠ではあるが、それはおそらく現代の「ひきこもり」の症状選択の理解のためにヒントを与えるであろう

(1) 1960年代まで

戦後から1960年代までは、対人恐怖症が多く、吃音や赤面恐怖症、ヒステリーでは意識消失、けいれん発作、後弓反張、手袋状知覚障害などがよく見られた。また憑依妄想などもよく見られた。対人恐怖症などに関しては、家父長的な道徳律が比較的生きていた時代には、一般社会の基本的心性として、自分が他者からどのように見つめられているかということが自己の存在にとって重要な要素であったことと関係性がうかがわれるのである。また、転換症状がよく見られたが、それは身体が病んでいることが、周囲に対しても自分に対しても自己の

苦痛を受容され受容し、苦しみをアピールするためにも最も適したものであったのだろう。憑依妄想などは、山村などの伝統的な小社会におけるシャーマニズム的な自然との神話的な交流が見られるところで、よく見られていた。そして、人格が獣や神話的な存在物に転換してしまうことによって、自己のコントロールできない他者的な自己を持っていて、苦しんでいることを表現していたように思える。そのような表現手段は、病理的なものではあるが、そのような特殊なコミュニティの背景にある基本的な状況を良く捉えたものであり、最も適した表現手段であったのだろう。

(2) 1970年代

この時代になると、転換症状を持つヒステリーはやはり女性に多く見られていたが、現在の境界例と言われる患者群が徐々に見られるようになっている。後者は、症状としては抑うつ発作、情緒不安定性、衝動制御の困難さ、自傷行為などが特徴であり、自分が混乱し自己が確立していない状況を、より直接に表現するような患者が見られるようになった。

当時の社会状況は、徐々に都会文化が中心になりつつあり、個人主義が台頭し始め、周囲の目をあまりはばからず、自己主張や自己表現をする若者などが日常的に見られるようになった。そのような状況においては、身体症状への転換など手の込んだことをすることなく、直接的に自己の病理的な状態を表現する症状選択の方法を採用しているのであろう。

この頃には、対人恐怖症も重症化した症状を訴えるものが多くなった。つまり思春期妄想症とか自我漏洩症候群といわれた自己臭恐怖症、醜貌恐怖症などである。これらの患者群は、多くは男性であったが、自己臭恐怖の場合には、女性患者も見られた。これらの患者群は、自己が他者からどのように見られるかという不安が見られるが、その原因が自分の中に存在する醜い他者からいやがられ避けられるというものである。つまり自己が他者に苦痛を与えるようなものを内部に持っているという症状である。これは当時、徐々に社会に対して反旗を示し始めていた若者たちが、権威に対しての挑戦をする中で、自己の攻撃性が他者にどのような苦痛を与えているのかという不安を、カリカチュア的に表わしているものでもあろう。

(3) 1980年代から現代

この時代になると、社会は豊かになり、生活物資は周囲にあふれているようになった。転換症状を主な症状とするヒステリーや自我漏洩症候群の患者は少なくなり、女性は摂食障害、男性は「ひきこもり」が徐々に見られるようになっている。

a　摂食障害

摂食障害は、その背景に境界性パーソナリティ障害が多く見られ、ついでスキソイド・パーソナリティ障害が見られる。その摂食障害の症状自体が、自己の口愛期的対象関係の障害を表わしていることが特徴である。女性が食べ物の摂取に関する症状を選択するのは、女性が身体像の形成や身体内部に対して、特別に象徴的な意義を持っていることと一部は関連していると考えられる。

摂食障害の中で、80年代前半によく見られた神経性食欲不振症に関しては、現代社会で孤立した女性たちが、自己の存在の危うさや愛情を十分に受けていない飢餓状態を病理的に表現しているようである。また、思春期青年期における分離個体化と女性性の確立の時期に、自分の身体が成熟することへの拒否と不安を表現しているとも考えられている。これは、現代の一般の女性が、時代の特徴的な共通する雰囲気として、自己の分離固体化と自立に対する不安を持っていることと、大きな関連性があると考えられるのである。

過食症の場合には、多くは嘔吐を伴っているが、これはどん欲性と「良い対象」(養育者)に対する羨望や価値下げの問題を表現している。つまり、自分はいつも欲求不満と空腹に晒されていて、どん欲に食物をほおばるが、飲み込んだとたんにその食物は、気持ちの悪い対象に変換してしまい、嘔吐によって吐き出されてしまう。これは、赤ん坊の原始的な対象関係の悪循環を表現していると考えられる。つまりそのような女性患者は、自分が養育者によって永久に満たされることはなく、どん欲に食べ物を求めるが、与えられたものはすべて吸収する価値のないものであるという、対象関係の病理的特徴を具象的に表現している。また、これは現代社会に溢れている消費物資が、自己の真の欲求を満たす質を持ち合わせてはいないとか、量的な満足では癒やされることのない心が存在していることを訴えているようにも見える。1990年代になると、過食症のほうが多く見られるようになっている印象があるが、彼女たちは、なぜこのように直接的に原始的対象関係における自己と他者との関係性の問題を表現するようになったのであろうか。この時代は、かつての権威主義的な社会が衰退し始め、自己主張と個人主義がより顕著になり始めた。日本社会は先進国として物質的に豊かになり、多くの個人は大都会に住むようになった。又転勤による移動も激しくなり、核家族が孤立した状態で大都市に大量に見られるようになったのである。若者は、自由を謳歌し権威に対して比較的自由に抗議声明ができるようになったが、孤立と両親世代との世代間の区別がはっきりしない状況に置かれるようになった。女性も、明確な女性像を社会が提供することができなくなり、確固とした自己感を得る機会を得ることが困難になっているのではないか。そのような時代の雰囲気を敏感にキャッチして、シニカルでネガとしての摂食障害として、成熟した女性としての身体機能を持つことができない病理的な表現をする人たちが登場しているように思われる。なお、一部には多重人格症の患者が、少数ではあるが見られている。これも、現代社会が多くの変化する社会場面で、異なる自己の面や機能を使い分けることを強いられている、現代人の在り方を巧妙に、症状形成に取り込んだものであろう。

b 「ひきこもり」

「ひきこもり」（一次的）の患者群も1980年代からみられるようになり、1990年代からは多く見られるようになった。彼らのほとんどは男性患者であるが、無気力と虚無感、不鮮明な自己像と、社会的関係を拒み、成人としての職業選択に関する自己像の確立を避けようとしているように見える。一部の患者群はそれに対して葛藤的で、何とか社会参加をしようと努力をしているようにみえるが、一部はそのような生活に満足していて、社会的生活を求めようとはしないように見える。これは、かつての対人恐怖症や自我漏洩症候群などと同じ系列の症状形成群かもしれない。

「ひきこもり」という特有な症状選択も、やはり現代の社会的雰囲気や状況に対する、病理的な関係性の表現でもある。彼らの「ひきこもり」の行動選択と無気力、自己像形成不全などは、社会がとくに男性の若年成人に期待している分離独立の過程を取ろうとせず、後退して退却した状態である。彼らが回避し退却しようとしたものは、社会的な期待される成人男子の世界であり、現代社会が提供するメディアなどによる多くの情報と、高度な知識や技術を必要とする無機質で競争の激しい、弱者や敗者を受け入れようとはしない社会の中で成人になることに躊躇している姿である。これは、現代の社会に住む私たちが、とくに男性が、心の隅では誰もが持っている不安でもあるであろう。「ひきこもり」の症状選択は、現代社会の男性にとっての厳しい状況を、やはりシニカルにカリカテュア的に表現しているものでもある。ただその逃避としての「ひきこもり」を症状として選択することは、日本特有の父親不在と両親と子供の共生的な関係と大きな関係があるのであろうし、日本の文化の根幹の部分を形成しているものと関連しているのであろう。

（4）まとめ

以上のように、神経症患者などの表現する症状はこの30-40年の間にも激しく変化して、社会の状況を巧妙に反映し、シニカルでネガティブな形でカリカチュア的に表現している。このような症状形成に関しては、フロイトは衝動の表現とそれを検閲して社会に受け入れられるものに変形する妥協生成の過程を論じている。実際の症状形成の変遷を見ると、患者各個人はそれぞれきわめて社会の状況を敏感にキャッチし、その社会の不安や病理的側面を巧妙に取り入れて、自己の病理としての表現を行なっているのである。そこには、患者個人の無意識の力が大いに関係している。患者たちが表現しているものは、社会における一般の個人が直面しているもっとも過酷な葛藤的な状況を、敏感に察知して、病理的ではあるが、社会の前線の心的状況を前衛的に表現しているのである。

5 多彩な症状選択の背後にある無意識的葛藤

「ひきこもり」も一般の神経症やパーソナリティ障害における多彩な神経症症状は、個人の未解決の無意識的葛藤の表現形態であると考えることができる。また右記のように、これまでも多彩な神経症症状が、時代の変遷とともに変化してきたことを見てきたし、それらは時代の負の雰囲気を見事にとらえて、隠喩的に表現しているものでもあった。そのために神経症症状を持つ患者群は、ある意味で時代の不安についての前衛的な負の語り部でもあるのである。

他方で、そのような個人には固有の葛藤があり、それが社会的表現として病理的な症状選択が巧妙に行なわれている。そして、時代の流れとともにそのような様々な症状選択の変遷を示してきた患者たちも、背景にある無意識の葛藤には多くの共通したものが見られる。つまり幼少時期からの両親（あるいは養育者）との葛藤が、未解決のままに心の無意識の中に存在している。そこには、各患者個人の固有の幼少時からの長い生活史の世界がある。代表的なものとして、0歳児における早期対象関係の未解決の葛藤、つまり妄想分裂ポジションにおける迫害的不安の世界、抑うつポジションにおける見捨てられ不安や抑うつ不安などが見られる。幼少時から両親と子供の関係における過剰な葛藤的不安が体験され、それらが思春期青年期まで未解決のままに持続している個人が、各種神経症症状を呈する準備状態にあるのである。そして、葛藤を刺激する体験をきっかけに、社会の不安と病理的側面を敏感にキャッチして、個人の葛藤と巧妙な複合体としての症状形成を行なうのである。症状としての「ひきこもり」もしかりである。

6　おわりに――ひきこもりの臨床の特徴

時代とともに神経症症状は変化してきているが、その背景にある患者個人個人の葛藤は多くの共通点がある。そして、実際の治療においては、その症状に焦点を当てるだけではうまくは行かないのである。症状はあくまで、何かの個人の葛藤がうまく処理されていないサインである。それでも臨床的には、その症状によって治療的な手続きに特有の問題を呈している。しかし、基本的な治療目標は「症状から対象関係へ」である。

「ひきこもり」の患者群は、多くが本人は受診することはなく家族の相談が多い。これは多くの患者が、無気力で対人接触を避けたがる傾向や、自己愛的生活の中では葛藤を感じることができなくなっており、葛藤を感じる部分は家族に投影されているのである。つまり家族は患者について大変困り心配しているが、患者個人はその葛藤さえ抱かなくなっているものが多い。

本人が受診することが少ないために、ひきこもり患者は特殊な治療上の工夫をする必要がある。まず第一には家庭訪問方式、電話による相談などあくまで患者本人を治療対象にしていこうとする姿勢のものがある。しかし、これでも患者が治療者には出会おうとはしないものも多く存在しているし、人的にも大変な労力を必要とするものである。次には、家族を通しての治療、つまり家族相談を主要な治療法として行なう方法である。家族が受診することが多いために、家族を通した援助が重要な手段になる。そして家族全体のダイナミックスの変化が、患者の無意識的葛藤の解決に影響を与えることをもくろんでいる。

参考文献

（1）浅田護（1999）「非分裂病性ひきこもり青年の対象関係論的外来分析グループ」『精神分析研究』43巻2号、１０８-１２０頁
（2）藤井康能・衣笠隆幸（1995）「成人の家庭内ひきこもりの臨床的検討（第一報）」第91回日本精神神経学会
（3）藤山直樹（1999）「ひきこもりについて考える」『精神分析研究』43巻2号、１３０-１３７頁
（4）狩野力八郎・近藤直司（2000）『青年期のひきこもり』岩崎学術出版社
（5）笠原嘉（1988）『退却神経症』講談社現代新書
（6）衣笠隆幸（1998）「ヤングアダルトのひきこもり」『臨床精神医学』増刊号、１４７-１５２頁
（7）衣笠隆幸（1999）「〈ひきこもり〉とスキソイドパーソナリティ」『精神分析研究』43巻2号、１０１-１０７頁
（8）衣笠隆幸（2000）「自己愛とひきこもり――精神保健福祉センターの相談状況」『精神療法』26巻、５８６-５９２頁
（9）近藤直司（1997）「非精神病性のひきこもりの現在」『臨床精神医学』26巻、１１５９-１１６７頁
（10）斎藤環（1998）『社会的ひきこもり――終わらない思春期』ＰＨＰ新書
（11）牛島定信（1997）「非精神病性のひきこもりの精神力動」『臨床精神医学』26巻、１１５１-１１５６頁

〔『こころの臨床 a・la・Carte』20巻2号、２００１年〕

31章　精神分裂病の精神分析療法

1　はじめに

近年の精神分裂病の治療は、主として薬物療法とリハビリテーションを中心にした地域精神医療の中で行なわれている。しかし、一部の精神分裂病の患者群は、精神分析療法によって改善するものがある。特にイギリスのクライン学派は、積極的に精神分裂病の精神分析的臨床研究を行なってきている。ここでは、精神分裂病の精神分析療法に関するフロイト(Freud, S.)以来の歴史的研究と、イギリスのクライン学派の研究を主として紹介したい。

2　精神分裂病の精神分析療法の研究

（1）フロイトの精神分裂病に関する基本的な視点

フロイトは、精神分裂病に対する精神分析の適応については悲観的であったが、その精神病理的な研究では後の研究のための重要な貢献をしている。彼は「シュレーバー症例」の中で、精神分裂病の妄想形成過程の病理学的研究を行ない、原始的抑圧や分裂、投影の防衛機制を論じている。更に、症状形成に関する主治医との同性愛的関係性の問題を論じているが、それを転移の問題として明確には論じてはいない。この論文は、あくまで精神分裂病の病理学の研究を目的にしたもので、フロイトは精神分裂病は精神分析の治療の対象とはならないと述べている。

更にフロイトは、自己愛（narcissism）の研究の中で、生後直後からしばらくの間、赤ん坊は一次的自己愛（primary narcissism）の状態にあると考えている。それは対象を必要としない、もっとも原始的な早期の自己愛的状態であると考えていた。また、一度対象関係が成立した後になって欲求不満に陥ったときに、赤ん坊は対象へのカセクシスを撤退して、自我にカセクシスを向けてしまう。これは自己愛的状態であり、フロイトはこれを二次的自己愛（scondary narcissism）と呼んだ。フロイトは、精神分裂病はこのような二次的自己愛の状態にあるために転移を起こす力がなく、精神分析の治療の対象にはならないと述べている。そしてまた、幻覚や妄想状態はカセクシスを撤退した後に、自我が対象を修復するための手段だと考えている。更にフロイトは、精神分裂病の患者においては、自我のすべての部分が精神病状態になるのではなく、精神病的な部分と健康な部分が同居しているという重要な視点を提供している。

しかし、フロイトは精神分裂病の精神療法に関しては、精神分析の技法を修正して、陽性転移を維持するような治療がよいと考えていた。彼のこの考え方は、精神分裂病を積極的に研究した、フェダーン（Federn, P.）、サリバン（Sullivan, H.）、フロム＝ライヒマン（From-Reichmann, E.）、サール（Searles, H.）などに受け継がれてきた。彼らに共通しているのは、本来の転移解釈を中心にした精神分析的な技法を修正して、陽性の関係を維持して陰性の情緒を解釈しないことである。

（2）アブラハムの躁うつ病の研究

アブラハム（Abraham, K.）は、精神分裂病の精神分析治療に関して、初期には治療の対象としては否定的であったが、後半には治療の可能性を示唆している。しかし、彼の治療対象の興味はほとんどが躁うつ病であった。アブラハムは、ベルリン研究所においてクライン（Klein, M.）を教育し、後のイギリスにおけるクライン学派の精神分裂病論と治療技法に大きな影響を与えることになった。

（3）クラインの精神分裂病の研究

１９４６年にクラインは、精神分裂病の病理学に関する研究を発表し、「妄想分裂ポジション」(paranoid-schizoid position）の概念を、精神分裂病の病理学の基本的な視点として発表した。つまり、精神分裂病は、この妄想分裂ポジションに固着した状態であると考えている。この妄想分裂ポジションは、生後直後から生後３～４ヶ月の子供に見られる心性である。

妄想分裂ポジションの特徴は、以下のようである。①部分対象関係であり、個々の体験に時間的空間的なつながりがあるとは、認識できない。また満足をもたらす部分対象との良い対象関係の世界と、欲求不満に陥れる悪い部分対象関係の世界が、同一人物との関係であるとは認識できない（良い対象・自己と悪い対象・自己の体験世界が分裂［split］している）、②良い部分対象関係の世界では、自己は対象を理想化し、強い熱情と愛着を向けている。悪い部分対象関係の世界では、自己は欲求不満をもたらす対象に対して、激しい攻撃性と憎しみ、怒りを向ける。そして、対象から報復され攻撃されるという迫害的不安（persecutory anxiety）におののく。③この時期に活動している防衛は原始的なもので、分裂、投影性同一視（projective identification）、取り入れ（introjection）、否認（denial）、万能（omnipotence）などである。④このときの欲求不満に満ちた悪い対象関係が過剰に優勢で、過剰な迫害的不安が反復するときには、幼い子供はそのような不安に対処することができず、そのまま分裂排除したまま心に存続させる。そして、生後5～6ヶ月頃から見られるようになる統合の時期（抑うつポジション［depressive position］）になっても、その部分は自己に統合させせないままに分裂排除したままの状態にしておく。これが後に精神分裂病の素因となると考えられている。

健康な子供の場合には、欲求満足の良い対象関係の世界が十分であり、欲求不満の程度も大きくなく、赤ん坊の不安に対する耐性も十分である。迫害的不安も軽度で、良い対象関係が悪い対象関係を凌駕した状態である。このような場合には、抑うつポジションにおける統合が行なわれ、迫害的不安は一般的な不安に変化する。

（4）ビオンの研究

a　精神病的パーソナリティと非精神病的パーソナリティの並存

ビオン（Bion, W.）は、フロイトの研究を引き継いで、精神分裂病においては精神病的パーソナリティ（psychotic parsonality）の部分と非精神病的なパーソナリティ（non-psychotic personality）の部分が、並存していることを提唱した。そして、精神病的な部分の形成過程を明らかにした。精神病的パーソナリティの部分は、クラインの妄想分裂ポジションに該当するが、ビオンは二重のパーソナリティ論として精神分裂病の状態にある個人の内的状態をより明らかにした。また彼はこの二つのパーソナリティ部分が、治療者に対して転移を起こすことができると考えている。

b　精神病的パーソナリティ部分の形成過程

ビオンは、赤ん坊と母親をモデルにして、精神病的パーソナリティの形成過程を明らかにしている。赤ん坊が素質的に欲求不満に絶える能力が十分でなかったり、母親のコンテイナー（container）の機能が十分でないとき、あるいはその両者の問題が重複するときには、赤ん坊の感覚印象（sense impression）は攻撃されて、心の材料として使用されなくなる。そしてその感覚印象と自我の認知機能は断片化されてしまう（ベータ要素［beta elements］）。それは外界（母親の乳房など）に投影性同一視され、奇怪対象となる。それは本来赤ん坊の攻撃性を含んだ、迫害的な対象である。赤ん坊は、そのような外的な対象を再び取り入れて、自己の中で統合というよりは融合した状態で自己の一部を形成する。それが精神病的パーソナリティである。つまり、それは本来欲求不満をもたらす対象と、それに対する自己の攻撃性を含む対象関係の集塊からなっているからである。

赤ん坊の欲求不満に対する素質的な耐性や、母親のコンテイナーの機能が十分であるときには、赤ん坊は感覚印象を破壊せず、意味ある体験として自己の心の形成過程や思考、夢などに使用することができる。これをビオンはアルファー機能（alpha function）と呼んでいる。これは非精神病的なパーソナリティ部分の形成過程である。

c　思考の研究

ビオンは、思考などの重要な自我の機能の形成過程も、同様に赤ん坊と母親間の欲求不満の体験過程が、耐えられるものであれば思考は破壊されず健康な発達を示す。逆に耐えられない場合には、思考は攻撃され、思考障害が見られるようになる。つまり患者が精神分裂病状態のときには、現実の苦痛を回避するために、自我機能そのものを攻撃し破壊してしまう現象が見られ、これが患者の思考障害や言語機能の破綻などの症状として見られるのである。

(5) ローゼンフェルドの研究

a　精神分裂病における投影性同一視の研究

ローゼンフェルド（Rosenfeld, H.）も精神分裂病の臨床研究を熱心に行なった分析家である。彼は特に、精神分裂病の患者の治療経過において、よく見られる投影性同一視の臨床的分類を行なった。それは以下のようである。①正常な投影性同一視、これは赤ん坊が母親とコミュニケーションを行なうときに基本的な要素である。そして共感や相手の気持ちを汲む能力の基本になる。②自己の苦痛な部分を排除するため。③対象を支配するため。④対象と融合して分離不安を防ぐため。⑤対象に寄生的になるため。などである。⑥以下は、病理的なものである。

b　破壊的自己愛の研究

ローゼンフェルドは、陰性治療反応の研究をし、人格の中に破壊的で支配的な部分が存在し、自己の破壊性を万能視し理想化する自己愛組織（narcissistic organization）が存在すると考えた。そしてその部分は、健康な自己の部分を攻撃し、他者に依存したり信頼したりするような自己を攻撃して破壊してしまう機構を明らかにした。彼はこのような破壊的自己愛組織（destructive narcissistic orgnization）の中には神経症的なものから各種の病理的パーソナリティ、精神病的なものまで幅広いスペクトルがあると考え、もっとも重症な精神病の状態は精神分裂病の状態であると考えている。

（6）シーガルの研究

シーガル（Segal, H.）も精神分裂病の研究を右記のクライン、ビオン、ローゼンフェルドとともに行なってきた。彼女は、とくに象徴機能の形成過程の障害を研究した。つまり、精神分裂病の状態である妄想分裂病ポジションにおいては、まだ象徴機能は発達していず、象徴するものとされるものが区別されていない。これをシーガルは、象徴等価物（symbolic equation）と呼んで、精神分裂病の特徴のひとつであることを提唱した。

（7）シュタイナーの病理的組織化の研究

シュタイナー（Steiner, J.）は、ビオンとローゼンフェルドの研究をもとに、更に病理的パーソナリティの形成過程を研究した。それは精神分裂病の状態のものからそううつ病状態、各種の病理的パーソナリティ、神経症的状態までをも敷衍する病理的パーソナリティ形成論である。

(1) 病理的組織化（pathological organization）はパーソナリティの一部であり、それは健康な妄想分裂ポジション、抑うつポジションから発達的には逸れてしまった病理的な第三のポジションである。それは防衛組織として機能し、変化に対して強い抵抗を示す。

(2) 病理的組織化の形成過程は、ビオンが精神病的パーソナリティの形成過程で明らかにした視点を基本にしている。つまりシュタイナーは、様々な段階における欲求不満の体験が、精神病的パーソナリティだけでなく、種々のパーソナリティ形成に関与していることを明らかにした。非常に早期から比較的後期まで様々な欲求不満の体験世界のいずれかの時点において、赤ん坊は自己の耐えることができないほどの欲求不満をもたらす対象に対して、激しい攻撃性と憎しみを向け、それを対象に投影性同一視する。そうすることによって悪い迫害的対象が形成され、自己はそれらを再び取り入れて同一化し、病理的組織化を形成する。その部分は欲求不満をもたらす悪い対象と、それに対する自己の怒りと憎しみが含まれているために、内在化され同一化された病理的対象は、それらの破壊的な性格を持つものになる。

(3) この病理的組織化は、他の健康な自己の部分を支配し、健康な体験を基に発達し成長して対象と更なる新しい関係を持とうとするような自己の部分を攻撃するのである。そしてそのようにして、自己が変化していくことに対してかたくなに抵抗する。その特徴は関係性の倒錯とそのような歪曲された対象関係への嗜癖である。

(4) この病理的組織化はしばしば退避の場所としても利用される。つまり、たとえば治療過程において、自己理解が進んでいくときのように、自己が苦痛な現実に向かおうとするとき、一定以上苦痛が強いものになると個人は病理的組織化の世界に退避してしまう。そして、それまでの健康な自己の自己理解や現実を認めていこうとする自己の部分を攻撃するようになる。それは臨床的には、陰性治療反応の部分をもたらし、症状の悪化、自傷行為、反社会的行為などが起こるようになる。

そしてその病理的組織化が精神病的なものであれば、臨床的には精神分裂病や躁うつ病の状態を呈するのである。

以上のように、クライン学派における精神分裂病の研究は、最近では病理的パーソナリティの一部として研究されている。

3 クライン派における精神分裂病の精神分析療法の臨床

(1) 患者の選択──心因原性精神分裂病の鑑別

精神分裂病の診断をされた患者の中でも、すべての患者が精神分析の対象とみなされるわけでもなく、すべての患者が精神分析療法を受け入れるわけではない。

実際には、発達的な診断面接を十分に行なって、患者が精神分析療法の適応か否かを吟味する必要がある。一般には50分の診断面接を4回行ない、描画法や投影法の心理検査を併用する。そのときに、①患者が葛藤的な特有のエピソードを比較的多く語ることができる。②両親像が比較的葛藤的なものである。③治療者がこの患者の場合には精神療法が良いのではないかという特有の逆転移が生じる。④そのときに、患者に精神療法を勧めると応じる。などが、精神分析療法の適用の目安になる。

筆者の臨床経験では、精神分裂病に関しては、より生物的生理学的障害を基盤としたものから、より生後早期からの対象関係の問題を基盤にしている心因原性精神分裂病まで幅広いスペクタルが存在していると考えられる。精神分析療法の適応となるのは、より心因原性の傾向が大きいものと考えられる。

生物学的生理学的障害を基本にしていると考えられるものは、ブロイラー（Bleuler, E.）の精神分裂病の中核群にほぼ該当し、心因原性のものは周辺群にほぼ該当すると考えられる。前者の場合には、薬物療法とデイケアの作業療法などのリハビリテーションを基本にした治療法が基本になる。後者の場合には、薬物療法は補助的なものになることが多く、精神分析療法の対象となることが多いようである。

(2) 治療構造の維持、自由連想法の維持、中立性の維持

クライン学派の考えでは、精神分裂病は原始的なものではあるが転移を起こす能力があり、精神分裂病の精神分析においても、精神分析の基本的な技法は変更をしないという方針である。そのためにカウチを使用し、自由連想法を基本にしていく。治療者は、基本的には中立性を維持し、患者の無意識の世界の理解をし言語的な解釈によって原始的な不安を明らかにすることを中心的な仕事にしていく。つまり、治療者は転移解釈を中心に行ない、とくに陰性の転移を積極的に扱っていこうとする。これはフェダーン、サリバン、フロム＝ライヒマン、サールなど、主としてアメリカにおいて精神分裂病の治療を積極的に手がけた臨床家達が、転移解釈を控えて陽性転移を維持しようと努力したこととは対極をなす技法である。

(3) 転移と逆転移の理解

クライン学派の治療者たちは、精神分裂病が原始的な精神病的転移 (psychotic transference) を起こすことを確認している。それはクラインが妄想分裂ポジションで明らかにしたような部分対象関係の世界で、迫害的不安が過剰に強く、分裂や投影性同一視などの原始的防衛機制が活動している世界である。治療者は、臨床においてそれらの活動状況を理解し、解釈していくことが重要な仕事になる。患者は、治療経過の途中でしばしば精神病的破綻をきたしたりするが、それでも治療者がその中に患者の微妙なコミュニケーションを読み取っていくことが重要な作業になる。

精神分裂病の患者群では、しばしば言語機能や思考の機能が攻撃されて、現実の苦痛な体験を認識することを避けようとする傾向が見られる。そのときには治療者は、非常に原始的な患者のコミュニケーションのサインや自分の逆転移感情を指標にしていく。そして、患者がそのような原始的な対象関係の状態にあるときに、治療者

に対してどのようにそれを表現しているかを理解することが重要である。

（４）言語的解釈の重要性

治療者は、精神病的な対象関係の転移における患者の内的状態や迫害的な不安を理解することが重要である。そして治療者は、それを言語的な解釈によって、患者に伝えることが重要な治療的作業になる。そうすることで、患者の非精神病的な部分に働きかけ、患者の原始的な無意識の体験世界を、患者の非精神病的な世界へと統合を促すことを目指している。

4　おわりに

精神分析における精神分裂病に関する理論と治療技法について概説した。フロイトは、精神分裂病は転移を起こすことができず、精神分析治療には否定的であった。そして、もし行なう場合には転移解釈を行なわず、支持的なものに技法を修正するように提唱している。その意見を継承したのが、主としてアメリカで活躍した分析家達である。

他方、イギリスにおいてはクライン派の分析家達が、クラインの妄想分裂ポジションの研究を基礎にして、転移解釈を基本にした精神分析療法を行なってきていることを明らかにした。筆者は後者の影響を受けているので、後者をやや詳しく紹介した。

参考文献

（1）Bion. W.（1957）Differentiation of the Psychotic from the Non-Psychotic Personalities. *International Journal of Psychoanalysis.*

38(3-4) : 266-275.〔松木邦裕監訳（1993）「精神病人格と非精神病人格の識別」『メラニー・クライン トゥデイ1』岩崎学術出版社〕
（2）Freud, S.（1911）Psycho-Analytic Notes on an Autobiographical Account of a Case of Paranoia（Dementia Paranoides）. In *Standard Edition*, Vol. 12, pp. 3-82. Hogarth Press.〔小此木啓吾訳（1983）「自伝的に記述されたパラノイア（妄想性痴呆）の一症例に関する精神分析的考察」『フロイト著作集9』人文書院〕
（3）Freud, S.（1914）On Narcissism: An Introduction. In *Standard Edition*, Vol. 14 : 67-102. Hogarth Press.〔懸田克躬・吉村博次訳（1969）「ナルシシズム入門」『フロイト著作集5』人文書院〕
（4）Abraham, K.（1924/1950）A Short Study of the Development of the Libido. In *Selected Papers on Psycho-Analysis*. Hogarth Press.〔下坂幸三他訳（1993）「心的障害の精神分析に基づくリビドー発達史試論」『アーブラハム論文集』岩崎学術出版社〕
（5）Klein, M.（1946/1975）Notes on Some Schizoid Mechanisms. In *The Writings of Melanie Klein*, Vol. 3, pp. 1-24. Hogarth Press.〔狩野力八郎・渡辺明子・相田信男訳（1985）「分裂的機制についての覚書」『メラニー・クライン著作集4』誠信書房〕
（6）Rosenfeld, H.（1971）A Clinical Approach to the Psychoanalytic Theory of the Life and Death Instincts: An Investigation into the Aggressive Aspects of Narcissism. *International Journal of Psychoanalysis*, 52 : 169-178.〔松木邦裕訳（1993）「生と死の本能についての精神分析理論への臨床からの接近」『メラニー・クライン トゥデイ2』岩崎学術出版社〕
（7）Rosenfeld, H.（1971/1988）Contribution to the Psychopathology of Psychotic States: The Importance of Projective Identification in the Ego Structure and the Object Relations of the Psychotic Patient. In *Melanie Klein Today*, Vol. 1. Routledge.〔東中園聡訳（1993）「精神病状態の精神病理への寄与」『メラニー・クライン トゥデイ1』岩崎学術出版社〕
（8）Segal, H.（1957/1981）Notes on Symbol Formation. International Journal of Psychoanalysis, 38 : 391-397. In *The Work of Hanna Segal*. Jason Aronson.〔松木邦裕訳（1990）「象徴形成について」『クライン派の臨床』岩崎学術出版社〕
（9）Steiner, J.（1993）*Psychic Retreats*. Routledge.〔衣笠隆幸監訳（1997）『こころの退避』岩崎学術出版社〕

〔『Schizophrenia Frontier』３巻２号、２００２年〕

32章　境界性パーソナリティ障害の治療
――精神保健福祉センターにおける対応をめぐって

1　はじめに

筆者はこの十年間、精神保健福祉センターに勤務しているが、筆者が勤務するより以前に現在の規模に拡張されて保険診療外来相談とデイケアが始まっておりそれ以来多くの相談がある。とくに相談診療部における成人のパーソナリティ障害の患者群は、もっとも大きな受診群である。その中の代表的なものとして境界性パーソナリティ障害が含まれているが、スキゾイド・パーソナリティ障害、自己愛性パーソナリティ障害などの代表的なパーソナリティ障害と多くの共通した問題を持っている。そこで、まとめてその受診の状況の特徴、問題点、精神保健センターの役割と対応などを明らかにしてみたい。なお、このようなメンタルヘルス・センターにおける境界性パーソナリティ障害の治療ネットワークに関する研究論文は、国内外を含めて非常に少なく、小グループ療法に関する研究がほとんどであることを述べておく。

精神保健福祉センターは、1993年に制定された新精神保健福祉法の下で、各自治体が（各都道府県と政令指定都市）設置を義務づけられている施設である。その規模は、各自治体によって異なっているが、大都市を抱える自治体では比較的大規模のものを持っている。

精神保健福祉センターは、基本的に七つの指針が設定されている。つまり、①技術援助、②教育研修、③普及啓発、④調査研究・企画立案、⑤相談・診療、⑥地域の組織育成、⑦デイケアの実施、などである。

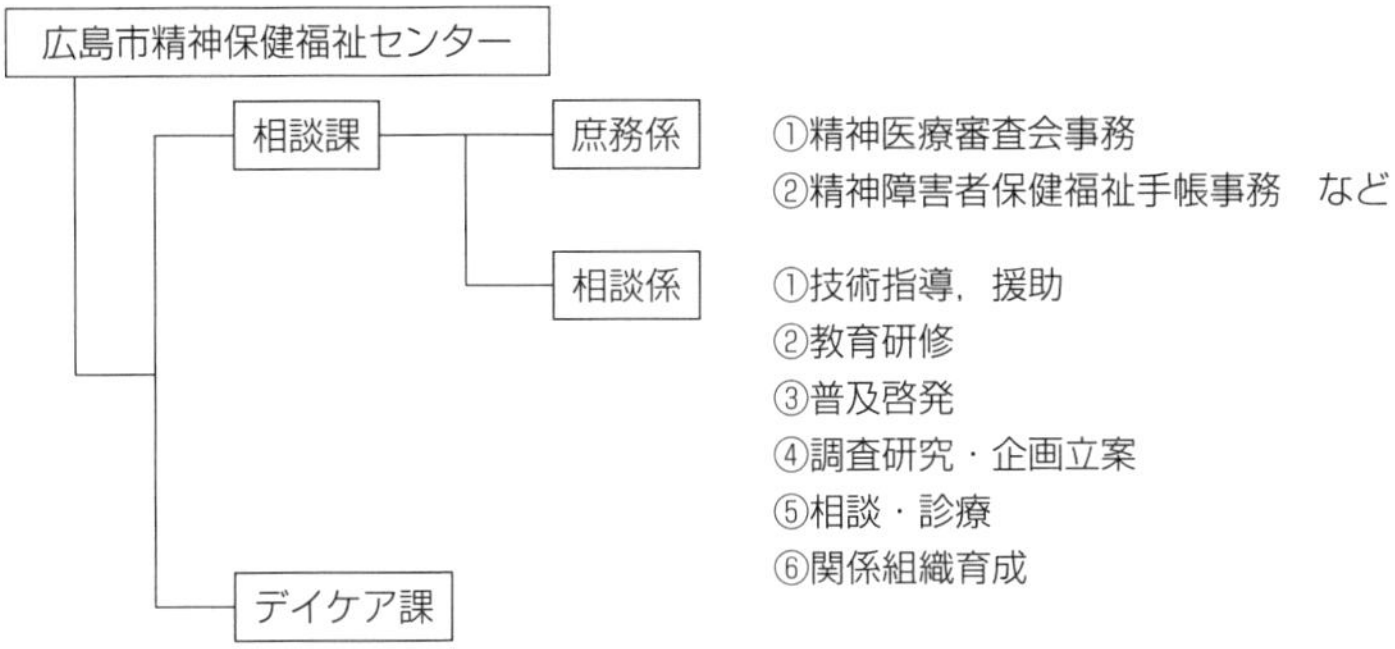

図１　精神保健福祉センターの組織と業務

更に最近では、手帳審査、処置入院や医療保護入院の審査業務が重要な業務になっている。全国の精神保健福祉センターは、様々な規模を持っているが、中規模以上のものは、外来診療機能やデイケア機能を活発に行なっている（**図1**）。

精神保健福祉センターは比較的新しい医療福祉機関であるが、地域精神保健医療の公的機関の重点的な機関の一つである。そしてその相談部においては、その時代のメンタルヘルスの問題を反映するような多彩な問題を抱えた患者群が受診するようになっている。とくに相談診療部においては、統合失調症などの精神障害の患者群は少なく、思春期青年期患者、引きこもりや摂食障害、慢性抑うつなどを主張とする種々の成人のパーソナリティ障害の患者群が多く受診している。そのような患者群は、精神療法的なアプローチが中心的な治療になり、近年飛躍的に発達してきた薬物療法も補助的な役割を持つものである。しかしこの薬物療法の発達によって、そのようなパーソナリティ障害群の強い抑うつや不安発作、怒りや攻撃性の相対的な緩和をもたらすことが可能になり、外来における精神療法的アプローチの可能性を更に高くしている。

実際、筆者が勤務するA市精神保健福祉センターにおける受診患者の中では、かなり重症のパーソナリティ障害の患者群が受診しているが、薬物療法の補助や病院とのネットワーク、救急による適切な対処などが作用して、そのような患者群に対しても精神療法的アプローチが可能になっている。

これらの思春期青年期患者と、成人のパーソナリティ障害の患者群に対する治療は、薬物療法や一般診療で対処することはなかなか困難であり、結局は時間的コスト、人的コストの高い精神療法が中心的な援助法になる。その代表的なものは、精神分析的精神療法など患者の無意識の働きや幼少時期からの未解決の葛藤を解消していくような治療法が必要になる。そしてもっとも大きな問題は、そのような治療法に対しては、現在の医療保険支払いは非常に不十分なものであり、一般の精神科病院や精神科診療所においては、精神分析的精神療法などが必要とは分かっていても、十分な治療時間を提供することができない状況が生じている。

これは日本における精神科診療における治療対象患者のスペクトラムが、急速に変化していることが関係している。つまり日本の精神科医療保健体制は、統合失調症などの古典的な精神障害者を、主として入院治療を中心に実施することに対して経済的保証を与えてきている。しかし、この十数年の間の外来診療の急激な増加などに伴って、新しいタイプの非精神病患者の受診者の急激な増加が見られるようになり、それに対して精神科医療保険体制の対応が追いつかない状況が生じているのである。それは老人（主として痴呆患者）、児童思春期患者、思春期青年期患者、パーソナリティ障害患者などの非精神病患者群の受診の急激な増加である。これは、統合失調症などの患者群が減少しているのではなく、それに加えてそのような非精神病患者群が受診し始めているのである。

新しい精神保健福祉法は、あくまで古典的な精神障害者の治療と援助を柱にしたものであり、その中心は統合失調症である。そこでは、地域精神医療の必要性が強く打ち出されていて、多くのリハビリテーション施設や支援施設が提唱されている。そして、精神保健福祉センターもそれらに対する重要な機関として位置づけられている。しかし、はからずも当センターのように、全国にあるいくつかの精神保健福祉センターは、むしろ思春期青年期患者や成人のパーソナリティ障害患者に対する主要な治療援助機関になっている。

現在の状況は、国民のメンタルヘルス全体を視野に入れた精神保健福祉の視点が必要となっており、多種多様な精神科医療やメンタルヘルスに関係する患者群や相談者に対して、各医療機関はより柔軟な対応が必要になってきている。

2　A市精神保健福祉センターの相談部門の活動状況

当センターは、相談診療部門とデイケア部門を持っている。相談診療部門は、3名の常勤の精神科医、数名のパート勤務医師、3名の保健師、1名のソーシャルワーカー（SW）、1名の心理士からなっている。デイケア部門は、10名のスタッフからなっている。

平成13度一年間の受診患者数は、実数282名であり、ほとんどは診療所や病院からの紹介患者である（図2）。このように、大部分の相談受診者が非精神病の患者群であり、その傾向は開設以来ここ十年続いている。また前年度からの継続治療者を含めて、平成13年度末の時点で、時間構造のしっかりした精神療法的援助を受けている非精神病群の患者数は、約140名に達している。

ここでは当センターが実際に行なっている保険診療における相談治療のサービスと、精神科病院や総合病院精神科、保健センター（旧保健所）や教育機関などとのネットワーク形成における地域サービスの実態を紹介してみたい。そして、境界性パーソナリティ障害や各種パーソナリティ障害の患者に対する援助の可能性について考察してみたい。

そのような患者群は、多くは精神療法的なアプローチが必要であり、実際当センターでは多くの患者に精神分析的精神療法や支持的療法、家族ガイダンス、当事者の分析グループ療法、引きこもり家族の両親グループ・ガイダンスなどを積極的に行なっている。

診療は保険診療であり、その診療報酬は非常に小額であるために、このような時間的コストのかかる治療法は、

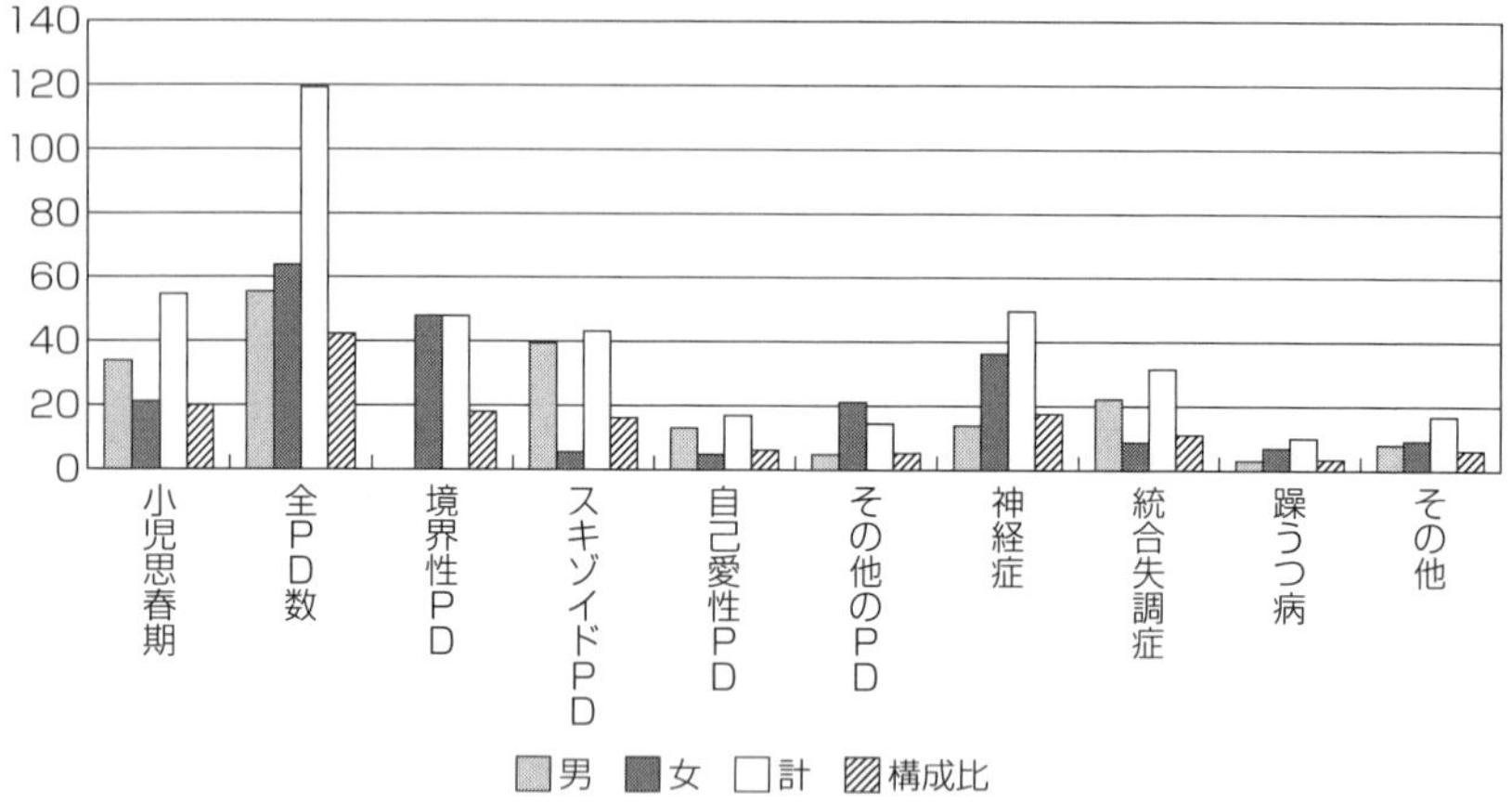

合計 282 名（男 136　女 146）　PD：パーソナリティ障害

図 2　A 市精神保健福祉センター診療実件数（平成 13 年度）

一般の医療機関では非常に困難になっている。しかし、そのような非精神病的患者群の受診は、大都市の精神科診療所や病院の外来を中心に毎年増加していると考えられ、時間構造のしっかりした精神療法的アプローチが重要な治療手段になっているのである。

この臨床現場の前線で起きていることと、古典的な精神病を中心にした医療保険システムの大きなギャップが、思春期青年期固有の問題を持つ患者や各種パーソナリティ障害などの多くの患者群の治療に対して大きな障壁になっているのである。

とくに境界性パーソナリティ障害などのパーソナリティ障害の患者群などは、中等度以上の重症例では、一般的な診療やケアではその問題を解決することは困難なことが多い。その治療法の代表的なもののひとつとして精神分析的精神療法や分析的グループ療法がある。そして精神分析的精神療法家の訓練と育成には数年を要し、そのような訓練にかけるエネルギーが、現在の保険診療の下ではほとんど経済的には報われない状況であるので、事態は更に悪化しているのである。

やむなくそのような患者は、多くは自費による自由診療や非医師による有料カウンセリングなどに頼っているわけであるが、それはほとんどは軽症患者群に対するものである。また患者の自己負担は大変なものがある。そして緊急入院や管理医の適切な対処が必要な中等度以上の治療困難例に対しては、治療構造上対処できないことが多い。

重症例のパーソナリティ障害では、薬物療法や入院治療などと精神分析的精神療法の併用療法が必要となることが多いが、そのような患者に対する保険診療による医療サービスを行なうことができる場が限られているために、事態は深刻なものになっている。早く、医療においても採算が合うだけの保健医療の保証を確立して、そのような患者群のための治療を実践可能な経済的援助の下で行なうことができるようになることが緊急の課題になっている。そして我が国においては、保険診療の下で、そのような時間的コスト、人的コストの高い治療を提供できる重要な診療機関として、精神保健福祉センターの存在が重要なものになっているのである。

ちなみに、欧米先進国においては、そのようなパーソナリティ障害などの治療困難例に対しては、週3回から5回までのインテンシブな精神分析療法も保険診療で十分に保証している。そして、早期発見早期治療を提供することによって、そのようなパーソナリティ障害の慢性化を防ぐことに力を注いでいる。

3　境界性パーソナリティ障害の相談診療

(1) 境界性パーソナリティ障害の種類と特徴

右記のような多くのパーソナリティ障害の紹介がある中で、境界性パーソナリティ障害は、スキゾイド・パーソナリティ障害、自己愛パーソナリティ障害などが代表的なものである。

周知のように、境界性パーソナリティ障害の特徴は、情緒不安定性、対人関係の不安定性、怒りや衝動のコントロールができないこと、自傷行為、大量服薬などが多い。依存、摂食障害、抑うつなど多彩な神経症症状を持っていることなどの特徴がある。そして、治療においては精神分析的精神療法と薬物療法、入院療法などを併用することが必要なことが多い。更に治療経過の中でしばしば自傷行為、大量服薬、他者に対するしがみつきや攻撃性の激しい行動化を起こして、入院や救急外来などのネットワークが必要になることが多い。そのために、精神療法家だけでなく、病院管理医、ソーシャルワーカーなど複数のスタッフが関わる必要が生じることが多い。

(2) インテークと診断面接

当センターの相談部門に受診する患者群は、多くは他の医療機関や教育機関からの紹介によるものである。最初に相談受診したときには、患者にはまずスタッフによる40-50分のインテークが行なわれる。それによって、患者の概略を把握する。そして、医師と相談して、緊急を要するものか、他機関をそのまま紹介していいものか、予約を取って診断面接を行ない、治療的アプローチについて考察する必要があるものかなどを判断する。

それに続く精神科医による診断面接は、まず一回目は一般精神医学的診察を主として行なう。そして、パーソナリティ障害などが疑われ精神療法的アプローチが必要と推測される患者群に対しては、更に2～4回の診断面接の時間を取るようにしている。

そのなかでは、いわゆる力動的発達的診断を行なう。それについての、基本的な確認事項は、①患者の幼少時からの生活、②特に思春期の対人関係、③両親の生活歴、④夢、⑤最早期の記憶などである。そしてそれらを詳しく聴取して、患者の無意識の葛藤の世界をできるだけ明らかにして、治療の方針を立てていく。

(3) A市精神保健福祉センターで行なわれている治療的援助

a 個人精神分析的精神療法

境界性パーソナリティ障害などの患者に対して、精神分析的精神療法が根治療法の代表的なものである。患者の重症度によって週に2～3回と回数を増やす必要のある場合がある。これは一回のセッションあたり、45～50

分の時間を使うものである。治療者は、患者の自由連想や行動化の中から、治療者に対する転移と逆転移の関係性を理解して解釈する作業を行なう。この精神分析的精神療法は保険診療で認められているが、一回あたりの支払いが非常に貧弱なために、私立の病院や診療所は言うまでもなく、公立の医療機関においても実施は非常に困難な状況になっている。そのために一部の患者は、自由診療治療を受けているが、多くは非医師によるものであり、経済的に豊かでない重症な患者の本格的な治療は実施困難な状況である。実際に長期間にわたって就労も困難な重症例は、多くの症例は患者と家族を含めて経済的にも苦しい状態にあるものが多いのである。

精神保健福祉センターの重要な役割は、そのような非採算部門である精神分析的精神療法などの臨床の現場では必要不可欠になっている治療法を提供することである。とくに、低所得の比較的重症なパーソナリティ障害の患者群に対して実施することである。

精神保健福祉センターは、基本的に自治体の保健福祉サービス機関であって、経済的には自治体からの援助があるために、時間的コストと人的コストが非常に高い治療も実施が可能になるのである。しかし、本来の医療保険支払いが他の先進国並みに十分になって、各診療所や病院の外来においても、必要であればそのような精神療法が提供できるような状態になることが、医療機関としては自然な姿であろう。

b　分析的小グループ療法

治療者は一人の精神科医、参加メンバーは7～8人、週1回、90分、自由会話で行なう。治療の対象となる患者は各種パーソナリティ障害からなっており、そのような患者群は種々の多彩な神経症的症状を持っている。当センターではこの数年間、各種パーソナリティ障害患者を対象にした分析的小グループを数グループ行なっていて、その参加患者の一部に境界性パーソナリティ患者が存在している。また、本人が受診しない引きこもり患者の家族ガイダンスグループを2グループ行なっており、その一部の患者は自己愛的傾向の強い境界性パーソナリティ障害の患者である。

分析的小グループ療法の治療過程は、個人療法とはやや軸を異にするものである。様々な治療困難な行動化などの問題をその現場で展開しながらの治療であるが、その臨床的問題状況は変化に富み、その治療的援助の影響力は個人精神療法の場合に匹敵するものである。

（４）治療上の問題とネットワークよる対処

境界性パーソナリティ障害患者の自傷行為、自殺未遂、とくに大量服薬などのクライシス、家庭内暴力などの行動化の問題は、臨床上重大な問題や障害を呈することが多い。その場合には、他の医療機関との連携が欠かせないものになり、救急的処置や入院治療の必要性などが必要になる。そのために、そのようなパーソナリティ障害の治療を習得している病院勤務の医師が、重要な治療的役割を持つことになる。つまり、医療機関同士やそこで勤務する精神科医同士の、治療ネットワークの存在が基本的に重要である。

実際に当センターには、周辺の病院に勤務している多くの精神科医師が嘱託医や研究生として勤務している。そして常に定期的研究会で問題を話し合うようにしていて、治療ネットワークの重要な役割を果たしている。また精神科診療所との連携が行なわれ、パーソナリティ障害患者の紹介が多くある。

4　教育機能とネットワークの形成

このような患者群の治療援助のためには、当センター内だけでなく当センター外で勤務している医師などとの情報の共有や治療的相互援助などが欠かせないものになる。そして外部の病院などに勤務する若手の精神科医師に対して、教育や指導が将来のネットワーク形成のために重要な活動になる。更に各保健センターの保健師、教育関係者（教師、養護教員など）などの研修や事例検討会などを行なうことが重要な仕事になる。

(1) 精神科医師との連携と教育研修

比較的重症のパーソナリティ障害の治療は、主として本格的な精神療法の訓練を受けた精神科医師のネットワークが欠かせないものになる。当センターには、数名の常勤とパート勤務の精神科医師がいるが、後者の医師達は一般の精神科病院に勤務していて、専門的な治療として予約制の診療時間を取るようにしている。そのセッティングにおいて、時間と空間の構造をしっかりとした精神分析的精神療法や、分析的小グループ療法を行なっている。パーソナリティ障害の本格的な治療は、専門的な精神療法の組織的な訓練を受けた精神科医師が行なうことが望ましい。それは、薬物の投与や入院治療のための管理医との連携など、重要な役割を果たす必要があるからである。そのような医師との連携を発展維持するためには、新しい情報などに関する研究会を定期的に開催していくことや、症例のスーパービジョンなどを確保していくことが、基本的に重要になる。

日本においては、保険診療制度の制約が大きな障害になっていて、このような専門的で高度な知識と治療技法を必要とする精神分析的精神療法などを研修できる精神科医が多くはなく、結果的に研修医がそのような臨床の訓練に出会うことが非常に少なくなっている。これは、近年のパーソナリティ障害患者などの力動的発達的な理解とアプローチが必要な患者群が、非常に多く受診するような状況になっていることに対して、専門の治療者側の対応が遅れてしまう結果となっている。

西欧諸国の先進国は、このような精神科受診患者の変動が日本よりも20年ほど早く到来していた。そして、各先進国、とくにヨーロッパ諸国やカナダは、それらに対して国民保険診療で精神分析的精神療法や発達的視点からのアプローチが充分行なえるように、新しい医療体制を整備することに成功している。その背景には、精神科医療制度そのものが、非常に充実している背景がある。日本においては、精神科医療体制全体の改善がなければ、精神科パーソナリティ障害のような時間的、人的コストの高い高度の面接技法に基づく治療法が必要な患者群に対しては、対応することが困難な状況が続いている。

しかし、一部の精神科医師は、保険診療の援助が十分ではないにもかかわらず、日々臨床研究に研鑽を積み、病理の理解と治療技法の習得発展に努力している。そして、そのような治療法の必要性を多くの精神科医師が必要だと認識し、そのような治療に対する医療保険支払制度の不備を理解し、改善の方向に働きかけていく時代が来ることを予感しながら、厳しい状況の中で努力している。それは一部の大学研究室や総合病院の精神科などに見られるが、精神保健福祉センターもそのような臨床と研修の大きな可能性を持っている場である。

(2) コメディカル・スタッフの教育と研修

当センターでは、スタッフである保健師、心理士、精神科ソーシャルワーカー（PSW）、作業療法士（OT）などと症例のグループ・スーパービジョンやカンファレンスを定期的に行なっている。彼らには軽症の症例の支持的ケアを担当してもらい、カンファレンスやスーパービジョンでその症例についての理解の仕方やアプローチについて検討会を開くようにしている。また、彼らは他の保健センターなどのケース・カンファレンスなどにおいては、指導者としてガイダンスを行なっている。

ただ比較的重症のパーソナリティ障害の患者群については、そのようなスタッフに本格的な治療などを期待するのは無理なことであり、精神科医師が担当するようにしている。

(3) 保健センター（旧保健所）の保健師との連携と研修

保健センターには虐待、パーソナリティ障害などの相談があり、その対処についての助言を求める相談が当センターに対して定期的に行なわれている。それに答えるために、定期的な研修セミナーと症例検討会を開催している。そして、思春期青年期患者やパーソナリティ障害の知識を習得してもらい、地域における援助の方法を工夫したり、適切な医療機関などを紹介したりして、協力ネットワークを形成していくように指導している。

（4）教育関係者との連携

教育機関においては、不登校や校内暴力、非行などの問題が多く発生している。最近は、教師や養護教員などの努力で、学校において多くの児童生徒が適切なケアを受けることができるようになっている。それでも、不登校の児童生徒の数は減少しておらず、根本的な解決策は見つかっていない状況である。日本の教育機関も、精神保健医療と同様に、スタッフの数が人口あたり欧米先進国の半分ないしはそれ以下しかなく、教師個人に対する重圧は大変なものである。そして最近は、教師のメンタルケアの問題が大きな問題になっている。これはおそらく大部分は構造的な問題が関連していて、教育現場の状況が欧米並みに現在の児童数や生徒数が各教師あたり半減すれば解決される可能性がある。つまり、各教師は、生徒を個人としてより細かく接することが可能になり、その過程で不登校の問題などは徐々に改善されるのではないかと思われる。そして教師のメンタルヘルスの問題も大きく改善されるであろう。

しかし、現在のような厳しい状況下においても、多くの不登校や校内暴力などの問題に、教師や養護教員が取り組んでいる。そして対処困難例の場合には、当センターなどにも紹介されるケースが見られる。このような例においては、家族や教育関係者との連携が必要であり、やはり多くのマンパワーを必要とする。当センターでは、そのような教師や養護教員のための定期的セミナーとケース検討会などを開いているし、精神科医師が定期的に高等学校に出張相談に赴いている。このようにして、できるだけ教育関係者との連携を強めるようにしている。

5 デイケアにおけるパーソナリティ障害患者の参加

この数年は、デイケアにおいても、各種パーソナリティ障害患者が紹介され参加するようになっている。その多くは、スキゾイド・パーソナリティ障害であるが、一部に境界性パーソナリティ障害の患者がみられる。そのような患者の援助については、これまでの統合失調症を対象にした作業療法に基づくデイケアの方法だけでは対処できないことが多い。そのようなケースにおいては、デイケア全体のグループ・ダイナミクスの理解や個人精神療法との併用などが基本的に望ましい。しかしすべてのケースに個人療法が併用されているわけではなく、やはりそのようなケースの場合には対処困難な問題が発生することも多い。

6 精神保健センターの地域における役割

以上のように、筆者の勤務する精神保健福祉センターの診療状況や教育研修活動、外部医療機関や保健センター、教育機関などとのネットワーク形成の実態を外観的に紹介した。これに基づいて、より一般的に精神保健福祉センターにおける境界性パーソナリティ障害や各種パーソナリティ障害の援助システムについて考察してみたい（**図3**）。

（1）各種パーソナリティ障害に対する精神療法の施行

精神保健福祉センターは、以上のようにパーソナリティ障害と思春期青年期の問題を持った患者群に対する、精神療法的なアプローチをする中心的な施設になる力を充分持っている。

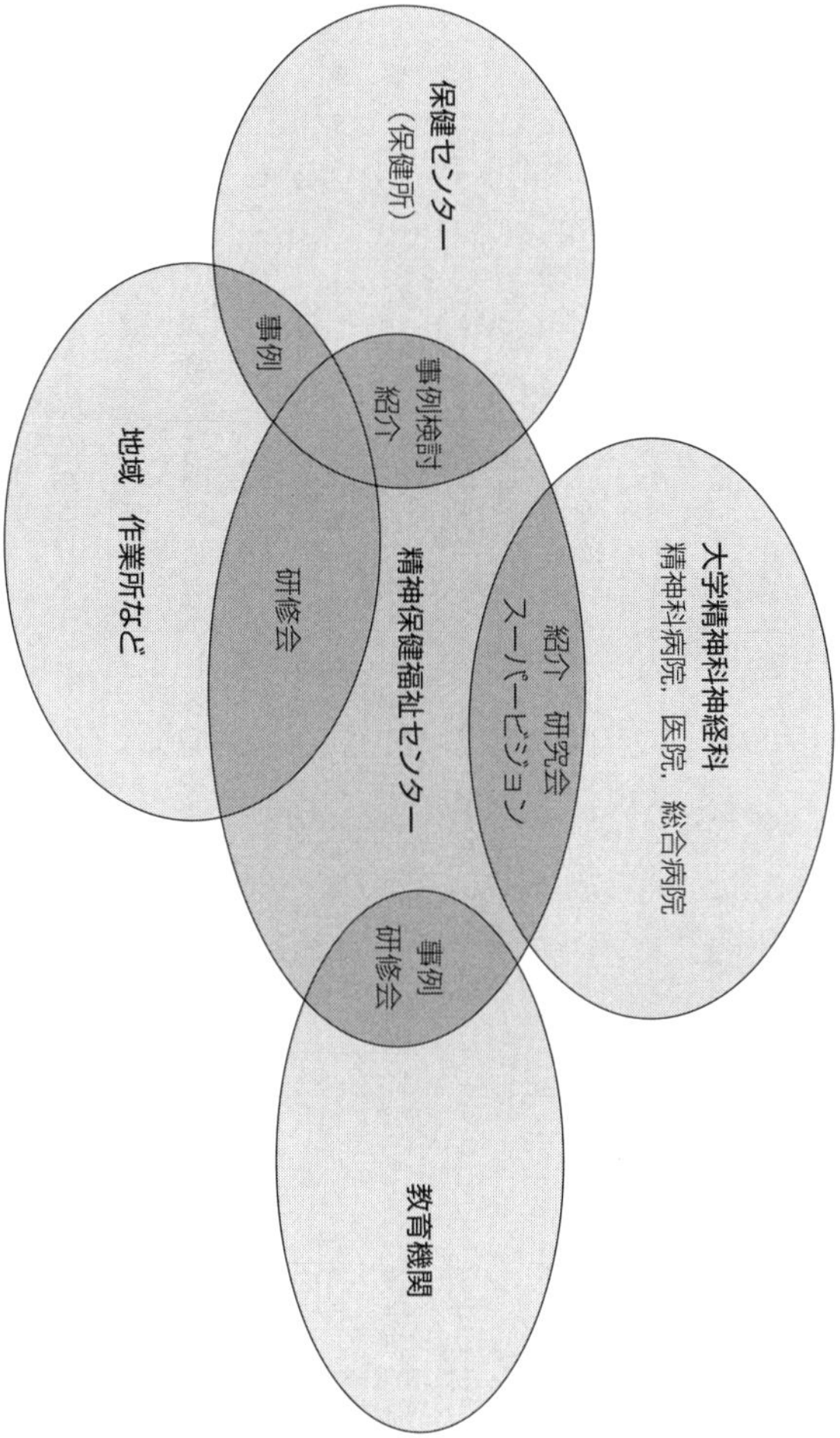

図３　ネットワークの形成

パーソナリティ障害の中でも境界性パーソナリティ障害、スキゾイド・パーソナリティ障害、自己愛性パーソナリティ障害を持った患者群が代表的なものであるが、それらは精神分析的精神療法などの心の無意識の問題を扱う治療方法がもっとも適切と思われる人たちである。それは根治療法でありもっとも望ましい治療方法と考えられるが、人的コストや時間的コストが非常に高い治療法でもある。そして一般の精神科医療機関においては、現在の保険診療の下ではほとんど実施が不可能なくらいに、医療保険支払いが貧弱である。

しかし実際の現場においては、境界性パーソナリティ障害などの非精神病的な患者たちが多く受診している。とくに大都市を抱えた自治体の精神保健福祉センターでは、重症のパーソナリティ障害の患者群の相談が多くみられる。そのような患者群は、一般の精神科診療所や病院外来においては、時間的コストの関係で実際の治療を提供することは困難である。

それらの患者群に対して、精神保健福祉センターは多くの診療的援助をする可能性を秘めているのである。もっとも重要な点は、そのような精神療法的アプローチができる、専門的な研修を受けた精神科医師が存在することである。その医師達を中心にして、地域を含めた多くの治療的ネットワークの形成や研修を行なうことが可能になる。

精神保健福祉センターの場合には、医療保険診療が中心であるが、基本的には保健福祉センターであり公共サービス機関である。そのために経済的な条件が基本的にはかなり良好なために、パーソナリティ障害や思春期青年期患者のような時間的、人的コストの高いもので、医療保険による経済的保証が貧弱な場合には、保健福祉センターはもっとも可能性のある治療と援助の施設になる可能性を秘めているのである。

実際に筆者の勤務する広島市精神保健福祉センターは、そのような機能をかなり十分に果たしていて、思春期青年期の問題やパーソナリティ障害患者の精神療法センターとして機能している。

（2）研修機関としての機能

境界性パーソナリティ障害などのパーソナリティ障害の治療は、専門的な訓練を受けた治療者の養成が重大な課題であり、精神保健センターは、指導者が存在すれば臨床前線における臨床的教育機関としての可能性を大きく秘めている。実際に当センターでは、多くの医師が研究生としてスーパービジョンを受けている。更に定期的な研修セミナーを行なっている。

コ・メディカルに対しても研修を行ない、事例検討を行なうことが重要な仕事になる。そして軽症例に関しては、コ・メディカルに支持的ケアを担当してもらうことができ、カンファレンスで援助技法などをディスカッションすることが大きな援助と研修機能になる。

また学校におけるメンタルヘルスの問題も大きな課題であり、教育関係の教師や養護教員などとの連携や研修や事例検討会の提供が重要になる。

（3）研究機関として

これらのパーソナリティ障害や思春期青年期患者の治療困難な問題を呈する患者群に対する、治療技法や病理の解明など、多くの研究課題が存在している。そして、精神保健福祉センターは、その中心的な研究機関となる可能性を持っている。実際当センターにおいては、かなりの数の臨床研究論文を発表している。

7 おわりに

以上のように、筆者の勤務する精神保健福祉センターにおける各種パーソナリティ障害に関する治療の提供と他機関のスタッフとの連携や教育研修、治療的ネットワークの実際について紹介した。また、境界性パーソナリティ障害などの各種パーソナリティ障害の治療的ネットワークの可能性について考察してみた。そして、比較的重症のパーソナリティ障害の治療者は精神科医師がなるべきであり、更に病院管理医や救急との連携も重要であることを示した。

保健センターや教育機関との連携やネットワークも重要である。そのためには、そこのスタッフや教師などが、自分たちがケアできる程度の軽症例と、専門機関に依頼せざるを得ないケースなどを適切に判断する知識と経験が必要であることを示した。そして、重症例に関しては、やはり精神科医師が精神療法的にアプローチするべきである。

図式的に見ると、精神保健福祉センターにおける境界性パーソナリティ障害の援助とネットワークの形成のポイントは、次のようである。つまり、精神保健センターの精神科医師と他機関で働く精神科医師のネットワークが中心に位置している。それは連携と研修の中核になっている。そして、コ・メディカルとの連携も、保健センターなどの他の機関に勤務するスタッフや、教育関係のスタッフなど広域の機関との連携が必要になる。そのときに必ず核になる指導医が必要になり、そのときに上記の中核的な精神科医師のネットワークが重要になる。彼らは、パーソナリティ障害の病理の理解と治療技法を習得している集団であることが必要であり、そのためには大学の専門研究会との連携や保健福祉センターにおける定期的なスーパービジョンやセミナーが必要不可欠になる。

精神科臨床においておそらくもっとも治療的には複雑な問題を提示するパーソナリティ障害の治療に関しては、専門化した臨床医師集団がその治療ネットワークの中心に存在する必要がある。精神保健福祉センターは、そのような場の中核になることのできる機関の一つである。

参考文献

（1） Clarke, M., Hafner, R. J. & Holme, G. (1995) Borderline Personality Disorder: A Challenge for Mental Health Services. *Austlaria and Newzealand Journal of Psychiatry*, 29(3): 409–414.

（2） 衣笠隆幸（1995）「広島市精神保健指導センターの現状と展望」『公衆衛生』59巻6号、４０７-４０９頁

（3） Watts, F. N. & Bennett, D. H. (1984) *Theory and Practice of Psychiatric Rehabilitation*. Wiley.〔福島裕監訳（1991）『精神科リハビリテーションの実際1、2』岩崎学術出版社〕

（4） Wing, J. K. & Morris, B. (1981) *Handbook of Psychiatric Rehabilitation Practice*. Oxford Medical Publications.〔高木隆郎監訳（1989）『精神科リハビリテーション』岩崎学術出版社〕

〔『精神療法』29巻４号、２００３年〕

33章　英国対象関係論における病理的パーソナリティの研究
――とくに病理的組織化について

1　はじめに

臨床の現場においては、とくに都市における外来診療や入院治療において、古典的な統合失調症や躁うつ病の患者群の受診は横ばい状態であるが、思春期青年期の問題（固有群）、成人期のパーソナリティ障害（境界性、スキゾイド性、自己愛性など）の受診者が増加している。最近では統合失調症や古典的な躁うつ病の治療は、薬物療法の発達によって、重症例を除いて、あまり困難ではなくなっている。

それらに代わって、上記のいわゆる非精神病圏の患者群の臨床的課題が非常に緊急のものになりつつある。それらは、最近の主として男性の「一次性ひきこもり」、女性の摂食障害、自傷行為や自殺帰途を伴う情緒不安定なパーソナリティ障害などの患者群である。そしてその多くが、治療的には力動的精神療法など本格的な精神療法を必要とする。とくに大学病院、総合病院の精神科外来はそのようであり、筆者が勤務している精神保健福祉センターの外来診療部でも、非常に多くのパーソナリティ障害の患者群が受診している。

そのような非精神病群は、日本の精神科医療の中では長い間やや脇役の位置に置かれてきていて、現在でも医学生の精神科の講義は精神病の講義を中心にしたものである。それは、統合失調症などの治療を中心にした精神科単科病院を中心にした精神科医療の場合には当てはまるのであるが、右記のような都市圏における総合病院や診療所など外来診療を中心にした場所では、パーソナリティ障害の診断方法と診断基準、精神分析的精神療法など臨床的サービスを提供する必要性が高まっている。

もっとも大きな障害は、そのような医療サービスが迅速に必要とされているにもかかわらず、医療保険支払額は精神科臨床に対しては他科と比較して時間労働あたり3分の1しかなく、その内容も相変わらず統合失調症などの治療を中心にした医療保険制度の支払い基準になっていることである。そのためにマンパワーと時間を必要とする精神分析的精神療法などは、非採算部門の筆頭になっているが、臨床現場ではそのような治療を必要とする患者群が大量に受診している。急速に先進国型の都市文化を持つようになった日本においては、かっての発展途上国型の精神障害を中心にした保険診療点数のシステムでは、このような新しいタイプの先進国型の非精神病患者群の治療体制を援助することができない状況が生じている。

パーソナリティ障害に関する診断面接法は、50分の面接を4回行なうものであり、その方法は治療の判断上重要なものである。とくに、DSM－Ⅳなどの診断ですませてしまうと、パーソナリティ障害の診断群に高機能型広汎性発達障害を背景に持った患者群が混入する場合がある。後者の場合には分析的精神療法は行なわず、支持的療育的な治療法と環境療法が中心的なアプローチになるので注意が必要である。筆者が参加した全国各地の症例検討会の中で、難治例として発表されたケースの中に、多々そのような症例が紛れ込んでいることがある。精神分析的精神療法は多くの時間とマンパワーを必要とするので、そのような最初の不適切な診断によって、不適切な治療が選択されることを防ぐことは重要な課題である。

このような適切な判断ができるためには、精神科医がまず統合失調症、躁鬱病、気質的精神病など様々なタイプの患者群に対して充分臨床経験を積んだ上で、精神分析的精神療法を習得することが必須条件である。

2　英国対象関係論における病理的パーソナリティの研究

英国のクライン派の分析家であるシュタイナー（Steiner, J.）による「病理的組織化」(pathological organization)は、現代英国における病理的パーソナリティの代表的な研究成果である。英国対象関係論（広義）にはクライン派のものと独立学派のものがあるが、筆者はクライン派の影響を強く受けているので、クライン派を中心に紹介したい。そしてここでは、クライン派の歴史の中における「病理的組織化」の形成過程を紹介し、その臨床的意義を明らかにしたい。

（1）クラインの躁鬱病と統合失調症の研究

英国のメラニー・クライン（Melanie Klein）は、重症神経症や精神病的な幼い子供の精神分析的研究によって、0歳児の早期対象関係を明らかにした。そして、成人の躁うつ病と統合失調症の精神分析療法の臨床所見を基に、抑うつポジション（depressive position、1935年）と「妄想分裂ポジション」(paranoid-schizoid position、1946年）の発達的内的対象関係論を提唱した。この研究は、精神病や躁うつ病の研究であるが、後の種々のパーソナリティ障害の研究の基礎になっているものである。

a　妄想分裂ポジション

研究の時代は逆になるが、発達論的により早期のものから説明したい。これは1946年に提唱され1960年頃まで研究されて、現代においても重要な早期発達論として、統合失調症の病理学として重要な位置を占めている。この概念は、子供の精神分析における知見と、統合失調症の成人患者の精神分析療法において観察され、患者の原初的な内的世界と治療者に対する転移を観察することによって明らかにされた、早期対象関係を表わしている。統合失調症は、このような早期の対象関係の発達に葛藤的な支障が生じ、病理的に過剰な不安が見られる場合と考えられている。統合失調症においては、それらの原始的な未解決の対象関係の世界が、そのまま無意識の中に分裂排除されたまま、成人期まで未解決のまま持ち越された人たちである。

「妄想分裂ポジション」は、健康児においては正常なものが見られる。過剰な不安が強すぎる場合には、病理的な「妄想分裂ポジション」の状況が生じ、その状況が統合されないままに心の中に分裂排除されると、成人期の統合失調症など重篤な精神障害の素因となる。このように正常なものと病理的なものが存在しているが、クラインはそれらの状態を明確に峻別する用語を用いていないために、読者にやや混乱を与えてきた。それを明らかにしたのが「病理的組織化」の研究である。

「妄想分裂ポジション」は生後から4～5ヶ月までの乳児の内的世界を表わしている。そのような早期の赤ん坊は、母親の乳房と顔などが同一人物の身体に属していることは認知できず、時間的な連続性も確立していない部分対象の世界に住み、絶滅の不安（annihilation anxiety）や迫害的不安（persecutory anxiety）におののいている状況である。そして自分に満足を与える部分対象群（良い対象群）と欲求不満を与える悪い対象群に分裂して仕分けをしていく。そして、それらが同一の母親に対する体験であることを認識できない（良い対象群と悪い対象群の分裂）。

そして、そのような赤ん坊は不安にさらされると、分裂（splitting）、投影性同一視（projective identification）、否認（denial）、万能（omnipotence）などの原始的防衛機制をしようとすることによって、そのような不安体験に対処している。

健康な子供は、母親の適切なケアの下で、過剰に激しい不安にさらされることは少なく、次のステップへと発達していく。他方、素質的に不安に対する耐性が十分でない赤ん坊や、母親のケアが十分でないときには、赤ん坊は過剰な絶滅の不安や迫害的不安にさらされ、脆弱な自己が対処できないために病理的な「妄想分裂ポジション」が形成される。そして分裂排除され未解決のまま無意識に存続した場合には、青年期になって統合失調症やパラノイアなどを発症する素因を形成する。

b　抑うつポジション

これは、上記の妄想分裂ポジションより以前に、クラインによって1935～40年頃に研究され明らかにされたものであり、成人の躁うつ病の治療を通して得られた知見を基にしたものである。そして現代においても心因原性躁うつ病の基本的な病理学である。

生後5～6ヶ月になると、赤ん坊は、妄想分裂ポジションにおける良い対象群と悪い対象群が、同一の母親の体験によるものであることを認識できるようになる。つまり、自分のもっとも愛する理想的な良い対象である対象群と、欲求不満に陥らせる悪い対象群が、実は同じ母親に所属することに気づくようになる。この時に乳幼児は、見捨てられ不安と強い罪悪感（抑うつ的不安 depressive anxiety）を体験するようになる。そして、対象を自らの攻撃性によって傷つけたのではないかと「配慮 concern」し、「償い（reparation）の気持ち」を持つようになる。これは、最初の人格の統合の時期であり、アンビバレントで最初の抑うつ的葛藤を持つ時期である。

この時期以前の満足のいく対象関係が十分に内在化されている子供は、この抑うつポジションの課題も乗り越えて、更に成長することができる。逆に、欲求不満の体験が過剰で葛藤が強すぎると、葛藤が処理されないままに病理的抑うつポジションが形成され、心の中に分裂排除されて持続し、後に躁うつ病などの素因になる。

（2）ビオンの精神病的パーソナリティと非精神病的パーソナリティの研究

1950～60年代にかけて、ビオン（Bion, W.）は、クラインの妄想分裂ポジションの研究に影響されて、統合失調症の精神分析的研究を熱心に行なった。彼は、統合失調症の患者群は、妄想分裂ポジションの病理を持っていることを確認しているが、更にその精神病的な状況の形成過程を明らかにした。そしてそのような妄想分裂ポジションの病理的状況を呈する「精神病的パーソナリティ」が、部分的な自己として心の中に存在することを提唱した。

ビオンは更に、どのような精神病的パーソナリティ（psychotic personality）を持っている個人でも、必ず非精神病的パーソナリティ（non-psychotic personality）の部分を持っていて、治療者との治療的な関係を作り上げていく力が存在していると考えている。

（3）ローゼンフェルドの精神分裂病の研究と破壊的自己愛組織の研究

ローゼンフェルド（Rosenfeld, H.）は、ビオンやシーガル（Segal, H.）達とともにクラインと協力して、1940年代から1960年代にかけて、統合失調症の精神分析療法を熱心に実践し多くの臨床的成果をあげている。更に彼は、1960年代から1970年代に掛けて、非精神病的な病理的パーソナリティの治療困難例の研究を行なっている。つまり、薬物依存、性的倒錯、重症心気症、情緒的不安定性パーソナリティなどの患者群である。これは、イギリスにおける代表的な病理的パーソナリティの研究である。

彼はそのような患者群の精神分析療法において、いわゆる陰性治療反応（negative therapeutic reaction）を起こす患者群に注目している。つまり、治療の経過の中で、暴力や自傷行為など激しい行動化、反社会的行為、自殺企図、治療の価値下げによる突然の中断などをもたらす患者群に注目して、内的世界の病理を明らかにした。そして彼は、そのような患者群は、無意識の中に自己破壊的な破壊的自己愛組織（destructive narcisisstic organization）を持っていることを明らかにした。そして臨床上、その動向に対する理解と解釈が非常に重要であると考えている。これは、イギリスにおける境界例研究の代表的なものになっている。

この破壊的自己愛組織は部分的自己であり、自己の中に攻撃的対象を取り入れて同一化して形成されたものである。そして、自己はそのような破壊的な傾向を持った自己の部分を非常に理想化している。つまり、その破壊的自己の部分を理想化しているために、他の自己の部分の様々な創造的、発達的な可能性を積極的に攻撃している。それは現象的にはサディズムやマゾキズムのように見える。その攻撃的な自己の部分は、他の自己の部分が対象を信頼したり健康な依存をして成長を始めようとしたりすると、積極的に攻撃して破壊してしまう。それはその本来の攻撃的で破壊的な対象と個人との関係が、そのまま内在化され内的な世界で反復されている姿である。個人は、その自分をもっとも苦しめた破壊的な対象の内在化されたものを素材にして自己の病理的な部分を作り上げ、それに同一化し理想化していて、他の正常な自己の部分を熱狂的に興奮して攻撃していくのである。

治療者は、患者がかつて自分を攻撃した対象そのものに同一化して自分自身を攻撃し、すべての可能性を放棄しようとする傾向を患者が持っていることを明らかにして、徹底操作することが重要である。この病理的パーソナリティ理論は、次のシュタイナーの「病理的組織化」の研究に大きな影響を与えた。

(4) シュタイナーの病理的組織化の研究

上記の研究を踏まえた上で、1980年から1990年代に掛けて、シュタイナーは病理的パーソナリティの内的構造を明らかにした。それは、上記のクライン、ビオン、ローゼンフェルドの視点を発展的に統合したものである。ここに英国の病理的パーソナリティの内的構造論が一応の完成を見たということができる。

シュタイナーの病理的組織化（pathological organization）の基本的な考えは、以下のようである。

(1) 病理的パーソナリティの患者群は、治療的に厄介な抵抗状況や陰性治療反応、破壊的な抵抗状態などを呈する。それには、患者の病理的組織化が関係している。つまり、そのような個人は、心の無意識の一部に病理的な対象関係からなる組織体を構成している。それは、精神病的、躁うつ病的、情緒不安定的、スキゾイド的、自己愛的、神経症的などの幅広いスペクトラムを持っている。

(2) この病理的組織化の始まりと形成過程は、早期対象関係に関連している。シュタイナーは、この病理的組織化は健康な妄想分裂ポジションと抑うつポジションの健康な発達ラインからは逸脱した、病理的な第三のポジションを構成しており、二つのポジション間の境界的な位置にあると考えている。そして、変化に対してかたくなに抵抗し、その特徴は対象関係の倒錯（perversion）と嗜癖（addiction）である。

(3) その形成過程は、次のようである。赤ん坊が自分に欲求不満をもたらす対象と自己の一部を外界に投影性同一視し、悪い対象を形成する。赤ん坊は、その悪い対象からの迫害的不安や見捨てられ不安などから自己を護るために、再び自己の中に取り入れて同一化（取り入れ性同一化 introjective identification）し病理的な組織複合を形成する。これは、本来攻撃的な対象—自己の集塊（amalgamation）からなっているために、迫害的で抑うつ的な特徴を持ち、部分対象関係的な傾向と統合の動揺傾向を典型的に持っている。

そこでは、分裂（splitting）と投影性同一視（projective identification）、否認（denial）などの原始的防衛機制が活発である。治療経過においては、このような病理的な対象関係が治療者に転移され行動化される。

(4) この病理的組織化は、その欲求不満をもたらした対象—自己群の特長によって様々な特徴を持っており、早期の妄想分裂ポジションの病理的な心性が中心的なもの、抑うつポジションの過剰な見捨てられ不安が顕著なもの、悲哀などの神経症的葛藤を持つものまで、多彩な内的対象関係の様相を呈している。

(5) それらが自己を支配するほど強力なものであれば、臨床的には種々のパーソナリティ障害として現われる。すなわち精神病的パーソナリティ障害、抑うつ的パーソナリティ障害、スキゾイドパーソナリティ障害、境界性パーソナリティ障害、自己愛性パーソナリティ障害などである。

(6) シュタイナーは、それらを理論的に整理するために、妄想分裂ポジションと抑うつポジションへの発達段階をより細分化して4段階に分けて説明している。そして、それらの発達段階に対応する病理的組織化の特徴を位置づけている。（**図1**）

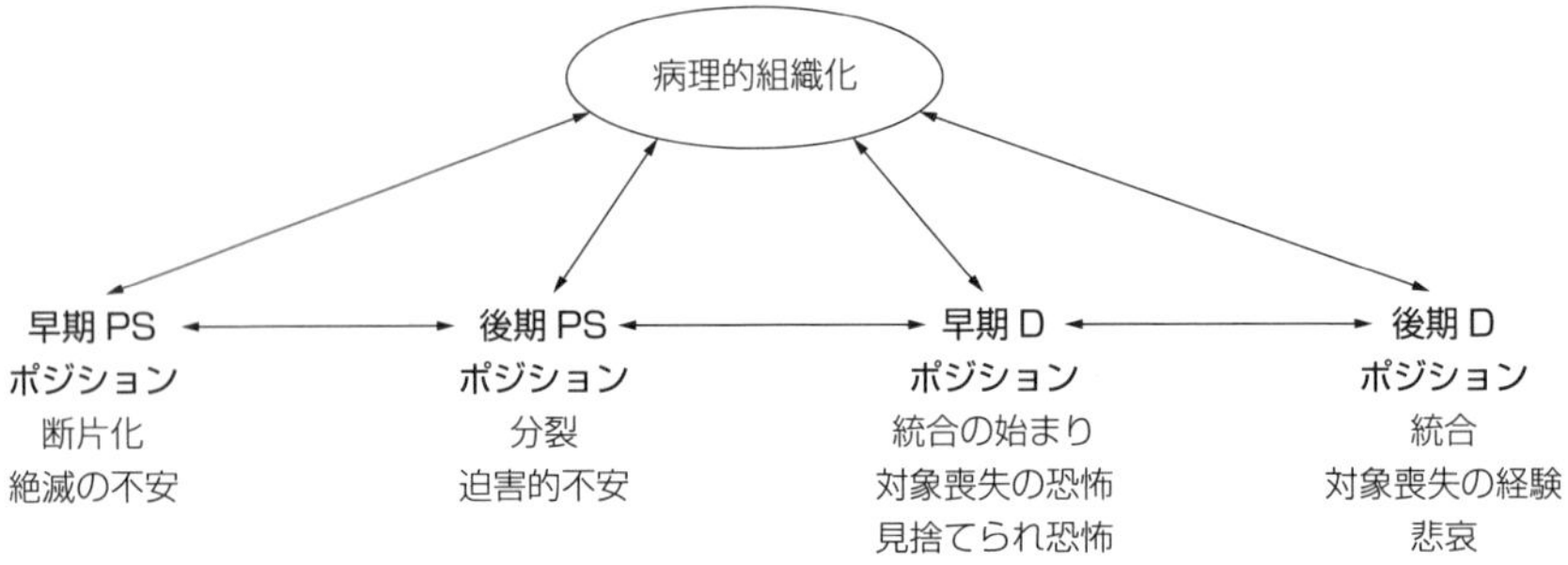

図１　妄想分裂ポジションと抑うつポジション

a　早期妄想分裂ポジション

early paranoid-schizoid position は絶滅の不安（annihilation anxiety）が特徴である。正常な赤ん坊も軽度のものを経験するが、良い対象関係も十分であり、不安も強くない。病理的な場合には病理的組織化が形成され、自己や対象の消滅の恐怖を主とし、原始的な防衛機制（分裂、投影性同一視など）と断片化（fragmentation）を特徴にした部分対象関係が特徴的な精神病的な病理的組織化を考えている。この場合には、成人期になって重篤な統合失調症を発症する。

b　後期妄想分裂ポジション

later paranoid-schizoid position においては、迫害的不安が特徴であり、その時期の欲求不満に遭遇した個人は、迫害的不安（persecutory anxiety）と激しくはない分裂や投影性同一視などの原始的防衛機制、やや緩和された部分対象関係が特徴である。

この時期に対象関係が過剰の不安に満ちたものである場合には、特徴的な精神病的な病理的組織化を形成する。この時期の問題が存続している場合には、成人期の迫害的不安を主張にした統合失調症などが見られる。

c　早期抑うつポジション

early depressive position は、統合と分解が動揺している状態であり、見捨てられ恐怖（fear of abandonment）が特徴である。分裂や投影性同一視など緩和されたものになるが、活発に活動している。また「取り入れ」(introjection）が活発になり「躁的防衛」（manic defence）が見られるようになる。過剰な不安にさらされる場合には、病理的な見捨てられ不安を基調にした病理的組織化が形成される。そしてそれらは臨床的には、抑うつパーソナリティ、境界性パーソナリティ障害、スキゾイド・パーソナリティ障害、自己愛性パーソナリティ障害などである。

d　後期抑うつポジション

later depressive posiion は、対象喪失の悲哀（mourning）と喪の仕事が特徴である。そして、抑圧や投影、置き換えなど神経症的な防衛が見られるようになる。そして病理的な状況では、強迫神経症やヒステリーなどの神経症が見られるようになる。

3　症例

ここでシュタイナーの病理的組織化の概念を基本にして理解を進めた、重症の境界性パーソナリティ障害の症例を紹介してみたい。

(1) 患者

20歳の女性。主訴は、離人症、抑うつ発作、過食、自己不全感、自分が何者か分からない（同一性障害）などがある。さらに身体的には、全身の激しい痛み、硬直感などである。また大量服薬による自殺企図を繰り返していた。

患者は、両親から幼児期から厳しいしつけを受け、母親からは勉強部屋から自由に出ることを禁止され、強制的に勉強をさせられていた。父親は、激しい情緒不安定の持ち主で、毎日暴言を吐き、患者や患者の母親に暴力をふるった。母親は自己中心的で、暴力的な夫には従順であったが、患者に対しては厳しく服従を強要し激しい教育ママであった。患者は、幼少時から父親に対して恐怖心を覚えながら生活していた。表面上はおとなしく、学業もまじめで成績も優秀だった。中学校時代からいじめに合い孤立していたが、登校は続けていた。

（2）治療経過

精神分析的精神療法の適応と考え、治療は最初週一回で行なった。しかし、大量服薬や家庭での興奮や器物破損などが反復したため、治療者は入院を勧めた。ところが、家族も本人も入院を了承せず、外来で治療を続けることになった。激しい行動化と情緒の氾濫を何とかまとめていくために、鎮痛性の高い抗精神病薬や抗不安薬を投与したが、あまり落ち着くことはなかった。このような暴力的な行動化や自殺未遂を反復する患者の場合には、外来診療で対応するには複数回の精神分析的精神療法によって沈静化できることが多いため、週4回の精神分析療法を行なうことにした。

複数回の治療を始めて一ヶ月の間に、激しい暴力行為や自殺未遂は見られなくなり、患者は自己の体験を言語的に表現でき、思考を使うことができるようになった。

患者は、これまでの外傷的な男性との関係を反復してきたことを話した。つまり、入社したときに出会った男性は、攻撃的で暴力的であり、患者に絶対服従を要請し、性的サディズムの持ち主であった。患者は逃れることもできず、内心恐怖にあふれていた。

そのときには、患者が男性の治療者に出会うときの恐怖心も反映していたので、患者が治療者に対する疑惑と恐怖心を抱いていることを解釈していた。

更に患者は、父親が患者が幼い頃から母親に暴力をふるい、患者に折檻を行ない、暴言を吐く怖い人であったことを話すようになった。そして、父親などに少しでも批判的な気持ちが生じると、治療中に全身が硬直したり、全身の強い痛みが出現したりした。また、治療室を出た後は、強い罪悪感とともに孤立感と恐怖が襲い、帰り道に人の視線が怖くなったり、周囲の建物などが自分に倒れかかって襲われるような迫害的不安が生じたりした。また離人症や解離症状が見られ、過食も激しくなった。それでも、患者は治療には休むことなく出席した。

この時期の患者のボーイフレンドとの関係は倒錯的だった。患者は暴力的な父親の側面を持った男性に直感的に強く引かれ、サドマゾ的な世界に巻き込まれていった。実際その性的関係は、患者の身体を傷つけながら行なうものであった。患者は、その男性と融合した世界を形成し、自己の自発的な感情や意思を打ち消して完全にその男性の世界の中で従順に生きようとしていた。そして、自分が傷つき苦しんでいることを否認していたが、治療の中でそのことを治療者が解釈する中で、男性に対する自己の違和感や嫌悪感に気がつくと、激しい抑うつと見捨てられ恐怖、強い罪悪感が出現した。また、少しでも自分がその男性に拒絶されたと思うと、患者は情緒的混乱をきたし、自傷行為や大量服薬を行なった。

患者は徐々に両親、とくに父親に対して完全に服従して、できるだけ父親の意向に沿う世界で生き、自分の批判的な感情や自発性を分裂排除していたことに気がつくようになった。これは治療者の根気強い解釈の後であったが、虐待を繰り返した父親と、患者を援助せず父親の味方となった母親に対する複雑な感情がよみがえりはじめた。そうすると、患者は治療の後に帰宅して両親に対する爆発的な怒りが生じたが、同時に解離症状が出現し、その間のことは患者は記憶していない状況が生じた。

治療者は、患者がそのようなもっとも怖くて嫌悪感を持っている父親や男性に対して、なぜ強い関心と依存心を抱き続けるのかについて、患者と話し合うようにした。そうすると、自分がもっとも恐れ傷つけられた父親や父親に似た男性に、従順で強い罪悪感を抱きながら尽くしている自分の姿の矛盾に満ちた不自然さに、徐々に気づくようになった。そして、強い憎しみと攻撃性をも持っていることに気づくようになった。そのときには、患者は抑うつ発作を生じ、全身の強い痛みや離人症を生じた。

治療者は非常に理想化されていたが、治療者が休暇をとったり患者の治療者に対する恐怖と自虐的な態度を解釈したりすると、男性に対する激しい怒りや父親に対する怒りが強くなり、暴力的な行動化を起こすようになった。

治療者は、そのような行動化を繰り返し、アンビバレントで矛盾した対象関係を反復していく患者に対して、患者の自己理解を進めるよう根気強く解釈していった。

患者に、なぜそのような破壊的な男性や父親に強い関心を抱くのか、その矛盾に気がついているのかしばしば問いかけた。患者は、なぜか分からないがそのようなひどい男性に惹かれてしまう。普通のやさしい男性は存在感がなく、影のように淡い存在で、男性としての関心がまったく沸かないと述べた。治療者も、そのような良い人ではあるが存在感がなく、治療体験そのものが希釈されているのではないかという問題を話し合った。

更に次のような問題を話し合った。①患者がそのようなサド的な男性に近づくときは、自分の恐怖心や嫌悪感などを排除し、攻撃的な男性に対して惹かれて行く倒錯的なものにしていること。②患者は、そのような破壊的な男性に従わないときには、激しい見捨てられ体験と罪悪感が生じて、離れようとはしない。それは、やはり患者の苦痛で傷ついた体験の激しさを現わしているものであり、未解決のまま心の中に存続してきたものである。③患者にとっては、治療者のような支持し援助しようとする人物は、無力で淡い存在でしかなくなっていること、そのため結局は、患者はそのような破壊的男性の下で、偽りの安心感を得ているのであること、などを理解するようになった。

患者は、「父親や男性に対して批判的な気持ちが出てくるようになったが、そのときには強い孤立の恐怖が出てきて、この世で完全に独りぼっちになる恐怖が出てくる。それでそれらを感じないようにして、あわててもとの父親や男性の下に帰ろうとするのだ」と述べた。

患者は、両親の攻撃的で傷つけ暴力を振るわれた世界を多く想起したが、その後にはやはり強い身体の痛みや激しい恐怖心が繰り返された。治療者が、それほど自分を傷つけた両親に対するしがみつきと激しい罪悪感の背後には、逆にそのような両親に対する激しい憎しみと攻撃が存在していることを解釈していた。

患者は、昔から両親の仲を取り持つのが自分の使命だと感じ、母親や自分が暴力を振るわれている場面などをフラッシュバックのように想起し、激しい恐怖感と嗚咽を繰り返した。患者には、治療者の下にいるときはこのような体験が明確になり、動揺し罪悪感を抱くが、部屋から出ると何を話したのか記憶が薄れてしまい、ただ孤立感や抑うつが続き、両親や男性に戻っていこうとする葛藤的な気持ちが生じた。

この時期の治療者は、患者の破壊的な世界と強い罪悪感や強いしがみつきの世界の中で、圧倒されるような恐怖感を抱くこと（逆転移）が続いた。これは、患者自身が、自分でもコントロールできないほどの破壊性と攻撃性を、持っていることとも関係しているように思われた。

やがて、自傷行為や離人症、解離症状、過食などの症状は消失し、患者は自分が分裂排除していた自分の自発的な世界を取り戻した。

しかし、それは患者には更に苦痛をもたらすものでもあった。患者は、別の男性に出会ってはサドマゾ的な関係に陥り、やはり暴力的でサディズムの傾向を持つ男性を無意識的に選択していた。治療者は、患者のそのような病理的な対象選択の問題を、父親とのアンビバレントな関係と関連づけて根気良く解釈していった。そして、そのような男性と激しい見捨てられ不安と罪悪感の葛藤の中で、いよいよ男性との別離が近づくと、一過性の精神病状態に陥ったりした。

それでも患者は、自己の体験してきたことや行動していることが、いかに矛盾したものであり、自分を傷つけたつらいものであり、自分が激しい怒りと恨みを持っているかを自覚することができるようになった。そのようなときには、患者は大量の涙を流し嗚咽しながら、自分の傷ついた体験を話した。

患者は、徐々に自分の病理的な反復強迫の世界を自覚して、自分がいかに虐待的な父親との関係で苦しんできたか、その暴力から母親を救おうとしたのに、母親は父親の見方をしたりして、大変混乱していたことなどをより自覚できるようになった。

このような患者は、暴力的な世界に対する迫害的恐怖と見捨てられ恐怖と強い罪悪感に満ちた、後期妄想分裂ポジションから早期抑うつポジションの未解決の病理が、人格の中に存続している状況である。それは情緒的に混乱した状況を呈しているが、病理的組織化としては安定していて、嗜癖と倒錯に満ちていて、変化に対しては強力な抵抗を示すのである。そして、患者の境界性パーソナリティ障害としての臨床像の形成に大きな影響を与えている。

4 おわりに

イギリスのクライン派の代表的な病理的パーソナリティ論であるシュタイナーの「病理的組織化」の形成過程とその説明を行なった。そして重症の情緒的不安定性パーソナリティ障害の症例を紹介した。そして、シュタイナーのいう病理的組織化が強力に活動していることを示した。

精神分析においては、治療構造を厳守し、自由連想に基づく転移と逆転移を中心にした解釈による治療的アプローチを行なう。そして、このようなパーソナリティ理論は、そのようなセッティングによって得られた重層的なデータを基礎にして形成されたものである。

なお personality disorder を人格障害と訳すことは、道徳的なニュアンスが強すぎることと、精神病質との混同を招く言葉であるので、ここではパーソナリティ障害の訳語を使っている。

参考文献

(1) Bion, W.(1967) *Second Thoughts*. Heinemann.〔松木邦裕監訳(2007)『再考——精神病の精神分析論』金剛出版〕

（2） Klein, M. (1935/1975) A Contribution to the Psychogenesis of Manic-Depressive States. In *The Writings of Melanie Klein*, Vol. 1. Hogarth Press.〔安岡誉訳（1983）「躁うつ状態の心因論に関する寄与」『メラニー・クライン著作集3』誠信書房〕
（3） Klein, M. (1940/1975) Mourning and Its Relation to Manic-Depressive States. In *The Writings of Melanie Klein*, Vol. 1, pp. 344-369. Hogarth Press.〔森山研介訳（1983）「喪とその躁うつ状態との関係」『メラニー・クライン著作集3』誠信書房〕
（4） Klein, M. (1946/1975) Notes on Some Schizoid Mechanisms. In *The Writings of Melanie Klein*, Vol. 3, pp. 1-24. Hogarth Press.〔狩野力八郎・渡辺明子・相田信男訳（1985）「分裂的機制についての覚書」『メラニー・クライン著作集4』誠信書房〕
（5） Rosenfeld, H. (1965) *Psychotic States*. Hogarth Press.
（6） Rosenfeld, H. (1971) A Clinical Approach to the Psychoanalytic Theory of the Life and Death Instincts: An Investigation into the Aggressive Aspects of Narcissism. *International Journal of Psychoanalysis*, 52 : 169-178.〔松木邦裕訳（1993）「生と死の本能についての精神分析理論への臨床からの接近」『メラニークライン トゥデイ2』岩崎学術出版社〕
（7） Steiner, J. (1993) *Psychic Retreats*. Routledge.〔衣笠隆幸監訳（1997）『こころの退避』岩崎学術出版社〕

〔『臨床精神病理』24巻2号、2003年〕

34章　精神病的パーソナリティの精神分析的研究、その概観
――統合失調症の研究を通して

1　はじめに

本特集は「精神病的パーソナリティ」(psychotic personality)の精神分析的アプローチに関する研究である。歴史的には、統合失調症(schizophrenia)に対する研究として行われてきたものであるので、ここでは統合失調症の研究の歴史としてまとめていく。またフロイト(Freud, S.)は精神病を統合失調症と躁うつ病を含めて論じていて、躁うつ病も精神分析の治療の対象とはならないと考えている。ここでは統合失調症や統合失調症様の病体を示す患者群に対して精神病という用語を使用している。そして近年そのような患者群にはサブグループがあって、早期対象関係の問題が主流である心因原性統合失調症と、より生物生理学的素因が強いタイプの統合失調症が存在していると考えられる。精神分析的アプローチが適応となるのは前者の心因原性のものである。さらに最近の筆者の経験では、知的レベルが標準かそれ以上に高いタイプの高機能性広汎性発達障害を背景に持つ統合失調症様病体があることが判明しており、そのような場合には療育的アプローチが中心になる。

歴史的にはフロイトは、統合失調症は対象のない自己愛(narcissism)の世界に退行しているために転移を起こすことができず、精神分析の対象とはならないと考えた。彼が唯一考察した統合失調症の症例はシュレーバー症例(Schreber case)であるが、それは彼が直接治療した例ではなくて、患者が出版した精神病の自伝を基にして、精神分析的に考察したものである。そこではフロイトは、患者の部分対象関係的な世界や投影の機制について注

目している。しかし彼は統合失調症は、精神分析の治療の対象となるとは考えなかった。そして精神療法的アプローチをするときには、技法を修正するべきであると考えていた。この考え方を批判的にではあるが、基本的に踏襲したのが、フェダーン（Federn, P.）、サリバン（Sullivan, H.）、フロム＝ライヒマン（From-Reichman, E.）、サールズ（Serles, H.）など主として米国の自我心理学やネオフロイディアンといわれる米国の分析家たちである。

クライン（Klein, M.）はフロイトの自己愛論を批判して、自己愛の状態はフロイトが考えているように対象の無い世界ではなくて、実は早期の原始的内的対象関係の状態にあると考え、対象関係が生後直後から存在することを発見した。そして彼女は、統合失調症はそのような内的対象関係に内向している状態に固着しており、臨床的には精神病的転移を呈して、そのような原始的な対象関係を治療者に転移し、治療者はそれを解釈によって対処することができると考えた。そして１９４６年に、クラインはそのような原始的な対象関係の世界を、「妄想分裂ポジション」（paranoid-schizoid position）として理論化したのである。この概念を発表した頃から、クライン派の分析家によって、統合失調症の精神分析による治療が行なわれ始めた。とくにクラインから直接指導を受けたシーガル（Segal, H.）、ローゼンフェルド（Rosenfeld, H.）、ビオン（Bion, W.）などによって精力的な研究が行なわれた。彼らの特徴は、統合失調症の治療においても、週5〜6回、50分のセッティングを堅持し、転移解釈に焦点をおいて、支持的技法や陽性転移を助長するような技法を取ろうとしなかったことである。その中において彼らは精神病転移（psychotic transference）を発見し、統合失調症が転移を起こして精神分析的な治療と理解の可能性があることを発見した。

本稿では、統合失調症研究に関するそれらの二大潮流について概観をしてみたい。

2 フロイトの精神病論

フロイト（1856-1939）自身は、精神病としては統合失調症と躁うつ病の両疾患を含めて論じているが、ここでは主として統合失調症に関する彼の意見を紹介したい。フロイトは、統合失調症に対する精神分析の適用に関しては消極的に考えている。そして統合失調症に適応される場合には、そのような患者群は転移を起こす能力がないために、支持的なアプローチに技法を修正するべきであると考えている。そしてそのフロイトの考え方が、後の精神分析における精神病に対するアプローチに多大な影響を与えてきている。

しかしフロイトは精神病に対する強い関心を持っていて、いくつかの重要な考察を行なっている。そしてその中には、後の精神病研究の基本的な視点になったものが存在している。

（1）小説『グラディーヴァ――あるポンペイの幻想小説』(*Gradiva: Ein pompejanische Phantasiestück*)

1907年にフロイトは文学作品『グラディーヴァ』において妄想状態にある主人公の夢の分析と、恋人による健康への回復過程に治療者としての働きを見ている（イェンゼン〈Jensen, W.〉の『グラディーヴァ』に見られる妄想と夢」〈1907〉）。主人公の男性はいわゆるスキソイド・パーソナリティの傾向があり、引きこもりがちで生物学に没頭している。そして、ギリシャ時代の彫刻の女性に恋をして、ポンペイの悲劇で死んでしまったと妄想的に確信するようになった。そして彼は実際にポンペイの遺跡に行ってその女性に会おうとするのであるが、そのときに見た夢の中にその女性が現れて、覚醒後もその夢と事実とを混同してしまうのである。そのときに、彼が実際に恋いこがれている教授の娘が、考古学者としてちょうどポンペイの遺跡の研究に来ていて、主人公と会う。彼はその実在の女性とグラディーヴァを混同してしまい、妄想的な世界の中で応答する。またハエの羽音を恋人同士の語り合いとして幻聴体験をしたりしている。この様子を見た女性は、彼が妄想状態にあることを理解して、何とかこの男性に現実の世界に戻ってほしいと努力する。そのときの彼女の態度は、彼の妄想世界をすぐには否定せずに、彼の万能的な世界に入り込んでその要求を満たし妄想的な世界を共に演じたりする。そして徐々に現実の世界へと彼を連れ戻してくるのである。そして彼が抑圧していた性愛的な世界を自覚して、彼が求め恋していたのは、実はその現実の女性であることを自覚し、妄想の世界から脱出してくる。

フロイトは、このような患者の万能を満たし、徐々に現実の世界に引き戻してくる方法は妄想状態にある患者に対する精神分析療法の技法と同等のものであるが、ただ異なるのは、精神分析家はその中立性と分別を維持して、決して患者と個人的な関係に陥ることはないと述べている。ここではフロイトは、妄想状態にある患者の夢や妄想体験の内容を重視し、治療は抑圧されたものを意識化していく精神分析の治療対象として考えている。フロイトが、この治療論をなぜ後に臨床的に展開しなかったのかは謎である。しかし、この視点は後のフェダーン、フロム=ライヒマン、サリバン、サールズなどによる精神病治療の中で、発展された視点でもある。歴代の研究者が妄想的精神病治療に関するフロイトの見解に関して、『グラディーヴァ』を挙げていないのはなぜであろうか。

この『グラディーヴァ』は、フロイトによる小説のストーリーそのものを分析する、ある文学作品論としての技術論の先駆けとなるものでもある。またその中で語られている重要な二つの夢の分析を通して、この物語の背景に存在する主人公の抑圧された女性を求める性愛的な世界が存在していることを見事に分析しているものでもある。そして作家の創作力と想像力の圧倒的な力に感嘆している。フロイトは一生芸術家に対しては、コンプレックスを持っていた。

(2) シュレーバー症例 (1911)

フロイトは統合失調症の精神分析の治療は適用ではないと考えていたが、その病理に関しては強い関心を持っていた。特に当時は、ブロイラー（Bleuler, E.）、ユング（Jung, G.）、アブラハム（Abraham, K.）などのチューリッヒ学派が統合失調症の研究で先んじており、それに対する対抗心もあったのであろう。

当時有名な症例であったシュレーバーが、精神病院に強制入院させられたときに、裁判所に訴えたときの回想録を出版したのであるが、それは精神病の妄想的な世界を綿密に記録したものだった。それについて、当時の精神科医たちが様々な論評を行なっていた。そしてフロイトもその回想録に注目し、統合失調症の病理的考察を行なった。しかしこれは治療例ではなくて、患者本人が出版した回想録を元にした精神分析的病理学であった。

そこではシュレーバーの主治医のフレクジッヒ（Floechgich）に対する妄想的転移が起きており、フロイトはそれは同性愛的なものであると考えている。彼はこの同性愛的リビドーの投影と意味の変換が妄想形成の重要な因子であると考えている。主治医のフレクジッヒは、シュレーバーの妄想の世界の中に神と共に主要な対象として登場している。そして、シュレーバーが女性に転換して神と性交を行なうという妄想と、フレクジッヒが分裂して存在するという妄想、神が上下前後によって区別されている妄想などは、父親、兄に対する同性愛的コンプレックスに関係しているのであり、フロイトはそれらが主治医のフレクジッヒに「転移」されていると述べている。これは、フロイトが統合失調症の患者は「転移」を起こさないと主張していたこととは、矛盾する発言である。またフロイトは、そこで見られる症状現象に関しては、投影の機制が大きな役割を演じていることを述べている。

このようにフロイトは、妄想的ではあるが転移が主治医に起こっていることを認めている。しかし、彼は精神分析による統合失調症の治療可能性については否定的であった。

(3) 快・不快感原則と現実原則——精神の二原則について（1911）

ここではフロイトが、一次的自己愛の状態を鶏の卵にたとえて説明している（精神現象の二原則に関する定式）。

そして赤ん坊は快・不快原則に基づく一次的思考過程にある。そして、外界の対象を必要とするときに、しばらくは欲するものを幻覚的に得て満足を得ることができる。そしてそれでも欲求が満たされないときに、赤ん坊は外的対象を必要とせざるを得なくなり、現実原則の世界で生きることになる。それは二次的思考過程の世界であり、赤ん坊は感覚器官、意識、注意、記銘、記憶、思考、行為などによって外的現実に順応する必要が生じてくる。そして思考が、内的な試みと検証の試験的行為のプロセスであることを明らかにしている。それでも抑圧され無意識になった世界では、一次的思考過程が相変わらず活動している。統合失調症では、この二次的思考過程が障害されることが多いが、フロイトはそれ以上この問題を発展させることはなかった。ビオンは、１９５０年代に精神病的パーソナリティの研究の中で二次的思考過程の障害の問題を取り上げるが、この論文はその基本的な視点を提供した論文になったのである。

(4) 自己愛について (1914)

フロイトは、自己愛についての論文 (「自己愛について」1914) の初頭の部分において、自己愛論は統合失調症の自閉の説明を主な目標としていると述べている。そして統合失調症は自我保存本能を考えないと説明できないと考えている。そして彼はそのような患者は、自己愛的状態にあるので、転移を起こすことができないと考えている。フロイトはそのために統合失調症や躁うつ病を自己愛神経症とよび、転移を起こすことのできるヒステリーや強迫神経症を転移神経症と呼んだ。

フロイトによると、生まれたばかりの赤ん坊は、まだすべてが満足されていて、対象を認識できない状態にあると考えている。そこではすべてのリビドーは自我に向かっていて、完全な自己充足の状態である。これをフロイトは一次的自己愛 (primary narcissism) と述べている。そして赤ん坊が空腹や欲求不満を体験し始めて、初めて対象を求め始めてその存在を認識できるようになり、対象へのリビドーを備給するようになる。これが対象との関わりの始まりである。統合失調症は、何らかの欲求不満にさらされたときに、対象へのリビドーをすべて引き上げて（脱備給）自我に対してそのリビドーを向けるようになった状態である。フロイトはこれを自己愛の状態とみなした（当時のフロイトに自己という概念が存在したのかどうか不明なので、これを自己愛と訳すのがよいのかナルシシズムが適切なのか、現在でも異論のあるところである）。

いずれにしても、対象からすべてのリビドーを引き上げてしまった個人は、自我にすべてのリビドーを備給しているので、対象関係を持つことができない。これは一次的自己愛の状態と同様なものなのでフロイトは二次的自己愛（secondary narcissim）とよんだ。この二次的自己愛にある統合失調症の患者群は、治療者に転移を起こすことができないので、フロイトは精神分析治療の対象とはならないと考えたのである。ただ彼は、他の箇所では、統合失調症の患者の心の一部だけが脱備給するので、健康な部分が機能していると述べている。そういう考えであれば、その部分は転移を起こす能力があるが、彼はあくまでそれは治療に協力する部分と考えていたようである。

この自己愛の論文は、統合失調症に関する考察に関しては、途中から陰を潜めてしまう。そして正常の心理の中に見いだされる自己愛的対象選択や、両親の赤ん坊に対する自己愛的関係のあり方に論が進む。そして最終的には、自己愛を満たすための特有の自我理想の世界が心の中に構築されることを強調している。それは、後の超自我形成の先駆をなす研究である。そこでは、統合失調症の問題は影を潜めてしまっている。しかし、対象からリビドーを引き上げてしまったときに、対象のイメージを共に取り入れていくプロセスを暗示しているのである。後にその問題については、フロイトが「喪の仕事とメランコリー」の論文（1917）の中で明らかにしている。彼は、躁うつ病の中で、失われた対象の取り入れと同一化の問題を論じ、内的対象の形成過程を明らかにしつつあった。彼が統合失調症について同じように考察しようとしなかったのは奇妙なことである。これは後にクラインが、乳児の内的対象関係の形成過程として、また統合失調症の内的対象関係のあり方として明らかにしていく。

3　アブラハムの研究

アブラハム（1877-1925）は、1900年代からブロイラー、ユングとともに、テューリッヒ学派として統合失調症の研究に取り組み、フロイトとの共同研究をしていて、フロイトの高弟になった人物である。彼はユダヤ人であるために、大学に要職を得ることが不可能であるため、1911年にベルリンに開業し、精神分析研究所と精神科病棟を運営していた。アブラハムは、フロイトが当時治療の適応ではないと考えていた躁うつ病に対して、精神分析による治療研究を精力的に行なった。そして乳児の6ヶ月心性である肛門期前期、肛門期後期のアンビバレントな固着状況が、躁うつ病の病理の起源であると主張していた。そして統合失調症が乳児の口唇期への固着に関係があることを示唆しており、精神分析による治療可能性を示唆している。アブラハムが当時発表した有名な発達論は、フロイトのものを土台にしているが、より詳細にしたものである。そこには、部分対象やアンビバレンス、0歳児の早期発達が重要であることが述べられていて、クラインの理論に大きな影響を与えている。アブラハムは、躁うつ病の治療においては患者は発達早期の転移を展開し、治療者の中立性を保ち転移解釈をしていくことで、治療上成果を上げることができることを実証した。フロイトは、自分の主張が受け入れられず理論が覆されたと感じていて、不快感をあらわにしているが、後には「喪の仕事とメランコリー」の論文として躁うつ病の病理学的な考察を行い、アブラハムの研究を一部認めることになった。

重要なことは、後に統合失調症の画期的な病理学と治療論を展開することになるクラインが、1921年から1926年までベルリンに滞在してアブラハムの指導と教育分析を受けたことである。ベルリンでは、アブラハムはクラインに2~3歳の非常に幼い重症の子供たちの治療を勧め、多くの革命的な知見を得ることになった。このときにもフロイトは、3歳以下の子供は内的世界が構築されていず、言語的表現能力もないため自由連想ができないなどの理由で、その年齢の子供は精神分析療法の対象にならないと考えていた。そのために、アブラハムへの手紙の中で、クラインの臨床活動を即刻中止するよう命令しているが、アブラハムはクラインが研究していることは精神分析の革命になるだろうと、その申し出を受け入れなかった。後述のように、このことが、現代の対象関係論やクライン理論として発展する大きな転回点になったのである。

4 フェダーンの研究

フェダーン（1871-1950）の紹介は、小此木啓吾によって詳しく行なわれている。フェダーンは、フロイトの自己愛神経症の理論を批判して、精神病患者においても転移を起こし、精神療法的アプローチが可能であることを提唱している。

（1）統合失調症論

フェダーンは、統合失調症の重要な病理は、その自我境界の脆弱性にあると考えている。彼は自我感情を重要視して、個人は自覚的な感情を持つことのできる自我感情に関するものを自己の内部と感じることができ、自我感情に関連しない体験を外部の体験とみなすと考えている。このようにして、個人は自己の内部の体験と外的体験とを区別している。健康な個人は、この自我境界が適切に機能している。しかし、精神病の過程においてこの自我感情が脆弱化すると、無意識的世界が自我の中に進入したり、外部の世界の体験も自我の中に進入する体験を持つようになる。個人にとっては、この両者は自我感情を伴わないために外的世界として体験される。そのために、自己の無意識的な体験の突出は妄想や幻覚体験として、外界で起きているものとして体験され、外界と混同されてしまう。言い換えれば、思考（観念）と対象の識別力の障害、思考（観念）の誤った現実性の獲得、判断や推理の誤った確信（確実性）、それに伴う行動、などが自我境界の脆弱性の結果として生じる。これが、統合失調症の基本的な病理の核心である。そして、フェダーンは、精神療法の目標は、この自我境界の脆弱性を立て直すことにあると考えている。

(2) フェダーンの治療論と治療技法

フェダーンは、次の三点を基本的な視点としてもっていた。つまり、精神病患者が転移の能力を持っている。自我には健康な部分が残っていて、すべてが傷害されているわけではないので、自我の健康な部分は自我の病理的な部分に対する自己理解を得ることができる。自我の一部は健康を保っていて外界の現実と交流することができる、という基本的観点を持って、精神分析的援助が可能であると考えている。

フェダーンの治療の目標は、統合失調症は自我備給の喪失のために自我境界の脆弱性が生じているのであり、その自我備給を回復することである。内的自我境界の再建のためには、無意識的衝動（エス）や過去の幼児的自我状態の突出する力と自我との間で、力動的、エネルギー経済論的均衡を得ることを目標にする。そのためには、自我のエスに対する抑圧を強化するように自我を援助する。外的自我境界の再建のためには、自我の現実検討能力や思考の機能を援助して、自我機能の学習機能を高める。そして、自我備給の回復や自我境界の再建が進むと、成人的自我状態が幼児的自我状態を支配でき、再統合されるようになる。

このためには、フェダーンは、精神分析の技法を以下のように修正している。第一は、自由連想を放棄している。これは、無意識的衝動や幼児的自我状態の意識化は、自我境界の脆弱性のためにすでに過剰に意識化されているので、自由連想によって更に意識化することは、病理的過程を促進し危険であると考えられたからである。第二は、陽性転移を促進し、分析するべきではないと考えている。フェダーンは、この陽性転移の維持が自我備給を促進し、自我境界を再構築するために重要であると考えている。フェダーンは、そのためには万能的に患者の自我の要求を満たすことのできる真の絶対的母親的存在が、治療のパートナーとして必要と考えた。そして看護婦のシェビング（Schbing, G.）は、フェダーンの重要な治療パートナーとして働いたのである。

このフェダーンの研究は、後のサリバン、フロム=ライヒマン、サールズなど米国の統合失調症に対する精神分析的治療に取り組んできた治療者たちに大きな影響を与えている。

5 アメリカにおける統合失調症治療の研究

(1) サリバン

サリバン（1892-1948）は、精力的に統合失調症の治療に力を入れている。彼は統合失調症の病理の起源は、乳児と母親との関係性にあると考えている。彼は患者と同性の治療者集団による援助を基本として、特別病棟を設けて治療に当たっていた。そのときには、スタッフは患者の妄想的な誤った認識などには反論せず、できるだけ理解しようと努力することが重要であると述べている。これはフロイトが『グラディーヴァ』の中で述べていることを彷彿とさせるものである。そのような環境的援助が、精神分析的アプローチの基礎になるのであり、一定の時期になると、患者は精神分析的アプローチが可能な時期が来る。そのときに、サリバンは、患者の忘却された個人史を明らかにし、「その精神病の本当の年表を再構築すること」を目標にして、精神分析的アプローチを行なっている。そして陽性転移を重要視して、陰性転移は扱わないようにしている。彼は統合失調症の精神療法的アプローチに適した状態にないスタッフや治療者を次のように挙げている。①患者とは異性であること、②教育分析を受けていないか、最近受けたばかりの治療者、③哲学的で思索に走りすぎる人、④抵抗性の同性愛者、⑤理想的な改革者、⑥支配的権力志向の強い者、⑦一部の聖職者、などは治療者として適さない人たちであると考えている。

（2）フロム=ライヒマン

フロム=ライヒマン（1890-1957）も、統合失調症に対して精力的に取り組んだが、絶対的母親のケアのような治療者の境界のない関係性を築こうとするフェダーンなどのアプローチには批判的である。彼女は、治療者の中立性を護るべきであり、適切なアプローチによって重要な治療的陽性転移を維持し、陰性感情を扱わないことが、治療上重要だと考えている。

フロム=ライヒマンは、統合失調症は発達早期に激しい外傷体験を持っていると考えている。後には彼女は、以前は強く批判していた転移分析をするべきだと主張するようになった。彼女は、患者は依存対象に対する接近の恐怖と、隠された怒りの問題を持っていて、それらを解釈するべきだと主張するようになった。しかし、患者がダイナミクスを理解するためには、ガイダンスと指導を多く使用している。

（3）サールズ

サールズ（1918-2015）は、現代の米国においてもっとも精力的に統合失調症の治療に取り組んでいる。彼は、マーラー（Mahler, M.）の発達論を準拠表にして、統合失調症は、マーラーの言う自閉期、共生期（symbiosis）の段階に固着している個人であると考えている。またそのような患者の転移は、非常に原始的な自我組織であり、部分対象の世界に住んでいる乳児のものに匹敵すると考えている。

治療技法としては、①治療者は、患者との共生的な関係を作るように目指し、患者がこの共生的世界から分離独立することを目指している。②言語的解釈は禁忌であり、患者は言語的コミュニケーションをうまく採用できない状態にある。そして、治療者を自分の自我として使用し、多彩な部分対象的な世界を治療者に転移する。治療者は、それに耐えて楽しむくらいの能力が必要とされる（いわゆる「共狂い療法」）。このとき、患者は治療者との同一化を通して、自我が強化されている。この共生的段階においては、患者は自分自身の一部分を対象として経験している。彼は自我や自己の分裂、具象的思考に関しては明言していないが、臨床記録はそのような現象が多く記述されている。

しかしサールズは、共生的転移を相互依存とみなし、治療者自身の愛情や憎しみを患者に告げたりしている。ローゼンフェルドは、これは大きな誤りであり、サールズが逆転移を適切に扱っておらず、患者の幼児的対象関係の投影を正しく認識していないと批判している。そして治療者サールズの治療内行動化は、患者の自我を強化しないと批判している。

（4）まとめ

以上、フロイトに始まる古典的精神分析の統合失調症に関する基本的な視点を基本にして、主としてアメリカにおいて発展してきた現在までの研究の歴史的概説を行なってきた。これは、統合失調症研究に関する二大潮流の一方の大きな流れであり、日本の研究者にも大きな影響を与えてきた。もう一つの大きな流れは、英国におけるクライン派の流れである。

ウィニコット（Winnicott, D.）、リトル（Little, M.）など独立学派の研究もあるが、クライン派のものと比較して研究は多くはない。彼らは、精神病的状態はホールディングの時期にあると考えていて、言語的介入は意味がなく、治療構造の維持と万能的要求を満たすような治療者の絶対的ケアを保証する態度が重要だと考えている。

6　クラインの統合失調症研究

（1）子供の精神分析

1920〜34年にかけてクライン（1882-1960）は、2〜3歳の重症な子供の精神分析を行なった。当時フロイトをはじめとする精神分析の世界では、そのような幼い子供は前エディプス期の段階にあり、内界が存在しないために転移を起こす能力がなく、精神分析療法の対象にはならないと考えられていた。そして教育や両親に対するガイダンスが重視されていた。

1920年当時クラインはハンガリーのブダペストでフェレンツィ（Ferenczi, S.）の下で、子供の精神分析を始め遊戯療法（play therapy）を開始した。フェレンツィは当時から乳児の心理に深い関心を抱き研究を続けていて、クラインに子供の精神分析を最初に勧めた人物である。1921年にクラインはベルリンに移住して、アブラハムの下で子供の精神分析の研究を進めることになった。アブラハムは、当時入院患者とくに成人の躁うつ病に精神分析治療を行ない、口唇期、肛門期のリビドー論を基にした乳幼児期の早期対象関係論的な躁うつ病の病理理論を提唱していた。そして彼も、クラインに2〜3歳の非常に幼い患者の精神分析療法を推進するように勧めた。そしてクラインの理論や技法の発展に大きな影響を及ぼしたのである。

クラインはそのような幼い子供に遊戯療法を行なったが、クラインはその子供の遊びや行動が成人の言語的な自由連想に匹敵することを発見した。そしてそのような幼い子供にはすでに、内的世界（inner world）が存在し、転移の能力があり、超自我やエディプス・コンプレックスが存在することを発見した。そしてそのような幼い子供が展開する転移の世界が、サディズムと迫害的な不安に満ちた世界であることを見出した。

つまり乳児の最初の対象は母親の乳房であり、満足を与える乳房を理想化して自己に取り入れ（introject）、欲求不満を与える乳房に対して激しく攻撃し、また自分の破壊性を投影して報復に怯え、迫害的不安（persecutory anxiety）におののくのである。そしてその良い乳房と悪い乳房が同一人物の物であるとは認識せず（分裂：splitting）、部分対象関係の世界に生きている。

この当時からクラインは、成人の統合失調症の素因について、このような非常に早期の発達段階の葛藤が、無意識に存続しているためであると考えるようになっている。また自閉症的な症状を持ったディック（Dick）の症例においては、象徴形成過程の障害が認められ、クラインはそれは後に統合失調症の素因を形成すると考えている。

(2)「妄想分裂ポジション」と「抑うつポジション」

a　抑うつポジション

１９３０年代になると、クラインは子供の精神分析で得た知識を、成人の躁うつ病の治療に応用して多くの発見をした。そして１９３５年に、躁うつ病の病理的対象関係を「抑うつポジション」（depressive position）として概念化した。彼女は、これは生後６ヶ月頃の乳児に見られるようになり、２歳頃までに徐々に完成されると考えている。そして彼女は、とくに「抑うつポジション」の早期の段階の葛藤に注目している。それは、対象に対する強いアンビバレントが特徴である。幼児は内的な良い対象に対する強い愛情と、内的な悪い対象に対する激しい憎しみを抱き、その対象が同一の対象であることに気づくようになることによって（全体的対象関係）激しい葛藤を経験する。それは対象を失う恐怖、激しい罪悪感、対象に対する熱情などである。そこでは投影、取り入れなどの比較的原始的な防衛機制が活動している。この時期には、すでに超自我が存在し、早期のエディプス・コンプレックスが始まる。躁うつ病などの病理としては抑うつポジションでも比較的早期の時期に対する固着の問題が考えられている。更にクラインは躁的防衛に注目している。それは苦痛な現実を否認して対象を卑下し、自分が対象に依存していることを否認することによって、抑うつ的不安を回避する方法である。

b　妄想分裂ポジション

１９４６年にクラインは、統合失調症の精神分析症例を基にして「妄想分裂ポジション」（paranoid-schizoid position）の概念を提出した。当時、クラインはローゼンフェルドなどのスーパービジョンなどを通して、多くの統合失調症の精神分析治療例を聞く機会を得ており、それらを基にして統合失調症の固着点を明らかにしようとした。「妄想分裂ポジション」は、生後直後から始まり、生後３ヶ月を頂点に６ヶ月頃までに見られる乳児の心性である。それは子供の遊戯療法の中で観察された迫害的な不安とサディズムに満ちた世界と、多くの共通性を有している世界である。乳児は部分対象関係の世界に住んでいて、母親の身体を全体としては認知することができず、母親の乳房、顔、手などが同一の人物に属しているとは捕らえることができない。また時間的にも、今自分に満足を与えてくれる乳房や顔が、少し前に自分に欲求不満を与えた対象と同じものであるとは認知できない。乳児にとって最初の重要な対象は母親の乳房であるが、自分に満足を与える乳房に対して、乳児は「生の本能」を投影して理想的な「良い対象」（good object）を造り上げ強い愛情を向ける。そしてその良い対象を自己の中に取り入れて、自己の核にしていくのである。反対に自分が空腹のときに満足を与えてくれないときには、乳児は対象としての乳房に「死の本能」（death instinct）つまり攻撃性を投影して「悪い対象」（bad object）を形成し、激しい憎しみを抱き、できるだけ外界に排除して遠ざけようとする。また自分の攻撃性を対象に投影して、その対象に攻撃され報復されて絶滅（annihilation）してしまうという「迫害的不安」（persecutory anxiety）を抱く。そのときに見られる原始的防衛機制は、分裂（splitting）、取り入れ（introjection）、投影（projection）、投影性同一視（projective identification）、否認（denial）、万能（omnipotence）などである。

乳児が健康な場合は、良い対象関係が悪い対象関係を凌駕し、抑うつポジションへ統合され更に発達していく。しかし逆の場合には、精神病的な葛藤の世界が分裂排除されたまま統合されることなく無意識に存続して、後の統合失調症の素因を形成することになる。

クラインは、このような統合失調症の内的対象関係の理論化、つまりその転移の起源を明らかにすることによって、彼女の同僚たちの間に統合失調症の精神分析治療の機運を高めたのである。

7 クラインの弟子たちによる統合失調症研究の発展

クラインの革新的な「妄想分裂ポジション」の概念が提出された頃から、彼女の弟子たちによって統合失調症の分析治療の研究が盛んに行なわれ始めた。その代表的な研究者は、ローゼンフェルド、シーガル、ビオンである。とくに1950年代はもっとも精力的な統合失調症の臨床的研究が行なわれた時期であり、多くの革新的な発見が成された。それによると統合失調症においては、クラインの提唱した「妄想分裂ポジション」が固着点であることが確証され、治療者に対する「精神病的転移」を通してその原始的な対象関係の世界が再現される。それは部分対象関係で、激しい攻撃性と迫害的不安が交錯し、分裂、投影、取り入れ、万能、否認、さらに投影性同一視などの原始的な防衛機制が活動する世界である。彼らは、そのような患者に対して精神分析の技法を修正することなく、転移解釈によって対処することが可能であり、それが技法上重要であることを示した。実際に彼らは、精神分析の基本的なセッティング、つまりカウチを使用、週5～6回、一セッション50分の治療構造を守り、転移解釈を中心にして支持や保証などの修正された技法をできるだけ避けた。

(1) ローゼンフェルド――最初の統合失調症の精神分析成功例

a 臨床的技法と理論

1947年にローゼンフェルド（1909-1986）は、離人症を伴った統合失調症の精神分析治療例を報告した。そこでは彼は、精神分析のセッティングを守り、転移解釈を保持した技法を用いている。ただ彼は、統合失調症の患者には、子供の遊戯療法と同じように、患者にはカウチに横になることや自由連想をすることを指示することはしなかった。ローゼンフェルドの治療経過の記述は極めて細かく変化に富んでいるが、彼は言語的な表現のほとんどできない患者の内界の理解のために、患者の断片的な言語表現、行動、振る舞いなどに注目して、その内的幻想の世界を解明しようと努力している。彼は、統合失調症の治療は、言語的な表現手段よりも行動や振る舞いによる表現により注目する必要があるために、成人の神経症の治療よりもむしろ子供の遊戯療法に似ているところがあると述べている。つまり右記の特徴に加えて、統合失調症患者の治療動機はあいまいことが多く、入院や家族、ソーシャルワーカーなどの外的な援助が必要であることが多いなどである。

彼はまた、もし治療者が支持や保証をして陽性転移を発展させることを目論むことなく、転移解釈に集中していけば、様々な「精神病的転移」が発展していくと考えている。

ただ彼は、統合失調症の治療が、ある患者においては非常にうまく成功することがあるものの、多くの例においては極めて困難な抵抗にあったり、外的な現実が許さず治療を中断せざるを得ないことが多く、あくまで統合失調症の病理の理解を中心的な目標にして、その治療効果については、結論を出すのは早すぎると考えている。

しかし彼の統合失調症の分析的研究に対する熱意は、彼が１９８６年に他界するまで続き、彼は多くの統合失調症の患者の治療成功例の経験を重ねて、重要な論文を発表していった。

１９５２年の急性統合失調症の超自我葛藤の分析記録の中において、やはり非常に詳しい患者の投影性同一視の活動と転移の様子を描き、彼がいかに微妙な患者のコミュニケーションを理解しようとしているかを記録している。そしてそのような患者の超自我は原始的なもので、罪悪感に対して非常に敏感で、すぐ外界に投影され、外界が患者を責めているというような迫害的罪悪感を感じる傾向を解明している。更に患者の破壊性が、外界に投影されて迫害的不安に怯えたり、そのような対象を激しく攻撃し、後に罪悪感に苦しむ患者の姿が克明に記録されている。そこには自我の分裂と自我の崩壊が見られ、患者は外界の破壊と自己の内界の破壊の恐怖に怯えている。患者は罪悪感に耐えることができず、内的な対象つまり超自我によって引き起こされる苦痛な体験をする自己の部分を対象に投影して、自己を失い感情を失ってしまう結果をもたらすのである。

このような急性の患者の精神病の世界について、前論文同様治療場面における微妙な行動、振る舞い、断片的な言語表現などを基にして、驚くべき理解が示されている。

更に彼は、統合失調症の微妙なコミュニケーションを理解するには、治療者の直感を使うことが必要であり、それには治療者の逆転移を機敏に使っていくことが必要であると述べている。ここには逆転移の正常な働きについての注目があり、患者の無意識のコミュニケーションを理解するときの逆転移の働きが明確にされている。

b　困惑状態の研究

ローゼンフェルドは慢性の統合失調症の患者の精神分析治療中に、患者が困惑状態（confusional state）に陥ることに注目した。そのようなときには患者は性愛的な衝動と攻撃的な衝動を、良い対象と悪い対象を区別できなくなっている。衝動も対象も自我も困惑状態にある。そして自我の一部が他の自我の一部を食い尽くしてしまう夢を見た患者の例を挙げ、それが困惑状態の一つの動きであろうと考えている。

更に彼はその困惑状態の解決の仕方に二種類あることを上げ、その一つは自我が区別の力を再び取り戻して発達を始める場合、もう一つは病理的な分裂が働いて不安はなくなるものの、状態は更に悪化して、正常な区別が生じず発達が停止してしまう状態である。ローゼンフェルドは、これは性愛的な衝動が攻撃的衝動に負けてしまい、修復の機能が働かなくなってしまう場合であると考えている。

c　自己愛組織の研究

１９６０年代中頃から、ローゼンフェルドは、引きこもりを特徴とする患者の中に、自己愛的な防衛組織が存在することに注目した。そのような防衛組織は、社会適応をしている比較的軽症なスキソイド・パーソナリティから、万能的な妄想幻覚状態にある統合失調症の患者まで見られると考えている。彼はこれを自己愛組織（narcissistic organization）と呼んでその特徴を明確にした。つまり、自己愛組織は対象との分離に関する苦痛な体験を避けるために、自己を過大に評価し対象を卑下して、自分が対象に依存し対象を失うことを恐れていることを認識しないようにしている防衛組織である。更に悪性の場合には、対象を攻撃する自己の部分が理想化され、自己はそのような部分に支配されてしまう。そのような状態においては、自己が対象を求め依存しているような自己の部分を、破壊的に攻撃して対象との関係を持つことを拒否し、万能的な自己愛の世界に閉じこもってしまう。ローゼンフェルドは統合失調症の自閉の機制をこのような後者の破壊的自己愛組織（destructive narcissistic organization）の概念によって説明した。もちろんそれは他の重症のパーソナリティ障害などにも、程度の差はあれ、認められるものである。

d　投影性同一視について

１９７１年に、彼は統合失調症の患者における投影性同一視の機制の重要性について再び強調し、その特徴について簡潔にまとめている。これはビオンやシーガルなどの研究も参考にしている。第一に、精神病の患者に見られる投影性同一視の中に、正常な乳児と母親との非言語的なコミュニケーションに使用される物と同じ、健康で現実的な投影性同一視がある。第二は、自己の欲しない部分を取り除き、心的現実を取り除くために使われるものである。第三は、精神病の患者の転移の中で非常によく見られる、治療者の身体と心を支配するために使われる。そしてこれは非常に早期の乳児の対象関係に基づいているものである。第四は、とくに羨望などの原始的な攻撃性を扱うためのものである。第五は、患者が完全に治療者の中で寄生的に生きているという確信を患者が抱くために使われる場合である。そして第二から第五のものは、病理的投影性同一視である。

e　まとめ

以上のように、ローゼンフェルドの統合失調症の研究は、極めて精力的で精密な臨床観察と理解に基づいたものである。彼は、クラインの「妄想分裂ポジション」の現象が精神病転移の中で生き生きと蘇ってくることを見事に記述している。彼自身は、この概念をクラインとともに作り上げたという自負があり、ビオンのようには、それ以上の新しい概念を提出することは余りなかった。しかしローゼンフェルドは、妄想分裂ポジションの表われである精神病的転移の概念の内容を非常に豊かなものにしたということができ、彼の臨床記述はシーガル、ビオンと比較してより豊かなものである。また彼の自己愛組織の研究が、精神病に見られる自己愛にも共通したものであり、陰性治療反応と関係があると考えたことは彼のオリジナルな考えであり、統合失調症治療の理解に大きな貢献をした。

(2) シーガル――統合失調症における象徴作用：抑うつ状態の研究

a 臨床状況

シーガル（1918-2011）はクラインの研究の紹介に大きな努力を払い、その入門書は非常に有名なものである。また彼女は統合失調症の研究においても重要な寄与をしている。

彼女は、入院中の統合失調症の本格的な精神分析治療の成功例を非常に詳しく報告している。そして彼女も、クラインの注目した「妄想分裂ポジション」の心性が転移で現れてくることを確認した。とくに患者の象徴機能が障害されて、象徴そのものが具体的なものと同じものとして体験してしまうことに注目し、そのような患者は思考を発達させることができないと考えている。後にシーガルはこの象徴機能について「象徴的等価物」（symbolic equation）という概念で考察することになる。後の彼女自身による追加で述べているように、シーガルは投影性同一視と自己の断片化（fragmentation）についての視点はあまり考察していない。

b 象徴的等価物

シーガルは、統合失調症の患者の象徴過程の障害に注目して、その特徴を取り上げた。彼女は、クラインの「妄想分裂ポジション」と「抑うつポジション」の発達論に基づいて、象徴形成過程の考察を行なっている。彼女は象徴の概念を、ある対象の代わりに表現するものとして広い意味に捉えて、一般に見られるものとは質を異にする統合失調症の象徴の問題を考察した。統合失調症の患者は「妄想分裂ポジション」の内的世界を持っているが、たとえばある統合失調症の患者は、人前でギターを弾くことと自分が人前でマスターベーションをすることを同じことと見なして、ギターを弾くことができなかった。これは神経症の患者が、連想において、ギターを弾くことが彼にとってはマスターベーションを表わしていることを認めることとは異なるものである。後者においては象徴と象徴されているものを区別する能力が存在している。

前者のような原始的な象徴機能を、シーガルは「象徴的等価物」と名づけてその特徴を表わそうとした。それは「妄想分裂ポジション」に関係していて、病理的な投影性同一視のために、自己と対象と象徴とがはっきり区別されていない状態である。そこでは象徴されているものと象徴が、同等の具体的な対象として扱われる。そしてそれは統合失調症に特徴的な具象的思考（concrete thinking）に関係している。彼らは抽象的な思考がしばしば障害されているが、それはこの象徴機能が原始的な状態に止まっているからである。

シーガルによると象徴形成は、自我が対象との関係の中で生じた不安に対処するためのものである。また象徴形成は対象関係が始まる非常に早期から始まるが、対象関係の変化に伴ってその性質が変化していく。シーガルは、象徴過程は自我と対象関係の状態をよく反映すると考えている。そのために対象との関係が障害されていると、象徴形成も障害されている。とくに自我と対象の区別が障害されていると、象徴と象徴される対象との区別に障害が生じ、統合失調症に特徴的な具体的思考をもたらす。

「抑うつポジション」になると、象徴機能が完成する。それは全体的対象関係であり、自我と対象と象徴ははっきり区別されている。そこでは象徴等価物と象徴とは、はっきり区別される。象徴は、対象に対する攻撃性を置き換えるために必要であり、罪悪感や対象喪失の恐怖を軽減する。対象喪失を経験し、その対象を内界において再生させる能力は、象徴を自由に使う力を与える。そうして、象徴は対象を表象するようになる。

象徴はコミュニケーションの主役であり，すべてのコミュニケーションは象徴によって行なわれる。精神病的な機制が働くときには，象徴機能がうまく働かず，たとえば言葉は，患者のものであれ治療者のものであれ，対象や行為として感じられ，コミュニケーションにはうまく使われなくなる。象徴はまた内的なコミュニケーションにとっても重要な物であり，象徴機能に障害があると，その障害が生ずる。個人は自由な象徴機能があるときにのみ，自分自身と接触できるのである。統合失調症の治療の難しさは，彼らとコミュニケーションを持つことが困難なだけでなく，患者が自分自身の内的世界とコミュニケーションを持つことができないこととも関係がある。

この自分自身と象徴機能によってコミュニケーションを持つことは，言語的思考の基礎になる。すべての内的なコミュニケーションが，言語的な思考によるものではないが，すべての言語的な思考は，言語という象徴による内的なコミュニケーションである。

c　統合失調症における抑うつの研究

シーガルは，統合失調症の精神分析治療の経過上で現われる抑うつについて考察している。彼女はいつものように非常に詳細な臨床記述を行ない，分裂機制の活発な「妄想分裂ポジション」から「抑うつポジション」の世界に患者がどのように移行し，また反転していくかを記述している。治療において迫害的な不安と分裂的な防衛を処理していくと，自我と対象の統合をもたらし，患者は現実検討能力が向上して抑うつ気分や罪悪感を抱き，修復（reparation）の必要性を感じるようになる。そのような感情は患者には耐えることが困難となり，患者はただちに抑うつ的な自己の部分を投影性同一視の機制によって，対象つまり治療者に投影排除する。このときには，治療者がその抑うつ的な体験をすることになる。そして患者の正気の部分は取り除かれ，再び迫害的な世界が生じる。治療的に重要なことは，この過程を転移の中で明らかにしていくことである。

（3）ビオン——精神病的パーソナリティ論の発生的構成

a　研究状況

ビオン（1897-1979）は、以上のようなローゼンフェルドやシーガルなどの豊富な臨床観察と記述の世界と、同じような臨床体験をしていた。そして彼は、それらの観察を新しい視点から理論的にまとめ上げ、複雑な精神病の世界を解明することに成功した。上記の二人がクラインの「妄想分裂ポジション」の概念以外はあまり使用することをせず、あくまでその枠組みの中で精神病転移の世界を理解しようとしたが、ビオンはより細かい観察を理論化するために、独自の概念を用いて統合失調症の世界を解明したのである。ビオンはやや遅れて登場し、ポジションの概念形成の時期にはあまりかかわっていなかったためもあって、新しい概念形成をすることに積極的だったのであろう。ある意味では、ビオンは、三人の中ではもっとも独創的な貢献をした分析家であるということができる。

b　「精神病的パーソナリティ」と「非精神病的的パーソナリティ」

ビオンは統合失調症の患者の治療経験を通して、そのような患者には精神病的パーソナリティ（psychotic personality）と非精神病的パーソナリティ（non-psychotic personality：つまり神経症的あるいは正常なパーソナリティ）が同時に存在していることを発見した。これはフロイトの視点を基にしたものである。ビオンは、患者の精神病症状が前面に出ているときには、精神病的パーソナリティが前面に出て、非精神病的パーソナリティは背後に潜在していることを発見した。逆に重症の神経症や境界例においては、前面に非精神病的パーソナリティの部分があり、背後に精神病的パーソナリティが存在して、しばしば精神病的破綻をきたすのはその部分が活性化するためであると考えている。

ビオンによると、この精神病的部分は、非常に早期の欲求不満に伴う絶滅の不安に乳児が耐えることができないときに、その状況に対処するために発達するものである。乳児は、たとえば空腹のときにすぐ乳房が現れないときに強い欲求不満にさらされるが、その苦痛な現実に対して耐えることができないときには、その現実を認識する自我機能を破壊することによって対処しようとする。つまり、感覚印象や思考、言語機能、象徴機能などを破壊することによって、そのような苦痛な現実を体験することを避けようとするのである。

それは過剰な分裂機制と、病理的な投影性同一視が活発に活動するものである。自我は、感覚印象や、思考、言葉など自我の一部を断片化して（過剰な分裂）外界に投影し、「奇怪対象」（bizarre object）を形成する。それは自己の断片を含んでいるが、物そのものとして体験される。そしてそれらは自己の攻撃性などを含んでいるために、迫害的な妄想の基礎となる。自我はそれらを再び取り入れて自己の思考に使おうとするが、それらが感覚器官を通して帰ってくるときに幻覚体験となるのである。

以上のように、このような精神病的パーソナリティが活動し始めるときは、臨床的には精神病転移の状態にあり、しばしば患者が見捨てられ体験や激しい怒り、抑うつ体験、苦痛な体験に遭遇してうまく対処できないときに、精神病的パーソナリティが活性化するものである。それはクラインが「妄想分裂ポジション」として理論化した状態であるが、ビオンはそれを発生形成的に説明することに成功し、なぜ精神病状態では象徴機能、思考、言語機能が障害されるかについて発生的に明らかにしたのである。

c　コンテイナー／コンテインドと投影性同一視

上記のようにビオンは、精神病的パーソナリティの形成や活動には病理的投影性同一視が大きな役割を果たしていると考えている。他方で彼は、健康な投影性同一視に注目している。それは、乳児と母親とのコミュニケーションには基本的に重要なものである。つまり、自分が対処できない不安や葛藤を、乳児は母親に投影する。それを受けた母親は「追想」（reverie）によってその意味を読み取り、それを乳児が対処できるものにして乳児に返していく。乳児はそれを今度は自分が受け入れることができるものとして体験し、自己の体験として取り入れていき（取り入れ性同一化：introjective identification）、思考や夢、表象などの材料として使うことができるようになる。ビオンはこの乳児と母親との関係をコンテイナー-コンテインド（container-contained）と呼び、精神の健康な発達にとっては、母親の機能が大きな役割を果たしていることを明確にしている。そしてそこで母親と乳児の間でのコミュニケーションは、健康な投影性同一視を基にしているのである。これは成人の共感や感情移入、直観的理解などの機能としても重要な働きをしており、情緒的交流の世界の基礎となっている。

更に臨床においては、逆転移の理解にも貢献している。つまり逆転移には、患者のコミュニケーションによって、治療者の中に起きてくる情緒や思考など健康な逆転移があり、それは治療者-患者間の投影性同一視の交換によって理解されるものであり、言語などの象徴機能を介さない微妙なコミュニケーションである。この情報をいかに治療的に利用できるかは、精神病など重症患者の治療においては、重要な問題になるのである。もう一つの逆転移は、フロイトが言及したような治療者個人の未解決の葛藤から生じるものであり、これは教育分析や自己分析によって解決されるべきものである。

d　思考の研究

ビオンは統合失調症における思考障害に注目して、その発生的考察を行なった。ここではビオンは、乳児はたとえば乳房の「前概念」（preconception）を素質的に有して誕生し、実際に自分が欲したものが与えられ「現実化」（realization）したときに「概念化」（conception）となり、それが反復されたときに「概念」（concept）になるという仮説を提唱している。そしてその仮説を前提に、思考の形成発達的な考察を行なっている。もし乳児が欲する乳房が与えられないときには、「不在の乳房」の「概念化」が行なわれる。この欲求不満を伴った現実化しない「概念化」の場合を、ビオンは「思考」（thought）と命名している。思考はその意味が連結されるために必然的に「思考すること」（thinking）を必要とする。

ただしこの思考が形成されるためには、乳児が乳房の不在に対する欲求不満に耐えることができなければならない。ビオンは、この耐性は素質的な要因も大きいと考えている。乳児の耐性が十分な場合は、経験は概念化され、乳児は経験から学ぶことができるようになる。もし乳児が、欲求不満に対する耐性が低く、乳児が乳房の不在に耐えることができないと、その体験に関する前概念や否定的思考は悪い対象となり、断片化され粉砕されて外界に投影され「物そのもの」として体験される。その結果すべての思考は、内的な悪い対象と区別できなくなり、排除の対象になる。これは「奇怪対象」の形成となり、精神病的パーソナリティの世界が発展する。そのために思考は障害され、コミュニケーションに大きな障害をもたらす。そのような場合には、概念化の代わりに万能的思考や全能を発達させ、真実と虚偽の区別ができなくなってしまう。

また乳児の素質的な問題だけでなく、母親のバランスのとれた乳児との理解と協調の質が、母親環境からの思考形成に対する影響を与える。つまり乳児が取り除きたいと思うものを母親の乳房に投影し、母親がそれを適切に理解し対処して乳児に緩和された形で返してやれば、その体験を乳児は耐えることができ「取り入れ性同一化」によって自己の一部として思考を発達させることができる。これは上述した母親の追想やコンテイナーの機能である。この乳児が母親の協調と理解の下に体験を夢思考に使用できるように感覚データを変化させる機能、つまり「アルファ要素」に変化させる機能を、ビオンは「アルファ機能」と呼んだ。もしこの母親の機能がうまく働かないと、乳児は感覚印象を精神の発達に使用することができず、「ベータ要素」すなわち「奇怪対象」を形成する。

以上のようにビオンは統合失調症の素因は、乳児の素質的遺伝的な要素と、母親の追想の機能およびコンテイナーの機能からの両方から影響を受けていると考えている。

１９６０年代後半からはビオンはグリッド（Grid）などに代表される存在論的記号論を展開していくことになるが、本稿ではその主題については割愛する。

（4）シュタイナー――病理的組織化の研究

シュタイナー（Steiner, J.）はローゼンフェルドの自己愛組織の影響を受けて、より包括的なパーソナリティ論を集大成している。彼はそれを病理的組織化（pathological organization）とよんでいる。それはとくに精神病や重症の境界例患者の病理の世界の理解に大きな貢献をしている。これは治療困難な陰性治療反応を呈するような患者群の理解と対処について指針を与えるものである。

a　第三のポジションとしての病理的組織化

この病理的組織化は、健康な妄想分裂ポジションや抑うつポジションとは異なる第三のポジションである。それは一種の「退避」（retreat）の場所としても機能しており、病理的対象関係の巣窟にもなっている。そしてそれは、健康なポジションの発達に対して強い抵抗を示して、特有の平衡状態にある。そして治療に対して強力な抵抗する防衛組織としても働き、病理的パーソナリティの形成に大きな役割を演じている。

b　病理的組織化の多様性

臨床的には、この病理的組織化は強迫的、躁うつ的、倒錯的、精神病的な状態まで広いスペクトラムを持っている。そしてその状態に応じて、内的な病理的組織化の状態は神経症的、倒錯的、躁うつ的、精神病的なものまで様々な対象関係のあり方を示している。それらは、病理的対象関係の源であり、発生的には、幼少時からの対象との破壊的、被虐的な対象関係の投影性同一視と取り入れ性同一化の反復の中で、徐々に自己の中で形成されてきた病理的対象関係の世界である。精神病的な病理的組織化の場合には、自我と対象の断片化と過剰な投影性同一視のために、迫害的不安が顕著であり、認知機能の障害、言語機能の障害、思考機能の障害などが見られ、妄想幻覚状態が見られる。シュタイナーは、ビオンにならって統合失調症を精神病的パーソナリティの存在と関連づけていて、すべてのパーソナリティ障害のスペクトラムの一つとして考えるに至っている。

シュタイナーはこの病理的組織化の共通した特徴を次のように述べている。①変化に対して強力に抵抗し、平衡状態にある。②投影性同一視と分裂の病理的防衛規制が活発である。そのために迫害的な不安や見捨てられ不安が顕著である。③それらは、健康な二つのポジションとは異なる病理的なものである。④その内的対象関係は倒錯的で嗜癖的である。⑤自己愛的でその破壊性が理想化されていることが多い。そして他の健康な自己が治療者の価値を認め、依存して発達的に変化しようとする傾向に対して、破壊的に対処し支配して、変化に対して強力に抵抗する、などである。

精神病的パーソナリティの場合には、背景にそれに呼応する病理的組織化が存在し、断片化と過剰な投影性同一視のために強い迫害的不安と、自我境界の障害や思考や言語機能の障害などが顕在化する。

c　ポジション論の発展

シュタイナーはこれらの病理的パーソナリティにおける病理的組織化の内容をより詳しく整理するために、クラインのポジションの発達段階を四期に分けている。つまり、それらは①前期妄想ポジション（断片化と絶滅不安が特徴）、②後期妄想分裂ポジション（分裂と迫害的不安が特徴）、③前期抑うつポジション（見捨てられ恐怖と迫害的罪悪感が特徴）、④後期抑うつポジション（喪の仕事と悲哀感が特徴）であり、その発達ラインのどの時期に病理的組織化が形成されたかによって、精神病、躁うつ病、倒錯、境界例、神経症など、その病体が異なると考えている。そして、病理的組織化が精神病的な場合には、早期妄想分裂ポジションや後期妄想分裂ポジション時期に病理的対象関係が組織化されたものと考えられている。

治療的には、このような病理的組織化の対象関係が治療の中で転移され行動化されることが多く、治療者は、それが健康なポジションの発達過程に対して、いかに破壊的関係にあるかなどを治療者が注意深く見極めていくことが大切である。また病理的組織化の内的対象関係の転移がどのように起きているかを理解することが重要である。それらを解釈によって対処してゆく必要があるが、精神病的な病理的組織化の場合には、精神病的転移が発展していくので、その不安と原始的防衛の活動などを丁寧に解釈することが、治療的に重要な作業になる。

(5) まとめ

以上クライン派における統合失調症の研究について、歴史的な流れに沿ってまとめた。彼らは精神分析の技法をできるだけ変更せず、精神病転移の解釈を中心にした技法によって多くの統合失調症の患者を治療してきている。そして彼らが詳細に報告した患者の中には、明らかな改善を示すものがあり、一部の患者には精神分析が有効であることを示している。しかしローゼンフェルドが明確に述べているように、すべての統合失調症の患者がうまく治療できるわけではない。たとえ彼らの病理が理解できると感じられても、激しい抵抗のために治療が中断するような例もあるのである。その意味で統合失調症の精神分析による治療はあくまでリサーチの段階である。しかしその中で解明されたものは他の重症な人格障害を持った患者の理解に大きな貢献をしている。また筆者の経験でも、精神病的エピソードを持ち、明らかに精神病的パーソナリティを持った患者で、治療的には精神病的破綻をきたしたり精神病的転移を呈したりして、精神分析的なアプローチが治療的に非常に有用な患者が存在している。今後の課題は、更に統合失調症の分析治療による臨床経験を積んで、どのような患者が精神分析に適応なのか、そのクライテリアを見出していくことであろう。

8 心因原性統合失調症(精神病的パーソナリティ)の診断と治療技法

(1) 心因原性統合失調症の鑑別

統合失調症と診断された患者がすべて精神分析療法の対象となるわけではない。実際には、診断面接の時間を充分取って(普通45~50分のセッションを4回)、患者に関する多面的な情報を得て、心因原性の統合失調症、つまり精神病的パーソナリティの診断を行なう。時には、心理検査や描画検査を参考にする。そのときに、①患者が、生活史上葛藤的な特有のエピソードを持っている、②両親像も暴力的、言語的攻撃などの比較的葛藤的なものが多く、両親自身が剥奪体験を持っているものが多い、③治療者がその患者には、精神療法が良いのではないかという特有の逆転移が生じる、④そのときに患者に精神療法を勧めると応じる、などが一般的な特徴と言えるであろう。

一般に統合失調症には中核群と言われる生物学的生理学的性向が強いものが存在している、しかし、周辺群と言われるものの中には、上記の心因原性のもの（精神病的パーソナリティ）も存在していて、精神分析的アプローチによって改善する群がある。

（2）治療構造

クライン派の考えでは、精神病的パーソナリティに対しても一般の精神分析療法と異なるものではない。そして、基本的な技法も修正することはなく、転移解釈を中心にしたアプローチを行なっていく。治療者は、適切な中立的態度を取り、患者の精神病的な表現の中に微妙なコミュニケーションの活動を汲み取っていく作業を行なう。患者はしばしば精神病的破綻をきたしたり、精神病的転移を起こすが、その場合にも、患者の原始的不安に基づく微妙なコミュニケーションを理解し患者に解釈していくことが重要な治療的行為になる。その場合に、逆転移による患者の非言語的コミュニケーションを理解することも非常に重要である。

9　おわりに

統合失調症の精神分析的治療と病理学の歴史について概観した。そしてフロイトの治療的ニヒリズムの影響を受けながら、フロイトの基本的考えを引き継ごうとしたフェダーン、サリバン、フロム＝ライヒマン、サールズなど、主としてアメリカを中心にして発展してきた精神病に対する精神分析的治療の流れを紹介した。次にもう一つの巨大な流れである、アブラハムに発しクライン、ローゼンフェルド、シーガル、ビオン、シュタイナーなどのクライン学派の研究を紹介した。彼らは基本的な精神分析のセッティングを変更せず、精神病的転移を治療的に解釈していくことが重要であると主張してきたグループである。そのためには、心因原性の統合失調症および精神病的パーソナリティをアセスメントで鑑別して、精神分析療法の対象とするべきであることを述べておいた。いずれにしても、精神病の世界に精神分析によって治療的アプローチをしていくことは多くの困難と未知の世界を抱えることになり、まだまだリサーチの段階であるものも多い。しかし、先人のたゆまぬ努力によって多くの事柄が解明されてきており、徐々に精神病の世界を理解することが可能になっている。

文献

（1） Abraham, K.（1979）*Selected Papers on Psychoanalysis*. Hogarth Press.

（2） Bion. W.（1957）Differentiation of the Psychotic from the Non-Psychotic Personalities. *International Journal of Psyhcoanalysis*, 38(3-4) : 266-275.〔松木邦裕監訳（1993）「精神病人格と非精神病人格の識別」『メラニー・クライン トゥデイ1』岩崎学術出版社〕

（3） Bion. W.（1962）A Theory of Thinking. *International Journal of Psyhcoanalysis*, 43 : 306-310.

（4） Bion, W.（1967）*Second Thoughts*. Heinemann.〔松木邦裕監訳（2007）『再考——精神病の精神分析論』金剛出版〕

（5） Bion. W.（1977）*Seven Servants*. Jason Aronson.〔福本修・平井正三訳（1999/2002）『精神分析の方法Ⅰ、Ⅱ——セブン・サーヴァンツ』法政大学出版局〕

（6） Federn, P.（1953）*Ego Psychology and the Psychoses*. Basic Books.

（7） Freud, S.（1907）Delusions and Dreams in Jensen's "Gradiva". In *Standard Edition*, Vol. 9, pp. 1-95. Hogarth Press.

（8） Freud, S.（1911）Formulations on the Two Principles of Mental Functioning. In *Standard Edition*, Vol. 12, pp. 215-226. Hogarth Press.〔井村恒郎訳（1970）「精神現象の二原則に関する定式」『フロイト著作集6』人文書院〕

(9) Freud, S.（1911b）Psycho-Analytic Notes on an Autobiographical Account of a Case of Paranoia（Dementia Paranoides）. In *Standard Edition*, Vol. 12, pp. 3-82. Hogarth Press.〔小此木啓吾訳（1983）「自伝的に記述されたパラノイア（妄想性痴呆）の一症例に関する精神分析的考察」『フロイト著作集９』人文書院〕

(10) Freud, S.（1914）On Narcissism: An Introduction. In *Standard Edition*, Vol. 14, pp. 67-102. Hogarth Press.〔懸田克躬・吉村博次訳（1969）「ナルシシズム入門」『フロイト著作集５』人文書院〕

(11) Fromm-Reichmann, F.（1959）*Psychoanalysis and Psychotherapy: Selected Papers of Frieda Fromm-Reichmann*. The University of Chicago Press.

(12) 衣笠隆幸（1991）「Bion の精神分裂病の病理学」『精神分析研究』35巻３号、２２４-２３５頁

(13) 衣笠隆幸（1992）「クライン学派の精神分裂病の研究」『イマーゴ「精神分析学の現在」』

(14) 衣笠隆幸（1998）「クライン派における身体の問題」『精神分析研究』42巻２号、１２９-１３６頁

(15) 衣笠隆幸（2002）「精神分裂病の精神分析療法」『Schizophrenia Frontier』３巻２号、12-17頁

(16) Klein, M.（1930）The Importance of Symbol-Formation in the Development of the Ego. In *The Writings of Melanie Klein*, Vol. 1. Hogarth Press.

(17) Klein, M.（1932/1975）Psychoanalysis of Children. In *The Writings of Melanie Klein*, Vol. 2. Hogarth Press.〔衣笠隆幸訳（1997）『メラニー・クライン著作集２』誠信書房〕

(18) Klein, M.（1935/1975）A Contribution to the Psychogenesis of Manic-Depressive States. In *The Writings of Melanie Klein*, Vol. 1. Hogarth Press.〔安岡誉訳（1983）「躁うつ状態の心因論に関する寄与」『メラニー・クライン著作集３』誠信書房〕

(19) Klein, M.（1946/1975）Notes on Some Schizoid Mechanisms. In *The Writings of Melanie Klein*, Vol. 3, pp. 1-24. Hogarth Press.〔狩野力八郎・渡辺明子・相田信男訳（1985）「分裂的機制についての覚書」『メラニー・クライン著作集４』誠信書房〕

(20) 小此木啓吾（1985a）『精神分析の臨床的課題』金剛出版

(21) 小此木啓吾（1985b）『精神分析の成立ちと発展』弘文堂

(22) 小此木啓吾（1992）「精神分析から見た精神分裂病」『イマーゴ「精神分析学の現在」』

(23) Rosenfeld, H.（1947/1965）Analysis of a Schizophrenic State with Depersonalization. In *Psychotic States*, pp. 13-33. Hogarth Press.

(24) Rosenfeld, H.（1950）Notes on the Psychopathology of Confusional States in Chronic Schizophrenics. In *Psychotic States*. Hogarth Press.

(25) Rosenfeld, H.（1952/1985）Notes on the Psycho-Analysis of the Superego Conflict in an Acute Schizophrenic Patient. In *Psychotic States*. Karnac Books.

(26) Rosenfeld, H. (1964/1965) On the Psychopathology of Narcissism: A Clinical Approach. In *Psychotic States*. Hogarth Press.
(27) Rosenfeld, H. (1965) *Psychotic States*. Hogarth Press.
(28) Rosenfeld, H. (1969) On the Treatment of Psychotic States by Psychoanalysis: An Historical Approach. *International Journal of Psychoanalysis*, 50 : 615-631.
(29) Rosenfeld, H. (1971/1988) Contribution to the Psychopathology of Psychotic States: The Importance of Projective Identification in the Ego Structure and the Object Relations of the Psychotic Patient. In *Melanie Klein Today*, Vol. 1. Routledge. 〔東中園聡訳（1993）「精神病状態の精神病理への寄与」『メラニー・クライン トゥデイ1』岩崎学術出版社〕
(30) Rosenfeld, H. (1987) *Impasse and Interpretation*. Tavistock.
(31) Searles, H. (1965) *Collected Papers on Schizophrenia and Related Subjects*. Hogarth Press.
(32) Segal, H. (1950) Some Aspects of the Analysis of a Schizophrenic. *International Journal of Psychoanalysis*, Vol. 31 : 268-278.
(33) Segal, H. (1957/1981) Notes on Symbol Formation. *International Journal of Psychoanalysis*, 38 : 391-397. In *The Work of Hanna Segal*. Jason Aronson.〔松木邦裕訳（1990）「象徴形成について」『クライン派の臨床』岩崎学術出版社〕
(34) Segal, H. (1981) *The Work of Hanna Segal*. Jason Aronson.〔松木邦裕訳（1988）『クライン派の臨床』岩崎学術出版社——ハンナ・スィーガル論文集〕
(35) Spillius, E. B. (1988) *Melanie Klein Today*, Vol. 1. Routledge.〔松木邦裕監訳（1993）『メラニー・クライン トゥデイ1、2』岩崎学術出版社〕
(36) Steiner, J. (1991) A Psychotic Organization of the Personality. *International Journal of Psychoanalysis*, 72 : 201-207.
(37) Steiner, J. (1993) *Psychic Retreats*. Routledge.〔衣笠隆幸監訳（1997）『こころの退避』岩崎学術出版社〕
(38) Sullivan, H. (1962) *Schizophrenia As a Human Process*. Norton & Company.

〔『精神分析研究』48巻1号、２００４年〕

35章　精神分析からみた統合失調症

1　はじめに

統合失調症（Schizophrenie）は、ブロイラー（Bleuler, E.）[2]がフロイト（Freud, S.）との共同研究を通して提供した概念である。それは、種々の妄想や幻覚を中心にした症状を持ち、予後には種々のタイプがあることを明らかにした。これはあくまで、症状と予後による診断と分類であって、その原因による分類ではない。フロイトは、統合失調症は自己愛の状態にあって対象からリビドーを撤退しているために、転移を起こすことが出来ないと考え、精神分析の対象にはならないと考えていた。そして、統合失調症に対しては技法を修正して転移解釈はせず、陽性の関係が確立するように工夫する事が重要と考えている。この考えを踏襲したのが、フェダーン（Federn, P.）、サリバン（Sullivan, H.）など米国で活躍した分析家達である。

しかし、第二次世界大戦後からのイギリスのクライン派の統合失調症の精神分析研究は、技法を変更せず、週6～7回の精神分析療法を通してその病理を明らかにしたものであり、その後大きな発展を見た。そこで、彼らが明らかにしたのは、統合失調症の中に心因原性のものがあり、精神分析の対象となると考えている。その他のものは、現在の脳生理学で明らかにされているような、脳の生物学的生理学的な障害によるものと考えられる。さらに筆者の最近の研究では、背景に高機能型発達障害を持つタイプの統合失調症（いわゆる「重ね着症候群」）があり、病因的な視点からは、統合失調症は三つのグループに分類できる。そして、それぞれ治療的アプローチが異なるので、筆者は重要な分類であると考えている。

2 フロイトの統合失調症研究

上記のように、フロイトは、ブロイラーとの共同研究を通して統合失調症の研究と概念形成に大きな寄与をしている。二人の意見が完全に一致したものではなく、フロイト自身は、パラクレニー（paraphrenie）という概念を提唱したが、この意味が新しい用語である統合失調症に近いものであることは興味深いことである。精神分析における統合失調症の研究は、フロイトの『グラディーバ』の小説の分析の中で行なわれている（1907）[3]。更に、有名なシュレーバー症例がある（1911）[4]。『グラディーバ』の中で、フロイトは、妄想幻覚状態になった主人公を、彼の恋人がその病的体験の世界を最初は否定せず肯定して共有し、主人公がその女性に対して抑圧された性愛的な愛着を意識化してくる過程に注目している。そしてそのような無意識の性愛が意識化されるにつれ、現実検討力の回復にあわせて、両者の関係性の現実性と非現実性を徐々に峻別していく方法を、精神分析の治療と共通したものと考えている。ただ異なるのは、治療においては治療者は中立性を保って、決して患者と性愛的な関係に陥ることはないことを述べている。ここには、フロイトの統合失調症に関する最初の治療論が述べられている。しかし、フロイト自身は、後に統合失調症は一次的自己愛の世界にあるために転移を起こすことなく、精神分析の対象にはならないと述べるようになっていて、この『グラディーバ』で展開した治療論はあまり展開しなかった。

有名なシュレーバー症例においては、フロイトはシュレーバーの妄想状態を細かく分析して、投影の防衛機制の重要性を指摘している。また、自分が女性になって神と性交するという妄想状態や、さまざまな民族からなる妄想的世界の構成には、シュレーバーの主治医に対する転移、父親転移、兄転移などが存在すると述べている。フロイトは、統合失調症には転移を起こす能力は存在しないと述べていながら、実際にはその可能性を記述しているという矛盾がある。更に、実際の統合失調症の患者には、完全に自己愛の世界に撤退しているのではなく、部分的であって一部はそのまま対象に対するリビドーを備給したままにあると述べている。これも論理の矛盾を示していて、この視点だと統合失調症は部分的な転移を起こす能力を保持していることになる。いずれにしてもフロイトは、統合失調症は対象に背を向けた自己愛の状態にあり、転移を起こすことのできないために精神分析の対象とはならず、精神療法を行なうときには修正された支持的なものを行なうべきであると述べている。この方向を踏襲したのが、フェダーン、サリバン、フロム-ライヒマン（From-Reichman, F.）、サール（Serles, H.）など主としてアメリカの精神分析家である。

他方で、アブラハム（Abraham, K.）、クライン（Klein, M.）の流れを汲むいわゆるクライン学派は、統合失調症は内的対象関係を保持し、それは部分対象関係からなっており、対象に対して精神病的転移を展開することを明らかにした。

3　クライン——妄想分裂ポジション

クラインは、ローゼンフェルド（Rosenfeld, H.）の統合失調症患者のスーパービジョンをしていく中で、精神分析による治療が有効な症例に出会った。その症例は離人症と自我境界障害を主訴とし、治療経過上幻覚や妄想状態を呈した女性患者であった。ローゼンフェルドはクラインの勧めで週6回の寝椅子による治療を行なった。そして転移解釈を中心に、精神分析の基本的な技法を修正することなく治療を行なった。これはフロイトが考えた治療方針、つまり統合失調症は転移を起こす能力がなく転移解釈が使用できないために、技法を修正して支持的なものに変更するべきだというものであるが、その治療指針を否定し、統合失調症も転移を起こすことができ、技法の修正は必要ないと主張したのである。ただ、その転移の内容は部分対象的で精神病的な転移であると述べている。ここで、クラインは、妄想分裂ポジション（paranoid-schizoid position）という概念を提出している。それは、生後から3～4ヶ月までの赤ん坊の内的世界に起源があり、健康な場合にはやがて抑うつポジション（depressive position）へと統合されていくものである。しかし、赤ん坊の攻撃性過剰な素質的な問題や養育者との関係が極端に不安にさらされる環境にあるときには、病理的な妄想分裂ポジションが形成され、内的に分裂排除されながら存続し、後の統合失調症発症の素因となると考えている。これはそのような心因原性統合失調症の病理の起源が非常に早期から始まり、原始的な部分対象関係の特徴を持っていることを示している。

その妄想分裂ポジションは、次のような特徴を持っている。①生後から3～4ヶ月の赤ん坊の原始的な対象関係からなっている。②それは部分的な対象関係であり、最初の部分対象の代表的なものは乳房、目、口、手など部分的な身体である。③絶滅の不安と迫害的不安：そこで赤ん坊が経験する基本的な不安は、対象から攻撃される不安である。④原始的防衛機制の活動：そこでは分裂、投影性同一視、取り入れ、否認、万能など活動しており、乳幼児は自分に満足を与える対象（良い対象）を自己の中に取り入れ、欲求不満を与える対象（悪い対象）を外界（乳房や顔、手など）に投影性同一視する。

そして健康な赤ん坊の場合には、このような不安は過剰に強くはなく、生後5～6ヶ月になると徐々に統合へと向かっていき、精神病的な世界は解消されていく。逆に、過剰な不安にさらされ続けると、そのような統合が起こらず、病理的妄想ポジションの世界が形成され、無意識に存続する。

4　ビオン――精神病的パーソナリティの研究

統合失調症の研究は、ローゼンフェルド、ビオン（Bion, W.）シーガル（Segal, H.）などによって積極的に行なわれた。それは1960年代まで続いている。とくに、クラインの妄想分裂ポジションの概念をさらに発達形成過程の視点から明らかにしようとした。そして思考過程の障害、幻覚や言語機能の障害などを説明しようとした。

a 非精神病的パーソナリティと精神病的パーソナリティ[1]

ビオンはフロイトの考えに従って、統合失調症の個人には、精神病的パーソナリティ（psychotic personality）の部分と非精神病的パーソナリティ（non-psychotic personality）の部分が同居していると考えた。そして初診時に精神病的症状を訴える患者の場合には、背景に非精神病的パーソナリティが存在し、初診時精神病的症状を呈さず、治療過程の途中で精神病的破綻をきたす患者の場合には、背景に精神病的パーソナリティ部分が潜んでいると考えている。ビオンは、その両者のパーソナリティ形成過程を明らかにしようとした。

(1) 非精神病的パーソナリティ部分の形成過程：ビオンは赤ん坊と部分対象としての代表的なものである乳房との関係をモデルにして、最早期のパーソナリティ形成過程を説明しようとした。この非精神病的パーソナリティ部分は、クラインの言う抑うつポジションの世界に当たる。そこでは、体験が咀嚼され経験として蓄積し、心の糧になる（α機能）。ビオンは、その形成過程を次のように説明している。赤ん坊が、満足のいく体験をしているときは、良い対象の世界を形成して取り入れて自己の核としていく。また様々な体験の概念形成がなされていく。欲求不満にさらされたときに、その程度が耐えられるものであり、かつ母親のケア（コンテナーの機能）が十分である場合には、その体験は保持され（α機能）不在の概念が形成され、思考と思考過程が形成されていく。また体験は、夢、想像、象徴などの糧として使用される。

(2) 精神病的パーソナリティの形成過程：統合失調症の場合には、同じ個人の中で精神病的パーソナリティの部分が形成され、それは非精神病的パーソナリティからは分裂排除されて同時並存している。赤ん坊が欲求不満にさらされたとき、その程度や質が赤ん坊の耐性をしのぎ、母親のコンテナーの機能も不十分な場合には、赤ん坊はその感覚印象を保持して経験として維持することが出来ない。そのときには、赤ん坊は感覚印象やそれを体験し保持する自我の機能を攻撃して断片化する（β要素）。そしてそれらを外界の乳房の中に投影性同一視する。そのようにして形成された外的対象としての乳房は、赤ん坊の欲求不満と攻撃性に満ちた自己の部分を含んでいるために、攻撃的で破壊的な対象になる〈悪い対象：奇怪対象〈bizarre objects〉〉。赤ん坊は、そのような対象からの迫害と絶滅の恐怖に慄くのであるが、その対処法のひとつとして、その対象を積極的に取り入れて自己の一部にしていこうとする。そうすることで、悪い対象をコントロールしようとするのである。そのようにして取り入れられた奇怪対象は、様々な迫害的対象とそれに対するおびえと反撃からなるサド・マゾ的な対象関係の断片の集塊から成り立っている。それは部分対象関係の塊であり、抑うつポジションの統合の状態とは異なる状態である。そこでは、自我の機能は断片化され、部分対象は迫害的で恐怖の対象である。そしてその特徴は過剰な不安に満ちた病理的妄想分裂ポジションの状態にある。ビオンはその形成過程を明らかにしようとしたのである。

ビオンはとくに統合失調患者の思考過程の障害に注目している。そして、正常な概念形成と嗜好の形成は非精神病的パーソナリティによって行なわれる。逆に、過剰な欲求不満に晒されて精神病的パーソナリティが形成されていく過程では、思考の障害が発生し、同様に言語機能、象徴機能などの障害が生じる。

5 ローゼンフェルド――詳細な臨床観察、投影性同一視の病理(8)(9)

ローゼンフェルドはクラインとともに、統合失調症に対する精神分析療法の技法の変更のない適用について、最初の組織的な研究に参加した人物である。それは0歳児の前半の早期対象関係を基本にした部分対象関係の内的世界を基準にしたものであり、妄想分裂ポジションと命名されたのは上記のとおりである。

a 統合失調症患者の原始的超自我の研究

ローゼンフェルドは、1986年に彼が亡くなるまでに、継続して統合失調症の精神分析療法を施して臨床研究を行なっていた。その中で，彼は統合失調症に特有の迫害的で攻撃的な超自我の存在を指摘し，抑うつポジションの統合が起こる寸前の部分対象的特徴を持つ超自我が存在することを明らかにしている。そのような患者群の治療には，この超自我の機能の働きを理解することが重要だと考えている。その臨床記載は綿密であり，彼がいかに緻密な臨床観察と理解を進めていたかが分かるのである。彼はすべての統合失調症が精神分析の対象となるわけではなく，いわゆる心因原性統合失調症の選別をして，精神分析療法の適用か否かをよく診断しておくことが必要であることを示唆している。

b　困惑状態の研究

ローゼンフェルドは，統合失調症の精神分析を通して臨床技法や転移抵抗などに関する研究を行なっている。彼は，統合失調症の精神分析療法の経過上で強い抵抗状態が生じる典型的な現象の一つとして，困惑状態（confusional state）を取り上げている。この状態では，患者は断片化された良い対象や悪い対象，良い自己や悪い自己が混同されてしまい混沌状態になってしまう。患者は，自分にとって有用な体験も苦痛な体験も正常な区別をすることがなくなり，成長をすることが出来なくなってしまう。これは，治療者との体験や現実との接触に関する自我機能がうまく働かなくなり，治療関係も自分の成長のために使えなくなってしまう状態である。

c　統合失調症における投影性同一視の研究

ローゼンフェルドは，統合失調症の治療経過上，患者が様々なタイプの投影性同一視の活動状態を示すことに注目し，その状態を分類している。そしてその理解が，精神病的転移の状態の理解や，防衛解釈上重要な視点になることを明らかにしている。彼によると，統合失調症の患者には以下のような投影性同一視の諸形態が見られる。①健康な投影性同一視：統合失調症の患者にも，正常な乳幼児と母親との間でみられる非言語的なコミュニケーションに使用されるものと同じ，健康で現実的な投影性同一視がある。②自己の苦痛で取り除きたい部分を分裂排除し，対象の中に投影性同一視してしまう。これは，心的現実を取り除くために使用される投影性同一視である。③精神病患者の転移の中でよく見られる投影性同一視：治療者の身体と心を支配するために使われる。これは非常に早期の乳児の対象関係に根ざしている。④原始的攻撃性、とくに羨望などを取り扱うために使用される投影性同一視。⑤患者が完全に治療者の中に寄生的に生きているという核心を抱くために使われる投影性同一視。②から⑤間では病理的な投影性同一視である。

6 シーガル——統合失調症における象徴機能の研究[10]

a 象徴等価物の研究

シーガルは、クラインの研究を分かりやすく解説し、すぐれた教育指導者としての名声が高いが、彼女の統合失調症の研究には優れたものがある。

統合失調症の患者は、象徴機能が十分に発達していないために、そのコミュニケーションの状態には特有のものがある。シーガルは、象徴機能は抑うつポジションの段階で完成するものであり、妄想分裂ポジションの段階では、普遍的な表象機能が発達しておらず、具象的な一対一の等価による表現が行なわれていることを明らかにした。これを彼女は、象徴等価物（symbolic equation）といい、妄想分裂ポジションが活動しているときに見られるとしている。

その他に、シーガルは統合失調症の治療中に、抑うつ状態に陥る現象に注目している。

7 シュタイナー——病理的組織化の研究[11]

シュタイナー（Steiner, J.）はローゼンフェルドやシーガルの指導を受けた分析家であるが、境界例や精神病患者のいわゆる治療困難例の研究を地道に続けてきた。そして精神病から神経症までの全体的な病理的パーソナリティの心的構造と生成過程を明らかにしようとし，病理的組織化（pathological organization）の概念のもとに，非病理的パーソナリティと病理的パーソナリティの並存した心的構造を提唱した。これは，上記の抑うつポジションと妄想分裂ポジションの並列，精神病的パーソナリティと非精神病的パーソナリティの並存，ここでは解説していないが，ローゼンフェルドの自己愛組織と健康な部分の並存などの基本的な理論を踏襲している。そしてシュタイナーは，より包括的な病理的人格構造論である病理的組織化の概念を提唱した。病理的組織化の特徴は以下のようである。①病理的組織化は第三のポジションであり，健康な妄想分裂ポジション，抑うつポジションとは異なるものであり境界に存在していて，それ自体が病理的なものである。その病理的状態には，精神病的，躁鬱的，各種パーソナリティ障害的，神経症的な状態まで多彩なものがある。また，その場は真の苦痛を回避するための退避（retreat）の場所になる。②病理的組織化は，本来欲求不満をもたらした対象と自己の一部が外的対象に投影性同一視され，再び取り入れ性同一化（introjective identification）されたものである。そのために，病理的組織化は欲求不満をもたらす迫害的対象や見捨てる対象と自己との関係性から成り立っている。そこは迫害的不安と抑うつ不安に基づく対象関係が混合し混同した状態である。臨床的には，その配分によって上記のように精神病的状態から神経症まで多彩なものがある。精神病的パーソナリティ，すなわち心因原性統合失調症の場合には，この病理的組織化が精神病的な部分対象関係と迫害不安に満ちた対象関係から成り立っている。これはビオンの精神病的パーソナリティの生成過程を踏襲した考えである。③病理的組織化は，自己の破壊的力を理想化し，健康な自己の部分が対象との創造的な関係を持ちながら成長しようとする力を攻撃し破壊する，破壊的自己愛の特徴を持っている。そのために，治療などの機会が与えられると，その体験そのものを破壊してしまう傾向が見られる。④病理的組織化の内的対象関係の特徴は，変化に対してかたくなに抵抗し，病理的な倒錯的な対象関係への嗜癖的固執である。そこには，特有の病理的な心的平衡状態が見られる。統合失調症の場合には，この病理的組織化の状態は精神病的で現実認知機能が傷害され、思考過程など種々の自我機能が傷害されている。そして、真の現実に触れていくことに対しては、かたくなな抵抗を示すのである。ある統合失調症患者は、その精神病的世界から永久に出ようとしない。実際の統合失調症の治療においては、この病理的組織化としての精神病的パーソナリティの病理の活動を取り上げていくことが重要な作業になる。

8　おわりに

ここでは、精神分析とくにイギリスのクライン学派の研究を中心に、統合失調症の臨床研究を紹介した。フロイトは、統合失調症に対しては精神分析を適用することが出来ないと考え、陽性の関係を築くために技法を修正することを提唱した。しかしイギリスのクライン学派の精神分析家達は、フロイトの考えには賛成せず、統合失調症の患者群は部分対象的な精神病的内的対象関係の世界を持っていて、それを治療者に転移することが出来ると考えている。そして、解釈を中心にした精神分析の技法は、基本的には修正は必要ないと考えている。そのときに彼らが治療の対象としてきたのは、いわゆる心因原性の統合失調症である。代表的な研究者は、クライン、ローゼンフェルド、シーガル、ビオン、シュタイナー達であり、それぞれの代表的な理論的視点や研究課題を解説しておいた。

診断面接では、心因原生の統合失調症と生理学的病変としての統合失調症との区別を丁寧に行なうことが重要な作業になる。更に近年私達が注目している重ね着症候群にも言及した。

文献

（1）Bion. W.（1957）Differentiation of the Psychotic from the Non-Psychotic Personalities. *International Journal of Psyhcoanalysis.*

38(3-4) : 266-275.〔松木邦裕監訳（1993）「精神病人格と非精神病人格の識別」『メラニー・クライン トゥデイ1』岩崎学術出版社〕
（2）Bleuler, E.（1911）*Dementia Praecox oder Gruppe der Schizophrenien*. Deuticke.〔飯田真・下坂幸三・保崎秀夫・安永浩訳（1974）『早発性痴呆または精神分裂病群』医学書院〕
（3）Freud, S.（1907）Delusions and Dreams in Jensen's "Gradiva". In *Standard Edition*, Vol. 9, pp. 1-95. Hogarth Press.〔池田紘一訳（1969）「イェンゼンの小説〝グラディーヴァ〟にみられる妄想と夢」『フロイト著作集3』人文書院〕
（4）Freud, S.（1911）Psycho-Analytic Notes on an Autobiographical Account of a Case of Paranoia (Dementia Paranoides). In *Standard Edition*, Vol. 12, pp. 3-82. Hogarth Press.〔小此木啓吾訳（1983）「自伝的に記述されたパラノイア（妄想性痴呆）の一症例に関する精神分析的考察」『フロイト著作集9』人文書院〕
（5）Freud, S.（1914）On Narcissism: An Introduction. In *Standard Edition*, Vol. 14, pp. 67-102. Hogarth Press.〔懸田克躬・吉村博次訳（1969）「ナルシシズム入門」『フロイト著作集5』人文書院〕
（6）衣笠隆幸（2004）「精神病的パーソナリティの精神分析的研究：その概観――統合失調症の研究を通して」『精神分析研究』48巻1号、2-18頁
（7）Klein, M.（1946/1975）Notes on Some Schizoid Mechanisms. In *The Writings of Melanie Klein*, Vol. 3, pp. 1-24. Hogarth Press.〔狩野力八郎・渡辺明子・相田信男訳（1985）「分裂的機制についての覚書」『メラニー・クライン著作集4』誠信書房〕
（8）Rosenfeld, H.（1965）Psychotic States. Hogarth Press.
（9）Rosenfeld, H.（1971/1988）Contribution to the Psychopathology of Psychotic states: The Importance of Projective Identification in the Ego Structure and the Object Relations of the Psychotic Patient. In *Melanie Klein Today*, Vol. 1. Routledge.〔東中園聡訳（1993）「精神病状態の精神病理への寄与」『メラニー・クライン トゥデイ1』岩崎学術出版社〕
（10）Segal, H.（1957/1981）Notes on Symbol Formation. *International Journal of Psychoanalysis*, 38 : 391-397. In *The Work of Hanna Segal*. Jason Aronson.〔松木邦裕訳（1990）「象徴形成について」『クライン派の臨床』岩崎学術出版社〕
（11）Steiner, J.（1993）*Psychic Retreats*. Routledge.〔衣笠隆幸監訳（1997）『こころの退避』岩崎学術出版社〕

〔『精神科』８巻４号、２００６年〕

36章　境界性パーソナリティ障害症例記述──クライン派の臨床的視点から

1　はじめに──クライン派の理論と治療技法

クライン派の理論の基本はその発達論にある。つまり、0歳児の病理を基本にしたものである。これはクライン(Klein, M.)が1920年代から子供の精神分析で着目し、1930年代からの躁うつ病の研究（抑うつポジション〈depressive position〉)、1940年代の統合失調症の研究（妄想分裂ポジション〈paranoid-schizoid position〉）としてまとめられている。それらの研究をもとに、統合失調症、躁うつ病、重症の各種パーソナリティ障害の基本的な発生的起源は生後3ヶ月心性、6ヶ月心性にあるとする発達論的病理学が提唱されている。更に病理的パーソナリティの研究においては、自己の無意識の中に病理的な自己愛組織（narcissistic organization: Rosenfeld, H.)、病理的組織化（pathological organizatlon: Steiner, J.）などの病理的な自己の部分をもった病理的人格構造論が研究されてきている。

このようなパーソナリティ障害の患者群に対して精神分析的精神療法を行なうときには、時間、空間のセッティングを厳密に行ない、対面法や横臥法による自由連想法を中心にした治療を行なう。治療者は、それらの患者の言語的表現や行動化、治療室での振る舞いなどの非言語的コミュニケーションを素材にして、それらの無意識的動機の世界を理解しようとする。患者のなかでは無意識的内的世界が活動しており、それは無意識的幻想（unconscious phantasy）として表現されている。そしてその一部が、自由連想の内容や行動化などによって表現される。そのときには、分裂（splitting）、投影性同一視（projective identification）、取り入れ（introjection）、否認（denial）、万能（omnipotence）などの防衛機制を駆使して、最終的な言語的表現や行動化は、置き換え（displacement）、象徴化（symbolism）、圧縮（compression）などの夢の最終産物である顕在夢と同じような表現形態になっている。

治療者の役割と機能は複雑であるが、それらは、

(1) 外的治療構造の設定：適切な診断面接の設定と維持のマネージメント機能。

(2) 内的治療構造の維持：患者に向かっている治療者の態度は中立的で、傾聴、共感、受容的態度を維持して、患者の自由連想による自己表現を促進する治療者の基本的な態度を維持する。

(3) 倫理規定の維持：これも治療者の治療的スタンスを維持するための重要な社会的枠組みである。それらは、

①患者の情報の守秘義務、
②患者の情報を治療者の利益のために使用してはならない、
③治療以外の構造では患者と個人的に会ってはならない、
④患者に対してセクハラ、心理的虐待など加えてはならない、

などからなっている。

(4) 治療者の思考と介入や解釈：治療者は以上の姿勢を維持しながら、患者の自由連想や行動化によって表現したものの無意識の動機や無意識的意味を理解することが重要な積極的内的活動になっている。そして治療者は、それらのなかで転移や、患者の内的活動状態、とくに不安や恐怖、陰性の感情などについては、患者に対して「解釈」として言葉によって治療者が理解したことを伝えていく。

これらの活動は、治療者の積極的な活動であり、患者の無意識のダイナミクスを理解し解釈をする過程は、も

っとも複雑で長期間のスーパービジョン、系統的セミナー、教育分析などによって治療者が徐々に習得していくものである。

2 症例

ここで自分の分裂排除してきた世界を自由連想や行動化、娘に対する投影性同一視、多くの夢などによって表現し、治療者がそれを理解して解釈することによって、改善をみた症例を述べたい。これは筆者が20年ほど以前に治療した欧米人の症例である。治療経過の理解に必要なこと以外の個人情報は、省略、変更されている。

(1) 症例：40歳代、女性

症例は40歳代の女性Aである。臨床診断は慢性うつ病。背景に境界性パーソナリティ障害、自己愛性パーソナリティ障害の特徴がみられる。夫と、女児（7歳）、男児（5歳）の4人家族である。4年前に患者が依存的な関係をもっていた女性の友人が、脳腫瘍で死亡したことをきっかけにして抑うつ状態になり、以後、抗うつ剤投与、電気ショック療法など様々な病いに対する治療を受けてきたが改善していない。かかりつけの医師が、抑うつ状態が改善するかもしれないと妊娠を勧めてみたが流産してしまい、抑うつ状態は更に悪化している。Aは家事もほとんどできず、4年間にわたってほとんど横になったまま抑うつ状態が続いていた。また、子どもがおもちゃなど壊すと完全に元に戻そうとし、戻らないと癇癪を起こしていた。また、言うことを聞かない子どもに暴言や暴力を振るったり、些細なことで夫と激しい喧嘩を繰り返していた。そのようなトラブルの後は数週間抑うつ状態が悪化し、横臥状態で過ごしていた。Aはかかりつけ医師によって、精神分析的精神療法を勧められた。

Aは、大学入学時（18歳）に初めて両親と離れて下宿したが、孤立の恐怖に苦しみ、パニック発作と抑うつ状態に陥った。そのときには教官に相談することによって何とか立ち直り、半年後には復学している。

母親は、両親を幼いときに失い、親戚の養子として育てられた。強い意志をもって高等教育を受けた人で、Aに対しては甘えを許さず厳しい躾けをしてきた。Aが2歳時に、母親は腫瘍のために入院し、外科的処置を受けた。そのときにAは叔母に預けられたが、母親の入院中の半年間は体重が増加せず、母親が退院して連れに来たときには、母親を認識できなかったという。母親は70歳代まで生存している。

父親も幼少時に両親を亡くして親戚に育てられた人で、情緒的な交流ができず、ほとんど仕事のために家族とは交流しようとしない人であった。そのためにAとの関係は希薄である。受診10年前に死亡。

2歳上の姉は、思春期の頃から母親の支配的で厳しい躾けに反発して、母親との争いが絶えなかった。Aは、母親を恐れておとなしくしていて、母親の厳しい要求に対して従順な子ども時代を過ごしている。

(2) 治療経過

治療は週3回、カウチによる横臥法と自由連想によって行なわれた。

a　第Ⅰ期（治療開始から6ヶ月まで）

初回面接では、治療の打ち合わせをしたが、Aは体重減少が激しく、やせて猫背で、疲憊《ひはい》状態であった。Aは治療者を猜疑心に満ちた目で見て、どのような治療なのか、本当に自分を救うことができるのかと問いつめた。そして治療者の曖昧な説明には不機嫌になったが、とにかく治療を受けてみたいと言って退室した。治療者は、Aの未熟で衝動のコントロールの悪い自己愛性・境界性パーソナリティ障害が背景にある慢性抑うつ状態と考えた。

治療初期にはAは治療者に対して強い猜疑心を抱き、治療者に接近することに強い不安を示した。Aは「先生とは宗教が異なるので、理解できないのではないか」と述べた。治療者は、「それは確かにたやすいことではないだろうが、どんな人によっても救われないような傷ついた世界があることを伝えたいのではないか」と介入した。Ａは、「前回先生に会ってから、ひとりでずっと手紙を書いていた。やっと書き終わったが、それは先生には見せたくない。封をしっかりしておいたから大丈夫だ」と述べた。治療者が、「あなたはたくさん言いたいことがあるが、果たして治療者が理解して、助けることができるかはっきりしないので、言いたくないのであろう」と答えると、Ａは納得したようにうなずいていた。

しかし、徐々に治療者の不安を扱う解釈に反応して、「治療者によく似た人物が、遭難者を救うテレビニュース」の話をし、治療者に助けてもらえる期待をもち始めたことを象徴的に表現し始めた頃から、Ａは治療に対して取り組む姿勢を見せ始めた。またＡは自由連想のなかで、無意識的幻想にかかわる世界を置き換えや象徴機能によって間接的ではあるがよく表現した。そのために、治療者は多くの無意識の分裂排除された世界を理解することに関して、患者の言語的表出に基づく象徴的表現を通して豊かな患者の内的世界の活動を理解することができた。

Ａは、最近脳腫瘍で亡くなった友人のことを話し、その友人の夫は抑うつ状態になるばかりで、「彼女には何もしてやることができなかった」と述べた。治療者は、「あなたは、治療者が自分を助けてくれるのではないかと感じ始めているが、他方では何もできない無力ではないかとも感じているのではないか」と介入している。

やがて患者は、長女のことを多く語るようになった。長女が、本を読んでくれと言うので、Ａは癇癪を起こして長女をひっぱたいたりしていた。そうすると夫がＡをなじり、激しい夫婦げんかが始まって、Ａは家族の世話ばかりでいやになることを繰り返し訴えた。治療者は、Ａが自分の母親に対する欲求を長女の中に見ていて、Ａはそのときは自分の母親が自分にしたように振る舞い、激しく拒絶していることを解釈した（投影性同一視の解釈）。そしてＡの中には、治療者に対しても、だんだんと小さな女の子のような欲求が起こり始めていることを示唆していた（治療者への無意識的転移の表明）。Ａは治療者の介入に同意して、母親が強迫的に何でもきちっとしないと気がすまない人で、自分達を支配していたこと、Ａは母親が怖くて従順に従っていたが、姉は激しく反抗していたことを語った。

更にAは、夫の選択が間違っていたのではないかとか、夫がAの友人の葬儀に同伴してくれず、自分だけがひとりぼっちであったこと、知り合いの医師が自分の娘にシューズをやると言いながら忘れて約束を守らない話をした。これらは、治療者の選択の問題や、自分の真の葛藤的問題が対象喪失にあること、また治療者が自分の喪の仕事を援助して、自分の必要なものや自立できる一人歩きできるものを約束どおり与えてくれないのではないか、という不信感と心配を表わしているものであった。

このような導入期の不安を話し合っていると、Aは初めて新しい植物を思い切って購入した話をした。そして、「どうやって世話していいか分からず、冒険を犯しているような気がする」と述べた。これはAが、治療者との関係性のなかで経験した治療的体験を受け入れて何とかやってみたいが、どうしていいのか分からないという心性の表明でもあった。それを解釈すると、Aは「治療者が自分のことを理解し助けてくれるのではないかと思うようになった」と述べた。このように、Aは言語的表現に優れ、象徴的表現や行動化によって彼女の前意識的な分裂排除された内的対象関係の世界を表現できる人である。

その後、Aは彼女の姉が交通事故で死亡し、2人の子どもが残された夢を見た。それに続いて、父親が死亡したときに、自分は手術をしたばかりであって、父親が亡くなった実感がなく、数ヶ月後に友人とテレビを見ていて、急に涙が出てきたことを述べた。こうして、彼女の夢における主題は、彼女の深刻な喪失体験であることを伝えていた。

その後、他方では、Aは「娘が急に変になった。泣き続けたり這い這いをして今日生まれたなどと言った。どうしたんだろう、自分がもっとかわいがってやればよかった、もう手遅れだ」などと述べた。治療者は、「Aが自分の赤ん坊の部分を長女に投げ入れていて、その気持ちを長女が行動で表わしているのであり、A自身がそれによって自分を見ることができている」ことを解釈した（投影性同一視の解釈）。Aは、「自分が癇癪を起こすととてもすまない気がする。そのときは娘を抱擁するようにしている。最近は本も読んであげるようになった。5～6年前からしてやるべきだった」「夫が、最近自分がずいぶん変わってきたという。自分も、悪い女の子が螺旋階段を下りていて、突然良い子になって上がってくる空想をしたりしている」と述べている。更にAは、「このごろ自分は思春期から成長していないと思うようになった。母親は自分に厳しすぎたと思う。子どもの頃は自分にはまったく自由がなかった」と述べるようになった。

その後は、母親の批判をし始めて、Aは急に不安が強くなっていった。これは彼女の中に強力な処罰的超自我が存在していることを表わしていた。あるときAは、「自分の心には多くの思うことがあるが、それを毎日家で書き続けている。しかし怖くなって封をした。これで安心だ。もう話したくない」と述べた。また「このごろまた長女が突然赤ん坊に戻ってしまい、這い這いを始めた。自分は今日生まれたなどと言って、驚いている。自分は悪い母親だったと謝っている」と述べた。治療者は、Aに対して「それは長女の中にA自身の姿を見ているのであって、Aがこの治療を始めて初めて生まれ変わり、赤ん坊から出発し始めていることを表わしているし、Aの母親はそのような赤ん坊としてのAの気持ちなどは厳しく禁止し、Aにつらく当たっていたことを表わしている」ことを解釈した。Aは、悲痛な声で「母親が遠い存在で、自分をほとんど世話してくれなかった」ことを語り、「自分は今2歳だ、先生私を抱き上げてほしい」と手を差し出していた。

次のセッションは20分遅刻して、「娘がひどい状態で、自分の責任だと思う。手が自動的に動いて、毎日沢山書いている。心配でならない、神の意志なのか」と自己表現と、それを許さない超自我との葛藤を述べていた。治療者が「両親のこと、とくに母親のことを批判的に語っていくのはつらいことであろう」と介入すると、Aは「先生助けて。とてもつらい」とさめざめと泣き始めた。その後は、「手紙を書くべきではなかった。でも手が自動的に動いてしまう。封をしたから安心だけど、先生は読めるんでしょう。ここに来るのは2日前に決めたばかりだ」などつぶやき始め、意味不明のことを言い続け、強い困惑状態になった。治療者は、Aが精神病状態になったのではと非常に心配していたが、Aは時間をかけてゆっくりと起きあがり、治療室を出ていくことができた。

次のセッションでは、治療者はAが治療にやってくることができるか否か心配していた。Aは10分遅れてやってきて、「夫といろいろと話し合って、関係を改善しようと努力している」ことを述べた。治療者は、Aの自我の強さを垣間《かいま》見た気がして安堵していた。

その後のセッションで、治療者が休暇を告げ、治療のしばらくの休みを告げると、Aは突然不機嫌になり、壁に囲まれた町を思い浮かべ、神のみが自分を助けることができると述べた。治療者は、「あなたは休暇のことで私にたいそう怒っていて、自分の殻に閉じこもり、万能的な神に助けを請おうとしている」と介入した。Aは、「自分が2歳のときに、母親がなぜあんなに長い間ほっておいたのか。自分は6ヶ月も体重が増えなかった。自分は今2歳になっている。父親は自分をまったく助けようとせず、本当にひどい父で失望していた」と述べた。治療者は「Aさんは、この休暇について同じような体験をしていて、治療者に怒り失望している」と介入した。Aは「それを知っていてなぜ休暇を取るのか。今日は立ち上がれないので、起こしてほしい」と言いながら両手を差し上げた。

その後のセッションでは、Aは激しく怒りだし、ただ神だけが頼りで神と一体になりたいと叫んだ。その後、患者は家に帰って夫と激しいけんかを繰り返すようになった。

治療者は再び「それはAさんの休暇を取る私に対する怒りである」と介入した。Aはそれを肯定し、「しかし先生は、自分と母親との関係について目を向けさせてくれた最初の人です。しかしただそれだけで、神のように助けてはくれない」と述べた。その後も、2歳のときに母親に置き去りにされたときのやりきれない寂しさを思い出し、悲痛な声で泣いた。

休暇の直前になると、Aは「寝室に神のシンボルが現れたので自分は救われる。ここに来なくても大丈夫だ」と、幻覚的な体験を述べて治療者をたいそう動揺させた。しかし他の現実検討の能力にはとくに支障は認められなかった。その後も、自殺未遂をした、いとこの話、両親を殺して自殺した女性のことを話し、12歳のときに飼っていた猫を保健所に頼んで処分したときのつらく寂しい体験を思い出した。治療者が、それらの連想はやはり、休暇にまつわるA自身の体験を象徴的に表わしているものであると告げると、Aは同意した。また「どうせ父親は、自分自身が子ども時代に見捨てられた人だったから自分の殻にこもっていても仕方がない。自分は一人でも大丈夫だ」と述べた。このように、母親転移が中心ではあったが、Aを助けることのできない無力な父親転移の問題も現れている。

休暇直前のセッションでは、「自分は本当に2歳になってしまった。この手も、呼吸も2歳のものだ。自分はいったいどうなるのか。先生はどうしてこんなひどいことをするのか」と苦痛な声で訴えた。そしてだんだんと怒りが高じ、最後にはもう二度と来ないと言って、ドアを激しく閉めて治療室を出て行った。

【ポイント1】

このようなAの転移関係における対象関係の特徴は、抑うつポジションにおける病理的で未解決の見捨てられ恐怖と激しい依存のアンビバレンス、対象喪失に対する激しい怒りと抑うつや迫害的罪悪感、自己処罰の衝動などのアンビバレンスから成り立っていた。これはクラインが抑うつポジションの病理的状態として明確に記述しているものであり、心因原性慢性うつ病（psychogenic depression）の病理の核心が、患者の分裂排除された病理的抑うつポジションにあることを示している。

治療者の役割は、そのような主として日常生活の話題や行動化を通して、Aが間接的に象徴的に表現している世界について、治療者が理解したことをAに解釈することである。そして、その治療者の解釈を通して、Aがこれまで分裂排除してきたものを意識化し統合していく作業が、重要な治療機序であり治療過程の根幹を成している。

b　第2期（6ヶ月〜12ヶ月）

この頃から、Aは象徴的な連想や夢の報告を多く多彩に行なうようになった。例えば、休暇の後のセッションで、Aは母親からもらった冬用のジャンパーの話をした。それは10年前母親が亡くなった頃にもらったものであったが、母親はそれを洗濯せず汚れたままにしていた。今回の休み中にAが洗濯してみたら防水がだめになって、このジャンパーはもう使えないだろうと述べた。これは象徴的に、Aは休暇中に内的な母親の庇護の下に戻ろうとしたが、母親の遺産をきれいに処理し、整理したいとも思ったことを示していた。そしてAは、洗濯によって象徴的にそれを行なったが、その代わり母親のシミのついた庇護を受けることはできなくなったという意味であった。この洗濯は治療を意味していて、Aが治療を受ければ母親の保護を失うことになると感じていることを表明していた。更に、その母親の庇護は汚れていて彼女には不快なものでもあった。このように母親に対するアンビバレントな関係性を、治療者との転移関係のなかで自由に表現できるようになった。

その頃には、母親に対して批判的見解を述べて反抗し、治療者との自由な開放された世界を楽しむ連想と、迫害的な母親から分離独立しようとするときの激しい見捨てられ不安や死の恐怖の世界が交互に見られるようになっている。そしてAは、次のような夢を報告した。「職場で働いていて、時間割がバラバラになっていて、どの教室に行っていいか分からない。別の女性職員が来て、そんな物いらないと時間割をまき散らして楽しんでいた。Aはその女性職員を自由で自分の意志で生きる自立した先輩で大変尊敬していたことを述べた。これはA自身が、厳しい時間厳守を要求してきた母親の世界に対する、Aの解放されたい気持ちを表わしていること、時間どおりにしか会わない治療者の厳しさに対する反抗でもあることを表わしていた。またその先輩教師のように自由に自分の人生を生きたい意志を表わしていた。そのことを治療者がAに解釈すると、納得したようにうなずいていた。

Aは、この頃から急速に抑うつ状態が改善し、子どもと外出して公園で遊ぶようになった。

しかし、他方でAは次のような、彼女の長女が見た夢を報告した。「私（長女）が家にいると、怪物が現れて逃げ出した。靴を履くのを忘れて引き返したら、捕まえられて食べられ、墓に埋められてしまった」。Aはこれを長女の報告した夢として報告したのであるが、Aと長女の間には投影性同一視が活発に行なわれていて、A自身の夢活動の部分が長女に投影性同一視され、長女が見た夢はAの見た夢と同等のものとして両者の境界があいまいになった状態にあることを意味していた。治療者は、この夢はAが長女に自己の一部を投影性同一視して、Aの分身である長女がAのために見た夢であると告げた。そしてこの夢をA自身が見た夢と同等に扱うことにした。つまりこの夢は、Aが母親の世界を批判し反抗して、治療者との世界の中で自由を楽しもうとしている自分が、怪物のような迫害的な母親に襲われ逃げようとするが、Aは自立する準備ができていず、また母親そのものである家の中に帰ってしまう。そうするとAは怪物＝母親に食べられて取り込まれ、更に母親の死せる墓場の世界に埋められて脱出できなくなってしまうという、Aの激しい対象喪失の恐怖と迫害的不安、迫害的罪悪感を表わしたものである。これは、実際にAと長女との間でも日常的に現実に再演されている対象関係でもあった。

Aは次のセッションではA自身の夢を語った。「町を自転車で楽しく散歩していると壁があり、2人の男性が自転車と自分を担ぎ上げて、向こう側に降ろしてくれた。しかし、もう一つ高い壁があって、仕方なく元の所へ戻してもらった」というものである。これはAが治療者と管理医の2人の男性に助けられて、母親との世界から脱出を試みたが、無理だと分かりまた舞い戻っていった意味があると考えられた。Aは、この解釈をやはり納得した様子で受け入れていた。

【ポイント2】

この頃は臨床的にはAは抑うつ状態が改善し、日常生活も普通に行なうことができるようになった。しかし、治療者の判断では、これはいわゆる転移性治癒の面もあって、Aは対象との葛藤的な関係の世界をこれから見始めていこうとする段階に過ぎないと思われた。Aは、「ずいぶんよくなったので、治療はもういいのではないか、家族ももう行かなくてよいと言っている」と言ったりしたが、治療者は、治療機序の視点から、Aが真の葛藤的な内的対象関係の世界に触れていくことを避けようとしているサインと見なした。実際に、精神分析的精神療法の治療過程においては、このような臨床症状の改善がよく見られるが、それは転移性治癒であったり健康への回避であったりして、実は患者のもっとも苦痛で触れることの困難な内的世界が近づいていることが多いのである。

c　第3期（12ヶ月〜24ヶ月）

治療が1年を過ぎると、彼女は豊かな連想を行ない、多くの夢を報告した。Aは、治療室にある植物を丁寧に世話した後、自分にはその植物ほどの自由もなかったことを悲しそうに連想した。そして母親が自分を厳しく規制して、本当の欲求が満たされ安心して甘えたことはないと述べた。そして治療によって、その規制がだんだんと取れている話をした。

その頃彼女は次のような夢を見た。「私が試験を受けていて、2教科のみ準備していたのに、先生が3教科受けるように言った。手遅れだった」。それに関しては、治療者は、Aの準備していないものは、治療の終結のことであると解釈していると言った。そうすると、Aはまた次のような夢を報告した。「先生が私の家のベッドルームにいて、私はトイレの中で治療者の会話を聞いていた。治療者がピアノを弾き始めて、上手だと思ったが聞いてはいけないような気がした。最近麻薬を使って亡くなった女の子の家族が、階下で告別のパーティーを行なっていた。先生が2階から降りてきて、皆に感謝していた」。ここでは、治療者が家族のように身近にいてほしいというAの願望を表わしている。麻薬で亡くなった女の子は、これまで真の痛みをできるだけ麻薬のように麻痺させ回避してきた彼女自身の亡くなってしまった部分を表わしていた。それに対して彼女自身だけでなく彼女の内的な両親も治療者も悲しみ、治療者はAの身内として参加者にお礼を述べている。これは、Aが治療の終結の問題に直面して、苦痛に満ちた自己の死んでしまった部分を理解する治療者を内在化したい願望を表わしている。ピアノを弾く治療者は、Aが知らない治療者の側面まで取り入れたいという願望を表わしている。

しかし、これらの自己理解を示す生産的な過程も、治療者が休暇をしばらく取ることを告げてから、事態は一変した。Aは治療者に罵声を浴びせ、「治療者のために、夫とのけんかが収まらなくなった。夫に手紙で事情を説明しろ」と言い、立ち上がって治療者をにらみつけ、「もし夫に手紙を書かないと二度と来るものか」と怒鳴って、10分も立たないうちに部屋のドアを激しく締めて帰ってしまった。次のセッションでは、治療者はAがやってくるか否か内心不安を抱いていたが、Aは定刻どおり現れた。そして治療者に前回のことを謝り、「愛と憎しみが激しく揺れてどうにもならない」と述べた。そして両親の死のことを話した。「母親には死んでほしくなかったが、実を言うと、これでやっと自由になれ、コントロールされることはないと思いほっとした。悪いと思いながらうれしかった」と述べた。

次のセッションでは、Aは穏やかな顔で現れ、「キリストが神から別れなければいけなかった苦しみがよく分かり、手に打ち込まれた釘の痛みまで分かる」と述べた。治療者が、また念を押して、これは休暇における治療者との別離の苦しみにも関係していることだと言うと、Aは「先生は神に代わろうとしているのではないか」と述べた。そしてAは次の三つの夢を報告した。①Aが教会に義母と行っている途中でハンディキャップのある友人と話していたら、2人ともいなくなってしまい、しばらくして現れた。文句を言うと、自分が生まれた故郷へ行ってきたと言った。とても懐かしい気がして、一緒に行けばよかったと思った。②玄関に牛乳瓶があって、その一本に穴が開いていて階段の絨毯を汚してしまった。娘が瓶をベッドルームに投げつけていた。③父と一緒に海岸を歩いていて、大きな波が押し寄せて、二人とも飲み込まれてしまった。飲み込まれたとき、海の色は真っ青で美しかった。

治療者は、「これらの夢はAが両親とくに母親の元に還りたい、飲み込まれて一体になりたい気持ちを表わしている。そして治療者との別離の気持ちを、治療者と一体になることで乗り越えようとしている。牛乳瓶が壊れているのは、休暇の破壊（break）を表わしていて、長女が瓶を投げつけているのは、ミルクをくれない母親に対する怒りを表わしている。実際に乳ガンの手術をした母親は、彼女を置き去りにして、後も彼女に授乳することはできなかった。治療者との休暇による別れに関しても、彼女は同じような体験をしている」と解釈した。彼女は納得した面もちで同意した。

次のセッションでは、「先生がとても重要な人なので、休暇では先生がいなくなって本当に寂しい。先生と一緒にいることのできる奥さんに嫉妬している」などと述べ、寂しさや対象希求の感情を抱くことができるようになった（抑うつポジションを通過したときの感情）。Aは「なんだか急によくなりそうな気がして、夏休暇の後は働けるのではないかと思う。病院で患者のために働きたい。夫が研修に行くのを助けてやりたい」と言うようになった。更に「母は厳しい人で、長い髪も許してくれず、批判されてばかりだった。母親のベッドにも入れてくれず、朝は勝手に起きることも禁止されていた。それで神だけが救いだった。神は無条件に自分を愛してくれ、永遠に自分のそばにいてくれる。先生がいなくなるととても寂しい。先生は私がいなくなると寂しいか。いつか私に日本食を料理して食べさせてくれるか」と言っていた。

そして次のような夢を報告した。「先生が教会のお香の箱を持っていて、私はバービュー（プロテスタント教徒における祈りの道具の一つ）を持っていた。私がその箱の中に入った。そして先生を見上げて、先生は私を温かい目で見ていた」。治療者は、Aが治療者の中に入って、神と同じように一体となりたいと思っていること。それは母親の体の中に入って一体となりたいという気持ちと同じもので、休暇の別離の苦痛を乗り越えようとしているのだと解釈した。Aはこれを納得して聞いていた。「娘が、このごろはお母さんはずいぶんよくなってきているので、治ったのではないかと言うようになった。自分の子供時代は、自由がまったくなかったので、子供には与えてやりたい。先生は私の過去の小包のふたを開いてくれた。4週間も離れていれば（ヨーロッパの休暇は4週間）死んでしまうのではないか。そのときは先生に kiss of life をしてほしい」と述べた。そしてAは賛美歌を歌い始め、先生の体の中に入っていった夢と同じ気持ちだと言った。そして、両親の死と流産の悲しみについて、涙を流しながら語った。

休暇前のセッションでは、次のような夢を語った。「診療所が7階建てで、私の友人が医師として働いて、聴診器を持っていた。食堂で一緒に食事をとったが、他の職員が何か専門用語で話していた」。治療者は、Aが治療者の世界に招かれて、一緒に食事をしたり専門の世界に強い興味をもったりしている。休暇中も治療者と同じ場所や世界にいたいという気持ちが表われていて、別離の苦痛を乗り越えたいという気持ちが表われている。また建物が実際より高くなっているのは、やや躁的防衛が関係しているのかもしれなかった。

【ポイント3】

この時期には、多くの夢を報告し始め、更に治療が進展している。休暇を告げるとAは激しい怒りを示したが、治療者の解釈（抑うつポジションの心理に関係）を理解し聞くことができた。彼女の中に愛と憎しみが同居していることを認めることができ、以前のようによい対象の側面を完全に否定することはなかった。そして母親に対する強いアンビバレントな感情を想起することができ、比較的健全な罪悪感を抱くことができるようになった。Aは、よい対象として治療者の側面を分裂排除することなく、休暇にまつわる対象喪失の際の寂しさ、悲しさ、対象希求の感情を体験することができた。またよい対象との合体や同一化、取り入れなどが始まっている。実際この時期の後半から、次の時期にかけて、Aは見違えるほど変化している。

d　第4期（終結期、24～30ヶ月目の終了まで）

休暇後最初のセッションでは不安そうな顔をして現れた。そして「どうしても言えないことがある。これを言うと先生は私を拒絶するだろう」と言いながらAは泣き始めた。そして「先生は私の赤ん坊で、私は母親だ」と言い始めた。治療者はまた、それはこの休暇の別離の苦痛を和らげるためのものではないかと解釈した。更に Virgin Maria の話を泣きながら続けるために、治療者は、Aに「治療者に言えないこととは、何か性的なもので、私と合体したり母親と合体する空想をして、やはり別離の苦痛から逃れようとしていたのではないかと」と介入した。Aは、「先生は獣のようだ。こんなに長い休暇を取って完全に心が破壊されてしまった。ギロチンのようだ、もう絶対に来てやらない」と激しく怒って、治療室から出ていってしまった。

次のセッションも、「もうこの治療には来たくない。信仰の世界に戻りたい」と激しく言った。そして次の夢を報告した。「旅行で駅に行くと、壁があった。その上に座っていると、良い男が来て座り、次に悪い男が来て座った。そこへもう一人の良い男が来て、席を譲ろうとしたが、壁が高すぎて降りることができない。それで斜めになっているところに座ろうとしたら、悪い男がいた。それらの男は先生だったと思う」。治療者は「あなたは自分の治療の中で、自分の場所がどんどん奪われていると感じている。そしてその張本人は治療者であり、Aは治療者には良いところと悪いところがあると感じている」と告げた。Aは「先生はどこかへ行ってしまうのだから、宗教に代わりを求めようと思う」と述べた。次のセッションでも、「先生は私の子どもだ」といい、治療者をものすごい形相でにらみつけて、カウチから立ち上がり、椅子の背を治療者の方に向けて座って話すことを拒否した。次にまた立ち上がって、椅子の後ろから治療者をにらみつけて、「窓から何もかも投げ出してやる。私は治療に来ないと死んでしまうと言ったでしょう」と言って激しい怒りを治療者に向けた。治療者は、Aが2歳のときに母親が入院のために置き去りにして、Aが6ヶ月間も体重が増加しなかったことと関連づけた。Aは、そのときには母親が何もしてくれなくて、激しい憎しみを抱いていたことを想起した。治療者が、「それが休暇を取った治療者に対する憎しみと同じものだ」と解釈すると、Aは納得し、「これが、先生が休んだ結果です」と言って急に穏やかになった。そして厳しく冷たい母親と、遠い存在でかかわろうとしなかった父親について、強い憎しみと悲しみの感情を込めて語った。この頃にAは就職し、仕事を楽しむようになった。

この後は、Aは「先生を許すことができるようになった。先生を本当に憎んでいたが、すまないと思う。先生はいい治療者だと思う」と述べた。治療者は、「おそらくAが休暇のことで怒りを爆発させても治療者がAを拒絶しなかったので、自分が許されていると感じて、治療者を許すことができるようになったのだろう」と解釈した。Aは納得し「今は幸せに思っている。先生にさわりたい。膝の上に乗りたい。別れるときはどんなに辛いだろう。抱きしめたい。私がいなくなると、先生も寂しいだろう」と述べた。また更に「この頃は本当によくなった、仕事も順調で、子どもにも寛容でいることができる。神も信じることができるようになった。子どもがいろいろなものを壊したりなくしても、もう動揺しなくなった」と述べた。

あるセッションで、夏休みに空想したことを語った。「これは先生には言いたくなかったことだ。休暇中に先生を身ごもったと感じ、先生が私の中にいて出産した。その後とても疲れたが、すごく幸せに感じた。休暇中はずっと先生が一緒にいて、自分が世話をしていた。車の中では、自分の長男が膝に寝ているときに、これは先生だと思って髪をなでたりしていた。しかし、休暇後ここに帰ってくると、急に怒りがこみ上げてきた」と述べた。治療者は、「この空想的な体験はやはり治療者との分離の体験に伴う苦痛を打ち消すためのものであろう。また帰ってきて、治療者がいることを確認して、安心して初めて怒ることができたのではないか。これはAが彼女が母親と離れていたときに、自分の怒りで母親が亡くなってしまうのではないかという心配をもっていたからではないか」と解釈している。

更に次の夢を語った。「若い男がやってきて、乳母車の中に寝ている赤ん坊の彼女を抱き上げて、ゆりかごの中に入れた。次の男が来て、ゆりかごごと連れ去り、箱の中に入れて丘から蹴り落としたので、赤ん坊の私は死んだ。が生きていた。最初の男が怒って、2番目の男を刺したが死にはしなかった。1番目の男が彼女に跪いたので、その髪をなでた。3番目の男が来て、彼女に沢山の手紙を渡した。彼女は1番目は治療者、2番目はキリスト、3番目は神だと思う」と述べた。治療者は、これらのそれぞれの男性は、Aから見て、治療者の異なる側面も表わしていることを解釈した。つまり彼女を赤ん坊のようにケアする面、休暇などを取って彼女を突き落としてしまう治療者、そして遠くから神の啓示のような言葉だけを与えている治療者の面などである。Aは納得した面持ちで満足した様子であった。

Aは治療が終わることについても「なぜ治療が終わるのか。苦痛すぎる。先生も苦しむだろう」といった。治療者が、「母親が入院して置き去りにしていったときの苦痛と同じものではないか」というと、Aは、「そのときに癇癪を起こしたら怒られた。母親のひざに乗りたかったのにいなくなってしまった。垂れ流しをして絨毯《じゅうたん》を汚したら、世話をしてくれていた叔母が激しく怒った」と悲しそうに泣きながら想起していた。また「2度目の入院のときに、洗濯ばさみを盗んで隠していたら、叔母がひどく怒った。なぜ盗んだのか今ではよく分かる。自分は母親の愛が必要だったのだと思う」と述べた。

クリスマス休暇を告げるときが来たときに、治療者は、Aが果たして休暇を乗り切ることができるか不安であった。休暇を告げるとAは、「とても辛い。昔の母との悲しみや父の死の悲しみがまたこみ上げてくる」と言い、辛そうに泣いていた。その次のセッションでは、「もう大丈夫だ。この治療が終わるときには、先生も悲しみで死んでしまうだろう。自分は神がついているので、先生なしでもやっていける」と述べた。

治療者の転勤のため治療終了近くなると、Aは次のような夢を見た。「先生がバスの運転手で、私と先生の他の患者も乗っている。先生が左へカーブすると言ったのに、間違って左の脇道に入って止まってしまった。そこは公園だった。先生の患者がみんな降りて、マンホールの中に入っていった。私は先生に皆大丈夫かと聞いたが、先生は何も言わない。蓋を開けたら誰もいず、みんな死んでいた」。治療者は、Aはこの治療がこの時点で終わるのは間違っていて、治療者の患者はみな途中で治療を打ち切られ、排水路に捨てられ死んでしまう。Aもそのようになってしまうのではないかという不安と不満を表わしていると解釈した。Aは「確かに自分は、治療者がいなくなることに大変な喪失感を抱いて死んでしまうのではないかという不安をもつことがあり、治療者がなぜこのまま止まってくれないのか大変不満で残念に思っている」と答えている。

更に母親の誕生日には「母には生きていてほしかったが、もう大丈夫、自分でやれると思う」と言いながら、

Aは次のような夢を報告した。「私は治療室でカウチに横になっていた。壁に穴が開いていて、先生が隣の女性と話をしたいと言って、穴をくぐり抜けていった。私が嫉妬して隣を見ると、ベッドに赤ん坊が座っていた。それを先生が抱っこしてあやしていた。そこにいる女性は自分だと思った」。この夢は、治療が終了しても、その向こうの世界まで治療者を追って、Aが治療者との別離をなかったことにして、治療者の世界の中で生活し、家族をもちたいと思っていることを表わしていた。また治療者に抱かれている赤ん坊も、A自身を表わしていた。治療者がそれらを解釈すると、Aは、「確かにそのとおりだが、それを分かっていてなぜ治療者はいなくなってしまうのか」と強い苦情を表明し、「治療が終わることが苦痛で耐えられない」と激しい不満を表明した。Aは神と一体になった万能的な救済の世界を体験したり、強い悲しみや孤独感を抱いたりしたが、「私は神とともにいるので大丈夫だが、先生は弱くて私から離れられないのではないか。先生は神のことをもっと知る必要があると思う。先生にはずっといてほしいし、先生を信頼している」と自己の苦しみを治療者に投影性同一視して苦しみを乗り越えようとする態度が見られた。「このごろは調子はよい。キリストが生まれたときのように、何か新しい生命が自分の中で生まれようとしている」とやや躁的防衛を示して休暇に入った。

【ポイント4】

Aは休暇中、良い治療者を体内に取り入れ出産した幻覚的体験をもったが、それは治療者との分離の苦痛を合体によって解消する積極的な方法である。しかし彼女がケアをする母親の役割を積極的に取ろうとした中に、彼女が治療者との立場を逆転させて同一化しているものの、治療者との良い早期の体験を彼女が維持できる力が見られるようになっている。

またAが、治療の終結について、激しい怒りを爆発させることなく、寂しさや苦痛、対象希求の感情を表現できるようになっているのは、彼女が抑うつポジションをかなり通過していることを示している。また怒りの処置の途中で、

Aが治療者に対して「すまない気持ち」を表わし、健全な罪悪感が成長しつつあることを示している。更にAがこのような心性を豊かな夢によって表現できたことは、彼女の自我機能が成長していることを表わしていると思われる。

最後の休暇後に、治療の終了が2ヶ月後には決定しているときである。治療終了に関するAの別離の不安が主要なテーマになっている。休暇後にやってきたAは「もう自分はよくなってしまったので、治療者をあまり必要とはしなくなった。次は私が治療者を救う番である。治療者は神のことを知らないので病人と同じだ。自分が救ってやりたい。自分には神がついているので、先生がいなくなっても大丈夫だ。神は永遠に私のそばにいて、先生のように見捨てたりはしない」など、自己の別離の苦しみを治療者に投影することにより、やや躁的な防衛的傾向は見られたが、Aの中には自分の体験の対処の仕方を自覚している雰囲気があった。治療者が「やはりいつものように、別離の苦痛が大変で何とか解決しようと努力し、苦しみは治療者に引き受けてほしいと思っている」と解釈した。Aは、「先生はどうしてこの治療をやめてしまうのか。あまりに苦痛でやめないでほしい。先生は私の病気のことをよく知っているのに、どうしてそんなことをするのか。辛くて寂しい」と言いながらセッションを通して泣き続けていた。

そのような状態と、やや躁的な状態とが反復して終結までに多くの流涙と悲痛な苦しみを訴えながら、終了の別離を受け入れていった。この間、仕事も家庭も順調で、夫は新しい資格を取り昇進をしたために、念願の家を買うことができた。そして治療終結後、引っ越すことになった。

3　おわりに

慢性抑うつを主症状とした自己愛性パーソナリティ障害、境界性パーソナリティ障害を背景にもつ女性患者の治療過程を簡単に紹介した。治療は、週3回、カウチを使用し、自由連想によって治療は行なわれた。治療者の基本的な指針はイギリスのクライン学派の理論的視点と技法である。なお、本症例の経過の一部は他の場所でも既に紹介している[3][4]。

参考文献

（1） Anderson, R. (1992) *Clinical Lectures on Klein and Bion.* Routledge.〔小此木啓吾監訳（1996）『クラインとビオンの臨床講義』岩崎学術出版社〕

（2） 悳智彦・衣笠隆幸・伊藤洸（1996）『境界例とその周辺』金剛出版

（3） 衣笠隆幸（1995）「現代クライニアンの動向」『精神分析の現在（現代のエスプリ別冊）』

（4） 衣笠隆幸（2004）「治療機序とその効果――クライン派の臨床的視点から」『精神分析研究』48巻3号、224-231頁

（5） Klein, M. (1932/1975) Psychoanalysis of Children. In *The Writings of Melanie Klein,* Vol. 2. Hogarth Press.〔衣笠隆幸訳（1997）『メラニー・クライン著作集2』誠信書房〕

（6） Segal, H. (1973) *Introduction to the Work of Melanie Klein.* Hogarth Press.〔岩崎徹也訳（1977）『メラニークライン入門』岩崎学術出版社〕

（7） Segal, H. (1981) *The Work of Hanna Segal.* Jason Aronson.〔松木邦裕訳（1988）『クライン派の臨床』岩崎学術出版社――ハンナ・スィーガル論文集〕

（8） Spillius, E. B. (1988/1989) *Melanie Klein Today,* Vol. 1, 2. Routledge.〔松木邦裕監訳（1993/2000）『メラニー・クライン トゥデイ1、2、3』岩崎学術出版社〕

（9） Steiner, J. (1993) *Psychic Retreats.* Routledge.〔衣笠隆幸監訳（1997）『こころの退避』岩崎学術出版社〕

〔『パーソナリティ障害・摂食障害』メジカルビュー社、2006年〕

37章　ひきこもりと過食嘔吐を主訴とした女性患者の精神分析的精神療法

1　はじめに

精神分析的精神療法の適用と考えられたひきこもりと過食嘔吐を主訴とした症例の治療経過を報告する。第3回大会のシンポジウム「摂食障害」で発表した症例であるが、心因性のもので精神分析的精神療法が奏功した症例である。

摂食障害は1980年代以降に急激に女性患者の間に出現し始めた神経症症状の一つである。そのために、摂食障害は現在まで臨床研究課題のもっともポピュラーなものになり、多くの研究論文が発表されている。

米国においては、摂食障害は精神分析的精神療法においては治療困難であり認知療法などの行動療法的なアプローチが適切なものであると述べている。しかし筆者等の研究では、米国の研究は一部の患者群について述べているのであり、心因性の摂食障害の多くは精神分析的精神療法の治療効果が認められる。一部の難治例は異なる病因が考えられ、薬物療法や支持的療育的アプローチが適切な治療であると考えられている。後者の難治例に関しては、著者等はいわゆる重ね着症候群の患者が多く含まれていると考えている。そのような患者群の一部は向精神薬が奏功する例が見られるので、鑑別診断上非常に重要である。

重ね着症候群については、著者達が最近の研究で明らかにしてきた疾患群であるが、多彩な精神科的臨床症状を呈する成人患者の背景に、非常に軽度の高機能型広汎性発達障害が存在するものである。摂食障害やひきこもりを臨床症状とする患者の中にも重ね着症候群が存在している。その場合には精神分析的精神療法の対象となるものは少数であり、認知行動療法的な指導や療育的支持的アプローチが基本になり、しばしば向精神薬が奏功する。

日本における摂食障害の臨床研究に於いては、その症状に関する病理学の研究が非常に多いことが特徴である。その症状は、特異なものであり、治療関係者の注目を引くには十分すぎるほどの特有の症状である。それは現代における女性の多くの神経症やパーソナリティ障害の患者群が発露する代表的な症状であるからでもあろう。また神経性拒食症の場合には、難治例においては死に至ることも少なくないことも関係しているであろう。それはかってヒステリーの転換症状などが、その特有の症状のために大いに注目された経緯と同様のものであろう。

摂食障害の研究は、多くが精神分析療法の実践の中で行なわれて来ている。ブルッフ（Bruch, H.）は、神経性食欲不振症がほとんど女性患者であることを鑑みて、思春期の女性性の獲得過程における失敗に注目している。他の研究者は、内的対象関係に注目しているが、食べ物の摂取に関する拒絶や過剰摂取に関する症状にも注目して、母子関係における授乳や食事摂取における何らかの葛藤的で病理的破壊的な関係性が存在していることを指摘している。精神分析的なオリエンテーションを持った臨床研究者の中にも、摂食障害の患者に特有の病理があるという視点から論じているものもいる。これは症状の特有さに注目していて、その内的な病理のダイナミクスの考察に症状の意味を加えようとしている傾向のあるものである[1,2,6,7,11,12]。それは症状に固執している研究者と同じ過ちを犯している面もある。

非常に興味深いことは、１９８０年代以降になぜこの摂食障害の症状が爆発的に増え、他の転換症状、強迫症、恐怖症、醜形恐怖症、におい恐怖症などの伝統的な症状が影を潜めたのかという問題について、ほとんどの研究者が注目していないことである。最近では摂食障害の勢いがやや衰えて、解離症状、転換症状、醜形恐怖症などが増えつつある印象があることも興味深いことである。

この神経症的症状形成の問題は、フロイトがすでに百年ほど以前から指摘していることである。つまり症状形成は、個人の意識的葛藤を発露する場合に、その時代における文化的社会的不安のあり方をカリカチュア的に摂取して行なわれると考えられている。そして、フロイトは最初ヒステリーや強迫神経症の症状の意味について強い関心を持って研究したが、やがて治療的には症状の無意識的意味を追求しても効果がないことを悟り、抵抗と転移解釈を中心にした技法に変換していった。そして摂食障害やひきこもりなどの代表的症状を呈する現在の神経症やパーソナリティ障害の治療においても、その原則は正しいと考えられている。

そうして見ると、摂食障害の症状の無意識的意味を焦点に当てた研究は、フロイトの初期の神経症研究の視点に舞い戻っていることになる。右記のように、精神分析的精神療法の実際の治療過程に於いては、症状の意味を追求することはほとんどなく、その背景にある病理的パーソナリティの内的対象関係のゆがみを修整することが主目的になる。そして、転移と逆転移の分析、防衛分析、内的対象関係の不安のあり方などに注目して治療が行なわれている。

右記のように摂食障害の症状形成に関しても、他の神経症の症状と同様に、時代精神における社会の現代的不安を患者が巧妙に取り入れて特異な症状が形成されている。そこに於いては、個人が無視され、母性的な配慮が欠如している大量生産時代における個人の消滅の不安、大都市文化やマスメディア時代における個人の埋没などの不安が、反映されているのであろう。ここで紹介している患者Aはひきこもりも併発しているが、ひきこもりの症状形成に関しても、複雑で達成困難な課題が山積している現代の若者が、社会から撤退している姿を直喩的に表現しているのであろう。そのような症状選択をすることによって、患者達は自己の固有の不安を象徴的に表現する目的で、現代社会の不安や闇を引き合いに出すことによって前衛的に表現している。症状は、確かに患者の心の病理の一側面を表現しているのであるが、それはやはり一側面であって、その症状の意味を追求しても患者の真の無意識的葛藤の世界を解明することはできない。

ここで摂食障害とひきこもりを主訴とする過剰適応的なアズ・イフ　パーソナリティの女性患者Aの治療経過を報告する。この経過では、一般のパーソナリティ障害の患者の治療経過と何ら異なるものはなく、症状の意味が治療の途中で論じられることはない。そして、転移解釈、抵抗解釈、防衛解釈、内的対象関係の不安の解釈などに焦点を当てた精神分析的精神療法の典型的な治療経過を示している。ここでは、治療経過をやや詳しく記述して、摂食障害とひきこもりの現代の代表的な症状を持つ患者の内的対象関係の病理を明らかにしたい。そして他の症状を持つ患者群との臨床的比較の素材として記述しておきたい。

2　症例

20代女性A：十代から不登校、ひきこもり。更に2年前から過食嘔吐を繰り返している。Aの吐瀉物は毎日バケツ一杯分もあり、母親の日課は山にその吐瀉物を捨てに行くことである。Aは幼少時から感情を表に出さない子供で、友人との交流も苦手な孤独な女の子だった。成績は良く、表面的には問題を起こさず優等生的な子供時代を送っていた。高校生になって、はっきりしたきっかけはなく不登校となった。以後数年間のひきこもりが続いており、受診2年前からは激しい過食と嘔吐を繰り返している。両親は不仲で、父親はAの幼少時から母親と兄に暴力をふるってきた。父親は別の女性と家庭を持っていてそちらに住んでいて、時おり帰宅している。兄は、情緒不安定型パーソナリティ障害の傾向がある。治療は週2回カウチ使用。前治療者の治療が10ヶ月間、週一回対面法で行なわれている。前治療者の転勤のため、筆者が引き継いでいる。

(1) 第一期――《導入期》4ヶ月間（1ヶ月目～4ヶ月目）

治療初期の4ヶ月では、Aはいわゆる初期反応を象徴的に表現できる人であり、治療にコミットできる人であるという印象があった。治療者の交代の件も象徴的な表現などで治療者と語り合うことができた。自由連想的に話し始めると，両親に対する批判的な会話が多くなり，同時に自己処罰的な不安が強くなった。

治療開始時は，「治療室から見る窓が，小学校の窓のようで，自分も小学生として入学したような気分である」と述べた。そして，「治療者が交替しても，治療を再開できたことは良かったかもしれない」と述べた。治療者は，「前治療者が，短期間の治療で終わってしまって困ってどうなることか心配していたが，新しい治療を始めて何とかなりそうだと感じだしている」と介入している。Aは，「母親が祖父を亡くしたときも，父親は母親の苦しい気持ちが分からなかった。母親は自分の母親を幼いときに亡くしているので，大変である」ことなど述べた。治療者は，「前の治療者が交代したことについても，A自身，母親と同じように大変な体験をしていると思っているが，治療者は分かってくれるかどうか危惧しているのではないか」と伝えた。Aは，「自分は，母親に対して様々な気持ちが出てどうしていいか分からない。ここに横になって話しているのが不思議な気がする」と述べている。

次のセッションでは，「兄が自分の部屋に入り込んで，勝手にタンスなどをチェックするので嫌だ」と言った。治療者は「治療者にも治療の中で心の中をチェックされるいやな気分も伝えている」と解釈した。Aは，父親が家にいると落ち着かず，ユダヤ人を救う「シンドラーのリスト」の話をして，内的父親によって迫害され，危機的な状況にある自己の一部分が治療者によって救われるのではないかという期待を表明していた。

次のセッションでは，自分をかわいがってくれた祖母の話と，暴力をふるう父親の話をして，Aの家族におけるアンビバレントな感情を表現していた。そして小学校に行って遠足の鍾乳洞が気持ちが良かったことや，教会のシスターが美しい人で歌が上手だった話をした。これらは，治療の体験の良い部分を表現していて，まるで楽しい心が救われる遠足のような体験をしていることを表わしていた。このときには，Aは終了の時間がきたことを告げられても聞こえないのか，両親の暴力的で葛藤的な関係を語りつづけた。

次のセッションでは、治療室のプラントを見てクリスマスを思い出し、昔小学校の頃に見た怖い夢を語った。「自分が自転車に乗っていて、小さな女の子がいた。その女の子の舌を自転車で引いてしまって、血だらけになっていた。怖くなってそのまま逃げ出した。女の子のそばに母親がいた」。Aは、この夢についての要素連想はうまくできなかった。治療者は、「女の子はA自身で、自分の家族などについて批判などを自由に話してしまう舌を自分で傷つけて、何も話せないようにしようとしている」と解釈した。Aは、いつもいい子でいようとして、本当の嫌なことは話さないようにしていることを認めた。そして、「この治療室ではとてもリラックスしている」と言い、「昔小学校の頃に傷ついた足の傷がうずき始めた。小学校の頃の自分に戻ったようだ」と退行的な体験を述べた。そしてやはり時間を告げてもAには聞こえず、話し続けた。

次のセッションでは、「やはりここでは気持ちいい、落ち着く」と言い、「母親がよくしゃべるが、自分が話すのは嫌になる」と述べた。治療者が「Aが話すと治療者が嫌になるのではないかと心配しているのではないか」と告げた。急にAは、父親が母親と兄に暴力をふるって、両親の喧嘩が絶えず昔から大変だった家庭の話をした。更に、Aは、そのような父親が母親と仲良くしているように見えると、父親を独占したくなるという、やや倒錯的でアンビバレントな気持ちを伝えた。そして、暴力的な父親も自分には優しいのだと、かなり歪曲され倒錯的な対象関係のあり方を表明していた。実際には、父親は別宅に別の女性と住んでいて、そしてAの家には週に1、2度やってくるのだった。Aは「父親は自分には優しいが、自分が間にいるから母親に暴力をふるうのではないか、母親も父親も独占したい」という、混乱した歪曲された関係を述べた。

その後は、Aは「セッションで自由に話すと後で怖くなる。自分にはもっとひどいところがあるので後悔している。本当の自分は怒りに満ちていて、子供が嫌いでたまらない」と述べた。

そして次のセッションでは、昔学校に行きたくなかったことや、精神病院に強制的に入院させられた狂気の男性のことを話した。また自分の意志で入院した人は、良くなって退院した話をした。治療者は、「治療を受けることに複雑な気持ちがある。強制的に治療を受け無理矢理いやなことも見させられてしまう。そして、狂気の世界にふれるような体験をしている。他方では、自分の意志でこの治療を受けている面もあって、そのような自分は良くなることができると感じている」と解釈した。Aは同意し、自分の病気が治療者に感染してしまうのではないかと心配した。その次のセッションでは、母親と楽しい話をしたり、寝る前には楽しい空想をしていることを連想した。治療者はAがつらい体験をそうやってしのいで来たこともあったのではないかと告げた。Aは、「嫌になることが沢山あり、両親がお互い憎み合っていて、母親は父親が死ねばいいと思っている」ことを述べた。そして父親が食事のときなどに兄や母親に暴力をふるう場面を思い出し、自分が何もなかったように平然として食事を続けて、父親が驚いたことを回想した。

その後のセッションではAは沈黙がちで、話したくないことや治療にも来たくないと抵抗状態になった。そして、両親を非難することについてすまない気がしたり、自分が昔からいけない子でわがままで、自己中心的だと言われたりしたことを述べた。そこでは、Aが病理的な過酷な超自我を内的に持っていることを表わしていた。

次には、Aは「夢かどうかはっきりしないが、夢のようでもあった」と言った。「そこでは、子供のようなものが、白いものをかぶってそばにいた。目をうっすら開けてみようとすると、そこにはいない。母親が毛布を掛けに来てくれたのかとも思った」と述べた。そしてAは、この頃は症状が軽くなって、代わりの別の症状が出たのではないかと述べるようになった。またAは、「このまま症状が取れるとどうしていいか分からないので、症状があった方がよい」と述べた。

この頃に母親から治療者へ電話があり、最近Aが家で非常に感情的になって、母親に当たり散らすことがあるので困っていると事情の説明を求めた。治療者は、Aが治療経過上、これまで排除してきた世界に徐々に触れ始めていて、混乱している状況であると説明している。

Aは、このように暴力的で破壊的な関係を続ける両親に対してアンビバレントで、両親の批判をすることに非常に葛藤的である。そしてAは、批判や攻撃が行き過ぎたと思うと、沈黙を続けたり、自責的になって治療にくることに葛藤的になったりした。治療の経過では、このような経過を繰り返していくことになるが、その都度より深い情緒的体験や自己理解を深めていくことになった。

(2) 第2期――《ワークスルー前期》両親の世界を直視する葛藤が更に強くなった時期：10ヶ月間(5ヶ月目~1年3ヶ月目)

第2期は、6ヶ月間にわたり両親特に父親に対する強い批判と激しい怒り、自分の中にあるどうしようもない怒りを波状的に訴え続けた。そのような批判的で攻撃的な会話の後では、沈黙が長期間続いたり、治療の回数を減らしてほしいなどと訴えた。他方では、自分の心の中を整理中であることも示唆していた。この時期以降、第3~4期のワークスルー中期から後期に至るまで、Aは苦痛に満ちたワークスルーをやり遂げていった。つまり、Aは自己の苦痛な対象関係の世界を両親に投影性同一視して再演(enactment)し、実生活に於いて生々しい体験を繰り返し、見捨てられ不安や死の恐怖、病理的罪悪感などによって防衛的な分裂排除や歪曲の作用を複雑に織り込みながら、徐々にワークスルーの過程を歩み、真の自発的な自己の世界を成長させていった。

盆休みの後、Aは再び両親の奇妙な関係を話し始めた。Aは「父親はどうせ向こうの家庭の方が大切なくせに」と批判したりした。またAは「自分は放り出されているようで、治療で話していると妙な感じになる。話したくないと思うし、話していると子供還りしたような感じになる」「自分が訴えたいと思っているのは、たいしたことではないのではないか。子供還りがしたいのに止められているようだ」などと述べた。そして次のような夢を報告した。「夢の中で泣いていて、夢から覚めても泣いていた。父親と口論していて、母親がおろおろしていた。父親の膝には、小さな女の子が座っていて、自分に菜の花の代わりに貝塚の花を渡していた」。Aは、貝塚などについての要素連想をすることができなかったので、この夢の理解はその表現されている材料と他の連想の経過を基に、治療者の直感的な連想と理解に負うことになった。つまり、父親の膝に座っている小さな女の子は患者自身であり、恐い破壊的な父親に倒錯的に愛されていると感じている自己の部分である。貝塚という古代の遺跡の花を自分に渡していることは、そのような女の子の自己の部分が長い間埋もれていて古代的になっていたものが、蘇り始めていることを表現していると考えられた。治療者は、それを解釈している。

その後のセッションでは、Aは父親を激しく批判し、母親がにやにやしながら父親に対応していることを嫌悪していたことを話した。その後のセッションでは、Aは話すことなく沈黙を続け、強い抵抗状態になった。そして気分が良くないので帰りたいと途中で退室してしまった。しかしその後は再び父親への葛藤的な苦情や非難を続けた。その頃のセッションでは、自分がいらいらして落ち着かず、理由もなく自分が怒っていると言うようになった。そして「治療者が、存在していない感じがしたり、自分が話していることが事実起こっていたのかが、はっきりしなくなったりする」と述べた。そして「急に怒りが出て、ガラスを壊したくなる。先生の言っていることも、現実の世界ではないのでは」と述べるようになった。治療者は、「それらを現実と感じると、Aにとってはどうしようもない怒りなどが出て混乱してしまい、どうして良いか分からなくなる」と介入した。その後もAは、数セッションにわたってほとんど沈黙を続け、平穏な生活を続けていると主張して、両親への怒りに満ちた葛藤を全面的に否認した状況が見られた。治療者がそれを抵抗状態であると理解してAに伝えていくと、Aは「自分の顔や性格が父親似である」ことや、「父親に会うとにこっとしてしまう自分に嫌悪感を抱いている」ことを述べた。そして暴力的な父親を非難した。

そのようなセッションが数回続いたあと、Aが押入の整理を始めていることを告げた。そして再び、嘔吐が強くなったことを告げた。治療者は、象徴的にAが心の中に長年持っていた未整理のものを整理し始めていると感じていたし、両親の受け入れられないものをはき出していると考え、それを解釈した。その後もAは抵抗状態になり、治療の回数を減らしたいと述べたり、髪型を変えて急に女性らしくなったりした。さらに、30分~40分も遅刻を繰り返し、沈黙を長時間続けるセッションが数回続いた。

そのような沈黙や遅刻が続く抵抗状態の中でも、Aは次のような夢を見た。「先生がいて女の子がいる。一人は顔がぼんやりしていて、もう一人は青い目をしていた。吐いて白衣を汚した。かわいいと思って抱きしめると、私の首を絞めて殺そうとした」。Aは、要素連想は十分には行なえなかった。治療者は「この女の子は、Aの自分自身の矛盾した姿を表わしている。つまり、治療を受けている自分でまだはっきりしないが落ち着き始めている部分と、もう一つはAにとって異邦人的な自分の一部が、治療者の援助を吐いて汚して台無しにしてしまう面、配慮やケアを向けられると、治療者を攻撃して殺そうとするような、治療を受け入れようとしない部分がある」ことを解釈した。

その後も遅刻と沈黙が数セッション続いたが、唐突に映画『2001年宇宙の旅?』『野生動物?』について話した。これは未知の世界への果敢な探検旅行と、自らの出生前の神秘の世界への会期を暗示し、生命活動そのものである動物たちの率直な生命の躍動に関心を持ち始めていることを示していた。

Aは無断欠席などもしたが、次のセッションでは部屋を整理し、絵に額縁を付けたり、押入の中を飾り付ける話をして、象徴的にAが内的な世界を徐々に整理し生き生きしたものにしている面も窺わせた。更に治療にやってくる途中で見かけた釣り人のことを何度か話し、掛け軸の中の釣り人のことも話した。治療者は、それはじっくりと時間をかけてAの真の心の世界が明らかになるまで待ち続けている治療者のイメージであることを告げると、Aはいかにも当を得たように笑った。更に修学旅行のことなど話して、「自分がずいぶん意味のないばかげたことを話している」と大きな声で笑った。それは、Aが治療者や自分が話している意味を理解している部分と、反面それを否定したい気持ちが交錯している状態だった。そのような状況の中で、Aは「治療はまるで催眠術のようで、眠たくなってしまう」と述べた。

治療中の患者に笑いが起こることは時々見られるが、内的な世界に対してある新しい視点を取り入れ始めたときに、それまでの自己のあり方や関係性のあり方に対してある距離を置き、自己理解を持つことのできる視点が取れたことを表わすことが多いように思われる。他方では、眠気によってその理解を曖昧にしてしまう防衛的な面が活動していた。

（3）ワークスルー中期——象徴的な表現が豊富になり、治療の進展が見られた時期：4ヶ月間（1年4ヶ月目〜1年8ヶ月目）

治療は第1年4ヶ月頃からは、Aは象徴的な表現を込めた自由連想的な会話を更にするようになった。Aは、バスの中でおしゃべりをしていて、後ろからAが傘が落ちたと注意しても聞かない人の話をした。また小学校時代に差別問題やいじめの問題について、自由に意見を言うように促された体験を話した。Aは、「そのような境遇の人は生きていても意味がないし、勉強しても仕方がない」と述べたら、先生にたいそう怒られたことを話した。Aは「自分は自由に本当の意見を言っただけなのに、かわいそうといえば良かったのか」と言った。治療者は、「治療の中で自由に本当のことを話しても、何も聞いてくれなかったり、自分の意見について正しく理解せず、間違っていると叱られたりするのではないかと心配している」と解釈した。次のセッションでは、Aは「押入を掃除して、昔のぬいぐるみや人形を出している。しかし昔は私は人形遊びが好きではなかったし、気持ちが悪かった」と述べた。また「ぬいぐるみは大好きな祖母がくれたものだが、ほこりまみれで不潔だ」と述べた。ここには、Aの子供時代に充分女の子として遊ぶことができなかった世界を取り戻したいという気持ちと、当時それを楽しむことのできなかった自分や大事なぬいぐるみを安心してかわいがることのできないAの葛藤的な世界が示唆されていた。そして、ぬいぐるみの中に、両親から見て可愛くない不潔な自己の一部を見ていて、両親と自分とのゆがんだ対象関係を象徴的に表現したものであった。

またAは、「小鳥を3匹飼ったことがあるが、握りつぶしたことがあるし、羽を縛ったまま高く放り投げていて落ちて死んでしまった。とてもかわいそうだった」と述べた。これは彼女自身の中に，小鳥のように自由に羽ばたこうとする小さな健康なかわいい心が徐々に生じつつあるが，他のAの羨望に満ちたサディズムの部分がそれを抹殺してしまうのではないかという恐怖があることを表わしていた。

この頃にAは運転免許を取り，自分で運転して両親を驚かせている。そして音楽を楽しんでいることを告げた。またAの「高校時代に音楽の教科書を破って叱られ，そのような教師を激しく恨んで，死ねばいいと思っていた」ことを話した。治療者は，Aの健康な部分の芽生えとそれらを破壊してしまおうとする自己や対象の部分が葛藤的に活動するようになっていると理解していた。そして，「治療者の援助によって，Aがせっかく健康に成長し始めようとすると，Aの他の心がそれを攻撃して駄目にしてしまうのではと恐れているのではないか」と解釈した。

次のセッションでは，最近はAは楽しく遊んでいて，中学2年生の頃の元気な自分に戻ったような気がすると言い始めた。そして次のような「変な夢」を見た。「Aは母親といて，昔のアパートの近くにいる。学校の先生と高原のレストランにいて，木に隠れている。先生が殴られて救急車に乗った。第二の救急車には，姉と母親が乗って酸素マスクをしていた。第三の救急車には，男の子がいて血の涙を流していた。そこは未来の道路だった」。この夢についての要素連想では，Aはダイエットに気がついた塾の教師の連想をしただけだった。ここには，Aの元気になった側面とは裏腹に，自分を助けてくれる治療者や家族がみんな怪我や急病で命が危なくなっていること，それは自分の援助をしてくれる良い対象に対するAの羨望による攻撃性を表現している。傷ついた少年はAの生き生きした部分を表わしているが，そうすれば自分がひどく傷ついていることを明確に自覚することになる。そして苦しみで血の涙を流している未来像が見えると言うことを表わしているようであった。そして治療者はそれを解釈した。

Aは星の王子様のバオバブの木のことを語り，毎日抜いていないと星を破壊してしまうことを連想した。これはＡの破壊的な心を、治療者が毎日取り除いてくれなければ、心が破滅してしまうことや、逆に治療者の世界を破壊してしまうことを表現していた。Ａは、「治療者を部屋の中だけに閉じこめておきたい」と言い、「自分の不幸を治療者に移して一つ不幸になってもらわなければ気が済まない」と言ったが、これはＡの羨望に満ちた破壊的な対象関係を良く表現していた。

この後は、Ａは家族の暴力的な関係や兄が父親から暴力を受けていたこと、兄が不安定な情緒をさらして、母親との喧嘩が絶えないことを述べた。Ａは、「自分は父親には暴力を受けなかったが、家に閉じこめられた感じがしていた。ただ兄だけが家から逃走することができた」ことを話し、その兄が子供をつれて帰ってきたことを話した。そして再び父親の激しい攻撃や暴力のことを生々しく語るようになり、「父親が死ねばいいと思っていたこと。殺されるのではないかと恐怖におびえ、自分を守るために包丁を用意していた」ことなど回想し始めた。その後は、Ａは自分が嘘つきでいやな子供だったことなど自責的な傾向を示した。

このようにＡは、両親特に父親の激しい暴力などの破壊的行動を批判するような連想をすると、いつも決まって自責的になる傾向があった。これは、Ａが長い間歪曲や分裂排除によって防衛してきた自然な批判的、攻撃的な心を少しでも明確に自覚すると持つと、それが当然のことであっても自分を叱責してしまうような病理的超自我を持っていることを示しているサインである。それらは、Ａの強力な防衛組織として働いていた。

兄が子供をつれて来ると、父親がたいそう喜んでいるの見ると、Ａは強い嫉妬心を抱くようになった。そしてＡは再び沈黙が続くようになり、「話すことは現実とは違うことのようだ」とか、「言葉にすると事実ではないようだし現実感もない」と言い始めた。更に、Ａは「混乱して何が起きているのか分からなくなる。話しても何も変わらず意味がない」などいつもの抵抗状態を示した。治療者は、「やはりＡにとっては家族の破壊的な関係性を生々しく話していくことがいかに大変なことであるか、事実が現実ではないと思いながら生きて来ざるを得なかったこと」など解釈した。Ａは、それに応じて父親の暴力的な状況を非難を込めて語るようになったが、同時に混乱し続けた。

（4）第4期――《ワークスルー後期》6ヶ月間（1年8ヶ月目〜2年2ヶ月目）
：治療者に対する陰性転移が表面化した時期

治療者が予約の時間をカードに記入していなかったことをきっかけに，Aはいらいらし治療者を非難する文章を書いたり消したりしていることや，治療者の態度が取り調べのようで，いやなことまで話させられてしまうことなど，治療の批判を続けるようになった。

治療者が，「やはり治療者の所に来て，自分の体験したことを語り直視していくことが大変苦痛なことだと思うために，治療者を協力者とみなさずに，自分を苦しめたり犯人扱いしたりするような悪い人物と感じている」ことを解釈した。それに応じてAは，再び訳のわからない家族，暴力ばかりふるう父親，いつも理由もなく腹を立てていたAのことを反復して話し続けた。

Aは，次のセッションでは鞄を忘れてきたことに関して，昔ランドセルを忘れたことや，昔話のレコードが大好きだったことなどを連想した。そしてAは「昔の子供のままで未だ成長していない感じがする」と述べた。更に，「家には操り人形が置いてあるが，自分はその操り人形のようだ，人形遊びもずっと嫌いだった」ことを述べた。

この後は父親の非難や兄への嫉妬など，延々と述べては自責的になり，治療で話すことの現実感のなさなどを訴える状況が続いた。

ここでAは次のような夢を見た。「私は予約外に来て先生に何か頼んだ。そこには整形外科の先生が座っていて，わざと違う先生がでて，何かためしているのかと思った。どこかで監視しているのではないかと思った。整形の先生が踵の具合はいかがですかと聞いた。そこにテレビの画像があって，自分と先生が写っていて，私は怒ってポケットからガラスを出してテレビに投げつけて粉々にした。整形の先生が部屋から出るのを追いかけて、白衣をはぎ取りそれを悪用できないかと考えた」。要素連想では、Aは自分を子供の頃に治療してくれた整形外科の医師を連想した。またこの精神療法の治療室にはどこかにカメラがあるとずっと思ってきたことを述べた。また「先生（治療者）は、最初から要注意人物で前の治療者の背後に先生がついているようだった。何でも見透かされているようで、言っても無駄なよう。自分は籠の中のネズミのようで観察されているよう。動きが分かっているのではないか」と治療者に対する迫害的な陰性転移を述べた。この夢では、Aを治療によって助けてくれた整形の先生（治療者のこと）が、Aを隠しカメラで監視しているという、援助者の悪意や恐怖感などの治療者の相反する二つの側面を持っていることを表現している。同時にAは、「父親が犬を連れてくるがうるさくてかなわないし、さわるのもいやで、早く連れて帰ってほしい」と、父親への嫌悪感を話している。

この時期から、治療時間の変更をきっかけに様々な治療者に対するアンビバレンスや陰性転移が展開した。それは以下のようなものである。「先生がもし女性だったら編み物でもして、時間を有効に使えるのではないか」「最近先生が、お父さんのことを非難できるようになったと言ったが、治療を誘導して早く終えて逃げられるのではないか。自分はやりたいようにやるとわがままだから逃げられるのではないか」と述べた。更にAは、「小学校6年のときに、クラスメートが私にいじめられると先生に告げ口して、他の人も同意して、通信簿に道徳的に全くだめと言われた」「差別の話について、思うことを言ったらその意見が悪いとひどく言われた。それからは、人付き合いが嫌で、学校に行くのが嫌になった。私は、クラスで悪者にされてそのまま通した」など述べた。治療者は、これらの話を聞いていて、「治療の中で自由に話していくと、最後には治療者から批判されて悪いAと評価されて、追い出されてしまうのではないかと心配している」ことを解釈している。その後は、Aはまた家族の激しい抗争の話をし、父親とは一緒にいるつもりはないことを宣言している。

そしてその次のセッションに、Aは次のような夢を報告している。「フクロウが現れて、名前を付けたが忘れてしまった」。フクロウについては、Aは時計を連想し、父親の買ってくる妙な鳥のことを語った。名前については、Aは自分の名前を変えたいことや、父親がAの名前をいい加減に付けたことを連想した。またAは、フクロウには二つの名前を組み合わせて良い名前ができたが忘れてしまったと述べた。治療者は、「フクロウはA自身のことで、父親から与えられた名前を変えたいくらい父親を拒否していること。治療者のように時間ばかり厳しい存在に対する嫌悪感も表わしている」と解釈している。さらにAが、自発的な自分を探そうとしていることも表わしていた。しばらく沈黙が続き、Aは「秋はとても良い季節で気持ちがいい」と連想した。これはAが、治療者に理解されたときの体験を象徴的に表わしているものと考えられた。

次のセッションでは、綿菓子、七夕、クリスマスに幽霊の飾り付けをしたこと、小学生の時に何でも物をためていたこと、今はいらないものを捨て始めていることなどを連想した。これは治療場面で、Aのノスタルジアと破壊的な世界がよみがえり、心の中で必要な物と必要のないものを整理して廃棄している心的作業をしていることを表わしていた。その後Aは、家族、特に兄と子供のことを話し、「赤ん坊が死ねばいい」と述べ、次には「嘘つきの自分が何でも正直に話すとどうなるのだろう」と不安を示した。

また1ヶ月ほど前から高校の友人と毎日会っていることを述べた。しかしそれ以上近づきたくないし、怖いなーと思うとアンビバレントな気持ちも表明している。

その後はAは、「母親が連続性のない話をしたり、意味もない問いをしたり一緒にいたくなくなる。母親のようにシャボン玉石けんを風呂に使うといやだなー」と述べた。これは象徴的に、治療者の会話がほとんど意味がないものに聞こえることや、治療者が言ったことを聞き違えてしまうと困ったことになるのではないかと言う心配や、治療によって象徴的に心の垢を落とされることをいやがっていると言う心性を象徴的に表わしていた。また自分の好き嫌いをはっきりと自覚でき表明できるようになっていることも表わしていた。それからAはまた家族のことを話したが、それはピントのずれている家族の話だった。祖母の7回忌には、坊さんが来ても盆を忘れたり、お焼香の煙がもうもうと立ちこめて、皆があわてていたことを大笑いをしながら語った。また祖母が亡くなったことなど皆忘れているようだったと述べた。

次にはAは、また強い抵抗を示した。セッションの最初からAはすぐ帰りたいと言い、アウシュビッツに関する本を読んだときのおぞましい光景を語った。また学校で先生に教科書を投げつけたくなった話をし、意味もなく自分が機嫌が悪いと語った。その次のセッションも、Aはほとんど沈黙をつづけ、ぽつりと「腹が立つ」と言い、「母は延々と話し続けるし、家族のやっていることを見ると腹が立って仕方がない」と述べた。

次のセッションでは、Aは、勝手に部屋に入って何でも探す兄の話をし、「父がなぜか向こうの家族の鍵を自分に預けたりして、母に言うなと言ったり、何もかもごまかしと裏切りだった」ことを述べた。またAは、家族の喧嘩がおもしろいと、非常に情緒を倒錯的に歪曲した話をしている。そして、「自分の問題は軽いので、ほかの患者がこのような治療を受けるべきだし、治療者も自分のことは分かっていない感じだ」など、事実を回避するために歪曲に満ち、意味の反転が見られている。しばしばAは、このように重大な家族の問題を大したことではないと見なして、苦痛を回避する傾向が見られ、やや躁的な防衛を使うことが見られた。

治療者がそれを解釈すると、Aは次のセッションではまた家族の深刻な暴力的な関係を詳しく語った。そして「自分は子供時代から苦しんで全く楽しくなかった」と述べた。また「母親がガンノイローゼで苦しみ、母親が死んでしまうのではないかと思っていた」ことを回想した。そして父親には愛人がもう一人いたことを、高校生のときに初めて知ったことを語った。その頃は、Aは自分が登校をやめて家にいれば母親が具合が良くなるのではないかと思っていた。

正月休暇の前は、Aは「近所でガス爆発が起きた」話、「祭りの金魚が一匹は大きく育ち、もう一匹は死んでゴミ箱に捨ててしまった」話をした。治療者は、「それらは、近づく休暇に対してのAの怒りや、死、見捨てられ恐怖などに苦しんでいる自分の部分と、反面これまでに自分が巨大な金魚のようにアンバランスに治療の中で大きく成長している部分があることに関連している」と解釈している。Aは次のセッションでは40分遅刻し、「雷が楽しい。何となく楽しい」と倒錯的な傾向を示し、正月休みに関する自らの怒りの怖さを回避し、躁的防衛の状態となっている。

正月休暇の後は、Aは「正月の父親の自己中心的な態度に激しい怒りを覚えた」「父親に、母親と別に暴力をふるって自分にはふるわないのはなぜか、はっきりしてほしい」と訴えたことを報告した。そして、「父がいると食事ができない」などと述べている。そして次のセッションはキャンセルして、次の2セッションは完全に沈黙を続けた。治療者が、「父親のことについてもっと様々な怒りなどが明らかになり始めると、沈黙が多くなっている。父親や家族のことを話すことはますます苦痛になっている」と解釈した。Aは、「おしゃべりが嫌いだ、つまらないことを話したくなってしまう。よけいなことを言い過ぎてしまう。話しても何になるのか」など抵抗的な反応を示した。そして、「雪の日に治療にわざわざ来たりするとわざとらしいと感じたり、カウチに横になると、自分が死人のように感じる。家族のことは些細なことで言っても仕方がない。もし母親が死んだらどうなるのか」などと述べた。治療者は、「家族のことを話して問題を明らかにして自分が治ろうとすると、自分や母親が死んでしまうのではないかという強い恐怖を持っている。そのために、話すことが意味がないのではとか、本当は大変なことを重要ではないことを話していると考えるようにして回避している」と解釈している。それに応じてAは再び父親の暴力的な関係、それを話すときの複雑な気持ち、父親が好きなのではないか、父は悪くはないのではないかなど、倒錯的で意味を歪曲した発言を繰り返している。またまじめな話をするとおかしくなって笑いそうになるときや、家族のことを話していると、意味もないのに謝りたくなってしまうなど、病理的罪悪感を語っている。またその次には、Aは母親に激しい非難を浴びせたが、母親はそのようなときはAは父親そっくりだと言い返すという話をしている。そして、「今日は、いつもは護身用に持っているはさみを忘れてしまった。父親の悪口を言うと父親が怖いのに、セッションに来ると父親の非難をしてしまい、緊張してその前にだけ過食をしてしまう。治療に来るのがしんどい」など話した。

しかし次のセッションでは，また沈黙が始まり，救急車と風見鶏のことを断片的に話して，自分が風見鶏のようで嫌なことを話した。またAは，「父親などの批判をすると災いが起こってしまうという強い恐怖を抱いていて，救急車が必要なくらいにせっぱ詰まっている」と述べていた。またカンガルーの話をぽつんとしたため，治療者は治療の中でAがカンガルーの袋の中に入っているかのように守られている感覚を表わしていることを解釈している。その後は，「話しても変わらない，中途半端で何とも言えない，セッションに来ると時間がゆっくりとなって不思議だなー」など，治療抵抗と治療者への陽性転移を表わしていた。

次のセッションでは，「高校時代に自分はレクレーション係をした。お楽しみ会で，ギターを皆で引くのが楽しかった。屋上で引いていたら怒られたりして，帰りたくなって学校の裏山から帰った」と述べた。治療者が，「人と関わりすぎたり，治療でも楽しい気持ちを持つと，治療者が受け入れないのではないかと避けたくなる気持ちが出ること。裏山から逃げて行ったように，逃げ出したくなるのでは」と解釈すると，Aは「うるせーんだよ」とドスのきいた声で激しく怒り，治療者が恐怖におびえる事態が生じた。

次のセッションではAは何食わぬ顔でやって来て，子供時代のおひな様の話や弁当を作ってもらった話をした。そして，正月などは父親が怒らないように祈っていたが，父親はいつも怒っていたことを述べた。次のセッションでは，「父親が優しいふりをするが，決して許さない。母親は何もなかったように振る舞う。ごまかしの家族である。もし父親が自分をたたいたら，殺してやろうと思っている」と激しい感情を述べた。また「母親は，自分がいくら真剣になって怒りを出しても，何事もなかったかのようにしているので，頭痛がしてくる」と述べた。

次のセッションも，Aは，父親の問題もAのせいだと言ったり，事実を歪曲している母親に対する強い怒りを述べた。そして，「母親はそれでも父親が好きなのか，ごまかしの世界がある」など家族の批判を続けた。しかし次にはまた防衛的な時期がやってきた。Aはうつらうつらしていたが，自分が眠っているのか治療が眠っているのか分からないといった。Aは、これまでは排除していた家族に対する真の情緒的体験が、より身近に感じられるようになっているが、それに伴う迫害的な見捨てられ恐怖や病理的罪悪感が強くなると急に防衛的な状態に陥ることを繰り返していた。それは打ち寄せる波のように波状的に起こっていたが、反復を繰り返すたびに、以前の状態よりはもっと自己の両親に対する真の情緒的体験を明確に体験することができていた。この過程がワークスルーの典型的なプロセスである。またAのように両親と同居していて病理的関係が幼少時から現在まで延々と続いている患者の場合には、現在の病理的関係に更にAの内的な病理的対象関係が投影性同一視されて日常的に行動化、再演されて、現在の生々しい体験として展開していく特徴がある。治療において、そこで起きているAの真の激しい怒りや絶望感に満ちた情緒的体験に触れたり、投影性同一視、歪曲、否認などによる防衛的な行動を展開したりしていくプロセスを詳細に見ていくことがワークスルーの過程であり、患者の内的世界の変容にとってもっとも重要な治療的手続きになる。

(5) 第5期――《終結期》3ヶ月間(1年10ヶ月目~2年1ヶ月目)

Aは「父親が向こうの家庭から追い出されて、家に帰って来た。毎日一緒にいると、父親のいやな面が更にはっきりしてとても嫌だ」と感情を込めて語った。

この時期にAがアルバイトを始め、友人と電話でアルバイトの受付の練習を始めた。Aは何か人と話したくなり、外出して買い物の練習も始めた。そして近いうちに専門学校に入学するために、アルバイトをしたいと言い始めた。また母親が、Aがこの頃変わってきたと言い始めたと述べた。Aは昔の切手や人形などを取り出して整理し始めた。また友人と出かけるのが楽しい感じがし始めている。このように、父親や母親に対する分裂排除されてきた本来の怒りや攻撃に満ちた生きた情緒的体験世界を、Aは死の恐怖や病理的な罪悪感などによってなかなか直接体験することはできなかったものを、治療のワークスルーを通して徐々に紆余屈折しながらも体験できるようになると、それと並行してAの本来の健康な自発的な世界が成長し前面で作用できるようになっている。

次の週からはAは実際にアルバイトを始めた。Aは「そこに高校時代にAを助けてくれた先生が買い物に来たが、先生は自分には気がつかなかった」「父親と同居していて、両親が相変わらず喧嘩をし、父親のいやな面が更に見えて嫌でたまらない」と述べた。とくに父親が若い頃、母親と結婚する以前に、母親の家の売り物を盗ませていたことを自慢する父親に嫌悪感を示した。

その翌日には、Aは口と手のしびれや硬直感が生じ、父親が救急車でAを病院に連れて行った。やはりAにとっては、父親を批判すると強い恐怖が現れ、繰り返して病理的な超自我が作動してしまうのだった。Aは、「父親がいると緊張して嫌で仕方がない。父親には口が動かなくても文句を言った」と苦笑していた。Aは、予定どおり専門学校に通い始め、6年ぶりに社会に参加するようになった。

Aは、「両親の関係が少しずつ崩れ始めている。いい方に行くのかどうか分からない。父親が毎日いるので嫌でたまらない。ここにいるといろいろと話してしまい、後で困ってしまう。先生のストーリーにはまりたくない」など述べた。そしてまた沈黙が始まった。そして「父親は、また向こうの家庭に帰って行ってしまい、自分の家には週に3、4回来ている」と苦々しく述べていた。

Aは、専門学校が始まって友人がいなくて寂しいと言っていた。そして「家族はお互いが皆勘違いをしているように見える。父親がいるとごちゃごちゃになってしまう。自分は元々おしゃべりだが、両親の前では聞き役。治療ではよく話しているが、通じていても、自分は別の場所にいるように感じる」と述べた。

このようにAは動揺しながらも徐々に真の自己の苦痛な体験を保持できるようになっており、数日後には、Aは専門学校の合宿に出かけている。そして友人ができたこと、昼食を一緒にしていることなどを告げた。そして週一回に治療回数を減らしてみたい、と述べた。Aは、「グループでいるのはまだ苦手であるが、仲の良い人と話している。最近は6年ぶりに一人で外出を楽しむようになった」と述べた。

治療者はAと話し合った上、その次のセッションから週一回の治療に変更した。Aは、「もう一人友人ができてよく喋って、毎日が楽しいと言うようになった。両親とは話さなくなっている。話が驚くほど合う友人ができて趣味も合うので、ここで話すことは嘘ではないが、半分眠っているようで、本当の自分ではないようだ」と述べた。治療者は「自分がそのように急に元気になったことも、両親のいやな面を見ざるを得ない自分も、両方本来の自分ではないと思いたくなってしまう」と解釈した。次のセッションも、Aは学校で疲れることや、何とかやれそうなことを話すが、治療中ずっと寝ているような感じだとも述べた。このようにAは、防衛的な世界と真の自己の世界を動揺しながら徘徊しているような状態を見せたが、これは治療の終結が近づくときに本来の症状や内的対象関係のあり方が出現する現象であり、治療者と治療との分離不安に寄るものと考えられ一時的なものである。

次の週には、Aは症状も軽くなっていて、治療に来なくてもやっていけそうだと述べるようになった。学校でも窮屈でなく、人とも自由に話せるので、Aは1ヶ月ほど治療なしでやってみて、それで経過がよかったら治療を終了したいと述べた。

Aは1ヶ月後受診し、経過は良く過食も夕方少し多いだけになった。それで、治療者とAが話し合って、もう3ヶ月ほど治療なしでやってみて、それで良ければそのまま終了する方針となった。3ヶ月後にAは治療者のもとにやってきて、その後も経過良好で、治療を終了することになった。

3　考察とまとめ

（1）症例Aの治療経過の特徴

Aの治療経過は、他のパーソナリティ障害の治療経過ととくに異なるものでもない。つまり、摂食障害の特徴的な葛藤や防衛機制のあり方は、他の症状を持つパーソナリティ障害との違いはあまりないようである。Aの破壊的両親カップルに対する、自己の攻撃と非難と絶望の世界、死の不安、見捨てられ恐怖、病的罪悪感などに関する内的対象関係の世界が未解決のまま活動している。Aは、そのような両親カップルとの破壊的関係に関する種々の圧倒的で苦痛な情緒的体験を否認したり、たいしたことではないと過小評価したり歪曲したりして対処してきたし、逆にそのような破壊的父親に自分が愛されていると倒錯的な世界を構築することによって生き抜いてきた人である。そのようにしてできあがった防衛的な病理的組織化の世界はAの内的世界を支配し、苦痛な恐怖に満ちた世界、そのような両親に対する真の怒りや攻撃などのAの自然で自発的な世界は分裂排除されて、生活の体験を自己のために活かすことはできない状態であった。そしてその葛藤の絶望的状況を対処できないサインが摂食障害など症状である。治療においては、徐々に真の苦痛な体験世界が明らかになるにつれて、それらに直面する苦痛や恐怖、罪悪感などが作動して防衛的な活動を行なうことが反復している。

治療経過上、Aは家族と同居している状況のために、Aの病理的対象関係が常に現在の家族にいわば再投影された状況で、反復強迫的に行動化（再演 enact）される。そこでは破壊的攻撃的な両親カップルに対して、生々しい情緒的体験を繰り返すことになる。Aは、それらを直視せざるを得ない体験を持つことが徐々に多くなるのであるが、他方では強い病理的な罪悪感や見捨てられ恐怖、死の恐怖などが生じ、様々な防衛機制を駆使してそれらの意味を回避しようとする。治療過程の中では、Aがそれらを明確に実感して語る体験を持ったり、そのことに強い不安や罪悪感を抱いて、懸命に分裂排除したり歪曲したりして防衛しようとした。それは波状的に何度も繰り返されたが、治療者がそれらの活動している防衛解釈をすることが重要なワークスルー（work through）の過程であり、Aには内的葛藤状況を明らかに認識していく治療プロセスの重要な要素であることが理解できる。実際の治療過程では、Aは幾度となく直視と防衛の間を振り子運動のような変遷を繰り返しながら、徐々に真の自己の体験世界に基づく成長をし始め、真の体験自己を形成することができたのである。

Ａが家族の問題を直接語らないときは、Ａは夢や象徴的な行為、行動化によって、防衛的な面、内的な心の成長のあり方、病理的組織化のあり方、真の自己のあり方などを示している。これらは間接的にＡの内的な不安の回避状態などをよく示しているが、直接家族との葛藤的な問題を展開することに対する妥協的な防衛的行為でもあろう。しかし、それでもＡの内的なあり方の異なる部分の相互作用を非常に良く表現していて、治療者がそれらの無意識的な意味を丁寧に解釈していくことが、重要な治療作業になっている。

以上のようなＡの特徴は、他の症状を持つ種々のパーソナリティ障害の治療過程の特徴と比較して、基本的には多くの差異は認められないのである。また治療過程に於いては、抵抗解釈、転移解釈、防衛解釈、発達的解釈、内的不安の解釈を根気よく解釈していくことから成り立っており、それはすべての神経症やパーソナリティ障害において共通している技法である。

(2) 症状選択としての摂食障害

最初に述べたように摂食障害の症状は、１９８０年代から急激に増加している。そして、それまでよく見られていた転換症状や自我漏洩症候群などは減少している。

症状形成には、時代の雰囲気や社会的状況が関与していると考えられる。精神分析的精神療法においては、症状そのものの意味や病理の問題を追及しても治療的意義はあまりなく、やはり転移と抵抗の問題を見極めて行くことが重要になる。Ａの治療過程に於いても、症状の意味を追求していくことはほとんど行なわれていない。症状の消退は、抵抗や転移解釈を中心にした治療過程の中で間接的に進行していくものである。

摂食障害の病理の研究としては、女性に圧倒的に多いことから、女性同一性の自己像回避、侵入的対象の問題などが論じられている（ブルッフ）。また食物の摂取に関する特異な症状であることから、早期の授乳に関わる母子関係の障害が多く論じられている。しかし、症状形成の問題に社会文化的な要素が大きく関与していることを考えると、症状を中心にした病理の理解は部分的な側面しか見ていないものであろう。摂食障害においても、やはり内的対象関係のあり方や転移関係の理解を中心にした病理の理解が必要であろう。

神経症の症状形成に関しては、精神分析の創生期にすでにフロイトが述べているように、患者は時代や社会の不安状況をカリカチュア的に取り入れて症状形成の糧にしていく面がある。症状そのものは患者の固有の内的葛藤状況だけでなく、時代の社会的状況や歴史的状況を前衛的に表現している側面がある。

摂食障害の症状形成については、次のように考えられる。一方では患者固有の個人的な両親との葛藤的な関係が存在していて、それは各患者に固有のものではあるが、体験形式としてはすべての神経症患者に共通するものである。他方では物質文明の氾濫した現代に於いて、食欲など固有の個人的な満足の世界などでさえも、大量生産による欲求の過剰な刺激と満足が可能になり、個人が埋没し個別的な固有の関係性などを希薄にしてしまう現代文明の特有の不安状況がある。大量生産時代において個人に固有の口唇的欲求や貪欲さをも匿名的に満たしてしまう現代社会において、摂食障害の患者は、そのような個人が埋没し固有の個人的対人関係が希薄になってしまう現代人の不安を鋭敏にキャッチして取り入れている。そして、それを自己の存在の危うさの表現として象徴的にカリカチュア的に採用するのである。

Aは摂食障害という症状形成をすることによって、自己のあり方の不安、社会の不安をも表現している。それは自己の葛藤状況の深刻さと社会の全体的な不安の両面を表現しているものであり、前衛的な表現者である。

(3) 摂食障害の背景の病理――心因原性パーソナリティ障害と重ね着症候群

摂食障害はあくまで症状であり、その背後の神経症的パーソナリティ、境界性パーソナリティ、スキゾイド・パーソナリティ、自己愛パーソナリティなどを診断することが重要な点である。これらの群は、精神分析的精神療法の適用群である。そして治療的には背後の対象関係の問題が治療場面で展開するのである。

更に摂食障害の症の背景には精神病的パーソナリティ、統合失調症なども見られる。もっとも注目すべきは「重ね着症候群」を背景に持つ摂食障害である。後者は、背景に軽度の高機能型広汎性発達障害の問題が潜んでいる。そのような疾患群は、いわゆるサイコロジカル・マインドが十分でない患者群で、自己理解を目指す精神分析的精神療法の治療に対しては、困難な障壁を呈する。多くの対処困難例や精神分析的精神療法に反応しないタイプの摂食障害には、「重ね着症候群」の患者群が存在している可能性がある。そのような場合には身体管理だけでなく、過剰な衝動を緩和する向精神薬投与、背景の発達障害における障害された認知機能の確定、障害された情動のあり方などを明確にする必要がある。そして療育的なアプローチが治療に有効なことが多い。

参考文献

（1）Birksted-Breen, D. (1989) Working With an Anorexic Patient. *International Journal of Psychoanalysis*, 70 : 29-40.
（2）Birksted-Breen, D. (1996) Phallus, Penis and Mental Space. *International Journal of Psychoanalysis*, 77 : 649-657.
（3）Bruch, H. (1974). *Eating Disorders: Obesity, Anorexia Nervosa, and the Person Within*. Routledge.〔岡部祥平・溝口純二訳(1979)『思春期やせ症の謎――ゴールデンゲージ』星和書店〕
（4）衣笠隆幸（2001）「〈ひきこもり〉の症状形成と時代精神――戦後50年の神経症症状の変遷の中で」『こころの臨床 a·la·carte』20巻、２１１-２１５頁
（5）衣笠隆幸（2004）「境界性パーソナリティ障害と発達障害――重ね着症候群について」『精神科治療学』19巻、６９３-６９９頁
（6）Lawrence, M. (2001) Loving Them to Death: The anorexic and her objects. *International Journal of Psychoanalysis*, 82 : 43-55.
（7）Lawrence, M. (2002) Body, Mother, Mind: Anorexia, Femininity and the Intrusive Object. *International Journal of Psychoanalysis*, 83 : 837-850.
（8）松木邦裕（1997）『摂食障害の治療技法――対象関係論からのアプローチ』金剛出版
（9）世木田久美・池田正国・衣笠隆幸他（2005）「当センターを受診した種々の精神症状を呈する思春期以降の高機能型発達障害について――〈重ね着症候群〉」『精神分析的精神医学』創刊号、86-93頁
（10）下坂幸三（1988）『アノレクシア・ネルヴォーザ論考』金剛出版
（11）Williams, G. (1997a) *Internal Landscapes and Foreign Bodies*. Karnac Books.

(12) Williams, G. (1997b) Reflections on Some Dynamics of Eating Disorders: No-Entry Defenses and Foreign Bodies. *International Journal of Psychoanalysis*, 78 : 927-941.

〔『精神分析的精神医学』2号、2007年〕

38章　パーソナリティ障害および病理的パーソナリティの診断、病理の理解と治療

1　はじめに

パーソナリティ障害（personality disorder）の診断名は、ＤＳＭによるものであるが、その概念形成の経過においては、とくに米国のカーンバーグ（Kernberg, O.）による境界例研究（1975）が背景にある。また英国における対象関係論的な病理的パーソナリティの研究（１９５０年代以降～現代）が存在している。それらは全て精神分析の分野における臨床病理的研究である。

ＤＳＭにおいては、心因性などの病因論を含む神経症の概念を放棄し、かわりにパーソナリティ障害の診断概念を採用するに至ったが、その経過上、種々の病理学の論争における意見の違いを排除して、普遍的に認められる現在の症状、行動障害のみを診断の指標とした。そうすることによって、地球規模における共通した診断基準の確立を目標としているものである。確かに、このような現症に関するチェック項目だけによる診断を行なえば、標準化は比較的容易であって、本来の統計的研究のための世界共通の診断基準としての役割はある程度は満たすことができる。

ＤＳＭのパーソナリティ障害の概念は、伝統的な神経症の中でも重症神経症や性格神経症といわれてきた患者群や、精神分析の世界では境界例、病理的パーソナリティなどの概念の下で研究されてきた患者群に関連している。そのような事情のために、ここでは一般論に関するときは、病理的パーソナリティという用語を用い、パー

ソナリティ障害はＤＳＭの診断の用語として使い分けている。

ＤＳＭのパーソナリティ障害の診断基準はスクリーニングとしては、便利なものであるが、実際の臨床場面における病理的パーソナリティを持った患者群の診断の見立てと治療方針の確定のためには、パーソナリティ障害の診断基準である現在の症状と問題行動のチェックだけでは非常に不十分である。実際には、以下のような総合的な心の発達診断を行なう必要がある。

2　病理的パーソナリティの力動的発達診断

一般精神医学的診断においてパーソナリティ障害の診断基準にも該当し、病理的パーソナリティが疑われた場合には、確定診断と治療方針、とくに精神分析的精神療法の対象となるか否かをできるだけ明らかにする必要がある（力動的発達診断）。同じような現症と問題行動を持っていて、ＤＳＭの診断上では例えば境界性パーソナリティ障害の診断がつけられても、心因性のものだけでなく、軽度の広範性発達障害を背景に持つ「重ね着症候群」など、遺伝的素質的要因の強い疾患や障害が含まれてしまう可能性がある。[6] 前者の場合には、一般に精神分析的精神療法が第一選択になり、薬物療法や一時的な入院治療などを補助的に行なう。後者の「重ね着症候群」の場合には、薬物療法による衝動コントロール、過敏性や迫害的認知機能の修復などに重点が置かれ、一般的な支持的、助言的な簡易精神療法が適用される。

(1)　力動的発達診断のプロセス

一般に45～50分の診断面接を4回行なう。更に、「重ね着症候群」の鑑別診断もかねてＷＡＩＳ-Ⅲ、ロールシャッハテストなどを行なうので、合計で6～7時間の時間が必要である。このように時間をかけるのは、診断を綿密にして、適切な治療方針を立てるためである。

力動的発達診断のプロセスでは、患者にはできるだけ自由に自分のことを語ってもらうようにするが、以下の点については、必要であれば質問をすることによって情報を得るようにする。①発症経過と受診の経過の詳細。②患者が、どのような生活を送ってきたか。それをどのように記述することができるか。これについては、患者の乳幼児期、児童期、思春期青年期、成人期などについて、家族との関係、学校や職場などの社会的な場における対人関係の特徴について述べてもらう。とくに思春期青年期における、仲間体験、親友、初恋の体験、精神性発達における葛藤、身体像に関する葛藤、家族との葛藤、学業状況などについて詳しく語ってもらう。③家族について：現在の家族関係：両親や兄弟との関係。家族の性格や特徴。幼少時期からのとくに養育者との体験。家族構成、両親の家族。両親の生い立ち、祖父母の生い立ち。家族の歴史の中での別離、虐待、剥奪体験などの存在。④最近見た夢、繰り返し見る夢、よく覚えている幼少時の夢など。⑤最早期の記憶、楽しい記憶、つらい記憶など。⑥現在の信頼できる人物について。

4回の診断面接において以上の事柄などについて十分情報を得ることによって、診断のフォーミュレーションを行なう。そのときには次のことに留意する。①発症の契機や受診動機：これは本人の葛藤の中核的なものを刺激するような体験に関連しており、それまで本人が使用していた防衛が破綻したことを意味している。②葛藤：患者の幼少時からの中核的な苦痛や苦悩つまり葛藤はどのようなものか。同じことであるが、養育者との関係性はどのような葛藤的なものか。③防衛：そのような葛藤的体験に対して、本人はどのような心的対処法（防衛）を採用してきたか。④パーソナリティ形成：そのような生活史の中で、患者はどのようなパーソナリティを形成してきたか。それがどのように組織的な防衛として働くようになっているか。⑤自己破壊性：自己破壊的なサドマゾ的な病理的世界がどの程度形成されているか。自傷行為、自殺企図など、病理的行動化の可能性を示すものの程度。⑥精神分析的精神療法の適用となるか否か。適用と考えられる場合には、一、精神分析的精神療法の治療者の選択、週何回のものを採用するか、グループ療法などを併用するか、二、管理医の必要性、投薬の併用、三、家族との調整など他の職員の援助の必要性、四、自傷行為、過量服薬、自殺企図などの危険性、救急や入院が必要な場合の対処、などを決定したり予防的に準備したりしておく。⑦治療開始の後、どのような転移関係や行動化の可能性があるか。

以上のことを、4回の診断面接の中でまとめておく。更に、母親への質問紙によって、患者の0歳から幼稚園時代頃までの詳細な発達に関する情報を得るようにし、心理テストを参考に、「重ね着症候群」などを鑑別診断しておく。後者の場合には、パーソナリティ障害のクライテリアに該当しても、ほとんどの患者は、精神分析的精神療法の対象とはならず、より療育的で現実的な指導や支持的なアプローチと薬物投与を主とした治療法になる。

3　病理的パーソナリティの精神分析的病理学

精神分析的精神療法の対象とみなされた病理的パーソナリティの患者に、実際に治療を提供する場合には、そのような患者の心の構造など基本的病理学を理解しておく必要がある。それなしには、治療法の選択の可否や治療経過上の問題行動などの予測や対処法などの指標を得ることが非常に困難になる。精神分析的精神療法の特徴は、一定の治療構造の下で導入し、患者の抵抗と転移の解釈による対処が中心的な技法になる。そして、患者の自由連想法的な表現の中に、それらの転移や抵抗などの現象を探し出して同定していくことが必要である。そのためには、これまでに研究されてきた、先人の臨床研究を学ぶ必要がある。紙数の関係で、その研究の歴史の概略を紹介してみたい。

（１）クライン──躁うつ病と統合失調症の精神分析的研究

英国のクライン（Klein, M.）は、躁うつ病（１９３５～４５）や統合失調症（１９４６～５０年代）の研究を行なった[7-9]。そして、それぞれの病理的対象関係の世界を抑うつポジション（６ヶ月児心性：全体的対象関係、分裂、投影性同一視、取り入れ性同一化、躁的防衛などの原始的防衛機制、見捨てられ不安、配慮、罪悪感、償などの情緒が特徴）、妄想分裂ポジション（３ヶ月児心性：部分対象関係、分裂、投影性同一視、否認、万能など原始的防衛機制、絶滅の不安、迫害的不安など）の概念で説明した。このようなクラインによる精神病などの研究が、現在の病理的パーソナリティや境界例研究の基礎になっており、ひいてはＤＳＭのパーソナリティ障害の概念形成に大きな影響を与えている。

（２）クライン以後

英国のフェアバーン（Fairbarn, D.）は、１９４０年にスキゾイド・パーソナリティの研究を世界に先駆けて行ない、クラインとも相互影響を持ち続けた研究者である。ビオン（Bion, W.）とローゼンフェルド（Rosenfeld, H.）は、クラインの研究を更に発展させた。ビオンは、精神病的パーソナリティの研究を行ない、つねに無意識の中には、非精神病的パーソナリティが並存しているという、いわゆるダブルパーソナリティ論を展開した（1957）[2][4]。この考え方は、英国における病理的パーソナリティ研究の基本的考えになっている。ローゼンフェルドは、非精神病的な病理的パーソナリティの問題を持つ患者群の臨床的研究も行なった（1964, 1971）[10][11]。例えば、性倒錯、薬物依存、アルコール依存、情緒不安定性障害、強度の心気症、反社会性パーソナリティなどの患者群である。彼はそのような患者群は、しばしば治療の経過上治療が破壊されてしまうような強い陰性治療反応（自傷行為、自殺企図、反社会的行為、症状の極端な悪化、治療者への激しい攻撃や価値下げによる治療中断など）を示す患者群である。

ローゼンフェルドは、そのような患者群の中には、健康な自己を暴力的に支配する病的自己の部分が存在していて、破壊や攻撃的な自己を理想化している面が見られることを明らかにした（破壊的自己愛組織〈destructive narcissistic organization〉）。そして、変化に対して頑なに抵抗し、治療で得られた良い体験を生かそうとする健康な自己の部分を、激しく攻撃し拒否するような破壊的攻撃的な組織が存在していることを明らかにした。この考え方は、病理的パーソナリティおよび境界例研究の原点であり、イギリスにおけるいわゆる境界例研究は、ローゼンフェルドに始まっている。

（3）カーンバーグによる境界例研究

境界例の概念を世界的に知らしめたのは、米国のカーンバーグである（1975）[3]。ＤＳＭのパーソナリティ障害の概念は、彼の境界例研究の中で論じている各種性格障害などの現症面だけを取り上げて、パーソナリティ障害の診断基準を形成したものである。カーンバーグは、一過性の精神病状態を呈する患者、つまり神経症と統合失調症の境界にある患者群の境界線上にある患者群（境界例）についての研究を行なった。カーンバーグの研究の特徴は、境界例には多彩な病理的パーソナリティを呈する患者群が含まれていて、それらに共通の境界例の特徴を示すものとしての内的病理的組織を明らかにしようとしたことである。彼はそれを境界性パーソナリティ構造（borderline personality organization）と呼び、境界例の病理の核心と考えた。それを基にして、彼の境界例の特徴は、以下のようにまとめられている。

a　臨床症状の特徴

①慢性的な広汎の不安、②複数の多彩な神経症症状、③性倒錯、④古典的な前精神病的人格（分裂気質、循環気質など）、⑤衝動神経症、行動化しやすいパーソナリティ障害、⑥薬物依存、アルコール依存、⑦低水準の性格障害（ヒステリー性性格障害、幼児的性格障害、自己愛性性格障害、アズ-イフ性格障害、反社会的性格障害など）。

b　内的特徴（境界性人格構造）

①自我の脆弱性（不安に対する耐性の欠如、衝動のコントロールの欠如、昇華能力の欠如など）、②一次的思考過程への移行、③過剰な欲求不満と激しい攻撃性、不満に対する耐性の欠如、④原始的防衛機制（分裂、投影性同一視、否認、万能など）、⑤内的対象関係の病理（病的罪悪感、配慮の欠如、喪の作業の欠如、激しい見捨てられ不安など）。

c　早期発達論的説明

カーンバーグは、クラインの早期発達論を基礎にして、原始的不安と対象関係、防衛機制の展開する病理的構造が境界例の病理の核心であると見なした。またマーラー（Mahler, M.）の再接近期の不安に注目している。

(4) シュタイナーの「病理的組織化」（1979年～現在）

英国の現代クライン派の代表的な研究者であるシュタイナー（Steiner, J.）は、精神病的パーソナリティや境界性パーソナリティなど重症な病理的パーソナリティの研究を通して、包括的な力動的パーソナリティ構造論を展開している英国の代表的な病理的パーソナリティ研究者である。[5][13] シュタイナーは、クライン、ビオン、ローゼンフェルドなどの精神病や重症な病理的パーソナリティの研究を統合して、包括的な病理的パーソナリティ論を構築している。そしてそのような病理的パーソナリティの無意識の中に、病理の核として「病理的組織化」が存在していると考えている。それは以下のような特徴を持っている。

(1)　この病理的組織化は、強力な病理的防衛組織である。それは健康な妄想ポジションと抑うつポジションの発達過程に対して防衛的に作用する。それは第三のポジションであり、迫害的不安や抑うつ的不安、部分対象関係、分裂、投影性同一視、などの原始的防衛機制から成り立っている。この病理的組織化が肥大して自己を支配するようになると、臨床的には病理的パーソナリティの像を呈するようになる。

(2)　その病理的組織化の形成過程は、発達早期の母子関係の時期にさかのぼることができる。つまり、欲求不満をもたらす対象に対して、乳幼児は激しい攻撃をし、報復の恐怖におびえる。そして、そのような攻撃的部分を対象に投影性同一視して、次には取り入れ性同一化によって自己に取り入れていく。このようなプロセスを反復する中で、欲求不満と攻撃性に満ちた病理的な自己の部分が形成されていく。

(3) ポジションの細分化：シュタイナーはクラインのポジションの発達段階を更に細分化して、早期妄想分裂ポジション、後期妄想分裂ポジション、早期抑うつポジション、後期抑うつポジションの四つの段階に区分している。そしてそれぞれの段階における対象との葛藤的な関係が過剰になったとき、各段階に応じた病理的組織化が形成される。その結果として、統合失調症、躁うつ病、パラノイア、スキゾイド・パーソナリティ、境界性パーソナリティ、自己愛性パーソナリティ、依存、性倒錯、強迫神経症、恐怖症、ヒステリーなど様々な臨床状態を呈する病理的パーソナリティが形成される。

(4) このようにして形成された病理的組織化は、本来が病理的な対象関係、過剰な不安、原始的防衛機制からなっていて、変化に対して頑なに抵抗する。そこには、対象関係の倒錯や嗜癖の傾向が見られる。そして内的破壊的自己を理想化する傾向が見られ、健康な自己の部分が変化し成長しようとすると、激しく攻撃して自己が変化することに強い抵抗を示す。それは臨床的には陰性治療反応として現れ、急激な自己破壊行為（自傷行為、自殺企図、反社会的行為、治療への攻撃、価値下げ、極端な症状の悪化などによる治療の中断、など）として観察される。

4　病理的パーソナリティの精神分析的精神療法

心因原性の病理的パーソナリティの患者群に対しては精神分析的精神療法が根治療法として第一選択になる。アセスメントが終了して、精神分析的精神療法が適用されることが決定した患者には、以下のような治療手順を採用する。

（1）治療構造　時間と空間：落ち着いた部屋を変更せず使用。時間は一回45～50分、病態に応じて週1～4回行なう。治療期間は期限設定をしない。多くの患者の治療は数年必要である。週1～2回の時は、対面法を採用することが多い。週3回以上の時には、横臥法を採用することが多い。

（2）自由連想：患者にはその場で心に浮かんだことを自由に話してもらう。

（3）治療者の基本的態度：中立性と自由に漂うような注意、傾聴と共感。

（4）無意識的幻想などの理解：自由連想や行動化によって表現されたものを通して、無意識的幻想の活動状況を理解する。そのときには、治療者の逆転移に関する非言語的原義的コミュニケーションにも注目する。その中でもとくに、治療者への転移、内的な不安の特徴、原始的防衛機制などの活動に注目していく。

（5）解釈：解釈には、抵抗解釈、防衛解釈、発生的解釈、転移解釈、内的不安の解釈などがある。とくに転移解釈が重要であるが、その他の解釈も重要であり、全体のバランスに注意する。

5　おわりに

病理的パーソナリティおよびパーソナリティ障害の力動的発達診断、基本的な精神分析的病理学の歴史と、主な研究者の業績を紹介した。DSMの診断基準は、現症だけを診断基準にしているために、世界規模で共通した診断を行なうことを可能にしたが、他方で、患者個人の生活史的発達的視点、発達的家族内力動の視点など、治療実践上重要な側面を置き去りにしてしまい、臨床上重大な問題を呈することを明示した。そして、精神分析的精神療法を行なう場合のごく基本的な視点を紹介した。また、鑑別診断上、重ね着症候群は重要な障害群であり、薬物療法と支持的、療育的アプローチが必要であることを紹介した。

文献

(1) Anderson,R. (1992) *Clinical Lectures on Klein and Bion*. Routledge. 〔小此木啓吾監訳（1996）『クラインとビオンの臨床講義』岩崎学術出版社〕

(2) Bion, W.R. (1957/1967) Differentiation of the Psychotic from the Non-Psychotic Personalities. *International Journal of Psychoanalysis*, 38 (3-4): 266-275, reprinted In *Second Thoughts*. Heinemann.

(3) Kernberg, O. (1975) *Borderline Conditions and Pathological Narcissism*. Jason Aronson.

(4) 衣笠隆幸（1991）「Bion の精神分裂病の病理学――主として１９５０年代から６０年代前期の研究について」『精神分析研究』35巻3号、２２４-２３５頁

(5) 衣笠隆幸（1995）「現代クライニアンの動向」『精神分析の現在（現代のエスプリ別冊）』

(6) 衣笠隆幸・池田正国・世木田久美他（2007）「重ね着症候群とスキソイドパーソナリティ障害――重ね着症候群の概念と診断について」『精神神経学雑誌』１０９巻、36-44頁

(7) Klein, M. (1935/1975) A Contribution to the Psychogenesis of Manic-Depressive States. In *The Writings of Melanie Klein*, Vol. 1. Hogarth Press. 〔安岡誉訳（1983）「躁うつ状態の心因論に関する寄与」『メラニー・クライン著作集３』誠信書房〕

(8) Klein, M. (1940/1975) Mourning and Its Relation to Manic-Depressive States. In *The Writings of Melanie Klein*, Vol. 1, pp. 344-369. Hogarth Press. 〔森山研介訳（1983）「喪とその躁うつ状態との関係」『メラニー・クライン著作集３』誠信書房〕

(9) Klein, M. (1946/1975) Notes on Some Schizoid Mechanisms. In *The Writings of Melanie Klein*, Vol. 3, pp. 1-24. Hogarth Press. 〔狩野力八郎・渡辺明子・相田信男訳（1985）「分裂的機制についての覚書」『メラニー・クライン著作集４』誠信書房〕

(10) Rosenfeld, H. (1964/1965) On the Psychopathology of Narcissism: A Clinical Approach. In *Psychotic States*. Hogarth Press.

(11) Rosenfeld, H. (1971) A Clinical Approach to the Psychoanalytic Theory of the Life and Death Instincts: An Investigation into the Aggressive Aspects of Narcissism. *International Journal of Psychoanalysis*, 52: 169-178.

(12) Segal, H. (1964) *Introduction to the Work of Melanie Klein*. Hogarth Press. 〔岩崎徹也訳（1977）『メラニー・クライン入門』岩崎学術出版社〕

(13) Steiner, J. (1993) *Psychic Retreats*. Routledge. 〔衣笠隆幸監訳（1996）『こころの退避』岩崎学術出版社〕

〔『精神神経学雑誌』１０９巻12号、２００７年〕

第V部　フロイト

39章　対象関係から見た鼠男の治療要因

1　はじめに

フロイトの症例の中で、鼠男の症例は、いくつかの点で特別のものである。

まずこの症例は、フロイトがその最初の4ヶ月間の治療記録を残している唯一の症例である。これはフロイトの死後発見され、ストレチーによって1954年に、英訳出版された。フロイトは患者の記録を破棄する習慣があったために、この症例は彼の日常臨床の実態を知るための貴重な資料になっている。そして彼の鼠男の発表論文と臨床記録を参照することによって、彼の理論的思考と臨床的技法の事実が他の症例に比較して研究しやすい症例である。

彼は、この症例におそらくもっとも力を注いだと考えられる。つまり彼の患者との「同一化」が強くうかがわれる。例えば患者の恋人をかつての自分の恋人の名前ギゼラ・フルス（Gisela Fluss）と重ねて記録してしまい、その場所にフロイト自身が感嘆符を付けているところなどに現れている。

他方では、フロイトがあれほど熱意と関心を示したにもかかわらず、治療は11ヶ月（マホニー〈Mahony, P. J.〉によると9ヶ月半）しか続かなかった。しかし患者は強迫症状から解放され、仕事をこなし、2年後には念願の恋人と結婚をしているが、後に第一次大戦の中で死亡している。

ところでフロイトの症例を考察する場合には、特殊な問題が常につきまとう。つまり精神分析の創始者の症例研究に対して批評を行なうとき、私たちに特別の躊躇がある。またフロイト自身による技法や理論の発展的修正を考慮に入れておかないと、その症例の意味の把握が困難になる。更にフロイトの症例については、多くの研究者が様々な論点や批判点を提出しているが、その論点に匹敵するほどの視点を提供することの困難さがある。そしてこれから述べることは、どこかでだれかが指摘していることではないかという危惧が生じ、批評者をかなり防衛的にしてしまうことなどである。

2 症例の特徴

この症例の臨床的考察に関しては多くの優れた研究があるが、大きな特徴として次のようなものが挙げられている。これは、この症例の考察を行なう場合には、基本的な背景となるものである。

(1) フロイトによる強迫神経症の研究の中心となった。
(2) 父親の死亡に関する対象喪失の病理に焦点が当てられている。
(3) 臨床記録においては、母親や恋人などの女性との関係が父親と同じくらいに言及されているにもかかわらず、発表論文の中ではフロイトはほとんどそれを取り上げていない。
(4) 夢の取り扱い方が、ドラ症例とは異なり、解釈を積極的には行なっていない。
(5) 症状が、複雑な強迫行為や観念からなっている。そしてしばしば治療上で性愛化され、フロイトがその世界に巻き込まれてしまう傾向がある。もっともこの時期のフロイトは、症状形成に関する幼児期の発達的な体験や記憶を明らかにすることを治療目標に置いていた。
(6) 最初の7セッションにおいては、フロイトは患者に対して抵抗や無意識などの多くの知的な講義などを行なっている。これは診断面接と導入期面接を兼ね合わせたものであったろうが、フロイトがこの症例にとくに強い関心を持っていたために、他の症例に比較して知的な講義などを多くした可能性がある。

(7) 自由連想法も後期の完成されたものではなかった可能性がある。

(8) この時期の転移の概念は過渡期のもので、ドラ症例によって発見された意味からはそれほど発展していない。つまり転移は隠された記憶を想起させる手段として使われており、here-and-now として、治療者との関係として使われていない。またフロイトが転移と言うときには、患者が意識的に治療者に対して向ける情緒や観念であり、無意識的転移については言及していない。

(9) 解釈は、大部分が発生的な再構成からなっている。治療者との転移関係はほとんど解釈されていない。この時期には、フロイトはまだその重要性には明確な観点を持っていなかったと考えられる。

(10) 治療の目標は、患者が父親の死の原因を引き起こしたという無意識的な観念を、意識化するように援助することであった。

(11) 病理的研究として、フロイトは強迫症状の形成過程や無意識的な意味を明らかにしていくことに強い関心を抱いていた。これはフロイトの「ヒステリー研究」の頃から見られる傾向であり、この時期には、新しい治療目標である転移関係の意識化は明確にされていなかった。

(12) この時期にはフロイトは、逆転移の治療的意義については明確な見解を持っていなかった。

3 更に特殊な問題

これは逆転移や技法上の問題に関係しているが、フロイトの後に言われるようになった「治療者の中立性」の原則からかなりはみ出した行動を取っていることに関連している。彼の臨床記録に載っているものは、次のようなものである。

(1) 初期に患者の恋人の写真を要求している。
(2) 患者の主題に合うような本を与えている。
(3) 患者に食事を与えている。
(4) 暑中見舞いのカードを出している。
(5) 患者が父親に激しく折檻された事情などについて、母親に問い合わせている。
(6) 患者が、フロイトの診療所に癲癇患者の介助にやってきている（ただこれについての事実関係は明らかでない）。

これらに対して、患者はフロイトからの侵入的な接近として体験している。とくに治療時間前に食事を与えられたことについては、現在の精神分析の常識的な感覚では理解できない行為である。患者は、口愛的な刺激を与えられたと体験し、性愛的迫害的な幻想を発展させたりしている。それについてフロイトはとくに問題意識を持ってはいなかったようである。

4 逆転移の問題

フロイトが、患者と同じような生活体験を持っており、そのことがフロイトをして患者との同一化を強めたと言われている（マホニー）。つまり、患者は父親が53歳のときの子供で、母親は父親より19歳下だった。これはフロイトの両親の年齢とよく似ている。また患者の父親との関係は、フロイトの父親との関係を彷彿とさせるものであった。患者の出身地はフロイト家の出身地近くで、ユダヤ人であり、フロイトの家族と同じくウイーンに移住して新しく生活を始めなければならなかった。

患者もフロイトも幼少時に姉を亡くしている。また患者は、医学生である。更に恋人と結婚することに関して、家族の慣例や期待を打ち破って、両親の期待しないいとこの女性と結婚しようとしている。しかもその恋人の名前は、フロイトのかつての初恋の対象であった女性と同じギゼラであった。フロイトは、妻のマルタと結婚するときに、ユダヤの風習と戦い結婚を克ち取ったが、自分がいとこのギゼラのような裕福な家庭に生まれた女性と結婚して、父親が望むような実業家になっていたほうが良かったのではないかという葛藤を経験している。これらの因子が、フロイトの逆転移を助長したと言われている。つまりマホニーが言うように、フロイトは、ドラやウルフマンの症例と比較して、ラットマンに対してはとくに温かく共感的な印象を与える。

右記のようにこの時期には、フロイトは、逆転移に関してその治療的な意義と重要性についての明確な意識をまだ持っていなかった。

5　対象関係から見た治療要因

対象関係論はクラインの理論に発したものであり、とくに彼女の研究生活後半の「妄想分裂ポジション」「抑鬱ポジション」の理論は対象関係論のもっとも代表的なものの一つである。筆者はこの視点における対象関係論的な考察を行なってみたい。

クラインの神経症論では、「抑鬱ポジション」における「抑鬱的不安」つまり、対象を失う不安、対象に対する攻撃に対する罪悪感、攻撃による破壊の不安、対象希求の感情などを原始的な防衛だけでは対処できなかったときに、ある程度の自我の強さがあるために「妄想分裂ポジション」の世界に退行することなく、神経症的機制が使われると考えている。強迫症状もその一つの機制であり、基本的に「抑鬱ポジション」における対象とのアンビバレンスの問題になる。そこでは一次的対象である母親とのアンビバレンス、父親との二者関係的な葛藤、更に両親との愛憎を中心にした兄弟姉妹との葛藤、早期エディプスコンプレックスと早期超自我が複雑に絡み合った状況が生じてくる。つまり患者のこれらの対象とのアンビバレントな葛藤を、それぞれ徹底操作《ワークスルー》していくことが治療の目標となり、それらは転移を通して行なわれる。

「抑鬱ポジション」の後期における問題の場合には、対象は全体的対象として登場しているので、対象関係論的な視点を浮き彫りにするために、患者の主観的な母親像、父親像とのアンビバレントな関係と、フロイトに対する母親転移の特徴などについて焦点を当てて考察してみたい。

（1）父親の死に対する対象喪失の病理

フロイトがこの症例でもっとも重要視したのが、9年前に死亡した父親をめぐる患者の葛藤である。患者は、父親の死以前に父親の死を願って非常に罪悪感に苦しんだことや、父親の臨終のときに眠ってしまって、死を看取ることができなかったことなどで苦しんでいた。更に、強迫症状が発症した後には、父親の臨終と同じ時刻に、父親が帰ってくる幻想に付き纏われていた。そして軍隊の上司に聞かされた鼠刑によって、父親と自分を受け入れない恋人を傷つけるという強い強迫観念に苦しみ、それを打ち消すために複雑な強迫行為や魔術的な万能感を抱こうとした。

患者は、軍隊を経験しているときに、父親を「取り入れ」「同一化」する傾向が強化されたようである。そして父親のように貧乏な恋人を捨てて裕福な女性と結婚すべきであるという気持ちと、実際の恋人であるギゼラが病弱で不妊症であり、家柄もなくお金持ちでもない女性であることで、強い葛藤を経験していた。患者にとって父親はもっとも親しい人物であったという。また両親がいとこ同志であったように、患者もいとこを対象に選択している。

しかし父親は、女たらしでギャンブル好きで放蕩者でもあった。その傾向は父親の軍隊時代にとくに強かったようである。そしてフロイトは、父親がギャンブルでお金を擦《す》ってしまったときに、親切にもお金を立て替えてくれた同僚に、父親がついに借金を帰すことができなかった逸話が、父親に強く「同一化」した患者の強迫症状に関連していると考えている。

父親は多くの借金を残した可能性がある。また患者によると、家柄が悪く、教養のない、品のない人物でもあった。患者はそのような父親に対して批判的であったが、実際には患者はそのような父親も「取り入れ」ていて、賭け事をし（10.18）、性的に奔放で多くの女性を誘惑したり女性に際限なく浪費したりしている。また自分や妹を厳しく折檻する父親に対しては、激しい攻撃と死の願望を抱いて、その罪悪感で苦しむことになった。しかし彼自身も父親のように、発作的に妹や他の女性を攻撃することがあった。

以上のような理由で、患者が父親の死について、自分の責任性に苦しんだことが、患者の病理の中核であるとフロイトは考えたのである。

またフロイトは、患者が父親の死に対してその「喪の仕事」をうまく処理できないのは、患者が幼いときに亡くなった姉の問題が関係しているとも考えている。

この父親との死別に関する「喪の仕事」の失敗に関する罪悪感と攻撃性の葛藤と、別離の後の父親の「取り入れ」についての注目は、極めて対象関係論的な視点である。ただフロイトの特徴は、父親との葛藤に集中的に焦点を当てていることである。

（2）母親とのアンビバレントな内的関係

母親はフロイトの病理学にとっては常に背景に退いている。そしてドラ症例、ハンス症例、シュレーバー症例、狼男症例など他の症例と同じく、この症例の考察においても父親中心の病理学を展開している。しかし彼の臨床的観察眼による4ヶ月間の詳しい臨床記録には、母親についての患者の言及は父親のものと同じくらいあり、とくに後半において多く見られる。

臨床記録をまとめてみると、患者の母親は家庭の支配者であり、実際に家柄の良い資産家と結婚を望んでいるのは、母親である。つまり、お金のない男性と結婚して失敗したと感じているのは母親である。母親は、夫のギャンブルなどの問題について常に患者に対して嘆いていて、決して資産のない者と結婚してはならないとか、父親のようになってはならないなど苦情を述べていた可能性がある。

母親自身が養子で早期の剥奪体験を経験し、更に養父が養母を過酷に扱ったために家庭的には不幸な環境で育ったようである。そのために、彼女は口うるさくて潔癖でけちな性格であり、これは養父との「同一化」の結果である可能性がある。

そのような母親に対して、患者は無意識の怒りを秘めており、父親に同情したり同一化したりすることによって、母親のもっとも嫌う放蕩者の父親の部分を取り入れて反抗するという手段に出ている可能性もある。資産のない、子供も産めない女性ギゼラを選択したのも、そのような母親の期待を打ち砕くための報復的な意図でもあるとも考えられる。ただギゼラに初めて愛を打ち明けたとき（父親の死の2年前）、同じ時期に彼に愛を迫る女性が自殺しており、これについては、母親がおおいに患者に苦情を言い、父親のような放蕩をいましめたと予想される。

患者は、父親がギャンブルに耽り放蕩をしたのも、母親がどこかで父親の家柄や資産のない男性と結婚したことを後悔したり、陰湿な非難や攻撃をしたりしたためであると考えている可能性があり、父親に同情していたのかも知れない。そしてそのような父親の部分に同一化することが、母親に対するもっとも強力な反逆であったであろう。

(3) フロイトに対する母親転移と母親との同一化

フロイトは父親の問題に関心を集中していたために、フロイトに対する母親転移が展開し始めたときに、やや狼狽している面が見られる。彼にとっては、患者と父親との葛藤が病理の中核として重要なものであったために、母親との葛藤がだんだんと語られるようになるとフロイトは、自分の理論では統合できないものや観察したものをそのまま記録して行ったようにも見える。

フロイトが、なぜ4ヶ月目以降の臨床記録を残していないのかは明らかではないが（あるいはたまたま紛失したのかもしれない）、記録がとぎれた時期以降は、患者と母親との攻撃的な関係がより顕著になり、患者の母親がフロイトに苦情を言ったり、治療を中止させることを申し入れたりしたのかも知れない。またフロイトに対する母親転移感情も強度になって、フロイトが父親葛藤の理論では説明できない現象が多く出始めて、対処できなかったためかも知れない。

ここで臨床記録に帰ると、患者が明確にフロイトに対して様々な転移空想を抱いたり夢を見始めたりし、母親との関係が明確に述べられるようになった1907年11月下旬から、記録の途絶えている1908年1月中旬までの2ヶ月間の経過記録を中心に考察を加えたい。それは母親とフロイトに対する転移の関係が中心的な主題となっている。

患者は、恋人についての神経症などの問題について話していきながら、1907年11月21日から急にフロイトと家族に対する様々な空想や夢を報告するようになる。それは、12月10日まで約20日間続いた。

フロイトの娘に対してのイメージは、娘にフェラチオをさせたり、娘をなめたりする空想であったり、背中合わせに便を通して肛門性交をしている夢だった。更に後には、彼女が両目に「うんこ」の塊を付けている夢を見ている。フロイトはこれを、父親転移と考え、資産家のフロイトの娘と恋人のどちらと結婚すべきかという問題に関連づけている。しかし筆者は、更にもう一つの意味があると考えている。これは患者が他の女性を性欲の対象としてのみ粗野に扱っているのと同じであり、ちょうど母親が家柄のない娘を軽蔑するのと同じやり方である。その意味でここでは、患者は尊大で高慢な母親に「同一化」している。

更に患者は、フロイトの親戚が列車殺人の犯人であるという確信を抱き、攻撃性と犯罪性を持ったフロイトに対する疑惑や過小評価と報復を受ける恐怖を表現している。患者は、自分の親戚に詐欺で国外逃亡をした叔父がいることを連想し、ここではむしろ父親転移を暗示しているものである。

また患者は、次のような夢を見ている。「フロイトの母親が、乳房に日本刀をさされ、性器はフロイトと子供達に食べられていた」「フロイトの母親が死んでいる。お悔やみを言うべきかどうか。自然に笑いが込み上げてくる」「フロイトの母親が、子供が全員首を吊られて死んでおり、絶望していた」などである。これは恐らく患者がフロイトに「投影性同一視」の機制を使っていて、彼自身の母親に対する攻撃性をフロイトの体験として表現しているものであろう。そこでは、母親の乳房を破壊したり、性器を食べたり、殺害したり、母親の所有している他の子供達を殺してしまうテーマが見られ、これはクラインが子供の精神分析に関する論文などで記述した、母親との早期対象関係のサディズムの現れである。

更にフロイトと妻の間に、死んだ子供が寝ている夢を見ている。これは患者が、フロイトの子供に対する嫉妬を表わしており、患者のフロイトへの独占欲をも表わしているのであろう。また、両親のエディプス葛藤の表現でもあろう。患者にとって、両親の原光景に触れることは、死を意味するのであろう（後述）。

一連の転移空想の最後には、次のような夢を見ている。「子供が何人か横になっていて、フロイトの子供もそこにいた。患者が何か与えている。茶色のもので素晴らしいものであり、子供が口の回りに付いたものを嘗めている。最後にはフロイトが母親に与えている」。フロイトは、これを患者の弟が幼いときに便を食べたことに関連づけている。そして、患者が子供に便を食べさせ、母親にも食べさせるという、攻撃性を表現したものと考えているようである。もちろんここには、自分が与えたり与えてもらったりする良いものに対する徹底的な攻撃と過小評価、破壊が見られるが、しかし恐らくそこには、患者のフロイトとの良い体験の一面をも表わしているのであろう。そのお返しとして、フロイトに自己を同一化して、自分が他者に対して良い食べ物を与える存在としであり、母親に良い物を与える幻想も表現しているであろう。

この時期に、患者は母親が養子であったことや、彼女の養父が冷酷であったことなどを報告した。そして患者は、フロイトに対して、自分の母親のように尊大に辛辣に振る舞い始め、細かなことを非難し始めた。つまりフロイトがマナーが悪いとか、鼻をほじるので不潔なので、握手を拒否したりしている。これに関しては、フロイトは正しく患者が母親に「同一化」していると述べている。しかし彼は、強迫神経症の病理としては、母親に対するアンビバレンスの問題は取り上げていない。彼は、鼠と母親の関連性を見出すことは困難であると述べている。

12月中旬からは、患者はフロイトに対する攻撃や転移空想を持たなくなり、フロイトは転移が消退したと述べている。そして患者は、急に母親に対して攻撃や非難を始めた。つまり母親の性器の匂いを嫌悪したり、母親に直接怒りをぶつけるようになった。更に自分の悪いところは全て母親から受け継いだものであると述べている。また患者はまるで自分が母親になったように振舞い、母親のように一日中ばかげたことを言うようになった（12.21）。つまり妹のすることに何もかも反対し、恋人のいとこや叔母を批判し始めた。更にフロイトが何も理解しないと批判し、父親に関しても母親と同じ言い口で批判を始めた。そして「久し振りに帰って来た父親を、母親が責めている」夢を見ている。

このように患者は、母親転移の対象となったフロイトや直接母親を攻撃したり、反転して母親に「同一化」したりしてフロイトや家族を攻撃することを繰り返していて、これが母親に対する患者の未解決のアンビバレントな葛藤の現れであろう。

１９０７年12月28日に問題の「食事」の件が起こっている。更に同じセッションにおいて、フロイトは患者に、患者と同じ主題を扱っていると思われるゾラの小説を与えている。

翌日には患者はそれに対する次のような夢を見ている。「フロイトの妻と母親が、肛門からニシンを出して繋がっている。それを女の子が半分に切っている」。これについてはフロイトはとくに解釈はしていない。実際に前日出されたメニューの中にニシンが入っていて、患者はニシンが嫌いであり全部残していた。ここには、治療者から自分に与えられた食物というもっとも母親的なもの対する拒絶と過小評価が表現されているようである。つまり自分が与えられたものは便と同じもので、それをフロイトの家族の女性が肛門から作ったものであるということである。これは、母親（＝祖父）との「同一化」でもあるし、母親（＝祖母）に対する攻撃性でもあろう。つまり患者は、フロイトの家族の与えたものを母親のように卑下して排斥し、他方で自分に食物を与えてくれる母親と祖母をフロイトの家族に投影し、その良い母親-祖母像を攻撃し破壊しようとしている。この点では、患者は過酷な祖父にも同一化していると言えよう。つまりその祖父は、祖母を冷酷に扱い、母親はその祖父に同一化していると考えられる。患者は後に、フロイトが食事を与えることで利益を得ようとしたことを述べ、フロイトの解釈を非難し、誹謗している。

そして次のような夢を見ている。「歯医者が、痛まない歯を間違って抜いてしまった」[1][6][7]。フロイトはこれを患者の親戚の死と結び付けているが、脈絡上は、フロイトが間違った主題を追っているという意味を患者が伝えていると考える方が妥当であろう。いずれにしても、当時のフロイトは here-and-now の夢解釈をすることは稀であった。

以上のように患者は、父親転移や母親転移、母親への「同一化」などを、「投影」や「投影性同一視」などの機制を使って目まぐるしく変遷させている。

（4）エディプス葛藤の特徴

上記のように、父親は、母親によって去勢された駄目人間である。しかし癇癪を起こすと患者に対しても厳しい仕置をする父親であった。資産はなく、お金に目が眩んで結婚した人物であり、放蕩をしてギャンブルで、借金を残して死んでいった父親である。しかし患者とは親しく愛する人物でもあった。

母親は、プライドの高い、口うるさく攻撃的で潔癖症の女性である。患者を常に支配し、父親のようにならないことや、お金持ちの女性と結婚するように主張していた。恐らく夫との仲はうまくいかず、夫はしばしば家を開けていたようである。

そのような両親の関係性は、患者から見ると、強い母親が父親を支配し去勢している構図である。それでも、両親が特別の親密な関係を持ち、自分が排除されている幻想に対しては、患者は破壊的な両親のイメージを向け、お互いが肛門期的に破壊し汚し合うような原光景幻想を持っている可能性がある（肛門期的エディプス葛藤）。そのような両親の結合は、創造的なものではなく、攻撃性や破壊性の温床になり、幼児はその保障のために厳しい早期超自我を発達させ、強い罪悪感を抱きやすいパーソナリティーを発展させる。それは父親が死亡してエディプス願望が成就されたときの激しい罪悪感（例えば父親が死ねば、恋人［母親代理］と結婚できるという空想）と、二者関係的な愛する父親を失ったときの対象喪失に於ける激しい「取り入れ」などに現れている（フロイトは、この症例についてはエディプス葛藤については詳しく考察していない）。

更に、患者は去勢的母親に「同一化」して父親を放蕩ものとして非難し、いなくなればいいと考えた可能性がある（これも破壊的な早期エディプスコンプレックスの一形態である）。実際に父親が死亡したときには、自分の愛する父親を心なくも破壊してしまった罪悪感と、父親の取り入れによる修復願望が強化された可能性がある。

（5）対象関係論的な治療要因について

マホニーが述べているように、鼠男の症状改善は転移性治癒である可能性は高いが、フロイトの父親の喪失体験を巡る葛藤の病理についての断固とした探索により、その問題はかなり解決できたことが、症状消失に大きく寄与しているということができるであろう。また症状形成の意味の発達的な因果関係へのあくなき追及をする態度が、患者に強い「同一化」の機会を与えた可能性がある。

対象関係論的には、神経症の場合には「抑鬱ポジション」の病理を転移の中で解決していくことが、治療的に重要な因子であると考えられている。つまり前エディプス的な母親とのアンビバレントな関係、同じく父親との二者関係的な葛藤の治療転移に置ける（here-and-now）の解釈による解決、生後6ヶ月ごろから始まると考えられる早期エディプス葛藤と超自我の活動の様々な段階の現れを解釈していくことからなっている。

その点から見ると、鼠男の症例は、治療2ヶ月目頃からは前エディプス期的な母親とのアンビバレントな関係が転移を通して現れてきており、その関係を解釈していくことが必要な段階に入っている。それがどの程度行われたかは、記録が残っていないために不明であるが、上記したようにこの患者の治療の比較的早期終了は、母親転移と現実の母親との葛藤が適切に解釈されないままに、患者の激しい行動化を誘発し、ついに母親の圧力によって、中断することになったのではないかとも考えられる。

いずれにしても患者の母親に対する憎しみや攻撃性の問題を、フロイトに対する転移を通して、あるいは直接に母親に向けていった体験は、フロイトがそれを積極的に解釈しなかったとはいえ、患者の葛藤を軽減する働きをしていると考えられる。

(6) フロイトの夢解釈

この症例においては、フロイトはドラ症例ほどには、夢解釈を積極的には行なっていない。彼は患者の治療のためには、学問的な関心は犠牲にしなければならないと述べているが、おそらくドラ症例において、夢解釈の学問的関心に走り過ぎたことについての反省から来ているものであろう。

実際には鼠男の症例は、多くの興味深い夢を報告しており、それをあらためて解釈していくことは非常に興味深いことである。しかし今回は紙数の関係があり、次の機会にしたい。

（7）鼠刑の強迫について

フロイトは、患者の多彩な強迫症状について、父親の賭事と借金、赤ん坊、男根などとの関係について、患者の精神性発達的な起源に沿って考察している。

他方で、誹謗中傷を繰り返す口うるさい支配的な母親に対する攻撃性について鑑みて見れば、鼠は患者自身であることが推測できる。閉じ込められ（母親の支配する世界に）逃げ場を失った鼠（鼠男）は、肛門あるいは女性器から体内に入り内臓を食いちぎって、（母親を）死に至らしめる空想を抱いた。そしてそれが、それほどまでに患者に恐怖と不安を与えながら、強迫的に観念として現れたことは、彼自身が母親に対する攻撃性、破壊性を持っていたことと関係していると思われる。これは鋭い歯で母親の乳房や体内を食いちぎるという、口唇期後期と肛門期のサディズムの幻想を象徴的に表わしたものであろう。これは父親に対しても同様であろう。

恋人は、母親のイメージも部分的に持っており（ギゼラは幼いときに父親を失い、養父に性的虐待を受けている。これは患者の母親の経歴と共通したところがある）、恋人が鼠男を拒絶するときには、彼は母親に拒絶され、かつ母親の意向に沿って資産のある恋人と結婚させられるという世界に取り込まれることを意味していた。その意味で、自分を拒絶するギゼラに鼠刑を施行する強迫観念は、彼の母親に対する攻撃でもあった可能性がある。実際に患者は、ギゼラが娼婦（彼女の母親＝鼠男の母親）の体内に入って、患者と性交をするが、ギゼラが爆発し母親もばらばらになるという空想を抱いている。ギゼラは、患者にとって部分的には母親であり、部分的には母親の世界に反発する患者の世界を表わしていた。これが、鼠男の症状がギゼラに拒絶されたときに悪化していることの一つの理由であろう。

6 おわりに

以上、鼠男の症例に付いて、これまでの研究の成果を挙げて歴史的な位置付けを行ない、次に臨床記録を中心にして、対象関係論的な視点から、患者の母親転移の問題、父親との死別に関する喪の仕事、肛門期的エディプス・コンプレックスなどについて考察を加えた。夢分析については、紙数の都合で省略した。更に早期母子関係の観点から鼠刑強迫の意味を考察してみた。

参考文献

（1） Freud, S.（1909）Notes Upon a Case of Obsessional Neurosis. In *Standard Edition*, Vol. 10. Hogarth Press.〔小此木啓吾訳（1983）「強迫神経症の一症例に関する考察」『フロイト著作集9』人文書院〕

（2） Freud, S.（1909/1955）Addendum: Original Record of the Case [Ratman]. In *Standard Edition*, Vol. 10, pp. 253–318. Hogarth Press.

（3） Gottlieb, R. M.（1989）Technique and Countertranference in Freud's Analysis of the Rat Man. *Psychoanalytic Quarterly*, 58 : 28–62.

（4） Kanzer, M. & Glenn, J.（1980）*Freud and His Patients*. Jason Aronson.

（5） Lipton, S.（1977）The Advantages of Freud's Technique as Shown in His Analysis of the Rat Man. *International Journal of Psychoanalysis*, 58 : 255–274.

（6） Lipton, S.（1979）An Addendum to "The Advantages of Freud's Technique as Shown in His Analysis of the Rat Man". *International Journal of Psychoanalysis*, 60 : 215–216.

（7） Mahony, P. J.（1986）*Freud and the Rat Man*. Yale University Press.

（8） Muslin, L.（1979）Transference in The Rat Man Case: The Transference in Transition. *Journal of American Psychoanalysitic Association*, 27 : 561–577.

（9） 小此木啓吾（1973）『フロイト――その自我の軌跡』ＮＨＫブックス

（10）小此木啓吾（1977）「精神分析的に見た強迫神経症——フロイトとその後」『精神分析研究』21巻4号、163-179頁
（11）小此木啓吾（1979）『対象喪失——悲しむということ』中公新書

〔『現代のエスプリ』317号、1993年〕

40章　フロイト・ユング・エリクソン——その臨床的発達論

1節　はじめに

ここではフロイト、ユング、エリクソンの発達論について述べる。この三者の発達論を同じ論文のなかで述べることはやや奇異に感じる部分もあるが、筆者としては主としてフロイトの発達論を紹介し、ユングとエリクソンがどのような関係にあるかという点について簡単に述べてみたいと思う。フロイトとユングは、最初は共同で研究を行なっていたが、ユングはフロイトのリビドー論を批判し始め、フロイトから徐々に離れていき、独自の深層心理学を打ち立てていった。両者の間には、激しい葛藤や競争が見られるが、それをエネルギーにして両者は更に自分の研究を進めていったようである。ユングはフロイトの退行固着論を因果論的な誤った方法であると批判したために、その発達論をも認めようとはしなかった。そのため、ユングは意識的には発達論を作ろうとはしなかったが、明らかに早期母子関係の内的状態と関係するものについて記述していると思われる部分がある。

エリクソンはその非常に明快でよく整理された発達論が有名であり、わが国の思春期青年期研究や成人から老年期までの心の問題について注目させる大きな契機となっている。ここでは、フロイトの発達論と比較することによって、エリクソンの発達論が個人と集団、社会、文化との関連において示す特徴を基準にして築かれていったことを示したい。彼の発達論については既によく紹介されているので詳細は避け、むしろ彼の研究の特徴についてフロイトの発達論を参照しながら簡単に列挙してみたい。

上記のように、この章ではフロイトの発達論を主として述べ、ページの大部分を割いている。そしてとくに彼の女性論に関する発達論から対象関係論への関連性についても言及してみたい。そして彼の発達論が、最後まで完結することなく未来に対して開かれた多くの重要な課題と視点を提供していることが分かるであろう。そして彼の後半の理論、とくに女性性についての考察部分が早期対象関係論へと向かっていることが理解できるであろう。

2節　フロイトの発達論

周知のようにフロイトの発達論としては、エディプス・コンプレックスがつとに有名であるが、実際にはフロイトは、乳児と母親との関係の問題や認識の基本となる心の要素の考察など多面的な発達論を展開している。それらは、全体的にはフロイト自身によって統合されたとはいい難いが、フロイト以後の精神分析理論に大きな影響を与え続け、課題として残されてきたものである。そして現代の精神分析は、それらの課題を少しずつ解決しようとして努力してきたということができる。

1　快不快原則と現実原則について

フロイトは乳児が最初の母親との関係の中でどのような精神的な活動を行なっているかについて、「精神現象の二原則」についての論文の中で考察している。

（1）快不快原則と現実原則

フロイトは、幻覚性精神病の状態について、狂気を引き起こした現実の出来事は否定されると考えているが、神経症においても部分的な現実の否定が見られる。ここにおいて個人の心における現実の持つ意味が重要になる。フロイトは、心の早期に機能するものは太古的な一次的精神過程であり、それは後に抑圧によって処理の対象となると考えている。乳児の早期発達段階においてはこの一次的過程しか存在しないが、それは快不快原則に基づいて機能する。つまりこの太古的な心は快感を求めて働き、不快を引き起こすような行為からは手を引いてしまう。それが後の抑圧と関係がある。苦痛な印象からわれわれを解放してくれる夜の夢などは、この快不快原則が機能している名残りである。この一種の心の休息状態は、空腹などの内面から来る刺激によって妨げられるが、赤ん坊はそれらの願望を幻覚的な方法によって満たそうとする。これはごく一般的に行なわれるものである。乳児は、例えば母親が自分の願望を満たすことができないときには、内心の欲求の満足を夢み、高まる刺激と中絶された満足に際して、手足を動かし泣き叫んだりして不快を表現する。そして幻覚的な満足を体験しようとする。後に幼児期になってこの放出運動を意図的に表現手段として使うようになる。乳児の世話は、後の幼児教育の原形である。

しかしそれによって期待した満足が手に入れられないと、赤ん坊は失望を経験し、この幻覚的方法は捨てられることになる。そこで心の装置は、外界との現実を考えることになり、現実の変革を思考することになる。そして何が快いかということよりも、何が現実かを考えざるをえないようになる。フロイトはこれを現実原則といい、これを心の重要な前進であると考えている。快感原則に基づいて行動していては、固体は生命を維持することはできないために、結局は現実原則を採用せざるをえないのである。

またフロイトは、精神病の病理を早期の快不快原則と現実原則の葛藤が見られる乳児の時代に求めている。つまり乳児は快感原則によって生きる体制を維持しようとするが、現実の刺激から逃れるような体制を必要とするようになったときは、内心の不快な刺激を外部からのもののように扱い、それを外界に付け加える。これはパラノイアの機制であり、これは後の対象関係論などにおける精神病の研究の基礎的な視点になっている。

（２）現実原則に適応するための心的装置について

外的現実からの新しい要求によって、心的装置は多くの順応が必要になる。そのために外界の現実に対する感覚器官、意識、注意、記銘、記憶、判定確定の機能などの基本的な機能が必要になる。また現実を目的に変えるための行為が発達する。

また思考過程が表象作用から発達する。これは運動による放出（行為）が押さえられ、高まった緊張を心的装置が持ちこたえられるようにする性質がある。それは少量の充当量を移動させてみる試験的な行為である。思考が単なる表象を越えて発達しても、対象の印象どうしの関係に向けられているときまでは、おそらくまだ根本的には無意識であって、言葉の記憶と結びつくようになってはじめて意識に知覚される。

これらの心的装置に関しては、１９５０年代になってビオン（Bion, W.）が精神病の研究において重要な貢献をすることになり、フロイトのこの現実原則に関する考察は、後の精神分析の発展の基礎になったのである。

また現実原則が介入してくると、もっぱらそれまで快感原則で活動していたある種の思考活動は空想になり、それは子供の遊びとともに始まる。そして成長してからは白昼夢になる。

（３）自我欲動と性欲動の分離

快感原則から現実原則への交替は自我欲動について行なわれるが、性欲動は自我欲動から離れる。性欲動ははじめ自己愛の形を取る。そして潜伏期のために思春期まで性の発達は停止する。このために性欲動はずっと長く快感原則の支配下に止まる。

このために、性欲動と空想、自我欲動と意識活動の間に密接な関係ができあがる。抑圧は、空想の世界において全能ぶりを発揮し続ける。つまり無意識の過程では、現実原則が通用せず、考えの上での現実が外の現実と同じになり、充足を願う願望が既に行なわれた実現と同じに見られ、古い快楽原則のままになっている。

(4) 快感-自我と現実-自我

快感原則に関係する自我を快感-自我、現実原則に従う自我を現実-自我とフロイトは呼んでいるが、これらの自我は、現実原則が介入した後も巧妙な方法によって快感原則を維持しようとする。それらは、宗教、科学、教育、芸術などに見られ自我が快感-自我から現実-自我に変化する間に、性欲動は最初の自己愛から思春期の生殖可能な対象愛まで発達する。神経症の発病の型を決定するものは、その素因を作る発達停止が自我およびリビドーの発展のどの時期に加わるかという点に関係している。

2 ナルシシズム論

(1) パラフレニア論

フロイトは、幼児がなぜ対象とかかわろうとするのか、その基本的な要因について考察する必要を感じていた。そして自我欲動と性的リビドーの基本的な本能論を展開することになり、ナルシシズム論として展開した。フロイトは有名なシュレーバー症例の検討などを通して、クレペリンの早発性痴呆、ブロイアーの精神分裂病(フロイトはパラフレニアと呼んだ)などの精神病の病理について考察する中で、それらが非常に早期の発達段階に対する固着であると考えるようになり、早期発達をナルシシズムの観点から考察した。それらの患者が示す特徴は、誇大妄想と外界の人物や事物からの離反である。転移性神経症の場合には、人物や事物に対する性愛的な関係は失ってはおらず、なお空想の中に保持している。しかしパラフレニアの場合はこれとは異なり、自己のリビドーを外界の人物や事物から撤収してしまい、空想によって補充することはないようである。誇大妄想はおそらく対象リビドーの犠牲によって生じたものである。外界から撤収されたリビドーは自我に備給され、ナルシシズムの状態が形成される。これは「二次的ナルシシズム」の状態である。

(2) 一次的ナルシシズムと二次的ナルシシズム

フロイトによると、生後直後の乳児は自体愛の状態にあり、全てのリビドーを自己の身体に向けている。自我の形成についてははっきり述べてはいないが、それが存在するようになると全てのリビドーが、自我にも向けられている状態が生じてくる。これが最初のナルシシズムの状態である。その後に、対象に対してのリビドーの備給が始まると考えている。フロイトは、この自我だけが存在し対象の存在しない状態は葛藤のない完全に無欠の状態であると考えている。そしてこれを「一次的ナルシシズム」と呼んだ。しかしいずれにしても乳児は対象の存在を必要とすることを認めざるをえず、自体愛、自己愛（ナルシシズム）から対象愛つまり対象に対してリビドーを向ける時期が来る。

対象から強い欲求不満にさらされたりすると、対象リビドーは対象から離されて特別な緊張状態の中に保持され、最後には自我の中に連れ戻されて自我リビドーとなってしまう。これは対象リビドーと対比してナルシシズム的リビドーとも呼ばれる。この自我のナルシシズム的なリビドー占拠は幼児期の早期に実現されていた原始状態であり、フロイトは二次的ナルシシズムと呼んだ。それは後のリビドーの対象に対する放出におおわれているだけで、その背後に実は保持されている。そしてパラフレニアなどは、この二次的ナルシシズムの状態であると考えている。

フロイトは、精神分裂病などはこのような二次的ナルシシズムの状態にあるために転移を起こすことができないと考え、自己愛神経症と呼んだ。それらは転移を起こすことがないために精神分析によっては治療不可能であり、技法の修正が必要であると考えた（フロイトは、ヒステリーや強迫神経症など転移を起こすものを転移神経症と呼んだ）。

このナルシシズム論を批判的に考察し、精神病に対する精神分析による治療が可能であると提唱したのがロンドンのクライン派の分析家たちである（とくに1940年代後半から）。つまり彼らは一次的ナルシシズムは存在しないと考え、生後直後から乳児は対象関係を形成し、内的対象を造り上げる。そしてナルシシズムは、この自我だけでなく内的対象に対する備給であり、対象のない状態ではない。そして精神病の患者は、治療においてこの内的対象を治療者に投影して原始的な転移（精神病的転移）を形成することができ、精神分析療法による理解と治療が可能であると考えたのである。

（3）自我欲動と性欲動（性的リビドー）

フロイトは、欲動の中にも様々なものが存在していると考えており、自己の保存に関係するつまり現実自我に関係する欲動を自我欲動と呼び、性欲動とはその特質が異なるものとして区別した。それらは、飢餓と愛との区別に対応し、個体の保存と種の保存の関係にも対応している。これは神経症の分析に基づくものであり、感情転移性神経症の葛藤はこの二つの欲動の間の葛藤であることが明らかになった。更にフロイトは、自我に向けられる自我リビドーと対象に向けられる対象リビドーを区別している。フロイトはパラフレニアの病理は、拒否されて自由になった対象リビドーが、神経症のように空想中の対象に止まらずに、自我に回帰（自我リビドー）してくる点にあると考えている。それはパラフレニア患者の誇大妄想に関係しており、心の平衡の回復への努力をも表わすものである。つまり心の回復過程の一つであり、陽性症状を形成する。

フロイトによると、ナルシシズムの研究のためにはパラフレニアの分析が一番優れている。フロイトは、転移性神経症がリビドーの研究を深めたように、パラフレニアの研究は、自我心理の研究を深めることになるであろうと述べている。ナルシシズムの状態の理解には、気質的疾患で苦しんでいる個人、睡眠状態、更にヒポコンデリーの研究などが援助になる。フロイトはとくにヒポコンデリーに注目し、他の神経症が対象リビドーに左右されるように、ヒポコンデリーは自我リビドーに左右される。つまりヒポコンデリーはパラフレニアとよく似た機制を持ち、自我リビドーが鬱積した状態にある。

(4) ナルシシズムと対象選択——依存型と自己愛(ナルシシズム)型

ナルシシズムの研究のもう一つ方法は、男女の愛情生活の観察である。発達の早期においては、性欲動は自我欲動の満足に依存しているが、後になって独立するようになる。この依存関係は、養育、保護に関係のある母親やその代理者が最初の性的対象になる(依存型)。もう一つは、同性愛者などの場合に見られ、リビドーの発達に障害を被った場合には、後の愛の対象を選択する場合に自分自身を典型として選ぶ。つまり自己自身を愛の対象に求め、ナルシシズム的対象選択を示す。

つまりわれわれは根源的な性対象として、世話をしてくれる女性および自己自身の二通りを持っていることになる。フロイトによると、一般に男性の対象選択は依存型であり、女性のそれはナルシシズム型である。

フロイトは、小児の一次的ナルシシズムなどを直接観察することはむずかしいが、それは両親が自分の子供を愛するときのやり方のなかに観察されることがあると考えている。つまりそれがかつて放棄した両親のナルシシズムであることが見いだされる。子供は両親の夢を実現すべきであり、父親の代わりに偉人や英雄になり、母親の夢を償うために王子を夫に持つことを期待される。

(5) ナルシシズムと自我理想および超自我の形成

後になって、現実に適応せざるをえなくなり、自我の欲動満足を直接求めることは困難になる。そのときに幼児は巧妙な方法でナルシシズムを満たすようになる。それは心の中に外界が要求する理想的自我を造り上げ、その要求を達成したときの賞賛を得ることによってナルシシズムを満たそうとするのである。これはエディプス期における超自我形成に大きな関係がある（後述）。

3 幼児性欲論

フロイトはヒステリー患者などの幼児期の健忘に重大な意味があることを発見し、彼らの治療における転移の発展状況を通して、幼児期の性欲の発達論を提唱した。これは単に性欲の発達の研究に止まらず、次のような重要な意味を秘めているものであった。

(1) フロイトの性欲の定義は、性器的なものに限定されず、乳幼児の授乳や排便排尿などに関係する母親のケアを前提にしており、母親との対象関係を前提としている。つまりそれは、対象関係の発達論の基礎を築くものであった。

(2) 口唇期には幻覚的満足、自体愛など快感追及についての面が強調されているが、そこには母親や乳房を対象にした自我の働きが前提になっている。肛門期の葛藤状況では、母親の禁止に対する服従と反抗に関係していることを明確に述べており、そこにおいても対象関係の重要性が示されている。男根期においては、子供の万能的な男根の幻想に対する、自己像との関係を前提にしている。そして去勢不安は、両親との対象関係を明確に前提しており、現実の性器の破壊というよりも、万能的な自己をも象徴している男根という自己の一部を破壊される意味を含んでいる。

(3) 同じくエディプス・コンプレックス論においては、対象に対する性愛とその禁止、報復、男根の喪失、羨望、道徳的父親の取り入れと超自我の形成、罪悪感を持つ能力の獲得など、きわめて対象関係論的な視点が背景にある。

(1) 口唇期

前性器期的体制の第一段階は口唇愛的であり食人的な体制である、これは乳児に見られるものである、性的活動は栄養物の吸収から分離しておらず、体制の内部にある対立がまだ分化していない。一方の活動の対象は、他方の活動の対象でもあり、その性目標は対象の同化にある(性感帯刺激による満足を性目標とするというフロイトの自体愛論とは異なる)。これは後に同一化としてきわめて重要な心的役割を演じるようになる。

おしゃぶり行為は、性的活動を栄養活動から分離して、自分以外の対象を放棄して自分の身体に性対象を求める。フロイトはこの幼児のおしゃぶりを最初の性欲の表出現象の一つであると考えている。これは彼が、幼児性欲を考察するときに性欲の概念を性器的性欲よりも広い概念で考察していることと関係している。つまり彼の幼児性欲論は、身体の快感の追及であって、性器的性欲はその一つであり最終的段階である。

フロイトは幼児がみずからの身体の感覚に満足することに注目し、幼児性欲は自体愛的であると主張した。つまり乳児は母親の乳房を吸い、授乳を受ける体験の中でこの快感を経験し、やがておしゃぶりなどによってその快感を自体愛的に追及し始めると考えられた。そしてその快感を感じることのできる身体的部分を性感帯と呼んだ。おしゃぶりの場合には、口唇部がそれに当たる。フロイトは、乳児が授乳の後満足して恍惚の表情を示す状況は、後の性的満足の表情の元であろうと考えている。フロイトは、成人のヒステリー患者で嘔吐や摂食障害を示すものは、多くがおしゃぶりに耽った人たちであり、乳幼児期の口唇期的な満足の問題に関連していると考えている。

おしゃぶりや恍惚を伴う吸引の体験の中に、既に小児の性的表現の三つの根本的な特徴を認めることができた。この幼児の性的表現は、生きていく上に必要な身体機能の一つに依存して生じたものであるが、それはまだ性的対象を知らず、自体愛的で、その性的目標はある性感帯によって支配されている。そしてその性的目標は性感帯を刺激して満足感を呼び起こすことにある。これはフロイトが矛盾しているところである。つまりその性欲が形成されるためには、母親の乳房を吸う体験がその前にあるのであり、実際にはその性的対象は最初から存在しているのである。またおしゃぶりをしている乳児は、単に口唇的な快感を得ているだけでなく、母親の乳房を吸っている幻想を内的に体験していると考えるのがむしろ自然であり、それは現在の対象関係論の視点と共通するものであり、フロイトは乳児の幻覚的満足の理論によってそのことを示唆している。また彼が、対象の面を切り離して、あくまで自体愛の理論として発展させようとした背景には、彼の生物学的な本能論に注目した視点が大きく影響していたと考えられる。

(2) 肛門期

第二の前性器的段階はサディズム的・肛門愛的体制である。これは一歳児になり排便に関するしつけの問題が生じる頃にもっとも活発になる。ここでは性生活を一貫している対立性が既に形成されている。しかしそれは男性的と女性的といえるものではなく、能動性と受動性というべきものである。両者の活動にはそれぞれ対象があるが、それらは一致するものではない。これとならんで他の部分欲動が自体愛的な仕方で活動している。

この段階においては、性的な両極性と自己以外の対象の存在が既に指摘できる。この体制において、サディズムが優位を占めたり、肛門領域が総排泄口の役割をしたりすることは、この体制がきわめて古いものであることを表わしている。そのほかにこの体制の特徴として挙げられるものは、いくつもの対立欲動がほぼ同じように形成されていることであり、フロイトはこれをアンビバレンスと呼んだ。

幼児はやがて肛門を大便が通過するときの刺激を快感と感じ始める。つまり肛門周囲が第二の性感帯になり、自体愛的な満足を得る手段になる。幼児にとっては、腸の内容物が肛門を迦過するときの快感を得ることが唯一の性的目標になる。これは自体愛的な性欲論の範囲であるが、フロイトは、更に明らかに母親との関係を前提にした論及を行なっている。つまり、乳児が自分の面倒を見てくれる大人の都合のいいときに排便をすることを拒み、自分の好きなときにやろうとすれば、それは後年の神経症の徴候であると考えている。更に、幼児は大便を身体の一部として扱っており、それは最初の「おくりもの」である。それを与えるときは、周囲に対する従順を示し、拒めば反抗を表わす。この腸の内容物は更に、「子供の意味を持つようになり、小児の造り上げる性理論によれば、子供は物を食べることによって与えられ、腸を通って生まれてくるというものである。これらの記述は、明らかに自体愛論の記述を越えたものであり、対象関係論的な思考の起源である。

(3) 男根期

幼児が3歳から5歳の頃に一度性器的な性欲が高まる時期がある。幼児は手淫によってその満足を得ようとする。フロイトがもっとも注目したものは、幼児が抱く自己の性器に対する万能的な幻想、両親の性的関係の世界への関心、出産の秘密など性器的性に関する幼児の様々な幻想活動とその発達的影響である。これは後にエディプス・コンプレックス論として発展する。

フロイトは、幼児の知識欲に注目している。彼は、それは性愛の世界に対する関心に限らないが、性生活に関するものがもっとも重要であると述べている。更に次のような子供の空想や不安、知的好奇心に注目している。

a　スフィンクスの謎

これは子供たちがどこからやってくるかという謎である。これは妹や弟が実際に生まれてきて、幼児の存在が脅かされると実際に体験することも大きな契機になる。

b　去勢コンプレックスとペニス羨望

幼児は男性と女性の区別は比較的容易に引き受けるが、男性も女性も同様に男根を持っているという確信を抱き続ける。フロイトによると全ての人間に男根期があるという過程は、小児の注目すべき重大な性理論の内第一位のものである。男の子にとっては、たまたま女の子の性器を目撃することなどによって、自分の万能的な男根を失う可能性があることを知って、強い不安に怯えることになる。女の子は、自分がペニスを持っていないことはただちに認めることができるが、ペニスを所有して男になりたいという強い願望を抱くようになる。

c　出産に関する小児の理論

小児は出産の謎に対して自分で様々な理論を造り上げる。つまり子供は乳房から生まれてくるとか、お腹が割れて出て来るとか、お臍を開いて通してやるなどである。また子供は何かを食べることによってでき、大便のように肛門を通って生まれてくるというものである。

d　原光景の目撃

成人の性行為を目撃したとき、子供はそれを一種の虐待や圧制、サディズム的な意味に取ってしまう。そして性交や結婚について、尿あるいは排泄作用によって媒介されるある種の交わりであると解釈する。

(4)二相説と潜伏期

男根期には一種の対象選択が行なわれている。この対象選択が思春期の発達段階を特徴づけるものである。それは性生活全体の方向がその目的を達しようとする一人の人物に向けられる。これは思春期以降の対象選択に近似したものである。思春期のものと異なる点は、部分欲動を取りまとめることと、それらを性器の優位の下に従属させることが、小児時代にはまったく行なわれないか不完全なものである(フロイトはこの幼児的性器段階を男根期と呼び、思春期の性器期と区別している）。

このように対象選択は3～5歳の幼児期と思春期の二期に分かれるのである。それには小学校年齢に当たる潜伏期の存在が大きな役割を果たしている。この期間中に様々な力が形成される。それらは後に性の欲動を邪魔するものになったり、あたかも堤防のように性の欲動の方向を限極したりする。そしてこの時期には反動形成と昇華の防衛機制が発達する（嫌悪、羞恥心、美的道徳的理想）。性的なエネルギーは、性的な使用から逸れて別の目的に使用される。これは分化の創造に関連している（昇華）。

小児が行なう対象選択の結果は後年にはっきりとその痕跡を残すが、そのままで保存されるか、思春期に更新される。既述のように潜伏期には抑圧と昇華が見られ、幼児的対象選択は役に立たないものであることが分かり、その性目標は緩和され、情愛のこまやかさ、崇拝、尊敬などの情緒になる。

思春期の対象選択は、小児的な対象を放棄して新たに官能的なものとして始まらなければならない。この二つの流れが一致しないと一切の熱望を一つの対象に統合しようとする性生活の理想が遂げられない。そこでは性欲動は対象を見出し、生殖活動に合致する。そして全ての部分欲動が協同し、それぞれの性感帯は性器的統制の下に入る。

（5）エディプス・コンプレックスと男根期

前性器期的性欲動の特徴は本来の性対象を捨てて自体愛的になることであるが、その後の発達は、自体愛を捨てて自己の身体から再び外界の対象に取り替えることであり、第二には、個々の欲動の様々な対象を合わせて一つの対象に向かうことである。これは対象が自分の身体に似た身体全体であるときにのみ成功する。

対象発見の過程は錯綜しているが、潜伏期以前の幼児期における過程がある程度成功している場合には、そこで見出された対象は口愛期の最初の対象とほとんど同じものである。それは母親の乳房ではないがやはり母親である。母親は最初の愛の対象であるが、愛とは性的欲求の心的側面が前面に出た状態である。そこでは官能的な欲動の欲求が抑制されている。つまり母親を対象として選択するときには最初から抑圧が関係している。このように母親を対象として選ぶときには、エディプス・コンプレックスの心性が開化するときである。

フロイトによると、小児は自分達が保護者に対して示す愛着は、あたかも性的な愛の本性から来ているかのように振る舞う。小児の不安の根源的なものは、自分の愛している人物がいなくなりはしないかということに関連している。人見知りや暗闇に対する強い不安や恐怖はそのためである。このようにフロイトには対象喪失の不安の問題が初期の段階から混在していた。

3歳以降になると男性器が重要な意味を持ち始める。つまり男児のペニスはもっとも重要な器官になる。この男根期は最終的な性器的体制にまで発展するものではなく、消滅して潜伏期と交替するものである。

男の子の場合、性器に関心を向け触ったりするようになると、母親などからそれを禁止され、脅かされたり、おねしょのあと男根を切り取る脅かしを受けたりする。男根期はこの去勢の脅かしによって終わることになる。フロイトは、この不安に関しては、全ての子供が発達早期から母親の乳房を取り上げられたり、腸の内容物を排泄するように強要することの重要性を認めている。これによって子供は、自分が大切にしている身体の一部を失うことに対する心の準備ができているように思われる。しかし決定的な不安をもたらすものは、男の子が女性器を目撃することである。それにより自分もペニスを失うことがあるかも知れないと不安に怯えるようになる。

エディプス・コンプレックスは、子供に能動的な性的満足と受動的なものの可能性を提示する。能動的なものは男性的な方法であり、自分を父親と同一化して母親に対しようとする。その場合には父親を邪魔者と感じるようになる。受動的な場合には、母親に変わって自分が父親から愛されようとするものである。

この頃の子供は、性器的性の満足に関しては漠然としたイメージしか描いていない。またこの頃までは、男の子は女性にもペニスがあると信じている。しかし女性にペニスがないことを確認し、自分も去勢されるかもしれないという不安が出てくると、男の子は性的な満足を断念する。なぜなら、どちらの場合もペニスを失う結果になるからである。つまり男性的な方法による性的満足の可能性は、父親から処罰されて去勢される。女性的な方法では、母親と同一化することを選ぶと、自分もペニスを持てなくなることになる。つまりエディプス・コンプレックスに基づいた性的満足が、重要なペニスを失うことになり、男の子はそれを断念するのである。

このときにはリビドーの対象充当が放棄され、同一化がそれに変わる。父親あるいは両親の権威が自我の中に取り入れられて、そこで超自我の核になる。超自我は父親の厳しさを引き継ぎ、近親相姦に対する父親の禁止命令を永続的なものにする。そして両親に対するリビドーの対象充当を二度としないようにする。そのとき性欲動の一部は昇華され創造的な活動に転嫁される。また一部は性的満足を求めない一般の愛情に変えられる。このエディプス・コンプレックスの過程は、一方では性器を保持し、性器を失う危険を回避する。しかし他方ではその機能を果たせなくする。こうして潜伏期が始まり、男の子の性的な発達は中断することになる。この過程は抑圧以上のものであり、それが理想的な形で終結する場合にはコンプレックスの崩壊と廃絶になる。もしこれが不十分で一般の抑圧と同じ程度の場合には、無意識のなかにエディプス・コンプレックスが未解決のまま存続することになり、後の病理的状態を呈することになる。

女の子の場合には、フロイトはやや歯切れが悪くなる。そして後にも女性性については、苦闘することになる。女性の場合にもエディプス・コンプレックス、超自我形成、潜伏期などは存在する。そして男根期体制や去勢コンプレックスもあるが、男女の形態学的差異が影響を与える。女の子にとっては最初はクリトリスがペニスと同じ機能を果たすが、やがて自分にはペニスがないことを認めるようになる。そのとき女の子は不公平だと感じ、劣等生の根拠とみなす。しばらくは女の子は自分もペニスをやがては持てるようになるだろうと期待するがそれもかなわないことである。そこで女の子はかつては自分もペニスを持っていたのに、去勢されてそれを失ってしまったと解釈するようになる。そして大人の女性に対しては、大きなペニスを保持していると考えるようである。

このように、男の子は去勢されることを怯えることに対して、女の子は去勢を既に行なわれた事実として受け止めるという本質的な差がある。

このようにフロイトによると、女の子には去勢不安が除かれているので、超自我形成や幼児的性器体制を廃止する動機もあまり強くない。女の子の場合には、「可愛がってやらないよ」というような外面的な脅かしによってもたらされる傾向が強くなる。女の子のエディプス・コンプレックスは男の子のものよりずっと単純である。女の子は、ペニスを断念するときに保証を求めるが、求める対象をペニスから子供に変えるのである。つまり女の子のエディプス・コンプレックスは、父親から子供をもらいたいという願望において頂点に達する。しかしこのような願望は満たされることはないので、このようなエディプス・コンプレックスは次第に消滅していくように思われる。この女の子のペニスと子供を持ちたいという願望は、女性が後年その性的役割を演じるための準備になる。いずれにしてもフロイトは女の子の場合は、不明瞭な面が多いと述べ、この理論には満足していなかった。そして後にまた女性性について考察することになる。

4　女性性について

フロイトにとって、女性性の問題は去勢不安に基づいたエディプス・コンプレックス論においても十分には満足のいくものではなかった。彼は、1931年の女性の性愛についての論文、1933年の『続精神分析入門第三三講』の中で考察している。これは、フロイトが前エディプス期の重要性に言及している重要な問題であり、現代精神分析に対する布石である。そしてそこにはクライン、ホーナイなどの女性分析家の母親との関係を重視した女性論が影響を与え始めていることをうかがうことができる。フロイトは男児の場合には、前エディプス期の重要性は女性ほどではないと主張しているが、ところどころでそれを覆すような言及をしており、現代精神分析が発達早期の研究へと向かっていった傾向を表わしている。

(1) フロイトの女性論

1933年の『続精神分析入門』のなかで、フロイトは女性は自分にとって謎であると告白している。当時のフロイトによると、両性にとってリビドー発達の最初の頃は、いずれの性も同じ経過をたどるように思われると述べている。フロイトは、女性においては現実の父親に対して愛情的に依存した女性が多いことに注目している。しかし、もっと重要なことは、そのような女性においては母親拘束という前段階がきわめて内容豊富であり、長く持続するものであり、固着と心的素質を造り上げることを発見した。その段階においては父親も競争相手の一人である。女児の場合、母親拘束が4歳以上まで続くこともあり、後の父親拘束の中に見出せるものはほとんど既に母親拘束の中に存在している。そしてそれらは後に父親拘束の中に転移されるのである。フロイトは「われわれは前エディプス的母親拘束の一時期を理解しない限り女性を理解することはできない」と述べるようになった。フロイトは、この前エディプス期に女性の神経症のあらゆる固着や抑圧の行なわれる可能性があり、エディプス・コンプレックスが神経症の中核であるという命題が必要ないのではないか、あるいはエディプス・コンプレックスに広い内容を与えて両親に対するあらゆる関係を指しているとすることもできるのではないかなど自問している（実際にイギリス学派はそのようなコースをたどることになった）。しかしここでフロイトは踏み止どまり、やはりそれはする必要はないと、本来の自分のエディプス理論を変更しようとはしなかった。

フロイトによると、少女の前エディプス期の洞察は驚愕を与えるものであり、母親との最初の愛着の時期に起こることは、フロイトには理解することが困難であると思われたのである。しかしフロイトの偉大なところは、観察眼がきわめて優れており、自分の理論に矛盾するものでもそれを正直に記録したところである。そして、ヒステリーの症状は母親への愛着の時期と関係があり、女性のパラノイアにも関係していると述べている。つまり母親に襲われてしまう（食われてしまう）ことは、フロイトには「驚くべきことではあるが」よく現れる不安である。更にこれは母親に対するある敵意に関係があり、投影のメカニズムのためであると述べている。

（2）女の子の母親に対するリビドー的諸関係について

それは子供のリビドー発達の三段階を通過する。つまり口唇期的願望、サディズム・肛門期的願望、男根的願望を帯びている。それらは男性的かつ女性的なものであり、アンビバレントであり情愛的であると共に敵対的攻撃的なものである。その頃の性的願望の定式化は困難であるが、一番よく表現されるのは、母親に子供を作らせたいという願望と、それに対応する子供を生みたいという願望であり、いずれも男根期に属しているものである。それ以外には上記のような殺されるとか毒殺されるという不安を母親に対して抱くものがあり、パラノイアの患者によく見られるが、これらは前エディプス期の母親との関係であるとフロイトは述べている（これらの発見は現代精神分析の研究の中心になっていく）。そして、女性のヒステリーの患者において観察される父親によって誘惑される空想は、実はそれ以前に前エディプス期における母親による誘惑の置き換えられたものである。

（3）女性性の発達の特徴

女性によく見られる父親に対する強い依存は、母親に対する強い依存の置き換えであり、後者は非常に長い間続くものである。

女性の性発達の特徴はまず両性具有性である。つまり最初は男性的な時期であり、これは陰核が重要な役割を演じる。この時期にはフロイトによると膣はいまだ発見されていない。そして第二期になってはじめて女性的になる。

この特徴と平行して、女性の対象発見にも特徴がある。男性の場合には授乳し世話してくれる母親が持続的に愛の対象となるが、女性の場合には最初の愛の対象は母親であるが、発達の後期には父親にその対象を変更しなくてはならない。

第三の特質は、エディプス・コンプレックスに関係している。フロイトによると彼の言うエディプス・コンプレックスは厳密には男の子だけに当てはまるものである。つまり去勢不安のために、エディプス・コンプレックスの解消を強要され、父親を内在化して超自我を造り上げ、分化の系列へと参加していく。

女性の場合にはまったく異なる体験になる。つまり女の子は、自分が去勢されている事実から出発する。そうすることで自分の劣等性を認めるが反抗もする。そうすることで三つの発達のルートがある。第一は、性愛から全て遠ざかる方向である。そのために性愛一般を拒否するようになる。第二の方法は、反抗的な自己主張によって男らしさに固執するものである。この一部は、顕在性の同性愛に発展する。第三番目の方法は、かなりの回り道を取るのではあるが、正常な女性としての最終的な状態を選択する。それは父親を対象として選択し、エディプス・コンプレックスの女性的形態を選択することである。エディプス・コンプレックスは、女性の場合にはかなり長い発達の最終段階であり、それは去勢の影響によって破壊されないばかりか、去勢によって作り出される。そして男性と比較して、破壊的な敵意のこもった影響からも逃れている。そしてフロイトによると、女性においてはしばしばエディプス・コンプレックスは克服されていないことがある。

(4) 母親拘束の消滅の理由

母親に愛着する時期は、女性にとっては大きな意味がある。フロイトは、この早期の段階にまで遡って、はじめて女性の発達が理解できるようになったと述べている。多くの女性は、父親を模範にして夫を選択するが、現実の結婚生活においては、母親に対する好ましくない関係を夫に対して反復している。母親への関係の方が根源的であり、それが結婚生活においても現れてくる。女性の母親に対する敵意ある態度は、エディプス・コンプレックスの結果ではなく、それ以前の時期に由来するものである。そしてエディプス期になってそれが強化され、利用されたものである。

女の子の母親からの離反は敵意の内に行なわれ、母親拘束は憎悪になる。この憎悪はきわめて顕著なものになって一生続き、後に過剰保証される。女の子は、母親に対する非難と苦情を延々と続けるが、遠い過去まで遡っていくと、母親が少ししかお乳をくれなかったとか、自分に対して愛情が足らなかったからであるなどの事柄に関連している。この幼児の最初の栄養への熱望は鎮め難く、母親の乳房の喪失を幼児は決して忘れないようである。更にフロイトは、母親の乳房から引き離されることは、毒殺に対する不安も関係していると述べている。もしかすると子供は、自分の幼い時の病気も乳房を拒絶されたためであると考えるかも知れない（フロイトは、このあたりについては女の子はと限定せず幼児はという主語を使っている。この母親との葛藤に男の子も女の子もさらされることに注目したのがクラインである）。

もう一つの苦情は、下の子供ができたときである。子供は自分の権利を剥奪されたと感じ、激しい嫉妬の混じった憎悪を下の子供に投げ掛け、不実な母親に対して怒りを示す。

第三番目のものはペニス羨望から生じる。フロイトによると、母親に対する子供の敵意の源泉は、おのおののリビドー期によって変化する多様な性的願望である。それらの多くは満たされないが、その拒絶の内でももっとも大きなものは男根期に生じる。つまり母親が彼女に性器を与えなかったという母親に対する苦情である。これら早期の対象充当は高度にアンビバレントであり、強い愛とならんで強い攻撃傾向が存在する。つまり母子関係の特殊な本性が不可避的に子供の欲求と愛を妨害することになる。しかしフロイトは突然、これらの全ての契機、つまり冷遇、幻滅、嫉妬、誘惑からの禁止は男の子の母親との間でも存在し、女の子の特徴ではないと述べている。このあたりがフロイトが自分の男根期理論の矛盾に苦しんでいたところである。

フロイトは、以上のような考察を経た後に、女の子の特徴もやはりエディプス期にあるというやや矛盾した結論に達することになる。というより本来のエディプスコンプレックス論に戻ろうとしている。つまり女の子は、自分がペニスを持っていなかったことを母親の責任にし、そのような損害を与えたことを許せないと感じる。それはペニス羨望として女性の心性の核心となる。母親からの離反は一度には起こらないが、それは最初は母親がペニスを持っていると空想していることも関係している。やがて母親もペニスを持たないことを発見すると、母親を愛情の対象として見捨てるようになり、長い間蓄積されてきた敵意が優位を占めるようになる。

フロイトは、上記のようにその苦情の源泉をたどると母親が十分にお乳を与えてくれなかったというものであると考えている。早期からアンビバレントは特徴的であり、幼い女児の母親に対する強い愛着はアンビバレントで、同時にそれと同じくらい大きな憎悪が存在している。

フロイトは、男児の場合にもこれに劣らず母親への愛着と憎悪のアンビバレンスがあるのは確かなのに、そのままその愛着を保持できるのは、自分の反抗的な感情を全て父親のもとで処分して、母親に対するアンビバレンスを処理していると考えている。このような記述を見ると、フロイトは男児に関しても前エディプス期の母親との関係の重要性を薄々感じているが、彼つエディプス理論を修正したくない気持ちがあったようである。

(5) 幼い女の子が母親に求めるもの

女児の性目標は、その発達段階に規定され能動的な面と受動的な面がある。更にフロイトは、性愛の領域だけでなく心的体験の領域において受動的に体験したものを、子供が能動的な反応によって答えることに注目している。それは子供の外界を制圧しようとする試みであり、苦痛な事柄を避けることができたという印象を与えるような反復強迫を示す。それは子供たちの遊戯にも見られる。つまり受動的な体験を能動的な行為に変え、そのようにして解消しているように見える。

この受動性から能動性への転換は、早期から観察される。最初の授乳、おむつ交換、体を洗ってもらうこと、着せ変えなど全て受動的である。それを子供は積極的なものに変えようとする。

授乳を積極的に吸う行為に、他のことも自分がされたことを自分が積極的にする行為に変える。幼い女児が、母親を洗ってやったり、着物を着せてやったり、お手洗いにいくように指示することなどはその例である。また「おままごと」で母親に子供の役をさせ、自分が母親の役をしたり、人形遊びで人形を相手に母親の役を演じるのである。このような母親に対する女児の偏愛は、父親という対象を無視し、排他的に母親に愛着していることを証明している。

（6）母親に対する愛着の病理

攻撃的な口愛期ないしサディズム的願望は、早期の抑圧の対象になる。そして母親によって殺されるという不安として見出される。この不安は、母親が死ねばいいという願望が意識される場合には、それを正当化する。これが子供が推測している母親の無意識の敵意に関係しているかは、フロイトは定かではないと述べている。フロイトは食べられてしまうという不安は、男性にしか見出していないが、それは父親に関係づけられていたがおそらくは、母親に向けられた口愛的な攻撃が変化したものであると述べている。

この母親に対する怒りは、肛門サディズムの時期の排泄に関する不適切な扱いや、母親が身体を洗ったりすることによって男根期的な誘惑者となって登場することに関連している。これは後年父親に移し変えられ、父親が誘惑者として登場することになる。更に男根期の願望のなかに、女の子が男の子と同じように、自分が母親に新しい子供を作ってやったという、能動的な願望を見出すことが観察される。

母親からの離反は、女児の発達上もっとも重要な一歩である。それによって能動的な性愛活動が低下し、受動的なものが強まる。そして父親への移行は、母親に対する受着によって妨害されなければ、女児の自由に任されている。そうすることによって女性らしさが完成していく。

(7) 女性の特質との関係

フロイトによると、女の子はペニス羨望のために母親拘束から父親拘束へと向かうか、まるでエディプス状況が避難所であるかのように逃げ込む。女の子においては、去勢不安の消失とともにエディプスコンプレックスを克服するように駆り立てる主要動因は欠落しているために、エディプスコンプレックスのなかにかなり長いこと踏み止どまり、超自我の形成も不十分なものである。

このペニス羨望の心性が存続するために、女性の肉体的虚栄心はその代位であり、羞恥心は性器の欠陥を隠そうとするものであるとフロイトは述べている。

女性の対象選択の特徴についてもフロイトは次のように考えている。つまりエディプスコンプレックスを持ち続けている女性の場合には、父親のタイプを手本として対象を選択する。しかしその前史である母親とのアンビバレントな敵意が残っているために、彼女は最初は彼女の父親のイメージを受け継いで選択された夫か、時とともに母親の後を継ぐことになる。そういう訳で一人の女性の後半生は、前半生が母親に対する反抗によって満たされたように、夫に対する戦いによって満たされることが起こりやすいのである。この反応が終わると第二次の結婚生活はうまくいくことが多い。とくに子供を持って母親となったときに、母親との同一化が再び活性化される。そして両親の不幸な結婚を再現するようになる。

女性の母親同一化には二つの相が認められる。それは情愛のこもった関係の上に築かれた、母親を自分の手本にする前エディプス期と、母親を排除し父親に近づこうとするエディプスコンプレックスに発する後期の相である。両者の相は長期にわたって存続するが、情愛のこもった前エディプス的母親拘束の時期は、女性に決定的な影響を及ぼす。この時期に女性が後の性的役割や社会的役割を引き受ける準備が成される。そして男性に対する魅力も、男性の母親拘束の時期を刺激して獲得するようである。

女性は子供を持つことがその発達の大きな契機になるが、ペニス羨望がそれまで存続していたことも示す。とくに男の子を得た場合に、母親は自分の場合には押さえつけないといけなかった野心を転移し、一切の男性コンプレックスが充足されることを期待するようになる。結婚生活といえども、夫が自分の息子の役割を引き受け、自分が母親としての役割を演じることができるまでは安心できない。フロイトによると、ただ男の子との関係が、母親に無制限の満足をもたらすものであり、それは一般の人間関係の内でもっとも完全な、もっとも早くアンビバレントから離脱した関係である。これは、フロイトが意識的には父親心理学を築き上げ、最後まで母親の病理的な対象関係の世界を前面には取り上げなかったことを鑑みて興味深いことである。

(8) フロイトの女性論の意義

フロイトが、女性の精神発達における前エディプス期における母親との関係性の重要さに注目したことは、精神分析の歴史のなかで重要な意味を持っている。彼は男の子についても同じような体験をしているとところどころで述べてはいるが、結局男の子に関してはエディプス期がもっとも重要であると述べていて、母親との関係はもっとも葛藤のない理想的な関係であるという台詞によって、本来の父親を中心に展開したエディプス論を修正することは拒否したのである。しかし彼が女性性の発達のところで述べたような、女の子の母親に対する前エディプス的なアンビバレンスの問題は、主としてイギリス学派のクラインたちによって研究され、男の子も女の子も共通して体験する重要な発達段階であると述べている（クラインの「女性的段階」の理論）。そして迫害的不安と精神病の病理の研究、対象喪失と抑鬱の研究などに結実している。

3節　ユング

ユング自身は、発達論を構築しなかった。それは当時のフロイトの理論に対して彼が反対していたことが関係しているといわれている。当時のフロイトは、再構成を主とした解釈技法を治療的に重要な手段とみなしていた。その基本的な支柱は、精神性的発達論であった。ユングは、フロイトが患者の心的葛藤を過去の幼児期の経験との因果関係に結びつけていく方法に批判的であった。つまり精神現象は因果関係では説明できないと考えていたのである。フロイトの転移の理論は、因果関係論をはるかに越えていたが、ユングは、その転移の視点も受け入れることを拒否したようである。彼にとっては、患者の今ここで体験している幻想の世界の活動が重要であった。

しかしユングの概念の中には、幼児期の母子関係や早期対象関係に関する内的幻想に関したものが存在しているように思われる。

(1) ウロボロス

ウロボロスとは、自分の尾を飲み込む蛇のマークを表わしている。ユングはそれを母子関係における乳児の特別な原始的状態を表わす言葉として使用した。これは乳児と母親との関係が融合的で自他未分化な状態を表わしている。ユングはこのような非常に早期の母子の関係が成人の心の中で活動していることを認めている。

(2) 元型と集合無意識

ユングは人の心の中には、遺伝的で人類に共通して備わっている世界が存在し、集合無意識と呼んだ。そしてそれらは宗教、芸術、民話、神話などの中に表現されていると考えている。その代表的なものがアニマ、アニムスであるが、それらは基本的な男性像、女性像として個人の心の無意識の奥に存在し、個人の心的活動に様々な影響を与えるものである。それは無意識の重要な部分を占めているが、ユングによるとフロイトが研究したエディプス・コンプレックスなどの世界は、個人的コンプレックスの世界に属するものである。そしてそれらの底部に遺伝的な人類共通の集合無意識が存在する。

アニマ、アニムスなどは、視点を変える前エディプス期の内的対象に関するものであり、クラインが提唱した理想的な良い対象、迫害的な悪い対象やそれらに対応する原始的自我の世界である。ユングは、早期対象関係に関する内的幻想の典型的な活動の仕方について、集合無意識という独自の視点からスポットを当てたということができるであろう。そして母子関係に注目し、母親の役割の重要性について早くから注目していたのである。

そのほかにサミュエルズによると、ユングの前エディプス的リビドー論、分化の概念、心身相関図式、自我形成の理論、象徴の研究などは、早期発達理論の研究に寄与していると考えている。

4節　エリクソン

エリクソンの発達論は、その有名な発達図式と青年期のモラトリアム論によって、わが国ではよく知られているので、それをあえてくわしくは紹介しない。彼の研究の特徴は、次のようなものであるということができる。

(1)　乳児期から老人期まで、個人の心の発達を8段階に分け、それぞれの課題を明確にした。このことにより、あらゆる年齢層の心理に対する一般的な理解と注目を得ることになり、思春期青年期だけでなくとくに壮年や高齢者の心の問題も精神療法的にアプローチしていく可能性を切り開いた。

(2) それぞれの段階における葛藤的課題を、陽性と陰性の対の言葉で表現することによってその特徴を浮き彫りにした。つまり、乳児期：信頼‐不信、幼児後期：自立性‐恥・疑惑、幼児後期：自主性‐罪悪感、学童期：勤勉性‐劣等感、思春期：同一性‐同一性拡散、成人期：親密‐孤立、壮年期：世代性‐自己陶酔、老年期：統合性‐絶望であり、それぞれの対人関係や社会的役割に対する自己感情を的確に表現している。なお最初の5段階はフロイトの発達段階を踏襲したものであるが、エリクソンは対象関係の顕在化した現象面に注目した発達論を造り上げている。

(3) これらは、個人の対人関係、社会的自己、分化に対する能度やかかわりの面にとくに注目した研究である。それは、観察可能な現象に注目した現象学であり、無意識よりもむしろその顕在的な現われとしての現象面に注目した発達心理学に近いものである。そして社会学者や人類学など周辺領域とも共有したものを持っている。彼が偉人などの伝記的な研究によって、自我同一性の研究を行なったのは、この方法論とよく対応している。逆にフロイトや英国対象関係論と比較して内的世界の研究はやや後塵を拝している。

(4) とくに最近の青年期の問題に対して同一性障害とモラトリアムの視点は、ブロスやサリバンの思春期青年期論とともに、この年齢の病理の特徴を理解するための基本的な視点を提供してきた。これは青年期が、発達的に社会と接触を始め、社会的な自己を形成することに積極的になる時期であるために、内的な心の課題が行動化として表現されるために、エリクソンの対人関係において現われた葛藤からアプローチする方法がもっとも適切であったと考えられる。青年期の行動化は現象的にも明確に観察されることが多く、実際にエリクソンのライフサイクルの発達論の構想は、思春期青年期の葛藤の問題から出発したものである。更にこれはエリクソン自身がヨーロッパからアメリカに移民したときに、自己同一性のクライシスを経験したことが、思春期青年期の自我同一性の研究の発端になったといわれている。

5節　おわりに

以上、主としてフロイトの発達論について紹介し、ユングとエリクソンの研究の特徴を簡単に紹介した。いずれにしても精神分析的発達論の研究は、フロイトに発したものである。フロイトは、多くの視点や可能性のある課題を残したのであるが、後の研究者たちはそれらを更に発展させてきたということができる。そしてユングはそれをネガティブな態度を取りながら行ない、エリクソンはフロイトがリビドーに注目した理論の背景の前提として記述していた対象関係を中心にしたより包括的な発達論を展開した。

筆者はここではフロイトの女性論にとくに注目しているが、それはフロイトが早期対象関係論を徐々に認め始めていて、クラインなどのイギリス学派の研究と共通する視点を提供しているからである。そしてこれらの視点は、早期母子関係に注目した対象関係論などの現代精神分析の基礎となったのである。

参考文献

（1） Erikson, E. H.（1950）*Childhood and Society.* Norton.〔仁科弥生訳（1977/1980）『幼児期と社会1・2』みすず書房〕
（2） Erikson, E. H.（1959）*Identity and the Life Cycle.* International Universities Press.〔小此木啓吾訳編（1973）『自我同一性』誠信書房〕
（3） Erikson, E. H.（1964）*Insight and Responsibility.* Norton.〔鑪幹八郎訳（1971）『洞察と責任』誠信書房〕
（4） Freud, S.（1905/1953）Three Essays on the Theory of Sexuality. In *Standard Edition,* Vol. 7: 125-245. Hogarth Press.〔懸田克躬・吉村博次訳（1969）「性欲論」『フロイト著作集5』人文書院〕
（5） Freud, S.（1908）On the Sexual Theories of Children. In *Standard Edition,* Vol. 9. Hogarth Press.〔懸田克躬訳（1969）「幼児期の性理論」『フロイト著作集5』人文書院〕

(6) Freud, S. (1910/1957) Leonardo Da Vinci and a Memory of His Childhood. In *Standard Edition*, Vol. 11, Hogarth Press.〔高橋義孝訳（1969）「レオナルド・ダ・ヴィンチの幼年期のある思い出」『フロイト著作集3』人文書院〕
(7) Freud, S. (1911) Formulations on the Two Principles of Mental Functioning. In *Standard Edition*, Vol. 12 : 215–226. Hogarth Press.〔井村恒郎訳（1970）「精神現象の二原則に関する定式」『フロイト著作集6』人文書院〕
(8) Freud, S. (1914) On Narcissism: An Introduction. In *Standard Edition*, Vol. 14 : 67–102. Hogarth Press.〔懸田克躬・吉村博次訳（1969）「ナルシシズム入門」『フロイト著作集5』人文書院〕
(9) Freud, S. (1915) Instincts and Their Vicissitudes. In *Standard Edition*, Vol. 14. Hogarth Press.〔小此木啓吾訳（1970）「本能とその運命」『フロイト著作集6』人文書院〕
(10) Freud, S. (1916–1917) Introductory Lectures on Psychoanalysis. In *Standard Edition*, Vol. 15–16. Hogarth Press.〔懸田克躬・高橋義孝訳（1971）「精神分析入門　第二〇講、二一講、二六講、三三講」『フロイト著作集1』人文書院〕
(11) Freud, S. (1921) Group Psychology and the Analysis of the Ego. In *Standard Edition*, Vol. 18 : 65–144. Hogarth Press.〔小此木啓吾訳（1970）「集団心理学と自我の分析」『フロイト著作集6』人文書院〕
(12) Freud, S. (1924) The Dissolution of the Oedipus Complex. In *Standard Edition*, Vol. 19. Hogarth Press.〔吾郷晋浩訳（1970）「エディプス・コンプレックスの消滅」『フロイト著作集6』人文書院〕
(13) Freud, S. (1931/1961) Female Sexuality. In *Standard Edition*, Vol. 21. Hogarth Press.〔懸田克躬・吉村博次訳（1969）「女性の性愛について」『フロイト著作集5』人文書院〕
(14) 河合隼雄（1967）『ユング心理学入門』培風館
(15) Klein, M. (1932/1975) Psychoanalysis of Children. In *The Writings of Melanie Klein*, Vol. 2. Hogarth Press.〔衣笠隆幸訳（1997）『メラニー・クライン著作集2』誠信書房〕
(16) 村井潤一編（1986）『別冊発達4　発達の理論をきずく』ミネルヴァ書房
(17) 小此木敬吾他編（1987）『精神分析セミナーⅣ――フロイトの精神病理学理論』岩崎学術出版社
(18) Samuels, A. (1986) *Jung and the Post-Jungians*. Routledge.〔村本詔司・村本邦子訳（1990）『ユングとポスト・ユンギアン』創元社〕
(19) Jung, C. G. (1968) *Analytical Psychology*. Tavistock.〔小川捷之訳（1976）『分析心理学』みすず書房〕

〔『別冊　発達』20巻、１９９６年〕

41章　ウルフマンの夢について――クライン派の視点から

1　はじめに

精神分析の創始者であり、その歴史の中でもっとも優れた研究者であるフロイトの論文に関して論述することは、かなり困難な作業である。彼の論文に関しては、多くの考察が既に行なわれていて、新しい視点を提出することは容易なことではない。ウルフマン（狼男：Wolf Man）の臨床症例論文に関しても同じことが言える。その意味では、本稿の著述はかなり勇気を必要とした。自我心理学（ego psychology）においては、ウルフマンの論文は、原光景（primal scene）の重要性、幼児神経症（infantile neurosis）の研究、去勢不安（castration complex）の問題、夢解釈（interpretation of the dream）の技法などもっともフロイトの理論と視点を多く含んだ論文として評価されている。そして、候補生（candidate）などの研修の中でも、フロイトの考え方をもっとも代表する、正統の分析的視点を持った論文として紹介されている。そのような論文に対して、若輩の筆者の私見を述べることになるが、これらの意見はあくまで試論であるに過ぎない。

筆者はクライン派の夢分析の技法（technique of dream interpretation）を応用して、早期対象関係論（early object relation theory）の視点から、ウルフマンの夢の意味を論じてみたい。とくに、フロイトが論じてはいない、臨床時点の場面で夢を報告している26歳のウルフマンの治療体験（therapeutic experience）や転移（transference）と夢の関係を考察してみたい。

2　ウルフマンの論文の特徴

この論文は、フロイトの症例の中でももっとも複雑な視点を展開しているものと言うことができる。それは種々の特徴を持っている。つまり、①症例自体がクレペリン（Kraepelin, E.）によって診察されて、躁鬱病（Manic Depressive Illness）と診断されている。現代の診断から見ると、実際の症状は無気力（apathy）と引きこもり（withdraw）を主徴とし、精神病的（psychotic）な世界を持つ重症のスキゾイド・パーソナリティ（schizoid personality）の可能性もある。②期限設定療法（limit setting psychotherapy）を適応している。③25歳の患者が4歳時に見た夢の分析を行ない、フロイトは幼児期神経症に焦点を当てて研究を行なっている。成人としての患者の現在の夢の意味については考察していない。これには、様々な現実的要因などがあったようであるが、フロイトは明らかにしていない。④幼児期の原光景（primal scene）と父親恐怖、つまり去勢恐怖の重要性を強調している。夢解釈も主としてその点から説明している。⑤幼児強迫神経症（infantile obsessive neurosis）の成立過程について。⑥乳幼児期体験の重要性について。⑦倒錯（perversion）傾向の形成について。⑧フロイトの治療終了後、再発して精神病的状態（psychotic state）になっている。そのために再治療を行なっている。⑨フロイトの患者の中では長寿で、フロイトとの体験などを多く語った患者である。

3　クライン派の夢分析の理論と技法

クライン派（Kleinian）の分析家たちは、当然のことながら臨床における夢分析を重要視している。その技法は、フロイトの要素分析（element analysis）を基本にしているが、その理解の基本的視点は早期対象関係論に基づいている。つまり、妄想分裂ポジション（paranoid-schizoid position）や抑うつポジション（depressive position）に関する対象関係（object relation）、防衛機制（defense mechanism）、各種の不安を理解することを目標にしている。そして、とくに治療者との転移関係（transference relation）に注目した解釈（interpretation）を行なっている。

4　ウルフマンの夢

夢分析が行なわれた時は、患者は26歳の男性で、数年間の引きこもりの末に、23歳時にフロイトに治療を受け始めている。フロイトの治療開始後もほとんど沈黙が続き、3年半年間にわたって分析的な自己理解が深まらないために、フロイトは後1年間の期限設定（limit setting）を申し出た。その後から、患者は多くの連想（association）と夢の分析を展開して行った。その夢は、ウルフマンが4歳のときに見た者を回想しているものである。それは彼の4歳の誕生日でもあるクリスマスイブの夢だった。そこで、彼は二重の喜びを飾るには、プレゼントが期待していたものよりも不十分なものだったことで落胆してベッドに入り、その夜に見た夢である。

「私はベッドに寝ていました（私のベッドは足の方が窓に向いており、その窓の向こうには古いクルミの木がずらりと並んでいました。その夢は冬のこと、確か冬の夜のことだったと思います）。急に窓が独りでに開きました。窓の向こうの大きなクルミの木に幾匹かの白いオオカミが座っているのを見て、私はびっくりしました。オオカミは6匹か7匹いました。彼らは真っ白でどちらかといえば、狐かシェパードのように見えました。というのは、それが狐みたいに大きなしっぽを持ち、その耳は何かをねらう犬のようにピンと立っていたからです。私はこのオオカミ達に食べられるのではないかと非常な不安に襲われて、私は大声を上げ、泣き出しました。夢で動いたものは窓だけで、オオカミはびくともせず、私を見つめていました」というものである。フロイトは、このオオカミがびくとも動かないことと、見つめていることに注目して、原光景と父親恐怖（fear of father）の問題などを解明している。

5　二つのおとぎ話の解釈

フロイトはこの夢に関して、患者が言及した二つのおとぎ話を中心にして考察してみたいと述べている。そして父親恐怖と去勢不安、原光景の問題として論じている。ここでもまずその二つの物語の意味を考えてみたい。それによって、この夢の意味もかなり明らかになるのではないかと思うが、とくにウルフマンの治療時現在における転移関係などのダイナミックス（dynamics）を明らかにしたい。右記のように、この点はフロイトがこの論文では論じていないことである。なおこれらの二つのおとぎ話は、良く知られていることを前提として論を進めたい。

(1) 赤ずきん

お母さんは、赤ずきんに病気のおばあさん（ケアを必要とする母親：ウルフマンの母親は病気がちでいつもケアを必要としていた）にお見舞いをするように言いつける（ウルフマンは幼少時から病弱な母親に対しては、いつもケアをすることが義務的なものであると考えていた可能性がある）。そして道草をしてはいけないこと、とくにオオカミに気をつけるよう注意事項を言っておくが、赤ずきんはそのお母さんの忠告を無視して約束を破ってしまう。そうすると、先回りした悪いオオカミ（迫害的な悪い対象〈persecutory bad object〉：母親）は、おばあさんを飲み込んで、おばあさんになりすましている。これは弱いケアを必要とする祖母（母親のもう一つの側面）のお見舞いに行くときの母親の忠告を、赤ずきんが聞かず約束を破ったために、怖い攻撃的（aggressive）な母親が登場し成り代わっていることを示している。その目は大きく、耳も大きくとがっていた（夢の中のオオカミのように）。

そして赤ずきんを襲って食べてしまう。このような口唇期的攻撃的（oral aggression）な母親や結合両親象〈combined parents：攻撃的で去勢的〈castrating〉な面は男根的〈phallic〉な破壊性を表わし、大きな口で食ってしまいお腹にため込んでしまうイメージは迫害的な母親の部分であり、オオカミは両親の攻撃的な部分が結合しているともみなすことができる）の問題がこのおとぎ話の前半のテーマであろう。

そこに、猟師（良い父親〈good father〉）がやってきて、オオカミ（悪い母親）のお腹を切り開いて、赤ずきんとおばあさんをお腹から助け出す。そして代わりに石ころ（攻撃的男根〈aggressive phallus〉）をお腹に入れておく。目が覚めたオオカミ（悪い母親）は、のどが渇いて井戸に行き落ちて死んでしまう。この悪者（悪い両親対象）を退治する良い父親の役割が、悪い母親から良い子供や良い対象を救い出す重要な役割を果たしている。この後半のテーマが、子供の心をとらえるのであろう。

まとめると、赤ずきんの前半のテーマは、母親から強制された成長、分離と独立、成人（病気がちの悪い母親）のケアという義務の遂行である。赤ずきんは、母親の忠告には従わない。そこで迫害的な悪い対象が登場し、赤ずきんを食べてしまう。後半になると、赤ずきんを助ける良い父親を表わす猟師が登場する。また母親は赤ずきんを救助する場にはいない。これは子供が母親の世界から分離しようとするときのエディプスの物語（Oedipus story）でもあろう。

（2）オオカミと7匹の子山羊

「オオカミと7匹の子山羊」は不在の母親（absent mother）に関するものである。つまり母山羊が子供たちを置いたまま買い物に行ってしまう。つまり、罪は母親にある。そうすると、オオカミがやってくる。つまり母親（良い対象）が不在になると、内的な悪い対象（inner bad mother：母親）を表わすオオカミが登場するのである（内的な悪い母親や父親像が投影〈project〉される）。このオオカミ（悪い対象）はずるがしこくて、母親の言いつけを良く守っていた子羊たちをだまして、ほとんどを食べてしまう。しかし、一匹だけ高いところにある柱時計の中に隠れて助かる。そして母親が帰ったときに、良い母親（good mother）に出会うことができ、打ちひしがれた母親を少しだが慰めることができる。子山羊7匹は、ある意味では7匹で全体的な子供の自己なのであり、それ全部が悪いずるがしこい対象（内的な悪い母親の投影）に飲み込まれたのではなく、一部はまた帰ってくる良い母親に出会うことができる。そして、母親に起こったことを一部始終話して、母親と兄弟を助けることを考える。つまり、ここでは子山羊（子供）は悪い対象には完全には破壊されないで良い母親に出会うことができ、その母親の悲しみを共有し協力してその悪いオオカミ（悪い両親像）を退治するのである。

末の子山羊が隠れていた時計は時間の象徴であり、じっと母親が帰るのを待つことのできる自己を表わす。また時計は高い場所にあって、オオカミから自分を守る場所にあるものである。更に、まさかその中に隠れるとは思えないような、オオカミを欺くことのできるものである。ウルフマンが、フロイトとの初診時に、診察室にあった柱時計を気にしていたのは、興味深いエピソードである。彼は、フロイトに迫害的体験（persecutory）を抱いて時計の中に隠れてしまう自分を幻想（phantasize）していたのかもしれない。言い換えれば、時間、空間感覚と思考などの二次的機能（secondary function）のしっかりした子山羊（子供の自己の部分）が、迫害的攻撃（persecutory aggression）から生き残る（survive）ことができたのである。つまり、二次的機能のしっかりした自己の一部は、そのような迫害的体験を生き延びることができるという意味であろう。このような場を生き延びた自己の部分は、帰ってきた良い母親と出会うことができ、母親の悲しみを助け、一緒になって兄弟（他の自己の部分）をも助けることができるのである。このように、オオカミに象徴される怖い迫害的な結合両親像（combined parents）に、お腹に飲み込まれた子羊（赤ん坊、子供）が再び助け出されて来る空想は、健全な万能的救済（omnipotent relief）の世界である。悪いオオカミは、帰ってきた良い母親や子供の知恵によって結局退治されるのである。それらがオオカミが眠っている内に、気づかれなく行なわれると言う魔術的な世界が、子供たちには親和性のある世界なのである。

6　転移に関する夢の解釈

この二つのおとぎ話の分析と夢そのものの内容だけでも、夢の理解がかなり可能である。つまりこの夢の理解を、他の臨床経過の資料が少ないために筆者のかなり独断的な類推によって行なってみると次のようになる。これは、母親不在における女の子や男の子の迫害的な体験を基本的に表わしている。母親が（あるいは母親から）一時的にも去ったときに、その母親の言いつけを守らなかったり、いくら守ろうとしてもうまく行かなかったりしたときには、悪い母親対象かおそらく結合両親の悪い像が登場して、子供を食べてしまう。これは口唇期の迫害的攻撃の代表的なもので、そのような内的対象の活動を良く表わしている。そして、子供たちや良い対象は飲み込まれてしまう。そこに登場するのが、良い父親や良い母親である。猟師に表わされる良い父親像や帰ってくる良い母親像は、悪い母親あるいは結合両親像との破壊的世界（オオカミのお腹）に閉じこめられている子供を、その知恵と力によってオオカミに気づかれることなく救い出す。そしてそのような悪い対象は、お腹に入れられた石ころ（悪を懲らしめる正義の攻撃的男根）によって殺されていくのである。

このように、二つのおとぎ話の考察だけでも、この夢が母親不在と迫害的対象の登場（悪い母親や悪い結合両親像）、食べられる攻撃、良い父親像や良い母親像の登場による救済と、悪い対象の懲罰と破壊というテーマが類推される。これは後述するように、転移状況と大きな関連性がある。

なおフロイトも、二つの話に共通な事柄に注目している。つまり、オオカミに食べられ、お腹を切り開いて助け出されること、代わりに石を入れられて、オオカミは死んでしまうことである。しかしフロイトは、なぜか夢の中のオオカミの注視と不動であったことにとくに注目していく。そして、彼はこの夢の意味を父親恐怖の問題として、去勢不安と原光景に関連づけて理論を展開していく。

ウルフマンは長い間理解が進まなかった幼児期の夢について、とくにフロイトが期限設定をした数ヶ月で、積極的に時間をかけてその意味を理解したのであった。これは転移の問題と深く関係している。その時のウルフマンとフロイトとの関係が、どのようなものであったかは詳しくは語られてはいないが、数年にわたる治療がほとんど沈黙によって進展せず、フロイトも随分苦労し、逆転移に苦しんでいた時期であったろう。そして、患者のサボタージュを見逃すことができないと考えて、3年半年間続いていた治療を後1年で終了すると宣言した。そのときから、患者はこの夢の理解を含めて、急速に自己理解が進むような豊富な連想を行なうようになったのである。

その背景を考えると、ウルフマンが夢について取り組みを進めようとした理由も、良く理解できる面がある。つまり、彼は治療者が急に自分に厳しいルールと義務を要求し始めたと感じて、ちょうど二つのおとぎ話のストーリーのように、それが守れない自分は怖いオオカミのような攻撃的で迫害的な治療者に飲み込まれて、殺されてしまうと恐れているのである。そして、そこから逃げ出すためには、仕立屋の男性のように木に登って逃げるか、末の子山羊のように時計の中に逃げ込むかしかないが、オオカミが木に登ってしまっては彼には逃げ道はないのである（後述）。彼の背後で、じっと彼に耳を傾けている治療者が、あらゆる策略を用いて患者の世界に侵入して破壊してしまう、怖い大きな目と口を持っていて、大きな耳を立てて聞いている治療者のイメージに代ったとしても不思議はない。

窓が急に開いたのは、これは経過上から見ると、フロイトが時間設定をすることによってやむなく自分が心の窓を開けざるを得ないか、強制的に開けられて、自分の世界に侵入され始めたという体験を表わしているのであろう。

また、最後には良い力強い男性が現れて自分を救ってくれると言う、治療者に対する強い期待が表現されている夢でもある。つまり、治療者は、迫害的な悪い対象と、患者を最終的に救ってくれる良い治療者の二つのイメージに分裂している。

夢の中でオオカミが狐や犬のようなあまり怖くない面も感じられたのは、やはり治療者フロイトのイメージが完全に悪い者ではなくて、良い対象世界が背景に見えていることを暗示しているのであろう。

フロイトは、このような夢を見たときの幼少時期の神経症との考察に集中しているが、ここでは筆者はむしろ成人になった患者が、いまここでこの治療場面において体験している転移関係などに注目して考察を行なった。

7　そのほかの夢に関する患者自身の要素連想について

(1)　ウルフマンが幼い頃、姉が良く赤ずきんちゃんの物語の挿し絵にあるオオカミの絵を見せて患者を怖がらせていた。患者は、幼い頃オオカミ恐怖症であった。彼の姉は、19歳のときに自殺をしている。

(2)　「白色」については、幼い頃郊外の屋敷に住んでいたときに、父親の自慢の羊がいたこと。それを父親が幼いウルフマンに見せていたが、あるとき伝染病で大量死し、専門家が治療すると更に多く死んでしまった。この事件が起きたのは、彼が4歳の誕生日の前の可能性がある。

(3)　仕立屋が、窓から入ってきたオオカミのしっぽを切った話。仕立屋が、森でそのオオカミの群にあって、木に昇って逃れた話。オオカミは肩車を組んで、仕立屋を捕まえようとしたが、又しっぽを切ってやると言っておどかし、オオカミはその肩車を崩してしまい、うまく追い払った話。

筆者は、上記の赤ずきんと7匹の子ヤギの物語の理解に加えて、ここに追加されている患者の要素連想を更に検討してみたい。まず最近自殺によって亡くなった姉への連想がある。この姉はウルフマンをしばしばオオカミの絵を見せて脅かしていたが、ウルフマンの姉に対する怒りや破壊性が姉の自殺によって現実化してしまった。

これはアンビバレントな対象喪失に関する大きな事件である。

更に、やはり最近亡くなった躁鬱病で苦しんでいた父親に対する対象喪失の問題がある。4歳のウルフマンがこの夢を見るすぐ前に、父親の自慢の羊が次々と死んでしまって、おそらく父親が非常に落胆してしまったことや、専門家の援助は更にひどい結果をもたらしたことが、父親の病状を悪化させたと感じているだろう。そして、ウルフマンが21歳のときに父親はついに自殺をしてしまうのであるが、父親を救うことのできなかった専門家の医師に対する強い不信感と不満、怒りが存在していると考えられる。

ウルフマンは18歳で抑うつ状態を発症していて、19歳時に姉の自殺、21歳時に父親が死亡している。ウルフマンは、23歳時にフロイトに受診するまで症状が改善することはなかった。

これは、ウルフマンのフロイトに対する転移をも表わしているであろう。つまり、治療終了の宣言をして時間設定をし、強力に治療を推進しようとするフロイトが、ウルフマンの対象喪失の病理の世界を刺激したのではないかと言う可能性である。更に、専門家が父親の大事な羊を全滅させた事柄から、父親の躁鬱病が悪化し遷延してついに回復することなく死亡した父親と同じく、自分が最終的に治療によって悪化して、救われることもなくフロイトの下を去って、姉や父親のように死んでしまうのではないかという不安を表わしている。

仕立屋の話は、悪いオオカミ（悪い母親）を退治する父親像、治療者像を表わしている。そしてしっぽを引きちぎってしまった、いわゆる去勢された女性のイメージを表わすが、それまでの悪い攻撃的な母親は父親の男根を合体した男根を持つ母親像なのである。そして、その男性（治療者）はもう一度そのオオカミ（悪い母親像）に襲われたときにも、そのオオカミがもはや攻撃的でパワフルな男根を持ってはいないと脅かすことによって、うまく逃れたのである。仕立屋の男は、そのような攻撃的な悪い母親像や結合両親像の攻撃をうまくかわして、自分を守ることのできる治療者像を表わしているのであろう。

8 おとぎ話と家族像

この夢における二つのおとぎ話に現れる母親、祖母、母羊、オオカミなどには、患者の両親像も良く反映されていると思う。それは患者が、この夢を見た4歳の頃の家族状況などの記述を通して類推することができる。フロイトは、当時もあくまで父親恐怖、去勢不安、とくに原光景の面を中心に父親を中心にした理解をしているが、所々で母親にもふれ、母親の代理と思われる姉、乳母、家庭教師などの患者と生活をしていた女性たちについては多くのページを割いている。しかし、それらの女性達に関しては、フロイトはあくまで性的誘惑をする外傷的な体験を供給する側面を強調している。これは視点を変えれば、迫害的対象としても記述されているのである。ただ乳母に関しては、優しくウルフマンを保護したことを述べている。フロイトは、母親や女性の問題を理論的な中心にはなかなか置くことはできなかった。

ウルフマンの両親は、患者が幼い頃から病気がちであったし、良く両親だけで旅をして、患者と姉は家に残されて乳母や家庭教師などの世話を受けたようである。母親は女性器の病気によってほとんど病床に伏せていて、心気的で自己中心的な女性であった。そしてウルフマンが幼少時から、ほとんど母親としての世話はできなかったようである。父親も躁鬱病によってサナトリウムに長期入院を繰り返していた。このような病弱な両親との分離や剥奪体験や、両親や姉の病気や死による対象喪失や別離の苦悩の体験は、家族全体に暗い陰を落としていたし、ウルフマンに強い影響を与えて病理的な作用をもたらしたと思われる。このようなウルフマンの家族歴や家族像は、赤ずきんの病気の祖母、7匹の子ヤギの父親不在、口唇的破壊性の母親象徴であるオオカミなど、二つのおとぎ話のテーマに通じるものがある。

娘と夫を失うことになった哀れな母親は、ウルフマンが成人になっても神経症的で患者に対してはお金のことばかり話していたようである。患者の発症は、淋病にかかったときであったことをきっかけにしている。これはウルフマンがアンビバレントな関係にあった母親の女性器の病気の症状との病理的同一化を表わし、当然その背景には父親と姉の発病と後の死の問題もあったようである。フロイトは患者のこの母親との同一化の問題や、母親の体内に取り込まれたり、子宮に還る願望の問題も論じている。しかし、あくまで父親との性的体験世界を得るためであると考えて、やはり陰性エディプスの問題として論じている。

しかし、おとぎ話の中でも現れているような、病弱で要求がましかったり不在がちだったりする母親が、内的幻想世界で迫害的で攻撃的な悪い母親に変化することは、日常生活の中でウルフマンが良く体験していたであろう。それは躁鬱病のために入退院を繰り返して不在がちであった父親にも言えることであり、悪い迫害的な対象としての結合両親像が大きな作用をしていると考えられる。

9　おわりに

ウルフマンの症例について、フロイトは狼の夢の分析については、幼児神経症の存在、去勢不安と原光景の重要性について力強く論じている。

ここでは、フロイトがあまり扱っていない治療者に対する転移の問題を考察した。つまり、夢に関する患者の連想である赤ずきん、オオカミと七匹の子ヤギのおとぎ話、更に幼い頃姉が絵本のオオカミの絵でウルフマンをよく脅していたこと、父親の大事な羊が大量死したこと、仕立屋とオオカミの話などの連想の意味を考察して、治療者に対する今ここでの転移関係をあきらかにしようとした。更に、ウルフマンの家族像や家族の歴史と、二つのおとぎ話で示唆されている対象関係に一定の符号性があることを述べた。

参考文献

（1）吾妻ゆかり・妙木浩之編（1993）「フロイトの症例」『現代のエスプリ』317号

（2）Freud. S. (1918) From the History of an Infantile Neurosis. In *Standard Edition*, Vol. 17. Hogarth Press.〔小此木啓吾訳（1983）「ある幼児期神経症の病歴より」『フロイト著作集9』人文書院〕

（3）Kanzer, M. & Glenn, J. (1980) *Freud and His Patients*. Jason Aronson.

（4）衣笠隆幸（1991）「対象関係論における夢の理論」『イマーゴ臨時増刊「夢」』

（5）衣笠隆幸（1997）「夢の分析　クライン-ビオンの発展」『現代のエスプリ「夢の分析」』

（6）衣笠隆幸（1998）「毎日分析と夢の臨床」『精神分析研究』42巻3号、276-283頁

〔『PSIKO』2巻3号、2001年〕

42章 『科学的心理学草稿』——忘れ去られ数奇な運命をたどった難解で異色の論文

認識するあるいは判断する思考は、身体的な備給との同一性を求め、再生的な思考は（自己自身の体験の）心的備給との同一性を求める。そして、判断的な思考は再生的思考に先立って働く。すなわち判断的思考は再生的思考に、連想的探索をし続けるための機制の疎通を提供するのである。思考活動が終わった後に現実標示が知覚に付け加わると、現実性の判断、すなわち確信が得られ、活動全体の目標が達せされる。[3]

1　はじめに——数奇な運命

『科学心理学草稿』は、フロイトの死後11年経った１９５０年に出版されたものである。本論文は、①その存在が長い間知られることなく、保存と発見の経緯が奇跡的な幸運によるものであったこと、②精神分析誕生創生期の『ヒステリー研究』の出版と同じ１８９５年に書かれたもので、フロイトが執筆途中で放棄して未完成に終わり、公表されることはなかったし、生前は言及することは無かったこと、③フロイトの脳生理学と深層心理学とを結びつけようとする非常に野心的で複雑で難解な論考であること、などが特徴である異色の論文である。しかしそこで論じられている点は、その後のフロイトの研究の骨子として影響を与え、発展されたことが明らかになる重要な論文である。

この論文は、前述のようにフロイトの死後1950年になって初めて出版されたものであるが、そこにはこの草稿のたどった数奇な運命が背景にある。

後述するように、フロイトはヨーゼフ・ブロイエルとの交友関係が終わった後に、1892年から1902年まで、ベルリン在住の耳鼻科医師ヴィルヘルム・フリースとの十年にわたる特有な創造的依存的関係を持っていて、その中で多くの病理学的研究、自己分析、夢分析の発見などを展開していった。それは主に手紙の往復で行なわれたが、時折「会議」と言われる会合を持っていた。そして膨大な手紙のやり取りがされたが、幸運にもフロイトからフリースへの手紙群が破棄されずに存在していた。それは第一級の史料であり、以下に述べるフロイトの研究者としての思考の軌跡は、ほとんどフリースへの手紙群によって明らかになったものである。その手紙群とともにあった『科学的心理学草稿』が現在まで存続したいきさつは、以下のような奇跡的なものである。

1928年にフリースが亡くなったとき、彼の妻が遺品を整理していて、フロイトからの手紙群を発見した。当時既にフロイトは有名になっていたが、フロイトがユダヤ人であったためにゲシュタポが知ればそれらはすぐ廃棄処分にされることを彼女は知っていた。それゆえ、彼女はそれらの手紙をパリの古本屋に売却した。それを知ったフロイトの高弟でパリ在住のマリー・ボナパルトは、その手紙群の重要性を察して高額で買い取った。フロイトは、ボナパルトにそれをすぐ破棄するように命じたが、勇気ある彼女はそれを拒み、パリのデンマーク銀行の個人金庫に保管していた（彼女は当時ナチスドイツとは中立的関係にあったデンマークの王女だった）。第二次大戦中にドイツ軍がパリに進行してきたとき、彼女はゲシュタポの立ち会いの下にその手紙を引き出し、巧妙な方法でそれらをロンドンに送った。その際、貨物船が潜水艦に沈められる可能性があると憂慮して、防水をして浮きをつけたものに入れて送ったのである。ロンドンに無事着いたそれらの手紙群は大切に保管され、フロイトが亡くなった後、徐々に公開されるようになった。そしてそれらの手紙と一緒にあった『科学的心理学草稿』の論文は1950年に発表されたのである。

2　フロイトの組織病理学者の時代

『科学的心理学草稿』の誕生の経緯には、組織病理学者として研究生活を始め、既に同一性を確立していたが、後にヒステリーなどの神経症を対象にした臨床精神病理学、つまり深層心理学へと研究の対象を移行させたことが大きく関係している。彼は、心の座と考えられる脳機能と心理現象を統合的に説明しようとしたのである。

(1)　神経ニューロン発見の時代

フロイトは、20歳時（1876年）にエルンスト・ブリュッケ教授の下で神経生理学を研究した。ブリュッケの研究室では、唯物論的生物学というエネルギー不滅の法則に基づく力学の視点を中心にした生物学を目的にし、ダーウィンの進化論を基本的視点にしていた。若きフロイトは、1978年にはヤツメウナギの脊髄神経細胞の研究を行ない、1879、1881年にはザリガニの神経細胞を研究して、ニューロンの発見者の一人として貢献している。彼は当時既に組織解剖研究者としての同一性を確立していた。

(2)　失語症などの研究

フロイトは、パリのジャン＝マルタン・シャルコーの下に留学し（1885-86年）、ヒステリーの精神病理学に深い関心を持つようになっている。他方では、臨床神経学者として、小児神経学の先進的な研究も行なっている。彼は、『失語症』(1891)、「小児の脳性麻痺」(1891, 1893) など大部の論文や著作を発表しているが、それは臨床神経学者として一流のものであり、それだけでもフロイトは研究者として名を残したであろう。しかし、当時のフロイトは、臨床精神病理学に強い関心を抱き始めていた。

3　ブロイエル時代

フロイトの学問世界における『科学的心理学草稿』の意味や歴史的重要性を理解するには、この論文が書かれた当時のフロイトの学問的・研究的背景や交流関係を理解することが重要になる。

１８７０年代後半にフロイトはブロイエルと出会い、十年以上にわたって緊密な交際を続けている。ブロイエルは、本来は生理学者として迷走神経の研究、三半規管の研究などを行なっている。後に臨床精神科医となって、フロイトに多大な影響を与えることになった。彼は、有名なアンナ・Oに、１８８０年12月から１８８２年6月まで催眠浄化法による治療を行なっていて、それをフロイトに「カタルシス理論」として詳しく話している。それに興味を持ったフロイトはヒステリー患者の催眠療法を積極的に行ない、最終的には自由連想法を開発していった。ブロイエルとフロイトは共著で『ヒステリー現象の心的機構予報』(1893)、『ヒステリー研究』(1895)を発表している。そして、この同じ年に『科学的心理学草稿』が書かれている。ブロイエルは、アンナ・Oの転移性恋愛の行動化に狼狽してヒステリーの研究そのものから手を引くことになった。またフロイトの性欲論に賛成せず、徐々にフロイトから遠ざかっていった。しかし、彼がフロイトに与えた学問的影響は大きく、精神分析の創世期に大きな足跡を残した。

後述するように、フロイトは、後の論文の中でこの『科学的心理学草稿』の視点を反復して論じている。草稿が書かれて25年後の『快楽原則の彼岸』(1920)において、「そこで、ブロイエルの説を改めて考察してみたが、ブロイエルによれば、エネルギー備給の二種類の形式が問題であり、心理的体系の(あるいはその要素の)自由に流動し放出を迫る備給と、静止した備給とが区別されなければならない。おそらく、心的装置に流入するエネルギーの拘束は、自由に流動する状態から静止した状態への移行の中で行なわれる」と述べている。これは『科学的心理学草稿』の中で、φニューロンとψニューロンの性質の区別を行なったときの基本的視点である。フロイトはフリース宛ての手紙の中でも、ブロイエルとのディスカッションには言及していないし、逆に、後の論文の中では、草稿の存在やフリースと積極的に行なった議論の存在にも触れていない。

4 フリース経験

フロイトは十年にわたってフリースと非常に緊密な関係を持った（1887年11月に最初の出会いがあり、1893年からは緊密な交流が始まっている。1900年頃から徐々に遠ざかり、1902年には交流はほとんどなくなった）。この二人は親密な手紙のやり取りを多数交わし、幸運にもフロイトがフリースに宛てた手紙群や論文が残ったのである。フリースはアーネスト・ジョーンズ[13]などが言っているような卑小な人物ではない。ピーター・ゲイ[12]によると、フリースは自信に満ちた好男子で、フロイトにとって重要な心の支柱になった人であるとされる、評価の高い人物である。実際彼の存在なしに、フロイトの天才的な仕事は行なわれることはなかったであろう。フリースはフロイトと決別した後も、個人的にはフロイトを高く評価していたと言われ、彼の手紙や考察ノートを大切に保管していたのはそれ故であったろう。その手紙群の中では、フロイトが精神病理学にどのような関心を抱き理論を発展していったのか、その過程がよく記述されているし、自己分析の過程、夢分析の過程、『科学的心理学草稿』などの論文に関する基本的な考察の経過などが詳しく記述されている。

5 1890年代の精神病理学的研究

この時期は、フロイトが後の精神分析を発見していく前夜の物語が、複雑にダイナミックに進行していた時期である。その間の1895年に『科学的心理学草稿』は書かれたが、ついには未完のまま断念された。

この時期のフロイトは、前述のようにブロイエルやシャルコーの影響によりヒステリーの治療に関心を持ち、催眠、浄化法、前額法などを積極的に行った（1892-95年）そして1895年、ブロイエルと共著で『ヒステリー研究』を出版し、「防衛-神経精神病」などの臨床研究と病理学の発表を行なっている。この時期にフロイトは自由連想法を発見し、催眠を放棄している。そして1896年3月には精神分析の用語を初めて使用している。フロイトは、1898年までに12の臨床的論文を発表しているが、三つの重要な論文（防衛神経症についての2論文とヒステリーの病因の論文）を著わしている。更に1895年には、メランコリアの病理学について、フリースに書き送っている。また1897年には、誘惑理論を放棄せざるをえないという深刻な体験をしているが、それをきっかけにフロイトは更に飛躍していくことになった。

6　フロイトの自己分析

フリース宛の手紙の中で特筆すべきは、フロイトが自己分析（フロイトは「自己観察」と謙虚に述べている）を行なったことである。それは『科学的心理学草稿』が書かれ放棄された2年後であるが、そこにはフロイトのフリースに対する転移関係も見られ、フロイトがフリースを相手に果敢な自己理解への挑戦を試みたのである。それは1897年7月7日の手紙の中で書かれており、前年の父親の死を契機に始められた。その過程は大変苦痛を伴う困難なものであり、その体験をフリースに正直に告げている。フロイトは書いている。「私の内部で何が起こっているのか分かりません。私自身の神経症の最も深いところから来る何かが、神経症の理解の進展を妨げています。そして、あなたもそういうこと全てにどういう訳か巻き込まれています。というのは、書く力が麻痺したのはどうも我々の文通を妨げるためであったようです。この考えには別に証拠があるわけではありません。

感情の問題です。それもきわめてはっきりしない性質のものです」。

しかし、最終的には自己の体験を通してエディプス・コンプレクスの発見、乳幼児期の体験の重要性などを明らかにしていった。そしてその仕上げともいうべきものとして、1900年に出版されたのが、『夢判断』であった。フロイトは執筆の経過の中で自己分析を進化させていったのである。

7　夢の研究

『科学的心理学草稿』を書いた年の1895年3月4日の記録に、フロイトが最初に分析した「怠惰な医学生」の夢の報告があり、そのときに既に夢の願望充足についての論考が見られる。1895年7月24日のフリースへの手紙の中には、フロイト自身が前日に見た「イルマの夢」の夢解釈の方法を発見したことが報告されている。また、『科学的心理学草稿』の第一部には、その有名な「イルマの夢」についての本格的な要素分析を用いた夢解釈の例が記録されている。これは後に、1900年に出版された『夢判断』の第2章に掲載されている。『夢判断』の中には、フロイト自身の多くの夢が記載されているが、それらはフロイトの自己分析の過程で考察されたものである。

8　『科学的心理学草稿』の簡素な解説

前置きがずいぶん長くなったが、この論文の学問的、歴史的意義を理解するためには必要なものである。この論文は、フロイトが神経学者としてニューロン理論と臨床研究に基づく深層心理学の統合をもくろんだ、非常に野心的で壮大な心理学構築の努力の足跡である。そこで論じられている主題は多岐に渡るが、当時の脳生理学の乏しい学問的知見を差し引いても大変な力作であり、フロイトが全ての心理的現象をニューロンの働きとの関連性で説明しようとした努力が認められるのである。そのもくろみは、フロイトが途中で放棄したように、全ての心理現象をフロイトが想定したニューロン群の組み合わせによって説明することは困難が生じたのであろう。しかし、脳が心の座であることには変わりはない。今日のシナプスなどの脳生理学の知識でも、全ての脳機能を解明しているわけではなく、現在の知識をもとにしても、全ての心的現象を脳機能の機能分化の相互関連によって説明し尽くすことは可能ではない。フロイトが百年以上前に持っていた脳神経細胞の知見は、現在から見れば未熟で誤りがあるにしても、彼が行なった力強い考察の結果よりも、私たちがどの程度進化しているのか疑問も抱かざるをえ得ないところがある。

フロイトは神経を透過性ニューロン（φ：外的知覚にかかわる）、非透過性ニューロン（ψ：記憶などの心的機能にかかわる）、（内的）知覚ニューロン（ω：ψなどの内的な知覚にかかわる）の三つの郡に分け、それらの機能について考察している。そして意識、自我、記憶、思考、幻覚、夢、現実検討、一次機能と二次機能、などについて考察している。彼はそれらの高次の心的機能を全てφ、ψ、ωの神経細胞の機能と関連付けようとしていて、その創意工夫には目を見張るものがある。

(1) 第一部

フロイトの複雑な説明過程を全て網羅することはできないので、とくに第一部において注目に値する項目について簡単にまとめてみて、フロイトの考察過程の一断面を紹介してみたい。

(1) 記憶　ψの神経群は、接触防壁によって疎通が疎外されていて、一度緊張するとその状態が維持される。そして一部の細胞とは疎通が良好な状態が生じたりする。その緊張状態の異なるニューロン群の疎通の異なる関係性が記憶である。記憶は「ψニューロン間の疎通の差異によって表わされる」。

(2)　苦痛　φニューロンなどからのψに対する大量の量（Q）の侵入である。

(3)　意識　ψを知覚する知覚ニューロンが存在していて、それらの主観的な感覚が意識である。

(4)　知覚　知覚の質は周期である

(5)　快と不快　不快はψの中の量水準の増大であり、快はその放出感覚である。それは知覚過程W（ω）における独特な水準の感覚である。

(6)　欲動と意志　ψは、φニューロンから備給を受ける「外被ニューロン」と、内因性の伝導から備給される「核ニューロン」に分けられる。欲動装置は、「核ニューロン」が身体内部に直接繋がっていることから生じる。「核ニューロン」の中に、新たに量Qηが蓄えられると、心的活動を維持する原動力が生まれる。これが意志であり、欲動の派生物である。

(7)　充足体験　ψの核ニューロンの充満は、衝迫を引き起こす。そして内部的変化（情動の表現、叫び、血管神経支配）と外界における変化（栄養物の摂取、性対象への接近）を引き起こす。ここでフロイトは母子関係の例をあげている。経験豊かな個体が子供の状態に気づく。この放出通路は伝達という最高に重要な二次機能を獲得する。助けを与えてくれる個体が、（…）無力な個体のために特有の行為を行なったとすれば、無力な個体は内因性の刺激を中止するのに必要な作業を体内で直ちに行なうことができる。

(8)　願望状態　対象回想像を引き起こし、願望蘇生が引き起こすものは知覚と同じもの、つまり幻覚であるが、それに基づいて反射的な行為が行われれば、失望を招く。願望状態から願望対象やその回想を引き起こす。苦痛体験は、嫌な回想像に対する嫌悪である。これが一次的な願望引力と一次的防衛である。

(9)　自我　特定のニューロンに規則的な内因性の量の変容と通路流通作用が働くと、あるニューロングループを生み出す。それが常に備給され、二次的機能に要求される貯蔵の担い手になる。これが自我である。それは注意によって側面備給を強化して、心的一次過程を制止する。

(10) 一次過程と二次過程　願望備給が不快を呼び起こす場合は、つまり嫌な回想像への備給は、ψにとって常に有害である。そのとき、現実の標示が必要になる。願望対象が過剰に備給されて幻覚のように活性化されると、外的知覚と同じような放出標示あるいは現実標示が生じる。知覚と回想を区別しているのは自我制止である。幻覚に至るまでの願望備給と十分な防衛の消費を伴う不快の完全な発展を一次過程と呼ぶ。他方、自我の適切な備給によってのみ可能となり、前述の過程の調整を示すような過程を二次過程と名付ける。そこでは、現実標示の正確な利用が条件である。

(11) 認識的思考と再生的な思考　知覚の類似性から同一性の獲得のためには判断が作用する。これは自我の制止によって可能になる過程である。回想の願望備給と、類似した知覚備給との非類似性によって引き超される過程については、例えば、赤ん坊が、乳房の一面を見て、頭部を動かすことによって他の側面の知覚を獲得して、同じ乳房であることを確認する過程が例示される。量の試験的異同によって同一性を獲得する。この思考については、第三部で更に詳しく考察している。

(12) 回想と判断　知覚の回想像の想起、過去の思考過程の繰り返し。備給が別々に起こる場合には、関心を呼び覚まし、二つの形で思考活動にきっかけを与える。例えば、知覚を提供するものが身近な人間であるとき、それは最初の充足対象であり、最初の敵対的対象であり、唯一の助けてくれる力である。人間が認識することを学ぶのは、一人の身近な人間との関係においてである。それからこの身近な人間から生ずる知覚複合体は、部分的には全く新しく比較できないものになるであろう。例えば、知覚領域におけるその特徴がそうである。手の運動の知覚のような視覚的な知覚は、主体の中で自分の身体についての全く同じような視覚的印象の回想と出会うことになるであろう。つまりこのような印象と自ら体験した運動の回想とが連想関連を持っているわけである。対象のもっと違った知覚、例えば対象が叫んだ場合の知覚は、(主体自身の)自分の叫びの回想と同時に、自分の苦痛や嫌悪の回想を呼び覚ますことであろう。このような身近な人間の複合体は、二つの構成要素に分けられる。一つはその恒常性のある組織体によって印象づけられ、ものとして現にそこにある構成要素であり、他の一つは回想活動を通して理解されるもの、すなわち(主体自身の)自己の身体からの情報に跡づけられる構成要素である。知覚複合体をこのように分解することは、この知覚複合体を認識することであり、一定の判断を含み、最終的な目標に到達するとそれは終わりを告げることになる。

⒀ 思考、確信、現実 思考過程の目標は、何らかの同一性状態をもたらすことであり、外部から生じた備給量を自我から備給されているニューロンに運搬することである。認識するあるいは判断する思考は、身体的な備給との同一性を求め、再生的な思考は(自己自身の体験の)心的備給との同一性を求める。そして前者は、後者に先立って働く。思考活動が終わった後に、現実標示が知覚に加わると、現実性の判断、すなわち確信が得られ、活動全体の目標が達成される。知覚の模倣価値、つまり知覚は自己の苦痛感覚の回想像を呼び覚ます。その場合には不快が感知され、対応する防衛運動が繰り返される(知覚の共感価値)。これらは判断の一次過程である。それは外界から達する備給と、自己の体内から発する備給との連想過程である。われわれが「もの」と呼んでいるものは、判断を免れた残渣である。

⒁ 夢 睡眠中に夢としてψの一次過程が展開している。ここでフロイトは、夢の特徴について多くの点をすでに明らかにしている。①夢は運動性要素を必要としない。②一部は不合理であり、愚かしく馬鹿げており、無意味であったりする。同時に相殺する二つの備給が互いに結びつく。そして心的経験の意思部が忘れられている。③夢観念は、幻覚的性質を持っていて、信じ込まれてしまう。ψ殻の運動放出を停止し、φに逆行する放出を可能にする性格こそ眠りの際立った特徴である。④夢は願望充足すなわち充足体験を

求める一次過程である。⑤夢の記憶が悪い点と、その危害が少ない特徴について。⑥意識は夢の中でも覚醒時と同じように絶え間なく量を提供している。これは一次過程を無意識過程と同一視しないように警告している。⑦願望充足としての夢の意味は、一連のψ過程によって覆われている。しかもこのψ過程は全ての全ての神経症の中に再び現れる。

更にフロイトは夢の意識について論考し、記憶の代理や無意識的中間項について論じており、前述のようにフロイトが最初に夢分析に成功した例として「イルマの夢」を挙げている。「イルマの夢」は１９０0年の『夢判断』の第2章において再び登場し、フロイトが更に詳しい夢判断の実際を例示している。

(2) 第二部（1895年9月25日の日付）——精神病理学

フロイトは第二部において精神病理学を論じる。そこではヒステリーの記憶の置き換えや症状形成について論じ考察し、女性患者「エマ」に、「一人で店に買い物に行けない」という症状が発生した例を紹介している。フロイトによる治療において、患者は第一の回想として13歳の思春期にその症状の再現であるような類似の体験、つまり店員の男性が彼女のことを嘲笑するように笑っていたことを想起した。しかし、それだけでは症状形成の理解は得られなかった。患者は更に第二の回想として、患者が8歳の時の「店に買い物に行ったときに店員に性器をさわられた」という幼児期の性的外傷体験を想起し、それによって患者の症状が発現した経過を明らかにしている。フロイトは、症状形成に関してそのような記憶の代理などが起きる理由を、ψニューロンの側面備給の視点によって解説しようと大変な工夫と努力を行なっている。そして象徴作用、置き換えの重要性や抑圧、外傷的体験の意味の遡行作用について論じている。

(3) 第三部——正常なΨ過程を記述する試み(1895年10月5日の日付)

ここでは、自我、心的標示、充足体験、渇望状態、願望状態、期待状態などについて言及している。更に注意、思考の解明を試みている。思考には普通の思考と観察的思考があり、それらが認識に通じ、質の標示に関しては言語連想が重要な役割を果たすとフロイトは考えている。

フロイトは自我の性質について再考している。そして自我が不快の脅かしによって一次的防衛を行ない、それが自我の一定の水準を補償する障壁の形成に関与していると考えている。

更に認識的思考、実用的思考、再生的回想的思考、吟味的思考などについて考察している。また思考の誤謬、判断の誤謬について論じている。その解説のプロセスは非常に綿密なもので、現在の視点から見ても十分検討に値するものであり、彼が思考過程の重要性を初期からよく認識していたことを明らかにするものである。

ここでもフロイトはこれらの精神活動の高次機能について神経ニューロンに関連づけて説明しようと努力しているが、高度の精神現象を説明するに当たって、もはやψの多彩に分化した機能群を想定せざるをえない状態である。フロイトは、当時の彼の基本的視点であるφ、ψ、ωの機能的分類に基づくニューロン理論を基本にした生物・生理学的な知識と情報では、高度な精神機能の複雑な活動を統合的に解説しようとすることはまだ困難であると考えたのであろう。おそらく、現代の私たちの脳機能に関する研究成果をもってしても、フロイトがもくろんだ両者の関連性を明らかにすることは不可能であろうが、将来その試みが可能な時代が到来する可能性はある。

9 「科学的心理学草稿」の執筆とフロイトの動揺と苦悩

このように多忙で煩雑としていたが、多くの可能性を秘めた未来の飛翔を暗示するような多分野にわたるフロイトの研究活動の中で、『科学的心理学草稿』は書かれたのである。それは『ヒステリー研究』を出版した1895年の春から書き始められたものであり、様々な紆余屈折を経て、同年の10月8日に2冊のノートブックがフリースに送られている。それが、現在私たちが知っている第三部までの著述である。彼は第四部は抑圧に関する論考であると述べているが、以後フロイトは筆を進めることができず、翌年の正月に長い手紙の中でφ、ψ、ωに関する修正した部分についての補遺をフリースに送っている。それ以降この『科学的心理学草稿』は長い間フロイトの心から忘れ去られていた。

ここでは、フリース宛ての手紙の中の、『科学的心理学草稿』に関するフロイトの言及について触れてみよう。その文面からはそれが決して平坦な道を経て構想されたものではなく、フロイトの心は揺れ続け、ついに完成されたものとして認めるまでには至らなかったことがうかがえる。そして、フリース宛ての草稿だけが残り、彼の心からは忘れ去られたのである。以下は、フリース宛ての手紙[15]からの抜粋である。

〈1895年4月27日の手紙〉科学的には僕は惨めな状態にあります。つまり、「神経学者のための心理学」(『科学的心理学草稿』のこと——筆者)にあまりにものめり込んでおり、それが、僕が本当に過労で中断しなければならなくなるまで、僕を規則的にすっかり消耗し尽くします。僕はかつてこれほど高度のとらわれを経験したことがありません。(…)しかし、進行は困難かつ緩慢です。

〈1895年5月25日〉僕を二つの意図が苦しめています。心的なものの機能の学説は量的な考察を、一種の神経の力の経済学を導入すると、どんな形をとるかと言うことを調べること、そして第二に精神病理学から正常心理学のための利益を引き出すことです。実際、正常な心理過程に関する明確な仮定に頼ることができなければ、満足できる神経精神病的障害の全体的見解は不可能です。この何週間か僕は全ての自由な時間をそのような仕事に捧げ、11時から2時までの夜の時間をそのような空想、翻訳そして謎解きで過ごし、いつも僕がどこかで不合理にぶつかるか、あるいは本当にそして深刻に過労になって、日々の医者としての活動に対する興味を自分の中に見出すことができなかったときに、初めてやめていました。(…)

〈1895年6月12日〉君は僕が理論的なものを含めて、新しい出来事で満ちあふれていると推測していますが、それは正しいことです。防衛は前方へ重要な一歩を踏み出しました。(…)それにまた心理学の構成もうまくいきそうに、そしてそれが僕にとてつもない喜びをもたらしそうに、振る舞っています。(…)

〈1895年6月17日〉僕の心は完全に心理学のもとにあります。もし僕がこれに成功すれば、僕は他の全てのことに満足するつもりです。(…)

〈1895年8月6日〉僕は君に、僕が長時間の思考作業の後で、病的防衛の、そしてそれとともに多くの重要な心理学的事象の理解に達したと思っていることを知らせます。臨床的には、ずっと前から僕の思いどおりでしたが、僕が必要とした心理学的理論は、非常に苦労してようやく生み出されました。それが「夢の黄金」でなければよいのですが。それは未だ仕上がっていません。しかし僕は少なくともそれについて話すことができ、多くの点で君の優れた自然科学的教養を利用することができます。それは君が見るであろうように大胆ですが見事です。(…)

〈1895年8月16日〉φψωに関しては僕は奇妙な状態にあります。(…)前方の一つの頂上を極めた後で、僕は新しい困難の前にいるのに気づき、新しい仕事のためには息が続かないと思いました。僕はそれ故、急いで気持ちを落ち着けて、アルファベットを全部投げだし、自分はそれには全く関心がないのだと自分に信じこませました。(…)心理学には本当に苦労します。いずれにせよ、ボウリングやキノコ狩りの方がはるかに健康的です。

〔おそらく9月3日の夜ウィーンを発って、9月4日にベルリンのフリースに会った〕

〈1895年9月23日〉ただ僕が君のためにそれほど沢山書いているということだけです。つまり、僕がまだ列車の中にいるときに書き始めたもの、φψωの概括的な叙述——これに君は君の批判を結びつけなければなりません——を僕は今、自由な時間に、そして次第に増加しつつある医療行為の幕間に書き続けているのです。それはすでに一冊の堂々たる書物です。もちろんなぐり書きですが、それでも君が付け加えるための基礎ではあると思います。（…）僕の十分に休養した頭は当時から残されていた難問を今易々と解いています。例えば、ニューロンが一般に疎通を受けるのに、伝導路がその抵抗を回復するという矛盾です。これは内因性の個々の刺激の小ささを考慮に入れればきわめて容易に適合します。（…）

〈1895年10月8日〉二冊のノートについて。これらは僕が帰ってから一気に塗りたくられました。そして、これらは君にとって新しいことをほとんど提供しないでしょう。抑圧の精神病理を論じている第三のノートは、僕はまだ取っておきました。それがその対象を一定の箇所まで追求したにすぎないからです。そこから僕は構想を改めて仕事をしなければなりませんでした。その際、僕は交互に、誇らしく思って大喜びしたり、恥じ入って惨めな気持ちになったりしました。そしてついに過度の精神的苦痛の後で、今僕は無関心に「まだ、ひょっとすると決してしっくりいかない」と自分に言い聞かせています。僕にとってしっくりいかないのは、その機序ではなく──この点でなら僕は辛抱するでしょう──抑圧の解明です。ついでながら抑圧の臨床的な知識は大きく進歩しました。（…）僕は何も読みたくありません。というのは、何か読むと僕はあまりに考えすぎてしまい、僕の発見者としての喜びが減少するからです。要するに僕は哀れな世捨て人です。ついでながら、僕は今とても疲れているので、がらくたを再びしばらくの間投げ出します。

〈1895年10月15日〉僕は2週間の間ずっと書くのに熱中していました。秘密をすでに手に入れたと思っていたのです。今僕は、自分がまだ秘密を手に入れていないことを知っており、問題を再び投げ出してしまいました。でも、様々なことが明らかになったか、あるいは少なくとも説明されました。僕はそのことで弱気になりません。

〈1895年10月16日〉幸運にも僕は君の非難の手紙を受け取る前に、小箱も手紙も発送しました。（…）とはいえ、僕は君に全てを満足できるように説明できるでしょう。最近の数週間の仕事への熱中、誘惑的な希望と失望、二、三の真の発見──これらは皆、惨めな体調と日常の実際的な不快事や厄介事という下地の上に塗られました。

〈1895年10月20日〉先週のある勤勉な夜、僕の頭の働きのためには最良の条件を作り出す程度の痛みの負荷の下で、突然障壁が除去され、ヴェールが下がって、神経症の細部から意識の条件に至るまで見通すことができました。全てが相互にかみ合っているように見え、歯車装置がぴったり合って、これは今や本当に一つの機械であり間もなく独りでに動き出すだろう、という印象が得られました。(…)僕はもちろん喜びを押さえられません。(…)

〈1985年11月8日〉僕は心理学の原稿を包装し、引き出しに投げ入れました。そしてそれは1896年になるまでそこでうたた寝させておきます。(…)僕は、まず初めに、小児麻痺のためのゆとりを得るために心理学を脇に置きました。小児麻痺は1896年までにできあがっていなければならないのです。(…)僕は自分が過労になっており、いらだっており、混乱しており、物事を制することができないのを感じました。そこで僕は全てを放り出したのです。(…)

〈1895年11月29日〉僕が心理学を卵から孵したときの精神状態を僕はもはや理解できません。僕がそれを君に押しつけることができたということが僕には分かりません。(…)僕にはあれは一種の狂気のように思われるのです。

〈1896年1月1日〉〔非常に長いφψω理論を展開した補遺を送る。その後『科学的心理学草稿』は50年間日の目を見ることはなかった。〕

10 『科学的心理学草稿』におけるフロイトの試みの特徴

以上のようにフロイトは草稿執筆にずいぶん苦悩し、ついに論文の完成を見ることはなかった。草稿における論考の特徴は、彼の神経学者としての視点と深層心理学者、臨床病理学の視点を統合しようとする非常に野心的なものである。しかもφ、ψ、ωというわずか三種類のニューロン・グループの活動を基本にしてまとめようとしたことに驚きを覚える。彼が取り上げている主題は、記憶、自我、意識、内的知覚、思考過程、注意、言語活動の意味、回想など、多岐にわたる複雑な精神現象を包括的に説明しようとした壮大なものである。また夢の理論、ヒステリーなどの病理的状態の説明についても解説しようとしている。これらの研究の多くは、後のフロイトによって取り上げられていくものである。既に述べた通り、夢の理論は『夢判断』として5年後に出版されることとなったが、その第2章に出てくる有名な「イルマの夢」がこの『科学的心理学草稿』の中で既に紹介されていることは興味深い。

また母子関係におけるコミュニケーションの成立過程に言及していることは、注目に値する。更に対象認知のモデルとして、乳房と赤ん坊の空間的関係性を例に挙げていることも、未来の研究を先取りしたものだと言えるだろう。

なお、彼のψにおける記憶理論などが、現在のコンピューター理論に通じるところがあると言われているが、フロイトの思考力がすでにそのレベルまでに達していたことに驚きを禁じえないのである。

フロイトは、後の精神病理学研究、つまり精神分析の研究において生物学的視点を放棄したわけではなく、脳生理学の発展を待って、ただ保留している状態であっただろう。後のフロイトの研究論文の中で、生物学的視点は時々顔を出している。たとえば『夢判断』(1900)の第7章には、『科学的心理学草稿』で考察した系列の論考が引き続き行なわれている。更に、精神現象の二原則に関する定式』(1911)、『本能とその運命』(1915)、『快楽原則の彼岸』(1920)、『イドと自我』(1923)、精神分析概論(1939)などの中に、心理過程と脳生理学的現象との相関関係を論じる部分が見られる。

11　現代精神分析への影響——とくに対象関係論に対する影響

筆者は対象関係論の視点を基本として精神分析の実践を行なっているので、その分野に対する影響に絞って論じたい。対象関係論へのの影響として、よく知られているものは、メラニー・クラインの死の本能論と羨望論である。彼女は、それらが固体の遺伝的、素因的なものに影響されていると考えている。その理論は、ウィーンから移住してきた自我心理学派の分析家との間で１９４０年代から活発な論議が行なわれて、更に推敲され現代に至っている。

『科学的心理学草稿』の主題そのものに最も大きな影響を受けたのは、ウィルフレッド・ビオンであろう。彼は精神機能の表現にギリシャ・アルファベットを用い、多くの記号も使用している。それらは『科学的心理学草稿』におけるフロイトの記述スタイルに似ているところがある。またフロイトが扱った、注意、記憶、思考など一般心理学の問題を、ビオンはグリッドなどの考えの中に積極的に取り入れている。更に、ビオンが熱心に取り組んだ思考の発達の研究は、『科学的心理学草稿』における思考についてのフロイトの綿密な考察に大きな刺激を受けているように思われる。

フロイトが精神分析誕生の夜明け前に、これだけのボリュームと質を備えた論考を既に行なっていたことを知り、筆者はただ頭を垂れるのみである。また、この貴重な草稿とともに、フロイトの手紙を全て大切に保管しておいてくれたフリース、その手紙の価値を見抜き管理と移送に細心の注意を払い、迅速な処置を行なったボナパルト夫人に深い感謝の念を捧げたい。

参考文献

(1) Freud, S. (1891) *Zur Auffassung der Aphasien: Eine Kritische Studie.* Franz Deuticke.〔グリンバーグ、V・D／安田一郎訳(2003)「失語症の解釈について」『フロイトの失語症論』青土社〈Greenberg, V. D. (1997) *Freud and His Aphasia Book.* Cornell University Press.〉〕

（2） Freud, S.（1894/1984）The Neuro-Psychoses of Defence. In *Standard Edition*, Vol. 3. Hogarth Press.〔井村恒郎訳（1970）「防衛-神経精神病」『フロイト著作集6』人文書院〕
（3） Freud, S.（1895）Project for a Scientific Psychology. In *Standard Edition*, Vol. 1, pp. 283–397. Hogarth Press.〔小此木啓吾訳（1974）「科学的心理学草稿」『フロイト著作集7』人文書院〕
（4） Freud, S.（1895/1985）Studies on Hysteria. In *Standard Edition*, Vol. 2. Hogarth Press.〔懸田克躬訳（1974）「ヒステリー研究」『フロイト著作集7』人文書院〕
（5） Freud, S.（1900）The Interpretation of Dreams. In *Standard Edtion*, Vol. 4–5. Hogarth Press.〔高橋義孝訳（1968）「夢判断」『フロイト著作集2』人文書院〕
（6） Freud, S.（1911）Formulations on the Two Principles of Mental Functioning. In *Standard Edition*, Vol. 12, pp. 215–226. Hogarth Press.〔井村恒郎訳（1970）「精神現象の二原則に関する定式」『フロイト著作集6』人文書院〕
（7） Freud, S.（1915）Instincts and Their Vicissitudes. In *Standard Edition*, Vol. 14. Hogarth Press.〔小此木啓吾訳（1970）「本能とその運命」『フロイト著作集6』人文書院〕
（8） Freud, S.（1920-1922/1955）Beyond the Pleasure Principle. In *Standard Edition*, Vol. 18. Hogarth Press.〔小此木啓吾訳（1970）「快感原則の彼岸」『フロイト著作集6』人文書院〕
（9） Freud, S.（1923/1961）The Ego and the Id. In *Standard Edition*, Vol. 19, pp. 3–66. Hogarth Press.〔小此木啓吾訳（1970）「自我とエス」『フロイト著作集6』人文書院〕
（10） Freud, S.（1940）An Outline of Psychoanalysis. In *Standard Edition*, Vol. 23. Hogarth Press.〔小此木啓吾訳（1983）「精神分析学概説」『フロイト著作集9』人文書院〕
（11） Friedman, J. & Alexander, J.（1983）Psychoanalysis and Natural Science: Freud's 1895 Project Revisited. *International Review of Psychoanalysis*, 10 : 303–318.
（12） Gey, P.（1988）*Freud: A Life for Our Time*. Norton & Company.〔鈴木晶訳（1997）『フロイト』みすず書房〕
（13） Jones, E.（1961）*The Life and Work of Sigmund Freud*. Basic Books.〔竹友安彦・藤井治彦訳（1969）『フロイトの生涯』紀伊國屋書店〕
（14） Kanzer, M.（1973）Two Prevalent Misconceptions about Freud's “Project”. *Annual Psychoanalysis*, 1 : 88–103.
（15） Masson, J. M.（1985）*The Complete Letters of Sigmund Freud to Wilhelm Fliess, 1887–1904*. Mark Paterson & Associates.〔河田晃訳（2001）『フロイト　フリースへの手紙　1887–1904』誠信書房〕
（16） Pribram, K. H. & Gill, M. M.（1976）*Freud's 'Project' Re-Assessed*. Century Hutchinson.〔安野英紀訳（1988）『フロイト草稿の再評価』金剛出版〕

（17） Schore, A. N.（1997） A Century after Freud's Project: Is a Rapprochement Between Psychoanalysis and Neurobiology at Hand? *Journal of American Psychoanalytical Assocation*, 45 : 807–840.
（18） Strachey, J. *Standard Edition*, Hogarth Press.〔北山修監訳（2005）『フロイト全著作解説』人文書院〕

〔『現代フロイト読本１』２００９年〕

第Ⅵ部　クライン派

43章　ビオンの精神分裂病の病理学
——主として1950年代から1960年代前期の研究について

1　はじめに

周知のようにビオン（Bioon, W.）はローゼンフェルド（Rosenfeld, H.）、シーガル（Segal, H.）らとともに、クライン（Klein, M.）から直接指導を受けた分析家の一人である。彼らは1950年代に、精神病とくに精神分裂病の精神分析による治療の可能性について取り組んできた。彼らの特徴は、古典的な分析の治療構造と自由連想と解釈を基本にした技法を変更せずに、分裂病の患者に接したことである。そして、彼らは多くの成果を治め、興味深い改善例を報告した。ただ神経症の患者と異なって、彼らは分裂病の患者に対しては、カウチに横臥することや自由連想を指示することはしなかった[15]。

ビオンは、そのなかでももっとも独創的な視点や理論を提供し、分裂病の理解に多くの貢献をしたと言われている。ただ彼の貢献の真の意味を理解するためには、他の二人とくにローゼンフェルドの精神分裂病についての臨床的経験の研究と比較していくことが重要である[11][12]。

というのは、彼らは、ほとんど同様の事象について独自の観点から研究を行なっているからである。彼らに共通するのは、熱心な臨床家でありかつ研究者であることであり、精神分裂病の患者達の内的世界が理解可能であるという信念の下に、精神分裂病の未知の世界に果敢に取り組んでいった。

ビオンの研究は、1940年代のグループの研究、1950年代から1960年代前期を中心に発表された論文に見られるような、精神分裂病の精神分析治療による臨床的な研究（これは*Second thought*〈『セコンド・ソート』〉[1]にまとめられている）と１９６０年代中期以降に発表されたような、特殊な記号を駆使したユニークな理論的な研究からなっている（これは*Seven Servants*[9]に収録されている）。この１９６０年代中期以降の研究は、非常に特徴のあるものであるために、ビオンといえば主としてこの時期のグリッド（Grid）の理論などに代表される、存在論的記号的な研究を思い浮かべる人が多いのであるが、実際には１９５０年代の研究のなかにほとんどの基本的なアイデアが既に見出せるのである。そして、１９６０年代以降のビオンを理解するためには、『セコンド・ソート』に記述されている臨床体験を共有することが、基本的に欠かせないものである。

2　1950年代から1960年代初期のビオン研究の概要

筆者は、第36回学会のプレコングレスにおいて、ビオンの１９５０年代から１９６０年代前期の研究を中心にして、彼の分裂病理論の意義と臨床的有用性について簡単に考察してみたが、ここに再考してみたい。

彼の分裂病の研究の概要は、以下のようにまとめることができる。

(1)「精神病的パーソナリティ」と「非精神病的パーソナリティ」の区別[4]

ビオンによると、分裂病の特徴は、その素因として環境（母親）と乳児の内因的な素質に影響を受けるものであり、破壊的な衝動が優勢で、現実に対する憎しみが強い。更に、内的な現実に対する自覚（self-awareness）を攻撃し、急激な絶滅（annihilation）の恐怖心を抱くものである。また、対象関係が未熟で、浅薄、固執的である。ビオンはこれには「死の本能」と「生の本能」の葛藤が大きく関与していると考えている。

彼は分裂病のどのような症例においても、現実との接触は保たれていると考えている。つまり「精神病的パーソナリティ」（Psychotic personality）と「非精神病的（神経症的）パーソナリティ」（No-psychotic personality）が、並列して存在すると考えている。またビオンは、重症の神経症は、「精神病的パーソナリティ」を背後に持っていると考えている。

そして、「精神病的パーソナリティ」は、クラインのいう「妄想分裂ポジション」（Paranoid-Schizold Position）の状態にあり、「分裂」（splitting）と「投影性同一視」（Projective identification）を基本的な防衛として用い、万能的な幻想や妄想的な引きこもりの状態を呈する。

他方でビオンは、「非精神病的パーソナリティ」は、神経症的で抑圧を中心とした防衛機制を用いると考えている。そしてそれは、しばしば「精神病的パーソナリティ」の万能的な幻想の世界によって覆い隠されてしまっているが、常に機能し続け、現実との接触などに重要な役割を果たし、治療者が言語的に働き掛けたときなどに、この非精神病的な部分がたとえ前面には出てこなくても対応していると考えられている。

「精神病的パーソナリティ」の部分においては、後述するように、現実検討を促進するような感覚印象の意識、記憶、判断、思考などの自我の機能が破壊的に攻撃され、分裂と投影同一視によって自我の機能は断片化されて外界に投影され、「怪奇な対象」（bizarre object）の世界が構成されて、「精神病的なパーソナリティ」の基盤となっていく。

ビオンは、「精神病的パーソナリティ」が一種の防衛組織として働くことを発見したことによって、分裂病者の複雑な世界の理解を深めることに成功したのである。この防衛的な組織としての病的なパーソナリティの組織化の考え方は、ローゼンフェルドの「破壊的な自己愛組織」（destructive narcissistic organization）[11]の研究とともに、現在のクライン派の中心的な概念である「病理的組織化」（pathological organization）[16]の概念の形成に強い影響を与えている。

(2) 分裂病の言語と言語思考について[2][3]

ビオンは、分裂病は心的現実の自覚の苦痛を避けるために、自我の機能そのものを攻撃して破壊しようとすると考えているが、まず彼はその中でも言語と言語的な思考を破壊しようとする点に注目した。そしてビオンは、分裂病者は言語を伝達や思考に使用できず、単に行為として使用するものが多いことに注目した。

言語思考は、心的な現実の自覚を明確なものにし、患者自身の病的な世界や幻覚を気づかせるために、分裂病者は狂気の自覚に対する激しい恐怖心を抱き、苦痛に苦しみ、自己の言語機能そのものを破壊的に攻撃して機能させなくなる。更に彼らは言語的に現実を明らかにしようとする治療者を、憎み攻撃するようになる。[6]

彼らは、「分裂」と「投影性同一視」の防衛機制によって、言語思考を粉砕してその断片を外界に投影する。更に後の段階では、言葉を結びつける（bind）ための原則的なものとしての「文節化」（articulation）が攻撃される。この「連結するもの」（that-which-links）は、断片化されて外界に投影され、「怪奇な対象」と一緒になる。そのために分裂病者は、意味がばらばらになった「小連結」（minute links）の世界に囲まれることになる。[6]

言語的思考が働き始めるのは、全体的対象が現れ、象徴機能を使用できるようになる「抑鬱ポジション」においてであるが、分裂病者では、その段階に達していない部分が存在すると考えられている。

なおビオンは、以上のことは分裂病の活動中の「精神病的パーソナリティ」の働きによるものであって、それを背景に持つ重症の神経症においても同様の状態を観察することがあると述べている。

(3) 「怪奇な対象」と幻覚論[3][5][6]

分裂病の患者は、意識や自覚の担い手である自我や言語的思考を分裂排除し、投影することによって自我機能を粉砕してしまう。そして、欲求不満を与えるような対象についての現実検討能力を破壊してしまい、自他の境界のはっきりしない「困惑状態」（confusional state）に陥ってしまう。
外界に投影排除された自我の切れ端は、独立した統制の出来ない存在であり、患者には現実の対象のように感じられ、「物その物」（thing itself）のように存在し、パーソナリティを持っているように体験される。また分裂病者はそれらを思考の原形であるかのように扱い、後には、それから作られた言葉を現実の対象であるかのように扱う。このような対象をビオンは「奇怪な対象」（bizarre object）と呼び、分裂病的思考障害、幻覚、妄想の基になるものであると考えた。

そのような主体は、象徴機能は破壊されていて、抽象的な思考はできない。そしてこの「奇怪な対象」を再び自分に取り入れて、思考のために使用することで、新たな問題が生じる。分裂病者は、「夢」の世界にではなく「怪奇な対象」に満ちた外界に向かい、その具体的な対象を思考の糧として使おうとする。

そこでは、過剰な投影性同一視のために統合がうまく働かず、ます象を「圧縮」（compress）するだけである。思考によって、自我は排除された自分のパーソナリティを取り戻そうとするが、それは過剰な投影性同一視のために事物の「集塊」（agglomelation）として「圧縮」され自己に帰ってくるとそれが事物の性質を持っているために、自己は分裂させられたと感じる。

言い換えると、このような状態で自己は自身を修復しようとして、本来排除された自分の人格である「怪奇な対象」を取り戻そうとするが、投影性同一視のために「集塊」化と「圧縮」に会い、自己はそれらを非常に圧縮された会話や音楽に近い物として体験するようになる。それらは、もともと悪い対象として排除された物、事物の性質を持っており、感覚印象の意識的な自覚の一部を持っているので、それがかえって排除された感覚器官を通って自己に帰ってくるときに、苦痛な幻覚になりやすい。

これは後の「ベータ要素」（beta-elements）の世界であり、無意識は「夢の材料となるもの」つまり「物そのもの」によって取って変わられてしまう。

このような自我の断片化（fragmentation）は、「精神病的パーソナリティ」と「非精神病的（神経症的）パーソナリティ」を区別するものであり、生命が開始したときから始まるのである。そして、そのような自我と思考の原形にたいする攻撃と、その断片の投影性同一視は、「精神病的パーソナリティ」と「非精神病的パーソナリティ」との溝を深くするのである。つまり、体験を自分の物として消化し取り入れたものとしての夢の世界から、消化されていない断片化され外界に投げ入れられた、「物その物」のような「夢の材料」の世界に移行するのである。

（4）原始的な思考[5]

現実検討が苦痛であるために、分裂病者は、感覚印象（sense impression）と意識を結びつけることをも破壊的に攻撃する。

象徴過程を駆使する言語的な思考は、心的現実の自覚に関係し「抑鬱ポジション」に関係しているが、ビオンは、それ以前の言語的な機能や聞き取りの機能が完成する以前に「原始的な思考」が存在し、「表意文字」（idiograph）や「サイン」（sign）に関係していると考えた。それは、「無意識の思考」とも言われるべきもので、対象の印象、感覚印象に付随する意識に関係したものである。

またより早期の無意識的な「前言語的な思考」（pre-verbal thought）が、対象印象の関係に向かい、感覚印象に付随した意識に関係すると考えた。

分裂病においてはこのような原始的な思考も攻撃を受け、思考過程の連結（link）も攻撃を受ける。これは原始的な「表意文字の鋳型」（primitive matrix of idiographs）であり、そこから思考が生じるが、表意文字間の連結も含まれている。これらは、最終的には二つの対象が関連できなくなるまで攻撃を受ける。

なおビオンは、後述のように思考の問題について前概念、概念化、概念の視点からも考察を行なっている。

(5)「表意文字」と「表意行動」——原始的な表現手段[6][8]

そのような精神病の状態にある自己には自我を修復する課題があり、断片化されて投影された「怪奇な対象」を取り入れて思考に使おうとする。そこにおいて、患者によって使用される表現やコミュニケーションの手段が、「表意文字」(ideograph)、「表形行動」(ideomotor activity)の情緒表現の手段である。それらは、物ごとの「命名」(naming)をすることなく考えを表現する、原始的な表現法である。これらは、快楽原則の優勢な状態において見られる物であるが、行動による情動の表現と考えられる。

「精神病的パーソナリティ」においては、伝達の衝動によって、自分自身や他者に対して伝達できるような「表意文字」を持つまでに時間を要するようである。これは、「非精神病的パーソナリティ」の部分による処理が遅れているわけではなくて、緊急の自我の修復のために必要とされる「表意文字」の動員が、激しい投影性同一視によって妨害されているためである。

治療者は、「表意文字」の意味を理解し解釈をしていく必要がある。患者の自我の修復が行なわれると、神経症的な自我が現れ、再び過剰な投影同一視が使用されると、精神病的な状態に帰っていく。患者によっては、意味を伝達するために、非常に巧妙な「表意文字」や「表意行動」による表現を行ない、これらは、「非精神病的パーソナリティ」の部分が関与しているのではないかと考えられている。そして、しばしば非常に複雑なテーマについて、患者の原始的な思考が、離れ業のように上手に使用されることがある。

治療者は、このコミュニケーションを敏感に捕らえていくことが必要であり、それが頻繁に見逃されてしまうと、患者は自分が母親との間で経験した欲求不満の体験を繰り返して経験することになる。

とくに「関連性に対する攻撃」(Attacks on linking)[8]のなかの症例の記述は、臨床の技法として興味深いものである。治療者は、患者とのきずな(link)を言語的な働き掛けによって作り出す必要がある。なおビオンの「表意文字」「表意行動」の意味の理解の仕方は、クラインの臨床技法を巧妙に発展させたものである。

なおこの「表意文字」「表意行動」の概念は、後に「変形」(transeformation) の研究[9]に発展していく。

(6) 夢と「不可視的-可視的-幻覚」について[8]

ビオンは、分裂病の患者が夢を報告するようになるのは、治療の後半になってからであると指摘している。夢は、心が感覚印象を「アルファ機能」により消化して、夢の材料として使われる用意を整えたときにのみ現れてくる。そして夢は、「非精神病的パーソナリティ」の世界で作られるものである。

分裂病の精神療法の前半においては、「精神病的パーソナリティ」が優位を占め、「怪奇な対象」が支配している世界であるために、断片化が激しくて目には見えない「不可視的幻覚」(invisible hallucination) が生じる。そのために、分裂病の患者が夢を報告することはほとんど見られない。そして、断片が少しずつ成長してくると「可視的幻覚」(visible hallucination) になるのである。

また前述のようにビオンは、投影性同一視によって排除された「奇怪な対象」が再び自己に取り入れられるときに、それらが感覚器官を通して帰ってくるために、主体は自己の感覚が外界に投影されたものとして体験し、幻覚が生じると考えている。

(7) 分裂病の病因論[8]

これについては、ビオンは、患者の遺伝的内因的な破壊性や「羨望」(envy) と、環境としての母親の「夢想」(reverie) の能力が影響すると考えている。

つまり、ビオンはクラインと同様に、乳児が欲求不満を与える母親を攻撃するだけでなく、母親の平穏や世話をする良い母親を「羨望」によって破壊しようとする乳児の遺伝的な素質に注目した。これらは、乳児と乳房の結びつきを破壊し、すべての学習に必要な「好奇心」（curiosity）を破壊してしまい、「生」自体を憎むようになり、思考の芽を破壊してしまう。

更にビオンは、とくに乳児の「絶滅」（annihilation）の不安、つまり「死の不安」を理解し受容して安定している母親、乳児の欲求を敏感に読み取り理解して、適切に対応する母親の「夢想」（reverie）の機能が、分裂病の素因形成に重要な役割を演じていると考えている。

これは、クラインの内因論とウィニコット（Winnicottl, D.）らの環境病因論の折衷案であり、患者がもたらす不安に耐える治療者の力や、治療者の理解力である「夢想」の、治療的な修復力の可能性を理論化したものである。

これは、後に「包むものと包まれるもの」（container-contained）の概念に発展した。

(8) その他に、短い記述ではあるが多くの示唆に富む発言を行なっている

まず部分対象の世界についての、部分対象とは解剖学的な物ではなくて、授乳、愛すること、憎むことなど機能にも関連している。そして部分対象関係のために、分裂病者はしばしば、「私」（I）を使用せず、非人称的な主語を使用する。

つぎにビオンは、投影性同一視は病理的なものだけではなくて、正常な機能のあることも述べている。[8] 正常なものは、「取り入れ性同一視」（introjective identification）を伴っていて、健康なコミュニケーションの基礎になる。

ビオンは「好奇心」の破壊についても述べている。[5][8] 分裂病者は、「なぜ」と聞くことができないし原因についても考えられず、その制限された「好奇心」の解放が、心の発展をもたらすようになる。「好奇心」が破壊されると、万能感や全能感が現れ、経験から学習する態度が障害され、倣慢さ（arrogance）や愚かさ（stupidity）が形成される。

（9）「思考」と「考えること」[7]

以上のような臨床的な観察に基づいた精神分裂病の病理構造の考察に引き続いて、ビオンは、１９６０年代の初めに、これらの１９５０年代の研究の締め括りとして、また新しい考察の世界への転換点として、思考についての論考を行った。

彼は、思考のモデルについて、その原形を乳児と乳房の関係に求めた。ビオンの考えでは乳児は乳房に会う前に、既に期待する乳房の「前概念」（pre-conception）を素因として持っていて、実際の乳房に出会う（現実化 realization）とそれが「概念化」（conception）される。その意味で「概念化」は、情動的な体験に関連している。また、経験が反復して「概念化」が固定された物になったものをビオンは「概念」（concept）と呼んだ。

ビオンは、「思考」（thought）という言葉を、「乳房の不在」（no-breast）における欲求不満の体験に限定して使用している。期待した乳房が不在の場合（realization of no-breast）に、乳児がその欲求不満に耐えることができれば、その不在（no-breast）の「概念化」がなされ、それをビオンは「思考」（thought）と呼んだ。ビオンは、この不在の概念のみを「思考」と定義した。そうして乳児は、経験から学ぶこと（learning from experiences）ができるようになるのである。

更に彼は、「思考」（thought）と「思考すること」（thinking）を区別し、「思考すること」は「思考」の関連づけのために必要となるものであり、「思考」の圧力によって機能し始める。

逆に乳児が、乳房の不在に耐えることができないと、乳児はその「思考」となるべきものを悪い対象と見なし、「物それ自体」（things-itself）と区別できなくなり、排除の対象として粉砕して外界に投影して「怪奇な対象」を形成する。そのために「概念化」および「思考」が発達しなくなる。

そのときは、数学的思考や時間、空間の概念も悪い対象とおなじものとして破壊され、激しい「投影性同一視」

のために、自己と対象の境界がはっきりしなくなる。

ここでビオンは、「アルファ機能」(alpha-function)に注目し、それは感覚データ(sense data)を「アルファ要素」(alpha-elements)に変化させて、「夢」や「思考」の材料にして、意識と無意識を区別していくものであると考えていて、「思考」の発達と大きな関係があると考えている。

ビオンは、母-乳児の関係の中で健康な投影性同一視が働いたときに、「アルファ機能」が働くと考えている。つまり、乳児は感覚データを母親に投影排除し、母親は乳児が「アルファ要素」として取り入れられるように変形するのであり、この機能を「アルファ機能」と呼んだのである。つまり「思考」や「アルファ機能」の発達には、母親の機能が重要な働きをしており、これをビオンは、母親の「夢想」の能力と呼んだ。この母子の関係を、彼は後に「包むものと包まれるもの」(container-contained)の概念に発展させていく。

母親の「夢想」の機能がうまくいかないと、乳児は欲求不満に耐えられず、思考を発達することができない。そして、そのような体験の認知に関する機能を粉砕して排除するために、「怪奇な対象」(後に「ベータ要素」とも呼んだ)や万能の世界が発達し、「真実」(truth)と「偽り」(false)の区別もなくなって精神病の世界を構成する。

以上のように1950年代から1960年代の初めにかけて、ビオンは多くの斬新なアイデアを提出しており、この後の彼のユニークな分析理論の発展の素地を築いている時期なのである。そのために、概念的には未完成の物もあり、やや混乱した感じのものもあるが、臨床的にこの時期に彼が提出した理論や臨床技法は、「精神病的パーソナリティ」の理解に大きな貢献をし、重症のパーソナリティ障害の理解にも寄与したのである。

3　症例

ここで「精神病的パーソナリティ」と「非精神病的パーソナリティ」の葛藤的な並存を、典型的に示していると考えられる症例を記述してみたい。

患者は、18歳の男子大学生。診断は一応ステューデント・アパシー（student apathy）として紹介された。しかし病歴を詳しく聞いてみると、13歳時に幻覚妄想様の体験を数ヶ月にわたって持ち、以後も被害念慮様の体験を抱きながら、引きこもりがちの学校生活を続けていた。学業はなんとか高校まで続け、大学入学直後から下宿に引きこもったまま登校しなくなった。また受診時の症状として、自己感の喪失、現実感の喪失、心が潰れてしまい存在感がない、自分の空想していることと現実の区別がつかないなどを訴えた。幻覚妄想ははっきりしないが、曖昧な被害感がある。診断は「分裂病の疑い」あるいは、「スキゾイドの重症型」とも考えられた。またDSM-Ⅲのスキゾイドパーソナリティ障害（Schizotypal personality disorder）に該当する患者である。

週一回の対面法による分析的な精神療法を開始して、患者の「精神病的パーソナリティ」の特徴がはっきりした。彼は、言語で考えることが困難で、イメージが思考の変わりに次々と沸いてくる。それを言語に表わすと、意味がなくなってしまうようだと言い、しばしば沈黙を続けた。

時々言語化に努力して話すことは、連続性のない細切れの映画の場面のようであり、治療者もしばしば幻惑され意味が掴めないことがあった。時には、一見ばらばらのイメージの切れ端の中に、患者の無意識が読み取れ、それを伝えることによって患者が治療に関心を深めていった。

実際に、治療開始後半年頃から「神経症パーソナリティ」が活動していると考えられるような、比較的創造的なセッションが続き、登校もできるようになった。言語的な表現が多くなり、相変わらず断片的なイメージの羅列が見られても、治療者はしばしば患者の内的な世界を理解でき、転移解釈を言語的にすることができたのである。

しかし、両親に対する憎しみやアンビバレンスが、徐々に明確になるにつれて、話すのが苦しいと沈黙がちになった。また治療者が、自分の心を知ってしまうという不安が強くなり、言語的な交流をしなくなって、自分の世界に閉じこもってしまった。

そして、治療開始後一年目、治療者の休暇のときにたまたま患者の下宿に来ていた父親に干渉し過ぎると怒って暴力を振るい、その後はパニック様の強い不安と、周囲の物音に極端に敏感になり、幻覚的な意味づけをするようになった。そのためにやむなく、抗精神病薬を服用することになった。一時は入院を必要とするとも考えられたが、本人は入院を拒否し、一日中自室に引きこもって幻想様の世界に没頭して、屋外の物音に怯えて部屋に横たわっている状態が半年間続いた。この時点で、投薬をした精神科医師は「精神分裂病」の診断を下している。

それでも患者は、精神療法にはほとんど休むことなく定刻に規則的に現れ、沈黙を続ける状態が半年間続いた。一〜二度ぽつりと話した内容は、血を出している死人のイメージなどであり、内界で迫害的妄想的な恐怖の世界が活動していると考えられた。

破綻後の半年目のある時に、やはり「イメージがたくさん沸いてくるのであるが言葉に表わせない、話すと意味がなくなってしまう、絵にだったら描けるかもしれない」と発言したので、画用紙とついでに粘土を用意することにした。それら彼が描いた絵と粘土の作品は極めて興味深いものである。

最初の頃の彼の絵は、極めて断片化したもので、上下左右の区別がなく、都市の建物などの切れ端など様々な部分的な要素が塊になって、奇妙な調和を持っている。彼自身、意味が分からないと言うが、部分的な物は時々説明できる。これは、まるでビオンのいう「怪奇な対象」の世界である。

そのような絵を数週間続けた後に突然、透明の鉢に花が生けてある絵や、ゴッホの杉の木の上に咲いた幾何学的な花に、保護の鉢が被せてあって、栄養のポンプのパイプ（あとで消してしまう）がつながれている絵を描いた。

それらは、患者の治療者との関係を明確に表現するものとして治療者にも理解できるものであった。治療者は、患者が、治療の場において、ちょうど自分が生け花のように生命を支えてもらっていると感じていると解釈し、更にシェルターの中に保護されてパイプで栄養を送ってもらっている自分、それを否定したい自分、杉の木の不安定な場所で花を開いている植物のような不安定さなどを解釈した。患者は、言語的な発言はほとんどせず、軽くうなずいたりするのみであったが、意味は了解している様子であった。更に治療者は、最近母親が患者と同居し始めた体験などと、関連づける解釈をした。

それを言うと、まるで治療者の理解を避けるかのように、また意味のはっきりしない抽象的な絵を描き始め、それは3ヶ月間続いた。その間患者は、自分の描いた物の部分を寄せ集めたような絵の説明をほとんどできなかった。しかも患者は、ほとんど言語的な表現は行なわなかったので、治療者は、患者の内界を知る手掛りをもっぱら絵画と粘土に頼らざるをえず、少しでも理解できたものは言語的に返していくようにした。

患者は、絵を描き始めて2ヶ月後から、粘土を作り始めた。抽象的な絵を描いているときにも、粘土では比較的に具象的な物を作り、患者の内界で起きていることを、治療者が垣間見ることができたのである。

最初の粘土の作品は、アルコールランプ、ビールのジョッキ、花、ハンバーグ。次の週は、首のない象と、底のない瓶など比較的具体的な物であり、同時期の意味の不明な絵と比較して、その意味を理解しやすいものであった。

ある休暇前の絵は、やはりばらばらの部分からなっていたが、その中に、ハート、雲から雨が降っている図、テントに人がいて風に吹き飛ばされる図、空き地などを寄せ集めて無秩序に描き、粘土で花が逆様になって落ちているものを作った。治療者はこれは、休暇に対する患者の気持ちを見事に表現しているものであることをただちに理解しそれを解釈した。そして、この時期から絵と粘土の共通の課題の異なる表現が目立つようになった。これらは恐らくビオンのいう「表意文字」に近い表現であろう。

また断片的な絵が、突然人間の登場する絵に変わってからは、患者は、粘土で二人の人間らしい物を作り、それを毎週片手で抱かせたり、腹部を連結したり、下部を連結したりする遊びを繰り返すようになった。

更に、同居中の母親に甘えて3歳の子供のようだと言い始めた時期には、二人の素朴な人間と思しき物を、ちょうどお乳をもらっている赤ん坊と母親との位置関係を様々に作り替えることを繰り返した。治療者は、そのような融合した関係や赤ん坊と母親のような依存的な関係が、彼と母親との間にだけでなく、治療者との間でも起きていることを解釈した。

この時期は、上述のように患者は母親に子供のように甘え、母親が寝ていると顔の部分的な器官、目や鼻、口を調べたりして、母親に気味悪がられたりするようになっている。

それと並行して絵画は、飛行機に腰掛けて飛んでいる自分、木にしっかりと掴まって人物と、魚の顔をした孤独な人物、喜びの旗を立てている数人の人物、男性の左腕が、もう一人の男の子の体になり、蝶を追いかけている図、二人の人物が融合している図、地図を片手に秘境を探検している図などを描き、患者の心の中で起きている原始的な融合した対象関係や、比較的分離のはっきりした対象関係を表わす絵を交互に描いたのである。そして絵の内容は、治療関係を理解する上で極めて有用であり、患者も徐々に絵の説明を言語的に行なうようになって、治療者の解釈にもはっきりと返事をするようになってきた。

更に後の時期になると、患者は時々夢を語るようになった。例えば、暫く同居していた母親が、家に帰ってしまったときに、患者は、1年前にパニックになってから始めて夢を見た。それは、「自分が、バイクに乗って母親の所に帰っていて、途中で自分で歩いて帰ろうと思ったが、無理なのでまたバイクの所に帰っていく」夢であった。

また精神療法が、両親の意見のために中断になりそうなときには、「家に帰る途中にある、トンネルが事故のために通れない。自分は水のない池のそばの木の上に、誰かと一緒に住んでいる」「母親が、電動鋸で、マンションの手摺りを切ってしまい、落ちてしまったら危ないと思った」などの夢を報告し、治療者との分離に関する不安やそれを強制する両親に対する不満など、患者の内界の心の動きを見事に描いて見せるようになった。実際にこの時期には、患者の内的な創造力は比較的改善し、情緒的にも改善を示している。

4　症例の考察

（1）臨床上の特徴とビオンの精神病の理解に基づく考察

以上のように、治療中に精神病的な破綻をきたし、言語的な表現手段をしばしば失ってしまった患者の理解は、非常に困難な場合が多いのであるが、ビオンの理論はその複雑な精神病の世界をかなり理解可能なものにするものであり、精神療法的なアプローチを可能にさせるものであることを示したい。

治療初期において精神病的な破綻を示す以前から、患者は言語的な思考を破壊し、治療者との伝達の世界を破壊してしまった。たまに言語的に伝えることのできる世界は、ばらばらのコマ切れの世界で、患者自身も混乱するようなものであった。

断片的なイメージが患者の心の中を占めているときに、彼の言語的な表現がほとんど機能しなくなってしまったことは注目に値する。最初は、治療者が患者にそれでもできるだけ言葉で伝えるように促すと、様々な断片的な一見関連のないイメージを述べたのである。そのときには既に患者の自我機能はかなり破壊され自我が「断片化」されていて、「投影性同一視」による外界への排除の準備ができている状態であったのであろう。それでも、時には治療者はそのイメージ思考ともいうべき患者のイメージの断片の中に、意味の在るコミュニケーションを見出すことができるときがあったのである。

そして治療開始後1年が経過し、統合された世界が働き始め現実認識が高まると、突然急性の精神病様の状態に陥ってしまった。そうした意味においてこの症例は、「精神病的パーソナリティ」と「非精神病的（神経症的）パーソナリティ」が患者の自己の中に並存していて、葛藤的な関係にあるものと考えると理解しやすい。治療過程において前者が後者を凌駕したときには精神病的な状態が顕著になり、そして後半になると「非神経症的パーソナリティ」が優位に立ち、状態像が改善に向かっている時期と考えられる。

この治療経過中の精神病的な破綻は、潜伏性精神病や境界例パーソナリティの一つの特徴としても上げられている。この症例の場合は、病歴上既に精神病的な体験を抱いている「スキソイド・パーソナリティ」と考えられていたので、当然精神病的な破綻が予測されてはいたが、他のタイプの患者群との共通性を持っているものと考えられる。

ビオンは、精神分裂病や重症の神経症患者について一般的に「精神病的パーソナリティ」と「非精神病的パーソナリティ」の同時的存在を仮定したのであるが、この理論はそのような患者群の共通性を理解し把握する上で非常に有用である。

精神病的状態になった後は、患者は完全に自己の幻覚的な世界に閉じこもり、約半年間ほとんど人とは会話をしなかったが、入院は拒否し外来通院を強く希望した。また自殺などの危険性も見られなかった。興味深いことは、患者は、ほとんど精神療法の時間に欠席も遅刻もなくやって来て、治療場面においては長期間にわたり沈黙して何か不明瞭な幻覚的な体験をしていたように思われた。それでも彼が時間的空間的な治療構造を維持し、精神療法を自らの意志で選択し続けたことは、その背景に「非精神病的パーソナリティ」が働き続けていたと考えられる。そして治療者は、その患者の健康な部分を感じたためであろう、この患者とは外来の精神療法で何とかやって行けるのではないかと感じて来たのであり（筆者は精神病的パーソナリティを保持している患者については、治療者のこのような感覚が治療上重要であると考えている）、実際に患者は非常に興味深い内界の展開を垣間見せながら、徐々に健康な精神世界を描き出して来たのである。

患者がいよいよ言語機能や伝達機能を破壊し自己の世界に閉じこもってしまったときには、非常に長期間にわたって沈黙が続き、治療者は強い眠気にしばしば襲われたものである。そのようなときには、治療者は患者が自分自身の自我の機能だけでなく治療者の認識機能や思考の機能をも眠らせて機能させなくしていることを考えながら睡魔と戦ったのである。

精神病的状態になってから半年が経過して、患者は自ら希望して絵画を描き始めたが、初期の絵において表現された事物の断片を寄せ集めたものは、おそらくビオンの言う「怪奇な対象」に満ちた世界を表わしている。そして患者は少しでも意味を伝達するものを描いて、治療者に伝わり理解されると、おそらく現実の認識を避けたくなるために、再び極めて断片的な寄せ集めの絵を描くのである。

粘土においても奇妙な物を多く作り「怪奇な対象」の世界を見事に表現したが、絵画と比較して具体的なものであり、その意味を理解することが比較的に容易であった。

そうすることで患者は、父親に対する自己の激しい怒り発作と報復の恐怖や、母親に対する強い依存欲求とそれが満たされないときの欲求不満に伴う怒りなどの心的な現実の世界、その治療者への転移の世界を認識することを拒否しているのである。これらはビオンの言う「絶滅の不安」として記述できるような激しい不安の世界であろう。

これは、ビオンの言う「精神病的パーソナリティ」が「非精神病的パーソナリティ」を凌駕したときの状態であり、一方では言語機能、連結、思考に対する破壊的な攻撃であり、伝達機能をも破壊するものであるが、他方では原始的な思考や伝達機能、治療構造を維持する機能、自己の治療者に対する依存や治療を持続する意志などを維持できる機能が保持されている。

この精神病的な時期に患者の中で起こっていることは、臨床材料を基にして推測するしかないが、ビオンによると、患者は「自我機能の断片化」と「投影性同一視」によって外界に投影されて自己の断片を「物その物」とみなし、「怪奇な対象」を形成する。そして、自己は自我の修復のためにそれらの「怪奇な対象」を再び取り入れようとして幻覚状態に陥り、自己と外界の境界が曖昧なものになる。このような説明は、この患者の精神病的破綻の経過を、非常に良く説明するもののように思われる。

それでも患者は自己を伝達したいという強い衝動は維持していて、あるいは半年間の面接場面における沈黙の間に回復したということができるかもしれないが、患者自身が絵画や粘土を希望したことは驚くべきことであり、治療者には大きな喜びであった。そして絵画を描きたいという意志を持つこと自体が、患者が治療者とコミュニケーションを持ちたいと意志表明したことであり、精神病的な世界から脱出していこうとする意志を示したものである。そしてそれは、患者が治療場面で半年間沈黙していく中で、患者の沈黙の謎の世界の中で徐々に育てられたものである。この時期の患者は、何か幻覚妄想的な体験を治療場面でもしていたように見受けられたが、その不安を治療者が辛抱強く共有し、患者が治療者に関係を求めてくるまで待つことによって、患者の自己が不安に圧倒されることなく、生き延びたことを意味しているのであろう。

そして彼は、絵画や粘土によるイメージによる表現法を通して、前記の「怪奇な対象」の世界だけでなく、極めて早期の乳児-母の関係の世界を表現することに成功したのである。とくに患者が二人の人物の様々な位置関係を数週間にわたって繰り返し行なったことは治療者との転移関係をはっきりと表現していた。同時に、彼が母親に赤ん坊のように甘え始め、自分が子供のようになったことを自覚したことは、彼が再び成長を始める転回点の時期であったと考えられる。

その中の表現には、前記のように奇妙な形態の物の中に巧妙な意味を伝えているものがしばしば見られ、ビオンの言う「表意文字」と考えられる物が出現した。そして治療者の重要な機能の一つとして、この「表意文字」の現れを根気良く待ち、現れたときには見逃さずにその意味を理解して言語的に解釈していくことがある。筆者は、ビオンのこの原始的な「前言語的思考」としての「表意文字」「表意行動」（この患者においては後者はほとんど観察されなかった）などの伝達手段を明らかにしたことが、精神病的パーソナリティの臨床的な理解のためのもっとも重要な貢献の一つであると考えている。

この間はほとんど患者からの言語的な表現はなかったし、治療者が患者の絵画や粘土の作品について説明を求めると、ほとんどの時は「分からない、ただ心に浮かんだから」という答えが返ってきたが、時には部分的な説明を加えた。治療者はこのような患者からの伝達材料を基にして、できるだけ患者の心の中で起きていることを言語的に解釈するようにし、とくに治療者との関係で起こっていることには注意したのである。

このような治療者の働き掛けについて、もしビオンの言うように、患者の未消化の感覚印象が投影されたときに、その原始思考的な意味を理解して言語的に解釈して返していくことが「夢想」の働きであり、「アルファ機能」を助けて「アルファ要素」を造り上げ、患者が精神病的な世界から脱出して、「非精神病的パーソナリティ」の強化に役立つと考えるならば、このような精神病的状態に陥る患者の治療者の存在の意義が明確化されるように思われる。

更に患者が幻覚状態にもかかわらず治療には定刻に訪れ、半年間にわたって沈黙を続けたときに、治療者が自分の自我機能が眠気によって麻痺させられることに耐えようと努力したことが、患者の不安を支えた安定した母親の働きをし、次の「表意文字」によるコミュニケーションに入っていく準備を整える働きをした可能性がある。これらのことはビオンが後に発展させたコンテイナー-コンテインドの概念によって説明できる現象であろう。

そのようなやり取りを半年間続けていく中で、患者は夥しい描画と粘土の作品を生産したが、更に精神病的破綻から約一年後になって比較的言語的な表現も増えていき、「夢」を報告するようになった。それ以前の段階では、患者が様々な幻覚的な体験を持続させていて、「夢」を見ることのできる機能を回復するまでに長期の時間を要したのである。

ビオンの言うように、「夢」を見ることのできる能力は「非精神病的パーソナリティ」に属するものであり、精神病的状態の患者が「夢」を報告するようになるのは、治療が後半になってからであるという意見は妥当なものであろう。そしてこの患者においても、「夢」を報告した以前の段階で、「不可視的および可視的な幻覚体験」(invisible-visible hallucination)が続いたこととは、患者の長期間の沈黙状態と自室への閉じこもりや、奇妙な内容の描画、粘土の作品などから推測できる。

以上のように、このような言語機能や思考機能を一時的に攻撃破壊された、精神病的破綻を来した患者の治療経過を理解する上において、ビオンの提出した理論や技法は、臨床的に極めて価値のあるものである。

(2) 診断について

この患者は、現象学的には精神分裂病と診断されても不自然ではない。しかし、かれの生活歴や家族歴などの発達診断的な特徴は、一般の分裂病と診断される患者と比較してかなり特徴のあるものである。

彼は13歳ごろから精神病様の体験を繰り返しながら学校には出席を続け、成績も比較的良くて、大学入試にもなんとか成功している。

初診時は幻覚ははっきりせず、自我感の減弱や、強い離人症、心が潰れてしまったなど「スキソイド・パーソナリティ」に特徴と思われる症状を訴えていた。

更に患者は精神療法を勧められたにせよ希望しており、自ら治療者のところにやってきたのである。また患者の記述した両親像は葛藤的なものであり、環境要因の強さを疑わせるものであった。治療経過中の精神病様の破綻の際にも、治療者の休暇や父親との葛藤が契機になっており、このような状況反応的な精神病状態は、もっと素質的な要因が強いと考えられる「分裂病」と診断される患者とは趣を異にしているように思われる。

筆者は、この患者のような精神病的状態のエピソードのある患者の中でも、環境要因が比較的はっきりと語られ、社会的にもやや纏まりがあるタイプの患者で、比較的特殊な症状を訴える患者の場合には、精神分析的な精神療法が成功する場合があるのではないかと考えている。今後の研究の課題にしたい。

筆者の診断はやはり「スキソイドの重症型」として、精神療法的な働き掛けを主たる治療として積極的に続けていく方針である。なおDSM-Ⅲ-Rにおいては、スキゾイド・パーソナリティ障害（Schizotypal Personality Disorder）と診断される可能性のある患者である。

(3) ビオンとローゼンフェルド

前述したように二人は1950年代における精神分裂病の研究において、非常に共通した現象について独自の見解を述べている。とくに、ビオンの「精神病的パーソナリティ」の活動する治療状況を、ローゼンフェルドは「精神病的転移」（psychotic tranceference）の概念によって捕え、精神病状態の患者が会話や行動で示す意味を、たとえ精神病的な状態であっても理解できるものと主張し、多くの症例を挙げて積極的な解釈の具体例を挙げている。ただ理論的には、この精神病状態がクラインの「妄想分裂ポジション」そのものであると述べているに止まっている。

ビオンの理論は、このローゼンフェルドのいう「精神病的転移」の構造を、「非精神病的パーソナリティ」の同時存在、「アルファ機能」「怪奇な対象」「表意文字」「表意行動」などの独自の概念や「思考の理論」「幻覚論」によって、より構造的に詳しいものにしたと言うことができるであろう。

(4) 薬物療法の役割

この患者のように精神療法の途中に精神病的な状態が露呈した場合は、しばしば入院や薬物投与が必要になる。この患者は、薬物投与により強い不安も軽減し幻覚状態も極度に激しくならなかったために、外来通院が可能であった。

薬物による抗妄想幻覚作用は明らかであるが、精神療法においては患者の内的な対象関係の改善を目指し、薬物によって治療構造が維持されることにより精神療法的な治療の継続が保証されることが多い。その意味で、このような患者の場合には、適切な精神医学的な処置と精神療法の構造的な利用が欠かせないものになるのである。

5 おわりに

以上のように、ビオンの分裂病の理論の要旨を、主として１９５０年代から１９６０年代前半の論文を中心に紹介した。更に、精神療法の経過中に精神病的破綻を来たした「スキソイド・パーソナリティ」の症例の精神療法の経過を簡単に述べ、考察を加えた。

そしてその症例が、ビオンの「精神病的パーソナリティ」の自我機能を攻撃破壊する特徴を典型的に示し、「非精神病的パーソナリティ」との並存をはっきりと示していることを提示して、ビオンの精神病論の臨床的な有用性と意義について考察した。

参考文献

（1）Bion, W.（1950/1967）The Imaginary Twin. In *Second Thoughts*. Heinemann.〔松木邦裕監訳（2007）「想像上の双子」『再考――精神病の精神分析論』金剛出版〕
（2）Bion, W.（1953/1967）Notes on the Theory of Schizophrenia. In *Second Thoughts*. Heinemann.〔松木邦裕監訳（2007）「統合失調症の理論についての覚書」『再考――精神病の精神分析論』金剛出版〕
（3）Bion, W.（1956/1967）Development of Schizophrenic Thought. In *Second Thoughts*. Heinemann.〔松木邦裕監訳（2007）「統合失調症的思考の発達」『再考――精神病の精神分析論』金剛出版〕
（4）Bion, W.（1957）Differentiation of the Psychotic from the Non-Psychotic Personalities. In *Second Thoughts*. Heinemann.〔松木邦裕監訳（2007）「精神病パーソナリティの非精神病パーソナリティからの識別」『再考――精神病の精神分析論』金剛出版〕
（5）Bion, W.（1958a）On Arrogance. In *Second Thoughts*. Heinemann.〔松木邦裕監訳（2007）「傲慢さについて」『再考――精神病

の精神分析論』金剛出版〕
（6） Bion, W.（1958b）On Hallucination. In *Second Thoughts*. Heinemann.〔松木邦裕監訳（2007）「幻覚について」『再考――精神病の精神分析論』金剛出版〕
（7） Bion, W.（1959a）A Theory of Thinking. In *Second Thoughts*. Heinemann.〔松木邦裕監訳（2007）「考えることに関する理論」『再考――精神病の精神分析論』金剛出版〕
（8） Bion, W.（1959b）Attacks on Linking. In *Second Thoughts*. Heinemann.〔松木邦裕監訳（2007）「連結することへの攻撃」『再考――精神病の精神分析論』金剛出版〕
（9） Bion. W.（1977）*Seven Servants*. Jason Aronson.〔福本修・平井正三訳（1999/2002）『精神分析の方法Ⅰ、Ⅱ――セブン・サーヴァンツ』法政大学出版局〕
（10） Meltzer, D.（1978）*The Kleinian Development*. Clunie Press.
（11） Rosenfeld, H.（1965/1982）*Psychotic States*. Karnac Books.
（12） Rosenfeld, H.（1987）*Impasse and Interpretation*. Tavistock.
（13） Segal, H.（1973）*Introduction to the Work of Melanie Klein*. Hogarth Press.〔岩崎徹也訳（1977）『メラニークライン入門』岩崎学術出版社〕
（14） Segal, H.（1981）Notes on Symbol Formation. *International Journal of Psychoanalysis*, 38: 391-397. In *The Work of Hanna Segal*. Jason Aronson.〔松木邦裕訳（1990）「象徴形成について」『クライン派の臨床』岩崎学術出版社〕
（15） Spillius, E. B.（1988/1989）*Melanie Klein Today*, Vol. 1, 2. Routledge.〔松木邦裕監訳（1993/2000）『メラニー・クライン　トゥデイ1、2、3』岩崎学術出版社〕
（16） Steiner, J.（1987）The Interplay Between Pathological Organizations and the Paranoid-Schizoid and Depressive Positions. *International Journal of Psychoanalysis*, 68 : 69-80.

〔『精神分析研究』35巻3号、1991年〕

44章　現代クライニアンの動向

1　はじめに

クライン（Klein, M.）は，１９２０年代に子供の精神分析における遊戯療法の技法を完成した。また１９３５年から１９４６年にかけて二つのポジションの概念を提唱した頃から，多くの優れた弟子が輩出した。その中にはビオン（Bion, W.），シーガル（Segal, H.），ローゼンフェルド（Rosenfeld, H.），ウイニコット（Winnicott, D. W.）などがおり，最近ではジョゼフ（Joseph, B.），スピリウス（Spillius, E. B.），シュタイナー（Steiner, J.），フェルドマン（Feldman, M.），ブリットン（Britton, R. S.），オショーネシー（O'Saughnessy, E.）などが著名な分析家として活躍している。

クライン派の精神分析家の間では，１９４０年後半から精神分裂病の精神分析による臨床的研究が多くされるようになった。それは，１９４６年，クラインの「いくつかの分裂機制に関する覚書き」（Notes on some schizoid mechanisms）が発表され，精神分裂病の固着点としての「妄想分裂ポジション」の概念が明らかにされて，分裂と投影性同一視の防衛機制が明らかにされたことが大きな契機になっている。

2 現代クライン派の研究――1950年代から現在まで

(1) 投影性同一視の研究：これは更にビオンやローゼンフェルドによって研究され、正常なものと病理的なものに分類された。

(2) 精神病的パーソナリティーの研究：ビオンは、防衛組織とパーソナリティー形成の関係を明らかにし、後のパーソナリティー障害の研究に弾みをつけた。

(3) 思考の研究：ビオンは、精神分裂病の思考障害の問題を発達的に理解する道を切り開いた。

(4) 逆転移の研究：これはハイマン（Heimann, P.）やマネー=カイル（Money-Kyrle, R.）らにより、狭義の逆転移と患者のコミュニケーションとしての正常の逆転移に分類された。それにより、原始的対象関係の世界のコミュニケーションの理解が更に可能になった。

(5) パーソナリティー障害の研究：とくに破壊的自己愛（ローゼンフェルド）、病理的組織化（シュタイナー）の研究が主たるものである。

(6) 解釈技法の変化：成人の精神分裂病の治療経験などを通して、部分対象における解剖的な部分対象の名称を解釈に使用しなくなった。また、内的幻想の内容そのものよりも転移との関連に、より注目して解釈を行なうようになった。

(7) 全体的状況への配慮（total situation）：患者の言語的な表現内容だけでなく、行動化（acting out）における非言語的なコミュニケーションを重要視し始めた。

(8) 精神分裂病の研究からパーソナリティー障害の研究に重点が移っている。

(9) 病院力動精神医学や地域精神医療におけるグループ療法を中心にした応用部門にも関心を向けている。

本章ではとくにローゼンフェルドとシュタイナーの研究について述べ、現代クライニアンの一面を紹介したい。ローゼンフェルドは、精神分裂病の治療とその病理の解明、投影性同一視（projective identification）、破壊的自己愛（destructive narcissism）の研究において大きな業績を上げている。シュタイナーは、とくにパーソナリティー障害の研究に力を注ぎ、ローゼンフェルドの破壊的自己愛の病理の研究を基礎にして病理的組織化（pathological organization）と心的退避（psychic retreat）の概念を提供し、包括的なパーソナリティー障害論を展開している。

3　ローゼンフェルドの業績

（1）精神分裂病の「困惑状態」の研究

ローゼンフェルドの研究の代表的なものは、まず１９４０-５０年代の精神分裂病の研究がある。彼は、クラインが１９４６年に発表した「分裂機制の覚書き」の中において明らかにした妄想分裂ポジション（paranoid-schizoid position）の概念に基づいて、成人の精神分裂病の精神分析を行なった。彼は週5回、１セッション50分の分析治療を行ない、その中で精神病的転移を観察し、原始的分裂（primitive splitting）と投影性同一視（projective identification）が活発に活動する世界をみごとに記述している。

また、それらの精神病的転移が部分対象関係（part object relation）からなることを理解し、そのような転移の解釈技法の研究を行なった。とくに「困惑状態」（confusional state）の状態を、正常の分裂の過程が破綻し、過剰な投影性同一視のために良い対象と悪い対象の区別がつかなくなった状態と考えた。これは、妄想分裂ポジションに正常なものと破綻したものが存在することを最初に提唱したものである。この時期にはビオン、シーガルなども精神分裂病の精神分析の研究を盛んに行ない、精神病的転移の世界や精神病的パーソナリティーの世界を解明していった。

(2) 投影性同一視の研究

ローゼンフェルドはビオンなどが行なった正常と異常な投影性同一視の観点を取り入れて、臨床の実際における投影性同一視の起こり方などを分類整理している。彼はとくに精神分裂病における投影性同一視の性質について研究を行なっているが、それは重症パーソナリティー障害における投影性同一視の理解に大きな寄与をした。

ローゼンフェルドによると、クラインが1946年に初めて投影性同一視の概念を提供したとき、既に様々なタイプの投影性同一視を示唆している。つまりクラインが投影性同一視の概念でもっとも注目したものは、①分裂が活動している口唇期、肛門期、尿道期的な攻撃性に関しており、乳幼児は、危険な物質(排泄物)を自己から母親に排除するが、その時に同時に自我の一部が分裂され、母親の中に投影される。更に②その目的は、対象を傷つけることだけでなくコントロールし、対象を所有することにある。③悪い自己の一部を含んでいる対象は、悪い自己の一部と感じられる。④自己の一部に対する憎しみは対象に向けられる。これは攻撃的な対象関係の原形である。⑤自己の良い部分も対象に投影性同一視される。これは良い対象関係の基本になる。⑥対象に対する強制的な侵入に言及しており、迫害的な不安に関係していると考えている。⑦迫害的不安は、取り入れ過程を障害する、などである。

ローゼンフェルドは、クラインが投影性同一視の概念によって、自我の分裂の過程だけでなく、自己の部分を対象の中に投影することによって生じる自己愛的対象関係も意味していると考えている。そして彼は精神病患者との豊富な臨床経験を基にして、投影性同一視の臨床的形態を次のように列挙している。

a　コミュニケーションとしての投影性同一視

多くの精神病的な患者が、乳児-母親間に見られるような非言語的なコミュニケーションを使い、しかもその歪曲されたものか極端なものを使う。つまり乳児が耐えられないような不安は母親の中に投影され，母親は直観的に乳児の不安をコンテイン（contain）し，彼女の行為によってそれを緩和するのである。これが取り入れ（introjection）の過程を促進し，乳児の発達に重要な役割を果たす。

これと同様の過程が，患者-治療者関係の中で起こっている。つまり治療者が患者の不安を正しく理解し，それをコンテインし，解釈によって理解したものを患者に返すことができれば，患者は取り入れの機能を自由に駆使して，治療者との創造的な関係を取り入れることができる。そうすることで患者は衝動に耐え，思考を発達させ，自己の葛藤の処理能力を発展させていく（これに関してはビオンが優れた研究をした）。その意味で，患者が投影性同一視するものを治療者が正しく理解し，解釈などによって患者に返していくことが重要なことになる。この時点で治療者がそれに失敗したり，沈黙を続けて受け身的に振る舞っていた場合には，患者は拒絶されたり無視されたりする体験を持ち，治療関係は更に破壊的なものになっていく。

b　心的現実を否認するための投影性同一視

ここでは，患者は衝動や不安更に自己の一部を分裂し治療者の中に投影する。これは混乱を生じさせる心的な内容を排除し空っぽにしてしまうためである。このような場合には，患者はこの排除と否認の過程を治療者に大目に見てほしいと感じており，治療者が解釈すると激しい怒りを表明する。

c　治療者の身体と心をコントロールするための投影性同一視

これは精神病患者の治療においてよく見られる転移の一つである。そこでは自己と対象との区別も不明瞭になる。患者は自己の狂気の部分を治療者の中に投影し，治療者が狂気と化したとみなす。そして患者は，治療者が狂気を無理やり押し返して来て，自分の正気を奪ってしまうのではないかと怯えるのである。このときにしばしば治療者-患者間のコミュニケーションが破綻してしまう危険性がある。患者は過剰な投影性同一視の機制を使い，言語機能や抽象的な思考が破綻して，精神病的な具象的思考（concrete thinking）しかできなくなる。このときには、治療者の言語的な解釈は誤解されてしまう。これは、シーガルの言った象徴的等価物（symbolic equation）に関連した世界である。この状態は精神病的破綻の危機を抱えている。

以上のa、b、cの過程は、精神分裂病患者の中で同時に起きていることが多く、治療者はそれをよく峻別するように努力する必要がある。

d　一次的攻撃性、とくに羨望に対処するための投影性同一視

精神病の患者が融合（fusion）の状態から徐々に分離を自覚するときに分離不安に関する怒りが現れ、しばしばその怒りは羨望（envy）の性質を帯びている。それはとくに治療者が意味のある解釈をし、治療者が正しく理解していることを示した時に起こりやすい。

患者は自分が必要なものを治療者は提供できるが、自分は提供できないと感じ、自分が惨めになり屈辱を感じる。そのときに、彼は治療者の言うことを馬鹿にし意味のないものとみなすことによって、治療者の意味ある解釈を破壊し駄目にしてしまう。この時には治療者の逆転移として、自分が無力であったり役に立たないと感じたり、吐き気などの身体的な症状が出たりする。この状態においては、患者の陰性治療反応（negative therapeutic reaction）は非常に激しい破壊的なものである。この羨望に満ちた自己の部分を処理するために、その自己の部分を分裂排除して対象に投影する方法がとられるが、もう一つの方法は自分が賞賛し羨望を感じる対象の中に入り込んで、自分が対象そのものになり対象の役割を奪い取ることである（全体的投影性同一視、total projective identification）。このときには、羨望は完全に否認されるが、対象と分離するときにはただちに再び現れてくる。これは患者の万能的自己愛とも関連が強い。

e　寄生的対象関係（parasistic object relation）における投影性同一視

ここでは患者は完全に対象の中に住んでいると確信している。激しい寄生的状態は、全体的投影性同一視とみなされるかも知れないが、羨望や分離の否認だけでなく攻撃やとくに羨望の表現でもある。これは防衛的な状況でもあるし攻撃性の行動化でもあり、治療的に非常に難しい状況にある。患者は完全に治療者に依存し、極端に受け身的で沈黙し、行動を起こそうとせず全てを要求し、何も返そうとしない状況である。これは羨望や分離不安に対してだけでなく、あらゆる苦痛を引き起こす状況に対する防衛でもある。もっと活動的な寄生状態では、潜行性の怒りが顕著である。これについてはビオンも研究しているが、彼は「患者と治療者の慢性的な殺人」と述べている。この状態は、治療者に対する強力な侵入や投影性同一視とは区別されるべきである。

もうひとつの対象の中に完全に住んでいる形態は、激しい妄想状態にある患者に見られることがある。

以上のように、投影性同一視の活動の様々な形態が、精神病の患者の治療においてしばしばみられる。そのような患者の治療においては、ローゼンフェルドは患者の万能的自己愛の世界である過剰な投影性同一視を使う精神病的な部分と、取り入れを行い思考を行なうことのできる健康な心の部分を峻別しながら治療に当たることの必要性を強調している。そして治療者は、精神病的部分の活動を明らかにし、患者と話し合っていくべきである。これはビオンのパーソナリティーの精神病的部分と非精神病的部分の理論と同じ視点である。

このような精神分裂病に関する研究は、後にもっと軽症ではあるがかたくなな抵抗状態を示す境界例などの重症なパーソナリティー障害などの理解に大きな貢献をした。

（3）破壊的自己愛の研究

ローゼンフェルドは、精神分裂病や重症のパーソナリティー障害の患者群を治療していて、極端に自己肥大的な万能感を持ったり、治療に対して自己破壊的な行為などを繰り返すいわゆる陰性治療反応（negative therapeutic reaction）を示して激しく治療に抵抗し、自己の変化を妨害しようとする患者群に注目した。これは、フロイトが反復強迫と陰性治療反応の問題として死の本能と関連づけた破壊的本能の問題であり、クラインが「羨望」（envy）の問題として自己にとって良い対象をも破壊してしまうような原始的な破壊性に注目した研究とも通じるものである。またアブラハム（Abraham, K.）は、自己愛的抵抗（narcissistic resistance）の問題として取り上げている。

ローゼンフェルドは、自己破壊的で万能的な患者群に対して、フロイトやクラインの破壊的な死の本能論から対象関係論へと更に研究を深めた。

彼は右記のように、比較的社会的適応の良い自己愛的パーソナリティーやスキゾイド（schizoid）の患者から重症の精神病まで幅広い患者群の中に、治療に強力に抵抗する内的組織としての自己愛的組織が存在することに注目した。それに並行して、その組織そのものの病理性も比較的軽度で治療的に扱えば最終的には変化していくものから、あらゆる治療的援助を拒絶して自己の世界に閉じ籠もってしまう重症のものまで、広いスペクトラムがあると考えている。それらに共通する特質としては次のものが考えられている。

a 自己愛的な状態

ここにおいては、対象との分離を否認するために、自己と対象の間で過剰な投影性同一視と取り入れ性同一視（introjective identification）が活動している（自己と対象の融合 fusion）。そして対象との分離に気づくことは、対象に依存していることを自覚させ、欲求不満を起こさせる。また対象に依存しているということは対象の良い物を認めることになり、羨望の心理が活動する。そのために、過度に自己愛的な対象関係は、羨望的な破壊的衝動に関連している。ローゼンフェルドは、この心性をフロイトの死の本能（death instinct）と生の本能（life instinct）の問題と関係していると考えている。

b 性愛的自己愛

これは次の破壊的自己愛とは区別されるべきである。性愛的自己愛（libidinal narcissism）では、性愛的な自己を過剰に理想化して過剰評価することが中心的な特徴である。自己理想化は、良い対象とその良い内容との万能的な取り入れ性同一化（intrijective identification）および投影性同一視によって維持されている。このようにして、自己愛者は外界と外的な対象に関する全ての価値のあるものは彼自身の一部であると感じたり、彼によって万能的に支配されていると感じられる。実際の患者では、後述の破壊的自己愛の面も合わせ持っているが、性愛的な面が大きい場合には、一般にいわれる「自己愛パーソナリティー障害」の臨床的特徴を示す。

c　破壊的自己愛

これは破壊的な陰性治療反応に関する研究であり、羨望と破壊性が大きな役割を果たし、患者の優越感に満ちた見下すような態度が特徴である。破壊的自己愛（destructive narcissism）は、フロイトの死の本能に関する破壊性、攻撃性と関連があり反復強迫と激しい行動化に関係している。そこでは自己の破壊的万能的な部分が理想化されているが、潜行し分裂排除されていてその存在が曖昧にされている。この部分は外界との関係を拒否している。つまり対象を求めたり依存的な対象関係を妨害したり、外的な対象を過少評価したりするために精神分析治療においても重大な抵抗になる。この万能的破壊的自己愛の程度は、精神分裂病から比較的社会適応を表面的には果たしているスキゾイド、自己愛パーソナリティーまで様々なバリエーションが存在する。

万能的破壊的自己愛の状態では、対象を含めて自分が全てを生み出し、自分自身を世話することができると考える。そして自分が治療者や母親などに依存したり、対象が良い物を持っていると感じたりすると、死んでしまったほうが良いとか存在しない方がいいと感じ、分析における進展や洞察を全て破壊しようとする。そしてしばしば分析を中断しようとし、自殺願望をもち、唯一死のみが物事の解決法だと考えたりする。この自己の破壊的自己愛の部分を理想化し同一化することによって、優越と自己賞賛の感覚を生み出す。そして対象に対する依存だけでなく、対象に対する配慮や愛を否認するのである。この破壊的自己愛の部分はまるでギャングやマフィアのように組織化され、他の自己の部分を破壊し、支配し続けるのである。そして一部の重症な患者の場合には、この破壊的自己愛組織（destructive narcissistic organization）は精神病的な性質を帯びており、患者は妄想的な万能の世界に安住して、外界とは一切の関わりを持とうとしない状態になる。

実際の自己愛組織においては、性愛的な面と破壊的な面の両方を持っているが、破壊的部分の強いものほど重症であり、この自己愛組織の中に比較的軽症のものから精神病的な重症なものまで様々なバリエーションがあるということができる。

臨床的には、とくに破壊的自己愛組織は治療において頑固な抵抗を示すが、治療者はその防衛的な面について明らかにし、その防衛の方法と患者が防衛しようとしているものとの両面からアプローチしていくことが重要である。

4 シュタイナーの病理的組織化の研究

シュタイナーは、シーガルに教育分析を受け、ローゼンフェルドにスーパービジョンを受けた分析家であり、次の世代の中心になるクライン派の分析家の一人である。彼はローゼンフェルドの破壊的自己愛組織の研究に多くの影響を受け、他の研究者の研究も参考にして、防衛的な面に注目した包括的な「病理的組織化」(pathological organization) の概念を提唱した。これは重症のパーソナリティー障害からビオンのいう精神病的パーソナリティーの研究まで包括するような概念である。これは精神分析治療に頑固に抵抗する治療困難例の病理の解明の一つの大きな成果であり、現代クライン派の流れの中でも代表的な研究の一つである。

(1) 病理的組織化と二つのポジションの関係

シュタイナーは、治療的に行き詰まってしまう患者群についての研究を進め、自分の研究がライヒ (Reich, W.) の「性格の鎧」、アブラハムの「自己愛的抵抗」、ビオンの「パーソナリティーの精神病的部分」、シーガルの「組織的防衛」などの研究を引き継ぐものと考えている。またクラインの躁的防衛の研究もその一つに数えている。

そして彼はとくにローゼンフェルドの「破壊的自己愛組織」の研究にもっとも大きな影響を受けていると考えている。またこの防衛組織の様々な面については、オショーネシーなど他の研究者も記述している。

シュタイナーは治療経過上頑固な抵抗に遭い、行き詰まった状況にある患者を詳しく観察しているが、妄想分裂ポジション（paranoid-schizoid position）の迫害的不安にも抑鬱ポジション（depressive position）の抑鬱的不安に対しても適切に対処できず、微妙な平衡（equilibrium）を保つような一種の「退避」（retreat）場所のような中間的な第三のポジションともいうべきものが存在すると考えるようになった。それはまさに二つのポジションの境界的ポジション（borderline position）に位置していて組織的防衛として働き、心の平衡を崩し、苦痛な不安に直面させる治療的な働きかけにかたくなに抵抗する。

（2）病理的組織化の臨床的多様性とその基本的特徴

臨床的にはこの病理的組織化は、強迫的、躁的、倒錯的であり、精神病的な形態さえ取る。その特質は、自己愛的万能的対象関係であり、まるでギャングやマフィアのように暴力的に他者や自己の一部を攻撃し、対象関係を歪曲し倒錯的な性質を備えている。

その背後にある共通の防衛組織は、基本的に自己愛的で投影性同一視の機制が優勢である。分裂は複数の対象を形成し、非常に高度に組織された構造を造り上げる。つまり対象はコントロールされ、投影性同一視によって同一化され、この対象が分裂され取り入れられる。そして、そのグループが複雑でしばしば倒錯的な性質を持った組織化された内的構造に造り上げられる。この共通した構造の下で、病理の程度によって臨床的な現れ方は様々である。例えば強迫においてはコントロールが顕著であり、ヒステリーにおいては性愛化が特徴であり、躁的機制においては高揚や興奮をもたらすような強力な人物との同一化がみられる。彼は境界例の病理もこの病理的組織化の一つの形態であると考えている。つまり、境界例は衝動的で自己破壊的な対象との同一化と理想化を

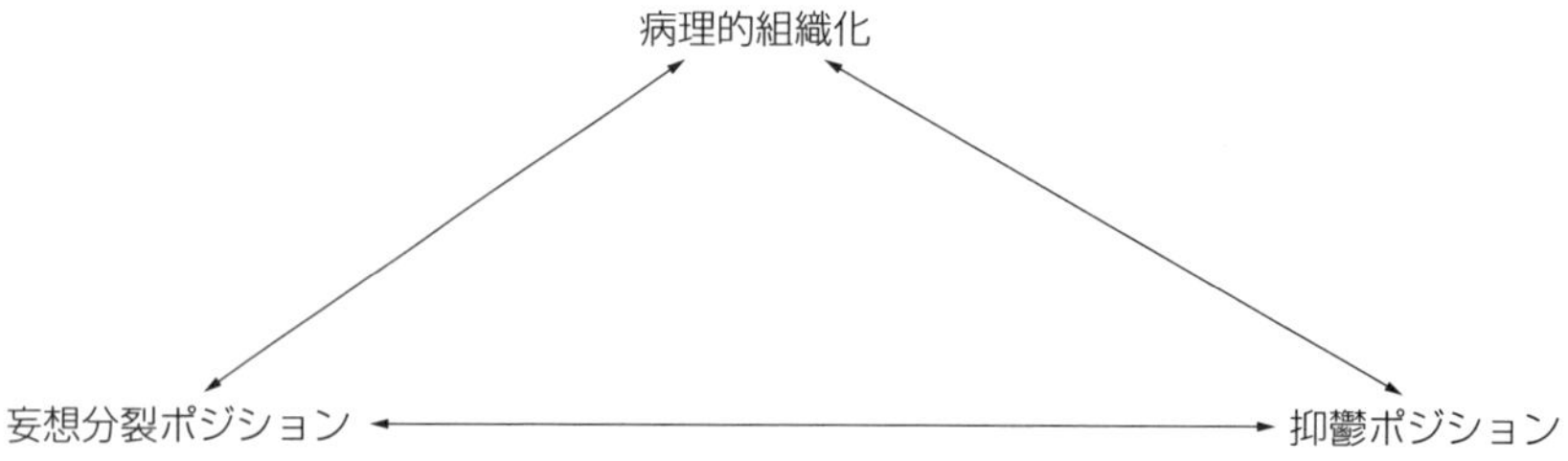

図１

基本とした病理的組織化の形成された状態である。精神病的な病理的組織化では過剰な投影性同一視による自我と対象の断片化のために、認知機能の障害、言語機能の障害、具象的思考の出現などが見られ、妄想的な状態に陥る。

　この病理的組織化と二つのポジションとの関係は、図式化すると**図１**のようになる。

　臨床的には、患者がどのポジションの領域で活動しているかを見極めることが重要になる。かっては、抑鬱ポジションに対処できない患者が妄想分裂ポジションに退行し、そこで再び分解、断片化、困惑、迫害的不安にまた遭遇すると考えられていたが、シュタイナーによるとそれに対処できない患者は、第三の領域に退却してしまう。それがかつては妄想分裂ポジションと混同されてきたものが多いと考えられ、シュタイナーの功績は、この病理的組織化が妄想分裂ポジションにも共通している分裂や投影性同一視の機制を使用しているために一見妄想分裂ポジションによく似ている面があるが、実際には健康な発達を阻止する防衛組織であると考えたところにある。これによって、クラインの二つのポジションによる退行論だけでは病理的なものと健康な発達としての妄想分裂ポジションの区別が明確ではなかったものが、より峻別されるようになったのである。

　それは一種の偽統合（pseudo-integration）を示し、自己愛的な構造に影響され、見せかけの抑鬱ポジションにおける統合を示すこともあり、不安や苦痛から自由になり、安定した構造を提供するように一見思えるのである。

　治療経過においては、この病理的組織化の活動を丁寧に追跡していくことが重要

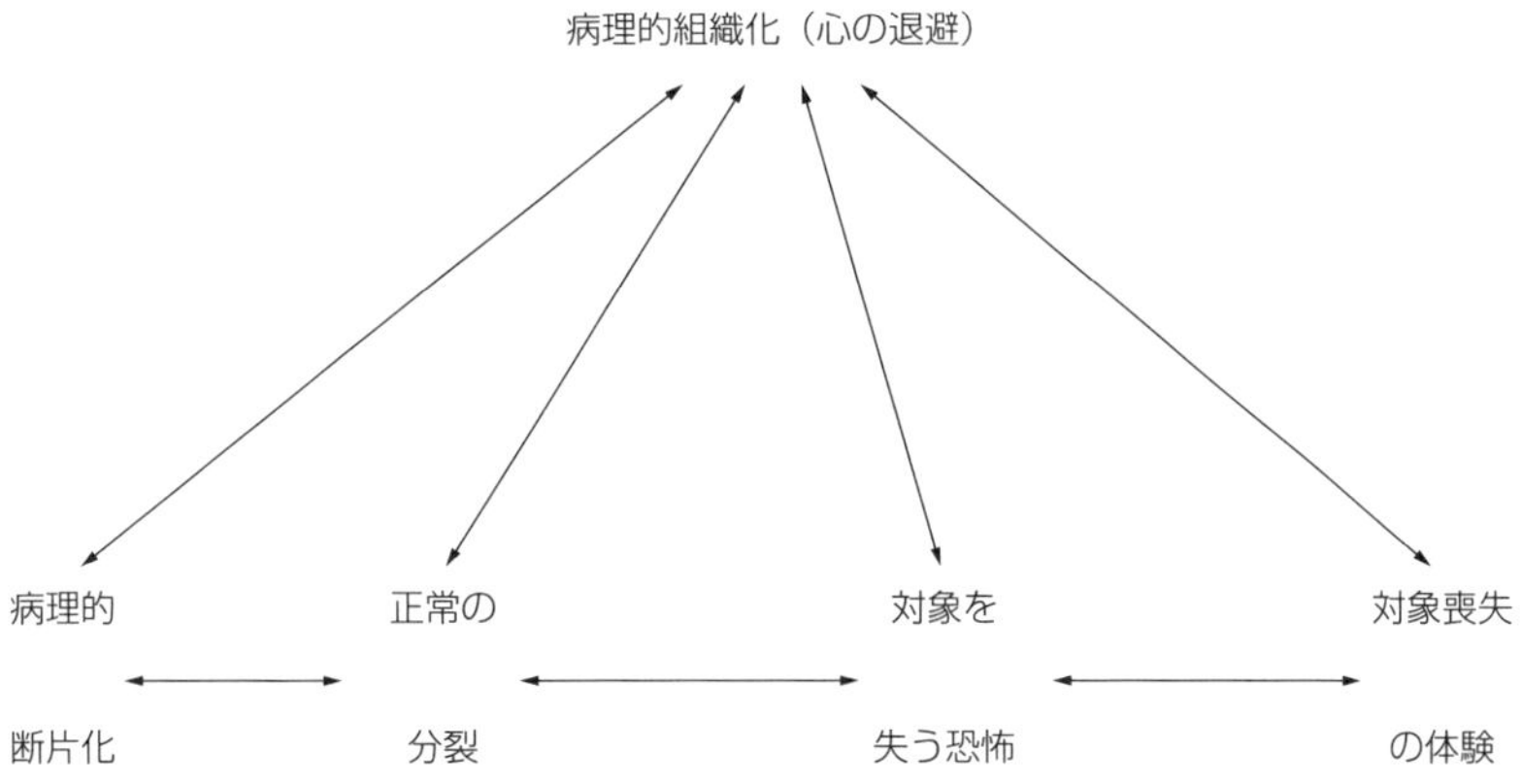

図２

になる。そして病理的組織化の機能が弱まったときには、妄想分裂ポジションにおける分解や断片化、絶滅の恐怖などが顕在化し、抑鬱ポジションにおいては、分離や対象喪失の不安や苦痛が体験されるようになる。個人はそれらの苦痛や不安が強すぎるとまた、第三のポジションである病理的組織化の世界に退避（retreat）しようとする。治療者は、これらの患者の心の動きを丁寧に追っていくことが重要な仕事になる。

（３）妄想分裂ポジションと抑鬱ポジションの更なる研究

シュタイナーはこれらのポジションについて更に臨床的な観察を行ない、より細かい発達的な図式を造り上げた。つまり、妄想分裂ポジション早期においては病理的断片化（fragmentation）の不安が主であり、後期においては正常の分裂の不安が優勢である。また抑鬱ポジション前期においては対象を失う恐怖が主であるが、後期においては対象喪失の体験に関する不安が主である。そしてシュタイナーは、それぞれの不安に対して、病理的組織化（心の退避）は防衛的に働くと考え、上記の図式を更に複雑にしたものにしている。そしてこれにより、臨床的な動きを更に細かく観察できることを主張している。それを次の**図２**で表わしている。

これは、病理的組織化にも軽症のものから非常に重症なものまであることを表わしている。非常に重症な場合には、病理的断片化と病理的組織化の間を往復しているものが多いし、神経症様の比較的軽症のものの場合には、対象喪失の体験と病理的組織化の間を動揺している例が考えられる。

5 おわりに

以上ローゼンフェルドとシュタイナーの研究に焦点を当てて紹介した。二人は戦後のクライン派の研究の中で、主として投影性同一視の研究、破壊的な組織的防衛とパーソナリティー障害の研究にとくに功績があった。ローゼンフェルドの破壊的自己愛組織の研究は、日本で良く研究されてきた境界例をも包含するものであるが、フロイトの陰性治療反応、クラインの羨望の研究を更に対象関係論的に発展させたものである。その意味で、近代クライン派の大きな業績の一つと言うことができる。

シュタイナーの研究は、その防衛的な面を強調した病理的組織化という用語を採用し、より広い病理的防衛組織の視点からの研究であり、パーソナリティー障害の理解に一石を投じている。また第三のポジションとして、クラインの二つのポジションと病理的組織化との連関を明らかにすることによって、健康な妄想分裂ポジションとの区別を明確にしたことは大きな寄与である。また境界例の病理について、この境界的な第三のポジションの病理的組織化の一つの形態であるという理論は、興味深いものである。更に二つのポジションをより細かく区分することによって、臨床的理解を綿密にしようとしていることは注目に値する。

参考文献

（1） Anderson, R.（1992）*Clinical Lectures on Klein and Bion*. Routledge.〔小此木啓吾監訳（1996）『クラインとビオンの臨床講義』

岩崎学術出版社〕
（2） Bion. W.（1957）Differentiation of the Psychotic from the Non-Psychotic Personalities. *International Journal of Psyhcoanalysis*, 38（3-4）: 266-275.〔松木邦裕監訳（1993）「精神病人格と非精神病人格の識別」『メラニー・クライン トゥデイ1』岩崎学術出版社〕
（3） Heimann, P.（1950）On Counter-Transference. *International Journal of Psychoanalysis*, 31 : 81-84.
（4） 衣笠隆幸（1991）「Bion の精神分裂病の病理学」『精神分析研究』35巻3号、224-235頁
（5） 衣笠隆幸（1992）「クライン学派の精神分裂病の研究」『イマーゴ「精神分析学の現在」』
（6） 衣笠隆幸（1993）「難治症例と逆転移」『精神分析研究』37巻3号、253-264頁
（7） 衣笠隆幸（1994）「成人患者の早期エディプスコンプレックス」『精神分析研究』38巻3号、157-165頁
（8） Klein, M.（1935/1975）A Contribution to the Psychogenesis of Manic-Depressive States. In *The Writing of Melanie Klein*, Vol. 1. Hogarth Press.〔安岡誉訳（1983）「躁うつ状態の心因論に関する寄与」『メラニー・クライン著作集3』誠信書房〕
（9） Klein, M.（1940/1975）Mourning and Its Relation to Manic-Depressive States. In *The Writings of Melanie Klein*, Vol. 1, pp. 344-369. Hogarth Press.〔森山研介訳（1983）「喪とその躁うつ状態との関係」『メラニー・クライン著作集3』誠信書房〕
（10） Klein, M.（1946/1975）Notes on Some Schizoid Mechanisms. In *The Writings of Melanie Klein*, Vol. 3, pp. 1-24. Hogarth Press.〔狩野力八郎・渡辺明子・相田信男訳（1985）「分裂的機制についての覚書」『メラニー・クライン著作集4』誠信書房〕
（11） Money-Kyrle, R. E.（1956）Normal Counter-Transference and Some of Its Deviations. *International Journal of Psychoanalysis*, 37 : 360-366.
（12） Rosenfeld, H.（1950/1965）Notes on the Psychopathology of Confusional States in Chronic Schizophrenics. In *Psychotic States*. Hogarth Press.
（13） Rosenfeld, H.（1964/1965）On the Psychopathology of Narcissism: A Clinical Approach. In *Psychotic States*. Hogarth Press.
（14） Rosenfeld, H.（1971）A Clinical Approach to the Psychoanalytic Theory of the Life and Death Instincts: An Investigation into the Aggressive Aspects of Narcissism. *International Journal of Psychoanalysis*, 52 : 169-178.〔松木邦裕訳（1993）「生と死の本能についての精神分析理論への臨床からの接近」『メラニークライン トゥデイ2』岩崎学術出版社〕
（15） Rosenfeld, H.（1971/1988）Contribution to the Psychopathology of Psychotic States: The Importance of Projective Identification in the Ego Structure and the Object Relations of the Psychotic Patient. In *Melanie Klein Today*, Vol. 1. Routledge.〔東中園聡訳（1993）「精神病状態の精神病理への寄与」『メラニー・クライン トゥデイ1』岩崎学術出版社〕
（16） Rosenfeld, H.（1987）*Impasse and Interpretation*. Tavistock.
（17） Segal, H.（1957/1981）Notes on Symbol Formation. *International Journal of Psychoanalysis*, 38 : 391-397. In *The Work of Hanna*

Segal. Jason Aronson.〔松木邦裕訳（1990）「象徴形成について」『クライン派の臨床』岩崎学術出版社〕
(18) Steiner, J. (1979) The Border Between the Paranoid-Schizoid and the Depressive Positions in the Borderline Patients. *British Journal of Medical Psychology*, 52(4) : 385-391.
(19) Steiner, J. (1982) Perverse Relationships Between Parts of the Self: A Clinical Illustration. *International Journal of Psychoanalysis*, 63 : 241-251.
(20) Steiner, J. (1987) The Interplay Between Pathological Organizations and the Paranoid-Schizoid and Depressive Positions. *International Journal of Psychoanalysis*, 68 : 69-80.
(21) Steiner, J. (1989) The Psychoanalytic Contribution of Herbert Rosenfeld. *International Journal of Psychoanalysis*, 70 : 611-617.
(22) Steiner, J. (1990a) Pathological Organizations as Obstacles to Mourning. *International Journal of Psychoanalysis*, 71 : 87-94.
(23) Steiner, J. (1990b) The Defensive Function of Pathological Organizations. In *Master Clinicians on Treating the Regressed Patients*. Jason Aronson.
(24) Steiner, J. (1991) A Psychotic Organization of the Personality. *International Journal of Psychoanalysis*, 72 : 201-207.
(25) Steiner, J. (1992) The Equilibrium Between the Paranoid-Schizoid and the Depressive Positions. In *Clinical Lectures on Klein and Bion*. Routledge.
(26) Steiner, J. (1993) *Psychic Retreats*. Routledge.〔衣笠隆幸監訳（1997）『こころの退避』岩崎学術出版社〕

〔『現代のエスプリ』６月号、１９９５年〕

45章　病理的組織化[*1]——ジョン・シュタイナーの病理的パーソナリティの研究

1　はじめに

病理的組織化（pathological organization）の臨床概念はシュタイナー（Steiner, J.）が境界性パーソナリティや精神病的パーソナリティの治療における病理的問題を理解するために提唱したものである。[27] そのような患者群を精神分析や精神分析的に治療を行なう場合には、パーソナリティの病理的な特性に基づく歪曲された防衛的な認知が存在しており、変化に対して強力な抵抗を示す傾向が見られる。また、症状の悪化、自傷行為や自殺企図などの自己破壊的行動化、反社会的行動化などによって、治療の継続を危うくするような陰性治療反応（negative therapeutic reaction）を呈することが非常に多く、治療困難な患者群である。

そのような患者群の内的世界の構造を明らかにし、その転移と逆転移の特徴、防衛機制の活動の様式と真の苦痛や葛藤の処理の病理的状況などを理解していくことは、臨床上重要なプロセスになる。病理的組織化の概念は、現在のイギリス精神分析における病理的パーソナリティの研究としては、もっとも統合的なものである。

2　病理的組織化の概要[22-27]

病理的症状や行為の問題に苦しむ個人の中には、健康なパーソナリティの部分と病理的なパーソナリティの部分が存在している。そして後者は組織的に形成されていて健康な部分を支配し、病理的な症状や行動化を呈するパーソナリティの形成に大きな影響を与えている。そしてその病理的組織化の部分の特徴は、変化に対して強力に抵抗し、陰性治療反応の源である。そこでは倒錯（perversion）と嗜癖（addiction）に基づく変化に対する頑なな抵抗がみられ、健康な統合過程が失速している状況が見られる。そしてそこでは、病理的な原始的防衛機制（primitive defense system）が活動しており、過剰な分裂（splitting）と投影性同一視（projective identification）が活動している。その世界は、苦痛や抑うつ的な現実の世界を見ていくことに対して強い抵抗を示し、自己の健康な欲求不満や怒りなどに対しても、極端な病理的罪悪感を抱いて、健全な自己の健全な罪悪感を体験することができないでいる。そして治療過程においては、健康なパーソナリティの部分が治療者を信頼し始め、治療的援助や健康な依存を求めるようになると、病理的組織化の部分がそれを禁止し、攻撃して変化に対して激しく抵抗する。それは、自己の破壊的な部分が理想化されて、ギャングの組織のように暴力的に他の組織を圧制的に支配する状態である。

これらが病理的組織化の特徴を簡潔にまとめたものであるが、以下ではそれらの基本的な視点について順を追って概説したい。

3　歴史的研究

このような境界性パーソナリティや精神病的パーソナリティに関する先行研究は、精神分析の臨床研究の中で長い歴史がある。フロイト（Freud, S.）[4]は、成功しそうになると失敗してしまう性格、犯罪を繰り返して処罰を受けることで、強すぎる罪悪感の平衡をとろうとする性格などの研究をしている。また、治療過程において、激しい症状の悪化、反社会的行為、自殺企図などによる自己破壊的行為を繰り返して、結局治療そのものの継続が困難になったり、治療の体験を自己の成長に使おうとしない、いわゆる陰性治療反応の研究を行なっている。フロイトは、それが患者の無意識的罪悪感の激しさによるものであると述べている。

アブラハム（Abraham, K.）[1]は、自己愛的防衛（narcissistic defence）の問題を論じている。ある患者群は、治療に対して尊大で横柄な万能的な態度をとり始め、治療者や治療そのものを見下したり価値下げをすることで、自分が変化することに対して強力に抵抗する傾向が見られる。アブラハムは、これも陰性治療反応のひとつのタイプであることを論じている。その態度は、自己愛的で万能的であり、あたかも自己完結していて、自分が他者の援助や存在そのものを必要としてはいないかのように振舞い、自己のもっとも苦痛で不安な部分に触れて行こうとはしない患者群である。

同じような問題を、特殊な性格の側面から論じたのがライヒ（Reich, W.）[13]である。彼は受身的攻撃的性格、男根的性格などの患者群が強力な治療抵抗を示し、そのような患者はまずその性格特徴を分析していくことが技法上重要であることを論じている（性格分析）。

クライン（Klein, M.）[9][10]は強迫的ポジション、躁的ポジションなどの概念で、治療に抵抗する病理的なポジションの問題を論じている。リビエ（Rivier, J.）は躁的抵抗（manic defence）の問題を論じている。これも、自己肥大的で対象を見下し、自分が対象を必要としていることや剥奪体験などによって苦痛な体験世界を持っていることを、否認しようとする防衛機制である。そこには、分裂、否認（denial）、投影性同一視などの防衛機制群が活動している。ウィニコット（Winnicott, D.）も躁的防衛を論じている。

ビオン（Bion, W.）[3]は、精神病的パーソナリティ（psychotic personality）の研究において、精神病的な問題を持つ個人は、非精神病的パーソナリティ（non-psychotic personality）の部分と精神病的パーソナリティの部分を同時に持っていることを明らかにしている。これはフロイトの精神病論の基本的視点を踏襲したものである。このような病理的パーソナリティの部分と非病理的部分のパーソナリティの部分が、自己の中に並列して存在していて相互作用を与えているという視点は、シュタイナーの病理的組織化の概念に大きな影響を与えている。ローゼンフェルド（Rosenfeld, H.）[14][15][17]は、物質依存、性倒錯、情緒不安定性パーソナリティ、衝動的パーソナリティなどの治療困難例における臨床研究を行った。そのような患者群は、治療の途中で症状の極端な悪化のために入院が必要になったり、自殺未遂や自傷行為などの自己破壊行為、反社会的行動、治療者に対する極端な価値切り下げや直接的な攻撃などの陰性治療反応を呈する患者群である。そして治療そのものを台無しにして、自分から治療的援助を求めたにもかかわらず、治療の恩恵を一切認めず受け入れようとしない、自己破壊的な患者群である。彼はそのような患者群には、無意識の中に非常に理想化された破壊的な病理的組織が存在していて、健康な自己が治療者を信頼したりしようとすると激しく攻撃してそれを破壊してしまう心的過程が存在していると述べるようになった。ローゼンフェルドは、これを破壊的自己愛組織（destructive narcissistic organization）と呼んでいる。この考え方も、自己の中に正常な自己の部分と病理的で破壊的な自己の部分が共存しているという基本的な視点になっている。シーガル（Segal, H.）[18][19]は、治療に強く抵抗する患者の中に組織的防衛が存在していて、治療者の解釈に対して強い抵抗を示す患者について論じている。また、オショネシー（O'shaughnessy, E.）[12]は、やはり組織的防衛を持った変化に頑なに抵抗する治療困難な症例を詳しく論じている。

これらの歴史的研究を集大成する方向で、シュタイナーは、病理的組織化として包括的な病理的パーソナリティの臨床的問題を理解していく道を切り開いたのである。特にビオンとローゼンフェルドの研究は基本的な視点を与えている。上記のように、ビオンは精神病的パーソナリティの研究、ローゼンフェルドは主として衝動的情緒不安定型の境界性パーソナリティを研究しているが、シュタイナーの研究は精神病的パーソナリティから、抑うつパーソナリティ、境界性パーソナリティ、スキソイド・パーソナリティ、自己愛性パーソナリティ、強迫性パーソナリティなどの神経症的なものまで、包括的な病理的パーソナリティの理解の道を切り開いたものである。

4　ビオンの精神病的パーソナリティの研究[3]

シュタイナーの研究には、ビオンの精神病的パーソナリティと非精神病的パーソナリティの研究が、基本的な発想になっている。その基本的な視点の重要性は、フロイトの精神病研究の視点を踏襲して、精神病の個人は、正常な部分を並列して持っていると考えている。更にビオンはクラインの妄想分裂ポジション（paranoid-schizoid position）と抑うつポジション（depressive position）の理論をも考慮して、自己のなかに精神病的パーソナリティの部分と非精神病的パーソナリティの部分の活動様式やその形成過程を明らかにした[9][10][11]。そして、それぞれのパーソナリティの部分が、乳幼児の欲求不満のあり方と、自己の不安に対する耐性の脆弱性の相関性によって決定されると考えている。ビオンは、生後直後から3～4ヶ月までの赤ん坊と母親との早期対象関係をモデルにして、この主題を考察している。赤ん坊にとって、母親の乳房との体験が満足のいくものであったり、欲求不満でも自己が耐えうる範囲内の不満と不安の場合には、自己はその感覚印象を咀嚼して（α機能＝α-function）無意識的幻想や原始的記憶が形成されていき、概念、夢などの基本的な素材になっていく。そしてその部分が非精神病的パーソナリティを形成していく。逆に生後直後から3～4ヶ月までの赤ん坊の対象との体験が、過剰な不安を伴い自己が耐えられないものである場合には、精神病的パーソナリティが形成されていく。自己は耐えられない不安を伴う体験に対処するために自己の感覚印象や認知機能そのものを攻撃して断片化する（β要素＝β-elements の形成）。そしてそれらを外的対象に投影性同一視して、奇怪対象（bizarre object）を形成する。乳児の自己はそれらに対処するために再び取り入れて、自己に同一化していく（取り入れ性同一化：introjective identification）。それらは自己の攻撃と激しい不安を伴う欲求不満をもたらす悪い対象の断片化したものの部分対象関係から成り立っており、その基本的な不安は絶滅の不安や迫害的不安である。そして過剰な分裂や投影性同一視、否認などが活発に活動している。そこでは正常の思考や象徴機能などがうまく発達せず、精神病的世界が展開している。このような病理的パーソナリティの形成過程は、シュタイナーの病理的組織化の形成過程の基本的視点でもある。

5 ローゼンフェルドの破壊的自己愛組織の研究

ローゼンフェルド[16]は、精神病の研究も積極的に行なって、クライン[11]の妄想分裂ポジション論を提唱する基本的な臨床データを提供した人物である。彼は1960年代になると、主として非精神病的な病理的パーソナリティの治療困難例の研究を行なっている。それはいわゆる陰性治療反応を起こす患者群であり、激しい行動化、自殺企図、自傷行為、反社会的行為、極端な症状の悪化などによって、治療の継続が困難になり、ついに中断してしまうような患者群の研究である。それは、性倒錯、物質依存、重症スキソイドパーソナリティ、衝動型情緒不安定性パーソナリティなどの重症な患者群であった。そのような患者群を治療していく中で、ローゼンフェルドはそのような患者の内的世界には、破壊的でギャングのように他の部分を支配する病理的対象関係からなる組織体が存在することを主張するようになった。それは、欲求不満に満ちた攻撃的なサド・マゾ的な関係にある対象と、それに投影された破壊的な自己の一部を取り入れたものであり、自己の一部にしている。（取り入れ性同一化）それは本来破壊的で見捨てられる不安や強い罪悪感に満ちているが、破壊的なものが自己によって理想化されている。そして他の健康なパーソナリティの部分が活動し始めると、積極的に攻撃し、健康な部分をギャングのように支配しようとする病理的組織である。そのような組織を彼は破壊的自己愛組織と呼んだ。このように自己の中に一部病理的組織が存在して、その部分が病理的な対象関係とサド・マゾ的な対象関係の特徴を持っている。そしてその部分は独立したパーソナリティとして機能し、自己はその破壊的部分を自己愛的に理想化している。破壊は理想化され、ギャングの組織のように他の自己の部分を攻撃し破壊していく。そのために、患者の心の一部に存在している健康な自己の部分が、治療者を信頼して依存し、治療者と協力して治療の機会を利用し、自己が変化し成長していこうとする健康な活動が破壊されてしまうのである。これは自己が他者に依存したり、他者を必要としていることを積極的に攻撃破壊して、対象を必要としない万能的で自己愛的な存在であろうとする病理的状態を維持しようとするものである。その背後には、対象を求め依存したときの激しい傷つきの体験や、自己が対象とは別の存在で分離していることそのものを認めることのできない、個人の分離の恐怖や羨望の問題などが関係している世界である。このような、自己の中に独立した病理的な組織的対象関係の世界が存在して、病理的パーソナリティの形成に大きな影響を与えているという考え方は、ビオンにも共通して見られ、シュタイナーは両者の考え方を積極的に取り入れて、更に包括的な病理的パーソナリティの理解を目指し、病理的組織化の概念を提唱したのである。

6　病理的組織化の理論[20-27]

病理的組織化（pathological organization）は、精神病的パーソナリティ、非精神病的な各種パーソナリティ障害などの治療困難症例に関する、現代の英国クライン派の重要な理論的研究である。その特徴は以下のような点である。

（1）第三のポジションとしての病理的組織化と心の退避（psychic retreat）

健康な個人は、０歳時から特有の対象関係と基本的な不安、防衛機制を形成発展させていく。クラインの妄想分裂ポジションと抑うつポジションは０歳児の心の発達に大きな関係があり、しかもそのような心のあり方は、その個人の全人生の中で無意識の中で活動し、その人格の核を形成している。しかし、乳幼児の怒り衝動や不安に対する耐性が脆弱な場合や、対象との関係性が過剰に欲求不満を刺激し、乳幼児が過剰な恐怖や怒り、攻撃性にさらされるときには、乳幼児はそれに対処するために病理的な防衛を駆使して、病理的な内的世界を形成していく。それは、ビオンの精神病的パーソナリティの形成過程や、ローゼンフェルドの破壊的自己愛の形成過程と同様のものである。つまり、乳幼児が早期の部分対象と全体的対象関係の統合との間を動揺している状況で、過剰な欲求不満や不安にさらされると、主体は自己の怒りを対象に投影し、攻撃的で破壊的な対象を形成する。赤ん坊は、その対象に対処するために攻撃性を向けるが、更に報復の恐怖が強化されると、最終的にはその悪い対象を取り入れていく。そしてその一部を自己に同一化して自己の一部としていく（取り入れ性同一化）。

これは本来病理的な対象関係の投影性同一視と取り入れ性同一化の過程であり、そのようにして形成された自己の部分は、病理的な対象関係の世界から成り立っている。それはその個人の健康な妄想分裂ポジションと抑うつポジションの発達ラインからは軌道が逸れた独立した病理的な組織であり、いわば第三のポジションであって、その二つのポジションの境界にあるポジションである。これはその個人にとって、様々な不安に対する組織的な防衛組織として働く。そしてその個人は、本人にとって固有の欲求不満に晒されると、この病理的組織化の世界を作動していく。そしてそれはしばしば個人にとって退避の場所になり、その個人はその場所で倒錯的な安定感を体験するようになる。そして病理の重い場合にはその場所に居続けて、健康な自己の世界を取り戻せなくなってしまう患者群も存在している。それは精神病的パーソナリティの一部や、破壊性の強い病理的パーソナリティなどに見られる。強い陰性治療反応を呈する患者群は、そのような心のメカニズムを持っていると考えられる。

（2）病理的組織化の形成過程とポジション論の改訂

病理的組織化は精神病的なものから各種パーソナリティ障害、強迫神経症的なものまで広範な病理的パーソナリティの状態を包括的に説明する概念である。そして各発達段階における対象関係の性質、不安と防衛の特質によって、その時期の病理的組織化の形成過程における特徴が決定される。つまり、より早期の妄想分裂ポジションの発達段階においては精神病的パーソナリティの形成過程が見られるし、抑うつポジションの病理的状態においては、躁うつ病や境界性パーソナリティ、スキゾイド・パーソナリティ、自己愛性パーソナリティなどが見られる。更に軽症の場合には、抑うつポジション後半の段階の病理的状態として神経症的パーソナリティ形成が見られる。

シュタイナーは、クラインの妄想分裂ポジションと抑うつポジションの早期対象関係理論が、病理的な内的世界の形成過程の理解に重要なものと考えているが、病理的組織化の変化に富む病理的特徴を理解するためには、ポジションの理論をより詳細にするべきと考えている。そしてシュタイナーは、健康な早期発達論を早期妄想分裂ポジション、後期妄想分裂ポジション、早期抑うつポジション、後期抑うつポジションの4段階に分けた。

早期妄想分裂ポジションは、生後1～2ヶ月の間に見られる赤ん坊の心的状態に該当するものである。そのときには、時間空間的な部分対象関係が特徴であり、原始的な分裂と投影性同一視が活動しており、断片化(fragmentation)と絶滅不安(annihilation anxiety)が特徴的なポジションである。この時期に過剰な不安にさらされた赤ん坊は、自己の不安に対する耐性の不十分さも重なって、激しい絶滅不安にさらされる。そのためにそのような体験をもたらす認知機能や対象、自己の幻想像を断片化して、過剰な投影性同一視を行なう。そしてそれらを取り入れて同一化し、自己の内部に病理的な精神病的パーソナリティを形成していく。ビオンは、特にこの過程を研究したのである。

後期妄想分裂ポジションは、生後2～4ヶ月の赤ん坊の内的世界の状態に該当するものである。断片化は激しくなく、母親の身体像や自己の身体像もある程度統合されたものになっている。しかし、良い対象関係に関する対象像・自己像と、欲求不満をもたらす悪い対象像・自己像が分裂されている状態である。ここでは対象像と自己像が悪いものとよいものに整理されて分裂されている状態であり、分裂と投影性同一視の防衛機制が活動している状態である。そこでは自己に欲求不満をもたらす悪い対象・自己像とその関係性は、分裂排除されて外的対象に投影性同一視される。個人は、外的対象が自己の欲求不満と攻撃性の世界を含んでいるために、自己を攻撃し報復しようとする迫害的不安（persecutory anxiety）を体験するのが特徴である。健康な幼児はその迫害的不安に圧倒されることなく何とか耐えて、徐々に統合の方向に成長していく。幼児の内的な良い対象関係が十分でなく、外的対象による世話が十分でなく、かつ赤ん坊の不安に対する耐性が不十分で破壊衝動が強すぎたりした場合には、迫害的な悪い対象像が過剰に肥大してしまう。赤ん坊はそれらを取り入れて同一化し自己の一部にしていくが、迫害的で攻撃的な衝動が過剰なために、自己の中でも分離した状態におき、他の健康な自己の部分と統合することができない。それが、迫害的な不安をもたらす報復的な悪い対象像を形成していく。これは迫害的不安に基づく精神病的パーソナリティに相当する病理的組織化の形成過程に関係している。

前期抑うつポジションは生後5～9ヶ月頃に見られる対象関係の状態である。この時期になると、迫害的対象と満足を与えるよい対象が徐々に統合され始める時期である。この時期には、部分対象関係（part object relation）と全体対象関係（whole object relation）の間の動揺が顕著な時期である。また幼児は、見捨てられ恐怖（fear of abandonment）と自己の攻撃性に対する迫害的罪悪感（persecutory guilt feeling）を持つことが特徴的である。また性別の違いを自覚できるようになり、父親の存在を最初は部分対象的に認識できるようになる。そして幼時は、母親に対する二者関係だけでなく、両親との原始的なエディプス・コンプレックスの葛藤を経験する。この頃から乳児の記憶力、思考力、象徴機能などが徐々に発達するようになる。その不安や罪悪感が過剰な場合には、そのような内的対象と自己の部分を分裂排除して外的対象に投影性同一視する。そして、そのような対象を再び取り入れて自己の一部としていくが、その部分は分裂された病理的組織化として無意識に排除されたまま存在することになる。そこでは不安定な対象関係と過剰な見捨てられ恐怖、自己の攻撃性に対するおびえと迫害的罪悪感

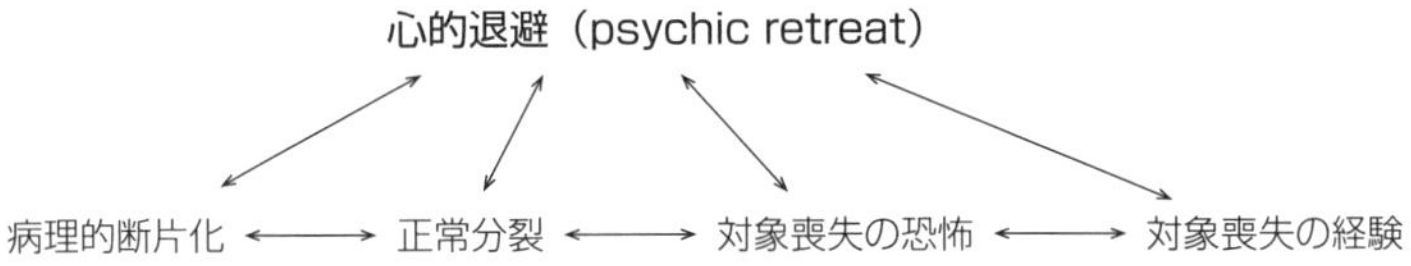

図1

に満ちた内的な組織的対象関係になっている。そのような問題が未解決のまま成人まで持ち越された個人は、心因原性の躁うつ病、スキゾイドパーソナリティ、境界性パーソナリティ、自己愛性パーソナリティなどの病理的状態を呈するようになる。

後期抑うつポジションは生後9ヶ月ごろから15ヶ月ごろまで見られる心性である。この時期には全体対象関係がかなり安定している時期である。そして対象喪失 object loss の体験を持つことができ、悲哀（sadness）と喪の仕事（mourning work）を行なうことができる。そして自己の攻撃性に対して責任を持ち、適切な罪悪感と対象に対する配慮（concern）や償い（reparation）の気持ちを持つことができるようになる。また思考、記憶、象徴機能などがよく発達し、言語機能も飛躍的に発達するようになる。この時期の基本的な不安は、分離の不安（separation anxiety）、抑うつ的不安（depressive anxiety）、悲哀（sadness）、罪悪感（guilt feeling）など比較的発達したものである。この時期の不安や罪悪感が過剰になってしまった場合には、やはり病理的組織化が形成されることがあり、幼児は強迫などの神経症的パーソナリティを発展させる。

以上のように、病理的組織化は、健康な発達のラインからは逸れたものであって、第三の独立したポジションとして機能し、その中に特有の対象関係と過剰な不安、病理的で頑なな防衛機制が活動している。これを図にすると（**図1**）のようになる。また著者がシュタイナーの記述を図式化したものは、（**図2**）のようになる。

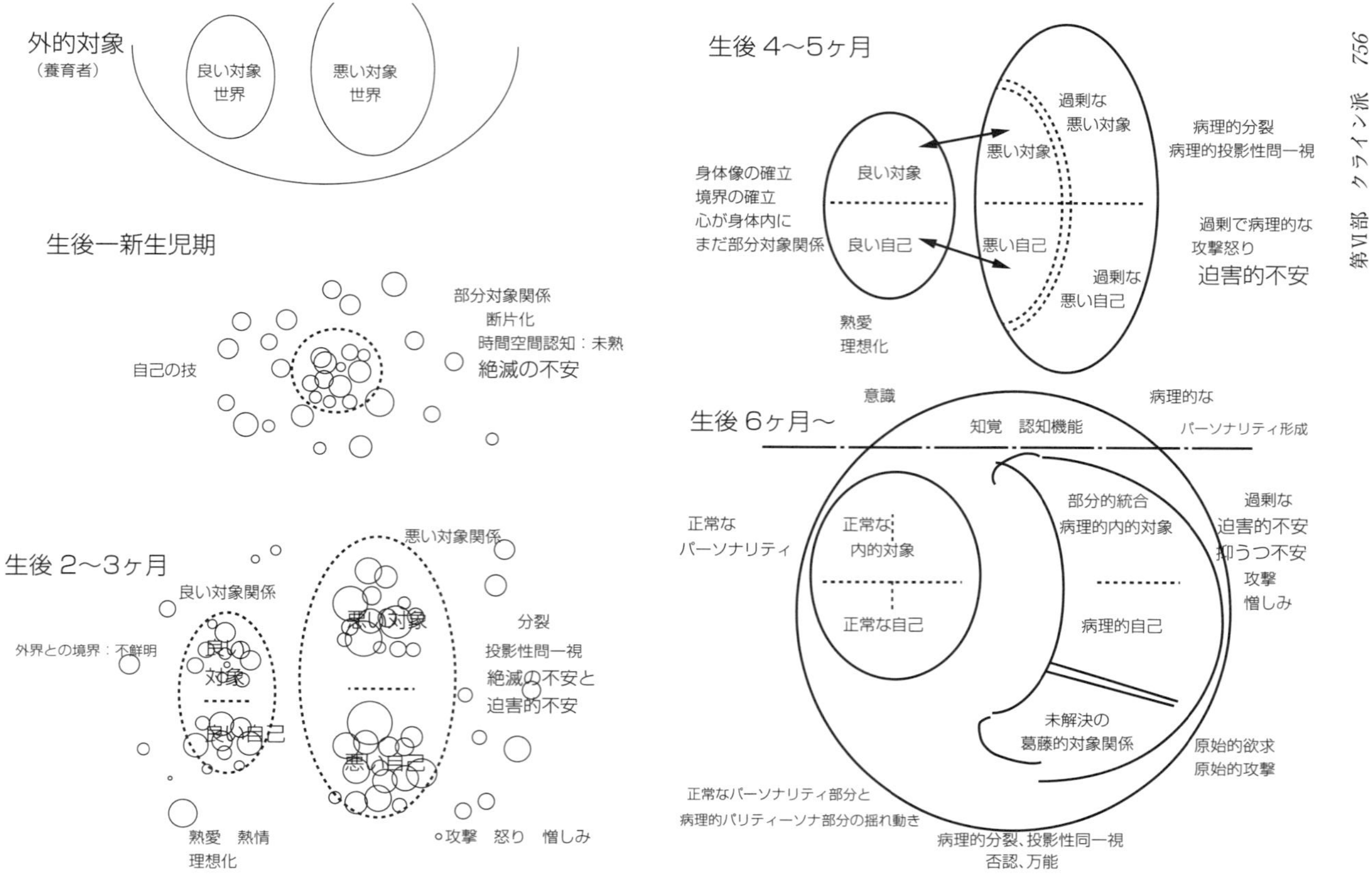

図２　病理的パーソナリティの形成過程

（3）病理的組織化の自己愛的傾向と心的平衡 psychic equilibrium

病理的組織化は、その特徴として発達段階に応じて固有の欲求不満、攻撃性、過剰な不安、過剰な罪悪感などを持っており、その対象関係は基本的にサド・マゾ的である。自己はこの病理的組織化の攻撃性や破壊性を自己愛的に理想化して（narcissistic idealization）、その攻撃性や破壊性に対する自発的な不安や恐怖心を分裂排除している。そして、対象との良い関係を持ち、その体験を自己のために生かして成長して変化しようとする自己の部分を認めようとしない。病理的組織化の部分はそのような健康な自己の部分に対して、まるでギャングの集団のように破壊と無法を理想化したような組織として活動し、健康な自己部分の活動を暴力的に押さえ込んでしまう。それは、治療の過程においては陰性治療反応として自己破壊的な行動化などを起こして、治療そのものを継続不可能にしてしまい、自己の問題を直視して理解して、変化し発達していくことを拒否してしまう大きな力の源になっているのである。このことについては、ローゼンフェルドが破壊的自己愛組織の研究で詳しく論じている点でもある。

（4）関係性の倒錯と嗜癖

この病理的組織化は、分裂、投影性同一視、否認、万能（omnipotence）などを駆使して、特有の歪曲された内的対象関係の世界を構成している。それらが、苦痛な現実の世界を見ざるを得ない状況になると強力に活動して、その厳しい不安をもたらす現実の世界を見ようとはしなくなる。このように病理的組織化は、対象喪失などの苦痛な現実の体験世界を回避するための強力な防衛機構として働く。そしてそこで見られる防衛的活動の全体的特徴は、倒錯（perversion）と嗜癖（addiction）である。倒錯は性倒錯がもっともよく知られているが、すべての対象関係の意味を歪曲して異なる情緒的体験に変化させてしまうものである。性倒錯においては、本来の異性に対する性衝動と情緒を同性に向けてしまうもので強力な歪曲がある。対象関係全般においてもサド・マゾ的関係においては、攻撃することを理想化して対象を破壊することに興奮や喜び、満足感を感じたり、自己が攻撃されて苦しむ体験を快楽と喜びに変化させてしまうような、情緒的意味合いを逆転させてしまうものである。病理的組織化においては、このような対象関係の情緒的意味合いを歪曲して、倒錯的なものにしている傾向が顕著である。それによって、本人が経験してきた苦痛や迫害的不安、恐怖などの体験世界を歪曲し、その本来の真の情緒的意味合いを捻じ曲げて、苦痛を快楽に恐怖を楽しみに、死の不安を生の喜びとして、意味の逆転や変性の結果をもたらしている。そうすることによって、真の苦痛な傷つきの世界を回避しているのである。この歪曲と倒錯の世界はいたるところに見られるが、個人はそのような倒錯的な関係性に嗜癖的にしがみつき、変化に対して強力に抵抗し、病理的な心の平衡を維持しようとするのである。そして治療過程などにおいて、健康なパーソナリティの部分が、治療者と協力して徐々に依存し信頼して徐々に変化して発達していこうとする部分を、強力に攻撃して禁止し変化に対する強い抵抗を示すのである。

(5) 排除されている現実的な苦痛と恐怖

そのような強力な病理的組織化を構築せざるを得なかった理由は、それに反比例するように強い苦痛や恐怖、不安の体験を対象との関係で経験しているということを意味している。それは赤ん坊の不安や恐怖に対する耐性の不足、欲求不満に対する怒りや攻撃の質的問題や過剰さなどの素質的な問題と、外的対象から現実に向けられる攻撃、拒否、過剰な不安などとの相互関係であるが、患者個人は過剰な苦痛、恐怖などの体験を持っている。治療が進展すると、患者は、このような苦痛な体験世界を治療者とともに徐々に見ていくことができるようになるが、それに一時的にでも触れると強い恐怖や苦痛を体験して、元の病理的対象関係の世界に退避（retreat）しようとする。そのために治療経過上は、治療に協力して現実の苦痛な世界を見ようとする健康なパーソナリティの部分と、強力な防衛組織として働く病理的組織化のパーソナリティの部分が、振り子のように臨床の前面に現れたり背景に隠れたりする現象が見られるようになる。治療者がこの振り子現象をよく見極めて、病理的な退避と現実を見ようとする健康な部分の微妙な変遷を把握していくことが、重要な治療的介入の基本になるのである。シュタイナーは、この現実の苦痛や恐怖、不安などの体験を直視していく過程は、基本的に健康な抑うつポジションの過程であると述べている。そこでは対象によって攻撃されて絶滅する恐怖、見捨てられる恐怖などに関する傷つき苦痛な対象関係の世界を直視して回避することなく、その体験に耐え自己の体験として咀嚼し統合していく過程である。それは対象を失う時の対象喪失の抑うつと悲哀を受け入れ、その体験を直視していく体験である。病理の重い個人ほど、この真の苦痛の体験世界は苦痛と恐怖に満ちているものであり、その体験世界を強力に分裂排除している。そして、そのような患者群は、病理的組織化の世界に居座りその世界から決して出て来ようとせず、頑なに変化に対して抵抗する傾向が見られる。

7 おわりに

シュタイナーの病理的組織化の概念は、1920年代からクラインが非常に幼い子供の遊戯療法、成人の躁うつ病、統合失調症の精神分析的研究に始まる早期対象関係論を基礎にした病理的パーソナリティ研究の、現代におけるもっとも包括的な研究である。そしてそこには、アブラハムの自己愛的抵抗の研究、ライヒの性格分析、ビオンの精神病的パーソナリティの形成過程の研究、ローゼンフェルドの破壊的自己愛組織の研究、シーガルの病理的防衛組織の研究などが背景にある。シュタイナーの研究は、①健康なパーソナリティと病理的パーソナリティの並存した内的構造を明らかにしたこと、②並存している健康なパーソナリティは、常に病理的組織化の自己愛的な攻撃による支配下にあること、③病理的組織化は、早期発達ポジションの健康な発達から軌道を逸れた病理的対象関係から成り立っていること、④それは変化に強力に抵抗する倒錯と嗜癖の傾向を持った病理的平衡を維持しようとするものであること、などを明らかにした。そして精神病的パーソナリティから非精神病的な病理的パーソナリティ、神経症的パーソナリティまで、様々なタイプの病理的パーソナリティの背後にある病理的組織化のあり方を明らかにしたものである。これにより、陰性治療反応の起源がより明らかにされ、治療過程における健康な部分の活動と病理的組織化の活動の微妙な変遷の状況を理解することが可能になり、治療上重要な手続きになることを明らかにしている。それによって、治療困難な症例に対する理解が深まったのである。

注

＊1　Pathological Organization–Study on Pathological Personality by on John Steiner

参考文献

（1）Abraham, K.（1927）*Selected Papers of Karl Abraham, M. D.* Hogarth Press and Institute of Psychoanalysis.〔下坂幸三訳（1995）『アーブラハム論文集――抑うつ・強迫・去勢の精神分析』岩崎学術出版社〕
（2）Anderson, R.（1992）*Clinical Lectures on Klein and Bion.* Routledge.〔小此木啓吾監訳（1996）『クラインとビオンの臨床講義』岩崎学術出版社〕
（3）Bion. W.（1957）Differentiation of the Psychotic from the Non-Psychotic Personalities. *International Journal of Psyhcoanalysis,* 38(3-4) : 266-275.〔松木邦裕監訳（1993）「精神病人格と非精神病人格の識別」『メラニー・クライン トゥデイ1』岩崎学術出版社〕
（4）Freud. S.（1916）Some Character-Types Met with in Psycho-Analytic Work. In *Standard Edition,* Vol.14. Hogarth Press.〔佐々木雄二訳（1970）「精神分析的研究からみた二、三の性格類型」『フロイト著作集6』人文書院〕
（5）Joseph, B.（1989）*Psychic Equilibrium and Psychic Change.* Routledge.〔小川豊昭訳（2005）『心的平衡と心的変化』岩崎学術出版社〕
（6）衣笠隆幸（1991）「Bion の精神分裂病の病理学」『精神分析研究』35巻3号、224-235頁

（7） 衣笠隆幸（1995）「現代クライニアンの動向」『精神分析の現在（現代のエスプリ別冊）』39-52頁
（8） Klein, M.（1932/1975）Psychoanalysis of Children. In *The Writings of Melanie Klein*, Vol. 2. Hogarth Press.〔衣笠隆幸訳（1997）『メラニー・クライン著作集2』誠信書房〕
（9） Klein, M.（1935/1975）A Contribution to the Psychogenesis of Manic-Depressive States. In *The Writings of Melanie Klein*, Vol. 1. Hogarth Press.〔安岡誉訳（1983）「躁うつ状態の心因論に関する寄与」『メラニー・クライン著作集3』誠信書房〕
（10） Klein, M.（1940/1975）Mourning and Its Relation to Manic-Depressive States. In *The Writings of Melanie Klein*, Vol. 1, pp. 344-369. Hogarth Press.〔森山研介訳（1983）「喪とその躁うつ状態との関係」『メラニー・クライン著作集3』誠信書房〕
（11） Klein, M.（1946/1975）Notes on Some Schizoid Mechanisms. In *The Writings of Melanie Klein*, Vol. 3, pp. 1-24. Hogarth Press.〔狩野力八郎・渡辺明子・相田信男訳（1985）「分裂的機制についての覚書」『メラニー・クライン著作集4』誠信書房〕
（12） O'Shaughnessy, E.（1981）A Clinical Study of a Defensive Organization. *International Journal of Psychoanaysis*, 62 : 359-369.
（13） Reich, W.（1933）*Character Analysis*. Orgone Institute Press.〔小此木啓吾訳（1966）『性格分析』岩崎学術出版社〕
（14） Rosenfeld, H.（1964/1965）On the Psychopathology of Narcissism: A Clinical Approach. In *Psychotic States*. Hogarth Press.
（15） Rosenfeld, H.（1971）A Clinical Approach to the Psychoanalytic Theory of the Life and Death Instincts: An Investigation into the Aggressive Aspects of Narcissism. *International Journal of Psychoanalysis*, 52 : 169-178.〔松木邦裕訳（1993）「生と死の本能についての精神分析理論への臨床からの接近」『メラニークライン トゥデイ2』岩崎学術出版社〕
（16） Rosenfeld, H.（1971/1988）Contribution to the Psychopathology of Psychotic states: The Importance of Projective Identification in the Ego Structure and the Object Relations of the Psychotic Patient. In *Melanie Klein Today*, Vol. 1. Routledge.〔東中園聡訳（1993）「精神病状態の精神病理への寄与」『メラニー・クライン トゥデイ1』岩崎学術出版社〕
（17） Rosenfeld, H.（1987）*Impasse and Interpretation*. Tavistock.
（18） Segal, H.（1972）: A Delusional System as a Defence Against the Re-Emergence of a Catastrophic Situation. *International Journal of Psychoanalysis*, 53 : 393-401.
（19） Segal, H.（1973）*Introduction to the Work of Melanie Klein*. Hogarth Press.〔岩崎徹也訳（1977）『メラニークライン入門』岩崎学術出版社〕
（20） Spillius, E. B.（1988/1989）*Melanie Klein Today*, Vol. 1, 2. Routledge.〔松木邦裕監訳（1993/2000）『メラニー・クライン トゥデイ1、2、3』岩崎学術出版社〕
（21） Steiner, J.（1979）The Border Between the Paranoid-Schizoid and the Depressive Positions in the Borderline Patients. *British Journal of Medical Psychology*, 52(4) : 385-391.
（22） Steiner, J.（1982）Perverse Relationships Between Parts of the Self: A Clinical Illustration. *International Journal of*

Psychoanalysis, 63 : 241–251.
(23) Steiner, J. (1987) The Interplay Between Pathological Organizations and the Paranoid–Schizoid and Depressive Positions. *International Journal of Psychoanalysis*, 68 : 69–80. In *Melanie Klein Today*, Vol. 1, Vol. 2, Routledge.
(24) Steiner, J. (1990) Pathological Organizations as Obstacles to Mourning. *International Journal of Psychoanalysis*, 71 : 87–94.
(25) Steiner, J. (1990) The Defensive Function of Pathological Organizations. In *Master Clinicians on Treating the Regressed Patients*. Jason Aronson.
(26) Steiner, J. (1992) The Equilibrium Between the Paranoid–Schizoid and the Depressive Positions. In *Clinical Lectures on Klein and Bion*. Routledge.
(27) Steiner, J. (1993) *Psychic Retreats*. Routledge.〔衣笠隆幸監訳（1997）『こころの退避』岩崎学術出版社〕

〔『精神分析的精神医学』創刊号、２００５年〕

初出一覧

第Ⅰ部

1991「英国における治療的退行の研究――とくにKlein派の研究について」『精神分析研究』35巻1号、26-32頁
1992「イギリスにおける自己愛の研究」『精神分析研究』35巻5号、513-518頁
1992「エロス（生の本能）の問題――フロイトからクラインへ」『imago イマーゴ』3巻3号、151-159頁
1994「成人患者の早期エディプスコンプレックス」『精神分析研究』38巻3号、157-165頁
1994「モーニングワークとその病理」『ストレス科学』8巻3号、21-25頁
1994「対象喪失と投影性同一視」『imago イマーゴ』5巻10号、42-52頁
1998「クライン派における身体の問題――自己身体像の形成をめぐって」『精神分析研究』42巻2号、129-136頁
1998「臨床的事実とは何か――臨床過程の記録から発表までの過程について」『精神分析研究』42巻1号、17-22頁
2001「臨床における破壊的父親像について」『思春期青年期精神医学』11巻1号、22-30頁
2002「中立性と禁欲原則」『精神分析研究』46巻2号、143-150頁
2012「無意識的幻想とセッションの理解」『精神分析研究』56巻4号、377-384頁

第Ⅱ部

1990「自由連想と治療回数をめぐって――英国及び日本での経験から」『精神分析研究』33巻5号、373-378頁
1992「〈共感〉――理解の基礎となるものと理解を妨げるもの」『精神分析研究』35巻5号、479-489頁

1993「難治症例と逆転移」『精神分析研究』37巻3号、253-264頁

1997「イギリス学派の治療技法」『現代のエスプリ別冊』特集「人格障害」255-265頁

1998「毎日分析の歴史と現状」『精神分析研究』42巻3号、225-239頁

2000「対象関係論における情緒と解釈の問題――クライン派の理論と技法を中心に」『精神分析研究』44巻1号、52-60頁

2004「治療機序とその効果――クライン派の臨床的視点から」『精神分析研究』48巻3号、224-231頁

2008「転移解釈のダイナミクス」『精神分析研究』52巻3号、247-255頁

2009「A-Tスプリットの利点と問題点――治療構造を中心に」『精神療法』35巻4号、468-474頁

2015「精神分析臨床を構成するもの――自由連想法と中立性・自由に漂うような注意」『精神分析研究』59巻1号、39-51頁

第Ⅲ部

1991「対象関係論における夢の理論」『imago イマーゴ』臨時増刊号「夢」2巻12号、46-53頁

1997「クライン-ビオンの発展――夢はどのように扱われてきたか」『現代のエスプリ別冊』特集「夢の分析」90-101頁

1998「毎日分析と夢の臨床」『精神分析研究』42巻3号、276-283頁

第Ⅳ部

1990「イギリスにおける「境界パーソナリティー」研究の現状」『imago イマーゴ』1巻10号、68-74頁

1992「イギリスにおけるいわゆる「境界例」研究について――症例を中心に」『精神医学』34巻3号、311-317頁

1992「クライン学派の精神分裂病の研究」『imago イマーゴ』３巻11号、86-96頁

1996「精神分析英国学派の境界例研究」『精神医学レビュー』20巻、21-29頁

1997「幼少時の性的外傷体験がフラッシュバックした症例」『精神科治療学』12巻２号、１１３-１１８頁

2001「「ひきこもり」の症状形成と時代精神――戦後50年の神経症症状の変遷の中で」『こころの臨床 a・la・carte』20巻２号、２１１-２１５頁

2002「精神分裂病の精神分析療法」『Schizophrenia Frontier』３巻２号、80-85頁

2003「境界性パーソナリティ障害の治療――精神保健福祉センターにおける対応をめぐって」『精神療法』29巻４号、４２５-４３３頁

2003「英国対象関係論における病理的パーソナリティの研究――特に病理的組織化について」『臨床精神病理』24巻２号、１６１-１６９頁

2004「精神病的パーソナリティの精神分析的研究：その概観――統合失調症の研究を通して」『精神分析研究』48巻１号、２-18頁

2006「精神分析からみた統合失調症」『精神科』８巻４号、２８８-２９３頁

2006「境界性パーソナリティ障害症例記述――クライン派の臨床的視点から」『精神科臨床　ニューアプローチ５』50-62頁

2007「ひきこもりと過食嘔吐を主訴とした女性患者の精神分析的精神療法」『精神分析的精神医学』２巻、65-78頁

2007「パーソナリティ障害および病理的パーソナリティの診断　病理の理解と治療」『精神経誌』１０９巻12号、１１５１-１１５６頁

第Ｖ部

1999「対象関係から見た鼠男の治療要因」『現代のエスプリ』３１７巻、１３７-１５０頁
1996「フロイト・ユング・エリクソン――その臨床的発達論」『別冊発達』20巻、１５６-１７２頁
2001「ウルフマンの夢について――クライン派の視点から」『PSIKO』2巻3号、26-33頁
2009「『科学的心理学草稿』――忘れ去られ数奇な運命をたどった難解で異色の論文」西園昌久監修・北山修編集代表『現代フロイト読本1』みすず書房、26-33頁

第Ⅵ部

1991「Bion の精神分裂病の病理学――主として１９５０年代から６０年代前期の研究について」『精神分析研究』35巻3号、２２４-２３５頁
1995「現代クライニアンの動向」『現代のエスプリ別冊』特集「精神分析の現在」39-52頁
2005「病理的組織化――John Steiner の病理的パーソナリティの研究」『精神分析的精神医学』1巻、8-16頁

略歴年譜

一九四八年（昭和二三年）五月三十日
広島県安佐郡（現在の広島市安佐南区）にて出生

一九六一年（昭和三六年）三月
沼田町立戸山小学校卒業

一九六四年（昭和三九年）三月
沼田町立戸山中学校卒業

一九六七年（昭和四二年）三月
広島市立舟入高校卒業

一九七三年（昭和四八年）三月
広島大学医学部卒業

一九七三年〜一九七七年（昭和四八年〜昭和五二年）
広島県立広島病院精神科研修

一九七七年〜一九八一年（昭和五二年〜昭和五六年）
慶応義塾大学医学部小此木研究室研修
同時に駒木野病院勤務、後に日下部病院勤務

一九八一年〜一九八八年（昭和五六年〜昭和六三年）
ロンドン　タビストック研究所留学
成人部門資格コース修了　タビストック資格取得
英国精神分析的精神療法家資格取得

一九八八年～一九九三年（昭和六三年～平成五年）　慶応義塾大学医学部小此木研究室研修

東京にて精神分析クリニック開業（衣笠クリニック）

一九九三年（平成五年）一月　広島市精神保健福祉センター所長に就任

広島大学精神神経科臨床教授

日本精神分析協会会員

国際精神分析学会会員

二〇〇二年（平成一四年）　日本精神分析的精神医学会設立　初代会長に就任

二〇一二年～二〇一五年（平成二四年～平成二七年）　日本精神分析協会会長に就任

二〇一五年（平成二七年）三月　広島市精神保健福祉センター定年退職

二〇一五年（平成二七年）三月　平和大通り心療クリニック勤務

現在に至る

衣笠隆幸選集《きぬがさたかゆきせんしゅう》 1
——対象関係論《たいしょうかんけいろん》の理論《りろん》と臨床《りんしょう》：クライン派《は》の視点《してん》を中心《ちゅうしん》に

2017年11月10日　第1刷発行

著　者　衣　笠　隆　幸
発行者　柴　田　敏　樹
印刷者　日　岐　浩　和

発行所　株会式社　誠　信　書　房
〒112-0012 東京都文京区大塚3-20-6
電話03（3946）5666
http://www.seishinshobo.co.jp/

印刷所／中央印刷　製本所／イマキ製本所
検印省略　落丁・乱丁本はお取り替えいたします
ISBN978-4-414-41391-5 C3311
Printed in Japan